U0133640

漢易之風華再現：惠棟易學研究（下）

陳伯适 著

文史哲學集成

文史哲出版社印行

國家圖書館出版品預行編目資料

漢易之風華再現：惠棟易學研究 / 陳伯
適著. -- 初版. -- 臺北市：文史哲, 民 97.
10 印刷
　頁：　公分. (文史哲學集成；508)
參考書目：頁
ISBN 978-957-549-658-6 (全套：平裝)

1. (清)惠棟－學術思想　－　哲學 2.易經－
研究與考訂

121.17　　　　　　　　　　　95003212

文史哲學集成　508

漢易之風華再現：惠棟易學研究

著　　　者：陳　　伯　　适
出 版 者：文 史 哲 出 版 社
http://www.lapen.com.tw
登記證字號：行政院新聞局版臺業字五三三七號
發 行 人：彭　　正　　雄
發 行 所：文 史 哲 出 版 社
印 刷 者：文 史 哲 出 版 社
臺北市羅斯福路一段七十二巷四號
郵政劃撥帳號：一六一八○一七五
電話886-2-23511028・傳真886-2-23965656

全二冊平裝新臺幣一四○○元

中華民國九十七年（2008）十月BOD初版二刷

第五章　惠棟專述《周易》經傳之主要特色（上）

　　惠棟《周易述》考論《周易》經傳，採取經傳分離的論述方式，六十四經卦分前三十卦爲上經，後三十四卦爲下經，然爲未竟之作，缺革卦（不包括革卦）以後十五卦；傳分別依《彖》、《象》、《繫》、《文言》、《說卦》等序論述，缺《序卦》與《雜卦》。在上下經六十四卦與《易傳》的闡述上，惠氏以自注自疏的方式來作詁訓；在畫卦下注明宮卦與消息卦之卦次名稱，合於孟喜、京房、鄭玄與虞翻等人之基本主張。如以屯䷂卦言，惠氏注明「坎宮二世卦」、「消息內卦十一月，外卦十二月」，前者即京房八宮卦次圖之卦次說；後者即合孟喜的卦氣說，屯卦屬十二月（丑）卦，然而按卦氣圖，十一月末候之終卦爲屯卦內卦，而十二月初候之始卦則爲屯卦外卦，所以惠氏才作「消息內卦十一月，外卦十二月」之注，符合孟喜《易》說。其它如蒙䷃注明「離宮四世」、「消息正月」，需䷄卦「坤宮遊魂卦」、「消息內卦正月，外卦二月」等等，皆同理。所用者皆以兩漢孟、京以降所言八宮卦、卦氣說之主張。在卦辭下，惠氏作注，並於卦辭與其注後又作疏；然後續於爻辭下作爻辭注，並於爻辭於注之後又作疏。卦爻辭的注疏，除了以象數爲主的卦爻義之闡發外，另外重視文字之詁訓。前者以虞氏學說爲基礎，並輔以荀爽等漢魏《易》家之說；後者以鄭玄、虞翻、字書以及《易》家與經典之說互證。一卦之中，不將《彖》、《象》傳辭納入並言，採取分開論述之方式。這種經傳分開，並採注疏的論述體例，主要是根本古學，希望透過這種外在的形式，來貼近古學，並力圖內容的求古求真，以還原漢學的本然面貌。

　　不論內容或形式的表現，惠棟撰著《周易述》，都希望能夠還原漢儒本來的實質內涵，因此第五、六章，主要針對惠氏述《易》上的特色，區分爲九個主要的方面作詳細的討論，藉以體現其對漢《易》的確切認識之情

形，以及其個人的易學觀。

第一節　長於文字訓詁

　　《周易》的詁訓，歷來歧異頗多，原因就在於其文字簡要，文義不明確，並且文字隨著時空的轉變，不論在字形、字音或字義上，也隨之有所差異，惠棟深刻體會真正的原義要獲得正解，往往只有透過從個別文字的考證與詁訓中才能得到，而傳統的字書，也就成爲其考證與訓解文字的主要依據。雖是如此，並不意味著字書是惟一的依靠，字書以外的先秦漢魏典籍，仍是訓解字義或是文義的重要來源，包括以群經的互訓，以子籍或史籍的引述，以及其它具有時代性或是相關學術性的文獻資料，皆是可以作爲訓解的依據。這些部份，本節並未並入論述，而將後續分節來討論，希望凸顯與強調惠氏述《易》的特色，以及更詳細的瞭解惠棟廣引群書訓《易》的有關問題，例如引用緯書的問題等等。因此，本節主要從兩個部份來作簡要說明，第一個部份主要針對文字訓詁的主要文獻根據來談；第二個部份則綜合惠氏引證群籍所表現出的訓解文義上的成就來談。

一、以字書作爲文字訓詁之主要根據

　　《漢書·藝文志》中一句經學史上熟識的話，「昔仲尼沒而微言絕，七十子喪而大義乖」，漢代學者體驗到聖人隱微不顯之言、廣大精深之義，處於垂絕之際，承繼古聖賢不刊之典，必探尋微言大義，其主要方式是墨守師說家法，口耳相傳，遞相授受，在今文學家鼎盛的時代，這是最重要的門徑，所以詁訓申義的主要方式，就是遵循家法師說。但是，隨著時空的轉變，師說家法紛歧叢立，口耳之傳又未必得其精準而無誤，所以今文學家仍不得不借助其它文獻考證的詁訓方式，以明其經義。古文學家則不如今文學一般，有師說家法的傳承授受，所以治經釋義必闢門要，最根本的方式就是以考證訓詁爲先務；劉向校訂古文，藏於中祕，

校者不僅訂其簡冊，考其篇目，並且解釋其文字。因此，兩漢經學家治經莫不重視訓詁，透過文字的訓詁，以詮釋經書本義，是漢儒治經的最佳徑路，只有準確的文字訓詁，才能透悉經書本義。東漢時期，古文之學抬頭，處於較優勢的地位，經學家漸漸不再太過度的強調古文學的壁壘分明，經學家的普遍共識是兼習眾經，不會過度對今古文與經緯強作取捨，大抵皆能兼用並蓄；治經的傾向，更是以訓詁作為治學的最根本與最主要的內容。訓詁的目的，除了根據訓詁以考證眾經今古文字之異同外，也針對簡策的錯亂，及以師說的不同加以分辨，最重要的是疏通經義，闡明經書旨趣。

胡樸安《中國訓詁學史》將訓詁學史分為五個時期，其中最強調的是兩漢與三國晉六朝，以及隋唐等三個時期，因為訓詁根據的因素；兩漢時期有《爾雅》、《小爾雅》、《毛傳鄭箋》、《方言》、《說文解字》等，三國晉六朝時期，有《釋名》、《廣雅》等，除此之外，隋唐時期，又有《玉篇》與《經典釋文》等典籍作為依據。胡氏又將訓詁的派別，分為爾雅派、傳注派、釋名派、方言派等方面，皆是根據這些典籍而來。[1]因此，經學的訓詁，引據的典籍十分地重要；經傳釋義考據，要能合於時義，甚至探尋古義，言之有物，文獻的依據為重要的關鍵所在。岑溢成於《訓詁學與清儒訓詁方法·訓詁方法學的兩個方面》中，特別強調訓詁學的內容，理據的提出是進行訓詁論證的主要歷程，而理據主要包括資料性理據、理論性理據與文脈性理據等方面，[2]不論是何種理據，事實上最重要的還是文獻的依據，惟有恰當而具有說服力的文獻資料，才能建構出最佳的理據，也才能夠進一步闡釋文義。

漢儒重視《爾雅》、《小爾雅》、《毛傳鄭箋》、《方言》、《說文解字》等文獻作為其治經詁訓的主要依據，而後代重新檢視與考證漢儒經說，

---

[1] 胡樸安將中國訓詁學史，依時代來區分，分為：兩漢為一期，三國晉六朝為一朝，隋唐為一期，宋元明為一期，清為一期，共五期。至於胡氏區分為諸派別，參見其書各章節所述。見胡樸安《中國訓詁學史》，台北：臺灣商務印書館，1988 年 11 月臺 11 版，頁 11。

[2] 參見岑溢成《訓詁學與清儒訓詁方法·訓詁方法學的兩個方面》，香港：新亞研究所博士論文，1984 年 12 月，頁 676。

這些文獻當然也是重要的依據。今觀惠棟考索漢代易學，闡述《周易》
古義，其文字訓詁特別重視前述典籍文獻的運用，乃至劉熙《釋名》、張
揖《廣雅》與李斯《倉頡篇》等字書的運用，同時大量採用同時期諸家
論著之說，從文獻取用的角度觀之，文獻的依據實為適切，符合文字訓
詁依據的要求。本節特別針對文字詁訓的角度言，置重於專就字書的運
用，在文字訓詁上的表現。並於後面節次再就其引據諸典以釋《易》所
表現的特色與檢討來進行簡要之論述。

　　惠棟於《九經古義》云：

　　　漢人通經有家法，故有《五經》師。訓詁之學，皆師所口授，
　　　其後乃著竹帛，所以漢經師之說立於學官，與經並行。《五經》
　　　出於屋壁，多古字古言，非經師不能辨。經之義存乎訓，識字
　　　審音乃知其義，是故古訓不可改也，經師不可廢也。[3]

惠棟主張「經之義存乎訓」，主張遵循識字、審音的進路，通經求義之法
在於詁訓，具體的作為就是歸本於經師古訓，以漢儒之說為尊，確立透
過古訓以通經而知其義的漢學進路。這樣的治經方法與態度，主要受到
錯綜的學術發展因素帶引考據之學的風尚漸起之影響；反省理學，尊經
崇漢，以經學取代理學的主流地位，認為惟有透過訓解與稽考漢代舊說，
實事求是，才能獲得經典的真正本義。惠氏之「存乎訓」，本於「漢學」，
以漢儒經說古訓為尊，也以漢儒經說的方法作為搜尋古義的重要憑藉。
「古訓」，何者為古？何者為真？「古訓」的揀選考索，並非單取漢儒一
家之說就可以獲得，隨著時空的轉變，學派的雜揉混同，以及經師之難
辨，所以從識字審音著手，是推求經義的最佳方式，也是漢儒古訓之重
要方法。識字審音，除了可以直接援引漢儒經說之言外，很重要是必須
仰賴字書，從字書當中推求文字本義；並且，漢儒古訓之法，除了也從
舊有經典訓說中找尋答案外，當然很重要的方法，就是從專門的文字訓
解的典籍中獲得原始本義。

　　細觀惠氏《周易述》中引據之重要訓詁典籍，用於疏文之中，包括
《說文解字》至少有一二二次，《爾雅》至少有一一五次，《廣雅》至少

---

[3] 見《九經古義・述首》，頁 362。

有二十二次，《方言》至少有八次，《釋名》至少有五次，《小爾雅》至少有四次，《倉頡篇》至少有四次，《釋文》至少有一次，[4]以及《毛傳》與鄭《箋》亦不下十次。其中最主要的依據是《說文》與《爾雅》。許慎的《說文解字》，爲漢儒辨於名物、詳於訓詁的最直接表現。至於《爾雅》，不論是漢儒，乃至後代，皆以之爲訓詁上不可或缺的主要文獻，誠如郭璞《爾雅序》所云，「夫爾雅者，所以通訓詁之旨歸，敘詩人之興咏，總絕代之離辭，辨同實而殊號者也。誠九流之津涉，六藝之鈐鍵，學覽者之潭奧，擒翰者之華苑也。若乃可以博物不惑，多識於鳥獸草木之名者，莫近於《爾雅》」。[5]因此，訓詁漢代經典，辨證文字，《說文》與《爾雅》等字書，皆爲不可或缺的主要依據。

　　舉例說明之，以坤▤▤卦爲例，六四「括囊」，惠氏疏云：

　　括，結，《廣雅》文。《說文》曰：括，絜也。「絜」與「結」古文通。故鄭注《大學》曰「絜，猶結也」。《禮·經解》曰「絜靜精微，《易》教也」。絜者，括絜。絜靜，坤也；精微，乾也。坤元絜靜，乾元精微，故云《易》教也。

透過《廣雅》與《說文》，以說明「括」爲「結」，而「結」與「絜」又古文通。「絜」有「絜靜」之義，屬坤性，所以惠氏又引《禮記》說明「絜靜精微」爲乾坤爲《易》教。又上六「龍戰于野，其血玄黃」，惠氏疏云：

　　坤，消卦也。上六在亥，故曰消息在亥。《乾鑿度》曰：陽始於亥，形於丑。乾位在西北，陽祖微據始，是以乾位在亥。《文言》曰：爲其兼于陽也。乾爲龍，故稱龍。《說文》曰：壬位北方，陰極陽生。《易》曰「龍戰于野」，戰者接也，上六行至亥，與乾接。《說卦》戰乎乾，謂陰陽相薄也。卦无傷象，王弼謂與陽戰而相傷，失之。毛萇《詩傳》曰「郊外曰野」。乾位西北，故爲野。

---

[4] 雖然《經典釋文》於此僅有一次，但在惠氏整個治《易》的歷程中，極爲重視陸氏之說，包括《九經古義》、校定《周易集解》以及《新本鄭氏周易》中，均十分仰賴此作。

[5] 見郭璞《爾雅序》。轉引自朱彝尊《經義考》，卷 237，北京：中華書局，1998 年 11 月北京 1 版 1 刷，頁 1203。

坤卦上六爻辰在亥。陰消極於上六，所以「消息在亥」。乾位西北，故亥居西北在乾方。西北亥位，為陰陽交接、陰極而陽始之處，所以惠氏進一步引《說文》云「壬位北方，陰極陽生」，其義同亥位。處乾坤陰陽交接處，則「龍戰于野」，「戰」為「接」義，為陰陽相薄者，並無乾坤相傷之義，王弼言傷為非。又引《詩傳》說明「郊外曰野」，即乾野之處而相接。又用九「利永貞」，惠氏疏云：

> 永，長，《釋詁》文。《文言》曰「坤道其順乎，承天而時行」。是坤之六爻，皆當居陰位而承乾也。陰承陽則可長，故用六利永貞。[6]

藉由《釋詁》訓「永」為「長」，說明坤道本乎順承天而行，陰順陽則可長可久，所以云「利永貞」。

以復▤卦為例，六二「休復，吉」，惠氏疏云：

> 休，美，《釋詁》文。乾以美利利天下，故乾為美。初陽在下為聖人，二无應于上，而比于初，故為休復，以柔居中，故曰得中。《象》曰「休復之吉，以下仁也」，得中下仁，故吉也。

惠氏依《釋詁》，訓「休」為「美」，指的是初九乾爻而言，《文言傳》指出「乾以美利利天下」，所以乾為美，以「休」訓「美」，即指乾初。六二居中得位，與上無應，則與初相比，下而順附於陽，乾陽為美，所以為「吉」。《爾雅》「庇蔭」曰「休」，有止木庇息之義，亦是美事。又，一陽初生為震，東方木象為「仁」，而初陽乾元亦為「仁」，六二下初為「仁」，「理仁為美」（《論語》），復是「吉」兆。同卦六三「頻復，厲，无咎」，惠氏疏云：

> 「頻」古作「瀕」，《說文》曰：瀕，水厓人所賓附，瀕顣不前而止，從頁從涉。三以陰居陽，故失位，无應于上，瀕顣而復，故厲。動正成乾，故无咎。鄭作「嚬」，義亦同也。

惠氏根據《說文》，認為「頻」字古文作「瀕」。「瀕」者，乃人賓附於水邊，處於危厲之境，顰蹙不前的愁眉苦臉之狀。六三以陰居陽，失位而無應於上，所以處於恐將滅頂的危厲之凶，但三動正成乾爻，審慎力行，

---

[6] 坤卦三引文，見《周易述》，卷一，頁 13-14。

復於乾道，則无咎害。惠氏「頻」又作另解，以「頻」作「比」義，並云：

> 頻▆字古有兩義，一見上。《廣雅》曰「頻，比也」。三與初、二相比而復失位，故屬之正，故无咎，義亦得通。故曰「頻，比也」。[7]

六三與初、二相比，失位爲厲，使之正則無咎，於義亦通。所以根據《說文》與《廣雅》二書，則「頻」字有二訓，一爲瀕附於水涯，一爲比鄰之義。二義皆通。

離▆卦九三「則大耋之嗟」，疏云：

> 乾爲老，《釋言》曰「耋，老也」。僖九年《春秋傳》曰：以伯舅耋老，故知乾老爲耋。二至五體大過，大過死象，故云大耋之嗟。嗟，古文蹉。《釋詁》云「蹉也」。三爲下體之終，又艮爻，艮終萬物，故有是象。[8]

惠氏引《釋言》訓「耋」爲「老」義，合於乾爲「老」象之義，以三在乾終，乾盈將退爲老，所以爲「耋」。又，三至五體兌，兌口舌；二至四體巽，巽呼號，所以爲「嗟」（「蹉」）。惠氏並認爲二至五體大過▆，爲棺椁之死象，故云「大耋之嗟」。又，三爲下卦之終，又是艮爻，艮終萬物，所以有嗟老之象。

遯▆卦初六「遯尾，厲，勿用有攸往」，惠氏疏云：

> 爻例初爲尾，上爲角。《説文》曰：尾，微也。古文通。《尚書》「鳥獸孳尾」，《史記》作字微。《論語》有微生高，《莊子》作尾生。微，猶隱也，陽伏遯初，故云遯尾，六居初爲失位，故危，應在四，初之四體坎，坎爲災，故勿用，有攸往也。[9]

惠氏引《說文》訓「尾」爲「微」，二字古文相通，從《尚書》諸典籍所載，可以獲得證實。微有伏隱之義，陽隱於遯初，所以稱「遯尾」。以陰居初爲失位，初與四應，初之四體坎坎爲災，所以云「厲」。下艮爲止，

---

[7] 三段引文，見《周易述》，卷四，頁 109。
[8] 見《周易述》，卷四，頁 133。
[9] 見《周易述》，卷五，頁 142。

艮止宜靜，若不往於四，則無災咎，所以云「勿用有攸往」。

　　大壯䷡九三「羝羊觸藩」，惠氏疏云：

> 三體兌，息至五，上亦體兌，兌為羊，故三、五、上皆有羊象。《說文》曰「羝，牡羊也」。陽息之卦，故曰羝。[10]

三與五同功，互為兌，故為羊；三又息至五，則四至上又為兌，故惠氏云「三、五、上皆有羊象」。三互乾兌，乾體壯，兌為羊；又陽為牡。所以云「羝羊」，正與《說文》所訓「羝，牡羊也」同義。

　　如夬䷪卦卦辭「揚于王庭」，以「揚」字為「越」義，引自《釋言》「揚，越也」：

> 越，揚也。《詩·公劉》曰：干戈戚揚。《毛傳》云：揚，戉也。古「越」、「鉞」皆作「戉」，故云揚，越也。[11]

上六以一陰踰越於五陽之上，是小人而乘君子，其罪惡聞於聖人之朝，故云「揚于王庭」。

　　如履䷉卦上九「視履考詳」，惠棟指出：

> 「考，稽」，《小爾雅》文。《廣雅》曰：稽，考問也。字本作卟。《說文》曰：卜以問疑也。从口卜，讀與稽同。《書》云：卟疑。《大戴·四代》曰：天道以視，地道以履，人道以稽，所謂人與天地相參也。詳，古文祥。《呂氏春秋》曰：天必先見祥。高誘云：祥，徵應也。故謂詳為徵也。《中庸》曰：國家將興，必有禎祥。是吉祥也。豐上六《象傳》曰：天際祥也。昭十八年《春秋傳》曰：將有大祥。《尚書大傳》曰：時則有青眚青祥，是凶祥也。則祥兼吉凶。故云以三之視履，稽其禍福之祥。[12]

以字書釋「稽」有「考問」之義，與「卟」字音義同。並引《大戴禮記》諸經典，以說明「詳，古文祥」，字兼有「吉凶」之義，所以有所謂「稽其禍福之祥」。

　　由上面之引述，可以知道，惠氏訓義，極為重視諸字書作為詁解經

---

[10] 見《周易述》，卷五，頁146。

[11] 見《周易述》，卷六，頁184。

[12] 見《周易述》，卷二，頁50-51。

傳文字的直接而有力的理據，《爾雅》、《說文》等字書所載，被視爲最原始最正確的本義。以字書所釋文義，進一步轉引諸家《易》說來論述卦爻義；或者是採用某家《易》說來闡發《易》義，並兼采字書之說，來作爲輔證。不論是何種方式，字書表現出詁訓《周易》文義上的神聖性與權威性，從這些字書當中可以尋得《周易》本義的最佳詮解。

　　但是，雖然這些字書有其難以替代崇高地位，也並不化表著這些字書所講的是全然無誤的，例如，以咸䷞卦上六「咸其輔頰舌」爲例，惠氏釋云：

> 虞云：耳目之間稱輔頰。又《説文》曰：輔，頰也。尋輔近口在頰前，故《淮南子》曰：靨輔在頰前則好是也。耳目之間爲權，權在輔上，故曹植《洛神賦》云靨輔承權。夬九三「壯于頄」，頄，即權也。頰所以含物，輔所以持口，輔、頰、舌三者並言，明各爲一物，是輔近頰而非頰，虞以「權」爲「輔」，《説文》以「輔」爲「頰」，皆非也。上爲首，故輔、頰、舌謂上也。兌爲輔頰，《九家説卦》文。五與上比，上不之三，故咸其輔頰舌，徒以言語相感而已。《傳》曰「滕口説也」，言徒送口説。[13]

惠氏明白地指出輔、頰、舌三者並言，各爲不同一物，而三者並言，以其同屬於上爻，上爻爲首，而輔、頰、舌又同處於頭部，同時，咸卦上兌爲輔、頰爲舌，所以三者並言。惠氏認爲輔、頰根本二物，「輔近口在頰前」、「頰所以含物」，相當於今日一般所云之面頰骨，而「輔所以持口」，即一般的酒窩處。惠氏並提出「權」，以權在輔上，即一般所說的顴骨。是輔、頰、舌、權，各屬不同的部位，不能並爲一物。三者的關係，「徒以言語相感而已」，三者的共同關係是並爲言言必備之具，誠如王弼所說的「輔、頰、舌者，所以爲語之具也」，也如來知德所說的，「舌動則輔應而頰從之，三者相須用事，皆所以言者」。惠氏認爲虞翻以「權」爲「輔」，《說文》以「輔」爲「頰」，都是錯誤的說法，而《淮南子》、《洛神賦》之說爲正。從這裡可以看出，惠氏雖專主虞說，文字詁訓也特別倚重《說文》的主張，但不因此而一一爲是，惠氏所堅持的是一種考據所要追求

---

[13] 見《周易述》，卷五，頁137-138。

的實質面，訓義的最終目的，在於獲得正確的意義。

二、詁訓詳明

（一）詳用文獻，內容宏富

　　惠氏訓義詳明，主要表現在文獻的運用廣博宏富，理據周恰，雖大都是象數之熔鑄，但仍能展現出高度的邏輯性與合理性。如以釋《象上傳》「動而明，雷電合而章」（噬嗑䷔卦《象》文）爲例，惠氏疏云：

> 下震上离，故動震明离。《古文尚書·堯典》曰「辨章百姓」，鄭注云「章，明也」。《說卦》曰「震爲雷，离爲電」。《晉語》司空季子曰「車有震武也」，韋昭云「震，威也」，又云「居樂出威」，故知震爲威也。「雷動而威，電動而明」，宋衷義也。電有光明，故云電照。宋氏又謂「用刑之道，威明相兼」，故須雷電並合而噬嗑備。《尚書·呂刑》曰「德威維畏，德明維明」，是用刑在乎威明也。[14]

惠氏簡要訓解《象》辭文義，震爲「動」，離爲「明」，震又爲「雷」，離又爲「電」，取象義而言；引鄭注以「章」並爲明。除了連詞外，每一個字都作了解釋，事實上，文義已清晰可明。惠氏並引《晉語》與韋注，以說明「震爲威」之義。進一步采宋衷之義，「雷動而威，電動而明」，藉由前訓字義，以明宋文，惟雷電並合，才能顯其威明，所以宋氏也說「用刑之道，威明相兼」，《尚書》也言「德威維畏，德明維明」，雷電相顯，萬物不能懷邪，王者以此爲則，明罰勑法，使民知所畏而不敢犯，此惠氏所云「雷電並合而噬嗑備」之理。是以聖王以禮樂化天下，治梗頑不順者以刑罰，噬之所以嗑之，明刑所以循善弼教，而受罰者所以遷善改惡；刑罰之用，當在威明兼備，此爲必要之治道。惠氏訓此八字，綜采六、七說，文義得以詳明。

　　又如，惠氏釋《繫上》「言天下之至賾而不可亂也」，疏云：

---

[14] 見《周易述·象上傳》，卷九，頁 245-246。

嘖當為動，鄭義也。虞本作動，云舊誤作嘖也。亂，治，《釋詁》文。《論語》曰：予有亂十人，馬融注云：亂，治也。六爻發揮，變動不拘，故不可治。觀其會通，以行其等禮，繫辭焉以斷其吉凶，所以治之也。故《下繫》云：極天下之嘖者存乎卦，鼓天下之動者存乎辭。

又釋「儗之而後言，儀之而後動，儗儀以成其變化」，疏云：

初辭儗之，《下繫》文。問焉而以言，謂問于《易》而後言，以言者尚其辭，故儗之而後言。儀，度，許慎義也。鄭注《尚書大傳》曰：射王極之度也，射人將發矢，必先于此儀之，發矢則必中于彼矣。君將出政，亦先于朝廷度之，出則應于民心。射其象者也，以《易》為度，先于此儀之，而後舉事，則動无不中，故儀之而後動。儗之儀之，變化從此而出，故以成其變化，通志成務之謂也。[15]

前段，惠氏改常本「動」作「嘖」，並引鄭玄之說，訓「嘖」為「動」；又依《釋詁》訓「亂」為「治」，並引馬融之說佐證；故二字連用可以視為同義複詞。天下之至動，不可為治，一切變化，惟繫辭而斷其吉凶，方可為治。後段，惠氏易「議」字為「儀」，並且以許慎《說文》訓「儀」為「度」，即有審度之義。以鄭注《尚書大傳》，說明射箭發矢之前，必先仔細量度，然後才能動入標的；射箭之理，同於君子理政，探賾民情於朝廷之上，出則合民情，知民隱，與百姓同心。所以，凡事，先儀而與舉，則動无不中，此《易》「儀之而後動」之義。能夠儗之、儀之，然後自然可以運籌帷幄，順應變化，亦可隨機變化，通志成務。故《繫辭》云「儗儀以成其變化」，道理在此。在這兩段釋文中，可以看到惠氏引據廣泛，不論經籍、字書，乃至《周易》之本文，只要文獻可徵，又有助於訓文義，皆可視為索引對象。

又以无妄䷘卦為例，六三「或繫之牛」，惠氏詳訓「牛」義云：

《海內經》曰：后稷是播百穀。稷之孫叔均是始作牛耕。郭璞注云：始用牛犁，故云牛，所以資耕藉也。孔子弟子冉伯牛名耕。《新

書》鄒穆公曰：百姓飽牛而耕，則牛耕始于三代矣。

說明「牛」本非僅爲動物之名，訓作「牛耕」更恰，且牛耕始於三代。牛繫之而不從耕作，乃「无妄之世，故繫而弗用」。惠氏進一步釋「邑人災也」之「邑」字，云：

> 夏商天子之居名邑。《詩》殷武曰：商邑翼翼，四方之極。[16]《毛傳》曰：商邑，京師也。是以《白虎通》曰：夏曰夏邑，殷曰商邑，周曰京師。《尚書》曰：率割夏邑，謂桀也。在商邑，謂殷也。文王演《易》據，夏商之禮，故以天子所居爲邑，舉邑以槩天下，故云邑人災，天下皆災矣。[17]

詳引諸經傳，以說明「邑」義。天子所居，爲天下之所，所以說，「邑人災，天下皆災」。繫牛而不耕，行人敢據爲己有，此天子之災，實萬民之災。是失位之世，天下無道，小役大，弱役強，怎能免於災？在這裡，亦可見惠氏引用文獻詳富有據。

有關之釋例，在《周易述》處處可見，其廣引群籍之功，誠然可佩。後面的有關釋例，大抵也能表現出這番特色，所在僅舉此數例。

（二）挑戰常說，理據恰當

惠氏考據有信，不以常說而爲必然，其見識專就文獻訓典的足作論據者而言，所以每每有不同於常說之論，並能言之有物，理據恰當。以「大壯：利貞」爲例，惠棟採取虞翻之說爲訓，云：

> 陽息泰也。壯，傷也。大謂四，失位，爲陰所乘。兌爲毀折，故傷。與五易位，乃得正，故利貞也。

並進一步疏解云：

> 陽息泰成大壯。馬氏亦云：壯，傷也。《方言》曰：「凡草木刺人，北燕朝鮮之間謂之策，或謂之壯。」郭璞註云：「今淮南亦呼壯爲傷是也。」陽大陰小，故大謂四，以九居四，爲失位。五陰乘之，陰氣賊害，又體兌，兌爲毀折，故名大壯。《太玄》

---

[16] 見《詩・周頌・長發》。

[17] 見《周易述》，卷四，頁 113-114。

> 準之以夷，夷亦傷也。四當升五，與五易位，則各得其正，故
> 利貞也。[18]

傳統上，一般人對大壯䷡卦的認爲，釋「大壯」之「壯」義，皆有壯盛之義，例如《釋文》引鄭玄之說云「壯，氣力浸強之名」；引王肅云「壯，盛也」；《正義》云「壯者，強盛之名；以陽稱大。陽長既多，是大者盛壯，故曰大壯」；《易程傳》亦指出「大壯之道，利於貞正也；大壯而不得其正，強猛之爲耳，非君子之道壯盛也」；[19]都有強盛壯大之義。然而惠氏專以虞說爲訓，認爲「壯」之義爲「傷」，並且引諸說來證明其義是所有根據的，以揚雄《方言》認爲北燕朝鮮之間，草木刺入傷人稱爲「壯」；《太玄》作「夷」，亦爲「傷」義；[20]淮南地區也稱「壯」爲「傷」。確定「壯」訓爲「傷」後，並進一步說明何以作爲「大壯」，以及表達「大壯」而能「利貞」的意義。大壯爲陽息之卦，四陽承泰卦而來。「陽大陰小」，所以云「大」，以其四以陽九居陰位，爲失位，並且爲五陰所乘，陽爲陰所傷。同時，三至五爻又體兌，《說卦》以兌爲折毀，有毀傷之義。所以說，從整個卦的爻位所處觀之，處於面對傷害的不利之境，所以名爲「大壯」。但是，既是「大壯」，何以能得以「利貞」，則必須作爻位的改變，「四當升五，與五易位，則各得其正」，所以爲「利貞」。四五易位後，五陽乘四陰，五陽亦承六陰，一陽又與四陰應，爲吉象。且四五易位，則成需䷄卦，需卦卦辭指出「光亨，貞吉，利涉大川」，此亦吉。所以說，雖大壯而能「利貞」。惠氏確定「壯」爲「傷」義，並進一步以爻位的關係進行論述，「壯」之爲「傷」，乃因陽爻失位，爲陰所乘的「大」所引起，並且卦的內在隱現「折毀」之象，更顯其大傷之義。因此，惠氏這般訓詁，論證有據，仍可言之成理。

　　以明夷䷣六五「其子之明夷，利貞」爲例，惠氏注云：

[18] 二段引文，見《周易述》，卷五，頁 143-144。

[19] 所引四家之文，見《經典釋文》，卷二，頁 387；《周易注疏》，卷四，頁 86；《易程傳》引自台北：新文豐出版公司《大易類聚初集》，第一冊，《伊川易傳》，卷三，1983 年 10 月初版，頁 857。

[20] 段玉裁指出：「凡注家云『夷，傷也』者，謂夷即痍之假借也。」（見段玉裁《說文解字注》，十篇下，頁 498。）

「其」讀為「亥」，坤終于亥，乾出于子，故其子之明夷。三升五得正，故利貞。馬君俗儒，讀為「箕子」，涉《象傳》而訛耳。

並進一步疏云：

蜀才從古文，作「其子」，今從之。其古音「亥」，故讀為「亥」，亦作「箕」；劉向曰：今《易》「其子」作「荄茲」，苟爽據以為說。蓋讀「其子」為「荄茲」，古文作「其子」。「其」與「亥」，「子」與「茲」，字異而音義同。《淮南子》曰「爨其燧火」，高誘注云：「箕」音「該備」之「該」。「該」、「荄」同物，故《三統歷》曰：該閡於亥，孳萌于子是也。五本坤也，坤終于亥，乾出於子，用晦而明，明不可息，故曰其子之明夷。明夷反晉，晉，晝也；明夷，晦也。以十二辰言之，七日來復，則當子。以十日言之，自暗復明，則當旦。故昭五年《春秋傳》卜楚邱論此卦，以為明夷當旦，亦此義也。五失位，三之五得正，故利貞。馬融俗儒，不識七十子傳《易》之大義，以《象傳》有「箕子」之文，遂以箕子當五。尋五為天位，箕子臣也，而當君位，乖于《易》例，逆孰大焉。謬說流傳，兆於西漢。西漢博士施讎，讀「其」為「箕」，時有孟喜之高弟蜀人趙賓，述孟氏之學，斥言其謬，以為箕子明夷，陰陽氣无箕子。其子者，萬物方荄茲也。賓據古義以難諸儒，諸儒皆屈，于是施讎、梁丘賀，咸共嫉之。讎、賀與喜同事田王孫，而賀先貴，又傳子臨，從讎問蔫，讎為博士。喜未貴而學獨高，施、梁丘皆不及喜，所傳卦氣及《易》家候陰陽災異書，皆傳自王孫，以授梁人焦延壽者，而梁丘惡之，謂無此事，引讎為證，且以此語聞於上。於是宣帝以喜為改師法，不用為博士，中梁丘之譖也。讎、賀嫉喜而并及賓，班固不通《易》，其作喜傳亦用讎、賀之單詞，皆非實錄。劉向《別錄》猶循孟學，故馬融俗說，苟爽獨知其非，復賓古義，讀「其子」為「荄茲」。而晉人鄭湛以為漫衍无經，致譏荀氏，但魏晉已後，經師道喪，王肅詆鄭氏，而禘郊之義乖。袁準毀蔡服，而明堂之制亡。鄭湛譏荀諝，而《周易》之學晦。郢書燕說，一倡百和，何尤乎後世之紛紜矣。

21

惠棟參照《釋文》所載，[22]以蜀才從古文，改原本「箕子」作「其子」，以「其子」才是古本，其進一步的根據是後續對「其子」的解釋。認爲「其」讀爲亥，按「其」，渠之紐，一部；亥，胡改切，匣紐，一部。群紐爲古匣紐之變聲，故「其」，亦可作「箕」，其古音爲「亥」無誤，可以視爲同音通假之字。荀爽本劉向之說，易「箕子」爲「荄茲」，惠氏並引《淮南子》與高誘注，以及《三統歷》之言互證，認爲「箕」音「該」，而「該」爲「亥」，且「茲」同「孶」爲「子」。班固爲《漢書‧律歷志》，多本於《三統歷》，查王先謙《漢書補注》指出：

> 《律書》：「亥者，該也。言陽氣藏於下，故該也。」《說文》：「亥，荄也。十月微陽起，接陰盛。」《釋名》：「亥，核也。收藏百物，核取其好惡真偽也，亦言成萬物皆堅核也。」

又云：

> 《律書》：「子者，滋也。滋者，萬物滋於下也。」《說文》：「十一月陽氣動，萬物滋，人以爲偁，象形。」滋、孶義同，《釋名》：「子，孶也。陽氣始萌，孶生於下也。」[23]

由是可知，「其子」同「荄茲」，皆云陽氣藏於下，而萬物始萌之際。因此，惠氏下了注解，認爲「五（即六五）本坤也，坤終于亥，乾出於子，用晦而明，明不可息，故曰其子之明夷」，陰陽氣行，坤陰將終於亥，而乾陽也將出於子，此晦明之際，陽氣漸長，萬物孶始，所以爲「其子之明夷」。並且，自暗復明，爲將旦之時，與《左傳‧昭五年》卜楚邱論此卦，以明夷當旦，其義皆同。至於本義何以傳爲謬說，肇因於施讎與梁丘賀嫉妒孟喜所致，惠氏根據《釋文》所言，作爲詳細的述說，最後荀氏正確的傳述，爲鄒湛所譏，以致正說湮沒。最後惠氏也針對今日一般作「箕子」提出駁正，主要源於《彖傳》有「箕子」之說，而馬融諸儒

---

[21] 二段引文，見《周易述》，卷五，頁 152、154-155。

[22] 惠氏所言，主要根據《釋文》所錄，云：「蜀才箕作其。劉向云：今《易》箕子作荄滋。鄒湛云：『訓箕爲荄，詁子爲滋，漫衍無經，不可致詰。』以譏荀爽。」（見陸德明《經典釋文》，卷二，頁 387。）

[23] 見王先謙《漢書補注‧律歷志》，卷二十一上，台北：藝文印書館，頁 393。

循之，馬融指出：

> 箕子，紂之諸父，明於天道，《洪範》之九疇，德可以王，故以當五。知紂之惡，無可奈何，同姓恩深，不忍棄去，被髮佯狂，以明為暗，故曰「箕子之明夷」。[24]

馬氏根本《彖傳》，以史事為說，認為五爻為君子之位，箕子雖為人臣，但其德高可以為王，所以以五當之。但是，惠氏不以為然，仍認為臣為臣，是不易之事實，不以其德而易其位，臣僭君位，非《易》之當例，所以為非。此觀點認知上的差異，並無絕對的是或非，但惠氏所言亦準之有理。由此例整體觀之，惠氏詁訓詳明，考據有徵，雖異於常說，但仍有其理據可循，足為參照。

又以隨䷐卦為例，惠氏釋「隨，元亨，利貞」，疏云：

> 卦自否來，從三陽三陰之例。否上爻之坤初。卦名隨者，爻辭六二「係小子」，小子謂初，是二係初也。六三「係丈夫」，丈夫謂四，是三係四也。上六「拘係之」，乃從維之。《乾鑿度》謂上六欲待九五拘繫之，維持之，是上係五也。三陰係于三陽，虞氏謂隨家，陰隨陽，故名隨。《太元》準為從其辭曰「日嬪月隨」，亦陰隨陽也。陰係陽，猶婦係夫。《曲禮》曰「大夫曰孺人」，鄭彼注云：孺之言屬，言其繫屬人也。又曰女子許嫁纓，亦謂婦人質弱，不能自固，必有繫屬，故許嫁時繫纓也。故鄭注《內則》云：婦人有纓，示繫屬也。杜預《釋例》曰：婦人無外，於禮當繫夫之諡，以明所屬，皆是婦繫夫之事。故初九、九四、九五，比之小子、丈夫也。隨家，陰隨陽，夫婦之道，故九五「孚于嘉吉」。《傳》曰：君子以嚮晦入宴息，夫婦之道。而以既濟言者，夫婦者君臣父子之本，正家而天下定，故《中庸》曰：君子之道造端乎夫婦，及其至也，察乎天地。是言既濟之事也。[25]

惠氏清楚的表明隨卦之卦義，主要在於說明陰隨陽、婦繫隨於夫的夫婦之道。這麼明確的專指夫婦而言者，不同於傳統較為隱晦的說法，如王

---

[24] 見李鼎祚《周易集解》，卷七，頁180。

[25] 見《周易述》，卷三，頁77-78。

弼指出「震剛而兌柔也，以剛下柔動而之說，乃得隨也。……得時則天
下隨之矣。隨之所施，唯在於時也。時異而不隨，否之道也。故隨時之
義大矣」。孔穎達亦本王說而開展。[26]強調的是「隨時」之義。鄭玄指出
「震，動也；兌，悅也。內動之以德，外悅之以言，則天下之人，咸慕
其行而隨從之，故謂之隨也。既見隨從，能長之以善，通其嘉禮，和之
以義，幹之以正，則功成而有福，若无此四德，則有凶咎焉」。[27]「隨」
之義，在於下震爲動，上兌爲悅，「內動之以德，外悅之以言」，言而民
莫不信，行而民莫不說，所以天下之人皆慕隨之；並且，鄭氏更強調有
德者，隨而有福，無德者，雖隨則咎，關注的焦點在於「元、亨、利、
貞」四德。鄭氏之義，事實上同於《左傳‧襄九年》所載：

> 穆姜筮得艮之隨。姜曰「《周易》曰隨：元、亨、利、貞，无咎。
> 有是四德者，隨而无咎。我皆无之，豈隨也哉。我則取惡，能
> 无咎乎。」

同樣置重於四德之有無。觀惠氏之說，從爻位著手而言，以六二隨初九
小子，六三隨九四丈夫，上六隨九五丈夫，即婦隨於夫，此合於《太玄》
所說陰隨陽之道，惠氏並廣引《曲禮》、鄭玄與杜預之說，從禮制的角度
來看，此亦陰隨陽的夫婦之道。最後惠氏並特別指出夫婦之道，爲倫常
之本，正夫婦之道，則天下之理定，即《中庸》所說的「君子之道造端
乎夫婦」，推而廣之，則能「察乎天地」之理，達乎「元亨、利貞」的既
濟之境。在這裡，惠氏專以陰陽的關係比之爲夫婦的關係，陽動而陰順，
此自然之道，夫唱而婦隨，此倫常之必然，本乎陰陽之理。

　　從上舉數例觀之，雖然，惠氏所論與常說相異，但惠氏並不在刻意
顛覆一般的說法，而是堅持其探尋古義的職志與考據之精神而作爲說
法，不求語出驚人，但持樸素篤實之學。

　　（三）數義並陳，詳作參照

　　《周易》文簡而意廣，特別反映在卦義上，表義深遠，如百川所納，

---

[26] 見王弼注、孔穎達正義《周易注疏》，卷三，頁56。
[27] 見李鼎祚《周易集解》，卷五，頁101。

所以在釋卦義上，惠氏多有數義並陳者，使釋卦取義，詳明而多可參佐。例如其釋革䷰卦，指出「水火相息而更用事，故謂之革」，並進一步詳作四義解，云：

> 此卦以四變改命為吉，故云革，改也。息，長也。謂水火相長而更用事也。此卦之取義有四焉：水火相息，四時更代，《彖辭》「天地革而四時成」，《象辭》「治歷明時」一也。王者受命，改正朔，易服色，亦謂之革。《彖辭》「湯武革命」二也。《鴻範》曰「從革作辛」，馬融彼注云「金之性，從火而更可銷鑠也。兌金離火，兌從離而革」三也。鳥獸之毛，四時更易，故《說文》解「革」字義云「獸皮治去其毛」，初「鞏用黃牛之革」，五上「虎變」、「豹變」四也。卦象兼此四義，故云革也。[28]

此卦九四爻辭云「悔亡」，以四失正，故「悔」，動而得位，則「悔亡」。二體離為日，離納己，故卦辭云「己日」。四動則上卦為坎，五在坎中為孚，二正應五，合卦辭所言「己日乃孚」之義。四既變以成既濟䷾，如惠氏所云「必至四而後改命，吉成，既濟定也。乾道變化，乾坤，元也。變化，亨也。各正性命，貞也。保合太和，利也。四革之正，故『元亨、利貞，悔亡』」。[29]四爻改革之後，陽爻為陰，得其正位，則能「元亨、利貞」，也才能去其悔咎。因此，此卦所革者，惠氏作四義解：其一為坎離水火之相息，四時之更替，即《彖傳》所謂「天地革而四時成」，《象傳》所說的「治歷明時」，也就是時令更新而更見明朗，是一種嶄新時光之呈現。其二是以《彖傳》所謂「湯武革命」而言，湯武順乎天而應乎人，誅二叔，除民害，天下定，武功成，此王者受命承替，改正易服，皆本變革之義。其三以《鴻範》言「從革作辛」，馬融注為「金之性，從火而更可銷鑠也。兌金離火，兌從離而革」而為革義，火性就燥而可鑠金，所以為革。其四，《說文》解「革」字義作「獸皮治去其毛」，革義如鳥獸之毛，四時更易，所以革卦初九云「鞏用黃牛之革」，九五云「虎變」，上六云「豹變」，義皆在此。惠氏廣取數義，豐富了革卦的卦義，也讓我

---

[28] 見《周易述》，卷七，頁214。

[29] 見《周易述》，卷七，頁214-215。

們體會到《易》義之奧遠。

又如，惠棟釋豫䷏卦，以「豫」有「樂」之義，云：

> 《晉語》司空季子解此經云「豫，樂也」，故《太玄》準之以「樂」；
> 鄭氏謂喜豫、悅樂是也。卦之取義于豫者，有三焉；《漢書·五行
> 志》云「雷以二月出，其卦曰豫」，言萬物隨雷出地，皆逸豫，一
> 也。取象制樂。樂者，樂也。薦之神祇，祖考，與天地同和，二
> 也。震上坤下，母老子彊，居樂出威，三也。故曰豫，樂也。[30]

惠氏以《晉語》、《太玄》與鄭玄之說，以豫卦本有喜樂愉悅之義。取卦
義於此，主要可以三個方面來看：

其一、惠氏以《漢志》「雷以二月出，其卦曰豫」，說明「萬物隨雷
出地，皆逸豫」；豫卦坤下震上，坤爲順，震爲動，凡物能順其性而動者，
則莫不樂得其所，所以卦取「樂」義。

其二、惠氏取其二義，云「取象制樂。樂者，樂也。薦之神祇，祖
考，與天地同和」，所言之義，蓋取自《象傳》之說，《象》云「先王以
作樂崇德，殷薦之上帝，以配祖考」，鄭玄則詳云：

> 雷動於地上，萬物乃豫也。以者，取其喜佚動搖。猶人至樂，則
> 手欲鼓之，足欲舞之也。崇，充也。殷，盛也。薦，進也。上帝，
> 天也。王者功成作樂，以文得之者作籥舞，以武得之者作萬舞，
> 各充其德而為制。祀天帝以配祖考者，使與天同饗其功也。[31]

雷動於地上，養長華實，發揚隱伏，喜樂景況由是而生，則手足舞蹈，
喜佚動搖，油然自生。從取象而言，互艮爲手，體震爲足，則豫取手足
樂動之狀。進而言之，古者祀天配祖，皆薦盛樂，並爲之舞，以表崇德
莊隆之義。所以取其一義於此。

其三、惠取三義云「震上坤下，母老子彊，居樂出威」，實出於《國
語·晉語》「母老子彊」之言。[32]按《國語》之言，晉文公將歸國，筮得

---

[30] 見《周易述》，卷三，頁74。

[31] 見李鼎祚《周易集解》，卷四，頁97-98。

[32] 「母老子強」出自《國語》轉引自清李塨《周易傳註》，卷二。台北：台灣商務印書
館四庫全書本，第47冊，頁50。又清查慎行《周易玩辭集解》，卷三，提到：「母老
子強，故曰豫。其辭曰利建侯行師，居樂出威之謂也。得國之卦也。韋昭注：居樂，

貞屯悔豫，筮史皆說不吉，然司空季子卻說吉，並認為皆利建侯。是坤為母，震為長子，此母老子強，則利建侯行師，亦即坤母居樂在內，而震長兄出威在外。建侯行師之功可成，亦悅樂之義。

　　取義於豫有三，可見惠氏收納之廣與訓解之詳明。

（四）兼取漢《易》諸法，理據詳備

　　惠氏詁解文義，並不單重於個別字義的訓解，每每采漢儒《易》說，以明其卦爻之義，畢竟惠氏述《易》在於治漢，尤其特宗於虞、荀乃至鄭玄之說，因此採取諸家釋《易》之主張，是必然之道。惠氏運用漢《易》諸法，純熟周恰，言之合理，儼然為漢儒《易》說之綜合體。如惠氏訓賁☲卦《彖》「觀乎天文，以察時變」，疏云：

> 體离艮，互坎。离日，坎月，艮星，故云日月星辰為天文也。時，
> 四時也。泰互震兌，故震春、兌秋。賁有坎离，故坎冬离夏。巽
> 陽巳進，而陰初退，故為進退。日月星辰，有進退盈縮，《漢書·
> 天文志》曰：陽用事則進，陰用事則退，早出為盈，晚出為縮也。
> 朓側朒，朒當作匿字之誤也。《尚書大傳》曰：晦而月見西方，謂
> 之朓。朔而月見東方，謂之側匿。鄭彼注云：朓，條也。條達，
> 行疾貌。側匿猶縮；縮，行遲貌。所謂時變也，歷數也，象法也。
> 《玫工記》曰「天時變」，故云歷象在天成變，所以察時變也。[33]

賁卦離下艮上，所以「體离艮」，二至四互坎，合離日、坎月、艮星三象為天文，高麗於天位，而「在天成象」者。此即「天文」釋義。惠氏並明言「時」為「四時」。賁卦三陰三陽之卦自泰☷來，即坤上來之乾二，乾二往之坤上；所以惠氏云「泰互震兌」，涉泰卦在此。泰卦有震春、兌秋，而賁卦有坎冬、離夏，此合四時。四時之變，在於陰陽之化，也在於天文之進退盈縮；五變巽，為「進退」，同於日月星辰之變化，所以惠氏進一步引《天文志》、《尚書大傳》，以及鄭注說明盈縮朓匿之象，有遲

謂坤在內；出威，謂震在外。」（引自台灣商務印書館四庫全書本，第 47 冊，頁 487。）
是惠氏取第三義，蓋出自於此。

[33] 見《周易述·象上傳》，卷九，頁 247。

有疾，即所謂「時變」。《攷工記》所謂「天時變」，即歷象在天成變，此即觀乎天文，所以察時變。短短八字，惠氏透過漢儒常用之卦變、互體與卦象諸說，並採有關文獻加以說明，使《象傳》辭義更爲具體詳明。

又如，惠氏訓解萃䷬卦《象傳》「君子以除戎器，戒不虞」，疏云：

> 卦唯五陽得正，故君子謂五。案虞注卦辭云：乾五爲王，謂觀乾也。又虞注坎《象傳》云：在乾爲大人，在坎爲君子。今以乾五爲君子者，但三、四易位，五在坎中，故以君子謂五也。姚信、陸績、王肅皆云「除，猶修治」，故云：除，修；戎，兵也。《詩》曰「修爾車馬，弓矢戎兵」者，《大雅·抑》篇文。證治軍實，亦云修也。乾之九三、九四，皆云「進德修業」，故云陽在三四爲修。乾三不中，四不正，故云修。萃之三、四當之正，故亦云修也。坤形爲器，三、四之正體离，离爲甲胄，爲戎兵，又爲飛，爲矢，故爲戎兵、甲胄、飛矢。坎爲弓，故爲弓弧。巽爲繩直，故爲繩。艮爲小石，故爲石。《尚書·柴誓》曰「善敹乃甲胄」；又曰「鍛乃戈矛，礪乃鋒刃」。故爲敹甲，鍛礪矛矢也。鄭氏彼注云：敹，謂穿徹之，謂甲繩有斷絕，當使敹理穿治之。謂离之甲胄，以巽繩穿治之，故巽爲繩。矛矢以离火鍛之，以艮石礪之，故艮爲石。皆是修治之義，故「除戎器」也。戒，備，《方言》文。坎爲盜，故爲寇初。乃亂乃萃，坤反君道，爲亂，故以戒不虞。虞，度也。

34

惠氏首先確定五位爲君子，萃卦惟五陽得正，爲一卦之主，五位本爲天子王位，但虞作爻例則「在乾爲大人，在坎爲君子」，今五陽本爲大人象，而三四易位，則五在坎中爲君子。「除」爲「修治」之義，惠氏引姚信、陸績、王肅等人皆作此義。「戎」爲「兵」。引《詩·大雅》，以論證「修」本有「徵治軍實」之義；《詩·大雅·江漢》亦有「整我六師，以修我戎」，可備參。以「修」義爲言者，主在三、四爻，因爲乾卦九三、九四皆云「進德修業」，九三不中，而九四不正，所以爲「修」，隱存著整治改變之義。至於萃卦，三、四爻之正，亦云「修」。惠氏並指出「坤形爲器，

---

34 見《周易述·象下傳》，卷十三，頁 369-370。

三、四之正體离」，离有甲胄、戎兵、飛矢之象，皆兵器之屬。又互坎爲弓弧，互巽爲繩，互艮爲石，其象皆有修治甲兵之義，合於其所引《尚書》之義，所以《象》說「除戎器」，義即在此。然而，坎爲盜寇，坤又反君道，此盜亂難備，故「戒不虞」。區區九字，惠氏闡述具體詳明。除了引用諸家訓義，以及有關文獻輔證說明外，最重要的是不斷的使用互體與卦爻象來說明，特別是從中而解釋與擴大了卦象的名稱，例如乾九三、九四云「進德修業」，所以陽三、陽四爲「修」；離爲飛爲矢，所以爲飛矢；坎爲弓，所以爲弓弧；巽爲繩直，所以爲繩；艮爲小石，所以爲石；坎爲盜，所以爲寇初，等等。在這裡，惠氏除了對《象》義作了清楚的闡說外，也針對卦爻用象，作了簡要的解釋。

又如，惠棟釋比䷇卦《象傳》「先王以建萬國，親諸侯」，疏云：

先王，謂夏先王也。五爲天子，故先王謂五。初變之正，體震。震爲建侯，初剛難拔，故云「建」。震爲諸侯，義見屯卦。坤爲地，地有九州，夏時九州有萬國，故坤爲萬國。此上虞義也。比，四月卦，據消息。孟喜《卦氣圖》曰：十一月：未濟、蹇、頤、中孚、復；十二月：屯、謙、睽、升、臨；正月：小過、蒙、益、漸、泰；二月：需、隨、晉、解、大壯；三月：豫、訟、蠱、革、夬；四月：旅、比、小畜、乾；五月：大有、家人、井、咸、姤；六月：鼎、豐、渙、履、遯；七月：恆、節、同人、損、否；八月：巽、萃、大畜、賁、觀；九月：歸妹、无妄、明夷、困、剝；十月：艮、既濟、噬嗑、大過、坤，是也。《古文尚書‧皋陶謨》曰：邥成五服，至於五千，州有十二師，外薄四海，咸建五長。鄭彼注云：敷土既畢，廣輔五服而成之，面方各五千里。四面相距為方萬里。師，長也。九州，州立十二人為諸侯，師以佐其牧。外則五國立長，使各守其職。堯初制五服，服各五百里。要服之內，方四千里，曰「九州」。其外荒服，曰「四海」。此禹所受《地記書》，崑崙山東南，地方五千里，名曰神州者，禹　五服之殘數，亦每服者合五百里，故有萬里之界，萬國之封。《春秋傳》曰：禹朝羣臣於會稽，執玉帛者萬國。言執玉帛者，則九州之內諸侯也。其制特置牧，以諸侯賢者為之師。蓋百國一師，州十有二師，則

州千二百國也。八州凡九千六百國，其餘四百國在圻內。此禹時
建萬國之事也。四月以建萬國者，《明堂月令》曰：立夏之日，天
子親帥三公、九卿、大夫，以迎夏於南郊，還反，賞封諸侯。蓋
夏、殷法也。《白虎通》曰：封諸侯以夏何？陽氣盛養，故封諸侯，
盛養賢也。襄廿六年《春秋傳》曰：賞以春夏，刑以秋冬。是慶
賞封建，皆以夏也。王肅《聖證論》亦同此說。禹邲成五服，「邲」
與「比」同。《說文》曰「邲，輔信也」。輔成五服，此建萬國之
象。比，比也，《序卦》文。九五孚信之德，盈滿中國，四海會同，
遠人賓服，此親諸侯之象也。[35]

比☵卦一陽五陰，九五爲卦主，五又爲天子之位，惠氏明白指出「先王」
是五位，是夏先王。初變之正而爲震爲諸侯，初陽爲建，所以爲建諸侯。
坤爲地，地有九州有萬國，此夏時九州之狀；坤地有萬國，所以坤爲萬
國。在這個裡，惠氏採用卦爻象作訓解，也直接對於卦象的由來作了一
番解釋，震爲建侯、坤爲萬國即是。比卦，惠氏採孟喜卦氣消息之說，
爲四月卦，在於說明四月屬立夏之時，而立夏又爲中國傳統禮制封賞諸
侯之時節。所以，惠氏特別引用《古文尚書》與鄭注、《左傳》、《明堂月
令》、《白虎通》，以及王肅《聖證論》，以說明立夏之日確爲卦賞諸侯、
盛養賢才之有據者。並且，也將中國傳統的五服、九州之制作了說明。
最後再以《說文》訓解《古文尚書》「邲成五服」，「邲」有輔信之義，亦
即比卦之卦義。所以，惠氏作了極佳的注解：「九五孚信之德，盈滿中國，
四海會同，遠人賓服，此親諸侯之象」。是建國親侯，使上下遠近脈絡相
通，爲先王之治道。在這裡，短短九字之文，惠氏卻廣引諸說，並兼取
卦爻象、消息之說，使《象》義得以大明。

　　惠棟治《易》，根柢於漢學，探尋於古義，依據古訓以通經知義，經
之義存乎訓，爲其治《易》的根本之法。所以，博蒐廣搜，考據古訓，
避免私臆空談，爲其治《易》的進路，並在其據古訓以通經的論述觀念
下，確立出博考漢儒詁訓的學術典型。因此，他的治《易》方法，某種

─────────

[35] 見《周易述・象上傳》，卷十一，頁 303-304。

程度上是漢儒治經的寫照，但站在尋古的路線上，特在文獻的取用方面，困難度遠遠超越了漢儒，他從具有時代的代表性文獻著手，也從漢儒的主流易學和有限的易學資料上入手，希望從理性的揀選與邏輯化的融合中，見到其認定的本真。在惠氏之論著中，雖然他在其強烈的漢《易》意識下，特重象數之說，或有附會牽強，但大體上我們仍可以看到他詁訓詳明、理據安在的面貌，誠用力之深，無愧於乾嘉一時之師表。

第二節　博引群籍眾說以釋《易》

　　惠棟身躋乾嘉一派宗師，開啓重新認識兩漢易學的風潮，創造從根本漢儒另闢出不同於「宋學」的清代「漢學」的嶄新局面。既以漢學爲尊，則必走入尋古的幽深曲徑。廣蒐博考，探賾漢儒的經說古義，文獻以古爲要，以古訓解《易》，以漢儒解經之法爲典式，因此，博引群籍眾說爲必要的方法，而這樣的方法，也就成爲惠氏治《易》的重要特色。

一、以漢魏《易》家作爲引述之主要對象

（一）廣引《易》說述而不作

　　《周易述》以闡發漢儒之學爲說，全書以虞翻、荀爽爲主，參以鄭玄、宋衷、干寶、子夏、京房、劉歆、許慎、馬融、王肅、董遇、九家、姚信、翟元、王弼等漢魏諸家之說，融會貫串，綜合其義；希望廓清漢儒易學的原委，以還原漢代易學的本真。名爲《周易述》，表明重在於述，而少有己意，因此廣引漢魏《易》家之言，多信而有徵，不敢妄作標新。耿志宏檢視其所注疏經文，徵引諸家之義，獨言一家之義者有三三六次，其中以虞翻義二六六次最多，其次爲荀爽義二十八次，鄭玄義十三次等；又統計兼採二家或以上者有三十四次，並以荀虞義十三次最多。[36]事實

---

[36] 耿志宏《惠棟之經學研究》中統計惠棟於其《周易述》中，徵引諸家之義者：包括子夏義一次、京房義三次、劉歆義一次、許慎義一次、馬融義六次、宋衷義一次、荀爽

上，耿氏所作之統計，僅就惠棟有述明徵引出處者，惠棟於經傳作注中，也多雜糅諸家之說，少用己言，但未標明所言出於何家。因此，惠棟之徵引，其實際情形，當超過耿氏所作之統計次數。

惠棟雖綜合諸家之說，但大體專主虞翻、次而荀爽之學，徵引闡發，並未創爲新意。既以復原漢《易》爲志，必不輕改漢人之說。所述內容大都本於虞翻的學說主張，或斷取荀爽、鄭玄等人之說以作爲輔正。不論是文字詁訓或文義闡釋，皆是旁徵博采之功，廣引《易》家之言，乃至經史子集諸說，並終在證成以虞氏爲主、次而荀、鄭之言者。因此，大體上，可見其羅列史料而考證務實，卻又未見其能夠進一步著力於理性之分析而創爲新說，所以稱之爲「述而不作」，[37]亦不爲過。

以乾卦爲例，如乾卦卦辭「元、亨、利、貞」，惠氏注云：

> 元，始；亨，通；利，和；貞，正也。乾初爲道本，故曰元。息至二升坤五，乾坤交，故亨。乾六爻二、四上匪正，坤六爻初、三、五匪正。乾道變化，各正性命，保合大和，乃利貞。《傳》曰：利貞，剛柔正而位當也。[38]

惠注「元，始；亨，通；利，和；貞，正也」，出於《子夏傳》之言。[39]注云「息至二升坤五，乾坤交，故亨」，乃採荀爽升降之說。又云「乾道變化，各正性命，保合大和，乃利貞」，此出於《彖傳》。又云「《傳》曰：

義二十八次鄭玄義十三次、王肅義四次、董遇義一次、虞翻義二六六次、九家義六次、姚信義一次、翟元義二次、王弼義一次、干寶義一次，合爲三三六次。又兼採二家或以上者，包括子夏虞氏義一次、京虞義一次、馬鄭義一次、馬王虞義一次、鄭荀許慎如淳義一次、鄭九家義一次、荀虞義十三次、荀鄭義一次、荀及九家義一次、荀虞王義一次、虞鄭義七次、虞九家義四次、虞陸義一次、虞干義一次，合爲三十四次。（見耿志宏《惠棟之經學研究》，台北：國立政治大學中國文學系碩士論文，1984 年 5 月，頁 75-76。）

[37] 孫劍秋《清代吳派經學研究》中，特別指出惠氏《周易述》「述而不作」的特色，並且認爲其「僅羅列史料，又缺乏分析判斷，甚至有所引諸家說解不同，惠氏也未多以闡明區分，言也不能不說是吳派易學的缺點所在」。（見孫劍秋《清代吳派經學研究》，國立政治大學中文所博士論文，1992 年 12 月，頁 130。）

[38] 見《周易述》，卷一，頁 1。

[39] 見《子夏傳》云：「元，始也；亨，通也；利，和也；貞正也。」（見李鼎祚《周易集解》，卷一，頁 1。）惠棟短少三「也」字。

利貞，剛柔正而位當也」，即《序卦》之文。初九「潛龍勿用」，惠注「氣從下生，以下爻爲始」，[40]爲鄭玄注《易緯乾鑿度》之文。[41]九二「見龍在田，利見大人」，惠注「坤爲田。大人謂天子。二升坤五，下體离，离爲見，故曰見龍在田。群陰應之，故曰利見大人」，[42]此取荀爽之義。[43]九三「君子終日乾乾，夕惕若厲，厲无咎」，惠注「三于三才爲人道，有乾德而在人道，君子之象」，[44]爲鄭玄注此爻辭之文。[45]九四「或躍在淵，无咎」，惠注「躍，上也。淵謂初四失位，故上躍居五者，求陽之正，故无咎」，[46]此取荀義。[47]九五「飛龍在天，利見大人」，惠注「五體离，离爲飛，五在天，故曰飛龍在天。二變應之，故利見大人。虞氏謂文王書《經》，繫庖犧于乾五，造作八卦，備物致用，以利天下，天下之所利見是也」。[48]此出於虞翻之文。[49]上九「亢龍有悔」，惠注「窮高曰亢，陽極

---

[40] 見《周易述》，卷一，頁3。

[41] 見《易緯乾鑿度》，卷上，頁482。

[42] 見《周易述》，卷一，頁3。

[43] 荀爽釋乾卦《象傳》云：「田謂坤也。二當升坤五，故曰見龍在田。大人謂天子，見據尊位。臨長群陰，德施於下，故曰德施普也。」（見李鼎祚《周易集解》，卷一，頁6。）惠氏所注，合於荀義。以二在三才爲地上，故稱田。陽息至二，故田謂坤也。乾主陽，陽動而進故升；坤主陰，陰動而退故降。二得中有君德，當升居坤五。升自二田，故曰見龍在田。五爲君位，故云大人謂天子，見據尊位。陽主施，又爲德，以二升居五位，所以「臨長群陰，德施普也」。採乾升坤降之說以釋義。

[44] 見《周易述》，卷一，頁3。

[45] 見李鼎祚《周易集解》，卷一，頁2。

[46] 見《周易述》，卷一，頁3。

[47] 參見荀爽注乾卦《象傳》「或躍在淵，進无咎也」，云：「乾者，君卦。四者，陰位。故上躍居五者，欲下居坤初，求陽之正，地下稱淵也。陽道樂進，故曰進无咎也。」（見李鼎祚《周易集解》，卷一，頁6。）

[48] 見《周易述》，卷一，頁3-4。

[49] 參見虞翻注乾卦九五「飛龍在天，利見大人」，云：「謂四已變，則五體离。离爲飛，五在天，故飛龍在天，利見大人也。謂若庖犧觀象于天，造作八卦，備物致用，以利天下，故曰飛龍在天，天下之所利見也。」（見李鼎祚《周易集解》，卷一，頁3）。惠氏注云「文王書《經》，繫庖犧于乾五」，即原本於《繫傳》之文；虞云「庖犧觀象于天」諸言，亦本諸《繫傳》。惠氏既引作虞義，則當原本於虞文，至於摻採《繫傳》，則宜作備說。

于上，當下之坤三。失位无應，窮不知變，故有悔」；[50]其「窮高曰忨」
文，出於王肅同爻之注文；其「陽極于上，當下之坤三」文，當轉引自
《九家易》之注乾卦《象傳》「亢龍有悔，盈不可久也」文。[51]其「失位
无應，窮不知變，故有悔」文，惠氏疏云出自京房義。[52]因此，由乾卦
卦爻辭之注說，可以看到惠氏除了引用《易傳》外，並廣泛運用漢魏《易》
家之說，包括《子夏易傳》、《易緯》與鄭注、京房、鄭玄、虞翻、荀爽、
王肅、《九家易》等主要易學家的思想，撼取而成論述的主張，鮮下己意，
可以視爲一種「述而不作」的詮釋模式。

　　這一種詮釋的模式，普遍見於各卦之中。又以坤卦爲例，坤卦卦辭
「元亨」，惠注「乾流坤形，坤凝乾元，終亥出子，品物咸亨，故元亨」，
[53]此即斷取虞翻於此卦辭之注文。[54]「利牝馬之貞，君子有攸往」，惠注
「坤爲牝，乾爲馬，陰順于陽，故利牝馬之貞。乾來據坤，故君子有攸
往」，[55]此文又參引虞說。[56]「先迷後得主」，惠注云「坤爲迷，消剝艮爲
迷復，故先迷。震爲主，反剝爲復體震，故後得主」，[57]此蓋參照《九家》
（說卦）所說之逸象，以及《序卦》與虞義。[58]

---

[50] 見《周易述》，卷一，頁 4。

[51] 王肅之注文，見李鼎祚《周易集解》，卷一，頁 3。惠氏注文「陽極于上，當下之坤
三」，與《九家易》云「陽當居五，今乃居上，故曰盈也。亢極失位，當下之坤三」，
（見李鼎祚《周易集解》，卷一，頁 6。）義同而字近。

[52] 參見惠氏於此注，進一步疏云：「九居上爲失位，應在三，三陽爻，故无應。《繫下》
曰：易窮則變，窮不知變，猶言知進而不知退也，故有悔。京房《易》積算曰：靜爲
悔，發爲貞，是有悔，爲不變之義也。」（見《周易述》，卷一，頁 7。）

[53] 見《周易述》，卷一，頁 8。

[54] 虞翻注文云：「陰極陽生，乾流坤形，坤含光大，凝乾之元，終於坤亥，出乾初子，
品物咸亨，故元亨也。」（見李鼎祚《周易集解》，卷二，頁 25。）惠氏出於虞注，取
文略簡。

[55] 見《周易述》，卷一，頁 8-9。

[56] 參見虞氏云：「坤爲牝，震爲馬，初動得正，故利牝馬之貞。」（見李鼎祚《周易集解》，
卷二，頁 25。）

[57] 見《周易述》，卷一，頁 9。

[58] 參見惠氏《周易述》自疏所云（卷一，頁 10）。李道平《周易集解纂疏》參照惠棟之
說而下案語：「坤貞十月亥，先坤者，九月剝也，後坤者，十一月復也。剝上曰『小
人剝廬』，虞彼注云：『上變滅艮，坤陰迷亂，故小人剝廬。』復初體震。《序卦》曰

「西南得朋，東北喪朋，安貞吉」，惠氏注疏明白指出引用劉歆八卦方位之義、鄭玄爻辰說，以及虞翻納甲之說，云：

> 爻辰初在未，未西南，陰位，故得朋。四在丑，丑東北，陽位，故喪朋。地闢于丑，位在未，未衝丑為地正承天之義也，故安貞吉。虞氏說此經以納甲云，此《易》道陰陽消息大要也。謂陽月三日，變而成震出庚，至月八日成兌見丁，庚西丁南，故西南得朋，謂二陽為朋，故兌君子以朋友講習。《象》曰乃與類行，二十九日消乙入坤，滅藏于癸，乙東癸北，故東北喪朋，謂之以坤滅乾，坤為喪也。

鄭玄十二月爻辰說，坤初六為未，在西南，陰位；坤六四在丑，在東北，陽位。與劉歆「三統歷」之說同。由此爻辰建月來論述「得朋」、「喪朋」之義。又以虞氏月體納甲之說，藉由月相的變化，相攝於「得朋」、「喪朋」。[59]皆見其「異性為朋」之旨，與王肅所謂的「西南陰類，故得朋；東北陽類，故喪朋」的「同性為朋」之主張不同；也與王弼「同性為朋」不同。[60]另外，爻辭之訓注，初六「履霜堅冰至」，惠注「初為履。霜者，乾之命也。初當之乾四，履乾命令而成堅冰也」，[61]此文出於《九家易》。[62]六二「直方大，不習无不利」，惠注「乾為直，坤為方，故曰直方。陽動直而大生焉，故曰大習重也，與襲通。《春秋傳》曰：卜，不襲吉。三

『主器者莫若長子，故受之以震』，是震為主。震主一陽，即盧氏所謂『陰以陽為主』也。剝曰『不利有攸往』，以迷亂也。復曰『利有攸往』，以得主也。坤由剝至復，故『君子有攸往』。先來自剝，則迷。後出為震，則『得主利』也。《九家》注此《九家》《說卦》逸象也。坤為母，故為牝。坤晦冥，故為迷。」（見李道平《周易集解纂疏》，卷二，頁70。）李氏所言，可以作為惠說之注解。

[59] 惠氏詳細之說明，參見其疏文。見《周易述》，卷一，頁10-11。

[60] 王弼注此卦辭云：「西南致養之地，與坤同道者也，故曰得朋，東北反西南者也，故曰喪朋。」王肅與王弼之言，見台北：藝文印書館《十三經注疏》本《周易注疏》，卷一，頁18。

[61] 見《周易述》，卷一，頁11。

[62] 惠棟引作「初當之乾四」，《九家易》實作「謂坤初六之乾四」。又，「霜者，乾之命也」句後，有「堅冰者，陰功成也」句，惠棟未引。參見李鼎祚《周易集解》，卷二，頁28。

動坎爲習，坤善六二，故不習无不利」，惠氏自疏，述明引自《九家》（說卦）所用逸象，以及《繫上》、《春秋》經傳與虞翻之說。[63] 六三「含章可貞，或從王事，无成有終」，惠注「貞，正也。以陰包陽，故含章。三失位，發得正，故可貞。乾爲王，坤爲事」，[64] 此出於虞氏注文。[65] 六四「括囊，无咎无譽」，惠注「括，結也。謂泰反成否，坤爲囊，艮爲手，巽爲繩，故括囊在外多咎。得位承五，繫于包桑，故无咎。陰在二多譽，今在四，故无譽」，[66] 出於虞氏之注文。[67] 六五「黃裳，元吉」，惠注「坤爲裳，黃中之色，裳下之飾」，[68] 其「坤爲裳」句，出於《九家》所用逸象，而後二句，出於干寶釋文。[69] 上六「龍戰于野，其血玄黃」，惠注「消息坤在亥，亥，乾之位，爲其兼于陽也，故稱龍」，[70] 此爲改易荀爽之注文；[71] 又注云「血以喻陰也。玄黃，天地之雜，言乾坤合居也」，語出《九家易》。[72] 可見其一卦卦爻辭之詁訓，廣泛採取像虞翻、荀爽、鄭玄、《九家易》、劉歆與干寶等重要《易》家之說。

　　由前引乾坤二卦爲例，可以看到惠棟博學綜覽，熟稔諸家之學，廣引漢代《易》說爲釋，這種述《易》之方法與內容之呈現，爲惠棟易學的重要特色，也爲清代乾嘉時期吳派《易》說之典範和治《易》的主要傾向。

（二）宗主虞學引述頻繁

---

[63] 詳細說明，參見《周易述》，卷一，頁 13。

[64] 見《周易述》，卷一，頁 11。

[65] 參見李鼎祚《周易集解》，卷二，頁 29-30。

[66] 見《周易述》，卷一，頁 12。

[67] 參見李鼎祚《周易集解》，卷二，頁 30。惠棟「今在四」句，虞作「而遠在四」。

[68] 見《周易述》，卷一，頁 12。

[69] 參見李鼎祚《周易集解》，卷二，頁 31。

[70] 見《周易述》，卷一，頁 12。

[71] 荀爽注「龍戰于野」云：「消息之位，坤在於亥，下有伏乾，爲其兼于陽，故稱龍也。」（見李鼎祚《周易集解》，卷二，頁 31。）「坤在於亥」，惠棟改作亥爲「乾之位」，雖語意同，但指亥爲乾位，實不恰當。

[72] 惠氏注文見《周易述》，卷一，頁 12。《九家易》文見李鼎祚《周易集解》，卷二，頁 31。

　　惠棟雖然以恢復漢《易》爲職志，並於漢魏諸家之說，采蒐其要，作爲論述之主要材料和內容，然而惠棟仍以虞翻易學爲核心，以申述虞義爲主，在引述虞文上，也是最爲普遍。

　　以屯卦爲例，援引《易》家原文爲釋者，如屯卦卦辭「屯，元、亨、利、貞」，惠注「坎二之初，六二乘剛，五爲上弇，故名屯。三動之正，成既濟定，故元亨利貞」，大體同於虞翻之言。「利建侯」，引虞說「震爲侯」之逸象。[73]六二「屯如邅如，乘馬驙如，匪寇昏冓，女子貞不字，十年乃字」，惠注「二應五，故匪寇，陰陽得正，故昏冓」，語與虞氏注文近；又云「貞不字，坤數十，三動反正」，語出於虞氏注文。[74]六三「即鹿无虞，惟入于林中」，惠注「即，就也；虞，山虞也。艮爲山，山足曰鹿。鹿，林也。三變體坎，坎爲叢木。山下，故稱林中。坤爲兕虎，震爲麋鹿，艮爲狐狼」；又注「三變，禽入於林中，故即鹿无虞，惟入于林中矣。」語出自虞翻注文。[75]「君子幾，不如舍，往吝」，惠注云「君子，謂陽已正」，語出自虞文，惟虞作「君子，謂陽已正位」，惠少「位」字。[76]六四「乘馬班如，求昏冓，往吉，无不利」，惠注「乘，初也」，「初建侯」，取自虞意。[77]九五「屯其膏，小貞吉，大貞凶」，惠注「坎雨稱膏」，語出虞文。[78]上六「乘馬班如，泣血漣如」，惠注「乘，五也」，「三變體离，离爲目，坎爲血」，引自虞翻注文。[79]由屯卦卦爻辭之論述觀之，除

---

[73] 見《周易述》，卷一，頁 15。虞氏之言，見李鼎祚《周易集解》，卷二，頁 37。

[74] 惠氏注文，見《周易述》，卷一，頁 17。虞氏注文，參見李鼎祚《周易集解》，卷二，頁 40。

[75] 惠氏注文，見《周易述》，卷一，頁 18。虞氏注文，參見李鼎祚《周易集解》，卷二，頁 40。惠氏引虞文，缺引「虞，山虞也」句與「又爲驚走」句。惠引作「禽入於林中」，當爲「禽走入於林中」；「故即鹿无虞」，當爲「故曰即鹿无虞」。

[76] 惠氏注文，見《周易述》，卷一，頁 18。虞氏注文，參見李鼎祚《周易集解》，卷二，頁 41。

[77] 惠氏注文，見《周易述》，卷一，頁 18。虞氏注文，參見李鼎祚《周易集解》，卷二，頁 41。虞「乘」作二解，一爲「乘，三也」，或爲「乘初，初爲建侯」。

[78] 惠氏注文，見《周易述》，卷一，頁 18。虞氏注文，參見李鼎祚《周易集解》，卷二，頁 41。

[79] 惠氏注文，見《周易述》，卷一，頁 18。虞氏注文，參見李鼎祚《周易集解》，卷二，頁 42。

了初九外，皆可見虞文之援用，並以申說虞義爲主。

又以蒙卦爲例，「蒙，亨」，惠注「艮三之二」；「匪我求童蒙，童蒙求我」，惠注「我謂二，艮爲求」，「禮有來，學无往教」；「初筮告，再三瀆，瀆則不告」，惠注「再三，謂三四」；「利貞」，惠注「二五失位，利變之正，故利貞」。此皆出自虞翻之注文。[80]初六「發蒙，利用刑人，用說桎梏，以往吝」，惠注「發蒙之正，體兌，兌爲刑人。坤爲用，故曰利用刑人。坎爲桎梏，初發成兌，坎象毀壞，故曰用說桎梏。之應歷險，故以往吝」。九二「包蒙，納婦，吉。子克家」，惠注「據初，應五」。六三「勿用娶女，見金夫，不有躬，无攸利」，惠注「誠上也。初發成兌，故三稱女。兌爲見，陽稱金，震爲夫。坤身稱躬」，又注云「不有躬，失位多凶，故无攸利」。惠氏這些注文，皆引自虞翻。[81]上九「擊蒙，不利爲寇，利禦寇」，惠注「體艮爲手，故擊。謂五已變，上動成坎，稱寇而逆乘陽，故不利爲寇。禦，止也」，此出自於虞文。[82]由此卦釋義觀之，除了六四、六五之外，亦皆可見虞文之援用，並以申說虞義爲主。

其他諸卦之引述亦同，大多根本於虞翻之說，特別是在卦義的論述上，惠氏莫不申言虞氏卦變之說，並且對於虞氏之重要易學主張，包括逸象的運用、月體納甲、兩象、旁通、互體等說，皆能詳作疏解，成爲其述《易》之重要內容。有關之內容，將於後文再作討論。

二、以《易傳》解其經義

今人以「《周易》」爲名，蓋合經傳而言。《周易》的「經」包括六十四卦卦形及卦爻辭，分上下兩篇，由乾卦至離卦等三十卦稱「上經」，咸卦至未濟卦等三十四卦爲「下經」。這種區分由來已久，《漢書·藝文志》

---

[80] 惠氏注文，見《周易述》，卷一，頁 21-22。虞氏注文，參見李鼎祚《周易集解》，卷二，頁 42-43。

[81] 惠氏注文，見《周易述》，卷一，頁 23。虞氏注文，參見李鼎祚《周易集解》，卷二，頁 45-46。

[82] 惠氏注文，見《周易述》，卷一，頁 23。王弼與虞氏文，參見李鼎祚《周易集解》，卷二，頁 46。

屢稱漢人《易注》二篇，當因上下經而分篇。《序卦傳》前後兩段，也是分敘上下經卦次而形成者。《易傳》以釋上下經而產生的，《易傳》諸篇原皆單行，與經文並不相雜。漢代學者詁訓經義，漸漸混合經傳，將《文言》分別列於乾、坤二卦之中，並將《彖傳》與《象傳》分列於六十四卦的卦爻辭之後，而《繫傳》、《說卦》、《雜卦》則仍個別獨立，置於六十四卦上下經之後，這種經傳合論，從漢代至今兩千多年來，研習既久，也成了通行之文本。並且由於《易傳》的高度哲學思想，也淡化了《易經》（六十四卦經文）自屬之質性，《周易》幾乎成為純粹而當然的義理之書，義理之外的象數思維，已是糟粕而無太多的學術或哲學價值。

事實上，我們都曉得《易經》與《易傳》都有其獨特的文化內涵和時代差異，它們所呈顯出來的內容和表達的方式都有很大的不同。原始而純粹的《易經》，一般都肯定其最初為卜筮之書，而《易傳》則訴諸哲學的產物。它們的產生，也有時代上的落差，《易經》始於三代文王或更早時期，而《易傳》則是遠在之後依附而成的。惠棟深知二者的差異，並以還原古義為志，因此，他在論述《周易》經傳時，已如前述，採取經傳分觀的形式，但他也體認，二者雖有區別，卻更有聯繫，不能截然斷分，特別是他綜采兩漢《易》家的理想主張來復原古義的同時，比兩漢易家更早的《易傳》，更不能避而不用；至於如何取用，取用那一部份，取用後如何詮釋，則另當別論了。

《周易述》中，惠棟以傳解經或以傳釋傳，處處可見。查《周易述》中，惠棟針對卦爻辭所作之疏解，引《彖傳》不下五十二次、《象傳》不下三十八次、《繫傳》不下四十二次、《文言》不下二十五次、《說卦》不下六十八次、《序卦》不下十七次、《雜卦》不下十六次，引用《易傳》之言，不少於二百五十八次，可見其引述極為頻繁而普遍。

舉乾䷀卦為例，卦辭「元、亨、利、貞」，惠棟引《彖傳》云「乾道變化，各正性命，保合大和，乃利貞」，又引《序卦》云「利貞，剛柔正而位當也」，以說明「利貞」之義。指出「乾卦二、四、上以陽居陰，初、三、五以陰居陽，故皆不正，乾變坤化，六爻皆正，故各正性命，乾為性，巽為命也。乾坤合德，六爻和會，故保合大和。正即貞，和即利，故剛柔正而位當」。同時認為「經凡言利貞者，皆爻當位，或變之正，或

剛柔相易」；《彖傳》、《序卦》之言，皆在明陰陽位當之問題，陰陽能夠各正其所，即能通大保之境，就如《中庸》所說的「致中和，天地位焉，萬物育焉」的道理。[83]同時也引《繫傳》之文並加以解釋云：

> 《繫上》曰：「大衍之數五十，其用四十有九。分而為二以象兩。掛一以象三。揲之以四以象四時。歸奇于扐以象閏。」又《繫下》曰：「易有太極，是生兩儀，兩儀生四象，四象生八卦。」引虞翻注云：兩儀，乾坤也。庖義幽贊于神明而生著，演三才五行而為大衍之數五十，其一大極，故用四十有九，即著之數也。大極生兩儀，故分而為二，以象兩。又分天象為三才，故掛一以象三，播五行于四時，故揲之以四，以象四時。……四營而成易，十有八變而成卦，是生八卦而小成。所謂四象生八卦也。……此聖人作八卦之事也。

其引述「大衍之數」與「太極生兩儀」的生成歷程，用以表達宇宙的生成變化之元質在於陰陽，而「乾坤，陰陽之本，故首乾坤：元始、亨通、利和、貞正」，由《繫》文所言，以說明乾坤的重要地位，與乾坤「元、亨、利、貞」的特質。並且又說明四德之義：「亨者，乾坤交也。乾天坤地，天地交為泰」，所以「《序卦》曰：泰者通也。故知亨為通也」。「《文言》曰：利者，義之和也。又曰：利物足以和義。故知利為和也。貞，正也者。師《彖傳》文。乾初謂初九也。初，始也，元亦始也。何休注《公羊》曰：元者，氣也，天地之始，故《傳》[84]曰：大哉乾元，萬物資始」。[85]從此段話，可以看到惠氏釋乾卦「元、亨、利、貞」之義，以《易傳》作為論述的基礎，廣引《彖傳》、《繫傳》、《文言》與《序卦》來闡釋，在偏重義理的論述內容中，也強烈地帶有象數的影子，反映出乾卦在宇宙生成規律中的重要定位。

惠棟釋乾䷀卦初九「潛龍勿用」時，引《說卦》云「易，逆數也」，認為「易氣從下生，故云逆數」，與《繫上》所說的「錯綜其數」同義，

---

[83] 括弧引文，見《周易述》，卷一，頁1。

[84] 此「《傳》」，指乾卦《彖傳》文。

[85] 以上引文，見《周易述》，卷一，頁1-2。

所以虞翻認爲「逆上曰錯，卦從下升故曰錯綜其數」。又引《文言》指出「潛龍勿用，下也」，「陽氣潛藏，故曰潛龍，其初難知」，《繫》文之義，以其「初尙微，故難知」。惠棟並認爲乾卦「五爻皆有龍象，三獨稱君子者，以易有三才，三于三才爲人道」，並引《文言》云「君子行此四德者，故曰乾元亨利貞。是君子爲有乾德而在人道者，經凡言君子，皆謂九三也」。在這裡，他引用《文言》之說，說明九三爻處君子人道之位，具「元、亨、利、貞」之乾德，並以九三爲「君子」專屬之位。九四爻辭「厲」字之義，引「《文言》曰『雖危无咎』，故知厲爲危也」。惠棟又虞翻之說云「陽息至三，二變成离，离爲日」，合於「《繫上》曰：剛柔者，晝夜之道也」之義。釋九四爻位時，云「淵爲初。四本陰位，故非。上躍居五者，即欲下居坤初。五與初皆陽之正位」，即上居五得中，下居初得正，合於《文言》曰『上下无常，非爲邪也』之義。惠氏又云「四變五，體离」，並引《說卦》曰「离爲雉」，指出「离爲朱雀，是离有飛鳥之象，故曰飛五于三才爲天道」。「五于三才爲天道，又天位也，故飛龍在天」。「《易》重當位，其次爲應，故《彖傳》言應者十有七卦。六十四卦之中，有當位而應者，有當位而不應者，有不當位而應者，若皆陰皆陽謂之敵應，艮《彖傳》所謂上下敵應，不相與也」。透過《彖傳》言「應」與「敵應」之義。「乾二五敵應，而稱利見大人者」。「乾二升五而應坤，坤五降二而應乾，故皆云利見大人」；並引《象傳》云「大人造也」，以及《文言》云「聖人作而萬物覩」，指出「聖人作，是造作八卦也；萬物覩，是利見大人也」，皆在闡明爻位升降以達相應之位。惠氏論述「用九：見群龍无首吉」之義，指出「《彖傳》、《文言》皆云時乘六龍以御天。六龍乘時御天，即用九見羣龍之義也。乾爲首，《說卦》文。乾位天德，坤下承之，故无首吉」。同時引《象傳》指出「坤不可爲天德之首」，而「陰无首，以陽爲首，與用九之義同也」。[86]惠棟申明乾卦六爻爻辭之義，處處《易傳》爲作釋義之主要內容，所述者大體不離《易傳》之本義，並綜采兩漢象數諸說予以相互論證。

以比卦爲例，比卦初六「有孚盈缶」，惠氏引虞說云「坤器爲缶」，

---

[86] 括弧引文，見《周易述》，卷一，頁 4-8。

並據《繫傳》爲釋，指出「《繫上》曰『形乃謂之器』，又曰『形而下者謂之器』，皆指坤，故知坤爲器。坤爲土爲器。缶者土器，故曰坤器爲缶也。坤爲國，故以缶喻中國。初動體屯，《序卦》曰『屯者，盈也』，盈缶之象」，此即盈滿之象。釋九五「顯比」，引虞氏之義，云「五貴多功，得位正中，初三巳變體重明，故顯比。謂顯諸仁也」。同時舉《繫上》「卑高以陳，貴賤位矣」來申明其義。指出「乾高貴五，五多功，故五貴多功。初三失位，當變有兩离象，故體重明也」。「九五稱顯比」，即貴位之功。並引《繫上》曰「顯諸仁」，稱之「亦謂重离也」。[87]在這裡，惠棟釋卦爻義，皆用兩漢以虞翻爲主的《易》家之說爲注，並於進一步的疏解中，廣引《易傳》作說明。

　　惠棟釋損卦云「損下益上，其道上行而失位，故名損」。此即引損卦《彖傳》「損，損下益上，其道上行」之言爲訓。但惠氏此一訓文，並無明言出於《彖傳》。又惠氏直引《序卦》「緩必有所失」爲釋，云「《序卦》曰：緩必有所失。損者，失也，故名損」。[88]惠棟陳述困卦卦義云，「剛爲陰弇，故困。上之二乾坤交，故亨。《傳》曰：困窮而通也」。「剛爲陰弇，故困。上之二乾坤交，故亨。《傳》曰困窮而通也」。[89]所引「《傳》曰」之文，即《繫辭下傳》文，謂陽窮否上，變之二成坎，坎爲通，故「困窮而通」。惠棟慣取《易傳》之言，以詁訓卦爻辭，並且著力於象數之說，將原本具有高度義理的文義，用象數的方法予以理性的解說，這種理性，即在於其言之有本，有本於漢儒《易》說，當然不避免其中的附會與不合理的部份。因此，《易傳》本來是釋經之產物，是一種高度義理取向（當然也有高度的象數內涵）的釋說六十四卦經文的主張，兩漢以降，已被經典化的對待，惠棟深知釋經不能捨傳而不言，所以在釋經的過程中，不斷地引用《易傳》之文。然而，惠棟的引用，並非引傳文而能立即透析經義，而是藉而進一步的運用漢人《易》說，來闡明或表達其《易傳》與《易經》之義，而《易傳》原有的義理內涵被漢人的象數《易》說給

---

[87] 見《周易述》，卷二，頁42。
[88] 二段引文，見《周易述》，卷六，頁172-173。
[89] 括弧引文，見《周易述》，卷七，頁203。

邊緣化給取代化了。惠棟類似的引文，不勝枚舉，在此不再贅述。

　　惠棟引傳文釋經，除了將義理化的傳文給象數化之外，也廣引本身具有純粹象數性質的傳文作爲釋經之對象。其中特別是在引用《說卦傳》方面，惠棟本諸虞說，擅用《易》象，也廣引逸象釋卦，對於《說卦傳》中的八卦取象之說，也成爲其運用的主要材料。惠棟疏解四十九個卦的卦爻辭時，[90]舉《說卦》文爲釋者，高達六十八次，大部份都是取其八卦用象之卦，約略用象如下：

　　乾卦：坎爲加憂、離爲雉、乾爲首。

　　坤卦：乾爲馬、乾爲君、乾以君之（推而云「乾爲王」）、坤致役（推而云「坤爲事」）。

　　屯卦：震爲阪、坎爲盜、震坎皆有馬象。

　　蒙卦：艮爲手。

　　需卦：坎爲溝瀆、坎爲血。

　　訟卦：坎爲隱伏。

　　師卦：坎爲車多眚、離爲折上槁、坤爲大輿。

　　小畜卦：巽多白眼。

　　履卦：兌爲小、兌爲眇、巽爲股、坎爲曳、乾以君之（故乾爲大君）。

　　泰卦：艮爲手、震爲足、坎爲加憂（故坎爲恤）、坎爲信（故坎爲孚）、乾爲積善（故乾爲福）。

　　否卦：離爲麗。

　　同人卦：巽爲高、震爲反生。

　　謙卦：震爲善鳴。

　　豫卦：震爲反生。

　　觀卦：離爲中女、離爲目、巽爲進退。

　　噬嗑卦：乾爲金。

　　剝卦：艮爲指、巽爲繩。

　　无妄卦：坤爲牛、巽爲木、艮爲小石。

　　大畜卦：艮止也、乾爲良馬、離爲日、乾爲首、乾爲天、艮爲路徑。

頤卦：離爲龜。

坎卦：坎爲極心、坎陷也、坤爲黑、艮爲門闕。

離卦：坤爲子母牛、乾爲王、坤爲眾。

咸卦：坤爲母（拇）、巽爲股。

恆卦：震內體爲專，外體爲躁。

大壯卦：巽爲進退。

明夷卦：離爲雉、離南方卦、坤爲腹、帝出乎震（所以震爲出）、艮爲門闕。

睽卦：坎於馬也爲美脊、相見乎離（所以離爲見）。

損卦：乾爲圓木器。

四十九個卦中，有二十八個卦，直引《說卦》之八卦用象以釋其義。另外，惠棟闡釋《易傳》，亦以其諸傳互訓，例如惠棟疏解《繫辭下傳》「剛柔者，立本者也」云：

> 乾陽金堅，故剛；坤陰和順，故柔。六子索于乾坤而得者，故爲六子。父母，乾天稱父，坤地稱母。約《說卦》文。震、坎、艮皆出乎乾，而與乾親，故曰「本天親上」。巽、离、兌皆出乎坤，而與坤親，故曰「本地親下」。天尊故上，地卑故下。此亦約《文言》。[91]

此引《說卦》、《文言》之義爲釋。以諸傳互訓，並不在於義理，而是重於象數之法，似乎將《易傳》予以象數化，偏廢其中高度的義理價值。在互訓的引文中，以《說卦》內容被引用最爲頻繁，惠棟在《彖傳》、《象傳》、《繫辭傳》與《文言》中，引《說卦》爲釋者，不下七十一次，所用者也大幾乎都引其用象內容，這是象數之學不可挽拒的材料來源。用象論義，爲象數易學的本然特色，所以取材於《說卦》用象，是一種直接而必然的方法。

　　惠棟釋卦爻義，皆用兩漢以虞翻爲主的《易》家之說爲注，並於進一步的疏解中，廣引《易傳》作說明，釋義以象數爲主要論述的內容，並且引《易傳》以補述其義，多將《易傳》象數化解說，減殺《易傳》

---

[91] 見《周易述·繫辭下傳》，卷十五，頁 473。

本有的高度義理之質性。取傳文釋義，不取義理，而用象數；除了諸多釋文刻意將其義理性質予以象數化之外，也直引《易傳》中「純粹」象數化的文意，透露出《易傳》作爲論述《易經》的後出者，並不獨取義理，而仍須以象數之據，捨象言義並不能周全《易經》之大旨，所以，普遍的象數痕跡是詮釋《易經》時所必然存在的。

惠棟肯定《易經》爲卜筮之書，也認爲詮釋《易經》的方式，必當採用兩漢象數《易》家的論述內容，因爲惟有如此，才能接近《易經》古義，才能還原其淳樸的內涵。然而，惠棟採取《易傳》作爲釋經之材料，並且在論述《易傳》時也多取兩漢象數之說，割裂《易傳》中的義理之學的重要元質。其刻意迴避義理的部份，是否對義理的內容取否定的態度，其主體的認同仍在卜筮之書的《易經》部份。但是，惠棟既將《易傳》納爲詁訓的對象，又分置於「經」之後，也當體認《易傳》的主體意旨，肯定其除了象數之外的義理部份。惠棟在這方面，顯然仍執意於象數的範疇，斲殺了《易傳》既有的本色。並且，從經典論著的形成先後言，《易傳》在漢儒《易》家之前產生，拿象數之學來架構《易傳》，雖然強化了其中的象數質性，卻也傷害或阻斷其中高度哲學性的義理之說；如此一來，如何回復經典的本真？如何還原經典的古義？除非惠棟所認同的經典只有《易經》，否則惠棟不宜與《易傳》的義理化內容拒絕往來戶。這一部份，的確是惠棟易學研究上的重大不足。

三、博采諸經與其傳注爲釋

經學爲漢代的主流學術，漢代的經學家，普遍將儒家的經典視爲恆久之至道，不刊之鴻教，乃至人倫之師表，以儒家經典作爲其畢生學術研究之典範。他們同時認爲群經同源，其大義多可相通；發明經義，宏揚大旨，必多以群經互證。這種經典詮釋的方法與傾向，爲漢代經學家的普遍共識。鄭吉雄先生曾指出乾嘉學者治經運用的方法，主要有二途：其一爲向內返求經典，以本經、他經，以及其傳、注、疏爲範疇，以貫串《六經》、發明本義、闡釋聖賢道理爲務，所用的方法以「本證」爲主的歸納法；其二爲以本經、他經，以及其傳、注、疏爲中心，向外發展，

進而至於以經證史、以經義闡發思想觀念、以經義批判社會政治，採用的方法以「推衍」爲主的演繹法。[92]不論是歸納法或演繹法，都離不開取用群經互釋的論述方式。而且，這種論述的方式，並不以乾嘉爲先，早在漢代已蔚爲風氣，只不過乾嘉學者以漢學爲志，承繼漢儒說經之法，沿此學風罷了。

　　以本經、他經，以及其傳、注、疏爲範疇，作爲治經的方法，必先積累學殖，博通群經，探賾古注，並能疏通經義，巧爲運用，才能行治經之法。惠棟躋身乾嘉漢學大師之列，深通此治經之法，王昶認爲他「眈思旁訊，探古訓不傳之秘，以求聖賢之微大義」，「海內人士無不重通經，通經無不知信古，其端自先生發，可謂豪傑之士矣」，可以說是「儒林典型」。[93]惠棟《周易述》中，於經傳之釋義，廣引群經與漢儒古注爲釋，粗略概觀直引書名及其文者，引《尚書》與《尚書大傳》不下五十五次，《詩》及《詩傳》不下八十一次，《春秋傳》不下七十三次，《公羊傳》不下七次，《穀梁傳》不下十一次，《左傳》不下三次，[94]《論語》不下二十四次，《孟子》不下十六次，《大學》及《大學》鄭注不下十四次，以及《中庸》不下六十八次。可見其廣引之勤敏，足與漢儒相並。

　　以屯䷂卦《象傳》爲例，《象》辭「雲雷屯。君子以經論」，惠棟注云：

　　　　三陽爲君子，謂文王也。經論大經以立中和之本，而贊化育也。《中庸》曰：唯天下至誠，爲能經論天下之大經，立天下之大本，知天地之化育。三之正成既濟，是其事矣。

惠氏明白地指出三之正以成既濟，而爲能夠贊化育、立天下的中和之道，合於《中庸》至誠之理。《中庸》的思想與《象》義相契合，可以相互訓義。同時，惠氏進一步的說明。首先他認爲「三陽爲君子」，本有理據，出於《乾鑿度》所言「乾三爲君子」，所以「君子謂陽三」。其次他引《繫

---

[92] 參見鄭吉雄＜乾嘉學者治經方法與體系舉例試釋＞。引自蔣秋華主編《乾嘉學者的治經方法》（上），台北：中央研究院中國文哲研究所籌備處，2000 年 10 月初版，頁 109。

[93] 見王昶《惠先生墓誌銘》。

[94] 惠棟引「《春秋傳》」者，大都爲《左傳》文。

下》云「易之興也，其當殷之末世，周之盛德邪，當文王與紂之事邪」，並藉由虞翻之說以闡明其義：

> 謂文王書《易》六爻之辭也。末世，乾上。盛德，乾三。故知三謂文王也。

惠棟一直執守漢儒之說，肯定興《易》者始於庖犧的畫卦，而文王之功在於書《經》，演六爻之辭，以明吉凶悔吝。以「末世」謂乾上，乃乾卦上九「亢龍有悔」，象殷紂之失德。至於「盛德」者，以乾卦九三「君子終日乾乾」爲象，也正表示文王之盛德；所以九三象「君子」，也象「文王」。再其次，惠氏重複說明文王之演《易》，指出「『經論大經』，謂文王演易也」，並且以《白虎通》以證說：

> 文王所以演易何也，文王時受王不率仁義之道，失爲人法矣。己之調和陰陽尚微，故演《易》，使我得卒至於大平，日月之光明，如《易》矣。[95]

指出文王因爲演《易》而開創了太平盛世；誠如《九家易》所言「西伯勞謙，殷紂驕暴，臣子之禮有常，故創《易》道，以輔濟君父者也」，[96]訓義皆同，皆在表彰文王演《易》之功。惠氏最後更詳細地闡明：

> 是文王經論大經，爲既濟也。九五屯膏，以喻受德；初九建侯，以喻文王。三動反正，爲既濟，是其事矣。中和之本者，中和謂二五。本，謂乾元也。乾元用九，坎上離下，六爻得正，二五爲中和。聖人致中和，天地位，萬物育，故能贊化育也。《中庸》「唯天下至誠」已下，是言孔子論譔《六經》之事，孔子當春秋之世，有天德而无天位，故刪《詩》、述《書》、定《禮》、理《樂》、制作《春秋》、贊明《易》道。戴宏《春秋觧疑論》所云：聖人不空生，受命而制作，所以生斯民覺後生也。其孫子思，知孔子之道在萬世，故作《中庸》以述祖德；云：仲尼祖述堯舜，憲章文武，極而至於天地之覆載，四時之錯行，日月之代明，言其制作可以

---

95 以上諸引文（包括括弧引文），見《周易述・象上傳》，卷十一，頁 292-293。
96 引自《九家易》注《繫下》「巽以行權」之文。見李鼎祚《周易集解》，卷十六，頁 389。

配天地繼，乃舉至聖至誠以明之。至聖，堯、舜、文、武也。至
誠，仲尼也。大經，《六經》也。大，本中也。化育，和也。……
揚子《法言》曰：雷震乎天，風薄乎山，雲徂乎方，雨流乎淵，
其事矣乎。李軌注云：言此皆天之事矣，人不得無事也；天事雷、
風、雲、雨，人事《詩》、《書》、《禮》、《樂》也。故以經論象雲
雷也。必知經論大經為既濟者。隱元年《公羊傳》曰：所見異辭，
所聞異辭，所傳聞異辭。何休注云：所見者，謂昭、定、哀時事
也。所聞者，謂文、宣、成、襄時事也。所傳聞者，謂隱、桓、
莊、閔、僖時事也。於所傳聞之世，見治起於衰亂之中。……是
言孔子作《春秋》，亦如伏羲、神農、黃帝、堯、舜、禹、湯有既
濟之功，故以所傳聞之世見治起於衰亂之中，所聞之世見治升平，
所見之世著治太平，為既濟也。孟子言一治一亂，以治屬禹、周
公、孔子。子思作《中庸》，謂堯、舜、文武之既濟，人知之。仲
尼之既濟，人不知之，故曰：苟不固聰明聖知達天德者，其孰能
知之。言非至聖如堯、舜、文武，不能知至誠之孔子。故鄭氏據
《公羊傳》，亦以為堯、舜之知，君子也。何氏於定六年注云：春
秋定、哀之間，文致太平，即是此傳君子以經論，成既濟。《中庸》
經論大經、贊化育之事，何氏傳先師之說，知孔子作《春秋》，文
致太平。後儒无師法，不能通其義也。[97]

在這裡，惠氏以《中庸》、《公羊傳》與有關經傳注文，乃至揚雄《法言》
為釋，說明文王經論大經，為既濟之功，與《中庸》中和之道同義，所
以《易》道與《中庸》可以會通，彼此互訓，經義可明。至於孔子撰述
《六經》，亦屬至誠之事，與文王同為既濟之功，可惜後儒治經無師法可
循，不能知孔子如斯。屯卦《象傳》短短二句，惠氏作了繁富注疏，並
且會通諸經，申明其義，洵為歸納以證其本文之法，也演繹闡發為《易》
道與《中庸》思想的一致性。釋《易》不能不通經，引諸經之文，更可
述明《周易》大義。

　　以乾卦《文言》為例，「九四曰：『或躍在淵，无咎。』何謂也？子

---

[97] 見《周易述‧象上傳》，卷十一，頁 292-294。

曰：『上下无常，非為邪也。進退无恆，非離羣也。君子進德修業，及時
故无咎。』」惠氏注云：

> 或躍為上，在淵為下，進謂居五，退謂居初。二四不正，故皆言
> 邪。三四不中，故皆言時，及時所以求中也。《中庸》曰：君子而
> 時中。

惠棟於此，以荀爽義為釋，以九四位處不正不中，當使之中正，求其時
中，合《中庸》「君子而時中」之道。惠氏疏云：

> 二中而不正，故言邪。三正而不中，故言時。四不中不正，故兼
> 言之。時中者，《易》之大要也。孔子於《彖傳》言「時」者二十
> 四卦，言「中」者，三十六卦；於《象傳》言「中」者三十九卦，
> 言「時」者六卦。……子思作《中庸》，述夫子之意，曰「君子而
> 時中」，時中之義深矣。故《文言》申用九之義，曰「知進退存亡
> 而不失其正者，其惟聖人乎」，是時中之義也。[98]

由《文言》述明此一爻義，惠棟以荀氏升降之說，強調居中得正之道。
孔子作《易傳》，特別重視「時中」的易學大要，並且與子思《中庸》的
「君子而時中」同義；子思承孔子之義，屬一脈之思想。因此，闡發《易
傳》思想，引《中庸》互訓，為必要之法。

以蠱☴☶卦為例，惠棟引《序卦》云「蠱者，事也」，並引「《尚書傳》
[99]曰：乃命五史，以書五帝之蠱事」作訓。並進一步指出：

> 上古結繩而治，五帝以後，時既漸澆，物情惑亂，事業因之而起。
> 故昭元年《春秋傳》[100]曰「于文，皿蟲為蠱」，坤器為皿，之初成
> 巽，巽為風，風動蟲生，故為蠱卦。二五不正，初上失位，以巽
> 女而惑艮男，以巽風而落艮果，故昭元年《春秋傳》曰「女惑男，
> 風落山，謂之蠱。皆同物也」。[101]

惠氏取《序卦》之言，以「蠱」訓「事」，義同《尚書大傳》所云五帝時

---

[98] 見《周易述‧文言傳》，卷十九，頁553-554。
[99] 《尚書傳》即伏生《尚書大傳》。
[100] 此《春秋傳》即《左傳》；後《春秋傳》亦同。
[101] 括弧內文與此引文，見《周易述》，卷三，頁82-83。

期之「蠱事」，亦同《左傳・昭元年》所載趙孟言「蠱」之義，其「女惑男」者，即指晉侯「淫以生疾，將不能圖恤社稷」，沈迷於女色，所以「淫溺惑亂之所生」，[102]此即「蠱」之義。

　　以屯䷂卦為例，初九「盤桓」，[103]初九體震，惠氏引《說卦》云「震為阪生」，所以「阪，陵阪也，故震為阪」。並且云：

> 《古文尚書・禹貢》曰：「織皮、西傾，因桓是來。」鄭元彼注云：「桓是隴阪名。其道盤旋，曲而上，故名曰桓。」此經「般桓」，亦謂陵阪，旋曲故云般桓也。[104]

引《古文尚書》與鄭注，以詁訓「盤桓」之義。道曲盤旋，有艱難之象。六二「屯如邅如，乘馬班如。匪寇婚媾，女子貞不字，十年乃字」，[105]指出「陰陽相求，有昏媾之道。二、四、上陰爻，故皆言乘馬。虞氏亦謂二乘初，故曰乘馬也」。並引鄭玄與《士昏禮》云：

> 鄭《箋膏肓》曰：「天子以至大夫，皆有留車反馬之禮。」又云，《士昏禮》云：「主人爵弁，纁裳緇衣，乘車從車二乘，婦車亦如之。」此婦車出于夫家，則士妻始嫁，乘夫家之車也。

說明古代昏禮的規定，婦乘從夫家所有；「乘馬」亦即「乘車」，為乘夫家之車。惠棟並認為虞氏謂「字」為「妊娠」，然「妊娠」為已嫁，所以虞氏所訓為非。因為根據《說卦》所言，「離再索而得女，謂之中女」，故「離為女子」，又離為大腹，故稱「字」，即「妊娠」；然而，今三失位為坤，是離象不見，為「女子貞不字」，惠氏引《曲禮》曰「女子許嫁笄而字」，是「字」為許嫁之義，而非「妊娠」，不同於虞義，二不許初，故貞不字。六三「即鹿无虞，惟入于林中」，以虞義「即」作「就」解，並引諸經輔證：

> 《論語》曰：亦可以即戎矣。包咸注云：即，就也。《儀禮・鄉飲酒禮》曰：衆賓序升即席，王制必即天倫。鄭氏皆訓為就，故云

---

[102] 見《左傳・昭公元年》。引自楊伯峻《春秋左傳注》，台北：復文圖書出版社，1991年9月再版，頁1223。
[103] 「盤桓」，惠氏作「般桓」。
[104] 見《周易述》，卷一，頁18-19。
[105] 惠氏改易經文，作「屯如邅如，乘馬驙如，匪寇昏媾，女子貞不字，十年乃字」。

「即，就也」。

「即」訓「就也」，經典中皆有所據。惠氏又以「虞」字訓作「山虞」，引《周禮・地官》云：

> 山虞掌山林之政令。及萩田，植虞旗于中，致禽而珥焉。

並且認爲「虞氏謂虞，虞人，掌禽獸者，即山虞也」。「虞」即「虞人」即「山虞」，爲掌管山林禽獸之政者。[106]「君子機，[107]不如舍，往吝」，訓「機」字云：

> 「機」一作「幾」，鄭本作「機」，云「弩也」，故曰「機」。虞，機。荀氏曰：震爲動，故爲機。

並以《緇衣》引《逸周書》以及鄭玄之注作爲詁訓之佐證。六四「乘馬班如，求昬嫮，往吉无不利」，惠氏云：

> 四與初應，故乘初，謂乘初車也。馬將行，其羣分，乃長鳴，故襄十八年《春秋傳》曰：有班馬之聲。班猶分別也。昬禮男先于女，初以貴下賤，故云求初、求四也。之外稱往，虞義也。許慎《五經異義》曰：《春秋公羊》説云：自天子至庶人，娶皆親迎，所以重昬禮也。《禮戴記》天子親迎，初求四，行親迎之禮，故往吉，无不利也。

以《左傳》、《公羊》、《禮記》與許慎《五經異義》等典籍，以訓婚禮之制。婚禮爲終身之重大儀式，古人莫不守其儀規，不論身份貴賤，男方皆當親自迎娶，行親迎之禮，同初求四之義，是所謂「无吉，无不利」。九五「屯其膏，小貞吉，大貞凶」，惠棟訓「屯者，固也」，引《左傳》、《禮記》爲釋：

> 閔元年《春秋傳》曰：「初，畢萬筮仕於晉，遇屯之比。辛廖占之，曰：吉。屯固、比入，吉孰大焉？」[108]固者，規固。《曲禮》「毋

---

[106] 前引惠氏之文，述惠氏之義，見《周易述》，卷一，頁 19-20。

[107] 「機」字，今本作「幾」。

[108] 惠棟此引《左傳》文，於「屯固」前缺「吉。」句。（見楊伯峻《春秋左傳注》，台北：復文圖書出版社，1991 年 9 月再版，頁 260。）屯☳卦初九之坤則爲比☷卦，所以云「遇屯之比」。屯，險難所以堅固；比，親密，所以得入，此即「屯固、比入」。

固獲」，鄭注云「欲專之曰固是也」。[109]卦之所以名屯者，以二五，
二貞不字，五屯其膏，皆有規固之義，故云「屯者，固也」。

惠氏以諸經典互證「屯」爲「規固」之義。又訓「坎雨稱膏」，轉取虞氏
引《詩》云「陰雨膏之」，指出「膏者膏潤。雨以潤之，故稱膏也」。此
爲引《詩·曹風》以訓「膏」義。[110]因此，由此卦之疏解，可以看到惠
氏引用的經學典籍，包括《古文尚書》、《儀禮》、《周禮》、《禮記》、《左
傳》、《公羊傳》、《詩經》，乃至《逸周書》與《五經異義》等，藉重儒家
經典以解釋文義，著實可觀。

又如釋訟卦上九「終朝三挽之」，引《尚書大傳》云「歲之朝、月之
朝、日之朝，則后王受之」，鄭注云「自正月盡四月，爲歲之朝；上旬爲
月之朝；平旦至食時爲日之朝」。所以指出「『終朝』爲君道明」。[111]

以履☰卦爲例，初九「素履」，惠氏注作「初爲履始，故云素」，以
「素」作「始」解，引《乾鑿度》云「太素者，質之始」，並引鄭注《尚
書大傳》云「素，猶始也」，因此，「初爲履始，故云素。素亦始也，故
云素」。九四「履虎尾，愬愬終吉」，疏云：

> 《序卦》曰：履者，禮也。《白虎通》曰：以履踐而行禮，以敬爲
> 主，不敬則禮不行。故卦名爲『履』，此卦之義。柔履剛則咥人，
> 乾履兌則不咥人，敬與不敬之殊也。《子夏》曰：愬愬，恐懼貌。
> 宣六年《公羊傳》曰：靈公望見趙盾，愬而再拜何。休注云：知
> 盾欲諫以敬，拒之。是愬愬者，恐懼行禮兼有敬義，故云敬懼貌。
> 乾與兌絕體，故云體與下絕。兌爲虎，初爲尾，四履兌初，敬懼
> 愬愬，是履虎尾不咥人之象。四失位變體坎，上承九五，下應初
> 九，故終吉。

在這裡，惠氏特別引用《白虎通》、《公羊傳》等經籍，以釋「履」有敬
懼行禮之義。上九「視履考詳」，指出：

---

[109] 《曲禮》「固獲」之義，即所爲不廉，鄭玄注云「欲專之曰固，爭取曰獲」，即爲此
　　義。
[110] 以上惠氏諸引文，見《周易述》，卷一，頁 20-21。
[111] 見《周易述》，卷一，頁 33-34。

「考，稽」，《小爾雅》文。《廣雅》曰：稽，考問也。字本作卟。
《説文》曰：卟以問疑也。从口卜，讀與稽同。《書》云：卟疑。
《大戴・四代》曰：天道以視，地道以履，人道以稽，所謂人與
天地相參也。詳，古文祥。《呂氏春秋》曰：天必先見祥。高誘云：
祥，徵應也。故謂詳為徵也。《中庸》曰：國家將興，必有禎祥。
是吉祥也。豐上六《象傳》曰：天際祥也。昭十八年《春秋傳》
曰：將有大祥。《尚書大傳》曰：時則有青眚青祥，是凶祥也。則
祥兼吉凶。故云以三之視履，稽其禍福之祥。[112]

廣引諸經書以釋「考」、「詳」二字之義，特別認爲「詳，古文祥」，並同
時兼有吉凶之義，所以有云「稽其禍福之祥」。

以否䷋卦爲例，九四「疇離祉」，惠氏疏云：

《説文》云：畼，古文疇。《虞書》帝曰：畼咨。又鄭氏《尚書・
酒誥》曰：若畼圻父，今皆讀為疇。《漢書・律歷志》曰：疇人子
弟分散。李奇云：同類之人。是疇為類也。

引諸書考說「畼」字爲古文「疇」，並有同類之義。九五「其亡其亡，繫
于包桑」，疏云：

桑者，喪也，《漢書・五行志》文。《尚書大傳》曰：武丁時，桑
穀生于朝，祖乙曰：桑穀，野草也。野草生于朝，亡乎。是桑者，
喪亡之象。[113]

以經籍説明「桑」有「喪亡」之義。

以同人䷌卦爲例，九四「乘其庸」，「庸」字之義，惠氏云：

廟中之牆亦謂之庸《尚書大傳》曰：天子賁庸。鄭彼注云：賁，
大也。牆謂之庸；大牆，正直之牆。庸今作墉，《尚書・梓材》曰：
既勤垣墉。馬融注云：卑曰垣，高曰墉。《釋宮》曰：牆謂之墉，
義並同也。[114]

「庸」字，王弼本作「墉」，惠氏作「庸」，從鄭玄。引《書》及《書傳》

---

[112] 諸引文，見《周易述》，卷二，頁 50-51。

[113] 二引文，見《周易述》，卷二，頁 60-61。

[114] 見《周易述》，卷二，頁 65-66。

指出「庸」、「墉」音義同，爲城牆之義。《詩・大雅》「以作爾庸」，注云「庸，城也」。《禮記・王制》「附庸」，注云「小城也」。又《釋名》「墉，容也，所以隱蔽形容也」。因此，以「庸」釋作「城」義，當更精恰。虞翻云「巽爲庸」，是「巽爲高」，又有「伏」象；高而可伏，爲城庸之象。且，巽稱而隱，城庸爲隱蔽形容者，亦合「巽爲庸」之義。

以剝☶卦爲例，初六「剝牀以足，蔑貞凶」，惠氏疏云：

> 《說文》曰：牀，安身之坐者也。卦本乾也。初動成巽，巽爲木。坤，西南卦，設木于西南之奧，乾人藉之，牀之象也。初在下，故爲足。坤消乾自初始，故剝牀以足。剝亦取象人身，初「足」、二「辨」、四「膚」，故《參同契》曰「剝爛肢體，消滅其形」是也。《詩・大雅・板》曰「喪亂蔑資」，《毛傳》云「蔑，無也」。初陽在下，爲貞，爲坤所滅，无應于上，故蔑貞凶也。

《說文》以牀「從木」，巽爲木，故爲牀。剝取人象，初六爲「足」，故「剝牀以足」。惠氏引《詩》與《毛傳》釋「蔑」爲「無」義。初陰失位，又無正應；無貞，故爲凶，所以云「蔑貞凶」。以剝卦六二「剝牀以辨」，惠氏疏云：

> 辨，本作釆。《說文》曰：象獸指爪分別也。讀若辨。古文作𠂢。《古文尚書》辨章辨秩，字皆作𠂢。魏晉以後亂之，讀爲平也。釆在指間分別之象，故讀爲辨。辨亦別也。[115]

《說文》以「釆」爲「辨別」義，惠氏並引《說文》與《古文尚書》以說明古文皆作「釆」字而不作「辨」。既是如此，惠氏理當改「辨」字作「釆」字，但惠氏取鄭玄、虞翻等人之說而仍作「辨」字。於此，惠氏雖嗜古，知鄭、虞不如《古文尚書》爲古，但仍取見諸傳本的鄭、虞之說而不妄改。

以无妄☳卦六三「邑人災也」爲例，惠氏疏云：

> 夏商天子之居名邑。《詩》殷武曰：商邑翼翼，四方之極。[116]《毛傳》曰：商邑，京師也。是以《白虎通》曰：夏曰夏邑，殷曰商

---

[115] 二引文，見《周易述》，卷四，頁 102-103。

[116] 見《詩・周頌・長發》。

> 邑，周曰京師。《尚書》曰：率割夏邑，謂桀也。在商邑，謂殷也。
> 文王演《易》據，夏商之禮，故以天子所居為邑，舉邑以繫天下，
> 故云邑人災，天下皆災矣。[117]

詳引諸經傳，以說明「邑」義。天子所居，為天下之所，所以說，「邑人
災，天下皆災」。

以大畜☲卦為例，九三「日閑輿衛」，惠氏訓坎為「閑習」引《尚書
大傳》「戰鬪不可不習，故於搜狩以閑之」為釋。六四「童牛之告」，惠
氏釋「告」為防牛觸人，故於其角設橫木，引諸經云：

> 《周禮・封人》曰「凡祭祀飾其牛，牲設其楅衡」，鄭彼注云「楅
> 設于角」。《詩・閟宮》曰「夏而楅衡」，《毛傳》云「楅衡，設牛
> 角以楅之」，所謂木楅其角也。[118]

惡牛角之觸害，故以木楅其角而為告，此由經傳引文可明。

以遯☷卦初六「遯尾，厲，勿用有攸往」為例，惠氏疏云：

> 初為尾，上為角。《說文》曰：尾，微也。古文通。《尚書》鳥獸
> 孴尾。《史記》作字微。《論語》有微生高。《莊子》作尾生。微，
> 猶隱也。陽伏遯初，故云遯尾。六居初為失位，故危。應在四，
> 初之四體坎，坎為災，故勿用有攸往也。[119]

惠氏考「尾」、「微」二字，古多通用，有隱伏之義。是初六陽伏遯初，
所以云「遯尾」。

以睽☲卦初九「悔亡。喪馬，勿逐自復」為例，惠氏疏云：

> 初四皆陽，故曰无應。四失正，動得位，故悔亡。四體坎，故應
> 在坎。《說卦》曰坎於馬也為美脊，故為馬。四變入坤，坤為喪，
> 坎化為坤，故喪馬。震為奔走，故為逐。艮為止，故勿逐。坤為
> 自，四已變，故二至五體復。二動初體震，故震馬來，勿逐自復
> 之象也。喪馬，勿逐自復，此商法也。周監二代而因之，故《周
> 禮・朝士職》曰：凡獲得貨賄人民六畜者，委于朝告於士。鄭彼

[117] 見《周易述》，卷四，頁 113-114。
[118] 見《周易述》，卷四，頁 117-118。
[119] 見《周易述》，卷五，頁 142。

注云：委於朝待來識之。《尚書‧粊誓》曰：馬牛其風，臣妾逋逃，
　　勿敢越逐，祇復之。是其事也。[120]

惠氏論述喪馬之象，並指出殷商時期有喪馬而不逐而自然反復之法，周
代沿之，所以引《周禮》與《尚書》釋之，以明周代確有其事，故見諸
於爻辭之中。此即言睽始異而終將同之理，初守正不變，四終能應初，
故勿逐自復；雖睽而不終異，此善處睽之道。

　　以益䷩卦為例，初九「利用為大作」，惠氏引虞翻之說，以「大作」
為「耕播」，並疏云：

　　《尚書‧堯典》曰：平豑東作。《周語》虢文公曰：民之大事在農。
　　故云大作謂耕播。

引《尚書》、《國語》以明「大作」之義。耕播以時，益民之大莫若農事，
不奪耕時，則可大吉而无咎。所以，「日中星鳥，敬授民時，皆《尚書‧
堯典》文，所以證大作耕播之時也」。[121]

　　以《繫辭下傳》「既有典常，苟非其人，道不虛行」為例，惠注：

　　其出入以度，故有典常。《曲禮》曰「假尒（爾）泰龜，有常。假
　　尒泰筮，有常」。《今文尚書》曰「假尒元龜，网敢知吉」。是无典
　　常也。苟，誠也。其人謂乾，為賢人。神而明之，存乎其人。不
　　言而信，存乎德行。《中庸》曰「待其人而後行」，故不虛行也。

在這裡，惠棟指出「日行一度，度有經常，故有典常」。《易》同此理，《易》
之為書，有典可循，有常可蹈，故有其典常；惠氏引《禮記‧曲禮》、《尚
書‧西伯戡黎》為言，在於「證《易》之有常也」，而「网敢知吉，是无
典常也」。同時，引《中庸》之言，在於「證非其人，則既濟之功不行也」。
[122]《中庸》所待之人，在於能行既濟之功的聖賢之人。因此，《易》道深
遠，非聖人不能明，非聖人不能行，誠如《論語》所云，「人能弘道，非
道弘人」；必以文王之德而能弘道，而能「道不虛行」。

　　以乾卦《彖傳》為例，「大哉乾元，萬物資始，乃統天」，惠棟以鄭

---

[120] 見《周易述》，卷五，頁161。
[121] 見《周易述》，卷六，頁180。
[122] 諸引文，見《周易述‧繫辭下傳》，卷十八，頁527-530。

玄訓「資」爲「取」義，並引《小爾雅》曰「資，取也」；引《孝經》曰「資於事父以事君」。引《孟子》曰「居之安則資之深」。其『資』皆訓爲『取』」。於「統」字之義，惠氏云：

> 隱元年《公羊傳》曰：「何言乎王正月？大一統也。」何休注云：
> 統者，始也。元亦始也。……《三統厤》曰：太極元氣，函三爲
> 一，一即天地人之始，所謂元也。《乾鑿度》曰：《易》始于一，
> 謂太極也。分于二，謂兩儀也。……何休注《公羊》曰「元者，
> 天地之始」，故乾坤皆言元。《春秋》正月、二月、三月，三代稱
> 元，是統天之義。……《荀子·君道篇》曰：四統者俱，而天下
> 歸之；四統者亡，而天下去之。又＜議兵篇＞曰：未有本統。統
> 皆訓爲本。[123]

引諸典籍以說明「統」有元始根本之義，可以視爲「太極」或是指稱乾坤，爲宇宙生成的最高元質。

有關惠氏援引諸經述《易》之例，《周易述》中處處可見，在此不再贅舉。惠氏引經述《易》，大抵多用於文字訓詁之用，或者是辨證異文，這是惠氏引用經文的主要目的取向，至於諸經中的豐富思想內涵，惠棟亦有涉用，但以他經納用而作思想性的論述，則相對非常的少，主要的原因爲惠棟根本象數之說，本來就不重於義理思想的闡發。所以取用諸經之說，重在象數之用，經典中高度思想性的部份，相對受到冷落與擱置了。

四、取子書與史籍爲釋

惠氏《周易述》，內容詳悉，引據繁富，經、史、子、集，無所不包。在引述先秦漢魏時期的子書與諸家注說上，數量極爲可觀。如引揚雄《太玄》與《法言》不下五十三次、《荀子》不下三十七次、董仲舒《春秋繁露》與《對策》不下二十八次、劉歆《七略》與《三統歷》等不下二十五次、《論語》不下二十四次、《淮南子》與《九師道訓》不下二十三次

---

[123] 見《周易述·彖上傳》，卷九，頁 220-223。

（亦有郭璞注，不含在內）、《呂氏春秋》不下十九次（亦有高誘注，不含在內）、《孟子》不下十六次、《管子》不下十五次、劉向《鴻範五行傳論》與《別錄》不下十四次、《鬼谷子》四次、蔡邕《明堂月令論》諸說有四次、《韓非子》三次、王充《論衡》三次、應劭《風俗通》三次、郭璞《洞林》三次、《莊子》二次、《列子》二次、《尸子》二次、《呂刑》二次、賈誼《新書》二次、桓寬《鹽鐵論》二次、桓譚《新論》一次、《尉繚子》一次、荀悅《申鑒》一次。在醫屬與神道傾向者，如《參同契》不下三十一次、《靈寶經》四次、《陰符經》一次、王砅《玄珠密語》一次、葛洪《抱朴子》一次等。其它尚有《楚辭》與王逸注五次等等。在史書方面，《國語》不下五十三次與韋昭注不下二十次、《漢書》不下三十四次、《史記》不下十一次、《後漢書》五次、《戰國策》四次、皇甫謐《帝王世紀》四次等等。

（一）原始道家子書的引述

　　在先秦兩漢這些典籍的引述中，我們可以發現惠棟對於《老子》、《莊子》的引述，相對比較下，並不是很多，只有引了《莊子》二次，一次為釋遯卦初六「遯尾」，云「初爲尾。尾，微也」，並舉「《論語》有微生高，《莊子》作尾生」爲言。[124][125]一次爲釋井䷯卦之義，上坎下巽，「與噬嗑（䷔）旁通。坎爲水，巽木爲桔槔，离爲瓶，兌爲泉口，桔槔引瓶下入泉口，汲水而出井之象」，並進一步解釋「桔槔」之義，云「桔槔者，《莊子》所謂鑿木爲機，後重前輕，挈水若抽，數如泆湯，其名爲槔是也」，[126]《莊子》言「桔槔」的目的，在於強調人們當去除類似「桔槔」這種機械者，去除「機事」、「機心」，才能追求「道」。[127]惠氏取此《莊

---

[124] 「尾生」見《莊子·盜跖》，云：「尾生與女子期於梁下，女子不來，水至不去，抱梁柱而死。」郭象《莊子注》云：「尾生，一本作微生。《戰國策》作尾生高。」（卷九。）

[125] 見《周易述》，卷五，頁 141-142。

[126] 見《周易述》，卷七，頁 209-210。《莊子》之言，語出《莊子·天地》。

[127] 見《莊子·天地》云：「有機械者必有機事，有機事者必有機心。機心存於胸中，則純白不備；純白不備，則神生不定；神生不定者，道之所不載也。」

子》之言，僅在詁訓字義，無涉思想的部份。若從思想的內涵來看，《周易》與《老子》、《莊子》的同質性甚高，特別表現在宇宙觀、天道觀上，每可相提並論、相互切磋者，然而惠氏的少用，或許標幟著儒家思想與原始道家上應當有一定的分別，倘若彼此過多近身的琢磨，恐怕會割裂了純粹古《易》純粹儒學的主體性。如果從內容來看，《老子》與《莊子》所表達的內容，是一種思想性極高的語言，與惠棟所需的象數材料比較，似乎需求性不是很高，自然不會多加採用有關材料了。

（二）道家傾向的揚雄與劉安思想之引述

雖然，惠棟少用《老子》、《莊子》之文，但對兩漢時期帶有強烈道家思想的論著，並不能排拒不用，因爲，道家思想在那個年代，已普遍滲透在整個學術環境氛圍中，特別是在易學的範疇裡，硬要將道家思想給濾除，是不可能的事。西漢後期，將道家思想與易學作了縝密的聯繫，提出一種融通創新的思想者，揚雄表現最爲突出。揚雄「以爲經莫大於《易》，故作《太玄》；傳莫大於《論語》，作《法言》」。[128]揚雄的易學思想，主要體現在這兩部著作中，又特別於《太玄》之中。《大玄》轉引《周易》的諸多本有的觀念，也大量引入道家的思想，而建立其獨特的思想與占筮體系。[129]揚雄對於宇宙觀的建立，受到《易傳》的影響極爲深遠，

---

[128] 見《漢書・揚雄傳》，卷八十七下，頁 3583。

[129] 揚雄易學思想的現體，特別以《太玄》爲著。《太玄》模依《周易》，表現在體裁形式上，可以視爲一部占筮的書。在形式上，《周易》有經有傳，《太玄》亦分經三卷，傳十一篇；《周易》《彖傳》，《太玄》則有首；《周易》有《象傳》，《太玄》則有《測》，以解說贊辭；《周易》有《文言》，《太玄》則有《文》，說明罔、直、蒙、酋、冥爲《太玄》之五德，並反復詮釋《中首》九贊之辭；《周易》有《繫辭》，《太玄》則有《摛》、《瑩》、《捝》、《圖》、《告》，論贊與闡發全書的宗旨和功能；《周易》有《說卦》，《太玄》有《數》，論述九贊所象徵的事物；《周易》有《序卦》，《太玄》則有《沖》，序列八十一首，兩兩相對加以解說；《周易》有《雜卦》，《太玄》則有《錯》，不依各首順序，而是交相錯綜的說解八十一首的意涵。《周易》兩畫爲陰陽，《太玄》作一、二、三。《周易》有六位，《太玄》有四重，由上而下爲「方」、「州」、「部」、「家」。《周易》以八卦相重爲六十四卦，構成一個循環；《太玄》以一、二、三與方、州、部、家交錯配合而成八十一首，一首相當於一卦，也構成一個循環。《周易》每卦有六爻，合爲三百八十四爻，構成一個小循環；《太玄》每首九贊，合爲七百二十九贊，也構成

但《易傳》的太極而陰陽兩儀的次第，揚雄並不採用，所採用的是《易傳》的三才之道，他試圖構築一個貫通天道、地道與人道的宇宙圖式，其演化的歷程爲一玄、三方、九州、二十七部、八十一首和七百二十九贊。整體而言，他的宇宙圖式與論述萬物起源的問題上，融入了甚多道家的思想，也大量運用了當時的天文、歷法等科學的知識，並且與孟、京、《易緯》的卦氣說，有諸多相近之處。揚雄將宇宙間天地人與陰陽五行等空間與時間上的內涵，提出一個先驗概念，這樣的整個學說概念，正反映出那個時代學術發展或是易學發展的重要特色。惠棟廣引揚雄之言爲釋，基本上其表述合於其時代性的實質現況，並且可以合理的達到輔訓或考證上的需要。例如，大壯卦「壯」之義，惠氏取虞義云「壯，傷也」，「馬氏亦云壯，傷也」，並且指出「《太玄》準之以夷，夷亦傷也」。[130]又如豫卦，惠氏取虞、鄭義云「豫，樂也」，並且指出「《晉語》司空季子解經云：豫，樂也。故《太玄》準之以樂」。[131]又如《象上傳》「天行健，君子以自強不息」，惠氏引虞義云乾爲健，指出「乾健故強。《太玄》準之以強，強亦健也」。[132]由這幾個例子，可以看出揚雄之言，可以適切地相驗與論證兩漢《易》家如虞、鄭之訓說。惠氏引用揚雄之說，大體上都合理適切，並且可以達到其義訓效果。

　　《淮南子》這部典籍，在學術上的意義，晚近學者研究黃老的議題上，總是將之與黃老劃上等號，不論其學術上的定位如何，不可否認的是書中充滿了道家的思想色彩，《易》與道家思想作了某種程度的結盟。劉安好《易》，《漢書·藝文志》於六藝略《易》類下著錄《淮南道訓》二篇，班固並自注「淮南王安聘明《易》者九人，號九師說」，雖書已亡佚，但由書名可以嗅覺到《易》與道家思想揉合的氣韻。在今日有限的漢代易學資料下，《淮南子》與《道訓》成爲回顧漢《易》，甚至研究《易》

　　一個小循環。《太玄》並模依《周易》之筮法，列有揲蓍索首的規則與占筮斷卦的方法。在內容的具體論述上，揚雄除了轉引《周易》的諸多本有的觀念外，最重要的是大量引入道家思想於其體系之中。

[130]　見《周易述》，卷五，頁 150。

[131]　見《周易述》，卷二，頁 73。

[132]　見《周易述》，卷十一，頁 287。

與道家思想會通上的典要。它也代表著漢代易學的一個支系，或現象或側面，惠棟在釋《易》的過程中，也多次的引用有關材料。

　　從哲學的角度觀覽《淮南子》，其核心的思想即是「道」，是一種由老莊道論思想轉化出來的新的道論主張。這種轉化主要是受到易學思想與當時的天文歷法等自然科學知識的影響，而創為一種新的宇宙生成論。《淮南子》將道視為最高範疇，道是無限的存在，是渾然未分的宇宙初始狀態，是萬物化生之本源。「道」的元質是什麼？根據＜天文＞與＜俶真＞所載，「道」始於「虛霩」，由「虛霩」生出「宇宙」，然後產生元氣。老莊講「無」，《淮南子》論「虛」，「虛霩」與「宇宙」皆屬於「虛」，這個「虛」到底是「有」或「無」呢？《淮南子》並沒有作詳細的論述，但知物質和時空都是在這裡化生的出來的。然而，《淮南子》明白地指出，萬物構成和發生的物質原因，是陰陽二氣的交互作用而產生的。宇宙的一切變化，四時的更替，萬物的盛衰，皆陰陽二消長的結果。陰陽二氣交感的最佳狀態與根本趨向是中和，所謂「天地之氣，莫大於和。和者，陰陽調，日夜分，而生物。春分而生，秋分而成，生之與成，必得和之精」；「陰陽相接，乃能成和」。[133]「故聖人懷天氣，抱天心，執中含和，不下廟堂而衍四海，變習易俗，民化而遷善，若性諸己，能以神化也」。[134]藉由宇宙和諧的觀念，寄寓著對社會安定平和的期望，也體現漢初社會政治發展的需要。因此，《淮南子》此一宇宙觀，成為兩漢以降，在治《易》論述「太極」、「兩儀」等宇宙演化思想時，普遍被提作輔訓的對象。惠棟釋《繫上》時，引《淮南子‧齊俗訓》云「唯聖人知其化」，並進一步引高誘注作解釋，「其化視陰入陽，從陽入陰，唯聖人知之也」。[135]所言者即陰陽變化之義。《淮南子》中提出諸多的易學看法，例如對於易學中的吉凶休咎的問題，認為大都是人本身的因素所致，吉凶禍福絕非鬼神之效驗，而是人自己造成的，「夫禍之來也，人自生之；福之來也，

---

[133] 見《淮南子‧氾論訓》。引自劉文典《淮南鴻烈集解‧氾論訓》，卷十三，北京：中華書局，1997 年 1 月 1 刷 2 刷，頁 432。

[134] 見《淮南子‧泰族訓》。同前注，卷二十，頁 665。

[135] 見《周易述‧繫辭上傳》，卷十五，頁 414。

人自成之」；「有陰德者必有陽報，有陰行者必有昭名」，「積愛成福，積怨成禍」，「知慮者，禍福之門戶」，[136]人事的成因，直接反映出吉凶禍福，合於《易傳》「積善之家必有餘慶，積不善之家必有餘殃」之義，是一種自然現實的見解，而非神怪之說。同時，《淮南子》繼承與發揮先秦以來的五行學說，結合天文歷法的知識，廣以五行、干支相配，豐富與深化了傳統的五行觀，並爲漢代象數易學所需要者，對象數易學的發展起了重要的作用，特別是對孟、京易學思想有著直接或間接的關聯性。列如《淮南子·天文訓》云：

> 甲乙寅卯，木也；丙丁巳午，火也；戊己四季，土也；庚辛申酉，金也；壬癸亥子，水也。水生木，木生火，火生土，土生金，金生水。子生母曰義，母生子曰保，子母相得曰專，母勝子曰制，子勝母曰困，……

在五行生剋說的基礎上，《地形訓》也指出：

> 木壯，水老火生，金囚土死；火壯，木老土生，水囚金死；土壯，火老金生，木囚水死；金壯，土老水生，火囚木死；水壯，金老木生，土囚火死。

從五行的生剋關係中，發展出生、壯、老、囚、死五個不同階段，以顯示五行間相互生扶、彼此制約的關係。所以《天文訓》又進一步說明：

> 凡日，甲剛乙柔，丙剛丁柔，以至於癸。木生於亥，壯於卯，死於未，三辰皆木也。火生於寅，壯於午，死於戌，三辰皆火也。土生於午，壯於戌，死於寅，三辰皆土也。金生於巳，壯於酉，死於丑，三辰皆金也。水生於申，壯於子，死於辰，三辰皆水也。[137]

這些內容，在後來京房的易學中，隱約都可以看到其中的影子，京房將之承繼爲其易學主張的基礎。所以潘雨廷作了這樣的注解：

> 此〈天文訓〉之義，可繪成種種卦象圖。因卦象之大義本爲坐標之符號，暢論天地陰陽方圓幽明內外水火天干地支等等相對之易

---

[136] 括弧引文，見《淮南子·人間訓》。引自《淮南鴻烈集解》，卷十八，頁587-588。
[137] 所有引文，皆出自《淮南鴻烈集解》，不作詳註。

義，其後勢必有孟喜之孟氏易及京房之京氏易，若卦氣圖、八宮等等。圖可後出，圖中所示卦象之義，于律于歷，莫不有據於先秦之象。《淮南子》繼承先秦古說，此篇猶為承前啟後主要之關鍵。[138]

非但是《天文訓》一文，《淮南子》中的豐富思想，皆標幟著漢代易學的重要理論基礎，後來《易》家莫不據以為用。這些觀念主張，惠棟在《易漢學》與《周易述》中，多有援用，在此不再贅舉。

（三）董仲舒與劉向父子的引述

原始道家的思想，進入兩漢時期，以黃老為名，成為學術上極具重要的主流思想，也對兩漢的學術思想產生了重大的影響，那種初史遷視為「因陰陽之大順，采儒墨之善，撮名法之要，與時遷移，應物變化，立俗施事，無所不宜」[139]的完美學說，在無形中已滲透在一般儒生的論著中，而成為儒學的新生態。一種包容百家的學術傾向，並不因獨尊儒術而固守其純粹的元質，儒學思想與陰陽五行、道家學說作了極為密切的聯繫，這種學術傾向並非類似董仲舒的口號所能排拒的，包括董子天人之學的思想，若要強說，其陰陽五行之言，並不以儒家獨專。例如惠棟釋復䷗卦《象傳》「復，其見天地之心乎」，注云：

> 冬至，復加坎。坎為極心，乾坤合于一元，故見天地之心。心猶中也。董子以二至為天地之中是也。

董子之詳說為：

> 陽之行，始於北方之中，而止於南方之中。陰之行，始於南方之中，而止於北方之中。陰陽之道不同，至於盛而皆止於中，其所始皆必於中。中者，天地之太極。[140]

惠氏引董子之言，說明「天地之心」即「天地之中」，而「天地之中」則

---

[138] 見潘雨延〈論尚黃老與《淮南子》〉，引自陳鼓應主編《道家文化研究》第1輯，上海：上海古籍出版社，1992年6月1版1刷，頁221。

[139] 見《史記·太史公自序》。

[140] 惠氏之說，見《周易述·彖上傳》，卷九，頁249-250。引董仲舒之言，《春秋繁露·循天之道》，卷十六。

為南、北二方的「二至」之中，就復卦所屬之時令，則是「冬至」。董子之言，視為陰陽家或黃老道家的思想，可以勉強作為相近，卻與原始儒家迥異。當然，兩漢的象數易學，在錯綜複雜的學術環境下所孕育出來的，其中陰陽五行的思想，也成了其重要的特色，其源頭確非出於原始儒家的體系，但形成新的改造後的儒學，也無須過度的去區別其原由了。

從學術發展的時間來推估，由於董仲舒天人感應、陰陽災異思想的盛行，對後來蓬勃興起的象數易學起了影響的契機，所以張濤指出「如果孟喜、京房是漢代象數易學的開創者和奠基人，那麼至少在一定意義上應該承認，董仲舒是孟、京易學的不祧之祖」。[141]惠氏廣取董子之說為訓，主要是由於董子思想在漢代儒學中的代表性地位，以及其論著的內容中，有甚多資料可以取用作為象數易學闡釋上的需要，以及文字訓義上，董子屬漢儒中的翹楚，引其文句作為詁訓，當然最合漢代古義了。

惠氏取董子言為訓，從學說的內涵來看，是極其合理恰當的。董子精於《春秋》，專主《公羊》。其思想理論體系的形成，多借鑒與資取易學思想；董子謂「《易》、《春秋》明其知」，[142]明確將明確將二者並列，所以在其《春秋》學說思想中，自然有《易》的影子了。《春秋》是以人事體現天道，《周易》則是以天道推衍人事，以史遷之言來說，「《春秋》推見至隱，《易》本隱之以顯」，[143]二者皆有推究宇宙萬物生成根源的交集，所以其天人相應之說，緊緊地將《易》與《春秋》作了合理的結合。既是天人感應，必言災異，有其神學的目的，循其目的，必求理論的被認同，必以自然的實證知識，或是人們普遍認同的意識加諸而建構。所以董仲舒的思想主張與思維模式，與漢代如京房等人象數之學有其相似的意義。

惠棟多次引用劉向的說法。劉向的易學思想，主要受到《易傳》等天人之論的影響，屢陳災異，可以視為繼董仲舒、京房等人之後，推演

---

[141] 見張濤《秦漢易學思想研究》，北京：中華書局，2005 年 3 月 1 版 1 刷，頁 99。

[142] 見《春秋繁露‧玉杯》。引自蘇輿《春秋繁露義證‧玉杯第二》，卷一，北京：中華書局，1996 年 9 月北京 1 版 2 刷，頁 35。

[143] 見《史記‧司馬相如列傳》，卷一百十七，頁 3071。

陰陽災異的重要人物。他「集合上古以來歷春秋六國至秦漢符瑞、災異之記，推迹行事，連傳禍福，著其占驗，以類相從，各有條目」，號稱《鴻範五行傳論》。[144]劉向祖父劉辟彊、父親劉德，皆有黃老道家思想傾向，尤其是劉德，「少修黃老術」，「常持《老子》知足之計」。[145]劉向在這種家學淵源下，自然可以接納道家的思想。不論劉向的思想淵源如何，其所處的時代，陰陽五行、災異符瑞之說已然興盛，而象數之學也成熟，惠氏的引用，自然而合理。

惠棟在釋明夷卦六五「其子之明夷」時，指出「其讀爲亥，坤終于亥，乾出于子，故其子之明夷。三升五得正，故利貞。馬君俗儒讀爲箕子，涉《彖傳》而訛耳」，[146]並進一步闡述云：

> 蜀才從古文，作「其子」，今從之。「其」古音「亥」，故讀為「亥」，亦作「箕」，劉向曰：今《易》「箕子」作「荄兹」。荀爽據以為說。蓋讀「其子」為「荄兹」，古文作「箕子」。「其」與「亥」，「子」與「兹」，字異而音義同。……五本坤也，坤終于亥，乾出於子，用晦而明，明不可息，故曰「其子之明夷」。……五失位，三之五得正，故利貞。馬融俗儒，不識七十子傳《易》之大義，以《彖傳》有箕子之文，遂以箕子當五。尋五為天位，箕子臣也，而當君位，乖于《易》例，逆孰大焉。謬說流傳，兆於西漢。西漢博士施讎讀「其」為「箕」，時有孟喜之高弟蜀人趙賓，述孟氏之學，斥言其謬，以為箕子明夷，陰陽氣无箕子。其子，者萬物方荄兹也。賓據古義以難諸儒，諸儒皆屈。……劉向《別録》猶循孟學，故馬融俗說，荀爽獨知其非，復賓古義，讀「其子」為「荄兹」。[147]

惠氏正「其子」之古義，不同於俗說。指出劉向遵循孟學舊說，而劉向之說，古而有據，足以爲用。又如惠氏釋坤卦初六云：

---

[144] 見《漢書・楚元王傳》。《鴻範五行傳論》，凡十一篇，原書已亡佚，今主要內容保存在《漢書・五行志》中。

[145] 見《漢書・楚元王傳》，卷三十六，頁 1927。

[146] 見《周易述》，卷五，頁 152。

[147] 見《周易述》，卷五，頁 154。

劉向《鴻範五行傳》曰：九月陰至五，通於天位，其卦為剝，剝落萬物，始大殺矣。明陰從陽命，臣受君令而後殺也。[148]

釋《文言傳》時，以後人引《鴻範五行傳》釋「明堂十二室」，云：

知者以《鴻範五行傳》云：「孟春之月，御青陽左个，索祀於艮隅」。「仲春之月，御青陽正室，索祀於震正」。「季春之月，御青陽右个，索祀於巽隅」。「孟夏之月，御明堂左个，索祀於巽隅」。「仲夏之月，御明堂正室，索祀於离正」。「季夏之月，御明堂右个，索祀於坤隅」。「中央之極，自崑崙中，至太室之野。土王之日迎中氣於中室」。「孟秋之月，御總章左个，索祀於坤隅」。「仲秋之月，御總章正室，索祀於兌正」。「季秋之月，御總章右个，索祀於乾隅」。「孟冬之月，御元堂左个，索祀於乾隅」。「仲冬之月，御元堂正室，索祀於坎正」。「季冬之月，御元堂右个，索祀於艮隅」。[149]

此以八卦配月配十二室。此皆涉陰陽占驗之說。劉向考校《周易》，雖注重哲理化的詮釋方式，卻對當時陰陽五行、占卜災驗之象數內涵，也不離不棄，呈現那個時期易學的正常面貌，可惜大都亡佚，存留下的殘梗，仍為漢代易學的重要資料，作為一個考據學家或是樸學家，惠棟當然不能放過這些寶貴的內容。

劉歆在西漢末年的易學發展中，亦占有重要的地位。「歆及向始皆治《易》」，父子二人皆熟於易學，二人校編文獻，於其《七略》中，詳列《易》類著目，對後人研究易學發展的問題上，有極大的貢獻和價值。劉歆推崇《周易》，強調「朝聘會盟，《易》大業之本也」，「《易》與《春秋》，天人之道也」，[150]與董仲舒、司馬遷一樣兼重二者。漢平帝時，典掌儒林史卜之官，考定律歷，制作《三統歷》，《漢書》中有關的記載，成為今日論述其易學思想的主要來源。劉歆的易學主張，特別重要數字

---

[148] 見《周易述》，卷一，頁10。

[149] 見《周易述·說卦傳》，卷二十，頁598-599。所引十二室配卦配月之文，見清秦蕙田《五禮通考·嘉禮》，卷二百，亦引述。

[150] 見《漢書·律歷志第一上》，卷二十一上，頁981。

的表述，將《易》數與歷法作了密切的結合，強化人們對易學數字的神祕概念，也推動了象數易學的傳播與發展。劉歆的易學主張，重視卦氣說，曾以聲律、五色、十二辰與《易》卦等相配而論，並以黃鍾、林鍾、太簇代表天統、地統、人統，並配以乾、坤卦爻進行闡述，[151]其說與孟喜四正配月，或京房八卦配月相近，並與《易緯》和鄭玄的爻辰說，亦有交集或延伸的關係。整體而言，劉歆的易學主張與天文歷法的關係密不可分，這種特色正是兩漢象數《易》家所普遍存在的現象。

惠氏釋坤卦卦辭引劉歆之義云：

> 爻辰初在未，未，西南陰位，故得朋。四在丑，丑，東北陽位，故喪朋。地闢于丑，位在未，未衝丑為地，正承天之義也，故安貞吉。[152]

惠氏引自《三統歷》之說，申明「西南得朋」、「安貞吉」之義，所用劉歆「爻辰」之說，即「乾坤十二爻所值之辰」，而「鄭氏說《易》，專用爻辰十二律，取法於此焉」。直接表明鄭氏之說，根源於歆之法。但是，對於「東北喪朋」之義，惠氏則又採虞翻的月體納甲之說來解釋；[153]運用不同的二說來解釋連貫的語句，在文義的論述上，合理性稍嫌不足。在這裡特別另外指出。類似這種卦氣說的引述，其例甚多，在此不再贅舉。

惠氏釋復卦六四「中行」，引劉歆義云：

> 《三統歷》曰：「太極元氣，函三為一。」一，元也，極中也。[154]

又於釋《繫上》「一陰一陽之謂道」文，屢引劉氏之文云：

> （《參同契》）曰：「日合五行精，月受六律紀，五六三十度，度竟復更始。」《三統歷》曰：「十一而天地之數畢。」十一者，五六也，五六三十而天地之數畢。……《三統歷》曰：「太極元氣，函三為一。」……三氣相承，合于一元，謂太初、太始、太素之氣

---

[151] 見《漢書‧律歷志第一上》，卷二十一上，頁 958-960。

[152] 見《周易述》，卷一，頁 9。

[153] 見《周易述》，卷一，頁 9-10。

[154] 見《周易述》，卷四，頁 109。

也。《三統歷》又云：「元者，善之長也，共養三德為善。」……
《三統歷》又云：「元體之長，合三體而為之原，故曰元，三統合于一元。」[155]

「太極元氣，函三為一」，為劉歆宇宙論的重要主張，將「元氣」的概念與「太極」作了直接的結合，表明太極就是元氣，宇宙的根源就是太極元氣。「函三」的「三」，是指天地人三才，意謂太極元氣在未分化之前，包含著天地人生成的元素而渾然一體。這樣的函三為一元的元氣，惠棟認為也就是《易緯》所謂的「太初、太始、太素之氣」。宇宙的本源，源於元氣之說，漢代的易學家大體都持相近的看法，包括像揚雄雖然理論思想由《老子》而轉化，但其「玄」也是一種元氣的觀念，他在《檄靈賦》中指出「自今推古，至於元氣始化」，[156]宇宙萬物的產生，始於元氣。《淮南子》的說法亦同。惠氏又釋《繫上》「大衍之數五十」文，以「大衍之數五十」為「三才」之數：

　　《三統歷》曰：日合於天統，月合於地統，斗合於人統。故大衍之數五十，三才也。《三統歷》又曰：太極元氣，函三為一。一，太極也。……《三統歷》曰：道據其一，必知數備三才。[157]

劉歆慣以數字論《易》，並為漢代象數易學史上的重要表述方式，數字除了呈現易學的基本原理與內在關係，與融攝天文歷法的科學意義，並反映出宇宙發展的本源上的重要內涵。惠氏的引述，著實表現出那個時代易學家的主要觀點和認識。

（四）《論》《孟》《荀》思想的引述

　　《論》、《孟》、《荀》中雖少有明顯論《易》，[158]但孔子、孟子與荀子，可以視為儒家思想的原始與最佳典範，三家之著，當然也是經典化的聖

---

[155] 見《周易述·繫辭上傳》，卷十五，頁 400-402。

[156] 見於《揚子雲集·檄靈賦》，卷五。見台灣商務印書館景印文淵閣四庫全書本第 1063 冊，頁 125。

[157] 見《周易述·繫辭上傳》，卷十六，頁 426-427。

[158] 三家觸及《周易》之言者少，《荀子·非相》有云「故《易》曰：『括囊，無咎無譽』腐儒之謂也」。

書，思想同出一源，所以在詮釋儒家典籍時，莫不引述三家之說，可以視爲提高其釋義準確性與正統性，也表達出三家在儒家思想地位上的權威性。因此，惠棟引述三家之說，十分頻繁，主要是透過三家之說，來詁訓文義之用。例如：

釋屯卦六三「即鹿无虞」之「即」字字義，引《論語》曰「亦可以即戎矣」，「包咸注云：即，就也」，[159]是「即」義爲「就」。

釋蒙卦九二，引《孟子》云「湯之于伊尹，學焉而後臣之」，以說明「師而爲臣」。[160]

釋蒙卦六四「困蒙，吝」，引《論語》云「困而不學，民斯爲下」，所以爲「吝」。[161]

釋否卦六三，引《孟子》云「無羞惡之心，非人也」，以說明爻辭「以三爲匪人」。[162]

釋觀卦卦辭「盥而不觀薦」，指出「祭祀之盛，莫過于初盥。及神降薦牲，其禮簡略，不足觀也」，所以引《論語》中孔子云「禘自既灌而往者，吾不欲觀之矣」。並且認爲「吾不欲觀，非不欲也，所以明灌禮之特盛」，[163]也就是說，整個祭禮，以灌禮爲盛，而薦牲之禮則相對簡略，比較之下是「不足觀」，所以依孔子之意，並不是不願觀。卦辭「盥而不觀薦」之義即在於此。因此，由卦辭對照於孔子之言，詞義確是大體相近。

釋遯卦初六「遯尾」，指出「《論語》有微生高」，所以，「初爲尾，尾，微也。故遯尾」。[164]

釋井卦初六，引《孟子》之說云「井上有李，禽來食之」，所以「巽爲木果，初不應四，故不食」。[165]

釋乾卦《彖傳》「萬物資始」之「資」字字義，引《孟子》曰「居之

[159] 見《周易述》，卷一，頁 19。
[160] 見《周易述》，卷一，頁 24。
[161] 見《周易述》，卷一，頁 25。
[162] 見《周易述》，卷二，頁 58。
[163] 見《周易述》，卷三，頁 89-90。
[164] 見《周易述》，卷五，頁 141-142。
[165] 見《周易述》，卷七，頁 212。

安，則資之深」，以「資皆訓爲取」。[166]

　　釋乾卦《象傳》「天行健，君子以自強不息」，引《孟子》、《荀子》以說明「君子」之義，云「乾坤，諸卦之祖，而象皆稱君子者，以君子備三才。故《荀子・王制篇》曰『天地者，生之始也。禮義者，治之始也。君子者，禮義之始也。爲之，貫之，積重之，致好之，君子之始也。故天地生君子，君子理天地，君子，天地之參也』《孟子》曰『夫君子所過者化，所存者神，上下與天地同流』，皆言君子參天地之事。趙岐注云『君子通於聖人』是也」。[167]乾坤二卦爲父母之卦，至崇至尊，以君子、聖人象之。

　　三聖立於儒學之門，其中歷來對荀子的思想源流與其學派歸位，多有爭議。荀子思想起於戰國後期稷下學術薈萃的時代，融合吸收百家思想，造成其思想特質上具有強烈的綜合性；當面對學術派別的歸屬於分類時，荀學或有疑慮的問題存在，但不可否定荀子出於儒學之門。[168]荀

---

[166] 見《周易述・象上傳》，卷九，頁220。

[167] 見《周易述・象上傳》，卷十一，頁287。

[168] 秦漢之際，荀學視爲循孔、孟一脈而傳的儒學大師，且歷代類書，諸如《漢書・藝文志》、《隋書・經籍志》、《舊唐書・經籍志》《新唐書・藝文志》、《宋史・藝文志》、王堯臣等編《崇文總目》、晁公武《郡齋讀書志》、陳振孫《直齋書錄解題》，以至於《四庫全書總目》等等，皆將《荀子》一書納入儒家典籍之列。漢代以荀子思想爲儒家的重要後繼者，不曾有疑，或許在其時代環境氣氛本是學術匯合的關係，分類上的區隔，認定的切入雖荀學仍有諸家學說介入，仍不失崇奉孔門思想，故以定爲儒家之列而無誤。然而時空的遷移，學派分類由於個人主觀見解的差異，理定產生不同看法，對過去認爲定然者，今有未必然的疑問；唐宋時期即開始對荀學產生異議，認爲荀學與儒學之間存在極大的鴻溝與分歧。清王先謙《荀子集解・序》云：「昔唐韓愈氏以荀子書爲大醇小疵，逮宋攻者益眾。」蓋唐宋時期，非荀子之學者益眾，所持的意見，主要就荀子倡性惡而推之。（見王先謙《荀子集解》，北京：中華書局《諸子集成》本第二輯，1996年2月北京1版9刷，頁1。）韓愈《讀荀子》一文中指出孟荀對於繼承孔學的情形，《孟子》是「醇乎醇者」，而《荀子》是「大醇而小疵」。（見韓愈《讀荀》。引自馬通伯校注《韓昌黎文集校注》，臺北：華正書局，1982年，頁21。）宋儒程頤、蘇軾等人更激烈地加以撻伐，認爲「荀卿才高學陋，以禮爲僞，以性爲惡，不見聖賢」，「聖人之道，至卿不傳」，（見程顥、程頤《程氏外書》卷十。引自上海古籍出版社影印自四庫全書本，《二程遺書、二程外書》，1995年，頁40。）荀卿非但未傳聖人之道，更「喜爲異說而不讓，敢爲高論而不顧者也。其言愚人之所驚，小人之所

子集百家之大成，融匯貫通了百家之學，內容相當駁雜，可爲雜家之祖，故以純粹儒家思想稱之，是不識荀子的本質。而荀子爲孔學之後，或因時空因素而理論主張有所損益鼎革，但是仍能夠與儒家搆連在一起。是以孟荀並尊，且出於孔氏，而能冠冕群儒，固因性善性惡之論而訾議，難免偏見；蓋時空之不同，各爲異論，而其救弊扶衰之意皆同。歷來類書將之位定於儒家之列，大多學者也將之持屬儒家後繼有成者。荀子的思想，是秦漢學術發展上的一個極爲重要的中繼者，秦漢以來治經釋義，捨《荀子》之說，則如棄文獻珍寶，甚是可惜。

　　荀子的天人觀，在先秦哲學上有其獨特的看法。在荀子之前，以孔、孟爲代表的正統儒家思想，仍揮不去天人合一的神秘色彩；孔子尊奉天與天命的至上權威，主張知天、則天、順天的概念，並通過深刻的道德修爲承擔天所賦予的使命，藉由竭力完成自身的使命以使天命具備外在的必然性。孟子進一步地開展，明白區分自然之天與義理之天，並著重於與人事密切相關的義理之天，以心性爲基礎，建立完備的天人合一思想體系，也就是從盡心、知性、知天、事天，最後達到人與天地同流的精神境界。至於以老、莊爲代表的傳統道家，老子將宇宙萬物還原爲一種自然存在，強調自然無爲與順應自然的天道觀，因任自然的「道」構成了自然界與人類社會的基礎和根本原則；莊子進一步地發展，尤其主張「無以人滅天」，人無法與自然相抗衡，當求順隨與回歸自然，並進一步體驗與追求達到與天爲一、混同物我的境界。荀子在稷下學術爭鳴與

喜也」。（見蘇軾《荀卿論》。引自陳繼儒校《蘇東坡全集》卷三十七，臺北：新興書局，1955 年，頁 15。）嚴厲地指責其離經叛道，爲悖於儒家的異端學說。朱熹亦指出「不須理會荀卿，且理會孟子性善，渠分明不識道理」，惟孟子爲孔學眞傳，「荀卿則全是申韓」，「然其要，卒歸於明法制，執賞罰而已」，（見《朱子語類》卷一三七，＜戰國漢唐諸子＞。引自正中書局印行本，1970 年，頁 5225-5230。）是將荀子歸入法家的大宗。荀學之非，眾矢所指，終於在明嘉靖年間被逐出了孔廟。《明史·世宗本紀》云：「九年……六月癸亥，立曲阜，孔、顏、孟三氏學。……多十一月辛丑，更正孔廟祀典，定孔子諡號曰至聖先師孔子。」（引自二十四史《明史》，北京：中華書局，1997 年，頁 223。）孟子在明朝配享罷而復置，而荀子則在明世宗嘉靖九年（公元一五三〇年）罷祀，被逐出孔廟，後雖有人上疏要求荀子設立牌位，但三氏之學立，並無荀子的一席之地。

融合的基礎下，改造了儒、道的思想，並且吸收與開展稷下有關的天人思想，建構出一套屬於自己的天人關係理論。荀子所建構的「天」，是一個「列星隨旋，日月遞炤，四時代御，陰陽大化，風雨博施，萬物各得其和以生，各得其養以成」的自然界，而「天行有常」，即自然能動的有其客觀的規律性。荀子因襲天道自然的傳統看法，特別強調自然意義的天，以否定天命的說法，認為自然界不能干預人事，因此也就不能以自然現象來解釋國家社會的治亂，國家社會的治亂，源於人而非天，故天「不為堯存，不為桀亡」，「天不為人之惡寒也，輟冬；地不為人之惡遼遠也，輟廣」（《荀子・天論》）。他注意到大自然所表現的規律性，例如日月星辰的旋轉，四季的變化，這些律動是可以預測的，它代表一種秩序，所以投射在人事上，人亦應表現出一定的規律性，秩序性。由於自然規律的可預測性，人當可善加利用，「應之以治則吉」，但「治亂非也」，天又不因人之不同而改變，依靠天命，並不能使人事歸於平治，必須「明於天人之分」；荀子吸收了儒家的「敬天保民」、「畏天命」的有志意的天之思想，也融入老子「道法自然」的道，以及對黃老「道」的政治學說在當時起著振聾發聵的劃時代作用時，荀子也同時吸收改造，明白天與人的分際，但也並不表示天與人必須完全分開，天仍有其功能，所謂「天職」、「天功」，只有大自然有此力量，人是無法取代的，人當解解自然的力量，「知其所為」，「知其所不為」，在既成的自然基礎上，人「不與天爭職」，人才可依其智慧能力發展出合乎禮義法度的政治文明，並藉由此一文明來維繫一切的秩序。因此，「天人之分」的最重要目的在於達到「天地生之，聖人成之」，做到「以人渡人」的目標，切勿「錯人而思天」，「人」才是政治的最終關懷，也只有人才能不「失萬物之情」，而這「人」，又以「君子」最為關鍵，此一「君子」或許直言之，即是聖人、君王，由其「知其所為，知其所不為」，參天地，總萬物，以為民父母，帶領人們走向平治的坦途。[169] 荀子的天人觀，大力描繪自然之天的形態內涵，論

169　參見《荀子・天論》云：「天職既立，天功既成，形具而神生。……聖人清其天君，正其天官，備其天養，順其天政，養其天情，以全其功。如是則知其所為，知其所不為矣，則天地官而萬物役矣。」又云：「不為而成，不求而得，夫是之謂天職。如是

述天道自然的規律，這方面的論述，與《周易》所講的宇宙自然陰陽變
化之道，有諸多可以相互討論的地方。所以，三聖之言，惠棟引《荀子》
之言，相對較多，主要是《荀子》思想中，有豐富的天道觀之論述，成
爲釋《易》之重要材料。例如：

　　釋乾卦初九，惠氏認爲「乾之取象于龍，以其能變化也。《荀子》曰
『變化代興，謂之天德』，天德，元也。天之元兼五色，故龍被五色」。[170]
引《荀子》之言，出於＜不苟＞，所言「天德」，唐代楊倞注，指出「既
能變化，則德同於天，馴致於善，謂之化，改其舊質謂之變，言始於化，
終於變也。猶天道陰陽運行則爲化，春生冬落則爲變也」。[171]

　　釋《說卦傳》「神也者，妙萬物而爲言者也」，認爲「神謂《易》，即
一也。妙，微也」，故引《荀子》曰「精微而無形」，而訓「微妙亦同義」。
此＜成相＞之言，云「大參乎天精微而無形」，能夠透悟天道，則智慮能
得精妙之境。《易》道即宇宙自然的變化之道，《易》道精微而無形，人
能體乎陰陽消長之道，效法天道之化，則能同入於神妙。荀子以天道而
言君子之法要，重在君子之道，而惠氏則取之以釋《易》道，並進一步
說明人君之道，「爲人君者，正心以正朝廷，正朝廷以正百官，正百官以
正萬民，正萬民以正四方，所謂以一偶萬，即《論語》『吾道一以貫之』
之義也。明者以爲法，微者以是行」，「《荀子》曰『執一如天地，行微如
日月』，[172]日月之行，人所不見，似乎細微無怠止之時，猶至誠之無息。

者雖深，其人不加慮焉；雖大，不加能焉；雖精，不加察焉；夫是之謂不與天爭職。
天有其時，地有其財，人有其治，夫是之謂能參。舍其所以參，而願其所參，則惑矣。」
又云：「在天者莫明於日月，在地者莫明於水火，在物者莫名於珠玉，在人者莫名於
禮義。」又云：「雩而雨，何也？曰：無何也，猶不雩而雨也。日月食而救之，天旱
而雩，卜筮然後決大事，非以爲得求也，以文之也。故君子以爲文，而百姓以爲神。
以爲文則吉，以爲神則凶也。……故錯人而思天，則失萬物之情。」又云：「天地者，
生之始也；禮義者，治之始也；君子者，禮義之始也。……故天地生君子，君子理天
地；君子者，天地之參也，萬物之總也，民之父母也。」（引自《荀子集解・天論》，
卷十一，頁 206-211。）

[170] 見《周易述》，卷一，頁 5。

[171] 見《荀子・不苟》，楊倞注。引自王先謙《荀子集解》，卷二，頁 28。

[172] 此惠氏引自於《荀子・堯問》。

故微者以是行。『不見其事而見其功』」，[173]「《荀子》『謂之神』，[174]故云妙萬物而爲言也」。[175]

　　除了引用有關天道觀之外，荀子重禮的主張，也多爲惠氏詁訓之用。《周易》不論是作爲原始的卜筮之書，或是作爲表現周秦以來文化思想的面向，總離不開禮，所以歷來述《易》，不斷以禮釋之，如鄭玄即是。惠氏涉禮，則多次以《荀子》輔訓。如履☲卦爲例，九二「履道坦坦，幽人貞吉」，指出「幽人，幽繫之人」，並引《尸子》曰「文王幽于羑里」，《荀子》曰「公侯失禮則幽」訓解，「訟時，二體坎，坎爲獄，二在坎獄中，故稱幽人，俗謂高士爲幽人，非也」。[176]是幽人爲坎陷幽禁之人。有關例子尚夥，不再贅舉說明。

（五）《參同契》等神道色彩典籍的引述

　　惠棟援引具有神道色彩的典籍以釋《釋》，爲歷來學者所批評。這些具有神道色彩的典籍，包括《參同契》、《靈寶經》、《陰符經》、《玄珠密語》、《抱朴子》等等，特別是《參同契》，《周易述》中論述經傳文義，惠棟至少引述三十餘次。引用這類典籍是否恰當，其實很難予以作界定，不同領域的學術間，本來就有互通的地方，打死不相往來，也非學問之道。引用典籍資料，最重要的是要瞭解引用內容的適切性，所引用者是否有助於釐清我們設定的議題，是否合於我們詮釋上的需要，這才是最重要的。

　　《參同契》爲漢末魏伯陽所著，[177]全書以《周易》和道家思想爲依托，廣取先秦兩漢天文歷法、醫藥物候、煉丹方外之術等方面的內容，借用象數易學的知識架構，以體現其丹術的主體思想，所以呈現出龐雜

---

[173] 此惠氏引自於《荀子・彊國》。

[174] 此惠氏引自於《荀子・彊國》。

[175] 見《周易述・說卦傳》，卷二十，頁 599-601。

[176] 見《周易述》，卷二，頁 49-50。

[177] 關於《周易參同契》作者問題，是否爲僞書，歷來學者多有討論，晚近學者大致根據葛洪《神仙傳・魏伯陽》所載，以及書傳歷程考定，肯定確是出自魏伯陽之作。因此，本文同持肯定的態度。

的思想體系。《參同契》全名稱爲《周易參同契》，顧名思義即與《周易》
有密切的聯系，作者嫻熟地利用《周易》卦象與西漢孟喜、京房卦氣說
的諸多易學條例，以及五行數方位圖式，構構出一系列相互關聯的天文
歷法與煉丹模型。在京房八卦納甲說的基礎上，提出月相納甲說，這個
理論也深深影響歷來的易學家；其中首當其衝的是虞翻的易學，其月體
納甲的主張，直接源自魏氏。唐代李鼎祚《周易集解》、宋代朱震《漢上
易傳》的述義過程，也廣引《參同契》爲釋。既是復說漢《易》，則不能
拒之千里，所以惠棟、張惠言者，引述申說，自是合理恰當，捨而不用，
才是有失。

　　從易學或哲學的角度看《參同契》，其重大的成就，表現在宇宙生成
的主張方面。魏氏以《易》之乾坤坎離四卦，建構出宇宙生成變化的圖
象，以坤內乾外象徵天地之體，以坎離象徵日月運行、陰陽升降之用，
充份地展現出宇宙的有限性與無限性，也爲歷法的運算提供了一個理論
的側面。同時，魏氏也提出諸多相關地或延伸的主張，包括如坎離匡郭、
四維時空、晝夜更迭、月相死生、十二月陰陽消長等等，豐富與擴充了
以乾坤爲體、坎離爲用的宇宙生成圖式的內容。這些內容，直接或間接
地反映出漢代的天文歷法之科學知識，以及漢代《易》家的易學主張。
因此，再一次強調，舉《參同契》之言輔訓漢儒《易》說，是合理恰當
的。

　　惠棟釋小畜卦上六「月近望，君子征凶」，指出「近讀爲既，坎爲月
十五日，乾象盈甲十六日，巽象退辛，故月近望。君子謂三，陰盛消陽，
故君子征凶」。並進一步解釋，「既謂既望，孟喜以爲十六日也」，「卦內
乾外巽，十五日乾象盈甲，十六日巽象退辛，此納甲法也。魏伯陽《參
同契》曰『十五乾體就，盛滿甲東方。蟾蜍與兔魄，日月氣雙明。七八
道已訖，屈折低下降。十六轉受統，巽辛見平明』，是其義也」。此卦，
上應三，所以君子是就三爻而言，此以陰畜陽之卦，「故畜道成，則陰盛
陽消，君子不可以有行也」。[178] 惠棟釋蹇卦，云：

　　虞氏據納甲謂五在坤中，故曰西南。體坎爲月，出庚見丁，故月

---

[178] 見《周易述》，卷二，頁 45、47。

生西南。五「往得中」，故利西南。往得中，睽兌為朋，故西南得
朋也。三體艮，故東北謂三。退辛消丙，故月消于艮。乙東癸北，
喪乙滅癸。當月之晦，天道之終，故不利東北，其道窮也。東北
喪朋，謂五六三十也。[179]

此虞氏月體納甲說，即本諸《參同契》。坎月生西南而終東北，出庚見丁
盈甲，退辛消丙，窮乙滅癸。《彖傳》云「蹇之時大矣哉」，惠氏也指出
「虞氏謂坎月生西南而終東北，終而復始，以生萬物，故用大矣」，而「《參
同契》曰『五六三十度，度竟復更始』，故云終則復始」。[180]惠氏釋《繫
上》「一陰一陽之謂道」，指出「一陰一陽，合于十五之謂道。七、八、
九、六合天地之數，乃謂之道」，並云：

> 陽變七之八，陰變八之六，亦合于十五。《參同契》曰「七八數十
> 五，九六亦相應，四十合三十，[181]陽氣索滅藏」，又曰「日合五行
> 精，月受六律紀，五六三十度，度竟復更始」。[182]

以《參同契》言，說明一陰一陽，七八與六九皆合十五，所以謂之道，
而四數合為三十，則天地之數合為「太極元氣」，如此終而復始，萬物以
生。

　　惠氏屢次引用《參同契》文以說明納甲之法，以及所衍生的有關陰
陽之道與宇宙觀的議題。事實上，《參同契》將一個月內陰陽的消長變化，
三十日分為六節，每節為五度，並依每一節日光反射出的月相的死生盈
虧，進行推斷。所以《參同契》云「月節有五六，經緯奉日使；兼並為
六十，剛柔有表裡」。六十卦分六節，每節十卦，分值五個晝夜。根據漢
《易》流行的納甲法，在每一節取一個典型的月相，陰陽的消長變化便
可清楚的顯現出來。西周以來，在歷法的觀念上，定朔日為初一，這天
月亮不可見，故需要朏日往前推。朏日，即初三日，為第一節之中，新
月黃昏始見，卦象為震，納庚。初八日為第二節之中，月上弦，卦象為

---

[179]　見《周易述》，卷六，頁165-166。
[180]　見《周易述·彖下傳》，卷十，頁271-272。
[181]　惠氏作「四十合三十」，當為「四者合三十」，此惠氏小誤。
[182]　見《周易述·繫辭上傳》，卷十五，頁400-401。

兌，納丁。十五日爲第三節之終，日月相望，滿月，卦象爲乾，納甲。十六日爲第四節之始，月相由盈滿轉虧，卦象爲巽，納辛。二十三日爲第五節之中，月下弦，卦象爲艮，納丙。三十日爲晦，第六節之終，明盡喪，卦象爲坤，納乙。《參同契》並指出「節盡相禪與，繼體復生龍」，震爲龍，謂月相在下一月由震開始新的六節循環。其八卦納甲，震納庚，巽納辛，爲西方金；兌納丁，艮納丙，爲南方火；乾納甲，坤納乙，爲東方木。戊己爲坎離，爲中央土。壬癸爲北方水，無所屬，仍從乾坤納之，以示始終。故曰「壬癸配甲乙，乾坤括始終」。八卦納甲，使十干分布五方，與「月節有五六」相配合，意在說明「日合五行精，月受六律紀」。[183]一月三十日，正合七八九六之數，月行三十則終始循環周期。魏氏此月相納甲說，主要吸收京房的八卦納甲之法，而虞翻又根本於二者而云月體納甲說，所以要復原虞氏《易》說，則必引魏氏之言以相驗。

關於坎離二卦的角色問題，惠氏釋復卦「出入无疾」，引虞翻之說，「謂出震成乾，入巽成坤。坎爲疾，十二消息不見坎象，故出入无疾」。[184]十二消息卦，內外卦合組，見乾☰、坤☷、震☳、巽☴、艮☶、兌☱等六卦，而不見坎☵離☲二卦；惠棟認爲「納甲之法，坎戊离巳，居中央、王四方」，此即《參同契》的說法，所以又引《參同契》云，「坎离者，乾坤之二用，二用无爻位，周流行六虛」。[185]十二消息卦不見坎離二象，乃坎離本乾坤之二用，无其爻位，故而無其象用。也就是以納甲之說而言，日月成八卦之象；其中離爲日光，震巽艮兌皆可見離象，坎爲月精，晦朔之交，滅於坤乙而不可見，所以十二消息不見坎象。十二消息無坎離二象，並不減殺二卦之地位，反而二卦在《參同契》的理論中，居乾坤之用的崇高地位。二卦因《參同契》，也因虞翻而更受關注，打破

---

[183] 參見《參同契》月相納甲之說，云：「三日出爲爽，震受庚西方。八日兌受丁，上弦平如繩。十五乾體就，盛滿甲東方。蟾蜍與兔魄，日月无雙明。蟾蜍眂卦節，兔者吐生光。七八道已訖，屈折低下降。十六轉受統，巽辛見平明。艮直于丙南，下弦二十三。坤乙三十日，東北喪其明。節盡相禪與，繼體復生龍。壬癸配甲乙，乾坤括始終。七八數十五，九六亦相應。四者合三十，陽氣索滅藏。八卦列布曜，運移不失中。」

[184] 見《周易述》，卷四，頁104。

[185] 見《周易述》，卷四，頁105。

傳統獨重乾坤二卦的局面。此外，離日坎月，「日月之謂易」也由是而更具理論性基礎。在惠棟的易學思想中，大力主張日月爲易的說法，諸本於虞翻之說，其實就是諸本於《參同契》之說。有關的論述中，惠棟也引《參同契》爲釋。關於這方面的議題，後文將續作詳論。

　　另外，有關引述《靈寶經》、《陰符經》、《玄珠密語》、《抱朴子》等典籍之文，與京房積算法乃至漢代易學皆有相涉，並言可成理，難說不當，不再贅舉。

（六）《國語》等史書之引述

　　關於史書的引述，主要包括《國語》、《戰國策》、《史記》、《漢書》、《後漢書》，乃至皇甫謐的《帝王世紀》。其中《國語》次數最多，加上韋昭的注，不下七十餘次，《漢書》亦有三十餘次，《史記》亦十餘次。《國語》爲一部重要的古史書，向來與《左傳》相互表裡，有《春秋外傳》之稱，主要記載春秋時期的史事，包括政令教化、訓典名物，乃至各國的文化語言內涵。《周易》即是緣自於周朝，釋《周易》古義，以《國語》輔訓，是最接合當時，文義也最能表現出專屬於周朝。例如惠氏釋乾卦九三「夕惕若夤」，以「乾」訓爲「敬」，並解釋指出「乾爲天，《周語》曰：言敬必及天。又曰：象天能敬。韋昭注云：象天之敬，乾乾不息，故知乾爲敬也。」透過《周語》與韋昭注，以訓「乾爲敬」。[186]釋噬嗑六三「噬昔遇毒」，指出「《周語》單子曰：厚味實腊毒。腊，籀文昔，肉久稱昔。味厚者爲毒久，故噬昔肉遇毒。」[187]「腊」、「昔」古文同。肉久置則味重，即稱昔，味重則毒，故云昔毒。釋剝卦六三，指出「《周語》曰：人三爲眾，自三以上皆曰眾也。卦有五陰，故眾皆剝陽」。[188]以三數以上爲眾，剝卦五陰一陽，所以稱「眾皆剝陽」。釋離卦上九「獲匪其醜」之「醜」字，云「《周語》曰：況爾小醜。韋昭云：醜，類也」，指出「醜」

---

[186]　見《周易述》，卷一，頁 6。

[187]　見《周易述》，卷三，頁 96。

[188]　見《周易述》，卷四，頁 103。

爲「類」。[189]釋益卦初九「利用爲大作」，云「
《周語》虢文公曰『民之大事在農』，故云大作，謂耕播」，[190]也就是將
「大作」訓爲「耕播」。由這些例子，大致可以看出，惠氏引《國語》爲
訓，大都作字義的解釋，釋義也大都詳備。

　　其它有關之史書，如《戰國策》、《史記》、《漢書》、《後漢書》、《帝
王世紀》等，皆載錄先秦兩漢之事，引作詁訓之材料，亦屬恰當。特別
是《史記》、《漢書》與《後漢書》，多有兩漢天文歷法與其時代人物的事
蹟，既是論述兩漢《易》家之易學，則同時代的史書，當是最直接的資
料。例如，有關劉歆《三統歷》的記載，即出於《漢書‧律歷志》，且《漢
書‧天文志》中亦多有天文思想，與象數《易》密切相關，多爲惠氏取
材之主要對象，有關的引例，不再贅舉。

　　不過，這裡針對司馬遷與班固作一簡要介紹。司馬遷家學傳《易》，
世守史官，精於史學，而史學與易學之間，史官與《周易》之間均存在
著密切的關係。先秦時期，巫史同源，史官除了記時書事、掌管典籍之
外，尚有觀察天象、制訂歷法，以及兼掌卜筮之事，所以古多將「史」
與巫、祝、卜等連稱。史遷言及世當史職時，云「文史星歷，近乎卜祝
之間」，[191]本身實際參與修訂《太初歷》的工作。精通天文歷法，是擔任
史官的基本條件，《史記》載有〈歷書〉、〈天官書〉，可見其專。這些
在那個時代視爲專門的科學知識，正是象數易學的必要者。另外，史遷
本人的易學觀，在《史記》中多有呈現，於〈周本紀〉、〈日者列傳〉、
〈太史公自序〉等文中，明確指出伏羲作八卦，文王演六十四卦、三百
八十四爻，並作卦爻辭，同時也認定《易傳》爲孔子所作。作爲史官的
陳述，當有所根據，絕非空穴來風，肆意妄言。史遷的易學風格，上承
田何、楊何之風，重在義理之闡發，書中載錄其對《易傳》的詮解，而
滲透的人生觀中，也頗得《易傳》之沾漑。因此，史遷的易學觀，少就
象數申言，多在思想之論述，與較爲純粹的象數《易》家有所不同。惠

---

[189] 見《周易述》，卷四，頁134。
[190] 見《周易述》，卷六，頁180。
[191] 見司馬遷《報任安書》。引自《漢書‧司馬遷傳》，卷六十二，頁2736。

棟在引述史遷之言時，對於象數方面的引述也相對就減少了。

　　同樣地，班固身爲史學家，對於那個時代的天文歷法知識，也都能夠嫺熟專精，博通群經，尤其對於易學特有研究，將《易》置於群經之首，論述各類文獻，也都引《易》爲抒，強調《周易》在學術文化上的核心與鰲首地位。所以學者指出，「《漢志》論學術淵源變化反映出來通變的思想，是以《易》爲經籍之源，乃至諸子之源來把握的。他的辨章學術，考鏡源流，是建立在易學基礎之上的」。[192]＜儒林傳＞中，班固對易學經傳注疏、授受源流、學派演變之記載，可以視爲先秦至西漢在易學發展史上的彌足珍貴之參考文獻。以義理和象數二方面來看，班固對於漢代象數之學的描述記載尤豐，例如他在＜五行志＞中，引京房《易傳》之說，就高達六十餘次，並且藉由孟、京卦氣與災異之說，解釋歷史現象與人事禍福。此外，他對《易傳》與《易緯》的宇宙觀，也多有承繼發揮。呈現出漢代易學的主流內容與價值。所以成爲惠棟《周易述》中極爲重要的取材來源。又，漢章帝白虎觀經學會議，班固編集成《白虎通》，彙集今古文經與讖緯之風，在易學的內容上，多見陰陽災異之影子，亦處處呈顯《易緯》之學。融會諸家之說於大成，有其時代性的豐富學術史料。因此，研究漢《易》，文獻的取捨，此亦必要之徑，惠棟於此，至少引述十九條，可見重要之一斑。

　　引用先秦之子書，尚有如《管子》、《韓非子》、《呂氏春秋》、《列子》、《尸子》、《鬼谷子》、《尉繚子》等書，其中《呂氏春秋》與《管子》中的諸多主張，與易學思想多有交集或融通之處，包括陰陽五行之說、天道觀等等，除了有豐富深邃的義理內涵外，也有普遍可擬的象數材料，所以惠棟於二書的採用尤夥。又，兩漢儒者，不論賈誼、桓寬、王充、桓譚、應劭、荀悅等人，除了在漢代學術史上，扮演了極爲重要的角色外，也都與易學相涉，皆是釋《易》取材之對象。

　　詳覽惠棟引書述義，其學殖深厚，而能廣蒐群籍、巧爲運用，足爲後學所崇敬探訪，雖少下己意，但用群書之義，已著實呈現出自己對《易》

---

[192] 見吳懷祺＜漢《易》與《漢書》＞，引自《齊魯學刊》2001 年第 3 期。

義的主張，似無創見，卻已綜取諸說而成新的見解。在文義的考證上，惠棟用功頗深，引據有典，符合科學實證的精神，如「其子」一解即是。整體而言，引書釋義論證上，大多能夠詳明而得體。至於神道讖緯之書的引用，惠氏都能排除災異神怪的部份，而純取文義詁訓的內容與兩漢象數之說的材料，所以大無缺失。

第三節　《易緯》作為述《易》之重要來源

　　惠棟《周易述》在述說《易》義的過程中，廣引緯書之文，特別是《易緯》作為闡發經傳大義的重要材料，成為其治《易》的主要特色之一。由於引述極為頻繁，也成為歷來批評者的非議焦點。因此本節討論的內容，在於瞭解惠棟引用緯書述《易》的質實現況，特別是引用緯文中的那些內容，以及用來闡論或詮釋的主要內容，瞭解其引用的正當性與合理性。

一、《易緯》在易學發展史上的學術地位

　　讖緯之起源，複雜分歧，可溯及周秦時期，與鄒衍所代表的齊學之風有密切的關係。而從學術發展與歷史背景的角度來看，由於學術與政治的高度糾葛，在政治需要陰陽災異，與陰陽災異因政治而鼎沸，陰陽五行、災異告譴的經學內容，成為勢必發展的方向。政治主導了經學的發展，經學家們通過推演災異，期望追求政治上的穩定與認同，大量的將陰陽災異之說，滲透於經學論著與主張中。並為強化其權威性與神聖性，在形式上每每以「孔子曰」作為其種種理論觀點的表達，在《易緯》中，我們就可以常常看的到。

　　西漢武帝時期，今文經學家普遍論述陰陽五行、感應災異之說，讖緯之學由是興焉，而哀平之際達到了鼎盛。緯書之內容，大抵不離陰陽五行、符命、災異、釋經典、解文字、傳古史、述地理、天文歷法，乃

至仙方道術，[193]內容博雜，無所不包，與數術占卜、神仙方技、原始宗教、儒家經說，以及自然科學知識皆有密切的相關。讖緯之學，曾於漢代學術發展史上，籠罩四方，蔚爲風尚，特別是在經學的發展上，有深遠的影響，經學家倡論經義，莫不引讖緯以依附經義。讖緯的內容，雖不乏欺世罔俗、妖妄附會之說，然亦多有「立言於前，有徵於後，故智者貴焉」[194]的成份，以及寶貴的先賢遺說和文化思想的內涵，特別是具有一定的科學性與時代性的學術價值。論述經書古義，採緯書之說，仍爲必要之途。

　　考索《周易》古義，評論漢《易》，不能不參照緯書，特別是在《易緯》的部份。《易緯》之說，推衍經義，發揮《易》理，爲漢代易學思想之重要主流代表，具有高度的翼經價值，所以研究漢代易學，不能不通《易緯》。從董仲舒的天人思想，莫不與之相涉，至多數易學家如孟喜、京房、鄭玄、虞翻等人理論主張的相融，探析漢代易學思想，絕不能排除《易緯》，讓他置身事外。歷來專主《易緯》者，如鄭玄、宋衷爲之作注，張惠言、莊忠棫爲之略義，皆援據經義，疏通緯文。孔穎達《周易正義》序論，李鼎祚《集解》，李善《昭明文選》注文，皆廣徵緯文。《四庫全書》視爲要籍，次列經類。是以《易緯》之配經、助文，乃至概觀漢代易學，有其一定的崇高地位，不能因爲對陰陽災異的喜惡，而決定其價值的高低或存在的與否，更不能無視而漫加詆諆。

　　考索與探述漢代古《易》，倘若去《易緯》而不論，則文獻運用恐有不夠周全之慮；且揚棄寶貴的論述材料與排拒當然的重要論述對象，也非研究者研究漢代易學應有的態度和策略運用。因此，惠棟易學重在復原漢《易》，探究漢代古《易》的主要內涵，以《易緯》作爲引用的對象，並無不當，不能視爲大錯。

二、惠氏援《易緯》說《易》之概況

---

[193] 參見呂凱《鄭玄之讖緯學》，台北：嘉新水泥公司文化基金會，1977 年 11 月初版，頁 20-40。

[194] 見《後漢書‧張衡列傳》，卷五十九，頁 1912。

惠棟疏通漢學，遵尚古《易》，援緯書爲說，勢在必行。《周易述》中，惠氏疏解經傳古義，明白引用緯書並述明其名者，包括：

圖表 5-3-1　《周易述》引用緯書情形概計表

緯書名稱	引用次數	緯書名稱	引用次數	緯書名稱	引用次數
《易緯乾鑿度》	137	《易緯稽覽圖》	1	《易緯通卦驗》	3
《易緯是類謀》	2	《尚書帝命驗》	1	《詩推度災》	2
《禮斗威儀》	1	《樂緯動聲儀》	1	《春秋元命包》	3
《春秋保乾圖》	1	《春秋說題辭》	1	《春秋緯》	1
《孝經援神契》	2				

惠氏所引，大都以《易緯》爲主，明白指名者，至少有一百四十餘處，特別是引用《乾鑿度》，佔其主要的部份。以下將惠氏引文，簡述如下：

圖表 5-3-2　《周易述》引用緯文內容與說明

引述出處	引文內容[195]	簡要說明
乾卦初九	《乾鑿度》曰「易氣從下生」，鄭元注云「易本無形，自微及著，故氣從下生」。	惠氏引《乾鑿度》之說，主要在於說明元氣從下而生，同《說卦》所謂「易，逆數也」之義，於爻位而言，則以下爻爲始，所以引以述說乾卦初爻。
乾卦九二	大人者，聖明德備，五也。其說本《乾鑿度》。	《乾鑿度》云「大人者，聖明德備也」。九二「利見大人」，即利見九五之位。惠氏以「九二陽不正，故當升坤五，五降二體离，《說卦》曰相見乎离，故离爲見」，[196]所以說「利見大人」。
乾卦九五	《乾鑿度》曰：「三畫已下爲地，四畫已上爲天。物感以動，類相應也。動於地之中，則應於天之中；動於地之上，則應於天之上。」	惠氏引《乾鑿度》此文，在於說明「應」與「敵應」之義。今乾卦九五與九二敵應而卻稱「利見大人」者，乃「乾二升五而應坤，坤五降二而應乾」，[198]

---

[195] 本欄位所引之文，皆原本惠棟《周易述》之原文，不作任何改易。

[196] 見《周易述》，卷一，頁5。

	初以四，二以五，三以上，此之謂應。」[197]是言六爻相應之義也。《易》重當位，其次爲應。	所以云「利見大人」。「應」與「不應」爲釋《易》之普遍《易》例，早在《乾鑿度》就已有明文。
乾卦用九	《乾鑿度》曰：陽動而進，變七之九，陰動而退，變八之六。	《乾鑿度》原文云：「陽動而進，變七之九，象其氣之息也。陰動而退，變八之六，象其氣之消也。」惠氏藉以說明「九六者，爻之變」。九爲陽爻之變，六爲陰爻之變。凡卦皆有九六，獨乾坤二卦言「用九」、「用六」者，以其爲純陽純陰之卦。九六陰陽變化，而成六十四卦、三百八十四爻。
坤卦上六	《乾鑿度》曰：陽始於亥，形於丑。乾位在西北，陽祖微據始。	坤位本在十月亥，亥居西北。而惠氏引《乾鑿度》以說明乾陽始於西北十月亥位，與坤同，所以坤卦上九爻辭爲「龍戰于野」。荀爽則認爲坤「下有伏乾，爲其兼于陽，故稱龍也」。[199]
坤卦上六	《乾鑿度》曰「乾坤氣合戌亥」，故曰合居。	藉《乾鑿度》以述「天地之雜，言乾坤合居」。[200]鄭康成注緯文，指出「乾御戌亥，在於十月而漸九月也」，[201]乾坤所合居者，於乾之都，也就是以戌亥爲乾之都。
屯卦六三	《乾鑿度》九三爲「君子」，三變之正，故曰「君子」。	《乾鑿度》明白指出陽三爲「君子」，而以虞氏之義，釋云屯卦六三，三變而爲君子，乃三變爲陽而爲君子。
蒙卦卦辭	《乾鑿度》曰「坎離爲經，震兌爲緯」。	惠氏藉引《乾鑿度》此文，以證明坎爲經。二至五有師象，二又爲坎，符合其引虞說「二體師象，坎爲經，謂二爲經師」[202]之義。
蒙卦九二	《乾鑿度》曰「二爲大夫」。	藉以述明「二稱家」：《乾鑿度》「二爲大夫」，而鄭注《禮記》「大夫稱家」，又在內，且《雜卦》云「家人，內也」，

197　惠棟斷引其中，引文不全。《乾鑿度》原文云：「乾坤相並俱生，物有陰陽因而重之，故六畫而成卦。三畫已下爲地，四畫已上爲天。物感以動，類相應也。易氣從下生，動於地之下，則應於天之下，動於地之中，則應於天之中；動於地之上，則應於天之上。初以四，二以五，三以上，此之謂應。」惠氏缺「易氣從下生，動於地之下，則應於天之下」。

198　見《周易述》，卷一，頁 7。

199　見李鼎祚《周易集解》，卷二，頁 31。

200　見《周易述》，卷一，頁 12。

201　見《易緯乾鑿度》，卷上，頁 480。

202　見《周易述》，卷一，頁 21。

		是「二稱家」。
師卦九二	《乾鑿度》說此爻曰:「師者,衆也。言有盛德,行中和,順民心,天下歸往之,莫不美命爲王也。行師以除民害,賜命以長世,德之盛。」	九二陽剛統群陰,有將德之才,處下卦之中,二升於五,則可行中和之道,並爲王,故與《乾鑿度》所言相合。此惠氏引文表達的主要意義。
師卦上六	《乾鑿度》曰「大君者,君人之盛者也」。	說明「大君」爲五位。惠氏並引「荀氏曰:大君謂二,故知二升五爲大君」。[203]所以師上六「大君有命」之「大君」,即指聖人、天子之位。
師卦上六	《春秋保乾圖》曰:「咮謂鳥陽,七星爲頸。」宋均注云:「陽猶首也。柳謂之咮。咮,鳥首也。」故知陽爲首也。	比卦上六爻辭「比之无首」,惠氏爲解釋「陽爲首」,引緯書爲訓,此非《春秋保乾圖》之文,而當是《春秋文耀鉤》。[204]南方七宿共爲朱鳥之形,而「柳」爲朱鳥之口,所以名爲「咮」。「鳥陽」,「陽」即「首」,所以「鳥陽」即鳥首。[205]
履卦初九	《乾鑿度》曰:「太素者,質之始。」	惠氏釋初九「素履」之「素」,而引《乾鑿度》爲詁。「初爲履始,故云素」,[206]故「素」亦即「始」義。
泰卦九二	《易乾鑿度》於師之九二曰「有盛德,行中和,順民心」。于臨之九五曰「中和之盛,應于盛位,浸大之化,行于萬民」。	強調「中和莫尙于五」,[207]二居中處於陰位,當上居五位,其各得其正,則可行中和之道。爻辭「尙于中和」之「尙」,與「上」通。
泰卦六五	《乾鑿度》曰:「泰,正月之卦也。陽氣始通,陰道執順,故田此見湯之嫁妹,能順天地之道,敬戒之義。」[208]	六五爻辭「帝乙歸妹」之「帝乙」當爲何人,歷來眾說紛歧,惠氏舉「虞氏據《左傳》以爲紂父」,而「秦漢先儒皆以爲湯」,[209]惠氏引《乾鑿度》爲詁,認爲此「帝乙」即成湯。

---

[203] 見《周易述》,卷二,頁 39。

[204] 見安居香山、中村璋八輯《緯書集成》,河北:河北人民出版社,1994 年 12 月 1 版 1 刷,頁 665-666。

[205] 除了參見《春秋文耀鉤》與宋均之注外,另參見《爾雅》云:「咮謂之柳。柳,鶉火也。」疏:「南方七宿,共爲朱鳥之形,柳爲朱鳥之口,故名咮。」《漢書》云:「柳爲鳥喙,主木草。」

[206] 見《周易述》,卷二,頁 50。

[207] 見《周易述》,卷二,頁 55。

[208] 惠氏引文末句「敬戒之義」,非《乾鑿度》原文,當爲「立教戒之義」。

[209] 見《周易述》,卷二,頁 56。

泰卦六五	父子兄弟相繼爲君，合十二世，而正世唯六，故《乾鑿度》曰「殷帝乙六世王，不數兄弟爲正世也」。	惠氏所引《乾鑿度》言爲非，原文當爲「《易》之帝乙，爲《湯書》之帝乙。六世王名同，不害以明功」。[210]《易》與《尚書》俱載「帝乙」，雖同名，但不相害其各成之功蹟。殷自成湯至帝乙共爲十二君，其父子世六易，則兄弟不爲正世。惠氏所引，即在明此。
否卦六二	《乾鑿度》遘初爲小人。觀、遘皆消卦，故觀初亦爲小人。否之小人，指初也。荀氏以二爲小人。案：二得位，故《乾鑿度》以遘二爲君子，荀氏非也，或傳寫之訛耳。	引《乾鑿度》爲說，主要在說明觀初爲小人，而否之初亦指小人。另外，也證說荀爽以二爲小人，爲錯誤之說，二得位，當爲君子。
隨卦卦辭	上六拘係之，乃從維之。《乾鑿度》謂「上六欲待九五，拘繫之，維持之」，是上係五也。	引《乾鑿度》之言，在於證說隨卦上六拘繫、維持於九五。所以《乾鑿度》進一步闡述，「明被陽化，而陰欲隨之。譬猶文王之崇至德顯，中和之美，拘民以禮，係民以義」。[211]
隨卦上六	「《易》說者」，《乾鑿度》文也。隨于消息爲二月卦，故云二月之時。云隨德施行，藩決難解者，案鄭彼注云：大壯九三爻主正月，陰氣猶在，故羝羊觸藩而……	惠氏所引此《乾鑿度》「《易》說者」之文，即「二月之時，隨德施行，藩決難解，萬物隨陽而出，故上六欲待九五，拘繫之，維持之，明被陽化而陰欲隨之。」[212]在說明隨卦上六窮而無所隨，故從而維五。
隨卦上六	「王」謂夏商之王，《乾鑿度》謂文王，非也。	上六爻辭「王用亨于西山」之「王」，惠棟認爲《乾鑿度》指爲「文王」[213]是錯誤的，當指夏商之王。
隨卦上六	《乾鑿度》謂「崇至德顯，中和之美」，「當此之時，仁恩所加，靡不隨從，咸悅其德，得用道之王，故言王用亨于西山」。	引《乾鑿度》此說，來輔說虞義。虞云：「否乾爲王，謂五也。有觀象，故亨。兌爲西，艮爲山，故用亨于西山。」否乾爲君，故爲王。五爲天子，故「謂五也」。否初至五體觀▦，隨二至上亦體觀。觀卦卦辭云「觀，盥

---

[210] 見《易緯乾鑿度》，卷下，頁487。

[211] 見《易緯乾鑿度》，卷上，頁483。

[212] 見《周易述》，卷三，頁79。

[213] 見《乾鑿度》云：「譬猶文王之崇至德顯，中和之美，拘民以禮，係民以義。」以「王」譬作「文王」，並非明確指爲「文王」。（見《易緯乾鑿度》，卷上，頁483。）

		而不薦」，此祭享之象，故言「用亨」。「亨」讀如「享」。體兌爲「西」，互「艮爲山」，故爲「西山」。義同《乾鑿度》。
臨卦六五	《乾鑿度》曰：「臨者，大也。陽氣在内，中和之盛，應于盛位。浸大之化，行于萬民。故言宜處王位，施大化，爲大君矣。臣民欲被化之辭也。」又曰：「大君者，與上行異也。」	惠氏引《乾鑿度》文，以說明臨卦六五爻義，並引鄭玄彼注加以說明：「臨之九二，有中和美異之行，應于五位，故曰百姓欲其與上爲大君。」[214] 強調二當升五，二升五爲「上行」，此二爲「大君」。二、五皆中，所以六五《象傳》云「大君之宜，行中之謂也」，亦是其義。
觀卦九五	《乾鑿度》剝五爲小人。消觀成剝則有咎矣。今五正位處中，故君子无咎也。	以《乾鑿度》指出剝五是小人，而今觀九五居中得正，爲君子之道，所以合爻辭所言「觀我生，君子无咎」。
噬嗑六三	《乾鑿度》曰：「陰陽失位，皆爲不正，其應實而有之皆失義。」	藉《乾鑿度》強調六三無應之義，所以引鄭氏於彼注爲闡論：「陰有陽應，陽有陰應，實者也。既非其應，設使得而有之，皆爲非義而得也，雖得之，君子所不貴也」。[215]
剝卦六五	《乾鑿度》所謂「陰貫魚而欲承君子」是也。	以《乾鑿度》言釋六五爻辭。五失位，動而成觀䷓，所以「无不利」。
剝卦上九	《乾鑿度》曰剝「當九月之時，陽氣衰消而陰終不能盡陽，小人不能決君子」。	乾爲木果，即此剝卦上九乾爻。此時「陽氣衰消而陰終不能盡陽」，小人無以決君子，即碩果所以不食。
復卦卦辭	《易稽覽圖》曰：甲子卦氣起中孚，六日八十分日之七。鄭彼注云：六以候也，八十分爲一日，日之七者，一卦六日七分也。又《易是類謀》曰：冬至日在坎，春分日在震，夏至日在离，秋分日在兌。四正之卦，卦有六爻，爻主一氣，餘六十卦，卦主六日七分，八十分日之七。歲有十二	引《稽覽圖》、《是類謀》言卦氣說。主要包括卦氣起中孚，六日七分說，以及六十四卦除四正卦外，各主六日七分。中孚至復卦，爲六日七分，在七日之限內，舉其成數而言之，所以卦辭言「七日」。

	月，三百六十五日四分日之一。六十而一周。[216]	
坎卦六三	《乾鑿度》坤三不正爲小人，小人勿用，應在上，故誡上勿用也。	引《乾鑿度》說明三爻不正爲小人，互艮爲止，坎爲險，故「小人勿用」。
遯卦九四	《乾鑿度》觀四爲君子，否三爲小人。	觀䷓卦四爻爲陰，然得位，故可謂「君子」。否䷋三陰處陽位，失位爲「小人」。所以惠棟云，「故知陰得位爲君子，失位爲小人」。至於遯䷠卦九四，本爲失位，倘初陰之四，仍可得吉。故惠氏云「四失正，動之四，得位、承五，故君子吉」。[217]
大壯卦上六	藩決難解，《乾鑿度》文。四之五，故藩決難解。不變之巽，得位應三，故艱則吉也。	引《乾鑿度》作此爻爲「藩決難解」。上正應在三，此上不應三，故同三爻爲「羝羊觸藩，羸其角」。應三隔四，不能進退。四已之五，其體爲坎。震巽特變，此上能變之巽，而《說》云「巽爲進退」，則仍能「難則吉」。
明夷卦六二	爻辰三在辰，《孝經援神契》曰：清明後十五日，斗指辰爲穀雨，後十五日，斗指巽爲立夏。是辰近巽，巽爲股，故云得巽氣爲股。[218]	引《孝經援神契》以解釋爻辭「左股」之義。
解卦卦辭	乾鑿度曰：坤位在西南，故坤西南卦。	惠棟以此卦自臨卦而來，爲「臨初之四」。以《乾鑿度》說明坤爲西南之卦。並指出「四體坤，坤爲衆，初之四得坤衆」，所以卦辭云「利西南」，而《象傳》也云「利西南，往得衆」。[219]
解卦六五	鄭注《乾鑿度》曰：「三十二君之率，陽得正爲聖人，失正爲庸人；陰失正爲小人，得正爲君子。」故知此君子謂五與初也。	此鄭注《乾鑿度》「代聖人者仁，繼之者庸人，仁世溜，庸世狠」。得正爲聖人、君子，失正爲庸人、小人。惠氏特別指出君子是就五與初而言。此六五爻辭稱「君子」，即「陰得位爲君子」。
益卦初九	《乾鑿度》曰「坤變初六復曰正，陽在下，爲聖人」，故體復。……	引《乾鑿度》文，說明益卦初九體復，「初得正，復崩來，无

---

216 見《周易述》，卷四，頁106-107。

217 見《周易述》，卷五，頁143。

218 見《周易述》，卷五，頁153。

219 參見《周易述》，卷六，頁168。

	震四正，方伯卦。鄭注《易通卦驗》云「春分於震直初九」，「清明於震直六二」，「穀雨於震直六三」，故震三月卦。……所以證大作耕播之時也。	咎」。又引鄭注《易通卦驗》文，說明「震爲三月卦」，爲耕播大作之時；初九體震，即此義。[220]
益卦六二	孟喜《卦圖》：益，正月之卦。《易乾鑿度》曰：「孔子曰：益者，正月之卦也。天氣下施，萬物皆盛，言王者法天地，施正教，而天下被陽德，蒙王化，如美寶莫能違害，永貞其道，咸受吉化，德施四海，能繼天道也。王用亨于帝者，言祭天也。三王之郊，一用夏正，天氣三微而成一著，三著而成一體，方此之時，天地交，萬物通，故、泰益之卦皆夏之正也。此四時之正，不易之道也。」	引孟喜與《乾鑿度》之說，表明益卦爲正月之卦，而爻辭「王用亨于帝」者，言祭天之禮。三王之郊，皆用夏正。惠棟也特別指出，此「三王」非文王，而是夏商之王。[221]
益卦六三	《乾鑿度》曰「三爲三公」，故知公爲三，坎爲孚，三動體坎，故有孚。	以《乾鑿度》「三爲三公」之說，[222]知三爻爲三公，動而體坎，爲爻辭所云「有孚」。
萃 ䷬ 卦卦辭	陸氏謂王五廟上。《乾鑿度》曰「上爲宗廟」，義亦通也。	萃 ䷬ 卦卦辭「王假有廟」，惠氏云「鄭氏謂艮爲鬼門，又爲宮闕，鬼門宮闕，天子宗廟之象」，並引陸氏與《乾鑿度》以釋之。[223]
困卦九二	需九五需于酒食謂坎也故坎爲酒食二爲大夫爻例也坤田爲采地二之上坤變爲坎故爲酒食。古者分田制祿，采地祿所入，故《乾鑿度》曰：困於酒食者，困于祿也鄭彼注云：因其祿薄，故无以爲酒食。云初變坎，體壞，故困于	引《乾鑿度》之說，以釋酒食之義。惠氏認爲「需九五，需于酒食，謂坎也。故坎爲酒食，二爲大夫，爻例也。坤田爲采地．二之上坤，變爲坎，故爲酒食」。[224]引《乾鑿度》與鄭注說明酒食之義。

---

[220] 見《周易述》，卷六，頁 180。

[221] 參見《周易述》，卷六，頁 181。惠棟以虞溥《江表傳》說明「無文王郊天之事」。

[222] 《乾鑿度》云：「以初爲元士，二爲大夫，三爲三公，四爲諸侯，五爲天子，上爲宗廟。凡此六者，陰陽所以進退，君臣所以升降，萬人所以爲象則也。在位卑下，宗廟人道之終。」六爻配位，以象其貴賤之別。

[223] 見《周易述》，卷六，頁 193。

[224] 見《周易述》，卷七，頁 207。

	酒食，以喻采地，薄不足已用也者。……鄭說本《乾鑿度》，唯釋酒食以初辰在未，未上值天厨，酒食象，此據爻辰二十八宿所值而言，今不用也。	
困卦九五	《乾鑿度》曰：「其位在二，故以大夫言之。」	惠氏透過《乾鑿度》文，說明「赤紱謂二者」。《乾鑿度》原文云「九二，大人之行將錫之，朱紱也。其位在二，故以大夫言之」。惠氏並云「乾爲大赤，故爲赤。二未變應五，五无據无應，故儿儿不安，爲二所困，故困于赤紱也」。[225]
革卦上六	《乾鑿度》曰：「一聖，二庸，三君子，四庸，五聖，六庸，七小人，八君子，九小人，十君子，十一小人，十二君子。」鄭彼注云：陽得正，爲聖人；失正，爲庸人。陰失正，爲小人；得正，爲君子。若然，一聖，復也，得正故曰聖人。《乾鑿度》云「正陽在下，爲聖人」是也。	惠氏藉《乾鑿度》云君子、小人之別。並特別以鄭玄之言，指出「陽得正，爲聖人；失正，爲庸人。陰失正，爲小人；得正，爲君子」；一聖爲復卦，二庸爲臨卦，三君子爲泰卦，四庸爲大壯，五聖爲夬卦，六庸爲乾，七小人爲遘卦，八君子爲遯卦，九小人爲否卦，十君子爲觀卦，十一小人爲剝卦，十二君子爲坤卦。至於革卦，上六得正，所以爲君子[226]
乾卦《彖傳》	《乾鑿度》曰「《易》始于一」，謂太極也。「分于二」，謂兩儀也。「通于三」，謂三才也。故三才之道，兼之爲六畫，衍之爲大衍，合之爲太極。太極函三爲一，故一不用，其用四十有九也。	惠氏以《乾鑿度》言，說明大衍之數。一切的變化，歸於元始，歸於一，亦即歸於太極。所以《乾鑿度》以「《易》始于一」。大衍之數五十，其一不用，「一」者，即此元始之一，也就是太極。
乾卦《彖傳》	乾二五之坤成坎，……坤二五之乾成离，則有日月象。「离爲日」已下，《乾鑿度》文。……日月之道，陰陽之經，所以終始萬物。日月謂坎离，坎离爲經，故曰陰陽之經也。	惠氏云「离爲日」以下之文，爲《乾鑿度》文，即「离爲日，坎爲月，日月之道，陰陽之經，所以終始萬物，故曰大明終始」，[227] 故以坎离爲終，爲陰陽變化之終始。

---

[225] 見《周易述》，卷七，頁208。

[226] 參見《周易述》，卷七，頁217。

[227] 見《周易述‧彖上傳》，卷九，頁219。惠氏引《乾鑿度》之末句云「故曰大明終始」，《乾鑿度》原文當爲「故以坎离爲終」，此惠氏之誤。

坤卦《彖傳》	地稱一者，亦謂天地皆始于一。《說文》曰：至，從高下至地，從一，一猶地也。故乾稱大，坤稱至，乾坤相並俱生。《乾鑿度》文。《易》有太極，極即一也，是生兩儀，兩儀天地也，故云相並俱生。……天地既分，而下亦約。《乾鑿度》而爲言彼文云：太極分而爲二，故生天地，輕清者上爲天，濁重者下爲地。[228]是天地既分之初，即具升降之理，坤之所以順承天也。	坤卦《彖傳》云「至哉坤云，萬物資生，乃順承天」，惠氏釋云「坤爲地。至從一，一亦地也。故曰至哉，乾坤相並俱生，合于一元」。[229]所言「乾坤相並俱生」，即《乾鑿度》文。天地之始，始於元氣，「合於一元」，[230]所以乾坤天地皆爲一，是就其相合而言。太極分爲二氣而生天地，而有升降之理，坤以順承於天，其質性爲下降爲地。由《乾鑿度》與鄭注，可明《彖傳》之義。
屯卦《彖傳》	《春秋說題辭》曰：「《易》者氣之節，＜上經＞象天，＜下經＞計厤，《文言》立符，《象》出期節，《彖》言變化，《繫》設類跡。」	引《春秋說題辭》以說明「《彖》言變化，故《彖傳》皆言之卦」。所言變化者，爻位升降即是；「自坎九二降初，坎險震動，故動乎險中」。「三變之正，成既濟，故大亨貞」。[231]合於屯卦《彖傳》「剛柔始而難生，動乎險中，大亨貞」之義。
蒙卦《彖傳》	《乾鑿度》九五爲聖人。陰反爲陽，猶蒙反爲聖，故曰聖功。	舉《乾鑿度》以明五爲聖人。五多功，五之正爲聖人，所以爲「聖功」。
泰卦《彖傳》	《乾鑿度》以泰三爲君子，謂陽得位也。剝五爲小人，以陰失位也。泰五失位，與剝五同，故亦爲小人。	泰卦《彖傳》云「內君子而外小人」，惠氏引《乾鑿度》言，以論明泰三（內卦）爲君子，而五失位（外卦）爲小人。
否卦《彖傳》	《乾鑿度》曰：天地不變，不能通氣。鄭彼注云：否卦是也。	以緯文與鄭注明否卦之義。強調「天地之氣合則能生物，不變則不能生物，故萬物不通也」。[232]否卦以其天地之氣，不能相互通變，所以《彖傳》

---

[228] 《乾鑿度》本文爲「易始於太極，太極分而爲二，故生天地。氣象未分之時，天地之所始也。」又云「輕清者上爲天，濁重者下爲地」。鄭注云「輕清者上爲天，重濁者下爲地」。鄭氏作「濁重」。

[229] 見《周易述‧彖上傳》，卷九，頁224。

[230] 參見惠氏引何休《公羊》注云：「元者氣也，天地之始也。故云合於一元。」（《周易述‧彖上傳》，卷九，頁224。）

[231] 見《周易述‧彖上傳》，卷九，頁226。

[232] 見《周易述‧彖上傳》，卷九，頁234。

		云「天地不交而萬物不通」。
豫卦《彖傳》	《乾鑿度》曰：「孔子曰：坤變初六曰復，正陽在下爲聖人。」[233]四利之初，復初龍德而隱，故爲聖人。清，猶明也。……坤爲民，乾爲天。《乾鑿度》曰「輕清者上爲天」，故乾爲清。	以《乾鑿度》復初爲聖人，來闡明《彖傳》所云之「聖人」。以「清」釋清明之義。舉《乾鑿度》「輕清者上爲天」文，以言乾有「清」德，並進一步云「豫下體坤，動初至三成乾，是乾據坤之象。坤爲民，故民服也」。[234]所以豫卦《彖傳》云「刑罰清而民服」。
隨卦《彖傳》	《乾鑿度》曰「形變之始，清輕者上爲天，濁重者下爲地」，是陽升陰降，易之理也。……虞氏注《文言》曰：乾坤六爻，成兩既濟是也。「陽唱而陰和，男行而女隨」，《乾鑿度》文。乾爲陽，坤爲陰，乾成男，坤成女。既濟六爻，陰皆承陽，女皆隨男隨家，有此義，故云隨之時義大矣哉。	透過《乾鑿度》之言，說明陰陽二氣的陽升陰降，爲《易》之定理。然而，隨卦，「今陽來降初，陰往升上，陽降陰升，非理之常，故嫌於有咎。而云大亨貞，无咎者，以三四易位，六爻皆正，成既濟定」。[235]如此之說，合《彖傳》「大亨貞，无咎」之義。惠氏並指出《乾鑿度》云「陽唱而陰和，男行而女隨」，合兩既濟陰皆順承陽、女皆順隨男之義，所以《彖傳》云「隨之時義大矣哉」。
觀卦《彖傳》	《乾鑿度》乾九五爲聖人，故人謂乾。	《彖傳》云「聖人神道設教」，其「聖人」，惠氏認爲其指稱乾陽，所以引《乾鑿度》「乾九五爲聖人」來說明。
剝卦《彖傳》	陰外變五，……五爲天子，故曰至尊。五爲陰所變，《乾鑿度》云「剝之六五，言盛殺萬物，皆剝墮落」，故云剝也。	剝卦《彖傳》迷義，惠氏云「陰外變五，五者至尊，爲陰所變，所以爲「剝」。引《乾鑿度》爲訓，專主五爻，陰侵於陽位，「譬猶君子之道衰，小人之道盛，侵害之行興，安全之道廢」，[236]所以剝削墮落。
復卦《彖傳》	《易緯是類謀》曰：「冬至日在坎，春分日在震，夏至日在離，秋分日在兌」。……	惠氏引《易緯是類謀》文，實非是文，當爲《易緯稽覽圖》文，此惠氏誤。引此文之目的，重在「冬至日在坎」這句話上，坎卦與復卦用事日相序，

---

[233]　《乾鑿度》原作「孔子曰：坤變初六，復曰正陽在下爲聖人。」「復曰」惠氏作「曰復」，爲誤。

[234]　見《周易迷・彖上傳》，卷九，頁240。

[235]　見《周易迷・彖上傳》，卷九，頁241。

[236]　見《易緯乾鑿度》，卷上，頁484。

	《繫上》曰：《易》有太極，是生兩儀。虞氏注云：兩儀，謂乾坤也。太極生兩儀，故《乾鑿度》曰「乾坤相並俱生」。……	是「冬至復加坎」。而坎為「極心」，即《彖傳》所言之「復，其見天地之心乎」的「心」。太極生兩儀，兩儀為乾坤、為天地，二者是相並俱生，相互運作，不可分割，是《乾鑿度》所說的「乾坤相並俱生」。冬至之時，極於天地之心，此復與坎者，萬物資始，所以又為乾坤之元。[237]	
坎卦《彖傳》	《乾鑿度》曰三畫以下為地，四畫以上為天。天險地險，故曰重險也。……需《彖傳》曰「位乎天位」。大壯四之五，位乎天位，故知五為天位。《乾鑿度》曰五為天子也。乾五之坤五，故五從乾來。[238]	惠氏引虞說云重險，為內外兩象。惠氏並引《乾鑿度》言天地皆險為重險。又以《乾鑿度》之說，言五為天子之位；《彖傳》所言之「天險」即五位。	
乾卦《象傳》	《乾鑿度》有「一聖、二庸、三君子」之目。一聖，初九也，得正故聖人。二庸，九二也，失正故庸人。三君子，九三也，得正故君子也。[239]	乾卦《象傳》「天行健，君子以自強不息」，惠棟認為此「君子」專指九三，引《乾鑿度》文，以說明初九為聖人，九二為庸人，九三為君子。	
乾卦《象傳》	《乾鑿度》曰：陽動而進，故樂進。居五得中，故无咎也。……《乾鑿度》曰「三為三公」，上失位，當下居坤三，故云降為三公。……虞彼注云「乾盈上虧，之坤三」，故虧盈是其義也[240]	《象傳》「或躍在淵，進无咎也」，惠氏注明「陽道樂進，故進无咎」。並且以《乾鑿度》言，闡釋陽動而進為樂進，居五得中，所以无咎。又舉《乾鑿度》「三為三公」為釋，上九亢極失位，當下居坤三，所以說「降為三公」。	
坤卦《象傳》	《乾鑿度》「六二為君子」，坤主二，故君子謂二。坤為地，地廣厚，故為厚。[241]	以《乾鑿度》言，指稱六二為君子，所以《象傳》「君子以厚德載物」之「君子」，即就二爻而言。	

---

[237] 參惠氏云：「《彖傳》曰「大哉乾元」，又曰「至哉坤元」，故云乾坤合于一元。乾為天，坤為地，冬至天地之中，故云天地之心，心即中也。知天地之心，即天地之中者，以成十三年《春秋傳》曰：民受天地之中以生，所謂命也。天地之中，即乾坤之元，萬物資始，乾元資生坤元，所謂民受之以生，故知天地之心即天地之中，不曰中，而曰心者，陽尚潛藏，故曰心也。」（見《周易述·上傳》，卷九，頁250。）

[238] 見《周易述·彖上傳》，卷九，頁256。

[239] 見《周易述·象上傳》，卷十一，頁287。

[240] 見《周易述·象上傳》，卷十一，頁289。

[241] 見《周易述·象上傳》，卷十一，頁290。

屯卦《象傳》	《乾鑿度》曰「乾三爲君子」。君子謂陽，三已正，故云三陽爲君子。[242]	以《乾鑿度》言，釋《象傳》「君子以經論」之「君子」，是就三爻而言。惠棟特別指出，君子專就陽爻而言，然而上欄釋坤卦《象傳》，以君子爲六二爻，此運用標準不一致。
蒙卦《象傳》	《禮斗威儀》曰：君乘土而王，其政太平，則蒙水出於山。宋均注云：蒙，小水也。出可爲灌注，無不植也。小水可以灌注，猶童蒙可以作聖，此實象也。……《乾鑿度》「九二爲庸人」，今九居二而稱君子者，二以亨行時，中變之正，六居二爲君子，故謂君子爲二也。[243]	《象傳》云「山下出泉」爲蒙，惠氏特別以《禮斗威儀》與宋均之注作說明。蒙水出於山，而爲灌注，猶培育童蒙仍可成聖。又提出《乾鑿度》「九二爲庸人」，進一步說明六二爲君子，是《象傳》所言「君子以果行育德」之「君子」，也就是蒙卦的六二爲「君子」。
泰卦《象傳》	二升五爲聖人，故《乾鑿度》以夬五爲聖人。离爲光，乾爲大，故以光大也。……中謂五，五爻之義發於四爻者，上體以五爲主也。《說卦》曰「坎爲極心」，中心猶極心也。「陰性欲承」，《乾鑿度》文。《九家易》曰「乾升坤五，各得其正」，陰得承陽，皆陰心所欲是也。[244]	釋《象傳》「光大」之義，以《乾鑿度》言，指就二位升五爲「聖人」而論，其「光大」者，即在聖人之位。又引《乾鑿度》「陰性欲承」，說明陰承陽之性；四陰得以承五陽，而能各得其正，爲「陰心（坎爲心）之所欲是」者。
隨䷐卦《象傳》	《乾鑿度》乾上九爲庸人。今云「君子」者，以其居初得位，故稱君子。[245]	「君子」主要針對初九而言，以乾之上九，來入坤初，而成震。坤初升於兌，如此，雷在澤中，猶君子日出治事，小寢以時燕息。
臨卦《象傳》	《乾鑿度》九二爲庸人。今以君子謂二者，二當升五得位，故稱君子也。[246]	九二原本爲庸人，今以升降之法，二升五而居中得位，故稱「君子」。
大畜䷙卦《象傳》	《乾鑿度》乾三爲君子。艮爲多節，故爲多。坎爲心，	《象傳》「君子以多志言往行」，惠氏認爲此「君子」即指乾三。以乾爲君

---

[242] 見《周易述・象上傳》，卷十一，頁 292。

[243] 見《周易述・象上傳》，卷十一，頁 296。

[244] 見《周易述・象上傳》，卷十一，頁 309-310。

[245] 見《周易述・象上傳》，卷十二，頁 321。

[246] 見《周易述・象上傳》，卷十二，頁 324。

	故爲志。志，古文識也。乾爲言[247]	子、爲言，艮爲多，坎爲心、爲志，以訓此言。
大過卦《象傳》	二已老，故過而與初。初梯尙少，故云過以相與。虞氏謂二過，過二也。初與五，初過二與五也。五過，過五也。上與二，上過五與二也。《易乾鑿度》初與四，二與五，三與上，謂之應。今初應五，上應二，故云獨大過之爻得過其應。[248]	據《乾鑿度》乃至一般論「應」，皆以初與四、二與五、三與上言，而今《象傳》云「過以相與」，惠氏引虞翻之說訓解，初爻越二而與五，而上爻亦過五而與二應，此即「過以相與」之義。而此種方式，僅大過有之。
咸卦《象傳》	初、四不當位而相應，《乾鑿度》謂之失義。失義則有害，悔且吝是也。初、四易位，爻皆得正，貞吉而悔亡，故未感害也。[249]	咸卦初爲陰，陰據陽位；四爲陽，陽居陰位，此不當位而相應，即《乾鑿度》所說之「失義」。雖是如此，仍可如《象傳》所云「貞吉，悔亡，未感害也」，以其初、四易位，使之相應而得位，所以致之。
恆卦《象傳》	《乾鑿度》曰：地靜而理曰義。故坤爲義。以乾制坤，是制義也。[250]	《象傳》云「制義」，惠氏引《乾鑿度》言，以坤有「義」象；乾制坤，則爲「制義」。
壯大卦《象傳》	謂九二中而不正。其言貞吉者，以其變之正，故吉也。《乾鑿度》曰：九二陽不正，是也。[251]	九二陽居陰位，爲不正，即《乾鑿度》所說的「九二陽不正」。雖不正，仍可貞吉，在於使陽變陰而爲正。
明夷卦《象傳》	离日爲照，虞義也。离《象傳》曰：大人以繼明照於四方。故爲照也。坤爲國，《乾鑿度》曰：陽三陰四，故坤爲四國。离日在上，故照四國。[252]	《象傳》云「初登於天，照四國也」，惠氏以虞氏逸象云「离日爲照」，又引《乾鑿度》云「坤爲四國」，所以即《象傳》云「照四國」之義。
升卦《象傳》	《乾鑿度》曰天道三微而成	《象傳》云「地中生木，升」，惠氏注云「地謂坤，木謂巽。地中生木，

---

[247] 《周易述·象上傳》，卷十二，頁337。

[248] 《周易述·象上傳》，卷十三，頁341。

[249] 《周易述·象下傳》，卷十三，頁348。

[250] 《周易述·象下傳》，卷十三，頁350。

[251] 見《周易述·象下傳》，卷十三，頁353。

[252] 見《周易述·象下傳》，卷十三，頁356。

	著。故云地中生木，以微至著，升之象也。[253]	以微至著，升之象」。[254]惠氏引《乾鑿度》云三陰居天位，由微而顯，所以有升之象。
《繫辭上傳》	《傳》首言天尊地卑，是天地既分之後。輕清者，上為天，故乾升也。濁重者，下為地，故坤降也。《乾鑿度》曰：「乾坤相並，俱生天地。」既分乾升、坤降，故乾坤定矣。卑坤高乾者，《下傳》云：「崇效天，卑法地。」故知卑謂坤，高謂乾。坤自上降，乾自下升，故先言卑，而後言高也。虞注云：「乾高貴五，故乾二升五；坤卑賤二，故坤五降二。」《下傳》云：「列貴賤者，存乎位。」故貴賤位矣。必知乾二升五，坤五降二者。案：《乾鑿度》曰：「陽爻者，制於天也；陰爻者，繫於地也。天動而施曰仁，地靜而理曰義。仁成而上，義成而下。上者專制，下者順從。」故荀、虞說《易》，「乾二例升五，坤五例降二也」。若然，乾升坤降，為天地之合。而云「別」者，卑高陳，貴賤位，仍是天地之別也。[255]	惠棟引《乾鑿度》「乾坤相並，俱生天地」，以說明天地由乾坤相並而生，其「輕清者，上為天，故乾升也。濁重者，下為地，故坤降也」。乾升坤降為天地生成的本然之性。惠氏又引左欄《乾鑿度》之言，以說明乾天坤地有其高卑、貴賤、動靜、專制順從之別，此乃宇宙自然現象或人事規範的常性。人們當效法此宇宙天地之常性，循宇宙之道而行。因此，惠氏此二引緯文，在於論述宇宙之道、陰陽之性。這種宇宙之道、陰陽之性，合於《繫傳》之言，也合於《易》道，更合於兩漢思想家的普遍認識。至於《乾鑿度》所言，更可以視為論述兩漢宇宙論的重要代表。引《乾鑿度》輔訓，著實恰宜。
《繫辭上傳》	陽據陰則盛，故可大。陽稱大也。《乾鑿度》坤二為君子，乾五為聖人。今皆稱賢人者，乾二升坤五，坤五降乾二，由不正而變之正，故稱賢人也。……天地之德，謂易簡也。《易説》者，《乾鑿度》文。一名者，一字也。古曰名，今曰字。鄭《易贊》曰：易一名而含三義：易簡，一也；變	依《乾鑿度》之說，坤二為君子，乾五為聖人，但《繫辭》於此，皆謂「賢人」者，以升降之法而致之，使不正皆能之正，所以二、五皆稱賢之。惠氏又引《乾鑿度》（即《易說》之文）云：「易，一名而含三義：易也，變易也，不易也。」[257]義與鄭玄《易贊》的「三義說」同，特別是《乾鑿度》所說旳「易也」，惠氏認為即鄭氏「易

---

[253] 見《周易述·象下傳》，卷十三，頁371。

[254] 見《周易述·象下傳》，卷十三，頁371。

[255] 見《周易述·繫辭上傳》，卷十五，頁383-384。

	易，二也；不易，三也。易者，易簡也。變易者，天地之合也。不易者，天地之別也。易簡，天地之德，故云易者以言其德也。[256]	簡」之義。並且肯定「易簡」為天地之德。由此段訓文，可以看出惠氏對「易含三義」的見解，根本於《乾鑿度》，也同於鄭說，別無不同。
《繫辭上傳》	《乾鑿度》曰：陽動而進，陰動而退。故陽變為進，陰化為退也。[258]	《繫上》「變化者，進退之象也」，惠氏訓作「陽變為進，陰化為退」，合於《乾鑿度》之說。
《繫辭上傳》	《乾鑿度》曰：《易》為道苟簡。故云《易》在天下，包絡萬物。「以言乎天地之間，則備矣」。下傳文。《易》之為書，廣大悉備，言該備三才，故云備矣。是「與天地準」之義也。……幽明，雌雄也。《三朝記》文。彼文云：虞史伯夷曰：明，孟也。幽，幼也。明幽，雌雄也。《詩推度災》及《乾鑿度》曰：雄生酉仲，號曰太初。雌生戌仲，號曰太始。雄生物魂，號曰太素。俱行三節。宋均注云：節，猶氣也。俱行，自酉、戌行至亥。雌雄俱行，故能含物魂而生物也。《推度災》又曰：陽本為雄，陰本為雌，物本為魂。宋均注云：本，即原也。變陰陽為雄雌魂也。乾知大始，故始謂乾初。坤道代終，故終謂坤上。[259]	以《乾鑿度》之言，輔訓《繫上》所云「《易》與天地準，故能彌綸天下之道」之義；《易》盡天下之義，無所不包，無所不容。惠氏又引《詩推度災》與《乾鑿度》，以及宋均之注，釋「知幽明之故」。雄雌俱行，歷「太初」而「太始」而「太素」，三者皆具「氣」之質性，即宇宙生成的最初元質，即是「氣」，氣為宇宙的本原。然而，在「太初」與「太始」之狀，尚不能生物，至「太素」時，「雄生物魂」，含物魂而能生物。《易》道尚「雄」而又不離「雌」，雌雄相應變化，亦即陰陽之變化，更是乾坤之道。
《繫辭上傳》	《乾鑿度》曰：三微而成著，三著而成體。《易》隱初入微，故无體也。[260]	以《乾鑿度》文，強調《易》稱无體，以其隱初而入微。
《繫辭上傳》	《易說》者，《乾鑿度》文。彼文云：陽以七，陰以八，《易》一陰一陽，合于十五，之謂道。陽變	《繫上》「一陰一陽之謂道」，惠氏引《乾鑿度》（即其注文所

---

[256] 見《周易述‧繫辭上傳》，卷十五，頁386。

[257] 見《周易述‧繫辭上傳》，卷十五，頁383。

[258] 見《周易述‧繫辭上傳》，卷十五，頁390。

[259] 見《周易述‧繫辭上傳》，卷十五，頁396-397。

[260] 見《周易述‧繫辭上傳》，卷十五，頁400。

	七之八，陰變八之六，亦合于十五。《參同契》曰：七八數十五，九六亦相應，……又曰：日合五行精，月受六律紀，五六三十度，度竟復更始。《三統歷》曰：十一而天地之數畢。十一者，五六也。五六三十，而天地之數畢。故云七八九六，合天地之數，乃謂之道。《太元》曰：陰陽該極，乃道之合，是也。[261]	云《易説》）云：「一陰一陽，合于十五之謂道。七八九六，合天地之數，乃謂之道。」七八與九六皆合爲十五，是謂之道。天地變化之道，即陰陽變化之道，以數代之，即七八九六之數，故四數爲天地之數，爲陰陽變化之數，爲宇宙變化之道。
《繫辭上傳》	天地之數，五十有五，而五在地十之中，故大衍之數五十，五爲虛也。五五爲十，而五爲虛，故伏羲衍《易》數止五十。五五爲十，而十爲虛，故箕子陳範數，止于九。《易乾鑿度》曰：大衍之數五十，日十，辰十二，星二十八，凡五十。京氏于此傳之注，亦云五十者，謂十日、十二辰、二十八宿。據《乾鑿度》先師之法也。[262]	天地之數爲五十有五，而大衍之數爲五十，惠氏判明其別，以五在地十之中而爲虛，虛而不用，所以大衍之數只取五十。五十之組成數值內容，惠氏引《乾鑿度》云「日十，辰十二，星二十八」，合爲五十。京房亦據此説，爲兩漢五十之數的重要説法。
《繫辭上傳》	《易説》者，《乾鑿度》文。天有四時，地有四方，人有四德，无非四也。推爻之法，亦以四求之，故揲之以四。……謂分揲其蓍皆以四，四爲數以象四時也。[263]	此《乾鑿度》（即《易説》者）文，即「文王推爻，四乃術數」，故揲之以四，四數以象四時，而爲大衍術之用。
《繫辭上傳》	（《易説》之文）皆《乾鑿度》文。二卦十二爻而期一歲，即上乾坤之筴也。其消息之月亦十二爻而期一歲。歷以三百六十五日四分度之一爲一歲，《易》以三百六十析當期之日，舉大數而言，而揲蓍之法，有扐數以象閏，故五歲再閏，故再扐而後掛也。消息則以七分爲閏餘矣。……《乾鑿度》	《乾鑿度》文，即：「二卦十二爻，而期一歲，故云當期之日」。又云：「歷以三百六十五日四分度之一爲一歲，《易》以三百六十析，當期之日，此律歷數也。」此以緯文合《易》數與歷律之數，乃至大衍法之

[261] 見《周易述·繫辭上傳》，卷十五，頁401。

[262] 見《周易述·繫辭上傳》，卷十六，頁427。

[263] 見《周易述·繫辭上傳》，卷十六，頁427。

	孔子曰：陽三陰四，位之正也。故《易》卦六十四，分而爲上下。陽道純而奇，故上篇三十。陰道不純而偶，故下篇三十四。乾、坤者，陰陽之本始，故爲上篇之始。坎、离終始萬物，故爲上篇之終也。咸、恒者，男女之始，故爲下篇之始。既濟、未濟爲最終。是上下二篇，文王所定，故知二篇爲上下《經》也。[264]	義。惠氏又以《乾鑿度》言，以附合六十四經卦分上下《經》之義，雖是強說，仍小有道理。
《繫辭上傳》	《易》變而爲一，《乾鑿度》文。易有太易，有太初，有太始，有太素。易變而爲一，當太初時，易无形畔。太易者，未見氣；太初者，氣之始，寒溫始生，故云易也。三變成爻，四營者止一變耳。而云易者，易本乎氣，故不言變而言易，象天地之始，故云象氣變也。若鄭氏之義，以文王推爻，四乃術數，則以四營爲七、八、九、六。單則七也，拆則八也，重則九也，交則六也。四營而成，由是而生四七、四八、四九、四六之數，如是備爲一爻，七、八、九、六皆三變而成，故十有八變而成卦，八卦而小成也。……一變而爲七，七變而爲九，九者氣變之究，乃復變而爲一者，皆《乾鑿度》文。物有始，有壯，有究。一，始也；七，壯也；九，究也。一、七、九，三氣相承。太極元氣，函三爲一，故乃復變而爲一，則三揲蓍而成一爻也。……《乾鑿度》曰：三畫而成乾，乾坤相並俱生。鄭彼注云：夫陽則言乾成，陰則言坤成。可知謂乾坤各三爻，故云六	引《乾鑿度》諸文，說明大衍法「四營而成《易》」之義。《乾鑿度》認爲「易」「有太易，有太初，有太始，有太素。太易者，未見氣；太初者，氣之始；太始者，形之始；太素者，質之始」，[266] 從宇宙生成的概念上觀之，以「氣」爲本，並由未見而氣形質成，然後化生萬物。所以，惠棟強調「易者，易本乎氣」。「太易」爲「氣」形之前置狀態，尚未見氣，而真正始有「氣」狀者，則是由「太初」始見，所以「太初者，氣之始」，是「易變而爲一」者，也就是「一」，這時候的「氣」，是「易无形畔」的狀態。「易」從最初的元氣狀態，發展到天地之始，是一種氣變的過程，所以，從「易變而爲一」，然後「一變而爲七，七變而爲九，九者氣變之究，乃復變而爲一者」；由一而七、而九，並復變爲一，是太極元氣「函三爲一」的變化規律。在大衍法裡，這種規律化的歷程，則成一爻；三爻而成卦，也就是成一自然

	爻。三六十八，故十有八變而成卦。乾坤與六子俱名八卦，而小成謂天三爻，故云小成也。陽變成震、坎、艮；陰變成巽、离、兌。故云觀變于陰陽而立卦也。[265]	物象，是「乾坤相並俱生」的結果。因此，引用《乾鑿度》文，除了表述大衍成卦之法外，也呈現了宇宙自然生成變化的法則。
《繫辭上傳》	《易》氣從下生，以下爻爲始，故云卦從下升。《乾鑿度》曰：《易》始于一，分于二，通于三，□于四，盛于五，終于上。是從下升。故錯綜其數，錯爲六畫，綜爲三才，六畫數之所倚，故云則參天兩地而倚數者也。[267]	引《乾鑿度》文，說明《易》氣從下而生，是一種「逆數」的現象，不論三才或六畫，皆是由下而上的「錯綜其數」的原則。另外，「□于四」之缺字，惠氏云「或作壯于四」。
《繫辭上傳》	《乾鑿度》曰「虛无感動」，鄭氏謂，惟虛无也，故能感天下之動。[268]	以「虛无感動」，釋《繫上》「感而遂通天下之故」。
《繫辭上傳》	《乾鑿度》曰：《易》者以言其德也。藏神无內，天下之至神，即无思无爲之《易》也，故云神謂《易》也。《易》有天道焉，有地道焉，有人道焉。日合于天統，月合于地統，斗合于人統，六爻之動，三極之道，故日、月、斗以言神之用也。[269]	《易》之德以「神」爲言，乃《易》若日、月、星斗周圍運行之道。《易》道以陰陽變化不測，其神妙莫之能窺，所以其德以神。
《繫辭上傳》	《說文》曰：叡，深明也，古文作睿。陽伏坤下，深不可測。《乾鑿度》以中央爲知，故睿知謂坤。[270]	《繫上》「古之聰明睿知，神武而不殺者夫」，惠氏以乾爲神，乾陽剛武，故「神武」謂乾。而「睿知」，惠氏引緯文，以中央爲知，所以坤爲「睿知」。
《繫辭上傳》	太極，太一者，馬氏云《易》有太極，謂北辰也。《乾鑿度》曰：太一取七、八、九、六之數，以行九宮。鄭彼注云：太一者，北辰之神	太極即太一，於數皆取未分之「一」，並以七、八、九、六之數行於其中。此陰陽氣交，相

[265] 見《周易述・繫辭上傳》，卷十六，頁 434-435。
[266] 見《易緯乾鑿度》，卷上，頁 481。
[267] 見《周易述・繫辭上傳》，卷十六，頁 441。
[268] 見《周易述・繫辭上傳》，卷十六，頁 441-442。
[269] 見《周易述・繫辭上傳》，卷十六，頁 442。
[270] 見《周易述・繫辭上傳》，卷十六，頁 448。

	名也。居其所曰太一，主氣之神，京氏注大衍之數云：其一不用者，天之主氣，將欲以虛來實，故用四十九。《禮運》曰：夫禮必本于太一，分而爲天地。《呂氏春秋》曰：太一出兩儀。太一者，極大曰太，未分曰一。太極者，極中也，未分曰一。故謂之太一。未發爲中，故謂之太極。在人爲皇極，其實一也。兩儀，天地也，分而爲天地，故生兩儀，此上虞義也。儀，匹也。《釋詁》文。天地相匹，故稱兩儀。《乾鑿度》曰：《易》始于一，分于二，通于三。鄭氏謂陰陽氣交，人生其中，故爲三才。太極函三爲一，相並俱生，故太極生兩儀，三才具焉。[271]	並俱生，以成萬物。
《繫辭上傳》	春夏爲變，秋冬爲化，荀義也。《乾鑿度》云「八卦成列，大地之道立，雷、風、水、火、山、澤之象定，其布散用事也」。「震生物于東方」，「巽散之于東南方」，「离長之于南方」，「坤養之于西南方」，兌取之于西方」，「乾制之于西北方」，「坎藏之于北方」，「艮終始之于東北方」。「八卦之氣終，則四正四維之分明，生長收藏之道備」。聖人法之以立明堂。离在南方，故南面而聽天下，明堂月令順時布令，所以效天地之變化，故云聖人效之也。[272]	《繫上》「天地變化，聖之效之」，惠氏注云：「春夏爲變，秋冬爲化。聖人南面而聽天下，順時布令，是效天地之變化。」[273]天有晝夜之別，四時有變化之道，惠氏取荀爽之義，以明「春夏爲變，秋冬爲化」，並進一步以《乾鑿度》作闡釋，八卦成列，示其定象，並以布散用事。聖人效法天地四時情狀爲《易》之變化，以天象吉凶而示之人事。所以，惠氏特別指出聖人效法此四時之道而以立明堂，君王南王而聽天下，人事政令亦順時適用，此聖人效法天地變化之道。
《繫辭上傳》	鄭氏《易》注據《春秋緯》云：河以通乾，出天苞，是天不愛其道，故河出圖也。又云：洛以流坤，吐地符，是地不愛其	《繫上》「河出圖，洛出書，聖人則之」，惠氏引鄭氏據《春秋緯》指出，由於「天不愛其道」，所以河出圖；「地不愛其寶」，所以洛出書。君王以此

---

[271] 見《周易述‧繫辭上傳》，卷十六，頁455。

[272] 見《周易述‧繫辭上傳》，卷十六，頁460。

[273] 見《周易述‧繫辭上傳》，卷十六，頁453。

	寶,故洛出書也。「河圖」、「洛書」爲帝王受命之符。聖人則象天地以順人情,故體信以達順,而致太平,爲既濟定也。……四象生八卦。「卦者掛也,掛示萬物者」。《乾鑿度》文。縣掛物象,以示于人,故云所以示也。[274]	爲受命之符,使政治清明而太平康樂,所以爲既濟定。此「河圖」、「洛書」者,爲符命之屬,非宋人所言之圖書之學。惠氏據《乾鑿度》云「卦者,掛也,掛示萬物者」,「掛示萬物者」句,《乾鑿度》原文作「掛萬物視而見之」。此即以《易》象而示之萬物之理。
《繫辭上傳》	《易説》:「易无形畔,易變而爲一,一變而爲七,七變而爲九,九者氣變之究也,乃復變而爲一,一者形變之始者。」皆《乾鑿度》文。易无形畔者,謂太易也。易變而爲一者,謂太初也。一變而爲七者,七主南方,謂太始也。七變而爲九者,九主西方,謂太素也。九者氣變之究也者,鄭氏謂西方陽氣所終究之始也。乃復變而爲一者,鄭氏謂此一則元氣,形見而未分者。一者形變之始者,即乾之初也。「清輕者上爲天,濁重者下爲地」,亦《乾鑿度》文。乾息至二則升坤五,故清輕者上爲天。乾爲道,故形而上者謂之道,坤消至五則降乾二,故濁重者下爲地,坤爲器,故形而下者謂之器也。[275]	引《乾鑿度》文,以釋其《易》道,釋其萬化之終始,已如前述。《乾鑿度》云「清輕者上爲天,濁重者下爲地」,惠氏特別指出「乾息至二則升坤五,故清輕者上爲天。乾爲道,故形而上者謂之道,坤消至五則降乾二,故濁重者下爲地」,以乾升坤降以明「清輕者上爲天,濁重者下爲地」之義,並且專指二五之升降。同時,惠氏指出,乾升之道,爲「形而上者謂之道」,而坤降爲器,爲「形而下者謂之器」。這樣的說法,爲用卦象強作附合,失卻了原有的高度哲學性意涵,同時將乾坤爲道器之分,除了肯定乾陽的優越性外,也將乾坤的質性,作了嚴格的區別,似乎認爲氣在始成之時,以乾陽爲主,此即「復變而爲一」之前的狀態,然後形變之後,化生萬物,而後有坤器之成。
《繫辭下傳》	「陰動而退」,《乾鑿度》文。陰體卑柔,故動而退,退然之象,臣道也。[276]	惠氏釋《繫下》「夫坤,退然示人簡矣」,以坤陰有「動而退,退然之象」,此臣民順退之道。
《繫辭下傳》	《易通卦驗》曰:甲子卦氣起中孚。案孟喜,卦氣中孚至復,六	此六日七分的卦氣之說,爲兩漢《易》家普遍的說法。

---

[274] 見《周易述‧繫辭上傳》,卷十六,頁460-461。

[275] 見《周易述‧繫辭上傳》,卷十六,頁466-467。

[276] 見《周易述‧繫辭上傳》,卷十七,頁475。

	日七分；咸至遯，亦六日七分。故云六日七分時也。[277]	
《繫辭下傳》	虞上注云：陰息陽消，從遯至否。陰詘陽信，從姤至泰。此言寒暑往來，故止據內卦。其坤消乾，當從遯至剝，乾息坤，當從復至夬。《乾鑿度》曰：乾坤二卦，十二爻而朞一歲。乾息坤消，故消息十二爻而朞一歲。[278]	以消息之說，論述《繫下》「寒暑相推而歲成焉」之義。乾坤消息十二爻為十二卦，而朞一歲，所以為「歲成」。
《繫辭下傳》	乾純粹精，故陽稱精。《周書》曰：地道曰義。《乾鑿度》曰：地靜而理曰義。故陰為義。……《乾鑿度》曰「物有始、有壯、有究」，坤消至上，故陰升上究。戌亥，乾之都，故乾伏坤中。[279]	以《乾鑿度》言，說明地道有靜有義之性。同時，惠氏又引《乾鑿度》文，進一步說明《繫下》「利用安身，以崇德也」之義。「乾為利，坤為用，為安身」，從表面字義言，是乾利用坤而安身，而就《乾鑿度》言，則是陽伏於坤中之義。乾體崇德，潛隱坤中，體卑而德高。
《繫辭下傳》	《乾鑿度》曰：二陰之精射三陽，當卦是埽。知陰陽動出，皆為射也。[280]	陰陽動出，皆具射器。射禽之權在人，而善其功，其器必備，而動以時，乃能有獲。陰陽動，則射器備，射備而動，則乃有利。
《繫辭下傳》	《樂緯動聲儀》曰：風雨動魚龍，仁義動君子，財色動小人。故不見利不動。[281]	惠氏引《樂緯》以說明《繫下》「不見利不動」之義。「動」字，俗本作「勸」字。
《繫辭下傳》	辯，別也。陽出復初，尚小，始于坤別，故復小而辯于物。震為言。《乾鑿度》曰：坤變初六，復正，陽在下，為聖人。[282]	以一陽復初，而論其「正」義，一陽聖人，亦「正」者。又復內為震，震為言，故為「正言」，此合《繫下》文。
《繫辭下傳》	《乾鑿度》曰：陰陽失位，皆為不正。鄭彼注云：初六陰不正，九二陽不正是也。若然，乾二居坤五，乾四居坤初，乾上居坤三，	惠氏引《乾鑿度》之說，以明「乾六爻，二、四、上失位，故非正。坤六爻，初、三、五失位，故非正」。欲使之皆居正位，則乾坤升降，各

[277] 見《周易述・繫辭上傳》，卷十七，頁498。
[278] 見《周易述・繫辭上傳》，卷十七，頁499。
[279] 見《周易述・繫辭上傳》，卷十七，頁500-501。
[280] 見《周易述・繫辭上傳》，卷十七，頁504。
[281] 見《周易述・繫辭上傳》，卷十七，頁505。
[282] 見《周易述・繫辭上傳》，卷十八，頁518。

	坤五居乾二，坤初居乾四，坤三居乾上，則六爻得位，成兩既濟。[283]	位其適當之所，則乾坤十二爻皆可得位，並成兩既濟，體現中和之道。
《繫辭下傳》	六爻以二五爲中和。卦二五兩爻，又以五爻爲主。乾五爲功，故凡言功，皆指五，或以二四同在陰位，三五同在陽位，故同功，非易之例也。「二爲大夫，四爲諸侯」，《乾鑿度》文。言二四皆有承五之功，而位則異也。[284]	論爻位之性，或卦主之位。並引《乾鑿度》說明「二四同功」，以其承五之故。二四位異而同功。
《繫辭下傳》	功者五之功，而三佐之，故同功。「三爲三公，五爲天子」，亦《乾鑿度》文。[285]	惠氏釋「三與五，同功而異位」，五居天子尊位，而三佐之。同功者，同於五之功。
《繫辭下傳》	陽居陰，陰居陽，爲不當位。《乾鑿度》曰：陽失位爲庸人，陰失位爲小人也。吉凶者，言乎其得失也。故得位則生吉，失位則生凶。[286]	引《乾鑿度》文，以釋當位或不當位。處庸人、小人之位爲失位，是凶；處聖人、君子之位爲得位，則吉。位之得失，關乎吉凶。
《繫辭下傳》	凡二爻相比不相得者，皆爲陰陽失位。而凶雖不當位，而剛柔相應，近爻猶有害之者，乃悔吝小疵矣。《乾鑿度》所云：其應實而有之，皆失義也。……六子稱人者，《乾鑿度》十二辟卦皆稱表。鄭彼注，謂表者人形體之章識也。故復表曰角，臨表龍顏，稱復人、臨人，知六子亦稱人也。[287]	陰陽雖失位，而剛柔相應，雖有害，則僅爲悔吝之小害。所以相應而不當位，有失其義。《乾鑿度》於十二辟卦，皆稱作「表」，以其表人形體之章識，故可以「人」爲稱。
《繫辭下傳》	《乾鑿度》曰：离爲日，坎爲月，日月之道，陰陽之經，所以終始萬物。故以坎、离爲終，既濟、	以坎、离爲日、月之象，爲陰陽變化之重要準據。「所以終始萬物」，故六十四，上經終於坎、离，

283　見《周易述・繫辭上傳》，卷十八，頁532。

284　見《周易述・繫辭上傳》，卷十八，頁533。

285　見《周易述・繫辭上傳》，卷十八，頁533。

286　見《周易述・繫辭上傳》，卷十八，頁536。

287　見《周易述・繫辭上傳》，卷十八，頁543-544。

	未濟亦坎离也。故上經終坎、离，則下經終既濟、未濟也。[288]	下經終於既濟、未濟，亦坎、离之合象。
《文言傳》	《易》有三才，故舉君子以備三才之道也。初九，震也。《乾鑿度》曰：震東方之卦。陽氣始生，故東方爲仁。復六二以下仁，謂下於初，故知初九，仁也。……元，首也。故爲體之長。震爲諸侯，爲人之長。君子體仁，故足以長人也。[289]	以《乾鑿度》云，震位東方爲仁，且震又爲陽氣始生者，爲諸侯，爲元長，故初九之位，爲「君子體仁」而足以長人者。
《文言傳》	《京房易傳》曰：乾爲龍德，龍以見爲功，今尙隱藏，故隱者也。《中庸》曰：君子依乎中庸，遯世不見，知而不悔，唯聖者能之。揚子曰：聖人隱也。《乾鑿度》曰：正陽在下爲聖人，故曰聖人隱也。[290]	《文言傳》云乾卦初九「潛龍勿用」爲「龍德而隱者也」。惠氏引《京氏易傳》、《中庸》與《乾鑿度》以釋其爲「隱者」之義。初陽在下，爲聖人之象，此時潛隱而未見其功。
《文言傳》	《乾鑿度》曰：陰陽失位，皆爲不正。鄭注云：初六陰不正，九二陽不正。蓋九二中而不正，今升坤五，故曰正中，謂正上中也。[291]	《乾鑿度》明白指出「陰陽失位，皆爲不正」，今乾卦九二居中而不正，然《文言傳》云「龍德而正中者也」，何以爲「正中」？以陽二升五則可爲正。
《文言傳》	虞註云：幾謂陽也。陽初在復，初稱幾，初尙微，故曰動之微。君子知微知彰，故可與幾也。上爲一卦之終，故終謂上。《乾鑿度》曰：地靜而理曰義，故陰稱義。亡者保其存者也。知存知亡，故可與存義也。[292]	惠氏以虞說云一陽復，以初陽稱幾，故《文言傳》云「可與幾也」。又以《乾鑿度》言，以坤陰稱義。知存亡之道，故可以與存義。
《文言傳》	知賢人爲九三者上傳云在下位而不憂故知三也《乾鑿度》有「一聖、二庸、三君子」之目，謂復初陽正爲聖人，臨二陽不正爲庸	《文言傳》云「賢人在下」，則就內卦而言。今就九三爻而言。惠氏引《乾鑿度》言初陽正爲聖人，二陽不正爲庸人，而三陽正爲君子。因此，九三

[288] 見《周易述·繫辭上傳》，卷十八，頁544。

[289] 見《周易述·文言傳》，卷十九，頁547。

[290] 見《周易述·文言傳》，卷十九，頁548-549。

[291] 見《周易述·文言傳》，卷十九，頁550。

[292] 見《周易述·文言傳》，卷十九，頁552。

	人，泰三陽正爲君子。乾爲賢人，故又稱賢人也。[293]	原稱君子，然屬乾卦九三，乾有賢人象，故九三又可稱賢人。
《文言傳》	《春秋元命包》曰：「天不深正其元，不能成其化。」九者變化之義，以元用九，六爻皆正，王者體元建極，一以貫之，而君臣上下各得其位，故天下治也。[294]	惠氏引《元命包》，強調「王者體元建極」，正其本元，君臣上下各得其位，天下方能得治。
《文言傳》	六爻皆正，謂既濟也。剛柔正而位當，行事皆合於天，故曰天之法。《參同契》曰「用九翩翩，爲道規矩」是也。《易說》者，《乾鑿度》文。……君將出政，亦先於朝廷度之，出則應於民心，故云王度見矣。[295]	惠氏引《易說》爲《乾鑿度》者，云「《易》六位正，王度見矣」，此六爻皆正，「剛柔正而位當，行事皆合於天」，此如合於正道以治其國，則可應乎天而順乎民，王度可見。
《文言傳》	《乾鑿度》曰：乾道純而奇。鄭彼註云：陽道專斷，兼統陰事，故曰純。純，全也。[296]	引《乾鑿度》與鄭注說明乾卦剛健純粹之義。
《文言傳》	德必三而成者，《乾鑿度》曰：《易》始於一，分於二，通於三，至三而天、地、人之道備。……《春秋元命包》曰：陽起於一，成於三。今陽在初，故隱而未見。體震，震爲行，行而未成，謂德未成。……初德未成，故弗用也。[297]	《文言傳》云「君子以成德爲行」，惠氏引《乾鑿度》說明「德必三而成」，也就是天、地、人三才之道兼備而能「成德」。又引《春秋元命包》以說明乾陽成於三而爲君子，但今處初陽之位，隱而未見，又體震爲行，行又不成，故「初德未成，故弗用也」。
《文言傳》	此《易》孟京說，及《乾鑿度》文。大人謂二、五，執中含和，而成既濟之功者也。[298]	所謂「孟京說，及《乾鑿度》文」者，即「聖明德備曰大人」。坤卦陰五退二，是聖明德備，而成既濟者。
《文言傳》	貞於六月未，間時而治六辰者，《乾鑿度》文。彼文云乾貞於十一月子，左行，陽	引《乾鑿度》說明乾坤十二爻各治六辰，陽左行，陰右行，乾六爻由初至上，主子、寅、辰、午、申、戌；坤

[293] 見《周易述‧文言傳》，卷十九，頁 556。
[294] 見《周易述‧文言傳》，卷十九，頁 557。
[295] 見《周易述‧文言傳》，卷十九，頁 559。
[296] 見《周易述‧文言傳》，卷十九，頁 561。
[297] 見《周易述‧文言傳》，卷十九，頁 562。
[298] 見《周易述‧文言傳》，卷十九，頁 565。

	時六。坤貞於六月未，右行，陰時六，以奉順成其歲。即承天時行之義也。[299]	六爻由初至上，主未、巳、卯、丑、亥、酉。乾坤貞辰，並治而交錯行，此即《文言傳》所說的「承天而時行」。
《文言傳》	《易》曰：「差以毫釐，繆以千里。故曰臣弒君，子弒父，非一朝一夕之故，其漸久矣。」蓋古文《周易》，太史公猶見其全，而大小戴《禮》、《察保傳》、《經解》，及《易通卦驗》亦引之，或遂以爲緯書之文，非也。[300]	惠氏說明「《易》曰」之文，爲古文《周易》所有，史遷當見其實，而後世多有引之，特別是《易通卦驗》所引，後人常視爲緯書之文，實未察其正。
《文言傳》	《乾鑿度》曰：天動而施曰仁，地靜而理曰義。故知坤爲理也。地色黃而居中，是下中也。乾來通坤，故稱通理。[301]	引《乾鑿度》文，說明坤有「爲理」之象。坤地爲黃，又居中位，故爲黃中。乾二來居坤五，所以《文言傳》稱「君子黃中通理」。
《文言傳》	乾坤氣合戌亥，《乾鑿度》文。消息，戌亥爲坤之月。亥，乾本位。《乾鑿度》曰：乾漸九月。故云氣合戌亥。……地者陰，始於西南。西南坤位，故色黃。《考工記》曰：天謂之元，地謂之黃。[302]	引《乾鑿度》文，說明乾坤氣合戌亥，所以即《文言傳》所說的「天地之雜」。又以《乾鑿度》文，說明天乾始於東北爲色元，而地坤始於西南爲色黃，所以《文言傳》又云「天元而地黃」。
《說卦傳》	《乾鑿度》曰：《易》始於一，分於二，通於三。大衍之數五十，三才之合，效三才爲六畫。爻辭有仁義，故立人之道曰仁與義。陰陽相應爲和。坤，順也。故和順謂坤。乾爲道，爲德，故道德謂乾。以坤順乾，是和順於道德。《乾鑿度》曰「天動而施曰仁，地靜而理曰義」。以乾通坤，故謂	引《乾鑿度》之始一、分二、通三，以說明易兼天、地、人三才。其陰陽之化，是天道。剛柔者，則爲地道。仁義者，則是人道。[304]坤爲和順，乾爲道德，以坤順乾，是「和順於道德」。《乾鑿度》所謂天動施仁，地靜理義，而坤六五又云「君子黃中通理」，是以乾通坤，所以稱之理義。此即《說卦傳》云「和順於道德而理

[299] 見《周易述・文言傳》，卷十九，頁568。

[300] 見《周易述・文言傳》，卷十九，頁570。

[301] 見《周易述・文言傳》，卷十九，頁574。

[302] 見《周易述・文言傳》，卷十九，頁576。

[303] 見《周易述・說卦傳》，卷二十，頁581。

[304] 見《說卦傳》云：「是以立天之道，曰陰與陽。立地之道，曰柔與剛。立人之道，曰

	之理義也。[303]	於義」之義。
《說卦傳》	《易說》者，《乾鑿度》文，所以釋二篇諸卦之次，正與此合，故引之。彼文云：陽三陰四，位之正也，故《易》六十四分而爲上下，象陰陽也。陽道純而奇者，鄭注謂：陽道專斷，兼統陰事，故曰純也。三法天，故上篇三十，所以象陽也。陰道不純而偶者，陰制於陽，故不純。四法地，故下篇三十四，所以法陰也。上篇象陽，乾陽坤陰，故乾爲首，坤爲次。《乾鑿度》又云：乾坤者，陰陽之本始，萬物之祖宗，故爲上篇始者，尊之也。泰，陽息卦；否，陰消卦，故先泰而後否。鄭注謂先尊而後卑，先通而後止者，所以類陽事也。下篇法陰，鄭注謂咸則男下女，恒則陽上而陰下，故以咸爲始，恒爲次，先陰而後陽者，以取類陰事也。《乾鑿度》曰：損者陰用事，益者陽用事，故先損而後益。鄭注謂損象陽用事之時，陰宜自損以奉陽者，所以戒陰道以執其順者也。益當陰用事之時，陽宜自損以益陰者，所以戒陽道以弘其化者也。[305]	惠氏引《易說》者，爲《乾鑿度》文，云「陽道純而奇，故上篇三十，所以象陽也。陰道不純而偶，故下篇三十四，所以法陰也」。「《上經》象陽，故以乾爲首，坤爲次，先泰而後否」。「《下經》法陰，[306]故以咸爲始，恒爲次，先損而後益」。「离爲日，坎爲月，日月之道，陰陽之經，所以終始萬物，故以坎、离爲終」。「既濟、未濟爲下篇終者，[307]所以明戒慎而存王道」。[308]惠氏引此諸文，只要說明經分上下二篇，以及諸卦之次，正與《說卦》之言合，《說卦》所謂「天地定位」，相映之卦有乾、坤、泰、否；「山澤通氣，雷風相薄」爲咸、恒、損、益；「水火不相射」，爲坎、离、既濟、未濟。「八卦相錯」，而成上下二篇。惠氏並引《乾鑿度》論損、益二卦的陰陽用事，強調「先損而後益」之道，使能「戒陰道以執其順」，「戒陽道以弘其化」。
《說卦傳》	坤消自午，右行至亥，從上而下，故順。乾息自子，左行至巳，從下而上，故逆。《易》氣從下生，	惠氏引緯文與鄭注，說明《說卦傳》「《易》，逆數也」之義。《易》氣從下生，所以由下而

仁與義。」

[305] 見《周易述‧說卦傳》，卷二十，頁 584-585。

[306] 「《下經》法陰」，原《乾鑿度》作「《下經》以法陰」。惠氏缺「以」字。

[307] 「既濟、未濟爲下篇終者」，原《乾鑿度》作「既濟、未濟爲家終者」。惠氏易「家」字爲「下篇」。

[308] 見《周易述‧說卦傳》，卷二十，頁 582-583。

	《乾鑿度》文。鄭彼注云：《易》本无形，自微及著。氣從下生，以下爻爲始。故十二辰之法，坤雖自上而下，然消遘及逆，亦自下生，故云「《易》，逆數也」。[309]	上，以下爻爲始，故稱「逆數」。
《說卦傳》	《援神契》亦謂五精之神，實在太微，故知五帝在太微之中。……《尚書帝命驗》曰：帝者承天，立五府，以尊天重象。注云：象五精之神也。天有五帝，集居太微，降精以生聖人，故帝者承天，立五帝之府，是爲天府。[310]	《說卦傳》所云「帝出乎震」之「帝」，惠氏注作上帝，即五帝，「在太微之中，迭生子孫，更王天下」。惠氏並引《孝經援神契》與《尚書帝命驗》，說明「五帝在太微之中」、「立五帝之府，是爲天府」的漢人說法。
《說卦傳》	凡九謂之九宮，一、二、三、四，得五爲六、七、八、九，故《乾鑿度》曰：太一取其數以行九宮，四正四維，皆合于十五[311]	引《乾鑿度》言，以論述「明堂九宮」之法。
《說卦傳》	《乾鑿度》曰：坤位在未。《參同契》曰：土王四季，羅絡始終，青黑赤白，各居一方，皆稟中宮戊己之功，未在西南。[312]	引《乾鑿度》以說明坤位在未，位屬西南。
《說卦傳》	《繫下》云：「庖犧氏近取諸身，遠取諸物，於是始作八卦。」乾爲首已下皆近取諸身也故《乾鑿度》「孔子曰：八卦之序成立，則五氣變形，故人生而應八卦之體，得五氣以爲五常」是也。[313]	《繫下》云：「庖犧氏近取諸身，遠取諸物，於是始作八卦。」惠棟引《乾鑿度》言，主要在說明「人生而應八卦之體」，也就是「近取諸身」，如「乾爲首」、「坤爲腹」、「震爲足」、「巽爲股」等等。
《說卦傳》	兌爲羊者，兌正秋也。《易是類謀》曰：「太山失金雞，西嶽亡玉羊。羊是西方之畜，故兌爲羊。[314]	引《易是類謀》文，說明羊爲西方之畜，而兌正秋又位西方，所以兌爲羊。

[309] 見《周易述·說卦傳》，卷二十，頁585。
[310] 見《周易述·說卦傳》，卷二十，頁591-592。
[311] 見《周易述·說卦傳》，卷二十，頁592。
[312] 見《周易述·說卦傳》，卷二十，頁597-598。
[313] 見《周易述·說卦傳》，卷二十，頁605。
[314] 見《周易述·說卦傳》，卷二十，頁606。

三、惠氏引述內容之討論

　　惠棟引用緯書作爲論述《周易》經傳的重要內容，其引用上大抵不涉及災異告譴或荒誕不經的部份，而是主要用於輔翼虞翻等漢代諸家《易》說，以及以卦、爻象釋義，乃至藉以擴充《易傳》的宇宙生成觀，甚至其它有關兩漢易學上的重要議題如「大衍之數」、「卦氣說」等之引述。

（一）輔翼虞翻等漢代諸家《易》說

　　惠氏引《易緯》爲釋，主要用以輔翼虞翻、荀爽、鄭玄等諸家之說。如解䷲卦卦辭「利西南」，惠棟注云：

　　　臨初之四。坤西南卦，初之四得坤衆，故利西南，往得衆也。[315]

惠棟取虞義爲說，以此卦從二陽四陰之例，自臨䷒卦而來，爲「臨初之四」。並引《乾鑿度》曰「坤位在西南」，說明坤爲西南之卦。且「坤爲衆，初之四得坤衆」，所以卦辭云「利西南」，《彖傳》也云「利西南，往得衆」。[316]此引《乾鑿度》以輔說虞義。又如師卦上六「大君有命」，惠氏注作「二升五，爲大君」，並疏云：

　　　《乾鑿度》曰：大君者，君人之盛者也。荀氏曰：大君謂二。故知二升五爲大君也。[317]

二升五爲荀氏之升降法，荀氏以二爲大君，升五亦爲大君，引《乾鑿度》釋「大君」，在輔荀說。師上六「大君有命」之「大君」，即指聖人、天子之位，當以五位最專，五位有命於上六。這種用來輔助兩漢《易》家之說的例子甚多，可以看出《易緯》用來輔翼諸家易學的重要地位，同時我們也可以瞭解《易緯》所包絡的思想，多有與兩漢《易》家相融之處，其中甚多主張，並不違背兩漢易學家的共同認識或是普遍的認識，在論述兩漢主流的象數思想，《易緯》佔有的地位，是不容忽視的。

---

[315] 見《周易述》，卷六，頁 168。

[316] 參見《周易述》，卷六，頁 168。

[317] 見《周易述》，卷二，頁 39。

（二）以卦、爻象釋義

惠氏慣取《易緯》中論述卦象、爻象之文，且多取自《乾鑿度》之說。在卦象方面，如：坤上六引云「乾位西位」；解卦卦辭引云「坤位西南」；乾卦《彖傳》引云「离爲日，坎爲月」；恆卦《彖傳》引云「地靜而理曰義」，說明「陰爲義」或「坤爲義」；《繫上》引云「震生物于東方」，「巽散之于東南方」，「离長之于南方」，「坤養之于西南方」，兌取之于西方」，「乾制之于西北方」，「坎藏之于北方」，「艮終始之于東北方」；《繫下》引云「离爲日，坎爲月」；《文言傳》引云「震，東方之卦」；又引云「地靜而理曰義」，故以「坤爲理」；又引云「离爲日，坎爲月」；又引云「坤位在未」。在爻象方面，如屯卦六三引云「乾九三爲君子」；蒙卦九二引云「二爲大夫」；否卦六二引云「遘初爲小人，遯二爲君子」；觀卦九五引云「剝五爲小人」；坎卦六三引云「坤三爲小人」；遯卦九四引云「觀四爲君子，否三爲小人」；解卦六五引云「陽得正爲聖人，失正爲庸人；陰失正爲小人，得正爲君子」；益卦初九引云「陽在下（初九）爲聖人」；益卦六三引云「三爲三公」；萃卦卦辭引云「上爲宗廟」；困卦九五引云「其位在二，故以大夫言之」（二爲大夫）；革卦上六引云「一聖，二庸，三君子，四庸，五聖，六庸，七小人，八君子，九小人，十君子，十一小人，十二君子」；革卦上六引云「正陽在下，爲聖人」；蒙卦《彖傳》引云「九五爲聖人」；泰卦《彖傳》引云「泰三爲君子」；豫卦《彖傳》引云「正陽在下爲聖人」；觀卦《彖傳》引云「乾九五爲聖人」；乾卦《象傳》引云「一聖、二庸、三君子」；乾卦《象傳》引云「三爲三公」；坤卦《象傳》引云「六二爲君子」；屯卦《象傳》引云「乾三爲君子」；蒙卦《象傳》引云「九二爲庸人」；泰卦《象傳》引云「夬五爲聖人」；隨卦《象傳》引云「乾上九爲庸人」；大畜卦《象傳》引云「乾三爲君子」；《繫上》引云「坤二爲君子，乾五爲聖人」；《繫下》引云「陽在下爲聖人」；《繫下》引云「二爲大夫，四爲諸侯」；《繫下》引云「三爲三公，五爲天子」；《繫下》引云「陽失位爲庸人，陰失位爲小人」；《文言傳》引云「正陽在下爲聖人」；《文言傳》引云「地靜爲理曰義」，故「陰稱義」；《文言傳》引云「一聖、二庸、三君子」；《文言傳》以《乾鑿度》義，

指出「大人謂二、五」。舉卦、爻象爲釋，其繁富可見一斑。

在這裡，惠棟特別強調爻位的貴賤等別，初爻爲聖人，二爻爲庸人，三爻爲君子，四爻爲庸人，五爻爲聖人，上爻爲庸人；因爲陰陽得位與否而有不同位品之人的差別，即「陽得正爲聖人，失正爲庸人；陰失正爲小人，得正爲君子」。惠棟這種因不同爻位而作君子、小人、聖人、庸人之分，使爻位用象有了嚴謹的區別。然而，這種嚴謹區別的爻象，用來詮釋某一家所述之卦爻義，未必合於該家之說。特別是虞翻，其用象大都就卦象而言，其以「君子」、「小人」作爲逸象之用，未必設定就某一爻而論，所以惠棟若強以《乾鑿度》的爻象，加諸於某家卦象之說上，反而弱化了卦義詮釋上的彈性，也未必符合該家的說法。前面章節論述到虞氏逸象時，已提到這方面的問題，此不再贅述。

以爻位的不同，表示不同的貴賤等級，初爲元士、二爲大夫、三爲三公、四爲諸侯、五爲天子、上爲宗廟，各有不同的尊卑地位，地位雖是固定，但吉凶則是依實際的爻位關係而有差異，《易緯》乃至惠棟，特別強調相應與得位的關係，初與四、二與五、三與上必須相應，初、三、五須陽爻居陽位而爲得位，二、四、上須陰爻居陰位而爲得位。惠氏側重於此象數下的爻位關係，而對背後的義理內涵，則較少形諸筆墨，特別是《易緯》透過這種爻位關係，表達出君臣尊卑的等級關係，希望藉由爻與爻間的有機組合，實現其中和的理想，也就是所謂「上下流通聖賢昌，厥應帝德鳳皇翔，萬民喜樂無咎殃」[318]的最佳狀態。

（三）擴充《易傳》的宇宙生成觀

《易傳》作爲釋經的產物，開展了一套有系統的宇宙生成理論，成爲易學思想中的重要代表，後人述《易》詮義，也都本於《易傳》。作爲後於《易傳》的《易緯》諸作，其理論的建構，雖未必原本於《易傳》，但或多或少也會受到影響。特別是在宇宙生成理論這方面，可以視爲《易傳》擴充與進一步地的完整化。

惠棟深察二家在這方面的同質性，所以引《易緯》詮釋《易傳》，大

---

[318] 見《易緯萌氣樞》，引自《緯書集成》，頁 320。

體合理恰當，並且提供我們對這兩個系統的對照認識。《繫辭上傳》開宗明義提出「天尊地卑，乾坤定矣。卑高以陳，貴賤位矣。動靜有常，剛柔斷矣」，惠氏云：

> 《廣雅》曰：太初，氣之始也。生于酉仲，清濁未分也。太始，形之始也。生于戌仲，清為精，濁者為形也。太素，質之始也。生于亥仲，已有素樸而未散也。三氣相接，至于子仲，剖判分離，輕清者上為天，濁重者下為地。《傳》首言天尊地卑，是天地既分之後。輕清者，上為天，故乾升也。濁重者，下為地，故坤降也。《乾鑿度》曰：「乾坤相並，俱生天地。」既分乾升、坤降，故乾坤定矣。卑坤高乾者，《下傳》云：「崇效天，卑法地。」故知卑謂坤，高謂乾。坤自上降，乾自下升，故先言卑，而後言高也。虞注云：「乾高貴五，故乾二升五；坤卑賤二，故坤五降二。」《下傳》云：「列貴賤者，存乎位。」故貴賤位矣。必知乾二升五，坤五降二者。案：《乾鑿度》曰：「陽爻者，制於天也；陰爻者，繫於地也。天動而施曰仁，地靜而理曰義。仁成而上，義成而下。上者專制，下者順從。」故荀、虞說《易》，「乾二例升五，坤五例降二也」。若然，乾升坤降，為天地之合。而云「別」者，卑高陳，貴賤位，仍是天地之別也。[319]

惠棟首先點出易氣發展的階段，有「太初，氣之始也」，「太始，形之始也」，「太素，質之始也」，這種氣始而形質生的狀態，即《易緯》強調的宇宙發展理論，當然在這「三易」之前，尚有一「太易」，其階段是宇宙處於最原始狀態，氣尚未出現的情形；合為「四易」的主張，惠棟在詮釋《繫傳》是屢屢引述。惠棟引《乾鑿度》「乾坤相並，俱生天地」，以說明天地由乾坤相並而生，其「輕清者，上為天，故乾升也。濁重者，下為地，故坤降也」。乾升坤降為天地生成的本然之性。惠氏並以《乾鑿度》之言，以說明乾天坤地有其高卑、貴賤、動靜、專制順從之別，此乃宇宙自然現象或人事規範的常性。人們當效法此宇宙天地之常性，循宇宙之道而行。惠氏以《乾鑿度》之說，論述宇宙之道、陰陽之性。這

種宇宙之道、陰陽之性，合於《繫傳》之言，也合於《易》道，更合於兩漢思想家的普遍認識。

《繫上》論述「大衍之法」時，惠氏多舉《乾鑿度》爲釋，如：

> 《易》變而爲一，《乾鑿度》文。易有太易，有太初，有太始，有太素。易變而爲一，當太初時，易无形畔。太易者，未見氣；太初者，氣之始，寒溫始生，故云易也。……一變而爲七，七變而爲九，九者氣變之究，乃復變而爲一者，皆《乾鑿度》文。物始，有壯，有究。一，始也；七，壯也；九，究也。一、七、九，三氣相承。太極元氣，函三爲一，故乃復變而爲一，則三揲著而成一爻也。……《乾鑿度》曰：三畫而成乾，乾坤相並俱生。鄭彼注云：夫陽則言乾成，陰則言坤成。[320]

《易緯》以宇宙的演化過程表現在奇偶之數的變化規律之中。從一而七而九，再復變爲一，這種奇偶之數，就是天地之數，這種有次序的脈理，同樣表現在宇宙演化的過程裡。「易變而爲一」，是由太易變爲太初，即「一」這個數字。「一變而爲七」，是由太初變爲太始。「七變而爲九」，是由太始變爲太素。「九」爲氣變之終，而後又復變爲「一」，形成一個有序的演化歷程。萬物皆有開始、壯大與究極的發展階段，而《易》卦的陰爻與陽爻，乾與坤，皆代表著彼此聯繫而又相互對立的兩個方面，所以八卦的重卦，象徵著有形的天地，三畫以下爲地，四畫以上爲天。這種象數模式，蘊涵著深刻而豐富的思想內容，反映出宇宙展與演化的過程，又顯示出天地萬物的有序結構和功能，是《易傳》宇宙生成觀的擴充與開展。有關的思想，除了前面統計表欄內有片斷的說明外，後面章節論述惠棟的宇宙觀時，再作詳述。

（四）其它有關思想之論述

有關大衍數五十的來源，《繫上》所謂「大衍之數五十，其用四十有九」，惠氏疏云：

> 天地之數，五十有五，而五在地十之中，故大衍之數五十，五爲

虛也。五五為十，而五為虛，故伏羲衍《易》數止五十。五五為
十，而十為虛，故箕子陳範數，止于九。《易乾鑿度》曰：大衍之
數五十，日十，辰十二，星二十八，凡五十。京氏于此傳之注，
亦云五十者，謂十日、十二辰、二十八宿。據《乾鑿度》先師之
法也。[321]

天地之數為五十有五，而大衍之數為五十，惠氏判明其別，以五在地十
之中而為虛，虛而不用，所以大衍之數只取五十。五十之組成數值內容，
惠氏肯定《乾鑿度》的說法，以「日十，辰十二，星二十八」而合為五
十，也就是「大衍之數五十」，是本於天文、歷法和音律的自然合體。京
房亦據此說，為兩漢五十之數的重要說法。

　　關於緯書所言乾坤十二爻辰之說，惠氏釋明夷卦時云「爻辰三在
辰」；釋困卦九二時云「初辰在未」，此皆爻辰之說。論述《繫下》「寒暑
相推而歲成焉」之義，惠氏引《乾鑿度》云：

乾坤二卦，十二爻而朞一歲。乾息坤消，故消息十二爻而朞一歲。
[322]

乾坤消息十二爻為十二卦，而期一歲，所以為「歲成」。釋《文言傳》「承
天而時行」時，以十二爻辰為承天之時，引《乾鑿度》云：

乾貞於十一月子，左行，陽時六。坤貞於六月未，右行，陰時六，
以奉順成其歲。即承天時行之義也。[323]

以《乾鑿度》爻辰說，說明乾坤十二爻各治六辰，陽左行，陰右行，乾
六爻由初至上，主子、寅、辰、午、申、戌；坤六爻由初至上，主未、
巳、卯、丑、亥、酉。乾坤貞辰，並治而交錯行，此即。又於釋《說卦
傳》「《易》，逆數也」時，由爻辰之法，推衍「逆數」之義，云：

坤消自午，右行至亥，從上而下，故順。乾息自子，左行至巳，
從下而上，故逆。《易》氣從下生，《乾鑿度》文。……故十二辰

[321] 見《周易述‧繫辭上傳》，卷十六，頁 427。
[322] 見《周易述‧繫辭上傳》，卷十七，頁 499。
[323] 見《周易述‧文言傳》，卷十九，頁 568。

之法，……亦自下生，故云「《易》，逆數也」。[324]

《易》氣從下生，所以由下而上，以下爻爲始，故稱「逆數」。

　　另外，關於九宮之數，九宮的思想，可以推求於《禮記・月令》與《大戴禮記・明堂》的明堂陰陽說。明堂九室，其形上圓下方，象徵天圓地方，天覆地載，其數爲二、九、四、七、五、三、六、一、八。這九個數目爲五行生成之數，《易緯》將之引入，使九宮與四正四維的八卦方位結合起來，其序爲乾一、坤二、震三、巽四、中五、坎六、兌七、艮八、離九。九宮的陰陽運行律則爲「陽動而進，陰動而退」的逆行方向交錯而進，陽變是由七到九，陰變是由八到六。這樣的觀念，惠氏在述《易》的過程中，也屢次採用。例如，惠氏在釋《繫上》「一陰一陽謂之道」時，引《乾鑿度》云：

> 一陰一陽，合于十五之謂道。七八九六，合天地之數，乃謂之道。[325]

陽以七爲少陽，陰以八爲少陰，爲爻之不變者；又九爲老陽，六爲老陰。七八與九六皆合爲十五，亦即四正四維皆合於十五，是一陰一陽之謂道。天地變化之道，即陰陽變化之道，以數代之，即七八九六之數，故四數爲天地之數，爲陰陽變化之數，爲宇宙變化之道。在以八卦方位釋明堂方面，惠氏詮釋《繫上》「天地變化，聖之效之」，注云：

> 春夏爲變，秋冬爲化。聖人南面而聽天下，順時布令，是效天地之變化。[326]：

並進一步疏解：

> 春夏爲變，秋冬爲化，荀義也。《乾鑿度》云「八卦成列，大地之道立，雷、風、水、火、山、澤之象定，其布散用事也」。「震生物于東方」，「巽散之于東南方」，「離長之于南方」，「坤養之于西南方」，兌取之于西方」，「乾制之于西北方」，「坎藏之于北方」，「艮終始之于東北方」。「八卦之氣終，則四正四維之分明，生長收藏

---

[324] 見《周易述・說卦傳》，卷二十，頁585。

[325] 見《周易述・繫辭上傳》，卷十五，頁401。

[326] 見《周易述・繫辭上傳》，卷十六，頁453。

之道備」。聖人法之以立明堂。离在南方，故南面而聽天下，明堂
月令順時布令，所以效天地之變化，故云聖人效之也。[327]

天有晝夜之別，四時有變化之道，惠氏取荀爽之義，以明「春夏爲變，
秋冬爲化」，並進一步以《乾鑿度》作闡釋，八卦成列，示其定象，並以
布散用事。聖人效法天地四時情狀爲《易》之變化，以天象吉凶而示之
人事。所以，惠氏特別指出聖人效法此四時之道而以立明堂，君王南王
而聽天下，人事政令亦順時適用，此聖人效法天地變化之道。

此外，尚有針對卦氣說的論述，如釋《繫下》「《易》曰：憧憧往來，
朋從爾思」時，指出此爲咸卦九四爻辭，並引《易通卦驗》云「甲子卦
氣起中孚」。也下案語，「孟喜，卦氣中孚至復，六日七分；咸至遘，亦
六日七分。故云六日七分時也」。[328] 又如釋復卦卦辭「七日來復」時，引
緯書與鄭注云，

> 《易稽覽圖》曰：甲子卦氣起中孚，六日八十分日之七。鄭彼注
> 云：六以候也，八十分為一日，日之七者，一卦六日七分也。又
> 《易是類謀》曰：冬至日在坎，春分日在震，夏至日在离，秋分
> 日在兌。四正之卦，卦有六爻，爻主一氣，餘六十卦，卦主六日
> 七分，八十分日之七。歲有十二月，三百六十五日四分日之一。
> 六十而一周。[329]

甲子卦氣起中孚，六日七分法，皆爲兩漢卦氣說的重要主張，特別是表
現爲孟喜易學的特色，而《易緯》在這方面也不遑多讓。在這裡，六十
四卦除四正卦外，各主六日七分。中孚至復卦，爲六日七分，在七日之
限內，舉其成數而言之，所以卦辭言「七日」。

惠氏引述《易緯》諸說，都是漢代易學思想的重要主張。從《易緯》
中，可以窺得漢代易學的重要面貌，也可以反映出漢代的學術文化意識，
特別是陰陽五行、天文歷法與易學融合的學術思想，一種科學與神學的
雙重韻味。惠氏採用的大都是那些較具科學性的或是那個年代易學家普

---

327 見《周易述・繫辭上傳》，卷十六，頁 460。
328 見《周易述・繫辭上傳》，卷十七，頁 498。
329 見《周易述》，卷四，頁 106-107。

遍的共同主張或是認識。不論是大衍法的周邊思想，乃至卦氣、爻辰的範圍，都包含在內。

惠氏治漢《易》，循著漢代象數易學的步伐蒐羅組合，在引用《易緯》的過程中，也側重象數上的解釋。但是，針對《易緯》中較具哲學性的主張，雖然淡化了其思想上的表現，但不因此而隱沒其原有的思想，從宇宙論的角度推入，仍可見其宇宙論的主要內涵和主張。並且，在融入論述的建構過程中，不論是象數的或是義理的範疇，我們也可以深刻地看出其中引述上的邏輯性，以及其詮釋中的合理性，仍不失其哲學的意義。

從《易緯》的本身來看，雖然《易緯》被歸類入讖緯的範圍，被貼上高度神學化的標籤，但有識者並不全然迷失於其神學的意識中，相對地能客觀的審視其中的學術與文化價值，歷來專門研究《易緯》的人，大都採取一種正面價值的見待，尤其其中所代表著時代性的諸多學術主張與文化內涵，也都持肯定的態度。惠棟對於《易緯》，在釋《易》的過程中，大量的引用有關主張，基本上他是肯定《易緯》的價值，肯定《易緯》中的諸多觀點與材料，有其正當性可以互補於漢代《易》家的學說，甚是《易緯》正為漢代易學的重要代表。從審視漢代易學的角度看，本人認同《易緯》所扮演的角色和價值；並且，從體會乾嘉時期學術發展的客觀現況，以及惠棟的學術研究傾向，對於惠棟的認同，也如同認同《易緯》一般。

歷來批判者，從引用緯書的角度去嚴厲的批判惠棟，這個方面，應予以公允合理的對待。惠棟撥開了緯書神性的面紗，過濾了神性的內容，而採取了科學性或哲學性意義的材料，在本人前面所羅列的內容當中，可以清晰的看到。當我們要批判惠棟在這方面的缺失時，對於惠棟引述的實質內容，應該審慎的認識，才不致於厚誣前儒。

第四節　改易經文以釋《易》

　　惠棟畢生致力於漢學，探尋《周易》古義，深知原本古義，也必當還原古字，以原始的本字，才能得經義之真。他於《九經古義》中特別指出，「自唐人爲《五經正義》，傳《易》者止王弼一家，不特篇次紊亂，又多俗字」；[330]唐代以降，漢學殞落，所傳《周易》皆本諸王弼一家，「輔嗣《易》行無漢學」，除了認爲王氏在內容上「以假象說《易》，根本黃老」，使漢代經師之義，「蕩然無復有存者」之外，[331]很重要的就是王氏所本多有俗字，多有非原始之經字，以致扭曲了《周易》的本來面貌。因此，惠氏詁訓《周易》本義，必先行校勘以正其本字，改易經文也就成爲必然之途。

　　《周易》傳述於漢代宣、元時期，官學與私學並立，而以施、孟、梁丘、京氏等官學爲盛，民間則有費、高二家；並有今、古文之別，故支系旁出，版本蕪雜。[332]到了東漢永嘉之亂後，施、孟等諸家之學亡，或無人傳，「唯鄭康成、王輔嗣所注行於世」，[333]二家注本以費氏爲重，卻未必全屬古文之說，而傳佈久遠，鄭氏之說也未是完整的版本，多爲後人所輯佚。《周易》版本於漢代已呈紛亂叢出之象，歷經時空之流轉，傳述文字亦多有更易，所以研究《周易》本義，必當先行校勘本字，使不致穿鑿附會，扭曲古義。

---

[330] 見《九經古義・周易古義》，卷二。引自台灣商務印書館《景印文淵閣四庫全書》本，經部易類第 191 輯，頁 367。

[331] 括弧引文，見《易漢學・自序》。

[332] 參見《漢書・藝文志》：「及秦燔書，而《易》爲卜筮之事，傳者不絕。漢興，田何傳之，訖于宣、元，有施、孟、梁丘、京氏列於學官，而民間有費、高二家之說。劉向以中古文《易經》校施、孟、梁丘經，或脫去『無咎』、『悔亡』，唯費氏經與古文同。」（卷三十，頁 1 1704。）

[333] 參見《後漢書・儒林傳》云：「京兆陳元、扶風馬融、河南鄭眾、北海鄭玄、潁川荀爽，並傳費氏《易》。沛人高相治《易》與費直同時，其《易》亦無章句，專說陰陽災異。自言出丁將軍，傳至相，相授子康及蘭陵毋，將永爲高氏學。漢初立《易》楊氏博士，宣帝復立施、孟、梁丘之《易》，元帝又立京氏《易》，費、高二家不得立。民間傳之後漢費氏興而高氏遂微。永嘉之亂，施氏、梁丘之《易》亡，孟、京、費之《易》人無傳者，唯鄭康成、王輔嗣所注行于世。」（引自陸德明《經典釋文》，卷一，頁 362-363。）

一、經文改易之概況

　　惠棟廣蒐群說，考證殷勤，力圖探尋古字以得古義，並且針對王弼所本，舛誤之字，希望都能予以改正。對照惠棟《周易述》經傳所本，與王弼《周易注》原文，二家所異甚夥，如下表所列；由於《彖傳》、《象傳》傳文經文多有相同，故未另作對照表，同時《序卦》、《雜卦》二傳，《周易注》未著，故並無。二家差異，參照如下：

圖表 5-4-1　王弼與惠棟《周易》經文對照差異情形

卦名	王弼《周易注》原文[334]	惠棟《周易述》原文
乾卦	九三，夕惕若厲，无咎。	九三，夕惕若夤，厲无咎。
乾卦	上九，亢龍，有悔。	上九，忨龍，有悔。
屯卦	初九，磐桓，利居貞，利建侯。	初九，般桓，利居貞，利建侯。
屯卦	六二，屯如邅如，乘馬班如，匪寇婚媾。女子貞不字，十年乃字。	六二，屯如亶如，乘馬驙如，匪寇昏冓。女子貞不字，十年乃字。
屯卦	（六三）君子幾，不如舍。往吝。	（六三）君子機，不如舍。往吝。
屯卦	六四，乘馬班如，求婚媾。	六四，乘馬班如，求昏冓。
屯卦	上六，乘馬班如，泣血漣如。	上六，乘馬班如，泣血㦻如。
蒙卦	九二，包蒙，吉。納婦吉。	九二，包蒙，納婦吉。
蒙卦	六三，勿用取女。	六三，勿用娶女。
需卦	九二，需于沙。	九二，需于沚。
訟卦	上九，或錫之鞶帶，終朝三褫之。	上九，或錫之槃帶，終朝三扡之。
比卦	九五，顯比。王用三驅，失前禽。	九五，顯比。王用三敺，失前禽。
小畜	九三，輿說輻。	九三，轝說腹。
小畜	（上九）月幾望，君子征凶。	（上九）月近望，君子征凶。
履卦	六三，眇能視，跛能履。	六三，眇而眡，跛而履　。
履卦	上九，視履，考祥；其旋，元吉。	上九，眡履，考詳；其旋，元吉。
泰卦	初九，拔茅茹以其彙，征吉。	初九，拔茅茹，以其胃，征吉。
泰卦	九二，包荒。	九二，苞巟。
泰卦	六四，翩翩不富以其鄰。	六四，偏偏不富以其鄰。
泰卦	上六，城復于隍。	上六，城復于堭。

---

[334] 句讀之法，根據樓宇烈校釋《王弼集校釋》，北京：中華書局，1999 年 12 月 1 版北京 3 刷。

否卦	初六，拔茅茹以其彙，貞吉。	初六，拔茅茹以其胃，貞吉。
否卦	六二，包承，小人吉，大人否亨。	六二，苞承，小人吉，大人否亨。
否卦	六三，包羞。	六三，苞羞。
否卦	九四，有命无咎，疇離祉。	九四，有命无咎，剂 离祉。
同人	九四，乘其墉，弗克攻，吉。	九四，乘其庸，弗克攻，吉。
大有	九二，大車以載，有攸往，无咎。	九二，大轝以載，有攸往，无咎。
大有	九四，匪其彭，无咎。	九四，匪其尪，无咎。
大有	上九，自天祐之，吉，无不利。	上九，自天右之，吉，无不利。
謙卦	謙，亨。	嗛，亨。
謙卦	初六，謙謙君子，用涉大川，吉。	初六，嗛嗛君子，用涉大川，吉。
謙卦	六二，鳴謙，貞吉。	六二，鳴嗛，貞吉。
謙卦	九三，勞謙，君子有終，吉。	九三，勞嗛，君子有終，吉。
謙卦	六四，无不利，撝謙。	六四，无不利，撝嗛。
謙卦	上六，鳴謙，利用行師。	上六，鳴嗛，利用行師。
豫卦	九四，由豫，大有得。勿疑，朋盍簪。	九四，由豫，大有得。勿疑，朋盍戠。
噬嗑	初九，屨校滅趾，无咎。	初九，屨校滅止，无咎。
噬嗑	六三，噬腊肉，遇毒。小吝，无咎。	六三，噬昔肉，遇毒。小吝，无咎。
賁卦	初九，賁其趾，舍車而徒。	初九，賁其止，舍車而徒。
賁卦	六四，賁如皤如，白馬翰如，匪寇婚媾。	六四，賁如皤如，白馬翰如，匪寇昏冓。
剝卦	六三，剝之无咎。	六三，剝无咎。
剝卦	（上九）君子得輿，小人剝廬。	（上九）君子德車，小人剝廬。
復卦	（復）朋來无咎。反復其道。	（復）崩來无咎。反復其道。
大畜	九二，輿說輹。	九二，轝說腹。
大畜	（九三）曰閑輿衛。	（九三）日閑輿衛。
大畜	六四，童牛之牿，元吉。	六四，童牛之告，元吉。
頤卦	六四，顛頤，吉。虎視眈眈，其欲逐逐，无咎。	六四，顛頤，吉。虎眡眈眈，其欲浟浟，无咎。
大過	九二，枯楊生稊，老夫得其女妻。	九二，枯楊生梯，老夫得其女妻。
習坎	六四，樽酒、簋貳、用缶，納約自牖，終无咎。	六四，尊酒、簋貳、用缶，內約自牖，終无咎。
習坎	九五，坎不盈，祇既平，无咎。	九五，坎不盈，禔既平，无咎。
習坎	上六，係用徽纆。	上六，繫用徽纆。
離卦	離。利貞，亨。	离。利貞，亨。
離卦	六二，黃離，元吉。	六二，黃离，元吉。
離卦	九三，日昃之離，不鼓缶而歌，則大耋之嗟，凶。	九三，日昃之离，不擊缶而歌，則大耋之差。
離卦	九四，突如其來如。	九四，夵如其來如。

離卦	六五，出涕沱若，戚嗟若，吉。	六五，出涕沱𡙇，戚差𡙇，吉。
咸卦	初六，咸其拇。	初六，咸其母。
恆卦	初六，浚恆，貞凶，无攸利。	初六，濬恆，貞凶，无攸利。
恆卦	上六，振恆，凶。	上六，震恆，凶。
遯卦	遯。亨，小利貞。	遰。亨，小利貞。
遯卦	初六，遯尾，厲。勿用有攸往。	初六，遰尾，厲。勿用有攸往。
遯卦	九三，係遯，有疾厲；畜臣妾吉。	九三，係遰，有疾厲；畜臣妾吉。
遯卦	九四，好遯，君子吉，小人否。	九四，好遰，君子吉，小人否。
遯卦	九五，嘉遯，貞吉。	九五，嘉遰，貞吉。
遯卦	上九，肥遯，无不利。	上九，飛遰，无不利。
大壯	初九，壯于趾，征凶，有孚	初九，壯于止，征凶，有孚
大壯	九四，貞吉，悔亡。藩決不羸。壯于大輿之輹。	九四，貞吉，悔亡。藩決不羸。壯于大轝之腹。
晉卦	晉。康侯用錫馬蕃庶。	晉。康侯用錫馬蕃庶。
晉卦	初六，晉如摧如，貞吉。	初六，晉如，摧如，貞吉。
晉卦	六二，晉如愁如，貞吉。	六二，晉如愁如，貞吉。
晉卦	九四，晉如鼫鼠，貞厲。	九四，晉如碩鼠，貞厲。
晉卦	六五，悔亡。失得勿恤。往，吉。	六五，悔亡。矢得勿恤。往，吉。
晉卦	上九，晉其角，維用伐邑。	上九，晉其角，維用伐邑。
明夷	六二，明夷，夷于左股，用拯馬壯吉。	六二，明夷，睇于左股，用抍馬壯吉。
明夷	九三，明夷于南狩，得其大首。	九三，明夷于南守，得其大首。
明夷	六五，箕子之明夷，利貞。	六五，其子之明夷，利貞。
家人	九三，家人嗃嗃，悔厲，吉。婦子嘻嘻，終吝。	九三，家人熇熇，悔厲，吉。婦子喜喜，終吝。
睽卦	六三，見輿曳，其牛掣。	六三，見輿曳，其牛觢。
睽卦	（上九）先張之弧，後說之弧。匪寇婚媾。往，遇雨則吉。	（上九）先張之弧，後說之壺。匪寇昬冓。往，遇雨則吉。
蹇卦	蹇。利西南，不利東北。	蹇。利西南，不利東北。
蹇卦	初六，往蹇，來譽。	初六，往蹇，來譽。
蹇卦	六二，王臣蹇蹇，匪躬之故。	六二，王臣蹇蹇，匪躬之故。
蹇卦	九三，往蹇，來反。	九三，往蹇，來反。
蹇卦	六四，往蹇，來連。	六四，往蹇，來連。
蹇卦	九五，大蹇，朋來。	九五，大蹇，朋來。
蹇卦	上六，往蹇，來碩，吉。	上六，往蹇，來碩，吉。
解卦	九四，解而拇，朋至斯孚。	九四，解而母，朋至斯孚。
解卦	上六，公用射隼于高墉之上。	上六，公用射隼于高庸之上。
益卦	六四，中行告公從，利用為依遷國。	六四，中行告公從，利用為依遷邦。

夬卦	初九，壯于前趾，往不勝，爲咎。	初九，壯于前止，往不勝，爲咎。
姤卦	姤。女壯。	遘。女壯。
姤卦	初六，繫于金梶，貞吉。有攸往，見凶。羸豕孚蹢躅。	初六，係于金鑈，貞吉。有攸往，見凶。羸豕孚蹢躅。
姤卦	九二，包有魚，无咎，不利賓。	九二，苞有魚，无咎，不利賓。
姤卦	九四，包无魚，起凶。	九四，苞无魚，起凶。
姤卦	九五，以杞包瓜，含章，有隕自天。	九五，以杞苞瓜，含章，有隕自天。
姤卦	上九，姤其角，吝，无咎。	上九，遘其角，吝，无咎。
萃卦	萃。亨。王假有廟。	萃。王假有廟。
萃卦	六三，萃如嗟如，无攸利。往无咎。	六三，萃如嗟如，无攸利。往无咎。
升卦	初六，允升，大吉。	初六，䬼升，大吉。
困卦	九四，來徐徐，困于金車，吝，有終。	九四，來徐徐，困于金轝，吝，有終。
困卦	上六，困于葛藟，于臲卼。	上六，困于葛藟，於倪仉。
井卦	羸其瓶，凶。	累其瓶，凶。
井卦	九二，井谷射鮒，甕敝漏。	九二，井谷射鮒，雍敝漏。

圖表 5-4-2　王弼與惠棟《繫辭傳》原文對照差異情形

王弼《周易注》原文	惠棟《周易述》原文
是故，剛柔相摩，八卦相盪。	是故，剛柔相摩，八卦相蕩。
天下之理得，而成位乎其中矣。	天下之理得，而易成位乎其中矣。
聖人設卦觀象。繫辭焉而明吉凶，剛柔相推而生變化。	聖人設卦觀象。繫辭焉而明吉凶悔吝，剛柔相推而生變化。
是故，君子所居而安者，易之序也；所樂而玩者，爻之辭也。是故，君子居則觀其象而玩其辭，動則觀其變而玩其占，是以自天祐之，吉，无不利。	是故，君子所居而安者，易之象也；所變而翫者，爻之辭也。是故，君子居則觀其象而翫其辭，動則觀其變而翫其占，是以自天右之，吉，无不利。
精氣爲物，遊魂爲變。	精氣爲物，游魂爲變。
百姓日用而不知，故君子之道鮮矣。	百姓日用而不知，故君子之道眇矣。
效法之謂坤，極數知來之謂占，通變之謂事，陰陽不測之謂神。	爻法之謂坤，極數知來之謂占，通變之謂事，陰陽不測之謂神。
夫坤，其靜也翕，其動也闢，是以廣生焉。	夫坤，其靜也脅，其動也辟，是以廣生焉。
知崇禮卑。崇效天，卑法地。	知崇體卑。崇效天，卑法地。
聖人有以見天下之賾，而擬諸其形容。	聖人有以見天下之嘖，而儗諸其形容。
而觀其會通，以行其典禮。	而觀其會通，以行其等禮。
言天下之至賾而不可惡也，言天下之至動而不可亂也。擬之而後言，議之而後	言天下之至嘖而不可惡也，言天下之至嘖而不可亂也。儗之而後言，儀之而後

動，擬議以成其變化。	動，儗儀以成其變化。
勞謙，有終吉。子曰：勞而不伐，有功而不德，厚之至也。	勞嗛，君子有終吉。子曰：勞而不伐，有功而不置，厚之至也。
德言盛，禮言恭。謙也者，致恭以存其位者也。	德言盛，禮言恭。嗛也者，致恭以存其位者也。
亢龍有悔。子曰：貴而无位。	忼龍有悔。子曰：貴而无位。
子曰：作《易》者，其知盜乎。	子曰：爲《易》者，其知盜乎。
上慢下暴，盜思伐之矣。慢藏誨盜，冶容誨淫。	上嫚下暴，盜思伐之矣。嫚藏悔盜，野容悔淫。
乾之策，二百一十有六；坤之策，百四十有四。凡三百六十，當期之日。二篇之策，萬有一千五百二十，當萬物之數也。	乾之筴，二百一十有六；坤之筴，百四十有四。凡三百六十，當期之日。二篇之筴，萬有一千五百二十，當萬物之數也。
引而伸之，觸類而長之，天下之能事畢矣。	引而信之，觸類而長之，天下之能事畢矣。
是故可與酬酢，可與祐神矣。	是故可與酬酢，可與右神矣。
《易》有聖人之道四焉，以言者尙其辭，以動者尙其變，以制器者尙其象，以卜筮者尙其占。是以君子將有爲也，將有行也。問焉而以言，其受命也如響。无有遠近幽深，遂知來物。非天下之至精，其孰能與於此？參伍以變，錯綜其數。	《易》有聖人之道四焉：以言者尙其辭，動者尙其變，制器者尙其象，卜筮者尙其占。是故君子將有爲也，將有行也，問焉而以言，其受命也如嚮。无有遠近幽深，遂知來物。非天下之至精，其孰能與於此？參五以變，錯綜其數。
夫《易》，聖人之所以極深而研幾也。唯深也，故能通天下之志；唯幾也，故能成天下之務。	夫《易》，聖人之所以極深而挈機也。唯深也，故能通天下之志；唯機也，故能成天下之務。
夫《易》，開物成務，冒天下之道，如斯而已者也。	開物成務，冒天下之道，如斯而已者也。
六爻之義，易以貢。聖人以此洗心，退藏於密，吉凶與民同患。……古之聰明叡知，神武而不殺者夫？	六爻之義，易以工。聖人以此先心，退藏於密，吉凶與民同患。……古之聰明睿知，神武而不殺者夫？
是故闔戶謂之坤，闢戶謂之乾，一闔一闢謂之變。	是故盍戶謂之坤，辟戶謂之乾，一盍一辟謂之變。
是故，易有太極，是生兩儀。	是故，易有大極，是生兩儀。
探賾索隱，鉤深致遠，以定天下之吉凶，成天下之亹亹者，莫大乎蓍龜。	探嘖索隱，鉤深致遠，以定天下之吉凶，成天下之娓娓者，莫善乎蓍龜。
《易》曰：自天祐之，吉，无不利。子曰：祐者，助也。……是以自天祐之，吉，无不利也。	《易》曰：自天右之，吉，无不利。子曰：右者，助也。……是以自天右之，吉，无不利也。

舉而錯之天下之民，謂之事業。	舉而措之天下之民，謂之事業。
是故，夫象，聖人有以見天下之賾，而擬諸其形容。象其物宜，是故謂之象。聖人有以見天下之動，而觀其會通，以行其典禮。繫辭焉，以斷其吉凶，是故謂之爻。極天下之賾者存乎卦，鼓天下之動者存乎辭。……默而成之，不言而信，存乎德行。	是故，夫象，聖人有以見天下之嘖，而儗諸其形容。象其物宜，是故謂之象。聖人有以見天下之動，而觀其會通，以行其等禮。繫辭焉，以斷其吉凶，是故謂之爻。極天下之嘖者存乎卦，鼓天下之動者存乎辭。……默而成，不言而信，存乎德行。
繫辭正而命之，動在其中矣。	繫辭正而明之，動在其中矣。
夫坤，隤然示人簡矣。爻也者，效此者也；象也者，像此者也。	夫坤，退然示人簡矣。爻也者，效此者也；象也者，象此者也。
天地之大德曰生，聖人之大寶曰位。	天地之大德曰生，聖人之大保曰位。
古者包犧氏之王天下也，仰則觀象於天，俯則觀法於地。	古者庖犧氏之王天下也，仰則觀象于天，俯則觀法于地。
作結繩而爲罔罟，以佃以漁，蓋取諸離。	作結繩而爲罟，以田以魚，蓋取諸离。
包犧氏沒，神農氏作。	庖犧氏沒，神農氏作。
是以，自天右之，吉，无不利。	是以，自天右之，吉，无不利。
刳木爲舟，掞木爲楫，舟楫之利以濟不通，致遠以利天下，蓋取諸渙。	挎木爲舟，掞木爲楫，舟楫之利以濟不通，致遠以利天下，蓋取諸渙。
服牛乘馬，引重致遠，以利天下，蓋取諸隨。重門擊柝，以待暴客，蓋取諸豫。斷木爲杵，掘地爲臼，臼杵之利，萬民以濟，蓋取諸小過。弦木爲弧，剡木爲矢，弧矢之利，以威天下，蓋取諸睽。	犕牛乘馬，引重致遠，以利天下，蓋取諸隨。重門擊榱，以待疏客，蓋取諸豫。斷木爲杵，闕地爲臼，臼杵之利，萬民以濟，蓋取諸小過。弦木爲弧，掞木爲矢，弧矢之利，以威天下，蓋取諸睽。
是故，易者，象也。象也者，像也。	是故，易者，象也。象也者，象也。
往者，屈也；來者，信也。屈信相感而利生焉。尺蠖之屈，以求信也；龍蛇之蟄，以存身也。	往者，詘也；來者，信也。詘信相感而利生焉。尺蠖之詘，以求信也；龍虵之蟄，以存身也。
動而不括，是以出而有獲。	動而不栝，是以出而有獲。
不見利不勸，不威不懲，小懲而大誡，此小人之福也。《易》曰：屨校滅趾，无咎，此之謂也。	不見利不動，不威不徵，小徵而大誡，此小人之福也。《易》曰：屨校滅止，无咎，此之謂也。
故惡積而不可掩，罪大而不可解。	故惡積而不可揜，辠大而不可解。
子曰，德薄而位尊，知小而謀大，力小而任重，鮮不及矣。《易》曰：鼎折足，覆公餗，其刑渥，凶。	子曰，德薄而位尊，知少而謀大，力少而任重，愍不及矣。《易》曰：鼎折足，覆公餗，其刑屋，凶。
君子見幾而作，不俟終日。	君子見幾而作，不竢終日。

君子知微知彰，知柔知剛，萬夫之望。	君子知微知章，知柔知剛，萬夫之望。
天地絪縕，萬物化醇；男女構精，萬物化生。	天地壹壹，萬物化醇；男女覯精，萬物化生。
其稱名也，雜而不越。	其稱名也，雜而不迻。
夫易，彰往而察來，而微顯闡幽。	夫易，章往而察來，而微顯闡幽。
開而當名辨物，正言斷辭，則備矣。	開而當名辯物，正言斷辭，則備矣。
謙，德之柄也。……困，德之辨也。……謙，尊而光，復，小而辨于物。……謙，以制禮。	嗛，德之柄也。……困，德之辯也。……嗛，尊而光，復，小而辯于物。……嗛，以制禮。
《易》之爲書也不可遠，爲道也屢遷。	《易》之爲書也不可遠，爲道也婁遷。
初率其辭，而揆其方。	初帥其辭，而揆其方。
初辭擬之，卒成之終。	初辭儗之，卒成之終。
能說諸心，能研諸侯之慮，定天下之吉凶，成天下之亹亹者。是故，變化云爲，吉事有有祥。	能說諸心，能摯諸侯之慮，定天下之吉凶，成天下之娓娓者。是故，變化云爲，吉事有有詳。
是故，愛惡相攻而吉凶生。	是故，悉惡相攻而吉凶生。
失其守者其辭屈。	失其守者其辭詘。

圖表5-4-3　王弼與惠棟《說卦傳》原文對照差異情形

王弼《周易注》原文	惠棟《周易述》原文
雷以動之，風以散之，雨以潤之，日以烜之。	雷以動之，風以散之，雨以潤之，日以晅之。
帝出乎震，齊乎巽，相見乎離。	帝出乎震，齊乎巽，相見乎离。
離也者，明也，萬物皆相見。	离也者，明也，萬物皆相見。
橈萬物者莫疾乎風。	撓萬物者莫疾乎風。
坎，陷也。離，麗也。……離爲目。……離爲雉。……離再索而得女。	坎，陷也。离，麗也。……离爲目。……离爲雉。……离再索而得女。
爲駁馬，……爲均，爲子母牛，爲大輿。	爲駮馬，……爲旬，爲子母牛，爲大轝。
震爲雷，爲龍，爲玄黃，爲旉。	震爲雷，爲駹，爲玄黃，爲專。
其於人也，爲寡髮，……爲矯輮，爲亟心，……离爲火，……爲甲冑，……其於木也，爲科上槁，……其於木也，爲堅多節，……爲妾，爲羊。	其於人也，爲宣髮，……爲矯揉，爲極心，……離爲火，……爲甲冑，……其於木也，爲折上槀，……其於木也，爲多節，……爲妾，爲羔。

圖表5-4-4　王弼與惠棟《文言傳》原文對照差異情形

王弼《周易注》原文	惠棟《周易述》原文

不易乎世，不成乎名。遯世无悶，不見是而无悶。樂則行之，憂則違之，確乎其不可拔。	不易世，不成名。遯世无悶，不見是而无悶。樂則行之，憂則違之，崔乎其不可拔。
君子終日乾乾，夕惕若，厲无咎。	君子終日乾乾，夕惕若夤，厲无咎。
水流濕，火就燥。	水流溼，火就燥。
亢龍有悔，何謂也？	忼龍有悔，何謂也？
亢龍有悔，窮之災也。	忼龍有悔，窮之災也。
亢龍有悔，與時偕極。	忼龍有悔，與時偕極。
剛健中正，純粹精也。	剛健中正，純晬精也。
亢之爲言也，知進而不知退。	忼之爲言也，知進而不知退。
陰疑於陽必戰，爲其嫌於无陽也，故稱龍焉。猶未離其類也，故稱血焉。夫玄黃者，天地之雜也，天玄而地黃。	陰凝於陽必戰，爲其兼於陽也，故稱龍焉。猶未離其類也，故稱血焉。夫玄黃者，天地之襍也，天玄而地黃。

　　此外，惠棟於《九經古義・周易古義》中，言之鑿鑿的指出七十餘字皆當改正而無疑者，以下列舉如下：

圖表 5-4-5　《九經古義》易字統計表[335]

惠氏指出當改正者	惠氏主要根據
晉當爲䣈。	从《說文》。
巽當爲䢋。	从《說文》。
垢當爲遘。	从古文。
乾（《文言》）「確乎其不可拔」；《繫辭》「確然示人」。《易》皆當作「崔」。	从《說文》，或作確。見《鄭卹碑》周伯琦曰：崔，胡沃切。鶴字从此，俗用爲鶴字，非。
坤初六《象》「陰始凝也」，「凝」乃俗「冰」字，古「冰」字作「仌」。	見《說文》「凝，俗冰字」。
（坤）六二「直方大」，鄭注云「直也，方也」，……《象傳》、《文言》皆不釋「大」，疑「大」字衍。	鄭注與《象傳》、《文言》。
屯初九「盤桓」；漸六二「鴻漸于磐」，皆當作「般」。	《仲秋下旬碑》作「股桓」。《釋文》云「本亦作盤」。案古「盤」字皆作「般」，與「股」同。《尚書・盤庚》蔡邕《石經》作「般」。
（屯）六二「乘馬班如」，當作「般」，古文「班」。	从鄭本。《左傳》「班馬之聲，役將班矣」，古皆作「般」。

（屯）「匪冦婚媾」，當作「昏冓」。	从鄭本。
（屯）上六「泣血漣如」，「漣」本「瀾」別字，當作「𢡓」，或省文作「連」。	《說文》引作「𢡓」，或古从立心。《淮南子》作「連」。
蒙《彖》「匪我求童蒙，童蒙求我」，一本有「童蒙來求我」。	高誘引云「童蒙来求我」，《釋文》云「一本有来字」。
（需）九二「需于沙」，當作「𣲡」。棟案：「沚」當作「𣲡」，與「沙」同。	鄭本「沙」作「沚」。潭長說「沙」或作「𣲡」。
訟上九「終朝三褫之」，「褫」當作「拕」。	鄭康成作「三拕之」。《淮南子・人間訓》「遇盜拕其衣被」。楊慎同作「拕」。
師九二《象》「承天寵也」，當作「龍」，古文「寵」。與「邦」協韻。	从王肅。《毛詩・蓼蕭》云「爲龍爲光」，《左傳》作「寵」。《商頌》「何天之龍」，鄭箋云「龍當作寵」。「邦」讀爲「半」。
比初六「終来有他吉」，當作「它」。	《釋文》、宋本皆然。
（比）九五「王用三驅」，當作「敺」，古文「驅」。	鄭本作「敺」。《說文》「古文作敺，从攴」。《漢書》皆以「敺」爲「驅」。
小畜九五「有孚攣如」，當作「攣」，古「戀」字。	《子夏傳》作「戀」。《隸釋》中<景君碑>等皆以「攣」爲「戀」。古文「戀」字作「攣」。
履上九「視履考祥」，本作「詳」，古「祥字」。	見《釋文》。古文「祥」作「詳」，又見蔡邕《尚書石經》，《左傳》、《公羊》猶然。《丙子學易編》作「詳」。《晁氏易》云「荀作詳，審也」。
泰初九「以其彙」，古文作「𦾔」。	《釋文》。
（泰）九二「包荒」，本作「巟」。	《說文》同。
（泰）六四「翩翩」，古文作「偏偏」。	王弼本作「篇篇」，今本與《子夏傳》同。
否九四「疇離祉」，當作「𠷎」，古文「疇」。	从鄭本。見《說文》。
（謙）「謙亨君子有終」，「謙」當爲「嗛」，餘字皆同。	《子夏傳》作「嗛」。《漢書・蓺文志》云「《易》之嗛」。師古曰「嗛，古謙字」。《史記・樂書》及《馮煥殘碑》皆以「嗛」爲「謙」。
豫六二「介于石」，古文作「砎」。	《釋文》「晉孔坦書云：砎石之易悟」。
（豫）九四「朋盍簪」，古文作「貣」，或作「戠」。	陸德明曰：「古文作貣，京作撍，馬作臧，荀作宗，虞翻作戠。」。
隨《象》「君子以嚮晦」，當作「鄉」，古「嚮」字。	从王肅。《說卦》「嚮明而治」同。《左傳》皆以「鄉」爲「嚮」。
无妄《彖》「天命不祐」，當作「右」，古「祐」字。	从馬融，《繫辭》「可與祐神」同。

大畜六四「童牛之牿」，當作「告」。或作「梏」。	从《說文》、《九家》。从鄭本。
坎六三「險且枕」，古文「枕」作「沈」。	从《說文》。
（坎）六四「樽酒」，當作「尊」。	从《說文》。
離九三「日昃之離」，當作「𣅒」。	从《說文》。今作「昃」，亦譌。豐《彖》「日中則昃」，同。
睽六三「其牛掣」，當作「觢」，或作「㸷」。	从《說文》。从鄭氏。
（睽）上九「後說之弧」，當作「壺」。	諸家皆然。
明夷六二「用拯馬」，當作「拼」。	从子夏、《說文》。渙初六，同。
解《彖》「甲坼」，當作「甲宅」。	从馬、鄭、陸諸家。
損「二簋可用享」，當作「軌」，古文「簋」。	从蜀才。據此則諸「簋」字，皆當作「軌」。見《儀禮》注。
損《象》「懲忿窒欲」，當作「徵」，古「懲」字。	《釋文》「懲」作「徵」。鄭康成「徵，猶清也」。
夬九三「壯于頄」，當作「頯」。	从鄭氏，《說文》無「頄」字。
姤《象》「后以施命誥四方」，當作「告」，古文「誥」。	从《說文》、京房。見鄭氏《禮記》注。
（姤）初六「羸豕孚蹢躅」，古文作「蹢𨂂」。	「啻」與「商」通，「逐」與「蜀」，古今字。
萃《彖》「聚以正」，當作「取」，古「聚」字。	荀爽本。
困六三「據于蒺藜」，當作「棃」。	从《唐石經》。
（困）上六「臲卼」，當作「槷杌」。	「槷」古文。「臲杌」，見薛、虞本。
豐初九「遇其配主」，當作「妃」。	从鄭、虞。
既濟六四「繻有衣袽」，古文作「襦」。	《釋文》。
《繫辭》「八卦相盪」，當作「蕩」。	从諸家。
「藏諸用」，「退藏於密」，「知以藏往」，皆當作「臧」。	从鄭、劉諸本。
「聖人有以見天下之賾」，凡「賾」字皆當作「嘖」。	从《釋文》。
「乾之策」，當作「筴」。下同。	从《釋文》。
「引而伸之」，當作「信」。古伸字。	見《釋文》。又《詩正義》亦引作「信士相見」。《禮》注云「古文伸作信」。范甯《穀梁解》云「信，伸字古今所共用」《律歷志》云「引者，信也」。見韋昭《外傳》注。
「聖人以此洗心」，《漢石經》作「先心」。	諸家皆同，唯韓伯作「洗」，非。

「乾坤其易之緼邪」，當作「韞」。	從虞翻。
「象也者，像也」，「像」當作「象」。	從諸家。
「以佃以漁」，「佃」當作「田」。「漁」當作「魚」。	從虞翻。見《釋文》。何休《公羊傳》亦云「田魚，讀如《論語》之語」。
「斲木爲耜」，當作「梠」。	從《說文》。
「天地絪緼」，當作壹「壹」。	從《說文》。《朱龜碑》作「壹緼」，或作「氤氳」，亦俗字。張有《復古編》云：壹從壺吉，於悉切，壹從壺凶，於云切。吉凶在壺中，不得渫也。別作「氤氳」，又作「絪緼」，並非。
「因貳以濟民行」，當作「式」。古文「二」。	從鄭義。「貳」本「副貳」字。見《說文》。
「爲道也屢遷」，當作「婁」。	《說文》無「屢」字。《漢書》皆以「婁」爲「屢」。
「噫亦要存亡吉凶」，當作「意」。	毛萇曰「意，歎也」。
「兼三才」，當作「材」。下同。	《石經》，又宋本。
《說卦》「參天兩地」，當作「㒳」。	從《說文》，「兩」本「斤兩」字。
「妙萬物而爲言」，當作「眇」。	從王肅、董遇。
「震爲旉」，當作「專」。	從延篤。
「爲的顙」，當作「旳」。	從《說文》。又作「馰」。
「巽爲寡髮」，「寡」當作「宣」。	從《釋文》、鄭玄、虞翻。
「離爲乾卦」，「乾」當作「幹」。	從鄭氏、董遇作「幹」。《列子》云「木葉幹殻」，注云「幹，音乾」。

　　上列前四表取自《周易述》之說，末表 5-3-5 則引自《九經古義‧周易古義》。二書雖同爲惠棟之作，但可能因爲爲不同時間之作，《周易述》爲未完成全書的著作較《九經古義》爲後，改易之經文，雖粗略相近，卻亦有諸多不同的地方。例如今本乾卦九三「夕惕若，厲无咎」，《周易述》中作「夕惕若夤，厲无咎」，增「夤」字，此一說法，《周易古義》中並未舉出。乾卦上九「亢龍有悔」，《周易述》作「忼龍有悔」，《古義》中亦無。屯卦六二「屯如邅如」作「屯如亶如」；蒙卦六三「勿用取女」作「勿用娶女」；訟卦上九「或錫之鞶帶」作「或錫之槃帶」，等等，《九經古義》中亦皆無舉出，類似的例子非常的多。可見《九經古義》涵攝九經，數量龐大，惠氏僅以重點就說，而單述《周易》的著作如《周易述》者，則更爲詳細周密，所以校考的不同處自然就多了；且前後著作

的時間上之不同，後出轉精也是自然的道理。故在這方面的差異，毋須置疑。但是，也有一種現象，是即校勘易字的認定上的差異，前出之《九經古義》，其所有者，但至《周易述》所無者，則當是惠氏修正前說而形成的現象，例如《九經古義》中指出「巺當爲舞」，然而在《周易述》並無此說，並皆作「巽」字。又，二書論述上的明顯不同，並且難以擇定何說爲主者，如屯卦六二「乘馬班如」，《九經古義》中，惠氏言之鑿鑿指出「班」字當作「般」，從鄭玄之說，並且指出《左傳》有所謂「班馬之聲，役將班矣」，等諸「班」字，古皆作「般」。[336]然而，惠氏復於《周易述》中作「乘馬驙如」，也就是改易今本「乘馬班如」以及不同於其《古義》所說「乘馬般如」，而校作「乘馬驙如」。惠氏並釋「驙如」義，引《說文》云「驙者，馬重難行」，指出「震爲馬舞足，故驙如也」。[337]作此「驙如」解釋，卻未說明何以改易「班如」或「般如」爲「驙如」的理由，所據何在，未能得知。同時，《古義》以九二「班如」爲「般如」，那六四與上六亦皆有「乘馬班如」文，也當改爲「乘馬般如」，但《古義》於此則無交待。至於《周易述》，對於今本六四與上六作「乘馬班如」，並無如九二改作「乘馬驙如」，而且還訓「班，別也」，[338]仍原本今說，肯定「班」爲正字無誤，也就是同王弼本之文；如此看來，《周易述》中的看法，似乎將今本九二與六四、上六同樣的爻辭「乘馬班如」，改易作了不同的二說，九二改作「乘馬驙如」，六四與上六則同於今本。這樣諸多的差異，也引人疑惑者，惠棟並未作交待。而且，既重視訓解文義前的校勘工作，對於改易的文字，應當作詳實合理的說明，但類似「乘馬驙如」的「驙」字，惠棟不論是《九經古義》，或是《周易述》，乃至其它易學論著，皆無作交待。改易古文，本是一件極其慎重的事，此種有失嚴謹的例子，實在是不應該存在的。另外，身爲一位負責任的作著者，或是一個著述謹慎的漢學家、樸學家，前後論著上出現不同的情形，當然可能是一種正常的現象，畢竟人的一生治學，總會成長改變，尤其考

---

[336] 見《九經古義·周易古義》，卷二，頁376。

[337] 見《周易述》，卷一，頁18。

[338] 見《周易述》，卷一，頁18。

證的歷程中，隨著文獻的發現與取得，以及論證的修補等等，觀念見解上　當會有改變，然而，對於何以改變，改變的依據爲何，則是應該交待說明的，這方面，惠氏並無，誠其可惜。不過，《周易述》也是一部未竟之作，既是未竟，則宜寬度待之。

從二家的對照，可以看到惠棟的改易甚多，雖然多，也非無所根據而無端亂改。經文異字的確定，是屬於經學上嚴密的校勘工作，校勘的論斷，必須根據最直接有效的文獻資料，作合理而可靠的審慎評詁。而這些最直接有效的文獻資料之認定，從時間點上言，則以早出者之可信度尤高，先秦必勝於兩漢，而後魏晉、隋唐以降；孟喜、京房（西元前 77-前 37 年）早於鄭玄（西元 127-200 年）、荀爽（西元 128-190 年）、虞翻（西元 146-233 年），而鄭氏等又早於王弼（西元 226-249 年）、韓康伯（西元 332-380 年）者，前者與王弼等之差，至少有百年左右。所以單從時間的角度言，孟、京、鄭、虞之說，從文獻的取用上，較王弼接近原典，也就是可信度較王弼爲高。並且，隨著時空的改變，文字語言也會隨著鈔錄傳述的過程中而改變，惠棟認定王弼多采俗字，事實上，以漢魏文字改變急遽變化下，這是可能存在的。不過，一切仍需回歸實證的推求，而惠棟對王氏的批評，也非全然偏見或無的放矢。

二、從文獻校勘看其改易

校勘文字的論定，必須建立在可驗證的可靠根據上，也就是文獻的論證，而校勘方法的運用，亦與文獻有密切的關係。以傳統校勘方法運用的角度觀之，校勘的方法，各家說法不一，大抵一般傳統上，有所謂的「對校法」、「本校法」、「他校法」與「理校法」等四種。[339]「對校法」

---

[339] 對校法即「以同書之祖本或別本對校。遇不同之處，則注于其旁。劉向《別錄》所謂『一人持本，一人讀書，若怨家相對』者，即此法也。此法最簡便，最穩當，純屬機械法。其主旨在校錄異同，不校是非。故其短處在不負責任，雖祖本或別本有訛，亦照式錄之；而其長處則在不參己見，得此校本，可知祖本或別本之本來面目。故凡校一書，必須先用對校法，然後再用其他校法」。通對對校，以發現版本間的不同，發現問題所在，並進一步解決問題。本校法即「以本書前後互證，而抉摘其異同，則知其中之謬誤」，

即以校勘的祖本與他本的對校；就《周易》而言，最原始的《周易》祖本爲何，已不能確定，而純粹的今文經版本或是古文經版本，也無完整的存在，所以恐怕不易進行「對校法」了。因此，校勘方法上，則采用其它三種方式。透過「本校法」可以進行上下文或前後文的互證對勘；或者采取前人或後之書的校勘之「他校法」；更可以藉由諸家異文、或是古書中有關文字的正誤情形的推理考正之「理校法」行之。惠氏在考校經傳文字時，三者方法均有涉及，尤廣爲運用者，則是「他校法」與「理校法」。至於從校勘改易文字的內容觀之，包括有改字、刪字、增字、句讀之校定等等，其中以易字的情形最多。以下舉列說明：

（一）改字方面

惠棟文字之校勘，十之八九以上皆作改字。如**比☷☵卦九五，今本作「王用三驅」，惠氏則作「王用三敺」**，《九經古義》中特別指出：

> 鄭本作「敺」。案：《說文》「驅，馬馳也，古文作敺，从攴」。《漢書》皆以「敺」爲「驅」。康成傳《費氏易》，費直本皆古字，號《古文易》，當从之，是正。[340]

鄭玄作「敺」，出於《釋文》之說，同時《周易集解》引虞翻之注，亦以「三敺」爲訓；此見漢代《易》家之說，其證一。惠氏又引《說文》云「驅」之古文作「敺」；此其證二。又指出《漢書》皆以「敺」爲「驅」，如《漢書‧郊祀志》「先敺失道」、《漢書‧韓信列傳》「敺市人而戰之也」

「此法於未得祖本或別本以前，最宜用之」。所以本校是據上下文來校正古書文字訛誤的一種校勘方法。他校法者，則「以他書校本書。凡其書有采自前人者，可以前人之書校之，有爲後人所引用者，可以後人之書校之；其史料有爲同時之書所並載者，可以同時之書校之。此等校法，範圍較廣，用力校勞，而有時非此不能證明其訛誤」。理校法，即「段玉裁曰：『校書之難，非照本改字不訛不漏之難，定其是非之難。』所謂理校法也。遇無古本可據，或數本互異，而無所適從之時，則須用此法。此法須通識爲之，否則鹵莽滅裂，以不誤爲誤，而糾紛愈甚矣。故最高妙者此法，最危險亦此法」。參見陳垣《校勘學釋例》(臺北：學生書局，1970 年初版，頁 144-149。)與管錫華《校勘學》（安徽：安徽教育出版社，1991 年 7 月 1 版 1 刷，頁 135-181。）。
[340] 見《九經古義‧周易古義》，卷一，頁 364。

等，「毆」與「驅」同，並爲古今字；[341]此其證三。惠氏並推論鄭玄以傳費氏古《易》爲主，鄭氏用字，也以古字爲先；此亦推論之證。因此，惠氏認爲《周易》用字，當以「毆」字爲古爲正，所以予以改易。惠氏此一校改之文，主要採取「他校法」與「理校法」行之，堪稱合理。

　　如**履䷠卦上九，今本作「考祥」，惠氏則作「考詳」**，直云「詳，古文祥」，[342]並且進一步指出：

> 《丙子學易編》云「考祥，古本或作考詳」。晁氏曰「荀作詳，審也」。文意尤順。棟謂古「祥」字皆作「詳」。《石經尚書》及《左傳》、《公羊》猶然。[343]

惠氏取宋代李心傳《丙子學易編》指出古本作「考詳」，並以《晁氏易》轉引荀爽之說，亦作「詳」字，同時更指出蔡邕《石經》作爲輔證，以肯定作「考詳」爲古爲正。惠氏引證有據，此亦理校兼他校之法而論。但是，是否能夠完全肯定作「詳」爲正，或是作「詳」爲古呢？或許從漢代官方的立場或是漢儒的普遍用字，「詳」確爲主，但不見得「詳」字爲正爲古。事實上，詳勘此文，引據尚多，如《釋文》云「祥本亦作詳」，基本上肯定作「詳」字是合理存在的，但並不否定「祥」字，特別是「祥」字在陸德明的認定上更具優先性。而《晁氏易》指出「鄭、荀作詳」，再加上《集解》本虞翻作「詳」，以及具有官方權威性的《石經》也作「詳」，可以看出漢代以用「詳」字爲主。但又看《書經·呂刑》云「告爾祥刑」，《後漢書·劉愷傳》則引作「詳刑」，《書經》爲早，是先秦舊書，具優先性，而《後漢書》則是後引者，於此，後將「祥」易作「詳」。此外，《孟子·公孫丑下》「申詳」，而《禮記·檀弓》則作「申祥」；《左傳·成十六年》正義云「詳，祥也」。蓋眾說紛紜，以二字音同義近，故古多通用，但欲定何者爲先難成定說。但知家法不同而別，不必以誰爲先爲古。

---

[341] 見《漢書·郊祀志》，卷二十五下、《漢書·韓信列傳》，卷三十四。顏師古並注云「『毆』與『驅』字同」。是漢代以二字通用，並爲古今字。

[342] 見《周易述》，卷二，頁 51。

[343] 見《九經古義·周易古義》，卷一，頁 365。

如**豫☷☳卦九四**，今本作「朋盍簪」，惠氏作「朋盍戠」，並詳云：

> 《九家·說卦》曰：坎為蒺棘，故為蒺。坤為合，故曰戠，蒺合也。戠猶植也。鄭氏《禹貢》曰「厥土赤戠墳」，今本作「埴」。《考工記》用土為瓦，謂之摶埴之工。《弓人》云：凡昵之類，不能方先。鄭云故書昵作樴。杜子春云：樴，讀為不義不昵之昵，或為䵑。䵑，黏也。鄭氏謂樴，脂膏。敗膱之膱，膱亦黏也。《說文》引《春秋傳》曰不義不䵑，䵑猶昵也。故先鄭讀膱為昵。若然，樴讀為戠，埴讀為埴，《易》作戠，《書》作埴，《考工》作樴，訓為埴，字異而音義皆同。《易》為王弼所亂，都無戠字。《說文》戠字下缺鄭氏。《古文尚書》又亡，《考工》故書偏傍有異，故戠字之義，學者莫能詳焉。以土合水為培，謂之摶埴。坤為土，坎為水，一陽倡而眾陰應，若水土之相黏著，故云「朋盍戠」。京房作「撍」，茍氏作「宗」，故云舊讀作「撍」作「宗」。王弼從京氏之本，又訛為簪，後人不識，字訓為固冠之簪。爻辭作于殷末，已有秦漢之制，異乎吾所聞也。[344]

惠氏首先以虞說為訓，作「戠」字，並有「聚合」之義。其次以鄭本《禹貢》作「赤戠」，而今本作「赤埴」；以及引《考工記》、《弓人》、《說文》等等之說，以述明「樴讀為戠，埴讀為埴，《易》作戠，《書》作埴，《考工》作樴，訓為埴」，諸字雖字異而音義皆同，皆有「黏合」、「聚會」之義。所以《集韻》訓「戠為黏土」，實有識。是以「闔戶謂之坤」，坤為盍；一陽倡而眾陰應，若水土之相黏著，稱為「朋盍戠」。惠氏並進一步說明諸家異本，京氏作「撍」，茍氏作「宗」，除此之外，王肅作「貸」，馬融作「臧」，或作「宣」，莫衷一是，但終為前述之義。惠氏特別強調王弼從京氏之本，將京氏「撍」字訛為「簪」，後人不識，字訓為固冠之簪，然而，古有笄而无簪，至秦漢始有之，禮制不合，所以作「簪」為誤。惠氏詳考此文，引據分明，言之成理，此校勘詁訓之典範。

如**大畜☶☰九三**，今本作「曰閑輿衛」，惠氏則作「日閑輿衛」，《周易述》中特別指出：

「曰」讀為「日」，离為日，坎為閑習，坎為車輿，乾人在上，震
　　為驚衛，講武閑兵，故「日閑輿衛」也。[345]

並且明白指出「曰讀爲日，虞、鄭讀也」。戰鬥不可不習，備戰習兵爲爲
用兵之要，即「鄭氏所謂日習車徒是也」。[346]因此，從虞、鄭諸家所釋文
義推之，則確作「日」爲正。又從文獻記載，《釋文》指出「鄭，人實反，
云日習車徒」；《集解》本與虞注皆作「日」。吳澄《易纂言》也提到「『日』
舊本作『曰』，鄭、虞皆作『日』，晁氏曰『陸希聲謂當作日』，程、朱併
從之」。[347]是取離日爲象而言。

　　如大畜☲☷六四，今本作「童牛之牿」，惠氏則作「童牛之告」，《周易
述》中特別指出：

萃坤為牛。《說文》曰：告從牛從口，牛觸人，角著橫木所以告。
故云告謂以木福其角也。《周禮・封人》曰：凡祭祀，飾其牛牲，
設其福衡。鄭彼注云：福設于角。《詩，閟宮》曰：夏而福衡。《毛
傳》云：福衡，設牛角以福之，所謂木福其角也。「告」，俗作「牿」，
今從古。大畜之家，取象牛豕，義取畜養，豕交獸畜，亦有畜義，
故云畜物之家。牛觸觝人，故惡其觸害。巽為木，鄭義也。五之
正，四體巽，故施木于牛角，防其觸害也。[348]

《九經古義》亦云：

劉歆曰「牿之言角」。案：「牿」為牛馬牢，非角也。《九家》作「告」。
《說文》引云：「僮牛之告，告者，牛觸人角，著橫木所以告也。
從口從牛。」鄭本作「梏」，謂施梏於前足，是也。《鄭志》泠剛
問大畜六四「童牛之梏，元吉」，注：巽為木，互體震，震為牛之
足，足在艮體之中，艮為手持木以就足，是施梏。又蒙初六注云：
木在足曰桎，在手曰梏。今大畜六四施梏于足，不審桎梏手足定
有別否，答曰：牛無手，以前足言之。棟案：《釋名》曰：牛羊之

無角者曰童。《大玄》云：童牛角，馬明童牛者，無角之稱，童牛無角，是施梏於前足。許鄭二說近之，今作「牿」者非也。。[349]
惠棟以《說文》釋義作為主要的論述依據，首先否定劉歆云「牿之言角」，認為依《說文》之釋，「牿」當為牛馬牢，並非為角；其次，指出防牛角觸人，於其角著橫木者為「告」，《說文》並且明白指出《易》作「僮牛之告」。《釋文》並指出《九家易》作「告」，此皆為作「僮牛之告」之直證。此外，《鄭志》作「童牛之梏」，《周禮·秋官司寇》賈公彥疏引鄭氏注作「梏」，並解作施梏。是「牿」與「梏」、「告」之義不同，而「梏」、「告」則義近。若以爻義推之，巽為木，五之正，四體巽；牛觸觝人，惡其觸害，所以施木于牛角，以防其觸害，所以合於云六四「童牛之告，元吉」之義。

惠氏勘易文字，其數量最夥，大抵本諸漢儒舊說，以及《說文》、《釋文》等典籍所載為依據，評斷異文，而作改易。改易說明，有詳有略；有考正周全，合理恰當，亦有一己之偏，強作定說。僅舉此數例，不一一詳明。

（二）刪字方面

惠棟刪字者，排除《彖傳》與《象傳》未作詳細統計外，大略有以下六例：

如萃卦卦辭，今本作「亨，王假有廟」，惠棟作「王假有廟」，缺「亨」字。惠棟於《增補鄭氏周易》中，考訂鄭玄佚文，以《釋文》為據，認為「亨」字疑衍，以「疑」言之，未敢輕言作斷論。然而《周易述》中，則明確不用「亨」字，於萃卦卦名下直言「王假有廟」，可見惠棟明白主張刪除「亨」字。由惠氏諸著作中檢視其校勘此文，僅《增補鄭氏周易》言及，取《釋文》所說為定論；《釋文》所記，大體純真，《釋文》所本有「亨」字，並指出「王肅本同。馬、鄭、陸、虞等，並無此字」，[350]也就是說陸氏之本與王肅同，但漢代如馬融、鄭玄、陸績、虞翻

---

[349] 見《九經古義·周易古義》，卷一，頁 367。
[350] 見陸德明《經典釋文》，卷二，頁 389。

等人所本，則無「亨」字。此外，《帛書周易》卒（萃）卦卦辭亦無「亨」
字，蓋可旁證漢代所本，大都以無「亨」字者。然今《集解》本及所引
虞、鄭之文，皆有「亨」字，或陸氏所見版本與李氏所見不同。

　　如《繫傳》，今本作「**作結繩而為罔罟**」，惠氏則缺「**罔**」字，作「**作
結繩而為罟**」。惠氏《周易述》明白指出「罟」字，古讀作「网古」，而
「『罟』讀爲『网古』者，古文二字併，故誤也。鍾鼎文皆然」；[351]也就
是說，先秦古文，「罟」字本爲「网古」二字所併，若再增一「网」字，
則成「网网古」了，此複字爲非，當去「网」字，作「罟」爲正。查《易
緯乾鑿度》作「結繩而爲網罟」，《風俗通・三皇》亦作「結繩爲網罟」。
然而，《釋文》去「网」作獨「罟」字，云「罟，馬、姚云：猶网也。黃
本作『爲网罟』，云：取獸曰网，取魚曰罟」。[352]此外，《周易集解》及所
引《虞氏易》亦無「网」字。是漢似有二本，一有「网」字，一則無。
然以惠氏所考，鍾鼎文爲古，「罟」字確已概括「网古」二字，若視之爲
古，尚稱合理。

　　如剝䷖卦六三，今本作「**剝之，无咎**」，惠棟作「**剝，无咎**」，刪「之」
字。惠氏作此，並無作校正說明。然而，查馬王堆帛書《周易》、《漢石
經》、敦煌唐寫本《周易》皆同惠氏作「剝，无咎」。又，陸氏《釋文》
云「『剝，无咎』。一本作『剝之，无咎』，非」；陸氏肯定原本當作「剝，
无咎」爲是。此外，《集解》本，荀爽作「剝，无咎」，《晁氏易》亦云「京、
劉、荀爽、一行，皆無『之』字」。因此，《周易》原文當作「剝，无咎」；
後人作「剝之，无咎」者，當據《象傳》而增。惠氏所用爲正，可惜並
未詳明其由。

　　如《繫傳》，今本作「**易有聖人之道四焉：以言者尚其辭，以動者尚
其變，以制器者尚其象，以卜筮者尚其占**」，惠氏則作「**易有聖人之道四
焉：以言者尚其辭，動者尚其變，制器者尚其象，卜筮者尚其占**」；**惠氏
刪三「以」字**。惠氏作此刪字，並無說明其由。查《釋文》於「以言者」
句下云「下三句無以字，一本四句皆有」，知陸氏本無三「以」字者，但

---

[351] 見《周易述・繫辭下傳》，卷十七，頁479-480。
[352] 見陸德明《經典釋文》，卷二，頁396。下引，亦同此注。

同時也見他本有三「以」字者，知其時已有二本。另外，《漢石經》，以
及今本《集解》與所引陸績、荀爽、虞翻之說，皆有三「以」字。又，《後
漢書・方術傳》引「卜筮者尚其占」，亦無「以」字。由上引文獻所見，
並不能斷定古本是無三「以」字者，但就文辭敘述的流暢度言，確實以
無三「以」字爲佳。

　　如《繫傳》，今本作「夫易，開物成務，冒天下之道，如斯而已者也」，
惠氏刪「夫易」二字，爲「開物成務，冒天下之道，如斯而已者也」。惠
氏刪此二字，並無說明其由。查《釋文》之本有「夫易」者，並云「一
本無夫易二字」，而今本《周易集解》亦有二字。是陸氏時已傳二本，並
難以證言何者爲正。惠氏所作，僅一家之言，未必爲古爲正。

　　如《繫傳》，今本作「默而成之，不言而信，存乎德行」；惠氏缺「之」
字作「默而成，不言而信，存乎德行」。惠氏無「之」字，並無說明其由。
查《釋文》作「默而成」，並指出「本或作『默而成之』」。《集解》本亦
作「默而成」；《晁氏易》云《九家》本無『之』字」。因此，依文獻所
見，漢代似以無「之」字本爲勝。然而觀上下文氣，上句「神而明之，
存乎其人」，下句作「默而成之，不言而信」，似乎尤佳；此無據。

（三）增字方面

　　惠棟刪字者，《彖傳》與《象傳》未作詳細統計外，大略有三例：
　　如乾䷀卦九三，今本作「夕惕若，厲无咎」，惠氏作「夕惕若夤，厲
无咎」，並指出：

> 乾爲敬也。「寅」本訓「敬」，今從「夕」，敬不衰於夕，夕惕之象。
> 俗本皆脫「夤」字。《說文・夕部》引《易》曰「夕惕若夤」，案
> 許慎敘曰「其稱《易》，孟氏古文也」。是古文《易》有「夤」字。
> 虞翻傳其家五世孟氏之學，以乾有夤敬之義，故其《易》以乾爲。
> 俗本脫「夤」，今從古增入也。[353]

以《說文》爲據，[354]以古本有「夤」字，且用「夤」字，有終日以敬之

---

353 見《周易述》，卷一，頁6。
354 《說文・夕部》「夤」字訓義，全文爲「夤、敬惕也。从夕寅聲。《易》曰：夕惕若夤」。

義，尤是更增顯其爻義。然而，果是如此，歷來多有爭論，特別是王引之、乃至王樹枏《費氏古易訂文》皆以惠氏所言為乖。[355]又查《淮南子‧人間訓》與《漢書‧王莽傳》均作「夕惕若厲，無咎」，並無「夤」字。且，《說文》作「名惕若夤」，或將俗本「厲」作「夤」解，並非增一「夤」字。因此，馬宗霍《說文解字引易考》明白指出「王弼訓厲為危，許訓夤為敬惕，危懼與敬惕之義亦近，故厲夤二字得通用」，所以，惠氏所用有待商榷。今觀士奇《易說》改「厲」為「夤」，而惠氏於「厲」上增「夤」字，於此未勝乃父。

如《繫辭傳》，今本作「**天下之理得，而成位乎其中矣**」，惠氏作「**天下之理得，而易成位乎其中矣**」，增「易」字；未明其由。觀《釋文》作「而成位乎其中」，亦無「易」字，然云「馬、王肅作『而易成位乎其中』」，[356]是陸氏時有二本。惠氏校勘《集解》，李氏無「易」字而亦增之。王樹枏《費氏古易訂文》案云：

> 荀注云「陽位成於五，陰位成於二，五為上中，二為下中，故曰成位乎其中矣」。「成位其中」亦指「易」言。李鼎祚本蓋妄刪荀注「易」字。[357]

雖是如是說，然無「易」字，並不失其言「易」之位，也就是有無「易」字，皆不損其義。因此，有無「易」字，何者為古本，實難查證。

如《繫辭傳》，今本作「**聖人設卦觀象，繫辭焉而明吉凶**」，惠氏作「**聖人設卦觀象，繫辭焉而明吉凶悔吝**」，增「悔吝」二字，但未明其由。查《釋文》作无「悔吝」者，但云「虞本更有『悔吝』二字」。又觀《集解》本無「悔吝」，引荀爽之注「因得明吉，因失明凶也」，亦無涉「悔吝」二字，但知荀爽當作「繫辭焉而明吉凶」，並無「悔吝」。因此，古本是否有「悔吝」二字，並無直接證據而為斷言，惠棟所用，為一己主申虞說而為之。

---

[355] 見王樹枏《費氏古易訂文》，卷一，台北：文史哲出版社，1990 年 11 月景印初版，頁22。

[356] 見陸德明《經典釋文》，卷二，頁 394。下例引文，同此注。

[357] 見王樹枏《費氏古易訂文》，卷一，頁 385-386。

其它《象傳》有者，如升卦《象傳》原作「君子以慎德積小成高大」，惠氏則作「**君子以慎德積小，以成高大**」，增一「以」字，但未說明增字所據。吳澄《易纂言》指出「陸德明、王昭素皆云『一有成字』」，[358]依所言，舊本當亦有無「成」字者，何本爲先，何本爲後，難作明斷，但從文氣觀之，以有「成」字爲順。

（四）句讀之校定

古書文義的詁訓，往往與句讀有密切的相關。句讀的不同，直接影響文義的解釋；並且，對文義理解上的差異，也同時影響句讀的斷定。因此，王引之在《經義述聞》中指出「經文數句平列，義多相類；其類而解之，則較若畫一，否則，上下參差而失其本指矣」；[359]句讀與文義有著高度之關聯性。惠棟《周易述》中，特別標明句讀之文，有十一處，其中有二處是同文而重複者，故實際上爲九處。惠棟之所以標明句讀，當在強調前儒或有誤者，故特別標明示之爲正。以下舉數例作簡要說明：

其一、坤☷卦卦辭「**先迷後得主利**」，惠氏作「**先迷後得主の利**」，[360]可以視爲「**先迷，後得主，利**」。《周易正義》讀作「先迷後得，主利」；又，朱駿聲《六十四卦經解》以「利」屬下文，讀爲「先迷後得主，利西南」云云。可見此文，歷來多有不同之讀法。惠氏訓解其義云：

> 坤爲迷，《九家說卦》文。剝上體艮，消剝爲坤。剝上九曰「小人剝廬」，虞注云「上變滅艮，坤陰迷亂，故小人剝廬」，是消剝爲迷，復先迷之象也。《序卦》曰「主器者莫若長子，故受之以震」，是震爲主也。剝窮上反下爲復，故反剝。復初體震，震爲主，故後得主，乃利也。[361]

從辟卦貞辰之說云，坤貞十月亥，先坤者，爲九月剝☶卦，而後坤者，則爲十一月復☷卦。剝上體艮，消剝爲坤，即虞翻所說的「上變滅艮，

---

[358] 見吳澄《易纂言》，卷六，頁 311。

[359] 見《經義述聞·通說下》，卷三十二，「經文數句平列上下不當歧異」條下，台北：台灣商務印書館，1979 年 1 月臺 1 版，頁 1297。

[360] 見《周易述》，卷一，頁 9。

[361] 見《周易述》，卷一，頁 10。

坤陰迷亂，故小人剝廬」；坤爲迷，消剝爲坤，即「消剝爲迷」，也是其後面的卦（十一月卦）復卦之前的先迷之象。復卦體震，《序卦》所謂「主器者莫若長子，故受之以震」，所以震爲主；震主一陽，群陰以一陽爲主。剝卦所謂「不利有攸往」，以其迷亂之故；而復卦所以「利有攸往」，以其得一陽之主。坤卦由剝至復，是先來自剝爲迷，後出震爲復，是後得主，也就是「君子有攸往」，是「利」的。所以說，「後得主，乃利也」。因此，惠氏斷句作「先迷，後得主，利」，義即在此。另外，《集解》引盧氏訓此文，云「坤，臣道也，妻道也，後而不先。先則迷失道矣，故曰『先迷』。陰以陽爲主，當後而順之，則利，故曰『後得主，利』。」[362]所訓之義，亦合「先迷，後得主，利」之斷法。惠氏宗主虞說，並輔采諸家言象而爲訓，故作此句讀，言之合理適恰。

其二、需☵卦卦辭與《彖傳》「需有孚光亨」，惠氏作「需有孚光，亨」，[363]可以視爲「需，有孚光，亨」。惠氏訓云：

> 大壯四之五，與比旁通。需，須也。乾陽在下，坎險在前，乾知險，故須。四之五，坎爲孚，離爲光，故有孚光。坎爲雲，雲須時欲降，乾須時當升，三陽既上，二位天位，故亨。[364]

惠氏採虞翻卦變之說云，然不全依虞說，句讀之法亦與虞氏不同。虞氏釋此辭云：

> 大壯四之五。「孚」謂五。離日爲「光」，四之五得位正中，故「光亨」。[365]

可以明顯看出虞翻斷句與惠氏不同，虞合「光亨」爲句，惠氏則否。雖斷句不同，然義訓皆可。大壯☳四之五爲需☵卦，需卦上坎下乾；坎爲孚，故陽在二五稱「孚」，所以惠氏直云「坎爲孚」，而虞氏云「孚謂五」。三至五互離，離爲日爲光。「四之五」，惠棟所釋，重在「四之五」後變成上坎下乾的需卦，整體的卦象坎孚離光，以「四之五」而「有孚光」；

362 見李鼎祚《周易集解》，卷二，頁25。
363 見《周易述》，卷一，頁25；卷九，頁228。
364 見《周易述》，卷一，頁25-26。
365 見李鼎祚《周易集解》，卷二，頁47。

然而，虞氏對「四之五」所關注的是四爻之五爻後，五爻從原先大壯六五變成需卦的九五（因大壯四之五而成），此時九五陽爻居中得位，而四互離光，所以說「四之五得位正中，故『光亨』」。二說所重雖異，句讀亦有別，然大義皆近。惠氏參考虞說，別作解釋，句讀也不從虞氏，然整體象說，惠氏尤明、尤爲言之成理。

其三、訟䷅卦卦辭與《彖傳》「訟有孚窒惕中吉」，惠氏作「訟有孚，窒惕，中吉」，[366]可以視爲「訟，有孚，窒惕，中吉」。對此文義，惠氏作詳細的闡釋：

> 卦自遯來，亦四陽二陰之例。九三來之二，體坎，坎為孚。虞注夬卦曰「陽在二、五稱孚」。坎陽在二、五，故孚謂二。《說文》曰「窒，塞也」，塞有「止」義，故云塞止也。坎心為悔，又為加憂，故為惕。九二陽不正，故不言貞。遯陰消二及三，故將成否。三來之二，得中，有孚，窒惕，故中吉。[367]

惠氏採虞翻之說爲釋。訟䷅卦自遯䷠卦而來，遯九三來之二爲訟，使下體爲坎，坎爲孚，得中，所以稱「訟，有孚」。坎二爲陽而不正，此坎則又有塞止、悔憂而惕懼之義，故云「窒惕」。然而九二得中，故「中吉」。此惠氏斷句詁訓合宜。王弼、孔穎達所釋，其句讀亦同於惠說：

王氏《注》云：

> 窒，謂窒塞也，皆惕，然後可以獲中吉。

孔氏《正義》云：

> 窒，塞也。惕，懼也。凡訟者，物有不和，情相乖爭而致其訟。凡訟之體，不可妄興，必有信實，被物止塞，而能惕懼，中道而止，乃得吉也。[368]

二家之說，並無殊異，句讀可以視爲與惠氏同。然而惠氏於此卦辭，特別標明句讀，當有鑑於前儒之釋說不恰（釋說不恰當然於句讀有關），細觀名家之言，以朱子所作爲異。朱子於《周易本義》作「有孚窒，惕中

---

[366] 見《周易述》，卷一，頁 30；卷九，頁 229。

[367] 見《周易述》，卷一，頁 30。

[368] 王、孔二家注疏，見《周易注疏》，卷二，頁 32。

吉」，並云：

> 九二中實，上無應與，又為加憂；且於卦變自遯而來，為剛來居
> 二，而當下卦之中，有有孚而見窒，能懼而得中之象。[369]

朱子以「有孚窒」，即「有有孚而見窒」為人當下之處境，也就是人身處
實信窒塞之境；此時人當有「惕中吉」的面對態度，「能懼而得中」，即
能惕懼必能得中吉。雖然斷法不同，然本旨略同。漢儒以象數釋卦，又
引象義為訓，倘句讀不同，則象義引用，則或有不同。惠氏明此句讀，
意或又在此。

其它，惠氏特別標明句讀者，尚包括：

訟☰卦九二「不克訟歸而逋其邑人三百戶无眚」，一般普遍作「不克
訟，歸而逋，其邑人三百戶，无眚」，惠氏則作「**不克訟歸而逋其邑ゝ人
三百戶无眚**」，[370]可以標明為「不克訟，歸而逋其邑，人三百戶无眚」。

師☷卦卦辭「師貞丈人吉无咎」，一般可以作「師，貞，丈人吉，无
咎」，惠氏則作「**師ゝ貞丈人ゝ吉无咎**」，[371]可以標明為「師，貞丈人，吉，
无咎」。

師☷卦九二「在師中吉无咎王三錫命」，一般可標作「在師，中吉，
无咎；王三錫命」，惠氏則作「**在師中ゝ吉无咎王三錫命**」，[372]可以標明為
「在師中，吉，无咎。王三錫命」。

頤卦六二「顛頤拂經于丘頤征凶」，一般可標作「顛頤。拂經，于丘
頤，征凶」。惠氏作「**顛頤ゝ拂經于丘ゝ頤征凶**」，[373]可以標明為「顛頤，
拂經于丘，頤征凶」。

无妄《象傳》「先王以茂對時育萬物」，此一般標作「先王以茂對時
育萬物」者，文中不添句讀，如韓康伯、朱子者。[374]惠氏作「**先王以茂**

---

[369] 見朱熹《周易本義》，引自台北：新文豐出版公司《大易類聚初集》第二輯，影印《四
　　庫全書》本，1983 年 10 月初版，頁 749。

[370] 見《周易述》，卷一，頁 31。

[371] 見《周易述》，卷二，頁 35。

[372] 見《周易述》，卷二，頁 36。

[373] 見《周易述》，卷四，頁 119。

[374] 韓康伯注云：「茂，盛也。物皆不敢妄，然後萬物乃得各全其性，對時育物，莫盛於斯

對ョ時育萬物」，[375]可以標明爲「先王以茂對，時育萬物」。

另外，《繫辭下傳》「凡易之情近而不相得則凶或害之悔且吝」，一般標作「凡易之情，近而不相得則凶。或害之，悔且吝」，如韓康伯、孔穎達者。[376]惠氏作「**凡易之情近而不相得則凶ョ或害之悔且吝**」，[377]可以標明爲「凡易之情，近而不相得則凶。或害之，悔且吝」。惠氏所明句讀，與諸家之說，並無特異，故特別作標明，沒有特殊的意義。

論述經義，諸家各有其偏重取向，惠棟重於漢儒《易》說，取象以說《易》，引象推陳，必謀合其言之成理，句讀所斷處，直接影響其以象述義。惠氏所斷，大抵通恰，而特作標讀，主要在體現此方爲漢儒之正宗，也表明其復原漢《易》之心跡。

三、校勘改字之商榷

（一）主要缺失

1.好用古字，未明其由：惠棟好用古字，如六十四卦諸卦之名，易「謙」爲「嗛」、易「遯」爲「遂」、易「晉」爲「晉」、易「離」爲「离」

也。」（見《周易注疏》，卷三，頁66。）朱子《本義》則云：「天下雷行震動，發生萬物，各正其性命，是物物而與之以无妄也。先王法此，以對時育物，因其所性而不爲私焉。」（見《周易本義》，卷五，頁785。）推二家之義，句讀蓋可連作「先王以茂對時育萬物」，文中不作句讀，或可強作「先王以茂，對時育萬物」。

[375] 見《周易述》，卷十二，頁334。

[376] 韓康伯《周易注》於「凡易之情，近而不相得則凶」下注云：「近，況比爻也。易之情剛柔相摩，變動相適者也。近而不相得，必有乖違之患。或有相違而无患者，得其應也。相順而皆凶者，乖於時也。存事以考之，則義可見矣。」復於「或害之，悔且吝」下注云：「夫无對於物而後盡全順之道，豈可有欲害之者乎？雖能免濟，必有悔吝也。或欲害之辭也。」孔穎達《正義》於「凡易之情，近而不相得則凶」下注云：「近謂兩爻相近而不相得，以各无外應則致凶咎。若各有應，雖近不相得，不必皆凶也。」並於「或害之，悔且吝」下注云：「言若能弘通不偏，對於物盡竭順道，物豈害之。今既有心於物，情意二三其外物，則或欲害之，則有凶禍。假令自能免濟，猶有悔及吝也，故云或害之，悔且吝也。」（見《周易注疏》，卷八，頁177。）

[377] 見《周易述・繫辭下傳》，卷十八，頁541。

等等。又卦辭爻與《傳》辭中，也每每可見，改易長久以來《易》家普遍通用之字，如乾卦上九「忼龍有悔」之「忼」；屯卦六二「屯如亶如」之「亶」；屯卦六三「君子幾，不如舍」之「幾」；蒙卦六三「勿用娶女」之「娶」；小畜九三「轝說腹」、大有卦「大轝以載」，以及大壯九四「大轝之輹」之「轝」字；履卦六三「眇而眠，跛而履」之「眠」；泰卦上六「城復于隍」之「隍」；同人九四「乘其墉」之「墉」等等，數量頗多，未及細數。采用古字，往往直接改用而未加述明其由，視之爲當然，此未必適切。

2.改用異字，未予統一：改易未統一者，如今本小畜九三「輿說腹」、大有卦「大輿以載」，以及大壯「大輿之輹」之「輿」字，惠氏皆改作「轝」字，然而，今本剝卦上九「君子德輿」之「輿」字，惠氏卻作「車」；又困卦九四，今本作「困于金車」，惠氏則作「困于金轝」。類似這種改易未統的例子較少，此一特例，算是小疵。

3.說明簡略，不夠周詳：如小畜☲卦上九，今本作「月幾望」，惠氏則作「月近望」，指出「近讀爲既，謂既望」。[378]惠棟改「幾」爲「近」字，雖未詳加說明，也當有所根據。《漢石經》作「近」字。《釋文》指出「幾，《子夏傳》作近」；中孚卦之「月幾望」，《釋文》亦指出「京作近」。《晁氏易》引京、劉、一行本亦同。《爾雅‧釋詁》云「幾，近也」。因此漢儒或有用「幾」或「近」者，而依今文獻所示，早出者作「近」，且可見者也大都作「近」字。故以「近」字當爲古。然而，惠氏雖改用「近」字，卻未詳作考明，不合校勘應有之態度。

4.未作深察，以致誤說：例如小畜☲卦九三爻辭與大畜　卦九二爻辭，王弼本作「輿說輻」，惠氏則作「轝說腹」。指出「腹讀爲輹，豫坤爲轝，爲輹」，並進一步云：

> 腹，古文輹，故讀爲輹。坤爲大轝，車轝同物。子夏曰：輹，車
> 下伏菟。虞氏以爲車之鉤心，夾軸之物，故坤爲大轝，爲輹。[379]

並於釋大畜卦九二又云：

---

[378] 見《周易述》，卷二，頁47。
[379] 見《周易述》，卷二，頁45-46。

　　旁通萃，故萃坤為輿，為腹。……輿說腹，與小畜同義也。腹讀
　　為輹，腹古文，輹今文，故云腹，或為輹也。[380]

在這裡，「輿」字，與「車」同義同物，《周易集解》虞翻作「車」字，《釋文》亦作「車」，馬融同。故「車」、「輿」為古來二異文。然而並無另作「輦」字者，此惠氏無據而自為改用。至於「幅」字，惠氏作「腹」字，並且認為是「古文輹，故讀為輹」；顯然惠氏作「腹」字為古文，並又認同今文作「輹」字，而否定作「幅」字。至於惠氏作「腹」字，主要根據虞翻之說，即《周易集解》虞翻注大畜九二云「車脫腹，腹或作輹也」。既然是根本於虞說作「腹」字，則前「輦」字也當改作虞說之「車」字，此陷入個人之好惡，無合理之依據可以言之成言。事實上，按照舊說，大都作「輹」字，如《說文》云：「輹，車軸縛也，从車复聲，《易》曰輿脫輹。」《釋文》也指出「幅」字「音福，本亦作輹」，不論子夏或鄭之說，也都傾向作「輹」字。因此，作「輹」字為古為正，虞氏作「腹」僅是孤說，並無實證為明其為古。此亦惠氏之誤。

　　5.考校異文，過於武斷：《周易古義》中，惠氏明白指出：

　　《釋文》所載古文，皆薛、虞、傅氏之說，必有據依。鄭康成傳
　　費直《易》多得古字，《說文》云其稱《易》、孟氏皆古文。虞仲
　　翔五世傳《孟氏易》，故所采三家說為多。諸家異同，動盈數百，
　　然此七十餘字皆卓然無疑當改正者。[381]

其所言七十餘字者，參見前表「《九經古義》易字統計表」所示，但是，是否真如其所說「七十餘字皆卓然無疑當改正」者，仍有其可議者。惠氏所持論據，主要是根據《說文》以及孟喜《易》說，認為所用字皆是古文；採用陸德明《經典釋文》所記載的漢儒諸家異字，以其皆有古《易》文。並且，認為鄭玄傳費氏古《易》，多得古字，然鄭氏異字，是否大都為古，事實上流傳至今，真要以「無疑」斷言，誠有十足證據、勇氣與把握才可；鄭氏之學，雖存古意，但雜揉今古為不爭之事實，既是雜揉，

---

[380] 見《周易述》，卷四，頁116。

[381] 見《九經古義‧周易古義》，卷二。引自台灣商務印書館《景印文淵閣四庫全書》本，經部易類第191輯，頁377。

取字用義全憑一己，必非全作一說，非全作一說，或非全作一古說，則綜采必不純，當然不純於古，也必不全作古文，取以為古文定說，未必全然恰當。事實上，文字語言隨著時空的轉變，必然產生變化，從先秦至兩漢，文字字形的幾經變化，甲金文字乃至出土簡帛文字，與今日文字駭然有別，可見一斑。況且，兩漢百家叢出，何本果是最純古本，實難以確斷無疑者，或可考知一時通用之字或訛誤之字，但對於諸家異文，要作全般考訂以擇取其一作為定本，事實上也是一件困難的事，所以所作之校訂，附作備參，或較允當。文獻引據有限，若強作武斷之說，恐自陷於泥淖。

（二）擅改經文之商榷與反省

皮錫瑞《經學歷史》批評宋人擅改經文，曾云：

> 宋人不信注疏，馴至疑經；疑經不已，遂至改經、刪經、移易經文以就己說，此不可為訓者也。世譏鄭康成好改字；不知鄭《箋》改毛，多本魯、韓之說；尋其依據，猶可徵驗。注《禮記》用盧、馬之本，當如盧植所云「發起紕繆」；注云「某當為某」，亦必確有憑依。《周禮》故書，不同《儀禮》；今古文異，一從一改，即以《齊》、《古》考《魯論》之意。《儀禮》之〈喪服傳〉，《禮記》之〈玉藻〉、〈樂記〉，雖明知為錯簡，但存其說於注，而不易其正文。先儒之說經，如此其慎，豈有擅經字者乎！[382]

皮氏認為宋人好以己意以改動經文，肆無忌憚，顛倒割裂，使無完膚，不論是形式上或內容上，皆已大肆破壞了經書原有的面貌，對於宋人的作法極不以為然。同時，他也澄清一般人批評鄭玄好改經字的錯誤認知，鄭玄的改易經文，並不在經文本身下手，而是透過注疏來校正，其勘定之說，也都有徵驗，絕非但憑一己之意而為臆測。基本上，皮氏反對隨意的改易經典的正文，但是對於經文的校勘工作，是有必要做的；漢代離古猶近，尚重勘訓，何況明清以降，經書流傳久遠，種種的時空因素，導致經書原文的舛誤，求古義也當勘正古書原文。然而校勘經典，必須

審慎謹嚴，徵驗詳明，有確實的論證作爲依據才可。至於惠棟，皮氏述其經學史上的定位時，並無對此改易經文而作出批評，反而肯定其校勘循漢之功，認爲「古書漸出，經義大明」，惠棟可以視爲「漢學大宗」。[383]事實上，惠棟的改易經文，與宋儒大家之改易，差別迥異，惠棟本諸實證有據的校勘態度，也起因於宋儒的惑亂經義而求復歸原本，所以惠棟的改易是可以理解的。但是，雖是如此，基本上，皮氏在形式作法或方式上，仍反對直接地改易正文。於此，阮元於《周易注疏校勘記序》中云：

> 國朝之治《周易》者，未有過於徵士惠棟者也。而其校刊雅雨堂李鼎祚《周易集解》與自著《周易述》，其改字多有似是而非者，蓋經典相沿已久之本，無庸突爲擅易，況師說之不同，他書之引用，未便據以改久沿之本也，但當錄其說於考證而已。[384]

認爲惠棟不宜將行年久遠的經典，擅作改易，而且師說的不同，版本支系分立，何者爲正，難爲定說，所以不宜改易久沿之本，在校勘考證上，則另作立說即可。事實上，這是一種運用動機在認知上的不同，惠棟所識者，並不以王弼本或是某一本視爲不可移改的聖人原始傳本，他所認定的是距古愈近，且又可徵驗者，即是最爲恰當的，至於類似王弼本所示者，往往錯用古字，曲解古義，非爲至當之本，又何必循之必然，而不能予以動搖呢？況且，惠氏雖於正文改易經字，又於注疏中予以詳細述明改易之理據，作了明確的交待，而非直用自所認定的經字以訓說，對於諸家用字之異用，並有所言，並無揚棄避說。因此，阮元諸儒，執守尊經傳統，而惠棟重在言之有據、論之成理的實學考證、推求真古上，而探尋經義本真，則殊途同歸了。

惠棟畢生致力於漢學，探尋《周易》古義，深知原本古義，也必當還原古字，以原始的本字，才能得經義之真。他於《九經古義》中特別指出，「自唐人爲《五經正義》，傳《易》者止王弼一家，不特篇次紊亂，

---

[383] 見皮錫瑞《經學歷史・經學復盛時代》，頁 343。

[384] 見《周易注疏・周易注疏校勘記序》，引自台北：藝文印書館《十三經注疏》本，卷一，頁 25。

又多俗字」；[385]唐代以降，漢學殞落，所傳《周易》皆本諸王弼一家，「輔嗣《易》行無漢學」，除了認為王氏在內容上「以假象說《易》，根本黃老」，使漢代經師之義，「蕩然無復有存者」之外，[386]很重要的就是王氏所本多有俗字，多有非原始之經字，以致扭曲了《周易》的本來面貌。因此，惠氏詁訓《周易》本義時，否定了王弼傳本作為釋《易》的典型化版本，在詁訓經義前，必先正其字。在尋求原始本義的角度作為出發，惠棟的想法是正確的，畢竟經典的流傳的過程中，必當受到時空因素而有所缺誤，特別是《周易》歷經漢代這樣特殊的學術背景，有今古文之爭的對抗，有讖緯之學的滲透，《周易》從原本具有主流價值的象數易學，轉眼間為王弼一系所取代，到了唐代以後，完整的象數學說呈現支離不全的現象，爾後，王弼所屬的《周易注》本版，幾乎躍居正統的地位，成為最根本的價值與標準。從經典詮釋的角度言，惠棟考索經文，端正本字，是值得肯定的。面對古聖經典的態度，改易經文未必代表挑戰經典的崇高地位，對於使用長久延續的錯誤文本，才是有違聖人之意，此又何能稱之尊聖尊經，所以，惠氏治經所本，重在實事求事，重在那份原始純真的價值，也就是回歸原來最真實的古籍，從這考求的真實古籍中，進一步認識古籍的本義。

　　考正經典古字後，面對的就是改易經文的作法，將行年久遠的經典版本文字作改易，內心必須面對種種的掙扎，畢竟惠棟也瞭解尊經的道理，斷改經典是歷來儒者之忌諱，他說「凡經字誤者，當仍其舊，作某字讀若某，所以尊經也。漢時惟鄭康成不輕改經文，後儒無及之者」；鄭氏治經合今古文為說，或有改字，為後儒所嗤，然惠氏以為鄭玄所易，亦有所本，非妄改而是不輕改易經文，其所改為誤者，尚為王弼所用，如「機」、「幾」二字之判別，惠氏認為「古《易》皆作機，鄭云『機當為幾。幾，微也』。今王弼本直作鄭所訓字，失其本矣」。何以鄭玄遭斥，而王弼本鄭氏之文，而未得同樣之對待？所以惠氏深深感受其曲直，而

---

[385] 見《九經古義‧周易古義》，卷二。引自台灣商務印書館《景印文淵閣四庫全書》本，經部易類第 191 輯，頁 367。

[386] 括弧引文，見《易漢學‧自序》。

云「後儒謂鄭氏好改字,吾未之敢信也」。[387]在惠棟的意識中,肯定是非的標準本在古字的正確性與否,導誤爲正,去非求是,不能說是好改經字,也就是說,經過考證而確定的錯誤經文,是應該挺身糾正予以改易的。詮釋古義的本來面貌,不當存在著某一不可撼動的標準規範,除非那個規範那個標準,是確定爲最原始而無任何改易的版本,否定拿一個後來的範本要來主導之前的說法,從科驗證的角度言,是一種錯誤的作法,就類似惠氏探賾《周易》漢學古義一樣,不能以後來的王弼之本,視爲不能改變的說法,所以惠棟苦心孤詣的校勘作法,是值得去理解的。

　　惠棟考校異字,改易經文,用功極深,卻也有諸多啓人疑議批評者。雖是如此,惠氏所易,也給予研《易》者寶貴而重要的文獻資料。同時,惠氏之述說,對於唐代以降《易》家執守王、韓或孔氏之本,乃至程朱一系之說,給予一種反思與參校的機會。惠氏所作,並不在於打破傳統,更不在顛覆傳統,在惠氏的心裡,他期盼再現那最實在的傳統的本真,那個傳統的本真,他認爲不是王弼價值下的傳統,而是回歸原始漢儒的軌跡,從那裡才能得到真實,得到最原始的答案,所以惠棟試圖以科學的文獻考證態度,去揀選最佳的原來。但是,惠氏並沒有想到,要去找那最原古的定位,是一件高難度或是不可能的任務,因爲,此去可能乏善可陳,可能嚴屬的對抗曾經的過去或現在或未來的主流價值,也可能舖陳出或引發出更多議異的質疑,結果或確如此。惠氏稽古,考訂經傳文字,也確實面對到這種結果。但是,從另外一個側面看,惠氏提供了我們另外一種參考選擇,讓我們在面對傳統經典的時候,除了瞭解文字詁訓的重要之外,也讓我們認識到一家之言外或許仍有不同的別的說法,這些說法也是值得去參照的,因爲它或許能夠導正那一家之言的長期錯誤,不一定要刻意去糾正這「長期錯誤」,但瞭解這「長期錯誤」,也是身爲一個研究者應該具有的知識。

---

387 括弧諸文,見《九經古義‧周易古義》,卷二,頁 378。

第六章　惠棟專述《周易》經傳之主要特色（下）

本章主要針對卦變說、卦爻象的運用、互體取象、爻位主張、以及其它漢儒常用的象數之說等方面，討論惠氏述《易》的主要特色，最後並作一個簡要之小結。

第一節　之卦作為解釋卦義的重要方法

惠棟釋卦，慣以漢儒卦變說為論，而「卦變」之詞，漢儒稱為「之卦」，至宋代普遍以「卦變」為名，出於朱子援用王弼之說。因此，惠棟仍依漢儒作「之卦」，並且肯定虞翻的之卦主張，為漢儒中最為詳備者。惠棟作了概括性的說明，指出：

> 之卦之說，本諸《象傳》，而雜見于荀慈明、姚元直、范長生、侯果、盧氏諸人之註。惟虞仲翔之說尤備，而當今從效之。乾坤者，諸卦之祖。乾二五之坤，成震、坎、艮；坤二五之乾，成巽、離、兌。所謂兩儀生四象，四象生八卦也。復、臨、泰、大壯、夬，陽息之卦，皆自坤來。遯、遂、否、觀、剝，陰消之卦，皆自乾來。……其後李挺之作六十四卦相生圖，用老子一生二，二生三之說，至于三而極。朱子又推廣之，而用王弼之說，名曰卦變，且以己意增益，視李圖而加倍，至作本義，又以二爻相比者而相易，不與卦例相符，故論者謂不如漢儒之有家法也。[1]

惠棟認為之卦之說，本於《象傳》，而為漢儒普遍釋卦的易例。惠氏專宗

---

[1] 見惠棟《易例》，卷一，頁 944-946。又《周易述》，卷一，頁 15-16，所言略同。

虞說，並廣泛運用於其《周易述》的釋卦之中。惠氏循《易》以「太極生兩儀，兩儀生四象，四象生八卦」，而後產生其它眾卦的原理原則，強調乾坤二卦爲諸卦之祖，諸卦之變，起於乾坤二卦，由乾坤而後生六子，此爲卦變的重要方式。並且，透過乾坤的消息變化，而有十二消息卦的形成，此亦卦變的另一重要模式，可以視爲虞翻卦變說的主要骨幹。然後，經由十二消息卦而再產生其他各卦，有本諸二陽四陰者、四陽二陰者、三陽三陰者，亦有從他例而成者。以下針對惠棟以卦變釋卦之情形作進一步述評。

一、乾坤二五相摩而生六子

　　在《周易》的思想體系中，乾坤二卦佔有舉足輕重的地位，乾坤爲眾卦之首，亦象徵著天地、陰陽等宇宙生成變化的最重要元質，因此，歷代易學家建構其思想主張，莫不持重於乾坤二卦所扮演的角色。早在《易傳》所陳述的易學見解中，特別肯定乾坤二卦所表現的易學內涵。例如《彖傳》提到乾坤二卦的重要意義，云「大哉乾元，萬物資始，乃統天。雲行雨施，品物流形」；「至哉坤元，萬物資生，乃順承天。坤厚載物，德合无疆」。是以乾元之大，可以統天而無所不被，氣魄浩大而變化出神。乾道之大，坤厚承之，乾之所至，坤亦至之。天有無疆之德，而坤合之，其包孕之德至厚，載華嶽而不重，振河海而不洩，可與天同量。《繫辭上傳》也特別提到「天尊地卑，乾坤定矣」，「天地設位，而《易》行乎其中矣」，「乾坤成列，而《易》立乎其中矣」，所以「乾坤，其《易》之門邪」，爲萬化之源。

　　乾坤既可視爲宇宙萬化的本源，乾坤當然也就必是產生諸卦之根本。《繫辭上傳》所云「《易》有太極，是生兩儀，兩儀生四象，四象生八卦」，隱含著乾坤兩儀成生八卦。同時，也提到「乾道成男，坤道成女」，乾坤能化成男女；因此《說卦》進一步指出「乾，天也，故稱乎父。坤，地也，故稱乎母。震一索而得男，故謂之長男。巽一索而得女，故謂之長女。坎再索而得男，故謂之中男。離再索而得女，故謂之中女。艮三索而得男，故謂之少男。兌三索而得女，故謂之少女」。此乾坤爲父母，

生三男三女等六子。乾坤生六子成八卦，「八卦成列」，「因而重之」，[2]而衍化爲六十四卦。因此，乾坤生六子的思想，在《易傳》中已成定論，只不過其衍化的方式或是過程，則歷來易學家或有不同的見解，並且將此衍化的思想，普遍作爲釋《易》的重要理論。兩漢時期，不論是京房、荀爽，乃至虞翻等人的易學主張中，皆可見其對此思想所作的論述，特別是虞翻，其完整的卦變思想由此開啓。惠棟以復原漢易爲職志，其「述」《周易》在於希望呈現原始易學的面貌－漢《易》面貌，因此，其《周易述》中，闡釋經傳意蘊，每以乾坤生六子之法爲言，並可以視爲其卦變思想的重要一環。

惠棟注《繫辭上傳》「天尊地卑，乾坤定矣；卑高以陳，貴賤位矣」，云：

> 天地既分，乾升坤降，故乾坤定矣；卑坤高乾也，乾二升五，坤五降二。列貴賤者，存乎位，故貴賤位矣。[3]

「剛柔相摩，八卦相盪；鼓之以雷霆，潤之以風雨；日月運，行一寒一暑。乾道成男，坤道成女；乾知大始，坤化成物」，惠注：

> 乾以二五摩坤，成震、坎、艮；坤以二五摩乾，成巽、離、兌。故剛柔相摩，八卦相盪。鼓，動；潤，澤也。雷震、霆艮、風巽、雨兌、日離、月坎、寒乾、暑坤也。男：震、坎、艮；女：巽、离、兌。[4]

> 乾以二五摩坤成坎，而互震、艮，故云「成震、坎、艮」。坤以二五摩乾成離，而互巽、兌，故云「成巽、離、兌」。二五相摩而成八卦，故剛柔相摩，八卦相盪也。[5]

又引荀爽之言云：

> 男謂乾，初適坤爲震，二適坤爲坎，三適坤爲艮，以成三男也。女謂坤，初適乾爲巽，二適乾爲离，三適乾爲兌，以成三女也。[6]

---

[2] 參見《繫辭下傳》云：「八卦成列，象在其中矣。因而重之，爻在其中矣。」

[3] 見《周易述·繫辭上傳》，卷十三，頁381。

[4] 見《周易述·繫辭上傳》，卷十三，頁382。

[5] 見《周易述·繫辭上傳》，卷十三，頁385。

[6] 見《周易述·繫辭上傳》，卷十三，頁385。

惠氏又云：

> 八卦相摩而成者，變化之義，天之道也。相索而得者，父母之義，人之道也。[7]

乾坤十二爻，陰陽相摩而生六子之法，即其所謂「乾以二五摩坤成坎，而互震、艮」而生此三男；「坤以二五摩乾成離，而互巽、兌」而生此三女。此處，惠棟主要依循虞翻之說，惟引荀爽之言，云適坤爲震、坎、艮，適乾爲巽、離、兌，六子產生之法，與虞氏不同；並二家之說而言，除了反映出乾坤生六子在兩漢時期的普遍性外，並無實質的意義，且混淆二家，反而不易釐正細節，故荀氏之言，不宜舉引。乾升坤降，爲天地之定位，尙於二五中位；而其陰陽相薄，亦起於二五，以此二五中氣，相摩而成八卦。八卦所象，「雷震、霆艮、風巽、雨兌、日離、月坎、寒乾、暑坤」者，此天地自然之象，「日月運行，一寒一暑」，[8]自然推行，皆乾坤六子之功。乾元入於坤卦之中，成坎水而爲雲雨，坤元入於乾卦之中，成離火而爲大明，並且變化爲震、艮、巽、兌等卦，陰陽寒暑、自然萬化由是成焉。

《繫辭上傳》「通其變，遂成天地之文」，惠棟引虞文注云：

> 變而通之，觀變陰陽始立卦。乾坤相親，故成天地之文。物相襍，故曰文。

並進一步疏云：

> 化而裁之謂之變，推而行之謂之通。通其變，謂變而之通也。卦謂八卦，陽變成震、坎、艮；陰變成巽、离、兌；故觀變陰陽始立卦也。[9]

此即以陰陽變化，乾坤生六子，立爲八卦，以成天地之文。

《繫辭下傳》「剛柔者，立本者也」，惠棟引虞翻之說云：

> 乾剛坤柔，爲六子父母。乾天稱父，坤地稱母。本天親上，本地親下。故立本者也。

---

[7] 見《周易述·繫辭上傳》，卷十三，頁 385。
[8] 見《繫辭上傳》文。
[9] 二段引文，見《周易述·繫辭上傳》，卷十四，頁 437-438、441。

並進一步疏解：

> 乾陽金堅，故剛；坤陰和順，故柔。六子索于乾坤而得者，故為
> 六子。父母，乾天稱父，坤地稱母。約《說卦》文。震、坎、艮
> 皆出乎乾，而與乾親，故曰「本天親上」。巽、离、兌皆出乎坤，
> 而與坤親，故曰「本地親下」。天尊故上，地卑故下。此亦約《文
> 言》。而言乾坤立六子之本，故立本者也。[10]

本於乾坤生六子的觀念釋此《傳》辭。六子索於乾坤，乾陽為天為父，
震、坎、艮皆出乎乾，而親於乾，所以此三子「本天親上」。坤陰為地為
母，巽、离、兌皆出乎坤，而親於坤，所以此三子「本地親下」。乾坤生
六子，為六子之生，亦為宇宙萬化之本，此亦陰陽剛柔變化之道。

　　乾坤相交而生坎離二子，坎離以出入二五而生，具有高度的重要性
與主導性的意義，與乾坤互為體用，在求既濟定之中和的終極理想。這
是惠棟陳述兩漢易學思想體系的主要內涵。坎離以外的四子，其地位並
不在坎離之上，主要是其產生的次第及方式與坎離不同而有分別。震、
艮、巽、兌四子，皆因互體而生；坎卦互體出震、艮，而離卦互體而出
巽、兌。因此，乾坤生六子，在卦變的意義上，六子的產生方式，採取
的是二階段的不同模式，與傳統《易傳》的說法不同。

　　惠棟釋坎䷜卦時，引虞翻之言指出「乾二五之坤，與离旁通。于爻，
觀上之二」；「坎為心，乾二五旁行流坤，陰陽會合，故亨」。並且進一步
闡釋，認為「坎離自乾坤來，乾二五之坤成坎，與离旁通，若從四陰二
陽之例，則觀之上爻之二，故云于爻觀上之二」。「《說卦》坎為極心，故
為心。乾二五之坤成坎，坎水流坤，故旁行流坤，乾交于坤，陰陽會合
故亨也」。[11]在這裡，惠棟以乾坤生六子的生成模式與基本原則觀念，來
論述坎卦的卦義。坎䷜離䷝二卦由乾坤來，乾卦二五之坤而為坎卦，坤
卦二五之乾而為離卦，坎離二卦互為旁通。如果從十二消息卦之四陰二
陽的卦變例言，則由觀䷗上之二而成。

　　惠棟釋離䷝卦卦辭「离，利貞亨，畜牝牛吉」，注云：

---

[10] 引文見《周易述‧繫辭下傳》，卷十五，頁470、473。
[11] 見《周易述》，卷四，頁126-127。

坤二五之乾，與坎旁通。于爻，遯初之五。四五上失正，利出离
為坎，故利貞亨。畜，養也，坤為牝牛。乾二五之坤成坎，體頤
養，故畜牝牛吉。

並進一步疏云：

此虞荀義也。离自坤來，坤二五之乾成离，與坎旁通。若從四陽
二陰之例，則遯初爻之五，故云于爻，遯初之五。离外三爻失位，
利變之正，與坎旁通，出离為坎，則成既濟，故利貞亨。坤為牝，
《九家》《說卦》文；又《說卦》「坤為子母牛」，故為牝牛。與坎
旁通。乾二五之坤成坎，二至上體頤養象，故畜牝牛出离為坎，「重
明以麗乎正，乃化成天下」，故吉也。[12]

惠棟注文本諸虞翻之說，並無參之荀爽言，故作「此虞荀義也」為不恰。
離卦之形成方式，在乾坤生六子方面，離女自坤母而來，是坤二五交乾
而為離，同樣地，坎男自乾父而來，也就是乾二五之坤成坎，坎離二卦
旁通。而就消息卦變言，離卦是由遯䷠卦而來，虞氏以「于爻」為言，
即此四陽二陰之卦，為遯卦初爻之五，可以視卦中爻變而為離卦。惠氏
注文中另增「四五上失正，利出离為坎，故利貞亨」，此非虞文，而惠氏
藉以述明成既濟而為亨通之象，以離外卦三爻皆失位，所以出離為坎，
與坎旁通，使之皆正而吉；此即體離伏坎，能兼離日坎月，因此為「重
明」。五位因之為陽為正，是由坤來化乾，《繫上》所謂「坤化成物」，坤
化乾故為「以成萬物」而「化成天下」，所以為吉。又，坤為牝牛，此逸
象為虞氏所用，虞氏反對漢代俗說以離為牝牛，指出「俗說皆以離為牝
牛，失之矣」，[13]認為這是一種錯誤的說法，根本不瞭解離卦的內在質性。
離卦並非純陰，無牝牛至順之象，此「牝牛」之象由坤卦而生，是坤二
五之乾，坤陰入於陽而生之象。坎䷜卦二至四體頤（䷚），如此坤牛頤養，
故「畜牝牛吉」。因此，解釋離卦卦義，本於乾坤生六子的觀念詁詮，並
參之以旁通、互體、逸象等說，而能獲得疏解。

乾坤生六子，成此八純卦，附於十二消息卦中，則消息無坎離。惠

---

[12] 二段引文，見《周易述》，卷四，頁131。
[13] 見李鼎祚《周易集解》，卷六，頁153。

棟指出「復、臨、泰、大壯、夬、乾，陽息之卦。遘、遯、否、觀、剝、坤，陰消之卦。復巳上，乾之六位；遘巳上，坤之六位。列貴賤者，存乎位，故成列也。消息无坎、离。坎爲月，晦夕朔旦；坎象流戊，日中則离。离象就己，戊己土位，象見于中，故居中央」。十二消息卦之上下體，含坎、離以外之八純卦，唯坎、離二卦無，以坎、離「爲乾坤二用」，處月體納甲之戊己中宮之位，王四方之功。[14]陰陽元氣相交，乾元入於坤中，而坤元入於乾中，成坎離而爲日月之明；此坎獨得乾之中氣，離獨得坤之中氣，不偏不倚，超出於六子之中，以神其用。是消息無坎離，非但不減殺坎離二卦之地位，反而提高了坎離二卦之重要性與主導性意義。坎離立乎中而行乎四方，爲乾坤二體之用；坎離也由旁通而成既濟定，達到《易》道中和之境。這種思想，爲兩漢易學家特別是虞翻的實質主張，惠棟更極力舖陳，使之周延而傳承於後。

二、乾坤盈虛生十二消息卦

十二消息卦爲歷代《易》家普遍使用的易例，特別爲漢代易學家所慣用。至於十二消息卦的起源問題，歷來學者的說法不一，但大體肯定在漢代以前已產生了。尚秉和《周易尚氏學》云：

> 清儒毛西河等，動以月卦屬之漢人，此大誤也。干寶《周禮》注引《歸藏》云：復子、臨丑、泰寅、大壯卯、夬辰、乾巳、姤午、遯未、否申、觀酉、剝戌、坤亥。是月卦已見於二《易》。故坤《象》及上六爻辭，非用月卦不能解，明以坤居亥也。《左傳》得復卦曰：「南國蹙，射其元王中厥目。」以復居子，尤爲顯著。後漢人注《易》，往往用月卦而不明言，以月卦人人皆知，不必揭出，其重要可知已。[15]

肯定十二消息卦早在《歸藏》中已見，且《左傳·成十六年》記載晉侯

筮與楚之例,「以復居子」,以復卦代表十一月,出於十二消息之說,也就是說,春秋戰國時期,十二消息卦已然盛行。朱彝尊《經義考》引徐善《四易》云:

> 子復、丑臨、寅泰、卯大壯、辰夬、巳乾、午姤、未遯《歸藏》本文作遂、、申否、酉觀、戌剝《歸藏》本文作僕、、亥坤。此《歸藏》十二辟卦,所謂《商易》也。[16]

干寶引《歸藏》言十二消息,清初學者或作《商易》者,也就是以十二消息卦起源於商代。又,《緯書》提到:

> 夏以十三月為正,息卦受泰初之始,其色尚黑,以寅為朔。殷以十二月為正,息卦受臨物之牙,其色尚白,以雞鳴為朔。周以十一月為正,息卦受復,其色尚赤,以夜半為朔。[17]

由於三代建月之不同,所以消息卦配月即有所異,至於兩漢所述,皆本諸夏歷。[18]消息卦之說,由來甚早,至兩漢時期已為成熟而普遍的釋卦之易例。

　　消息卦形成的原理,透過以陰陽進退、盈虛變化之觀念而來,同《繫傳》所云「剛柔相推而生變化」,「變化者,進退之象也」,十二消息卦是以陰陽的運動變化而產生的。這種消息盈虛的原理原則,早已滲透在《易傳》之中。陰陽二者為宇宙變化規律的基本元素,《繫辭上傳》所謂「動靜有常,剛柔斷矣」,惠棟注云「乾剛常動,坤柔常靜,分陰分陽,故剛

---

[16] 見朱彝尊《經義考·易二》,卷三,北京:中華書局,影印《四部備要》本,1998 年 11 月北京 1 版 1 刷,頁 29。

[17] 《緯書》提到此說者,見《春秋元命苞》、《樂緯稽耀嘉》。惠棟《易漢學》,卷一云「春秋緯樂緯」者,蓋指此二者。劉玉建《兩漢象數易學研究》論述子夏學時,則作「《春秋緯樂緯》」是一誤引(見《兩漢象數易學研究》,頁 35。),殊不知惠棟所引,實指《春秋元命苞》與《樂緯稽耀嘉》之言。王興業〈試論十二辟卦〉,作「《春秋緯·樂緯》」,(見《周易研究》,1997 年第 1 期,頁 3。)亦誤。

[18] 《後漢書·魯恭王傳》云:「五月姤卦用事,言君王夏至之日施命令,止四方行者,所以助微陰也。」以消息用卦,五月為夏至之月,亦用夏歷。漢代諸《易》家,也大抵用夏歷言十二消息。虞翻釋姤卦《象傳》「后以施命誥四方」,云:「震二月,東方;姤五月,南方;巽八月,西方;復十一月,北方。皆總在初,故以誥四方也。孔子行夏之時,經用周家之月,夫子傳《彖》、《象》以下,皆用夏家月,是故復為十一月、姤為五月矣。」(見李鼎祚《周易集解》,卷九,頁 217-218。)亦主夏歷之用。

柔斷矣」；[19]乾陽坤陰，剛柔相推而產生變化，也就是乾坤的相互交感而化生萬物，這種相互交感也就是陰陽的此消彼長的現象，陰進則陽退，陽進則陰退，以乾坤等十二個卦來體現，剛好成爲其有規律變化的週期。《繫上》「一盍一辟謂之變」，惠氏認爲「陽變盍陰，陰變辟陽。剛柔相推，而生變化也」。「陽變爲陰，故盍陰。陰變爲陽故辟陽。剛推柔生變，柔推剛生化，故剛柔相推而生變化也」。又，《繫上》「往來不窮謂之通」，惠氏則又云，「十二消息，陰陽往來无窮已，推而行之故謂之通也」。「復、臨、泰、大壯、夬、乾，陽息之卦。遘、遯、否、觀、剝、坤，陰消之卦。是爲十二消息，即乾坤十二畫也。否、大往小來，泰、小往大來，故陰陽往來无窮已。一往一來推而行之，故謂之通也」。[20]是以乾坤十二畫，陽息陰消，盈虛變化，一往一來，循環無已，十二消息卦由是生焉。同時，十二消息也代表著一年四時之變，「泰、大壯、夬配春；乾、遘、遯配夏；否、觀、剝配秋；坤、復、臨配冬。十二消息相變通，而周于四時，故趣時者也」。[21]十二消息剛柔相推之變化之道，構成了宇宙萬物生存消亡，生息反復之規律，也形成宇宙生化的基本圖式，所以惠棟認爲「乾息坤消，六位時成故成列。坎月離日居中央，王四方，故易立乎其中矣」；「復已上，乾之六位；遘已上，坤之六位。列貴賤者，存乎位，故成列也」。此即《繫上》「乾坤成列，而易立乎其中矣」之義蘊所在。[22]

　　十二消息卦由乾坤所衍，並且由十二消息卦再衍生出其餘五十二卦，惠棟統以「之卦」爲言，視之爲「之卦」之範疇，而張惠言視之爲「十二消息卦變說」。[23]不管是作「之卦」或「卦變」來說，其質性不變，以十二消息卦爲中心，並進一步推衍爲六十四。這種思想在虞翻之前已普遍存在，而今存文獻所及，以虞翻最詳。因此，惠棟釋《易》過程中，

[19] 見《周易述・繫辭上傳》，卷十三，頁381。
[20] 引文見《周易述》，頁245-246、449。
[21] 見《周易述・繫辭下傳》，卷十五，頁473。
[22] 括弧內引文，見《周易述》，卷十四，頁463、466。
[23] 張惠言《周易虞氏消息》云：「卦變消息，蓋孟氏之傳也，荀氏亦言之，而不能具，其他則多舛矣。其法有爻之有旁通，有消息卦，有消息所生之卦，注雖殘闕，考約求之，蓋乾坤十二辟卦爲消息卦之正。」（見《大易類聚初集》，第十九輯，台北：新文豐出版公司，1983年10月初版，頁402。）認爲此種十二消息卦變之說，以虞翻之說爲詳。

述及諸十二卦，仍以參照虞翻之說爲主。以下簡要列舉諸卦爲釋：

（一）復卦

復☷卦，惠棟指出爲消息十一月，並云「陽息坤，與姤旁通，剛反交初，故亨」，也就是說：

> 復，陽息之卦，而自坤來，故云陽息坤。與姤爲旁通，一陽自上而反，而交于坤初。[24]

說明十二消息卦中，「剛反交初」，乾陽復反於坤初，復歸於一年之始。復☷姤☴旁通，即陽氣由下而下升，是逆數之法，一陽升於六而復方於初，所以「交于坤初」。

惠棟進一步解釋，特別提到：

> 出震成乾，入巽成坤。坎爲疾，十二消息不見坎象，故出入无疾。[25]

「出震成乾」爲乾之消息始於一陽，也就是「出震」，並繼續衍爲消息六卦；一陽出復☷而二陽歷臨☷，至三陽泰☷卦而反觀☶，成剝☶而入坤☷，此即乾之消息六卦。「入巽成坤」爲一陰入姤☴而二陰歷遯☶，三陰爲否☶而反於大壯☷，成夬☱而盈乾☰，此即坤之消息六卦。[26]乾坤消息十二卦，本乾者六卦，本坤者六卦，此虞氏之說。十二消息不見坎象，因而「出入无疾」，惠棟解釋云：

> 陽出于震，至巳而乾體就，故「出震成乾」。至午入巽，至亥成坤。「出震，震也」，息至二體兌，至三成乾。「入巽」，巽也，消至二體艮，至三成坤。十二消息，謂乾坤十二畫有震、有兌、有乾、有巽、有艮、有坤，獨无坎離者。[27]

十二消息，息卦由子復☷、丑臨☷、寅泰☷、卯大壯☷、辰夬☱至巳而乾☰體就，故云「乾息爲盈」；消卦由午姤☴、未遯☶、申否☶、酉觀☶、

---

[24] 見《周易述》，卷四，頁104、105。惠氏「陽息坤，與姤旁通，剛反交初，故亨」此一注文，實爲虞翻注復卦《彖傳》之文。

[25] 見《周易述》，卷四，頁104。惠氏此文，亦爲虞翻注復卦卦辭之文。

[26] 參見李道平《周易集解纂疏》，卷四，頁260。

[27] 見《周易述》，卷四，頁105。

戌剝█至亥而成坤██，故云「坤消爲虛」。此十二消息卦（合內外卦爲二十四卦）中，乾█坤██之卦各八，震█、巽█、艮█、兌█之卦各二，不見坎██離██二卦；又《說卦》「坎爲心病」，故「爲疾」。所以說，「坎爲疾，十二消息不見坎象，故出入无疾」。

復卦卦辭「朋來，无咎，反復其道」，今本作「朋」字，虞翻同，而惠棟本於京房之說作「崩」，並解釋云：

> 自上下者爲崩，剝艮反初得正，故无咎。反復其道，有崩道也。
> 虞氏作「朋來」，云：兌爲朋，在內稱來，五陰從初，初陽正，息而成兌，故「朋來无咎」。乾成坤反于震，陽爲道，故復其道。[28]

又云：

> 京剝《傳》曰：小人剝廬，厥妖山崩。復《傳》曰：崩來无咎。自上下者爲崩厥，應大山之石，顛而下陽，極于艮，艮爲石。剝之上九，消艮入坤，山崩之象。

在消息變化的過程中，復卦確是從剝卦而來，如同《序卦》所言「物不可以終盡，剝窮上反下，故受之以復也」的道理，物極則反於初，剝窮於上，即復反於初，這是符合自然變化之道。但重反的歷程如何，可以有不同的方式爲之。惠棟認爲那是一種「消艮入坤，山崩之象」，是由上而下的「崩」的方式，也是「消艮入坤出震」的歷程，所以「復卦乾息坤，乾爲道，故云反復其道，有崩道也」。[29]因此，惠棟於此卦辭作「崩來」，認爲本於京房之說爲釋，才是正確的，也才是符合古《易》之本義。至於虞翻作「朋」則非正解。他指出：

> 虞氏作朋來，兌二陽同類故爲朋；在外曰往，在內曰來，初爲卦主，故五陰從初。初得正，陽息在二，成兌，故云初陽息正而成兌，朋來无咎也。乾成于上，坤消自初，故云乾成坤。滅藏于坤，從下反出，體震，故反出于震。乾爲道，陽即乾也，出震成乾，故復于道。虞以朋來爲陽息兌，今知不然者。下云「七日來復」，則方及初陽，何得先言息二成兌，至「利有攸往」，乃可云息臨成

---

[28] 見《周易述》，卷四，頁 104-105。
[29] 括弧內文見《周易述》，卷四，頁 106。

乾，虞氏非是，當從京氏作「崩來」也。[30]

虞氏以初陽得正爲復☷☳卦，息二成兌爲臨☷☱卦，內卦爲兌☱，二陽同類所以爲朋，在內又爲「來」，故云「朋來」。同時，虞氏認爲剝☶☷消乾成坤，故云「乾成坤」；陽出入純坤，然後成復，是「陽不從上來反初，故不言剛自外來」。[31]陰陽消息氣化之轉變，虞氏以陽極而重返於初，並不言陽從上而來，也不言剛自外來；不作「崩來」，自然無須作此等解釋，至於作「朋來」，則於返初而至息二成兌時作訓解。對此，惠棟並不認同虞翻的說法，他採用京氏用「崩來」而立說，從上而下的崩象，才是正解。因爲，虞氏的「朋來」，是就陽息爲兌之臨言，初陽之復卦，要言「朋來」，也當就復卦之前的象義而言，怎能就復卦之後的臨卦言？所以「虞氏非是」，而當從京氏作「崩來」爲合宜。惠棟之說，當然有其理據，但是惠棟是站在已認定京氏作「崩來」作爲標的，來評論虞氏之非，倘無另作「崩來」者，惠棟是否可以重新思考「朋來」的意義，或是採納虞氏之說呢？

　　諸家之說，混而並言，折衷採用，仍可見其相左者，這是一種自然而普遍的情形，大可不必過度心儀某家，而斷然指非，除非能夠完全確認所心儀者，爲其思想體系傳承的源頭，也就是肯定京氏「崩來」爲原本，後來者當然以依準原本爲主，離原本之旨，當然就不對了；但是，京氏之「崩來」，是否確是古本之真，則又是考證上的問題了。況且，各家之說，自成體系，混雜並言，基本上已割裂了各家思想上的完整性，再加上從割裂甚至拼湊的眾家主張中再去評斷比較，本身就已存在著複雜性與困難度的問題。尤其，惠棟述《易》，大抵宗主虞說，但此處嗅覺上更具古義的京房「崩來」之言，反而揚棄了所本，以京氏非虞氏，否定虞氏此尚稱言之成理者，惠棟未必真的理出最真確的古義，仍是一種可供參考的相對亦言之成理者。

　　（二）臨卦

---

[30] 見《周易述》，卷四，頁106。
[31] 此即復卦《彖傳》「剛反動而以順行」，虞氏之注文。見李鼎祚《周易集解》，卷六，頁130。

　　臨☷卦，惠棟直接述明爲「消息十二月」，並於卦辭「元亨利貞」下，
注云「陽息至二，與遯旁通」；又於「至于八月有凶」下注云，臨消于遯，
六月卦也。于周爲八月。遯弒君父，故至于八月有凶」。[32]此皆引自虞翻
之說。惠棟並進一步解釋云：

> 臨，陽息之卦。息初爲復，至二成臨，故云陽息至二，與遯旁通。……
> 臨與遯旁通，遯者，陰消之卦，于消息爲六月，于殷爲七月，于
> 周爲八月，故鄭氏注云：臨卦斗建丑而用事，殷之正月也。當文
> 王之時，紂爲无道，故于是卦爲殷家著興衰之戒，以見周改殷正
> 之數云。臨自周二月用事，訖其七月，至八月而遯卦受之。是其
> 義也。若然，周後受命而建子，其法于此乎，陰消至遯，艮子弒
> 父，至三成否，坤臣弒君，故云遯弒君父。遯于周爲八月，故至
> 于八月有凶也。[33]

臨☷卦於十二消息卦中，爲陽息之卦，適於陰消之卦的遯☶卦旁通。遯
卦消息爲六月，此夏歷（建子爲始）之月，於殷（建丑）爲七月，於周
（建寅）爲八月。引鄭說「臨卦斗建丑而用事，殷之正月也」，於十二消
息建子而言，臨卦十二月卦，是建丑之月，而於殷則爲正月，也就是夏
之十二月，爲殷之正月。因此，臨旁通於遯，二卦所建之月，三代互異；
於陰陽之消息，陰消不久，終而復始，此自然之道。周知殷家之戒，法
於此道，改易殷正，受命而建子，以臨道治民，不違其正，否則成遯則
弒君父，終致滅亡。《繫下》云「《易》之興也，其當殷之末世，周之盛
德邪。當文正與紂之事邪」；紂爲無道，文王作《易》，特於殷正用事之
卦，著興衰之戒，以見周改殷正之有定數。於此，惠棟所解，本於十二
消息而附之以旁通之說而言。

（三）泰卦

　　泰☷卦，惠棟指明其「消息正月」，云「陽息坤，反否也」，「泰息卦，

卦自坤來」，[34]本於虞氏之說。惠氏並進一步解釋云：

> 《雜卦》曰：否泰反其類也。虞注云：否反成泰，泰反成否，故
> 云「反否」。在他卦則云旁通是也。息卦坤詘乾信，陰為小，陽為
> 大，坤在外，故坤陰詘外為小往，乾在內，故乾陽信內為大來，
> 爻在外曰往，在內曰來也。二五失位，二升五，五降二，天地交，
> 萬物通，成既濟定，故吉亨。[35]

泰卦為息卦，兩漢諸家皆作「反否」而言，主要是根據《雜卦》之說而
來，所以惠棟特別引《雜卦》之言。十二消息卦，自姤至否，坤成乾滅，
則陽息而反泰；自復至泰，乾成坤滅，則陽消而反否，故「否泰反其類」。
此「反否」、「反泰」之說，其性質於它卦言，則為「旁通」。十二消息卦
兩兩旁通，惟否泰二卦順應《雜卦》之說，而作「反」言。因此，可以
看出，兩漢《易》家釋《易》，雖建立了其思想學說體系的脈絡，但基本
上仍受到《易傳》的強力制約。至於小大、內外、往來之言，坤陰稱「小」，
陰本居下，且自內而出為「往」，「往」者又為「詘」，此《繫下》之言，
所謂「往者，詘也」。所以說「坤陰詘外為小往」。又，乾陽稱大，陽本
居上，自外而返為「來」，此又《繫下》所謂「來者，信也」之言，故「乾
陽信內為大來」。泰卦並且透過升降之變，而能成既濟定，所以能亨吉。
蓋以乾下坤上，乾二之坤五，坤五降乾二，二五相應為「上下交」，而成
坎離，也就是天地以坎離交陰陽，故為「天地交」，而這種天地上下之交，
終能交成既濟而一切亨通吉祥。是以泰卦屬十二消息之陽息之卦，與否
卦準為旁通，二五升降之變，而為既濟卦。

（四）夬卦

以夬☰☱卦言，惠棟指明為「消息三月」，並本虞翻和鄭玄之說云：

> 陽決陰，息卦也。剛決柔，與剝旁通。揚，越也。乾為王，剝艮

---

[34] 見《周易述》，卷二，頁 52。

[35] 見《周易述》，卷二，頁 52。《雜卦》注云：「否反成泰，泰反成否，故反其類，終日乾乾，反復之道。」（見李鼎祚《周易集解》，卷十七，頁 444。）《集解》中並無注明虞翻之注，蓋李鼎祚之自注，惠棟云為虞氏之注，是誤。

為庭，陰爻越其上，故「揚于王庭」矣。[36]

並加以闡明，云：

> 此虞、鄭義也。五陽決一陰。兌為附決，故陽決陰。復、臨、泰、大壯、夬、乾皆陽息之卦，故云息卦也。陽息坤，坤為柔，乾為剛，故剛決柔。……乾君為王，夬旁通剝，故云剝艮為庭。上六一陰爻踰于五陽之上，故揚于王庭矣。[37]

夬卦乾下兌上，《說卦》以「兌為附決」，五陽決一陰，故為「陽決陰」。於十二消息為陽息之卦，漸入盛陽之際，為「剛決柔」。且剝䷖息於夬，而夬消於剝，故云「與剝旁通」。乾為君為王，而夬卦上伏剝艮，艮為門闕，故為「庭」；以乾居艮，故為「王庭」。此夬卦，小人陰柔在上，乘君王之上，故「揚于王庭」。

惠棟於卦辭「告自邑，不利即戎」下注云：

> 陽息動復，剛長成夬。夬從復升，坤逆在上，民眾消滅。震為告，坤為自邑，故告自邑。二變离為戎，故不利即戎，所尚乃窮也。[38]

此說原自虞文，並詳云：

> 陽息初復亨，剛反故陽息動復。復利有攸往，剛長也，故剛長成夬。震善鳴為告，坤為自為邑，故為自邑。陽息自復，故夬從復升。陰逆不順而乘陽，故坤逆在上。復時，坤有民眾，乾來消坤，故民眾消滅。二變體离，离、甲胄戈兵，故為戎。復上六用行師，終有大敗，故不利即戎。卦窮于上，故所尚乃窮也。[39]

陽息之卦，初動為一陽之復卦，此即從陰長至極而復返於陽剛，所以「剛

---

[36] 見《周易述》，卷六，頁 184。惠棟此文，乃綜采虞翻與鄭玄之說，斷湊而成。虞翻原文云：「陽決陰，息卦也。剛決柔，與剝旁通。乾為揚為王，剝艮為庭，故揚于王庭矣。」鄭玄原文云：「夬，決也。陽氣浸長，至於五，五，尊位也，而陰先之，是猶聖人積德說天下，以漸消去小人，至於受命為天子，故謂之決。揚，越也。五互體乾，乾為君，又居尊位，王庭之象也。陰爻越其上，小人乘君子，罪惡上聞於聖人之朝，故曰夬，揚于王庭也。」（見李鼎祚《周易集解》，卷九，頁 211。）

[37] 見《周易述》，卷六，頁 184。

[38] 見《周易述》，卷六，頁 184。

[39] 見《周易述》，卷六，頁 185。

反故陽息動復」。夬爲陽息陰消之卦，此順「君子道長」[40]之勢，「道長」即言「陽長」，「陽長」則「利有攸往」；剛長至上，以成乾卦，而由一陽之復爲始，此初剛長而漸及者；所以復卦《彖傳》云「利有攸往，剛長也」。夬爲陽息之卦，即剛長至五成夬。復內體震，震善鳴爲「告」；復外體坤，坤爲自，亦爲土爲邑，故爲「自邑」。陽息初爲復，升至五爲夬，夬卦以五陽而惟剩坤道一陰在上，一陰乘陽在上而不順，故「坤逆在上」。

惠棟又於「利有攸往」下，指出「陽息陰消，君子道長，故利有攸往，剛長乃終也」。[41]此亦引自虞文。惠氏解釋云：

> 夬，陽息陰消之卦，陽爲君子，君子道長，故利有攸往。剛長成乾，上爲終，故剛長乃終也。[42]

此一釋文與前段互爲表裡，皆就陽息而言，陽剛漸長，象君子之道長，[43]至亢極爲乾，則剛長乃終。因此，觀此夬卦之形成演變、與諸卦之關係，乃至卦辭卦義，惠棟大都本於虞翻之說，並主要以陰陽消息作爲陳述之內容。

（五）姤卦

以姤☰卦言，[44]惠棟直指其「消息五月」，並於卦辭「女壯」下注云：

> 消卦也，與復旁通。巽，長女；女壯，傷也。陰傷陽，柔消剛，故「女壯」也。

此原本於虞翻之說。惠棟並進一步解釋云：

> 遘始消乾，故云消卦也。下體巽，巽爲長女。壯，傷也。故云「女壯，傷也」。陰傷陽，柔消剛，是傷之義，故女壯也。[45]

十二消息，乾陽爲息，坤陰爲消，乾息之卦始於復，而坤消之卦則自姤始，故「遘始消乾」爲「消卦」。復☷姤☰各爲陽息與陰消之初，陰陽互

---

[40] 「君子道長」見泰卦《彖傳》文。
[41] 見《周易述》，卷六，頁184。
[42] 見《周易述》，卷六，頁185。
[43] 見泰卦《彖傳》云「君子道長」。
[44] 姤卦之「姤」字，惠棟作「遘」。
[45] 二段引文，見《周易述》，卷六，頁188。

伏，故姤卦「與復旁通」。姤卦內卦爲巽，巽一索得女爲長女；一陰遇五陽，猶一女敵五男，一陰又在初，未得正位，以陰傷陽，以柔消剛，故「女壯，傷也」。惠棟以陰陽之變、爻位質性釋義，實屬恰當。

（六）遯卦

以遯☶卦言，[46]惠棟指爲「消息六月」，並云：

> 陰消遯二也。艮爲山，巽爲入，乾爲遠，遠山入藏，故遯。五陽當位，正應在二，故亨。

又疏云：

> 遯，陰消之卦，消遯及二，故云「陰消遯二也」。艮爲山，巽爲入，乾爲遠，遠山入藏，故遯。皆虞義也。陽長爲進，陰消爲退，遯有退義，故《序卦》曰：「遯者，退也。」以陽居五，故五陽當位，與二正應。乾坤交通，故亨。消至三則天地否隔不能通矣。故二利居正，與五相應。此荀義也。[47]

陰始消姤，及二爲遯，與臨卦旁通。艮山、巽入皆緣於《說卦》象義。天道遠，故「乾爲遠」。入藏於遠山，所以爲「遯」。遯卦本爲陰消而陽退之象，陰消爲退，故遯卦又有「退」之義。陰消至二，二與五得位而有應，守其正道，故「乾坤交通」爲亨。陰消陽而利正居二，與五相應，有利貞亨通之義。惠棟指稱「此荀義也」，實荀氏之言，爲「陰消至二，其勢浸長，將欲消陽成否。二與五爲正應，固志守正，遯不成否，利貞之義也」。[48]此亦本消息之說以釋《易》。

（七）大壯卦

以大壯䷡卦言，惠棟指爲「消息二月」，並注疏云：

> 陽息泰也。壯，傷也。大，謂四，失位爲陰所乘。兌爲毀折，故

---

[46] 「遯卦」，惠棟作「遁卦」。

[47] 二引文，見《周易述》，卷五，頁141。「陰消遯二也。艮爲山，巽爲入，乾爲遠，遠山入藏，故遯」段，原本於虞翻之說，惠棟並未明確述明，僅於疏解中，含糊指爲「皆虞義也」，失之嚴謹。

[48] 見李鼎祚《周易集解》，卷七，頁167。

傷。與五易位乃得正，故利貞也。

此虞義也。陽息泰成大壯，馬氏亦云：壯，傷也。《方言》曰：「凡草木刺人，北燕朝鮮之間謂之策，或謂之壯。」郭璞註云：「今淮南亦呼壯為傷。」是也。陽大陰小，故大謂四，以九居四為失位，五陰乘之，陰氣賊害，又體兌，兌為毀折，故名大壯。《太玄》準之，以夷夷亦傷也。四當升五，與五易位，則各得其正，故利貞也。[49]

惠棟以虞翻之說為釋，以陽息至三為泰後，續而升四為大壯，其卦義也就特別針對九四而言。以「壯」作「傷」解，並引馬融、揚雄、郭璞等人之說為證。「壯」字之義，漢魏時期除有作「傷」之解外，大多以「壯」有盛大之義。如鄭康成作「壯，氣力浸強之名」，《集解》引荀爽云「乾剛震動，陽從下升，陽氣大動，故壯也」，[50]孔穎達《正義》云「陽爻浸長已至於四，是大者盛壯」。是以陽息三陽為泰，至四則陽盛為傷；為呼應卦辭「利貞」，九四失位，互兌又有折毀之象，必援用升降之說，陽四升五，與五易位，而後得正，故能「利貞」。在升降說的主張上，惠棟特別站在荀爽的立場上，堅持陽二升五的觀念，然而此處惠棟以陽四升五，然後能夠得以「利貞」。因此，升降說並不僅限於二五的升降，四升五仍可得正。

（八）否卦

以否▤▤卦言，惠棟指明「消息七月」，並於卦辭「否之匪人，不利君子貞，大往小來」下，作了注疏，其注云：

陰消乾，又反泰也。謂三，比坤滅乾。以臣弒君，以子弒父，故曰匪人。君子謂五，陰消陽，故不利君子貞。陽詘陰信，故大往小來。

其疏云：

此虞義也。否消卦，卦自乾來，故云陰消乾。泰反成否，故云反

---

[49] 二段引文，見見《周易述》，卷五，頁143-144。
[50] 見李鼎祚《周易集解》，卷七，頁170。

泰，與泰旁通也。匪人，謂三陰消至三成坤，故云比坤滅乾。臣謂坤，子謂　艮也。弒父弒君，人道滅絕，故曰匪人。虞氏謂與比三同義，尋比乃坤歸魂也，六三為鬼吏，故曰匪人。否乾世以三為財，其謂匪人以消乾也。義各有取，虞氏非是。外體三爻，唯五得正，故君子謂五，陰消至五，故不利君子貞。爻辭「其亡，其亡」是也。五，大人而稱君子者，陰陽消息之際，君子小人之辯宜明，故稱君子也。陽詘在外故曰大往，陰信在內故曰小來。[51]

惠氏指明所注，是取虞義；虞氏之注為：

> 陰消乾，又反泰也。謂三，比坤滅乾。以臣弒<u>其</u>君，子弒<u>其</u>父，故曰匪人。<u>陰來滅陽，君子道消</u>，故不利君子貞。<u>陽詘陰信</u>，故<u>大往小來</u>。則是天地不交，而萬物不通，與比三同義也。[52]

大致引虞說為言，然多有改易虞文，特別是虞作「陰來滅陽，君子道消」，惠棟改云「君子謂五，陰消陽」，以「君子」專就九五爻而言，此惠棟之言，未必合虞氏本義，虞氏所指「君子道消」，當泛指陽爻而言，非必僅指五爻。是消息變化，於否之時，陰道日長，而陽道日消，陰來滅陽，陽道日盡，此「君子道消」，而「不利君子貞」。所謂「大往小來」者，亦含此「君子」、「小人」之義，「陽詘在外」者三爻，均可為「君子」者。

　　否卦為消卦，虞氏作「陰消乾，又反泰也」，惠棟則云「泰反成否，故云反泰，與泰旁通也」，對虞氏之言「反」，惠棟似視之與「旁通」同義。虞氏是否將反卦與旁通等同，仍有進一步釐清的必要。[53]這一部份移於後文論及旁通時再說明。虞氏云此否卦天地不交、萬物不通之狀，「與比三同義」，所以為「謂三，比坤滅乾」。是比䷇卦六三爻辭「比之匪人」，虞云「失位无應，三又多凶，體剝傷象，弒父弒君，故曰匪人」；[54]此三陰失位，上無正應，《繫下》又云「二多凶」，所以失位无應又多凶；又，初至五體剝，剝有傷義，故云「體剝傷象」。虞氏以此比卦六三與否卦同

---

[51] 註疏二文，見《周易述》，卷二，頁58。
[52] 見李鼎祚《周易集解》，卷四，頁80。
[53] 李道平《周易集解纂疏》本原於惠說，作「與泰旁通，故云反泰」。（見是書，卷三，頁173。）將虞氏所云之「反卦」與「旁通」作了等同。
[54] 見李鼎祚《周易集解》，卷三，頁63。

義，皆有「弑父弑君」之凶象，也可云「匪人」。然而，惠棟取虞說亦有
所捨，對虞說提出批評，透過京房八宮卦次說爲釋，提到「虞氏謂與比
三同義，尋比乃坤歸魂也，六三爲鬼吏，故曰匪人。否乾世以三爲財，
其謂匪人以消乾也。義各有取，虞氏非是」；比卦爲坤宮之歸魂卦，六三
乙卯，爲坤之鬼吏，所以稱「匪人」；[55]至於否卦則爲乾宮三世卦爲財，
消乾而爲「匪人」，取義不同，虞氏並言，並非恰當。虞氏之立論，有其
理據，並不一定以京氏或《火珠林》之法爲必要。惠棟既以虞氏爲據，
則不宜以不同之理論混言，並以之評斷是非，否則淆亂原說者之言，也
誣詆原說者之是，實非允恰。

（九）觀卦

惠棟於觀☴卦下注明「消息八月」，並云：

> 觀，反臨也。以五陽觀示坤民，故稱「觀」。[56]

觀☴卦與臨☷卦相反，同屬十二消息卦。此二卦互爲反卦，惠棟特別指
出「乃反卦，非旁通也」，與前述否☴泰☷之反類，兼有旁通之義不同。
這一議題，移於後文再述。觀卦以五陽爲君，下坤爲民，所以「五陽觀
示坤民」；惠棟又略作說明，認爲「《象傳》曰：中正以觀天下。中正謂
五，坤爲民，故五陽觀示坤民，民爲觀也」。[57]陰消至四，而五陽居於正
位，雖群陰臨下，仍可得以無咎。

（十）剝卦

以剝☶卦言，惠棟指爲「消息九月」，並於卦辭「不利有攸往」下作
注疏，其注云：

---

[55] 干寶注比卦六三《象傳》云：「六三乙卯，坤之鬼吏，在比之家，有土之君也。周爲木
德，卯爲木辰，同姓之國也。爻失其位，辰體陰賊，管蔡之象也。比建萬國，唯去此人，
故曰比之匪人，不亦傷王政也。」（見李鼎祚《周易集解》，卷三，頁 63。）惠棟認爲
此同《火珠林》之法；坤六三乙卯，木干。比者，坤宮歸魂卦，坤爲土，土以木爲官，
木尅土，故云「坤之鬼吏」。（參見《周易述》，卷二，頁 42。）鬼吏，故稱「匪人」。
[56] 見《周易述》，卷三，頁 89。
[57] 見《周易述》，卷三，頁 90。

陰消乾也，與夬旁通。以柔變剛，小人道長。上往成坤迷復，故
不利有攸往。

疏云：

> 剝本乾也，陰消至五成剝，故云陰消乾也。夬陽決陰，剝陰剝陽，
> 故與夬旁通。「柔變剛」，《象傳》文。「小人道長」，否《象傳》文。
> 此《傳》亦云「小人長也」。陰消之卦，大往小來，不利有攸往，
> 謂上也。剝上反初為復，復剛長，故「利有攸往」。坤為迷，上往
> 成坤為迷，復小人道長，故不利有攸往也。此兼虞義。[58]

剝卦本於乾陽之體，因陰消乾至五而成剝。「夬陽決陰，剝陰剝陽」，即
自夬剛長，即伏剝消；剝又伏夬，故二卦旁通。「柔變剛」，即陰消陽；「小
人長也」，即陰長至五；陰氣侵陽，上至於五，五陰一陽，此陰氣極盛、
小人極盛久時，所以《象傳》說「小利有攸往，小人長也」。惠棟言「此
兼虞義」，實大體本諸虞義。

　　除了以上諸消息卦之釋義外，《周易》經傳之中，惠氏來廣以消息說
為釋，如《繫辭上傳》「居其室，出其言不善，則千里之外違之，況其邇
者乎」，惠氏云：

> 坤初為不善，消二成遯，弒父弒君，故千里之外違之，況其邇者
> 乎。

並引虞文疏云：

> 《文言》曰「積不善之家，必有餘殃」。虞彼注云：坤積不善，故
> 知坤初為不善，謂遘時也。遘消二成遯，艮子弒父，至三成否。
> 坤臣弒君，故千里之外違之，況其邇者乎。[59]

惠氏此注，原本於虞義。坤初為不善，即陰消乾之姤☰卦；消至二陰成
遯☶卦，下體艮，艮子弒父；消至三陰為否☷卦，下體坤，坤臣弒君。
陰消至五為剝☷卦，內消陽為陰，不順於初，而又與三四互坤，二與互
坤違初而上承於五；初體本坤，與四敵應，是「千里之外」謂四。四與

---

[58] 二引文，見《周易述》，卷四，頁101。
[59] 二引文，見《周易述》，卷十四，頁413、414。

互坤，承五而不應初，故「千里之外違之」。四且違初，而況二乎，此言坤臣逆道，故云「千里之外違之，況其邇者乎」。惠棟於此辭，本於消息卦之說以釋其義，其辭之義彰，由消息卦入。有關之釋例，不勝枚舉，知惠棟重於以消息卦說作爲釋《易》之法。

由以述諸消息卦之釋例可以看出，惠棟主要以虞翻的主張來申論，並且綜之以互體、逸象、旁通等法，儼然爲虞氏思想的延續，對於虞氏思想的建構，以及後人對虞說的認識，皆有極大的幫助與貢獻。然而，部份引據他說，而支離了虞說之完整性。當然這代表了惠棟對《易》卦的認識與理解，而對虞氏之說作了取捨與批評，但部份主觀的認識，不但未能對虞說作有系統的再造，反而割裂了虞說之整體思想。

十二消息卦中，乾坤二卦於消息義涵上，惠棟並無過多之著力，畢竟二卦爲眾卦之父母，含涉之有關思想主張甚繁，以及虞翻並無於此二卦從消息的角度去詮釋，惠棟無以援用，所以所言消息之義不多，但不因此破壞從卦變說的角度去觀照十二消息卦可能呈現的內在理路。而且，惠棟雖無於二卦之中述及消息之義，但《周易述》中仍可廣見其以乾坤消息爲論者，如釋《繫上》「乾坤毀，則无以見易」，惠氏云：

> 乾成則坤毀，謂四月也。坤成則乾毀，謂十月也。
>
> 天道虧盈，故言毀，謂消息也。陽息陰，故乾成則坤毀，乾成于己，故謂四月；陰消陽，故坤成則乾毀，坤成于亥，故謂十月。[60]

從乾坤消息的觀點上來論「乾坤毀，則无以見易」的意涵，「毀」有「消」意，是乾毀則陰盛爲坤，值十月亥時；坤毀則陽息道長爲乾，值四月己時。惠氏雖於此釋意有附會之嫌，[61]但仍可知其重用乾坤消息以釋《易》。

十二消息卦之間的關係，除了陽息陰消的發展關係外（復☷☷、臨☷☷、泰☷☷、大壯☷☷、夬☷☷、乾☰、姤☰、遯☰、否☰、觀☰、剝☰、坤☷），從惠棟注疏之文也可以看到，卦以復☷☷爲首，「陽出于震，至巳而乾體就，故出震成乾」，也就是十二消息卦首以陽出震而爲復卦。陽息至二成臨☷☷

60　二引文，見《周易述・繫辭上傳》，卷十四，頁 463、466。

61　《繫上》「乾坤毀，則无以見易」一文，如荀爽所釋云「毀乾坤之體，則无以見陰陽之交易也」爲恰。（見李鼎祚《周易集解》，卷十四，頁 354。）陰陽交則易立，若乾坤體毀，則陰陽不交，則易道不彰，何以見易？

卦，此息二而下卦爲兌。息卦至三，坤詘乾信，乾在內而爲泰▇卦，並與否▇卦反其類，進而由泰卦而反於觀▇卦。再上往於剝▇卦而入於坤▇卦。姤▇卦乾始消；消姤及二而爲遯▇，消三成坤爲否卦，此反泰之卦。至於大壯▇卦，「陽息泰成大壯」，也就是三泰後息四爲大壯。夬卦爲陽息至五之息卦。陽息亢極而終至於乾▇卦。且復姤旁通、臨遯旁通、夬剝旁通、觀與臨反、否泰反其類，此兩兩二卦有極密切的關係，可以視爲卦變的伙伴。然而，詳細的聯繫關係，惠棟並未作說明。後繼者張惠言則云：

> 陽出震爲復，息兌爲臨，盈乾爲泰，泰反否，括囊成觀，終於剝而入坤。復反於震，陽虧於巽爲遘。消艮爲遯，虛坤爲否，否反泰，復成大壯，決於夬而就乾，復入於巽，是爲十二消息。[62]

表明十二消息卦的發展關係，由復卦而臨卦至泰卦，然後轉至觀而剝入坤。進而爲遘爲遯爲否，再成大壯，入於夬，成就於乾。這樣的進程，前文論述復卦解釋「出入无疾」時，與所引李道平之說法相謀合，可見李氏或本於張說或同意張說。這樣的十二消息卦之發展關係，可以視爲虞翻所專有之較爲完整的說法。惠棟闡釋的過程中，比較肯定的是傳統上所說的陽息坤、陰消乾的卦序關係，於此並未作整合的論述，但大致上都分述於各卦之中。至於十二消息卦的其它重要內涵，參閱第二章孟喜易學考索的部份。

三、消息卦生雜卦的卦變系統

漢代易學家，稱十二消息卦以外之五十二卦爲雜卦，十二消息卦有其陰陽消息之統序，而雜卦則相對錯雜無序。在虞翻的卦變思想中，六十四卦的卦變體系，由乾坤而生十二消息卦後，再衍生其它諸雜卦。虞翻此六十四卦的卦變體系，以一卦六爻之陰陽爻數作爲分類，可以分爲一陽五陰之卦、一陰五陽之卦、二陽四陰之卦、二陰四陽之卦、三陽三陰之卦，以及變例之卦。黃宗羲《易學象數論》指出：

---

[62] 見張惠言《周易虞氏消息》，頁 403。

古之言卦變者，莫備于虞仲翔，後人不過踵事增華耳。一陰一陽之卦各六，皆自復、姤而變。二陰二陽之卦各九，皆自臨、遯而變。三陰三陽之卦各十，皆自否、泰而變。四陰四陽之卦各九，皆自大壯、觀而變。中孚、小過為變例之卦，乾坤為生卦之原，皆不在數中。其法以兩爻相易，主變之卦，動者止一爻。四陰四陽即二陰二陽之卦也，其變不收于臨、遯之下者，以用臨、遯生卦，則主變者須二爻皆動，而後餘卦可盡，不得不別起觀、壯。有四陰四陽而不用五陰五陽之夬、剝者，以五陰五陽之卦已盡於姤、復無所俟乎此也。中孚、小過為變例之卦，何也？中孚從二陰之卦，則遯之二陰皆易位；從四陽之卦，則大壯三四一時俱上。小過從二陽之卦，則臨之二陽皆易位；從四陰之卦，則觀三四一時俱上。所謂主變之卦，以一爻升降者，至此而窮。故變例也，猶反對之卦，至乾、坤、坎、離、頤、大過、中孚、小過而亦窮也。[63]

黃宗羲並進一步作了「古卦變圖」：[64]

圖表 6-1-1　黃宗羲古卦變圖

一陰一陽之卦各六，皆自復、姤而變：

䷗復	䷫姤
䷆師 初之二	䷌同人 初之二
䷠謙 初之三	䷉履 初之三
䷏豫 初之四	䷈小畜 初之四
䷇比 初之五	䷍大有 初之五
䷖剝 初之六	䷪夬 初之六

二陰二陽之卦各九，皆自臨、遯而變：

䷒臨	䷠遯
䷭升 初之三	䷘无妄 初之三
䷧解 初之四	䷤家人 初之四
䷜坎 初之五	䷝離 初之五
䷃蒙 初之上	䷰革 初之上
䷣明夷 二之三	䷅訟 二之三

[63] 見黃宗羲《易學象數論·卦變二》，卷二。引自《黃宗羲全集》，第九冊，浙江：浙江古籍出版社，1992 年 12 月 1 版 2 刷，頁 57-58。
[64] 引自黃宗羲《易學象數論·卦變二》，卷二，頁 62-66。

䷲震二之四　　　　　　　　䷸巽二之四
䷂屯二之五　　　　　　　　䷱鼎二之五
䷚頤二之上　　　　　　　　䷛大過二之上

三陰三陽之卦各十，皆自泰、否而變：

䷊泰　　　　　　　　　　　䷋否
䷟恆初之四　　　　　　　　䷩益初之四
䷯井初之五　　　　　　　　䷔噬嗑初之五
䷑蠱初之上　　　　　　　　䷐隨初之上
䷶豐二之四　　　　　　　　䷺渙二之四
䷾既濟二之五　　　　　　　䷿未濟二之五
䷕賁二之上　　　　　　　　䷮困二之上
䷵歸妹三之四　　　　　　　䷴漸三之四
䷻節三之五　　　　　　　　䷷旅三之五
䷨損三之上　　　　　　　　䷞咸三之上

四陰四陽之卦各九，皆自大壯、觀而變：

䷡大壯　　　　　　　　　　䷓觀
重大過初之五　　　　　　　重頤初之五
重鼎初之上　　　　　　　　重屯初之上
重革二之五　　　　　　　　重蒙二之五
重離二之上　　　　　　　　重坎二之上
䷹兌三之五　　　　　　　　䷳艮三之五
䷥睽三之上　　　　　　　　䷦蹇三之上
䷄需四之五　　　　　　　　䷢晉四之五
䷙大畜四之上　　　　　　　䷬萃四之上

變例之卦二：

䷼中孚
䷽小過

凡變卦皆從乾坤來：

䷀乾
䷁坤

黃宗羲很清楚地將虞氏之卦變說，作了有系統的分類與說明；同時特別指出虞氏的卦變系統，主要的卦變原則是「以兩爻相易，主變之卦，動者止一爻」，也就是行卦變者，只作一爻之變。因此，我們可以看出兩漢時期的卦變思想，虞翻所建構的理論，可以說是最為龐大，而且具有高度的系統性。當然不存在著一些客觀上的侷限，而有變例的產生，形成整體上的缺陷。

　　惠棟述《易》，大體宗於虞說，雖旁及漢魏諸家，但仍以虞氏爲主，特別是在卦變的引論上，提出極爲詳細之闡述。對於卦變的分類，惠棟也作了說明：

> 乾坤者，諸卦之祖。乾二五之坤，成震、坎、艮；坤二五之乾，成巽、離、兌。所謂兩儀生四象，四象生八卦也。復、臨、泰、大壯、夬，陽息之卦，皆自坤來。姤、遯、否、觀、剝，陰消之卦，皆自乾來。而臨、觀，二陽四陰；大壯、遯，四陽二陰；泰、否，三陽三陰。又以例諸卦，自臨來者四卦，明夷、解、升、震也。自遯來者五卦，訟、无妄、家人、革、巽也。自泰來者九卦，蠱、賁、恆、損、井、歸妹、豐、節、既濟也。自否來者九卦，隨、噬嗑、咸、益、困、漸、旅、渙、未濟也。自大壯來者五卦，需、大畜、睽、鼎、兌也。自觀來者四卦，晉、蹇、萃、艮也。自乾、坤來而再見者，從爻例也。卦无剝、復、夬、姤之例，故師、同人、大有、謙，從六子例，亦自乾坤來。小畜，需上變也。履，訟初變也。豫自復來，乃兩象易，非乾坤往來之謂也。頤、小過，晉四之初、上之二也。大過、中孚，訟上之三、四之初也。此四卦與乾坤坎離反復不衰，故不從臨觀之例。師二升五成比；噬嗑上之三，折獄成豐；賁初之四，進退无恆，而成旅；皆據傳爲說，故亦從兩象易之例。屯、蒙從坎、艮來，屯剛柔始交，蒙以亨行時中，亦據傳爲說，不從臨觀之例。因《繫辭》、《象傳》而復出者二，睽自无妄來，蹇自升來，皆二之五。其後李挺之作六十四卦相生圖，用老子一生二，二生三之說，至于三而極。朱子又推廣之，而用王弼之說，名曰卦變，且以己意增益，視李圖而加倍，至作本義，又以二爻相比者而相易，不與卦例相符，故論者謂不如漢儒之有家法也。[65]

在惠棟的卦變主張，大體根本於虞翻，但或有誤解虞說，而成爲自己詮釋上的見解。惠棟以乾坤生震、坎、艮、巽、離、兌六子；並以十二消息卦皆自乾坤出：復、臨、泰、大壯、夬自坤來，姤、遯、否、觀、剝

自乾來。合此十六卦，皆出自乾坤二卦。另外，從乾坤以外之其它辟卦所產生者，分別為：

其一、二陽四陰之卦，出自消息卦臨、觀二卦者：自臨出者，明夷、解、升、震四卦；自觀出者，晉、蹇、萃、艮四卦。

其二、四陽二陰之卦，出自消息卦大壯、遯二卦者：自大壯出者，需、大畜、睽、鼎、兌等五卦；自遯卦出者，訟、无妄、家人、萃、巽等五卦。

其三、三陽三陰之卦，出自消息卦泰、否二卦者：自泰出者，蠱、賁、恆、損、井、歸妹、豐、節、既濟等九卦；自否出者，隨、噬嗑、咸、益、困、漸、旅、渙、未濟等九卦。

除此之外，卦無一陽一陰之例，亦即無出自消息卦中的剝、復、夬、姤之例，雜卦中一陰一陽者，師、同人、大有、謙、小畜、履、豫等七卦，皆自乾坤來。又，因反復不衰者，不從四陰二陽自臨觀之例者，有頤、大過、小過、中孚等四卦，皆不從臨觀出。又，據傳為說，而為變例者，比、豐、旅、屯、蒙，皆據傳為說；睽、蹇二卦，因《繫辭》、《象傳》而出。

《周易述》為惠棟未竟之作，鼎卦等十五卦未及付梓，因此，以下針對其見世之卦，按其自說而分類說明。

（一）自乾坤而來之卦者

1. 謙䷎卦[66]

惠棟引虞說云謙䷎卦為「乾上九來之坤」，指出「上九亢龍盈不可久，虧之坤三，故為嗛。天道下濟，故亨。虞氏曰：彭城蔡景君說剝上來之三」。並且注卦辭「君子有終」，以「君子謂三，艮終萬物，故君子有終」。[67]同時，進一進闡釋云：

用九之義，乾上九當之坤三。……卦名「嗛」者，正以上九一爻亢極失位，天道盈而不溢，虧之坤三，致恭以存其位，故以「嗛」

---

[66] 惠棟作「嗛卦」。
[67] 見《周易述》，卷三，頁71。

名。卦盈者嗛之，反上之三，盈爲嗛，在人爲謙，故曰嗛，謙也。……
乾爲天道來之坤，故下濟以乾通坤，故亨。蔡景君傳易，先師景
君言「剝上來之三」，剝之上九即乾也，以消息言之，故云「剝上
來之三」。案虞論之卦，无剝、復、夬、遘之例，景君之說，虞所
不用也。……三于三才爲人道，故君子謂三。《說卦》曰「終萬物
始萬物者，莫盛乎艮」，三體艮，故艮「終萬物」。……故君子有
終也。[68]

惠氏作了詳盡的論述。其重要的意涵爲：

(1)首先他指出虞氏於謙卦的卦變說，主要爲「乾上九來之坤」，主
要是根據乾卦的卦性而來，乾亢則必退之以謙，乾卦上九一爻亢極失位，
所以上九當之坤三，以求謙道。至於爲何乾九要入於坤之三爻，主要本
諸經傳文義，因爲三爲人道，又屬君子之象，「三」又爲艮體，合於《說
卦》「終萬物始萬物者，莫盛乎艮」之義，更符合謙卦卦辭「君子有終」
之義。但是，虞氏此一卦變說，並不合其一陽五陰之卦例，依正常的推
斷，謙卦原來當從屬於十二消息卦復☷☳卦下卦變之例，也就是復卦「初
之三」者，然虞氏不用，而作此「乾上九來之坤」的變例（或爲違例），
主要是受限於合理解說經文的需要。

(2)其次，惠氏認爲蔡景君以「剝上來之三」爲謙卦之說，虞氏並不
用，此惠氏揣度虞意，主要認爲此不合虞氏卦變之原則，事實上虞氏此
卦作「乾上九來之坤」，本不合其卦變的原則，所以蔡氏之說，虞氏基本
上應當也持肯定的態度，至少有參考的價值，如此，虞氏才會列說備參。
至於蔡氏「剝上來之三」的卦變之義，惠氏指出剝☷☶卦之上九即乾陽，
乾陽之坤陰，即乾爲「天道」，則是「天道下濟」；陰去陽中爲離，陽來
陰中成坎，此乾九來之坤三，本體坎，亦伏離，坎月離日，有光明之象，
所以謙卦《彖傳》所謂「天道下濟而光明」，即合此「剝上來之三」之義。
[69]

---

[68] 見《周易述》，卷三，頁 71-72。

[69] 荀爽於此《彖傳》「天道下濟而光明」文，釋云：「乾來之坤，故下濟。陰去爲離，陽
來成坎。日月之象，故光明也。」（見李鼎祚《周易集解》，卷四，頁 92。）可以作爲
「剝上來之三」的最佳注解。

(3)惠氏明白地指出「虞論之卦，无剝、復、夬、遘之例」，也就是說，惠氏認爲虞氏的卦變說，爲十二消息卦之後，續以消息卦進一步卦變爲六十四卦，當中並無用剝☷、復☷、夬☰、遘☰作爲進一步卦變的中介，這些卦是從乾坤而來，因此，不用一陰五陽或一陽五陰之卦例，所以其它一陰五陽或一陽五陰的卦，如師、同人、謙等，也都從乾坤而來。這樣的說法，是惠棟對虞氏卦變的看法，同本節開宗明義指出，惠棟對虞翻的之卦主張作了概括性的說明，也就是「自乾、坤來而再見者，從爻例也。卦无剝、復、夬、遘之例，故師、同人、大有、謙，從六子例，亦自乾坤來」。[70]惠氏的看法，明顯與黃宗羲的認識不同，已如前述，黃氏認爲「一陰一陽之卦各六，皆自復、姤而變」，復、姤確有作爲虞氏之卦之例，而剝、夬皆從復、姤而來。二人見解互異，刹時間莫衷一是；細觀虞氏所述一陰五陽或一陽五陰之諸卦，師卦、同人卦、大有卦等三卦，虞氏並未說明，其餘如謙、比、履、小畜等諸卦，皆屬變例，惠棟因此一概認爲虞氏無一陰五陽或一陽五陰之例。雖然惠棟深識虞氏諸變例之說，但不宜否定虞氏有一陰五陽或一陽五陰之例，如豫卦則是，後文詳述。是惠棟於此觀點，有商榷之必要。

2. 豫☷☳卦

惠棟釋豫☷☳卦卦辭「利建侯行師」，以虞說云「復初之四」，「震爲諸侯，初至五體比象，四利復初，故利建侯。三至上體師象，故行師」。並指出：

> 一陰五陽，一陽五陰之卦，皆自乾坤來；師、嗛、大有、同人是也。此卦復四之初，乃從《繫辭》兩象易之例，非乾坤往來也。……震爲諸侯，初至五體比象，比「建萬國，親諸侯」。二欲四復初，初爲建，故利建侯。卦體本坤四之初，坤象半見，故體師象利行師也。虞注晉上九曰動體師象例，與此同，半象之說易例詳矣。[71]

惠棟此一釋文，有幾個重要意義：

(1)惠棟引虞說「復初之四」，惠棟並不將之視爲一陰五陽自復☷☳卦

---

[70] 見惠棟《易例》，卷一，頁 944-946。又《周易述》，卷一，頁 15-16，所言略同。

[71] 見《周易述》，卷三，頁 74。

而變之例，因爲他根本認爲一陰五陽或一陽五陰之卦，皆自乾☰坤☷而來，而非自復☷、姤☰而變者；但這些一陰五陽或一陽五陰之卦，從自乾坤而來者，則又爲師☷、謙☷、大有☰、同人☰等卦，至於豫☷卦，則是從「兩象易」例，而非乾坤往來而來。

（2）「兩象易」，是針對一個六畫卦來說，上體與下體易換位置後，則變爲另一卦，虞翻稱爲「兩象易」或「上下象易」；虞翻雖有此易例之說，但並無廣泛運用。在六十四卦的卦爻辭之釋義中，虞氏並無用此說，惟獨釋《繫辭下傳》時，認爲大壯是无妄的上下象易、大過爲中孚的上下象易，夬卦爲履卦的上下象易等三個例子。[72]而惠棟於此豫卦虞氏所言「復四之初」，視爲兩象易之例，也就是復卦上坤下震，反象而爲豫卦上震下坤。這樣的說法，實與虞說不合，虞翻並不將豫卦作復卦之兩象易。因此，可以看出惠棟對虞翻卦變說的誤解，虞翻確有一陽五陰由復卦而來者，此豫卦即「復四之初」。

3. 履☰卦

履卦卦辭「履虎尾，不咥人，亨，利貞」，惠棟注作「坤三之乾」，「以坤履乾，故曰履」，「坤之乾成兌，兌爲虎，初爲尾以乾履兌，故履虎尾」。「乾爲人，兌說而應虎口與上絕，故不咥人，亨。五剛中正，履危不疚，故利貞」。並進一步指出：

> 此荀虞義也。荀注噬《象傳》曰「陰去爲离，陽來成坎」，陰去爲离成履，陽來成坎爲噬，則履乃坤三之乾。虞于噬卦引彭城蔡景君說「剝上來之三」此當自夬來。虞无一陰五陽之例，故不云自

---

[72] 《繫辭下傳》「上古穴居而野處，後世聖人易之以宮室，上棟下宇，以待風雨，蓋取諸大壯」，虞翻以「无妄，兩象易也」，「无妄之大壯，巽風不見，兌雨隔震，與乾絕體，故上棟下宇，以待風雨，蓋取諸大壯者也」。又《繫辭下傳》「古之葬者，厚衣之以薪，葬之中野，不封不樹，喪期无數，後世聖人易之以棺槨，蓋取諸大過」，虞翻云「中孚，上下象易也」。又《繫辭下傳》「上古結繩而治，後世聖人易之以書契，百官以治，萬民以察蓋，取諸夬」，虞翻云「履上下象易也」。「大壯、大過、夬，此三蓋取直兩象上下相易，故俱言易之。大壯本无妄，夬本履卦，乾象俱在上，故言上古。中孚本无乾象，大過乾不在上，故但言古者，大過亦言後世聖人易之，明上古時也」。（見李鼎祚《周易集解》，卷十五，頁367-368。）此三「兩象易」例，虞氏皆因《繫傳》「易之」之言而爲釋。

夬來也。虞用需上變巽為小畜之例，謂變訟初兌也。坤三之乾以
柔履剛，故名履。[73]

惠棟認為其說本諸荀虞義，實非如此。履卦由「坤三之乾」，非虞氏之義。
在虞氏卦變的理路上，一陰五陽本自姤卦來，則履卦也本當從姤卦來，
但虞氏為了呼應履卦九二爻辭「幽人貞吉」，指出「訟時二在坎獄中，故
稱幽人。之正得位，震出兌說，幽人喜笑，故貞吉也」。[74]初未變時為訟，
訟二為坎，坎陷為獄，二在獄中，故稱幽人。履卦即由訟初六變之而來，
所以作「變訟初為兌」。因此，虞氏於此卦，違其卦變之例。虞氏於履卦
雖是違例，但絕非作「坤三之乾」。同時，惠棟綜采荀、虞二家之言，以
全虞氏之說，非但虞說未得釐清，反而混雜不同之二說，使虞說越是失
真，此惠氏之失。

4. 同人䷌卦

對於同人卦，惠棟指出「坤五之乾，柔得位得中而應乎乾」。「四上
失位，變而體坎，故利涉大川」。惠棟並進一步解釋云：

> 蜀才謂自夬來。案：无一陰五陽之例，當是坤五降居乾二成同人，
> 如坤二變之乾成師也。……坤五之乾，得位得中而應乎乾，故云
> 同人于野，同性則同德，同德則同心，同心則同志。[75]

惠棟始終堅持虞翻之說，並無一陽五陰或一陰五陽之例。對於同人䷌卦，
同前面履䷉卦一樣，皆屬一陰五陽者，同六子卦一般，皆自乾坤而來，
同人卦為坤五降居乾二，如此一來，居中得位，二五相應，合於卦辭「利
涉大川，利君子貞」，乃至《彖傳》「柔得位得中而應乎乾」之義。虞翻
雖無明言此卦卦變之情形，但依其卦變原則推，此卦當從䷫姤卦而來，
即姤初之二。惠棟以從乾坤來，為誤解虞氏之說。另外，惠棟指出「蜀
才謂自夬來」，蜀才以同人䷌卦從夬䷪卦而來，取升降之法，認為「九二
升上，上六降二，則柔得位得中而應乎乾」。[76]藉此，有必要再說明的是，
前面章節提到惠棟論述荀爽的升降說，強調的是乾二升五，坤五降二的

---

[73] 惠氏注疏之文，見《周易述》，卷二，頁 47-48。

[74] 見李鼎祚《周易集解》，卷三，頁 71。

[75] 惠棟注疏文，見《周易述》，卷二，頁 62。

[76] 見李鼎祚《周易集解》，卷四，頁 85。

觀念，但蜀才於此卦所採的升降說，是以九二升至上爻，而上六降至二爻的方式，與惠氏所獨鍾的二、五兩爻之變不同，也就是說，漢魏易學家論述升降說，並不單指二、五兩爻的變換。此又惠棟個人的偏執與對荀爽升降說的誤解。

5. 大有䷍卦

惠棟對大有䷍卦卦變的認識，仍然以其卦為一陰五陽者，虞氏並無此卦變之例，因此，卦之產生同前面履卦、同人卦一樣，卦自乾坤而來，與乾坤生六子法同。所以惠棟云此卦為「乾五變之坤成大有」，乾卦的第五爻變成坤爻而成大有。指出「此虞義也。虞例无一陰五陽之例，故云乾五變之坤成大有」。[77]云為出於虞義，虞氏豈有作「乾五變之坤成大有」之云者，此惠氏個人之見解，非虞氏本義。今存虞文，於此卦雖無作一陰五陽之言，但知依其原理原則云，此卦當由姤卦而變，為初之五而成大有。

6. 小畜䷈卦

關於小畜卦的由來，惠棟引虞翻之說作「需上變為巽」，並且重複指出：

> 凡一陰五陽、一陽五陰之卦，皆自乾坤來。故虞注嗛卦云「乾上九來之坤」；又注大有上九云「乾五動成大有」是也。卦无剝、復、夬、遘之例，此卦一陰五陽，故不云自夬、遘來，而云「需上變為巽」也。[78]

惠氏認為小畜卦屬一陰五陽之卦，自乾坤而來，不從夬、遘而來之例。需䷄卦上坎下乾，「需上變為巽」，即其上卦由坎變成巽，則成為上巽下乾之小畜卦。虞翻作此違例之說，主要基於卦辭「密雲不雨」作合理解釋上的需要而改變；其釋《象傳》「密雲不雨，尚往也」，云：

> 密，小也，兌為密。需坎升天為「雲」，墜地稱「雨」。上變為陽，坎象半見，故「密雲不雨，尚往也」。[79]

---

[77] 括弧引文，見《周易述》，卷二，頁66。
[78] 見《周易述》，卷二，頁43-44。
[79] 見李鼎祚《周易集解》，卷三，頁66。

需卦上爲坎，上坎爲雲，下乾爲天，故「升天爲雲」。至於「墜地稱雨」，
乃以下坎爲雨而言，於此卦則不言，以其坎在上。今需卦上坎變爲巽而
成小畜卦，巽爲陽，是坎象半見，故「密雲不雨」。

　　虞氏不作一陰五陽之正例，乃由於釋辭之需，然而惠氏概括「凡一
陰五陽、一陽五陰之卦，皆自乾坤來」，殊不知小畜卦是如何從乾坤來，
是不是要作「乾四來之坤」，或是作「乾四動成小畜」，但是虞氏並無作
此言，而是指出從需卦而變，根本與「乾坤來」無涉，惠氏強作「皆自
乾坤來」，並無理據。

7. 師䷆卦

　　對於師卦之由來，惠棟云「乾二五之坤成坎，坤二五之乾成離，故
師、同人、比、大有皆從乾坤來」。反對「蜀才謂師自剝來」，並且直指
「虞氏論之卦，无一陽五陰之例」，此師卦一陽五陰，當從乾坤而來。[80]
事實上，虞翻釋師卦，並無詳明其卦變由來，此則惠棟一己臆測之說，
未必合於虞意。

　　今《周易集解》雖無虞翻云師卦卦變，蜀才之言，可以作爲重要之
參考。查《集解》中蜀才言卦變者，約有十八處，且大多與虞氏同。以
下列出二家之說略作對照：[81]

圖表 6-1-2　虞翻蜀才卦變說對照表

卦名	虞氏主張	蜀才主張
需卦	大壯四之五	此本大壯卦
訟卦	遯三之二	此本遯卦
師卦		此本剝卦
比卦	師二上之五得位	此本師卦
泰卦	陽息坤，反否也。……天地交，萬物通，故吉亨。	此本坤卦。……天氣下，地氣上，陰陽交，萬物通，故吉亨。
否卦	陰消乾，又反泰也。……陰信陽詘，故大往小來。則是天地不交，而萬物不通。	此本乾卦。大往，陽往而消；小來，陰來而息也。則是天地不，交而萬物不通也。
隨卦	否上之初	此本否卦

---

[80] 參見《周易述》，卷二，頁 35。
[81] 表內二家之言，皆原本《周易集解》之說。

臨卦	陽息至二……	此本坤卦
觀卦	觀，反臨也，以五陽觀示坤民……	此本乾卦
无妄卦	遯上之初	此本遯卦
大畜卦	大壯初之上	此本大壯卦
咸卦	坤三之上	此本否卦
恆卦	乾初之坤四	此本泰卦
晉卦	觀四之五	此本觀卦
明夷卦	臨二之三	此本臨卦
損卦	泰初之上	此本泰卦
益卦	否上之初	此本否卦
旅卦	否三之五	否三升五

由這一對照表，大致可以看到蜀才之說大體同於虞說；虞翻釋文相對於蜀才，則繁富詳明，蜀才簡約。蓋蜀才本於虞說。於師卦，虞氏並無明言，而蜀才作「師自剝來」，當有所據，可為重要之參考，然惠氏並不納用。惠氏除了否定虞氏有一陽五陰或一陰五陽之說外，此卦指從乾坤而來；為違例，亦未必合虞氏本義。

（二）反復不衰而為變例者

反復不衰者有頤、大過、小過、中孚等四卦，小過與中孚二卦，惠氏未及論述，故不作說明。

1. 頤☲卦

惠棟解釋頤卦，專以虞說為釋，以頤卦為「晉四之初」，「反復不衰，與乾、坤、坎、離、大過、小過、中孚同義，故不從臨、觀四陰二陽之例」，並備次說為「或以臨二之上」。虞氏「不從臨、觀四陰二陽之例」，主要本於頤卦初九爻辭「舍爾靈龜」所致。惠棟詳明云：

> 晉四之初者，初九舍爾靈龜，虞彼注云晉「離為龜」。四之初，故舍爾靈龜。是知卦自晉來。[82]

---

[82] 括弧內與此引文，見《周易述》，卷四，頁118。

晉☰卦四至上爲離，離爲龜，四與初應，晉四之初，故「舍爾靈龜」。由此見可，頤卦自晉卦出。不合卦變之正例。然而，虞氏並非全然否定四陰二陽之例自臨卦出的說法，指出「或以臨二之上」，臨兌爲口，故有「自求口實」之象；此於義可通，故虞氏備作一說。但是，惠氏對此略而不言，有意捨免。

惠棟同時指出，虞氏之所以此卦不從臨觀四陰二陽之例，有一個重要的根本因素，即「反復不衰」。虞氏釋頤卦卦辭云「反復不衰，與乾、坤、坎、離、大過、小過、中孚同義，故不從臨觀四陰二陽之例」。[83]惠氏進一步指出：

> 卦有反復，如泰反爲否，否反爲泰，故《雜卦》曰：否泰反其類
> 也。反復不衰謂反復皆此卦也，故《繫上》曰：古之聰明睿知，
> 神武而不殺者夫，殺讀爲衰，虞彼注云：在坎則聰，在離則明，
> 神武謂乾，睿知謂坤，乾、坤、坎、离，反復不衰，故而不殺者
> 夫四卦，之外又有頤、大過、小過、中孚。故云反復不衰，與乾、
> 坤、坎、离、大過、小過、中孚同義，頤與七卦同義，故不從臨、
> 觀四陰二陽之例。[84]

頤卦上下兩陽，中含四陰，本末皆剛，終則復始，上下如一，所以爲「反復不衰」。乾、坤等七卦亦取「反復不衰」，而有違其正例者。

2. 大過☰卦

大過卦之卦變由來，惠棟引虞說云「大壯五之初，或兌三之初」，並進一步解釋云：

> 卦自大壯來，六五之初，又與乾坤坎离同義，反復不衰，不從四
> 陽二陰之例，故云「或兌三之初」。[85]

惠棟引虞氏之說爲訓。虞氏明言「大壯五之初」，乃大過四陽二陰之卦從大壯來，以大壯六五之初九，而爲大過卦，合卦變之正例。惠棟雖引虞言，但曲解虞氏卦變之說，否定虞氏用此「大壯五之初」，認爲虞氏「不

[83] 見李鼎祚《周易集解》，卷六，頁141。
[84] 見《周易述》，卷四，頁119。
[85] 見《周易述》，卷四，頁122-123。

從四陽二陰之例」，所以另云「兌三之初」。事實上，虞氏根本認同卦自大壯來，以六五之初，並爲四陽二陰之正例。虞氏另作「兌三之初」者，或以其說也爲當時一般之通釋，或自己的別一闡釋之說。大過卦上兌下巽，本有兌體，以「兌三之初」言，實無必要。至於惠棟取「兌三之初」爲大過卦變之法，並無關其釋卦，亦無特別與其卦義相涉；惠棟只強調由於「乾坤坎离同義，反復不衰」的因素而言。惠棟又於《易例》中，以及《周易述》釋屯卦裡強調虞氏卦變之法，提到「頤、小過，晉四之初、上之二也。大過、中孚，訟上之三、四之初也。此四卦與乾坤坎離反復不衰，故不從臨觀之例」。[86]這裡所說的大過卦之卦變，卻是從「訟上之三」而來，由此看來，殊不知惠氏是認同「兌三之初」或「訟上之三」，或者兩者皆採，明顯淆亂。至於惠棟所言其卦是「乾坤坎离同義，反復不衰」者，可以看到，頤卦、小過卦從晉☷卦而來，晉卦上離下坤；至於大過、中孚卦從訟☰卦而來，上乾下坎。此離坤、乾坎，而言同義與反復不衰。至於「兌三之初」的兌卦，如何使之同義與反復不衰，則不明其義。

（三）據傳爲說而爲變例者

　　據傳爲說而爲變例者，有屯、蒙、比、豐、旅、睽、蹇等七卦，其中旅卦又爲三陽三陰者，睽卦又爲四陽二陰者，蹇卦又爲二陽四陰者，因此各歸其類而論；豐卦惠氏未及論述，故不作說明。

1. 屯☵卦

　　惠氏釋屯卦云「坎二之初，六二乘剛，五爲上弇，故名屯」。並詳云：

> 卦自坎來，故云「坎二之初」。……當從四陰二陽，臨觀之例，而云「坎二之初」者，因《象傳》「剛柔始交」，乃乾始交坤成坎，故知自坎來也。屯，難也，規固不相通之義。卦二五得正，而名屯者，以二乘初，剛五弇于上，不能相應，故二有屯如之難，五有屯膏之凶，名之曰屯也。三變則六爻皆正，陰陽氣通成既濟之世，故云元、亨、利、貞。卦具四德者七，乾、坤、屯、隨、臨、

　　无妄、革皆以既濟言也。[87]

屯卦爲四陰二陽之例，原當自臨觀而來，然因《彖傳》言「剛柔始交」，則「乾始交坤成坎」，屯當從坎出；《序卦》也提到「屯者，萬物之始生也」，萬物資始於乾坤之交，乾坤交而生坎，而屯又爲始生者，故屯自坎出。惠氏本虞說而云此變例，虞氏作此變例，主要基於經傳文義解釋之需，而節外生枝者。但是，雖是如此，卦由乾坤生六子中的坎離二卦而生，仍含屬於其卦變系統中。

　　惠氏這裡也提到，屯卦雖二五得正，但陰二乘陽初，而剛五又掩於上，並與三不能相應，所以有「屯如之難」、「屯膏之凶」而名爲「屯」。六爻惟三失位，「三變則六爻皆正」，陰陽氣通，而成既濟定，所以能夠具有「元、亨、利、貞」四德。

2. 蒙䷃卦

　　蒙卦之產生，惠氏本諸虞說，以「卦自艮來，九三之二」；本原「當從四陰二陽，臨觀之例，而云艮三之二者，以六五『童蒙』」，「自艮來也。名蒙者，以六五童蒙體艮，艮爲少男。鄭氏云：蒙，幼小之貌，故名蒙。蒙，物之穉也者」。[88]艮爲少男，屬蒙穉之時，有蒙穉之義。因此，基於卦義解釋之需，不從四陰二陽之卦，而作此違例，以蒙從六子卦之艮卦（少男）而生。

3. 比䷇卦

　　惠棟釋比卦，引虞翻之說云，「師二上之五，得位，衆陰順從，比而輔之，故吉」。並進一進說明：

> 凡一陰一陽之卦皆自乾坤來。故《九家易》注坤六五曰：若五動爲比，乃事業之盛。則比實自坤來。……師二上之五，九居二爲失位，升五爲得位，二正五位，衆陰順從，《象》曰：比，輔也。下順從也。以五陰比一陽，故曰比。以五陰順一陽，故曰吉也。[89]

惠棟以一陰一陽之卦皆從乾坤而來，根本否定一陰一陽自復䷗、姤䷫而

---

[87] 見《周易述》，卷一，頁 16。
[88] 見《周易述》，卷一，頁 22。
[89] 見《周易述》，卷二，頁 39-40。

變，已如前述，虞翻未必如是認為，如豫䷏卦，虞氏明白地指為「復初之四」，合於一陰五陽之正例。至於此卦，原當亦自復卦而出，然虞翻卻作「師二上之五」，虞翻作此違例的重要原因，誠如惠氏所釋，師䷆、比䷇二卦多有相通相繫之處。虞釋師卦《彖傳》「能以眾正，可以王矣」，云「謂二失位，變之五，為比。故能以眾正，可以王矣」。[90]此「可以王矣」的理想，就進一步在比卦實現，所以比卦才為「師二上之五，得位，眾陰順從，比而輔之，故吉」。[91]此外，從升降說言，荀爽的理想為陽二升五或陰五降二，師卦九二不正，升居五位，則成為比卦。

　　虞翻雖未明言師卦卦變之由，但大體一陽五陰之例從復卦而來；或已如前述，蜀才認為師自剝來，剝從復卦一陽五陰一系，故蜀才之說，亦可視師卦間接出於復卦。就比卦而言，虞氏以其出自「師二上之五」，從師卦而出，而師卦又與復卦相繫，所以比卦亦可視為間接出自復，如此也可勉強作為一陽五陰自復卦出的正例。同時，虞氏釋比卦《彖傳》「先王以建萬國，親諸侯」時提到「初陽已復」，[92]蓋指比之一陽自復來，此比卦與復卦關係著實密切。

（四）二陽四陰之卦

　　二陽四陰自臨、觀出者有八卦，其中震卦與艮卦，惠氏未及論述，故在此不作說明。

1. 晉䷢卦[93]

　　對於晉卦卦變由來，惠棟指出為「觀四之五」，「卦自觀來，從四陰二陽之例，觀六四進居五，故曰晉，進也」。「爻例四為諸侯，觀之六四『利用賓于王』，故觀四賓王。四之五而皆失位，五之正，以四錫初，謂初四易位也。初動體屯，謂初至五體屯也。屯下體震，震為侯，卦辭曰

見李鼎祚《周易集解》，卷三，頁56。

[91] 干寶亦認為比、師二卦關係密切，二者義同。其釋比卦時云「息來在巳,去陰居陽，承乾之命，義與師同也」。（見李鼎祚《周易集解》，卷三，頁61。）比卦消息為四月卦，即「息來在巳」。乾用事四月，師亦四月，比又消息四月，故比卦「義與師同」。

[92] 見李鼎祚《周易集解》，卷三，頁62。

[93] 惠棟「晉卦」作「晉卦」。

利建侯。四爲諸侯，以四錫初，初震亦爲侯，康侯之象也」。[94]晉卦由觀

卦卦變而來，爲「觀四之五」，符合虞氏卦變正例。觀四進居五位，柔

而上行，合晉卦《象傳》「晉，進也」之義。一般爻例以四爲諸侯，則觀

卦六四「利用賓于王」，又合爻義。因此，用此卦變之例，正合卦辭之義。

2. 明夷☷☲卦

明夷卦，惠棟指出，「卦自臨來，亦從四陰二陽之例」，所以爲「臨

二之三」。[95]此合虞說卦變之正例。

3. 蹇☵☶卦

對於蹇卦之卦變，惠棟採取二說，一爲「升二之五」，一爲「觀上反

三」。他解釋云：

> 卦自升來，升六五「貞吉升階」，虞氏謂「二之五」，故云升。此
> 卦二之五與師二上之五成比同義也。或說觀上反三，虞義也。此
> 從四陰二陽之例矣。坤西南卦，故西南謂坤。艮東北之卦，故東
> 北艮也。二往居坤得位得中，故利西南。卦有兩坎，兼互體也。
> 坎陷爲險，下坎在前。艮東北卦，正直其地，故不利東北。[96]

以「升二之五」爲說，即升☷☴卦二爻升居五爻，而爲蹇卦。同時惠氏引

升卦六五「貞吉升階」，與虞說「二之五」爲釋，以述明蹇卦爲「升二之

五」的合理性。但惠氏於此，混同了虞氏以升降說作解釋升卦六五之義，

虞氏的「二之五」並不在於卦變，而是透過「二之五」的爻位升降，來

說明六五爻辭「貞吉升階」之義。這種升降說，如荀爽釋六五《象傳》

「貞吉升階，大得志也」云：

> 陰正居中，爲陽作階，使升居五。己下降二，與陽相應，故吉而
> 得志。[97]

陰居上中，爲二陽作階，使升居五，即《象傳》所謂「柔以時升」。五下

降二，得中得位，正應五陽。陽爲大，體兩坎爲志，故「大得志」。其升

---

[94] 見《周易述》，卷五，頁147。

[95] 見《周易述》，卷五，頁150。

[96] 見《周易述》，卷六，頁165-166。

[97] 見李鼎祚《周易集解》，卷九，頁228。

降說運用的對象，是就升卦而言，倘如惠氏所言，以升卦之升降，移至
論蹇卦，是有不恰。惠棟對升降說的目標認知，是使卦能得中得正，更
臻於中和之境，而從升卦到蹇卦，雖蹇卦二、五是居中得正者，但卻帶
來二坎之凶象，作此變易，著實不理想，有違升降之大義。卦有吉凶，
前卦變爲後卦，在升降之說的前提上，是希望成就更具吉象之後卦，或
是透過二、五之升降，使能合理釋說吉象之由。惠棟之說，升卦於前，
變卦爲蹇卦於後，而二卦相較，似以升卦尤具吉兆。從卦變的角度云，
蹇卦不宜作「升二之五」，惠氏採此說不恰。惠棟所云「坤西南卦，故西
南謂坤。艮東北之卦，故東北艮也。二往居坤得位得中，故利西南」者，
是以「升二之五」所作的解釋，是合於蹇卦卦辭「利西南，不利東北」
之說。

　　至於惠氏又舉另一說，爲「觀上反三」者，此即虞氏卦變說之正例。
蹇卦從四陰二陽之例，以觀☶卦上爻返至三爻，而成爲上坎下艮之蹇卦。
至於蹇卦卦辭「利西南，不利東北」之義，虞翻則以納甲爲釋，同樣於
卦辭之義，可得正解。[98]

4. 解☷卦

　　解卦之卦義，惠棟從虞義解釋「利西南。无所往，其來復吉」云：

> 臨初之四。坤，西南卦。初之四得坤衆，故「利西南，往得衆也」。
> 「无所往，其來復吉」，謂四本從初之四，失位於外，而无所應。
> 故无所往。宜來反初，復得正位，故其來復吉。二往之五，四來
> 之初，成屯體復象，故云復也。

並進一步說明：

> 卦自臨來，初九之四。《乾鑿度》曰：坤位在西南，故坤西南卦。
> 四體坤，坤爲衆。初之四得坤衆，《象傳》曰「利西南，往得衆」
> 是也。……四以陽居陰，而在外卦，故失位；於外進則无應，故
> 无所應，失位无應，故无所往。宜來反初，而復正陽之位，故「其

---

[98] 參見虞釋「利西南」云：「觀上反三也。坤，西南卦，五在坤中，坎爲月，月生西南，
故利西南。往得中，謂西南得朋也。」釋「不利東北」云：「謂三也。。艮東北之卦，
月消于艮，喪乙滅癸，故不利東北，其道窮也，則東北喪朋。」（見李鼎祚《周易集解》，
卷八，頁191。）

來復吉」也。二已往之五，故四來之初而成屯，屯初至四體復象，
故云復。[99]

此二陽四陰之卦由臨䷒卦而來，臨初九之四而成解卦。八卦方位以坤位
屬西南，四體坤，坤爲廣生而爲「眾」，而初之四卦變成解卦，故解卦「得
坤眾」，並合於《彖傳》所謂「利西南，往得眾」之義。四本臨初，之四
而成解卦，以陽居陰四之位，失位而无應，故「宜來反初，而復正陽之
位」。惠棟採虞翻之說，以乾二升五之升降說與互體以求其復歸之象；二
往之五，而四又反初，則得屯䷂卦；屯初至四體復，故稱「其來復」。此
惠棟以虞說爲求「其來復吉」，則將原本由臨卦卦變而來的解卦，又復變
爲屯以得其吉象，有附會繁雜之嫌。

5. 萃䷬卦

萃卦爲二陽四陰之卦，依消息觀䷓卦而變。惠棟專取虞翻之說爲釋，
其注「王假有廟」，云「觀上之四也。觀乾爲王。假，至也。艮爲廟，體
觀享祀。上之四，「故假有廟，致孝享」也。指出萃卦是由觀卦「上九來
之四」而來，此虞氏卦變之正例。並且以「觀者乾世，故觀乾爲王」，即
觀卦在京房八宮卦說中，爲乾宮四世卦，「爲王」者，當特別指五爻而言。
[100]

6. 升䷭卦

惠棟以虞義釋升卦。闡釋卦辭「元亨，用見大人，勿恤。南征吉」
一文，指出「臨初之三，又有臨象。剛中而應，故元亨」。升卦從「四陰
二陽之例，故云臨初之三」，合於虞氏卦變之正例。「二至上體臨，故又
有臨象」。臨䷒卦與升卦，二卦多有相近處，「臨卦辭曰：元亨。《彖傳》
云剛中而應，是以大亨，與升象略同，故亦云元亨也」。二卦卦辭義近，
且升卦又從臨卦而來，所以關係尤爲密切，皆以「元亨」爲辭。

惠棟進一步指出，「二當之五爲大人，离爲見，坎爲恤，二之五得正，
故用見大人勿恤，有慶也」。「坤虛无君，故二當之五，爲大人。二之五
體离、坎，故离爲見，坎爲恤。二之五得正，坤爲用，故用見大人，勿

---

[99] 見《周易述》，卷六，頁 168-169。

[100] 見《周易述》，卷六，頁 192-193。

恤，有慶，陽稱慶也」。採乾二升五之升降說，使之居中得正，而致吉慶。所以，「离方伯南方之卦，二之五體离，自二升五，故南征吉」。[101]

（五）二陰四陽之卦

二陰四陽之卦自大壯、遯出者有十卦，其中鼎卦、兌卦、巽卦等三卦，惠氏未及論述，故不作說明。

1. 需☰☵卦

對於需卦之由來，惠棟指出「大壯四之五」，「卦自大壯來，從四陽二陰之例」，合於虞氏卦變之正例。需卦上坎下乾，「乾陽在下，坎險在前，乾知險，故須四之五」。合於卦義取象。大壯☳九四「貞吉，悔亡」，虞氏云「失位，悔也；之五得中，故貞吉而悔亡矣」。陽升至五，使之居中而正，如此吉來而悔去。由大壯而來之需卦，知其當升，以得其「亨」，得其「貞吉」，所以取「大壯四之五」以成需卦。

卦象取義，惠氏進一步闡明需卦之義，取《彖傳》云「需，須也」，坎險在前，不可妄涉，當須待以時，適時而後動。又引京房《易傳》云「需者，待也」，乃雲上於天，凝於陰而待於陽，所以「須亦待也」。又引《繫文》云「乾知險下」，乃乾體剛健，遇險能通，而通於吉；[102]乾德之性，在於上升，遇險升則能吉，而其升作不可躁，仍當需時而升，待時而起。上升之道，為去險之法，所以惠氏認為「乾下坎上，乾當上升以知險，故需而不遽進。《彖傳》所謂剛健而不陷是也」。同時，惠氏指出：

> 大壯四之五體坎互离，坎信故有孚，离日故稱光。坎在上為雲，在下為雨，上下无常。是以荀注乾《彖傳》曰：乾升于坤曰雲行，坤降於乾曰雨施。是坎有升降之理。故此卦之義，坎當降，乾當升，升降有時，因名為需。[103]

因此，透過卦變之法，大壯四之五而為需卦，並採取升降之說，使卦義

---

[101] 括弧內引文，見《周易述》，卷六，頁 197-198。

[102] 《繫下》云：「乾，天下之至健也，德行恆易以知險」。此乃乾體之德行。

[103] 括弧引文與此引文，見《周易述》，卷一，頁 25-27。

能夠得以詳明。惠棟疏理甚詳，深得虞、荀之義。

2. 訟☰☵卦

對於訟卦卦變由來，惠棟同虞義，認為是「遯三之二」，「二失位，故不言貞，遯將成否，三來之二得中，故中吉，六爻不親，故終凶」。惠棟並進一步解釋云：

> 卦自遯來，亦四陽二陰之例。九三來之二體坎，坎為孚，虞注夬卦曰：陽在二五稱孚；坎陽在二五，故孚，謂二。……九二陽不正，故不言貞。遯陰消二及三，故將成否，三來之二得中，有孚。……惟九五中正，餘皆失位，六爻不親，故訟。[104]

此四陽二陰之例，皆由遯☶☰卦而變，由九三來之二，而為上乾下坎之訟卦，合虞氏卦變之正例。九五居中得正則有孚，餘五爻皆失位則不親，故「終凶」。

升降之說，可以視為廣義的卦變之法，而虞氏此以消息卦為基準的卦變說，其爻位的轉換，也準升降之義。惠氏論述荀氏升降說時，強調二、五互易，乾升坤降的乾二升五、坤五降二的原則；然而，已如該章節所言，陰陽本有升有降，以乾二升五、坤五降二為法，為一種理想的或企求的方式，並不代表乾陽不降、坤陰不升，也不代表二、五以外的諸爻不變，訟卦以遯卦九三之六二，即是一個明顯的例子，若訟卦可以視為另類升降下所得之卦，則打破了惠棟所堅持的升降說之基本法則。

3. 无妄☰☳卦

无妄卦之卦變，惠棟本諸虞說，云「遯上之初」，「卦自遯來，遯上九一爻來反于初，與後世卦變之例不同」。[105]此四陽二陰之例，皆由遯☶☰卦而變，合虞氏卦變之例。然而，對於虞氏之法，上九反於初，惠氏認為與後世之卦變之例不同，當然也與其所堅持的升降說不同。

4. 大畜☶☰卦

大畜卦卦變之由，此四陽二陰之卦，乃「卦自大壯來」，「大壯初之上」而為大畜卦，合虞氏卦變說之正例。透過此卦變來釋大畜卦義，惠

氏以虞說云「初九之上，《傳》謂其德剛上也」，[106]即卦自大壯來，剛自初升，升居於上，合於《彖傳》所云「剛健篤實」、「其德剛上」之義。

惠棟作「小畜」、「大畜」之分別，認爲「卦有小畜、大畜。陰稱小，陽稱大。小畜謂四，四陰故小。大畜謂上，上陽故大。上體艮，艮爲止；畜者斂聚有止義，以艮畜乾，謂之大畜也」「三至上體頤，頤者，養也」，「又有畜養之義」。[107]大畜卦由初升於上，有極大之義，又以上體艮與互爲頤象所得之象義，可合說大畜卦之卦義。

5. 家人☲☴卦

家人卦之卦變，惠棟同虞說，云「遯四之初」，「卦自遯來，九四之初」，從四陽二陰之正例。惠氏同本虞說解釋卦辭「利女貞」，云「女謂离、巽，二四得正，故利女貞」。並疏云：

> 二稱家，离二正內，應在乾，乾爲人，故名家人。……离中女，巽長女，故女謂离巽。二體离，四體巽，二四得正，故利女貞。馬氏云：家人以女爲奧主。長女中女各得其正，故特曰「利女貞」矣。[108]

離二在內爲家，正應乾五爲人，所以名爲「家人」。離下巽上，皆以女爲居，且二、五正應，故「利女貞」。同時，惠氏注初九「閑有家，悔亡」，云「卦自遯來，陰消二體艮，故艮子弒父，四來閑初，弒道不行，故閑有家悔亡也」；[109]初四正應，用四來防杜初之違行，則「悔亡」。惠氏所釋，與「遯四之初」相涉而言。

6. 睽☲☱卦

睽卦卦變由來，惠氏引虞說，「大壯上之三，在《繫》葢取无妄二之五也。小謂五，陰稱小。得中應剛，故小事吉」。並進一步疏云：

> 卦自大壯來上六之三，此從四陽二陰之例也。云在《繫》葢取者，繫，《繫詞》也，葢取謂十三葢取也。《繫下》曰：「弦木爲弧，剡

---

[106] 括弧引文，見《周易述》，卷四，頁115。
[107] 括弧引文，見《周易述》，卷四，頁115。
[108] 見《周易述》，卷五，頁155。
[109] 見《周易述》，卷五，頁157。

木為矢。弧矢之利，以威天下，蓋取諸睽。」虞彼注云「无妄五
之二」也。《象傳》謂「柔進上行」，故據《繫辭》蓋取以明之。
六五陰爻，故小謂五。陽大陰小，故陰稱小。五得中而應，乾五
之伏陽得中應剛，故小事吉。[110]

惠棟詳明睽卦卦辭「小事吉」之義，並闡釋「大壯上之三」與「无妄五
之二」的意涵。惠氏大抵肯定虞以「大壯上之三」為其卦變之正例。至
於引虞氏另作「无妄二之五」者，當為「无妄五之二」，主要針對《繫下》
之言而論；《繫下》以「弦木為弧」等言之義，蓋取諸第十三睽卦。這裡
值得一談的是，《繫下》以「无妄五之二」而為睽卦者，无妄☳卦五爻為
陽爻，下降至二爻之陰位，此陽降為陰之卦變說，與惠氏一貫堅持的陽
升陰降的原則相異，因此，升降之法或一般所云之卦變，並不限於陽升
陰降，陽降陰升亦有之，此為證例。

7. 革☰卦

關於革卦的卦變由來，惠棟同採虞說云為「遯上之初」，「卦自遯來，
遯上九來之初」，[111]從二陰四陽卦變之正例。革☰卦由遯☶卦卦變而來，
遯卦上九降居初六，於爻變之性，則為陽降而來所生之卦，與惠棟所認
定之升降說之陽升又不同。

（六）三陽三陰之卦

三陽三陰之卦自泰、否出者有十八卦，其中歸妹、豐、節、既濟、
漸、旅、渙、未濟等八卦，惠棟未及論述，故在此不予說明。

1. 隨☵卦

關於隨卦的卦變形成，惠氏云「否上之初」，「卦自否來，從三陽三
陰之例，否上爻之坤初」，即隨卦自否來，合三陽三陰卦變之正例。上九
降居初六而為隨卦，上、初二爻因而居處正位且相應。又「二係初，三
係四，上係五，陰隨陽，故名隨。三四易位，成既濟」，[112]故隨卦卦辭云

[110] 見《周易述》，卷五，頁158。
[111] 見《周易述》，卷七，頁213-214。
[112] 見《周易述》，卷三，頁77-78。

「元亨利貞，无咎」。透過「否上之初」的第一次卦變，再因三、四本相隨之二爻，此二爻易位，並能成為「元亨利貞，无咎」的理想既濟之德。不論是「否上之初」成為隨卦的陰陽爻位之變，或是三四陰陽互易而為既濟者，皆因陰陽實際需要而作升降轉變，並無乾二升五與坤五降二而為中和之境或元亨利貞者，此處非以乾二升五或坤五降二，仍可得「元亨利貞，无咎」的最佳狀況。

2. 蠱䷑卦

蠱卦之形成，惠氏引虞義云「泰初之上」，「卦自泰來，亦從三陽三陰之例」，[113] 蠱卦自泰卦而來，合於虞氏卦變之正例。

3. 噬嗑䷔卦

關於噬嗑卦的形成，惠氏云「否五之初，頤中有物曰噬嗑。五之初，剛柔交，故亨」。並進一步解釋云：

> 卦自否來，九五之坤初，二陽四陰，外實中虛，頤象也。九四以不正閒之，象頤中有物。《象傳》曰「頤中有物，曰噬嗑」。物謂四也。噬，齧也；齧而合之，故曰噬嗑。乾剛坤柔，乾五之坤初坤，初之乾五，剛柔交，故亨也。[114]

此卦為二陽四陰由否卦卦變之正例。「否五之初」後，則二陽包四陰，外實而中虛，具「頤中有物」之象，合於《象傳》之說。「頤中有物」之「物」為不正之九四一爻，即九四爻辭所謂之「噬乾肺」。又，「否五之初」又有剛柔交、具有亨通之性；否卦本乾剛坤柔。九五下降，是分乾之剛以降坤初。初六上升，是分坤之柔以升乾五。分則下震為雷為動，上離為電為明，雷動電照，合成天威，故《象傳》所謂「剛柔分，動而，明雷電合而章」，即合此義。

4. 賁䷕卦

關於賁卦的卦變由來，惠棟本虞翻之說云「泰上之二」，「卦自泰來，上六之乾二，九二之坤上」，合三陰三陽之正例。惠棟並指出「自內曰來，

---

[113] 見《周易述》，卷三，頁 82-83。
[114] 見《周易述》，卷三，頁 94。

上之二柔來文剛，乾陽坤陰，陰陽交故亨也」。[115]上六之柔，來文九二之剛；文雖柔而質剛，又得中得正，所以亨通。

5. 咸䷞卦

咸卦的卦變由來，惠氏引虞說云「坤三之上成女，乾上之三成男，乾坤氣交以相與，止而說，男下女，故通利貞，取女吉」。並進一步疏解云：

> 卦自否來，否三之上，三本坤也，故云坤三之上成女，成兌女也。上本乾也，故云乾上之三成男，成艮男也。否三之上，乾坤氣交以相與，止艮說兌，艮男下兌女，故，取女吉，謂五取上，三取二，初四易位，初取四也。[116]

惠氏以三陰三陽之卦自否而變，取否三之上，合於虞氏卦變之正例。關於「通利貞取女吉」，惠氏「謂五取上，三取二，初四易位，初取四也」，所釋過於繁瑣。二正乎內，而五正乎外，所以「利貞」；文爻陰陽相應，故「取女吉」。否六三升上爲柔上，而上九降三爲剛下，陰陽二氣相交感而爲咸卦，所以《彖卦》云「咸，感也。柔上而剛下，二氣感應以相與」。此卦變可得其義。

6. 恆䷟卦

恆卦卦變之由，惠氏云「泰初之四」，爲三陰三陽之卦由泰卦而來，即虞翻所說的「乾初之坤四」。[117]惠氏並解釋卦辭「利貞。利有攸往」，認爲「初、四、二、五四爻失位，利變之正，故『利貞』。初利往之四，二利往之五，四五皆在外卦，故云之外曰往」。[118]能夠「利有攸往」，虞氏認爲當「初利往之四，終變成益，則初四二五皆得其正，終則有始，故利有攸往也」。[119]惟有變成益卦，才能「利有攸往」，此即《彖傳》所謂「終變成益」者。惠云「尋恒體震巽，八卦諸爻唯震巽變」，[120]恆卦上

---

[115] 見《周易述》，卷三，頁 97-98。

[116] 見《周易述》，卷五，頁 135。

[117] 惠氏言見《周易述》，卷五，頁 138。虞氏言見李鼎祚《周易集解》，卷七，頁 162。

[118] 括弧引文，見《周易述》，卷五，頁 138。

[119] 見李鼎祚《周易集解》，卷七，頁 163。

[120] 括弧引文，見《周易述》，卷五，頁 138。

震下巽，震巽相遇而變爲爲上巽下震之益卦，以震巽特變之法，而得其吉象；也就是能夠得其正，主要因震巽特變而有之。

7. 損☶卦

惠棟釋損卦云：

> 泰初之上，損下益上，其道上行而失位，故名損。二坎爻，坎爲孚，故有孚。與五易位，故元吉无咎。

並疏云：

> 卦自泰來，泰初九之上，乾道上行而失位。《序卦》曰：緩必有所失。損者，失也，故名損。二坎爻，坎信爲孚；二失位，咎也。
> 與五易位，各得其正，故元吉，无咎也。[121]

於卦變言，卦自泰來，泰初之上而爲損，從三陽三陰之正例。損乾之下，以益坤上，下據二陰，體象中孚，故爲「有孚」。外坤上六之乾三，內乾九三之坤六，故爲「損下益上」。以九居上，陽德上行，而乾爲道，震爲行，故「其道上行」。由其卦變之爻位關係，以釋其卦義。

8. 益☲卦

惠氏釋益卦云「否上之初」，「否上爻之初成益」，即卦自否來，從三陽三陰之正例；然而，否☷卦上爻之初，並非爲益☲卦，上九之初六，則上爻則當爲陰，何以仍以有上九之益卦？且四爻（陽爻）未變，又何以有爲六四陰爻的益卦？於此，蜀才似有因之圓說者，釋《象傳》「損上益下」時，云「此本否卦，乾之上九下處坤初，坤之初六上升乾四，損上益下者也」。[122]然二變仍無法合理地由否卦變成益卦，也不符合「以兩爻相易，主變之卦，動者止一爻」的卦變原則。因此，益卦由否卦卦變而生之法，當爲「否初之四」爲正。此黃宗羲改之，惠氏不察。

惠棟闡明卦義云，「損上益下，其道大光。二利往應五，故利有攸往，中正有慶也」。「乾爲大明，以乾照坤，故其道大光，五乾中正，二利往應之，故利有攸往。乾爲慶，故中正有慶也」。「三失正，動成坎體渙。坎爲大川，故利涉大川；渙，舟楫象，木道乃行也」。「三陰失位，動而

---

[121] 二段引文，見《周易述》，卷六，頁172-173。
[122] 見李鼎祚《周易集解》，卷八，頁204。

成坎，有渙象。坎水爲大川，乾爲利，故利涉大川。舟楫之利以濟不通，蓋取諸渙，故渙舟楫象；巽木得水，故木道乃行也」。[123]惠氏引虞翻之言，詳明益卦卦義，但所述與「否上之初」的卦變之法無涉。

9. 困䷮卦

關於困卦，惠氏首先指出其卦變由來爲「卦自否來」，「否上之二」，從三陽三陰之正例。並進一步陳述卦義云，「剛爲陰弇，故困。上之二乾坤交，故亨。《傳》曰困窮而通也」。「上九之二，二五之剛爲陰所弇，故困。否，天地不變不能通氣，上之二乾坤交，故亨」。「陽窮否上，變之二成坎，坎爲通，故窮而通也」。所陳述之卦義內容，與「否上之二」的卦變密切相關。[124]

10. 井䷯卦

惠氏釋井卦，其卦變爲「卦自泰來」，「泰初之五」，從三陽三陰之例。「初九升五，六五降初，所以取象於井者，以坎爲水，巽木爲桔橰」。「桔橰引瓶下入泉口，汲水而出」，是「取象於井之義」。

惠氏釋卦辭「改邑不改井」，引虞翻之說云，「坤爲邑，乾初之五折坤，故改邑。初爲舊井，四應甃之，故不改井」。並詳釋云「泰坤爲邑，乾初之五折坤體，故『改邑』。初本乾也，乾爲舊，故初爲舊井。四井甃，故四應甃之四來脩初，故不改井也」。又本虞說釋「无喪无得，往來井井」云，「初之五，坤象毀壞，故无喪。五之初，失位無應，故无得。坎爲通，故往來井井。往謂之五，來謂之初」。[125]坤滅于乙爲喪，泰初之五，坤象毀壞，所以爲「无喪」。五以陰來居初，與四敵應，爲失位无應，无應所以「无得」。初之五成坎，《說卦》以坎爲通，即往來不窮謂之通，所以云「往來井井」。所述卦辭之義，皆與「泰初之五」的卦變說相涉。

　　《周易》的理論核心，主要透過陰陽的變化、卦爻象和卦爻象的變化，來揭示和反映宇宙事物的發展規律與存在的意義。惠棟延續虞翻的

---

[123] 括弧引文，見《周易述》，卷六，頁 177-178。

[124] 括弧引文，見《周易述》，卷七，頁 203-204。

[125] 括弧引文，見《周易述》，卷七，頁 209-210。

卦變說，有系統地普遍運用於釋卦當中，建構出一套頗具規模的易學理論，提供探究變化之道的新的論述視野。

惠棟釋卦廣採卦變之說，宗主虞氏之學，否定一陰一陽之卦自復、姤出者，而認爲皆出自於乾坤二卦。又以因「反復不衰」而不從四陰二陽自臨、觀出者，有頤、大過、小過、中孚等卦。這些卦說，已如前述，未必符合虞氏本意，又有扭曲虞意，而創爲己說者。至於虞氏作違例之述，惠氏推明其因，主要是因爲附合經傳文義之需，如屯、蒙、比、豐等卦，可以見其對虞氏之說的認識，大抵周全。在論述卦義上，也能依循虞說，闡析詳明。然而，雜以他家之說，混同虞義，使不同的理論系統斷取並言，恐有支離蕪雜之嫌。

第二節　採用卦爻象以釋《易》

以象釋《易》爲漢《易》極爲重要的特色，早在《易傳》中不論是《說卦》、《象傳》或《彖傳》已可看到用象的情形，乃至《子夏易傳》、孟、京、虞翻、荀爽等人，皆專於用象，特別是虞翻，可以說是漢儒用象之集大成者。惠棟《周易述》，根本漢《易》，宗主虞說，掌握了用象的特色，處處可見象，較漢儒有過之而無不及。

一、取用卦爻象之情形

惠棟依賴卦爻象來闡述卦爻義，龐雜而繁富，可以視爲其治《易》之主要特色之一。所用之象皆有所據，且巧妙純熟、用之適切，足稱漢《易》大師。用象布及《周易述》經傳釋義之中，以下特別針對其疏解六十四經卦的用象情形，簡略統計其所用之象。

圖表 6-2-1　惠氏六十四經卦疏解使用卦象情形

卦名	卦　　　　　　象
乾䷀卦	爲命、爲天、爲天道、爲首、爲馬、爲良馬、爲寒、爲金、爲圓木器、爲

	木果、為龍人、為冰、為直、為君、為大君、為父、為衣、為舊德、為武、為美、為蓍、為易、為宗廟、為玉、為剛、為圜、為大人、為大赤、為赤、為福德、為道本、為天子、為龍、為先、為朱、為介福、為好、為遠、積善、為晝、為敬、為野、為郊、為人、為百、為久、為德、為王、為道、為武人、為大、為福、為君子、為宗、為威、為門、為嘉、為利、為善、為良、為頂、為神、為老、為大明、為圭、為信、為舊、為清、為聖人、為賢人、為善人
坤☷卦	為藏、為致役、為黃、為方、為囊、為裳、為師、為拇、為地、為子母牛、為牝、為牝牛、為迷、為血、為牛、為眾、為寧、為臣、為臣道、為兌虎、為大輿、為車輿、為車、為舉、為腹、為邱、為帛、為布帛、為黑、為西南、為柔、為器缶、為不富、既死兌、為皿、為母、為弱、為知、為合、為小、為亡、為消、為羞、為反震、為虎刑、為自邑、為采地、為萬國、為階、為虎變、為夕、為田、為夜、為用、為形、為喪、為事、為晦、為自、為土、為虎、為身、為躬、為輹、為戶、為安、為尸、為國、為器、為缶、為邑、為乙、為積惡、為恥、為害、為盍、為死、為冥、為厚、為裕、為民、為闔戶、為至、為亂、為黃牛、為虛、為鬼、為邦、為我、為終、為聚、為小人
震☳卦	為侯、為阪、為動、為機、為林、為講論、為音聲、為聲、為巽夫、為萑葦、為竹木、為藩、為馬、為馬羿足、為緯、為雷、為善鳴、為鳴、為長子、為子、為長男、為春、為木、為篹、為驚、為起、為作足、為足、為後笑、大塗、為反生、為喜樂、為元帝、為道、為方伯、為開門、為徵、為鹿、為麋鹿、為主、為夫、為出、為左、為奔走、為反、為征、為行、為帝、為兄、為草莽、為陵、為興、為後、為笑、為交、為諸侯、為生、為逐、為作、為告、為言、為問、為奔、為趾
坎☵卦	為月、為水、為中男、為甕、為坎窞、為窞、為陷、為穴、為小穴、為酒食、為閑、為豕、為通、為亨、為極心、為心、為隱伏、為隱、為約、為律、為車、為車多眚、為輿多眚、為多眚、為泉、為泥、為心病、為加憂、為憂、為難、為溝瀆、為溝洫、為寇、為盜、為叢棘、為聚棘、為戚、為思、為馬美脊、為血、為桎梏、為險、為艱、為械、為曳、為河、為主人、為耳、為信、為狐、為聞、為弓輪、為弓、為獄、為經、為惕、為習、為疾、為災、為疑、為蒺、為大川、為雲、為隐、為酒、為孚、為悔、為恤、為校、為毒、為平、為涕、為暴、為志、為三歲
艮☶卦	為山、為子、為反震、為鬼門、為宮闕、為手、為石、為小石、為狐、為狐狼、為少男、為城、為宮室、為門闕、為純、為洯、為革、為豹、為果蓏、為止、為膚、為鼻、為指、為木果、為園、為多節、為童蒙、為徑路、為居、為求、為童、為多、為碩果、為舍、為背、為庭
巽☴卦	為風、為蠱、為女、為長女、為女妻、為隆棟、為老婦、為婦人、為入、為贏、為申命、為杞、為岐、為株、為桔槔、為繘、為蝦蟇、為木果、為蟲、為紂、為繩直、為繩、為舞、為婦、為妻、為高、為多白眼、為貫魚、為長、為長木、為白、為股、為告、為號告、為進退、為咷號、為草木、為楊、為草莽、為命、為桑、為同、為庸、為號、為茅、為牀、為魚、草木、為隨
離☲卦	為火、為中女、為日、為雉、為朱雀、為目、為乾肉、為文、為龜、為眂、為經、為飲食之道、為戈兵、為折上槁、為附、為昔、為睇、為大腹、為隼、為折、為夏、為嚮明、為巳、為己、為惡人、為涕、為瓶、為見、為甲胄、為戎、為明、為光、為矢、為飛、為甲（早）、為黃
兌☱卦	為少女、為西、為白虎、為虎、為和說、為說、為暗昧、為有言、為金、

	爲妻、爲暗、爲谷、爲用、爲妹、爲口、爲講習、爲緯、爲求、爲反巽、爲澤、爲雨、爲雨澤、爲水澤、爲毀折、爲折、爲輔頰、爲妾、爲羊、爲附決、爲密、爲刑人、爲小、爲朋、爲友、爲眇

從上列統計表，約略可以算出八卦用象之數：乾卦至少七十四個，坤卦至少九十二個，震卦至少六十三個，坎卦至少七十五個，艮卦至少三十六個，巽卦至少五十個，離卦至少三十六個，兌卦至少三十四個。總計至少有四百六十個，這樣的數據僅是一個粗略之值，可以只是《周易述》中，惠氏疏解六十四卦（實際上只有四十九卦）卦爻辭之用象，如果包括《彖》、《象》等《易傳》之注疏用象，則將遠遠超過這個數字。況且，又不包括一般爻例或是惠氏所引述的爻象，如此再加上這些，就更爲可觀了。前引這些卦象，惠氏重複運用，十分地頻繁，例如至少重複出現五次以上者，包括：

乾卦：爲王、爲人、爲敬、爲天、爲君、爲德、爲利、爲父等。

坤卦：爲土、爲用、爲田、爲迷、爲喪、爲事、爲身、爲大輿、爲衆、爲器、爲邑、爲牛、爲黃等。

震卦：爲行、爲侯、爲出、爲長子、爲足、爲反生、爲大塗等。

艮卦：爲手、爲石、爲宮室、爲門闕等。

坎卦：爲加憂、爲疾、爲災、爲險、爲信、爲水、爲大川、爲孚、爲恤等。

離卦：爲日、爲見、爲目、爲龜等。

巽卦：爲命、爲繩、爲股、爲木、爲進退、爲號等。

兌卦：爲口、爲毀折、爲朋。

這些卦象當中，又重複使用超過十次者，包括如乾爲王、爲人；坤爲用、爲土、衆；震卦爲行；艮爲手；坎爲孚、爲信、爲加憂等；離爲目等等。所以，從卦象頻繁出現的次數觀之，至少引述數千次。

至於以爻例或爻象來釋卦，如：

（一）以六爻取人身象

惠氏釋咸卦初六時，云：

> 伏羲作《易》，近取諸身。下經人事首「咸」，故一卦六爻皆取象于人身。初爲足，二爲腓，三爲股，四爲心，五爲脢，上爲輔頰，

舌是也。[126]

以伏羲作《易》於自人身爲象，六爻各有所指，初象足，二象腓，三象股，四象心，五象脢，上象舌。惠氏本諸咸卦六爻所象人身而爲言，這種爻象之說，並非惠氏所根據咸卦經文所推用，以人身爲象，事實上由來已早，漢儒用之頗繁，並以虞翻尤盛。惠氏用其六爻象身之說，其中初爻爲足，又爲趾、爲拇、爲履、爲尾；五爲脢，又爲耳；上爲舌、爲首，又爲角；此三爻所象，惠氏引用次數最多。

（二）以六爻貴賤而爲說

惠棟以爻位貴賤爲象而用於釋卦上，主要是根據《易緯乾鑿度》之說，他在《易漢學》中特別提出來：

> 《乾鑿度》曰：初爲元士在位卑下，二爲大夫，三爲三公，四爲諸侯，五爲天子，上爲宗廟宗廟，人道之終也。凡此六者，陰陽所以進退，君臣所以升降，萬民所以為象則也。[127]

爻位之貴賤，即一卦六爻配以爵位等級，這種說法，依現有文獻所錄，孟喜爲先，京房則建立成熟而系統化的論述。馬國翰《玉函山房輯佚書》中《周易孟氏章句》輯錄至《五經異義》中孟氏之文，於訟卦六三「食舊德」下云：

> 《易》爻位，三爲三公，二爲卿大夫。曰食舊德，謂食父祿也。

「三爲三公」，事實上同於《易傳》之說，至於二爻爲卿大夫，則確是首見於孟氏。孟氏既舉二爻位爵釋《易》，餘四爻當亦有配位，這種爻位貴賤之說，在孟喜時期，當已是普遍的認識。到了京房的《易》說，其易學系統中，普遍將此爻位賤貴納入其八宮卦次的理論中。元士、大夫、三公、諸侯、天子、宗廟，這些爵號名稱，以及貴賤有別的爵等，在周秦時期已普遍流行，《禮記·王制》等文獻中均有詳細的記載。漢儒以一卦六爻，配合周行之爵等，以別貴賤，《易傳》乃至孟、京、《易緯》的時期，皆已成普遍化的爻例。惠棟詳審其由，體認漢代此等學說觀念的

---

[126] 見《周易述》，卷六，頁 136。
[127] 見《易漢學》，卷四，頁 1159。

發展脈絡，所以視之爲釋《易》之重要準據。

（三）陰陽爻取象之說

1. 以鄭玄之說爲象

惠棟指出「陽得正爲聖人，失正爲庸人；陰失正爲小人；得正爲君子」，此爲鄭玄注《易緯乾鑿度》之說；[128]惠棟於《易例》中特別引作「君子小人」之例，[129]並且普遍運用於《周易述》的論述卦爻義之中。除了「陽得正爲聖人，失正爲庸人；陰失正爲小人；得正爲君子」外，惠氏並另增「九三亦爲君子」，[130]並將此陰陽爻得位失位所象之聖人、君子、庸人、小人之說，廣泛運用於闡釋卦爻義。這樣的爻象用例，是否可以視爲漢儒解釋卦爻的普遍說法，事實上，不能一而概之，因爲就目前文獻所見，未必能夠全面成爲共識。如果根據「陽得正爲聖人，失正爲庸人；陰失正爲小人；得正爲君子」，以及「九三亦爲君子」的說法無誤，則像否卦六二陰得正，也應該是「君子」才對，但是，否六二爻辭卻作「小人吉，大人否」；又遯卦九四陽失正，當爲「庸人」，但爻辭卻作「君子吉，小人否」；又解卦六五陰失位，當爲「小人」，而爻辭卻作「君子維有解，吉，有孚于小人」；又大壯九三陽得正，依惠氏之說則當爲「君子」，可是爻辭卻作「小人用壯，君子用罔，貞厲」。這些例子，皆以「君子」與「小人」並言，從表面字義觀之，似乎於其所說爻象相左。雖是如此，惠氏仍作一番解釋，如以否六二「苞承，小人吉，大人否亨」爲例，惠棟訓云：

> 二得位，故二正承五。五苞桑，故爲五所苞也。苞二承五，故曰苞承。《乾鑿度》遯初爲小人，觀、遯皆消卦，故觀初亦爲小人。否之小人指初也；荀氏以二爲小人，案二得位，故《乾鑿度》以

---

[128] 《易緯乾鑿度》云「一聖，二庸，三君子，四庸，五聖，六庸，七小人，八君子，九小人，十君子，十一小人，十二君子……」，此爲《乾鑿度》以乾坤十二消息循環以「推即位之術」，鄭氏並爲之注云：「三十二君之率，陽得正爲聖人，失正爲庸人；陰失正爲小人，得正爲君子。」（見《易緯乾鑿度》，卷下，頁 492-493。）

[129] 見《易例》，卷下，頁 1041。

[130] 見《易例》，卷下，頁 1041。

遂二為君子，荀氏非也，或傳寫之訛耳。初惡未著，辨之早，故
吉。大人者，君人五號之一，故謂五。否，不，虞義也。否亨，
言不亨也。[131]

在這裡，惠氏似乎囿於前述爻象而過於自圓其說，認為六二所說的「小
人」，是就初六而言，並以初六「初惡未著，辨之早，故吉」，惡生而能
辨，則逢凶化吉，雖似成理，卻難掩荀氏說法的不同，畢竟荀氏明白地
指出二為「小人」，縱使惠氏認為「荀氏非也，或傳寫之訛耳」，但那也
僅是惠氏的個人解釋罷了。而且，荀氏以六二為小人，可以看出這樣前
述「君子」、「小人」的爻象之用，荀氏並沒有視之為當然，也就是說，
兩漢時期這樣的爻象說，不見得普遍存在。因此，於此，或許只能說是
惠氏的一家之言。

　　用陰陽爻取象以釋卦爻義，雖然不見得是漢儒的通例，但惠氏的陳
述基本上仍有其一貫的條理，仍有其一致的邏輯性，能作此說，也誠屬
不易；不見得能夠反映漢儒古義，但也可以視為以《乾鑿度》作理據下
的進一步開闡。

2. 陽為君子，陰為小人

　　「陽為君子，陰為小人」之爻象說，為惠氏《周易述》中所慣用者，
不下十餘次。「陽為君子，陰為小人」為例，蓋始於泰、否《彖傳》，而
漢儒如虞翻、荀爽、崔憬等人，亦以之為說，惠氏循漢儒之義，而廣為
引述。同時，惠棟並因此爻象，而進一步推說，云「陰，小人，變之正
則為君子」，「變之正為聖人」，[132]當然，這「變之正」涉及爻變的問題，
但基本上，仍須有「君子」、「小人」的既定之爻象方可為之。

---

[131] 見《周易述》，卷二，頁 60。

[132] 惠氏釋解卦六五「君子維有解，吉，有孚于小人」，注云：「陰得位為君子，
失位為小人。兩係稱維，謂五與初也。五之二，初之四，故君子維有解。變之
正，故吉。小人謂三，二、四正，三出為坎，故有孚于小人。」（見《周易述》，
卷六，頁 170。）此即，陰為小人，變之正使為君子之良例。又蒙卦六五「童蒙，
吉」，疏云：「二之正，五變應之，蒙以養正，優入聖域，故吉也。應變者，由
不正而之正也。二、五失位，二之正，五變應之，則各得其正。……是變應之
義矣，《易》之例也。」（見《周易述》，卷一，頁 26。）此乃陰變之正而為聖人
之例。又參見《易例》有作論述。（卷下，頁 1042。）

　　「君子」、「小人」是對立的兩象，陰陽正適可爲其徵象，所以《周易》作者以之爲論，常見於經文之中。而就經文的「君子」、「小人」之用，後儒釋義普遍從良善與否的德性角度去看待，但是，原始之義，是否真要全然由是觀，這是值得玩味的。張立文曾指出，「《易經》作者將奴隸主階級通稱爲『大人』或『君子』，把奴隸稱爲『小人』。『大人』、『君子』和『小人』完全處于對立之中」，「『大人』、『君子』和『小人』的利益是不相容的；不是『君子吉，小人否』；就是『小人吉，君子否』，兩者截然相反，不可相同」。[133]如觀卦初六「童觀，小人无咎，君子吝」，又如大壯九三「小人用壯，君子用罔，貞厲」等，這種「君子」、「小人」從階級身份的角度看，知道「君子」不見得是「吉」，「小人」也不見得是「凶」，全視其處之「位」而見其優劣吉凶，因此，看卦爻辭中的「君子」、「小人」，倘能從這個「位」的角度認識，或許更可以見其原始義。張氏的歷史史觀的角度看，提供我們面對「君子」、「小人」意義上面對的一個側面。因此，面對「君子」、「小人」，不見得全然要從「德性」的意義上去詮解，《周易》的作者，以「君子」、「小人」爲用，或許主要在表達身份的問題。義理學家的詮釋，主要專注在「德性」的意義上去論述，而忽略了身份、「位」的重要意義。反過來，看待漢儒釋此諸義，則重於以「位」取義，如虞翻等人即是，而惠棟述義，亦重於此。

（四）自內曰往，自外曰來

　　往來之說，源於泰否二卦，泰卦卦辭云「小往大來」，而否卦卦辭則云「小往大來」。漢儒之詮解，對於泰卦之言，虞翻認爲「坤陰詘外，爲小往；乾陽信，內稱大來。天地交，萬物通，故吉亨」；蜀才云「小，謂陰也；大，謂陽也。天氣下，地氣上，陰陽交，萬物通，故吉亨」。[134]朱熹本之，云「小謂陰，大謂陽。言坤往居外，乾來居內」。[135]至於否卦之言，虞氏云「陰信陽詘，故大往小來，則是天地不交，而萬物不通」。蜀

---

[133] 見張立文《周易思想研究》，湖北：湖北人民出版社，1980 年 8 月初版，63-64。
[134] 見李鼎祚《周易集解》，卷四，頁 75。
[135] 見朱熹《周易本義》，卷一，頁 751。

才云「大往，陽往而消；小來，陰來而息也」。[136]朱子則云「蓋乾往居外，坤來居內」。[137]惠棟則根據虞氏之說，於泰卦云「息卦坤詘乾信，陰爲小，陽爲大，坤在外，故坤陰詘外爲小往，乾在內，故乾陽信內爲大來。爻在外曰往，在內曰來也」；[138]於否卦則云「陽詘在外，故曰大往；陰信在內，故曰小來」。[139]其說原本於虞氏，並源至於消息說的概念。這種往來之說，延伸至爻位的變化而立說，「凡爻在內或由外而之內稱來，凡爻在外或由內而之外稱往」。[140]惠棟釋卦爻義，每以「往來」爲訓，如明夷䷣卦初九「有攸往」，惠云「初正應四，自內曰往，故有攸往」；[141]如損䷨卦上九「利有攸往」，惠云「自內曰往，三之上，故利有攸往」；[142]如困卦六三「困於石」，惠云「自內曰往，謂三往承四，爲四所困，故往不濟也」；又困卦九二「朱紱方來」，惠云「朱紱謂五，二五敵應，二變則與五相應，故朱紱方來，自外曰來也」。[143]「往來」之說，爲歷來釋《易》常例，惠氏用之，其來有自。

（五）其它爻象

六爻之爻象，惠氏尚有以：

1. **初爻：**

　　爲隱：主要根以乾初九「龍德而隱」，又曰「隱而未見」而言，所以初有隱象。

　　爲潛、爲淵：此亦乾初九爻義，初九爲潛龍潛於淵而言。

　　爲微：主要根據《繫下》云「幾者動之微」；並且虞翻注云「陽見初成震，故動之微」。以及《易緯乾鑿度》云「天道三微而成著，謂一爻」。因此，以初九爲微。

[136] 見李鼎祚《周易集解》，卷四，頁80。
[137] 見朱熹《周易本義》，卷一，頁751。
[138] 見《周易述》，卷二，頁52。
[139] 見《周易述》，卷二，頁58。
[140] 見徐芹庭《兩漢十六家易註闡微》，台北：五洲出版社，1975年12月初版，頁60。
[141] 見《周易述》，卷五，頁153。
[142] 見《周易述》，卷六，頁177。
[143] 困卦二爻，見《周易述》，卷七，頁207。

爲幾：主要根據虞翻注《繫傳》云「幾謂初」而說。

爲嘖：主要根據虞翻注《繫辭》「探賾索隱」云「嘖謂初」而言。

爲始、爲本、爲深、爲女妻（巽初爲女妻）、爲善（初九善）、爲不善（初六不善）、爲小（初陽爲小）等。

2. **二爻**：爲家、爲和（中和之說）、爲孚（孚謂二、五，乃坎卦之象，中滿爲孚）。

3. **三爻**：爲人道，即三於三才爲人道。

4. **四爻**：爲疑。根據四爲心而來。

5. **五爻**：爲大君、爲大人（乾五爲大人。根據九五貴位，五爻爲天子而來）、爲貞（即坤五爲貞）、爲孚（同二爻爲孚之說）、爲中（中和之說）。

6. **上爻**：爲末、爲角、爲終、爲老婦（巽上爲老婦）。

其它象例之運用，尚有：「巽之柔爻爲草，剛爻爲木」，此本諸虞氏逸象以巽爲「草木」，惠氏又將草木強作柔剛之區分，並廣用於闡釋《周易述》之諸爻義，不下八次，不知所據爲何。「初爲日出，二爲日中，三爲日昃」，本於荀爽釋離卦九三之文。[144]「陽長爲進，陰消爲退」，此亦取消息之義。「陽爲左，陰爲右」，「陽爲實，陰爲虛」，此皆歷來陰陽對立，慣用之象。「神爲陽，龜靈爲陰」，其「神爲陽」，爲兩漢所存之通說，晉范望注《太玄經》，頻引爲說；至於「龜靈爲陰」，天神而地靈，靈屬於地，爲《周禮》存在的普遍觀念，龜靈屬於地，地又爲坤陰，並作卜筮靈示之用，故屬陰。

二、惠氏卦象取象之主要依據

惠氏廣取卦象釋《易》，主要本於《說卦》的象說、虞氏逸象，以及《九家說卦》的逸象。

（一）《說卦》的八卦用象

---

[144] 離九三「日昃之離」，荀爽曰：「初爲日出，二爲日中，三爲日昃，以喻君道衰也。」（見李鼎祚，《周易集解》，卷六，頁155。）

　　在取用《說卦》的用象，已如前述，四十九個卦中，有二十八個卦，直引《說卦》之八卦用象以釋其義：

　　在乾象方面：乾為首、乾為馬、乾為君、乾以君之（推而云「乾為王」、「乾為大君」）、為積善（故乾為福）、為金、為良馬、為首、為天、為圓木器。

　　在坤象方面：坤致役（推而云「坤為事」）、坤為大譽、為牛、為黑、為眾、為母（拇）、為腹。

　　在震象方面：為阪、有馬象（震坎皆有馬象）、為足、為反生、為善鳴、震內體為專，外體為躁、帝出乎震（所以震為出）。

　　在兌象方面：為小、為眇。

　　在坎象方面：為加憂（故坎為恤）、坎為盜、有馬象（同震）、為溝瀆、坎為血、為隱伏、為車多眚、坎為曳、為信（故坎為孚）、為極心、陷也、於馬也為美脊、相見乎離（所以離為見）。

　　在離象方面：離為雉、為折上槁、為麗、為中女、為目、為日、為龜、子母牛、離南方卦。

　　在艮象方面：艮為手、為指、為小石、止也、為路徑、艮為門闕。

　　在巽象方面：多白眼、為股、為高、為進退、為繩、為木。

　　實際引用《說卦》用卦者，應遠遠不僅如此，只不過惠棟並未表明出自《說卦》所言。並且，惠氏之用象，也有很多是由《說卦》所延伸出來的，例如《說卦》以艮為「不石」，所以艮又可為「石」等。此外，關於《說卦》所用之象，惠氏也作了說明，[145]例如乾為「首」，惠云：

　　　　《周書·武順》曰：元首曰末。首謂上也，乾陽唱，故乾上為首。
坤為腹：

　　　　腹謂四也。坤為富，《釋名》曰：腹，富也，其中多品，似富者也。
震為足：

　　　　足謂初也。震在下，能動，故為足。
巽為股：

　　　　股謂二也，下開似股。

---

[145] 以下釋《說卦》用象之引文，見《周易述·說卦傳》，卷二十，頁 605-606。

坎為耳與離為目：

> 耳謂五也。《鴻範》：坎，北方屬聽，故為耳。目亦謂五也。《鴻
> 範》：南方屬視，故為目。《淮南·精神》曰：耳目者，日月也。
> 离日、坎月，离目、坎耳，故云耳目者，日月也。

艮為手：

> 手謂三也。艮為拘，以手拘物，故為手。

兌為口：

> 口謂上也，鄭云：上開似口。

以上八卦取人之象，惠氏亦附爻位以說明，即上爻為首，四爻為腹，初
爻為足，二爻為股，五爻為耳為目、三爻為手，上爻為口等。又，釋乾
為馬，坤為牛：

> 《鴻範五行傳》曰：王之不極時，則有馬禍。鄭彼注云：天行
> 健，馬畜之疾行者也，屬王極。乾為王，馬屬王極，故為馬。
> 又曰：思之不容時，則有牛禍。鄭注云：牛畜之任重者也，屬
> 皇極。坤為土，思心曰土，牛屬皇極，故坤為牛。

震為龍：

> 震初九也。《鴻範五行傳》曰：王之不極時，則有龍虵之孽。鄭
> 注云：龍蟲之生於淵，行於无形，游於天者，屬天。乾為龍，
> 乾息自初，初九潛龍勿用，乾初即震初，故震為龍。一曰：震，
> 東方，歲星木，木為青龍，故為龍也。

巽為雞：

> 巽為木，《五行傳》雞屬木。《九家》據《易》生人曰：巽應八
> 風也。風應節而變，變不失時。雞時至而鳴，與風相應也。二
> 九十八，主風精為雞，故雞十八日剖而成雛，二九順陽歷，故
> 雞知時而鳴也。

坎為豕：

> 坎為耳，主聽。《五行傳》曰：聽之不聽時，則有豕禍。鄭注云：
> 豕畜之居閑，衛而聽者也，屬聽。《九家》曰：豕，汙辱卑下也。
> 六九五十四，主時精為豕。豕懷胎四月而生，宣時理節，是其義
> 也。

离為雉：

> 劉向《五行傳》說曰：《書序》高宗祭成湯，有蜚雉登鼎耳而雊。
> 雊，雉鳴者，以赤色為主於《易》，离為雉。雉，南方近赤祥也。
> 劉歆視《傳》以為羽蟲之孽。又离為文明，雉有文章，故离為雉。

艮為狗：

> 鄭氏云：艮卦在丑，艮為止，以能吠守止人，則屬艮。《九家》
> 云：艮數三，七九六十三，三主斗，斗為犬，故犬懷胎三月而
> 生。斗運行十三時日出，故犬十三日而開目。斗屈，故犬臥屈
> 也。斗運行四帀，犬亦夜繞室也。犬之精畏水，不敢飲，但舌
> 舐水耳。犬鬭，以水灌之則解也。斗近奎星，故犬淫當路不避
> 人者也。

兌為羊：

> 兌，正秋也。《易是類謀》曰：太山失金雞，西嶽亡玉羊。羊是
> 西方之畜，故兌為羊。又兌為剛鹵，鄭氏謂其畜好剛鹵也。

以上八卦取動物之象，惠氏作了極為詳細的說明。惠氏在釋《說卦》「乾，
健也。坤，順也。震，動也。巽，入也。坎，陷也。离，麗也。艮，止
也。兌，說也」時疏云：

> 《說卦》先說著數、卦爻、重卦之義，二篇之次及消息六子，
> 以明《易》之為逆數，然後敘明堂之法，而終之以既濟。聖人
> 作《易》，以贊化育，其義已盡。故自「乾，健也」已下，皆後
> 師所益；後師者，七十子之徒是也。必知非孔子所作者，「乾，
> 健也」已下，或訓《象傳》，或訓《繫辭》，或訓上下篇卦爻之
> 象，皆為訓詁之體。且上陳大道，下廁義訓，其文不次。又如
> 《歸藏易》亦云乾為天、為君、為父、為天赤、為辟、為卿、
> 為馬、為禾、為血卦之類，亦是訓卦爻之象，與此略同，故知
> 非孔子作也。云訓《象傳》八卦之德者，泰《象傳》曰「內健
> 而外順」，「健順」是乾坤也。屯《傳》「動乎險中」，「動」是震
> 也。需《傳》「剛健而不陷」，「陷」是坎也。离《傳》「重明以
> 麗乎正，柔麗乎中正」，晉《傳》「順而麗乎大明」，「麗」，是离
> 也。蒙《傳》「險而止」，「止」是艮也。履《傳》「說而應乎乾」，

「說」是兌也。獨巽卦之義，《象傳》不易其文，其訓「入」者，
唯見於《序卦》。則巽有「入」義，故不云「巽，巽也」。坎或
訓「險」，离或訓「明」，《易》含萬象，言豈一端。其所訓之義，
則虞注云：精剛自勝，動行不休，故健。純柔承天時行，故順。
動者陽出動行，入者乾初入陰，陷者陽陷陰中，麗者日麗乾剛。
陽位在上故止。震為大笑，陽息震成兌，震言出口，故說也。[146]

在這裡，惠氏特別指出《說卦》的八卦用象之說，非孔子所作，此涉及
到《十翼》的作者問題，惠氏肯定《象傳》、《繫傳》等諸傳爲孔子所作，
而《說卦》則以訓詁的行文方式呈現，用於訓解《象傳》、《繫傳》等諸
傳中八卦之德，爲其七十子之徒所爲。《說卦》用象之說，既在訓解諸傳
之德，則《說卦》所列之象，皆爲諸傳所本有，而諸傳又爲孔子所作，
則可以說孔子時期，八卦的用象，已然普遍，畢竟《說卦》所列之象，
爲數亦夥。漢儒廣用逸象，如孟喜、虞翻、荀爽等人，乃至《九家說卦》
所見三十一者，雖名爲逸象，有別於《說卦》的八卦用象，然而大體皆
根本《說卦》，更嚴謹地說，根本於《周易》的經文或其本義，以及《彖》、
《象》、《繫傳》所說。至於惠氏對其它用象的釋義，不再一一列舉，而
可以肯定的是，惠氏對八卦用象有精詳的認識，解釋諸象之由來或是卦
象的實質意義，都能引據文獻加以佐證說明。一般人對於八卦用象的體
驗瞭解，可以將惠氏針對《說卦傳》的述義內容，作爲寶貴的參考資料。

（二）虞氏逸象

惠棟直接或間接采用虞翻逸象，而與虞翻逸象同者，至少包括如：
乾卦：爲先、爲朱、爲介福、爲好、爲遠、積善、爲晝、爲敬、爲
野、爲郊、爲人、爲百、爲久、爲德、爲王、爲道、爲武人、爲大、爲
福、爲君子、爲宗、爲巇、爲門、爲嘉、爲利、爲善、爲良、爲頂、爲
神、爲老、爲大明、爲圭、爲信、爲舊、爲清、爲聖人、爲賢人、爲善
人。
坤卦：爲田、爲夜、爲用、爲形、爲喪、爲事、爲晦、爲自、爲土、

爲虎、爲身、爲躬、爲輹、爲戶、爲安、爲尸、爲國、爲器、爲缶、爲邑、爲乙、爲積惡、爲恥、爲害、爲盍、爲死、爲冥、爲厚、爲裕、爲民、爲闔戶、爲至、爲亂、爲黃牛、爲虛、爲鬼、爲邦、爲我、爲終、爲聚、爲小人。

震卦：爲麋鹿、爲主、爲夫、爲出、爲左、爲奔走、爲反、爲征、爲行、爲帝、爲兄、爲草莽、爲陵、爲興、爲後、爲笑、爲交、爲諸侯、爲生、爲逐、爲作、爲告、爲言、爲問、爲奔、爲趾。

坎卦：爲弓輪、爲獄、爲經、爲惕、爲習、爲疾、爲災、爲疑、爲蔾、爲大川、爲雲、爲入、爲酒、爲孚、爲悔、爲恤、爲校、爲毒、爲平、爲涕、爲暴、爲志、爲三歲。

艮卦：爲宮闕、爲狐、爲狐狼、爲宮室、爲門闕、爲木果、爲童蒙、爲居、爲求、爲童、爲多、爲碩果、爲舍、爲背、爲庭。

巽卦：爲草莽、爲命、爲桑、爲同、爲庸、爲號、爲茅、爲牀、爲魚、草木、爲隨。

離卦：爲瓶、爲見、爲甲冑、爲戎、爲明、爲光、爲矢、爲飛、爲甲（早）、爲黃。

兌卦：爲密、爲刑人、爲小、爲朋、爲友。

取用虞氏逸象，幾乎佔了其逸象的三分之二以上，而且這還只不過是其釋四十九個卦經文的用象，倘加上《易傳》的用象，則必超越此統計之數，所以，數量之多，著實驚人。關於虞氏之逸象，前面章節已作詳述，不再多言。

（三）《九家說卦》逸象

惠氏引用《九家說卦》爲訓，於六十四卦經文中，至少引用三十次，於《易傳》中則也最少引用五次以上，以下根據經文所引，各卦所象概略爲：

乾卦：爲龍、爲直、爲衣、

坤卦：爲牝、爲迷、爲方、爲囊、爲裳、爲黃、爲牛、爲虎、爲帛

艮卦：爲狐、爲膚、爲鼻

坎卦：爲叢棘、爲桎梏、爲律、爲河、爲蔾棘

巽卦：爲楊

兌卦：爲輔頰

《九家說卦》所見之逸象有三十一個，惠氏至少用了二十餘個來解釋卦爻義，運用之繁，可見一斑。《九家說卦》之逸象，前面章節已作說明，在此不再贅述。

惠棟所用八卦之象，除了根據《說卦》用象、虞翻逸象與《九家說卦》之逸象外，也大量取用荀爽和《九家易》之逸象，這裡不再詳列。歷來學者普遍認爲釋《易》用象，以虞翻最夥，並成其爲易學的重要特色，而惠氏以述漢學爲志，並特重虞說，申明卦義，當然不能排拒《易》象而不用，所以本諸《說卦》與漢儒用象之說，巧妙而純熟的運用在《周易述》中，青出於藍而勝於藍，使用之量不輸虞氏等漢儒，所用之象由來有據，大體並無乖違漢儒之說而另創新象。由是可見其治漢《易》之功力，能爲其時代之翹楚，並非浪得虛名。

三、用象之檢討

惠棟用象，雖然極爲繁富，但不因此而顯其隨意或妄造，反而見其用象嫻熟而愼重。首先，惠氏的取象釋義，有直接取象與間接取象者，直接取象即直引《說卦》或虞翻等漢儒所用之象，進一步說明卦爻義；而間接取象，則他在用象的過程中，常會對所用之象，作簡要而清楚的解釋。例如，以乾爲「王」，他解釋「爲君故爲王」。[147]又如以乾爲「木果」，以「木果」爲象，出自《說卦》，《說卦》認爲乾象爲「木果」，然而從《集解》中，也可以看到虞翻似乎同時以艮卦和巽卦爲「木果」，在惠棟的認識裡，他肯定「木果」爲艮卦所專主，從《周易述》中多次引用艮爲「木果」可以得知，而他以《說卦》之說，以乾爲「木果」，爲使之不相扞格，所以說「乾爲木果，謂上九也。艮之碩果，亦指上也」，[148]也就是說，艮卦爲乾子，艮一陽在上，此碩實者爲木果，所以可以乾、

---

[147] 見《周易述》，卷三，頁81。釋隨卦用之。
[148] 見《周易述》，卷四，頁104。釋剝卦用之。

艮通爲「木果」。又如坤爲「小」，解釋爲「坤陰詘外爲小，乾陽信內爲
大」。[149]兌爲「求」，解釋爲「艮兌同氣相求，故爲求」。[150]坎爲「疾」，
解釋爲「坎折坤體，故爲疾」。[151]坎爲「械」，解釋云「坎爲桎梏，故爲
校，校即械也」。[152]坎爲「約」，惠氏釋云「坎信爲約」。[153]乾爲「野」、
爲「郊」，惠云「乾，西北之卦，故爲野」；「乾位西北之郊，故爲郊」。
巽爲「同」，惠氏云「巽風同聲相應，故爲同」。巽爲「號咷」，惠氏云「巽
申命行事，號告之象，故爲號咷」。[154]類似這樣的簡要說明，惠氏於用象
疏解中，每每可見，提供了用象上最直接而立即的認識。

　　《易》家用象，往往有不同的卦用同樣的象，或者是不同的易學家，
將同樣的象名指稱不同的卦，關於這樣的情形，惠棟透滲論述卦爻義的
過程中，也作出釐清或解釋。例如坎卦與艮卦同具有「狐」象，《九家易》
即作此主張，惠氏舉項安世之說，以言其差別，云「坎爲狐，取其心之
險也。艮爲狐，取其喙之黔也」。[155]其《周易述》中又作二者之分別，云
「坎爲狐，取其形之隱也，艮爲狐取其喙之黔也」。[156]又指出「《九家說
卦》曰：艮爲狐，狐狼皆黔喙之屬，故爲狐狼也」；[157]「坎爲鬼，《說文》
曰：狐者，鬼所乘，故爲狐。子夏曰：坎爲小狐。干寶亦云：坎爲狐也」。
[158]坎爲水，水性多變，符合狐多疑之性；且坎爲鬼，具隱沒之意，亦符
狐性。故坎爲「狐」。漢魏《易》家，以坎爲「狐」者，包括孟喜、《子
夏傳》、虞翻、《九家易》及干寶等人。至於以艮作「狐」象者，除了《九
家易》外，虞翻也常用。至於以艮卦爲「狐」象，其義若在於「取其喙
之黔」，「喙」形乃獸嘴長而突出者，可以如山形之凸，或合艮卦之象意，

[149] 見《周易述》，卷二，頁 52。釋泰卦用之。
[150] 見《周易述》，卷一，頁 21；釋蒙卦用之。又見《周易述》，卷三，頁 80；釋隨卦用之。
[151] 見《周易述》，卷四，頁 113。釋无妄卦用之。
[152] 見《周易述》，卷三，頁 95。釋噬嗑卦用之。
[153] 見《周易述》，卷四，頁 129。釋坎卦用之。
[154] 上以乾爲「野」、爲「郊」，巽爲「同」、爲「號咷」之括弧引文，見《周易述》，卷二，頁 64-65。釋同人卦用之。
[155] 見《易漢學》，卷七，頁 1220。
[156] 見惠棟《周易述》，卷十八，頁 614。
[157] 見惠棟《周易述》，卷一，頁 20。
[158] 見惠棟《周易述》，卷十八，頁 614。

然而，此重點並不在於「喙」，而在於喙之「黔」，「黔」爲色黑者；取色黑爲象，作坎卦更爲適當，坎屬北方爲水，其色爲黑。這樣的解釋，大抵可通。

以「車」象爲例，歷來以坤爲「車」，爲用象的普遍認識，並無爭議，但若以乾爲「車」，則或有使人困惑者。惠棟釋小畜☲九三時指出，「坤爲大輿，車輿同物」，坤有「車」象，但在釋此乾爻時，惠氏認爲「馬君及俗儒以三體乾，而《漢書・王莽傳》有『乾文車坤六馬』之文，因謂乾爲車。《易》无乾爲車、坤爲馬之例，故云非也」。明白地指出，爲「車」象者僅坤卦，乾無「車」象，且爲「馬」者，坤則無此象。此爻言「輿說腹」者，「乾成坤毀，坤象不見，輿所以載者，說輹則不能載也」；[159]坤毀輹說則輿不能載，所以「輿說腹」。此處並無申明乾有「車」象之義。

惠氏釋同人☲九三「伏戎于莽」，云：

> 巽爲草莽，亦虞義。虞此注謂震爲草莽，義並通也。离爲甲冑，爲戈兵，故爲戎。四上失位，當變之正，故四變三體坎，坎爲隱伏，是伏戎于莽。應在上，上剛敵應，故有是象也。[160]

惠氏引虞氏爲「草莽」之逸象，含震、巽二卦；巽爲當然的草、本之象，《太玄》即以巽爲「草」，而震屬東方，亦可象爲草木。於此，虞翻並無說明何以巽、震皆可爲「草莽」，惠氏不能做更爲明確的說明，但在解釋此卦九三爻時，不論是下卦爲震，可以爲「草莽」外，以三至五互巽，亦有「草莽」之象，所以惠氏說在這裡，虞氏不論是以震或巽爲論皆通，即並通爲「草莽」。這也是對震、巽同爲「草莽」的另類解釋。

以爲「王」之象爲例，乾爲「天子」、爲「君」，故又可爲「王」，爲一般無爭議的普遍認識，但以震爲「王」，則有待斟酌。虞翻與《九家說卦》均有以震爲「王」者，惠棟對此用象，無反對的說法，反而爲之解釋，惠棟引項安世之言云「爲王者，帝出乎震」，[161]也就是既稱「稱」，當然也就可以爲「王」，所以《周易述》在釋《說卦》時，特別指出「帝

---

[159] 見《周易述》，卷二，頁 46。
[160] 見《周易述》，卷二，頁 65。
[161] 見《易漢學》，卷七，頁 1219。

出乎震，今之王，古之帝，故震爲王」，以「帝」、「王」同義，也直接肯
定震可以爲「王」。這樣的解釋，前面論述「虞氏逸象」與「《九家說卦》
逸象」時，已作說明，基本上，個人仍不讚同震有爲「王」之象，畢竟
兩漢《易》家，有以震爲「帝」、爲「公」或爲「侯」之象，少有以震爲
「王」而解釋卦義。雖然惠氏不否定震爲「王」象，但也只有備而不用，
在《周易述》中，惠氏並沒有嘗試以震爲「王」象來釋《易》，這種備而
不用的作法，或許也是一種行動上的否定，否定震卦具有「王」象。

　　以「虎」象爲例，歷來用「虎」象者，有坤卦、兌卦及艮卦，前二
卦爭議少，而艮卦則有待商榷。惠氏在解釋虞氏逸象，以艮爲「虎」時，
指出吳澄認爲「艮不象虎」，但是項安世卻以「艮主寅，虎寅獸」。漢魏
《易》家用象，「京房以坤爲虎刑。陸績以兌之陽爻爲虎。先儒解《易》，
皆取二象，不聞艮爲虎也。虎當爲膚字之誤也。仲翔注《易》云：艮爲
膚是也」。[162]也就是說，歷來作虎象者，大都以坤卦或兌卦，並不以艮卦
象虎，虞翻爲「膚」者，可能是「膚」字之誤。惠棟於《周易述》中指
出，「漢儒相傳以兌爲虎」，如「郭璞《洞林》曰『朱雀西北，白虎東起』。
注云『离爲朱雀，兌爲白虎』。白虎西方宿，兌正西，故云虎」。[163]惠氏
認爲以兌卦爲「虎」象，從天文方位的角度云，兌屬西方之卦，而西方
正是白虎星宿所處之位，同《說文》云「虎，西方獸」，故漢儒以兌爲「虎」，
是一種可爲驗證的事實。至於京房、虞翻等以坤象「虎」，亦有理據；高
誘注《淮南子》云：「虎，土物也」，[164]坤爲土，故爲「虎」。又《月令》
云「仲冬之月虎始交」，《大戴禮記·公冠》云「虎七月而生」，[165]是交於
復而生於姤。姤之一陰自坤來，故取坤卦爲「虎」。

　　又如，乾爲「道」，而震亦爲「道」，惠氏簡要地說明，云「乾爲道，
震得乾之初，故爲道」。[166]也就是震由乾出，爲乾之長子，父承子之道塗，
則震亦爲「道」。由前引諸例之論述可知，惠棟取象釋卦的同時，對於取

---

[162] 見《易漢學》，卷七，頁 1220。

[163] 見惠棟《周易述》，卷二，頁 48。

[164] 轉引自惠棟《周易述》，卷四，頁 122。

[165] 見戴德《大戴禮記，公冠》，卷十三。又《孔子家語·執轡》，卷六，同文。

[166] 見《周易述》，卷二，頁 50。

的是較具爭議性的象，如類似數卦同爲一象者，惠氏皆作一番解釋，以示其用象上的負責態度。可以看出惠氏用象，對八卦所代表之象，皆悉精熟，並能巧爲使用，而無含糊之意。

　　通覽《周易述》論述卦爻義的特殊風格上，其用象可以視爲典型，每一卦爻辭或是《易傳》傳文的闡釋上，惠氏大量的以卦象作舖陳，藉由卦象的有機組合，以具體的呈現卦爻義。例如，惠氏釋困䷮卦卦辭「困，亨」，指出「卦自否來，上九之二，二五之剛爲陰所揜，故困。否，天地不變，不能通氣，上之二，乾坤交，故亨」，即《繫下》所謂之「困窮而通者」。「謂陽窮否上，變之二成坎，坎爲通，故窮而通也」。以鄭氏義明之，「謂坎爲月，互體离，离爲日。兌爲暗昧，日所入。今上，揜日月之明，猶君子處亂世，爲小人所不容，故謂之困」。「兌，西方卦，故云日所入」。在這裡，惠氏以虞、鄭之義爲訓，在論述的過程中，廣引卦象或逸象爲釋，包括如坎爲通、坎爲月、离爲日、兌爲暗昧、兌爲西方卦等。又如卦辭「有言不信」下，惠注云「乾爲信，震爲言，折入兌，故有言不信，尚口乃窮也。荀氏謂陰從二升上成兌，爲有言，失中爲不信」。[167]從小小的一段注文中，每一句體現的幾乎都是卦象之說。

　　惠棟釋晉䷢卦卦辭「康侯用錫馬蕃庶，晝日三接」，云：

　　卦自觀來，從四陰二陽之例，觀六四進居五，故曰晉，進也。康讀如《祭統》「康周公」之「康」，鄭氏註《禮》引此爲證，故讀從之。又鄭註康侯云：康，廣也。謂襃廣其車服之賜也。坤廣生，故曰廣。爻例四爲諸侯，觀之六四「利用賓于王」，故觀四賓王。四之五而皆失位，五之正以四，錫初謂初四易位也，初動體屯，謂初至五體屯也。屯下體震，震爲侯，卦辭曰利建侯。四爲諸侯，以四錫初，初震亦爲侯，康侯之象也。坎爲馬美脊，坤爲用，故用錫馬。錫讀納錫錫貢之錫。侯享王之禮，觀禮匹馬卓。上九馬隨之是其事也蕃多也庶衆也。艮爲多，坤爲衆，故蕃庶。《雜卦》曰：晉，晝也。离日在地上，故晝日。坤三陰在下，故三接。[168]

---

[167] 括弧引文，見《周易述》，卷七，頁 203-204。
[168] 見《周易述》，卷五，頁 147。

晉卦之由來，為「觀四之五」的卦變而成。下坤上坎，坤坎所象，大抵可以明其卦辭之義。「康侯」之「康」為「廣」，坤象「廣生」，所以為「廣」。四爻象「諸侯」，而觀卦六四又為「賓王」之象。又震象「侯」，故初、四同有「侯」象，所以總為「康侯」之象。上坎為「馬美脊」，而下坤為「用」，所以云「用錫馬」。又以艮為「多」，坤為「眾」，所以云「蕃庶」。又以離日在坤地之上，所以云「晝日」。整段釋文中，可以看到惠氏皆以卦爻象作為闡論的主要依據，並且成夠言之成理。

其它如以乾䷀卦《彖傳》「大明終始」為例，惠氏云：

> 乾為至終始。乾為大明，虞義也。离，麗；乾离為明。陽稱大，故為大明。上云乾二五之坤成坎，此云坤二五之乾成离，則有日月象。离為日。已下乾鑿度文。彼謂上經始乾坤，終坎离。乾始坎而終于离，坤始离而終于坎，故曰日月之道，陰陽之經，所以終始萬物。日月謂坎离，坎离為經，故曰陰陽之經也。[169]

細數所用之象，包括乾為「大明」，源於離為「明」、陽稱「大」，故合為「大明」。乾坤二五互為坎離，坎月離日，亦為明，又是陰陽之經，萬物之終始，所以說「大明終始」。用了這樣幾個卦象，把「大明終始」一言說得清楚而明白。又如釋履䷉卦九四「履虎尾」，直接以兌為虎、初為尾，所以「履虎尾」。[170]因此，惠氏用象釋《易》，遠遠超越虞翻這位漢代用象的典型大師，很多卦爻之義，幾乎是以卦爻之象推陳而來。其用象之繁，雖未必使人感之無味，但卻似乎存在著強烈的機械化套用的韻味，但這種機械式的「組合」，仍須存在著靈活運用的思維，一種能夠集合成有意義的內容之邏輯組合，因為卦爻象作為某種符號或名象來運用於萬化之道的詮釋上，必然有其基本的邏輯理路，它的背後，必須考慮到組合後的合理性，是否能應合其原始的文字內容（即卦爻辭、《傳》辭），以及完整表達其組合後的意義，事實上，這是不容易做到的。但是，惠棟卻大體成功地建構出來，雖然很多人不喜歡，但他的完成是不爭的事實，他的完成也未必是不喜歡者所欲試而能成的。

---

[169] 見《周易述·象上傳》，卷九，頁 220-223。
[170] 見《周易述》，卷二，頁 51。

　　《周易》「觀象繫辭」，並使「天下之理得」，用「象」示義，本是《周易》制作的重要模式。漢儒知象之用，因此，以象論《易》，爲漢代易學家釋《易》之普遍情形，論《易》無不言象，只是依賴的比重不同而已。惠氏以復原漢《易》爲重，運用繁富的卦爻象，以凸顯漢儒釋《易》的此一重要特性。對於具有爭議的卦象，惠氏也能適度的合理化解釋，某種角度上，可以視爲漢代用象的重整與再造。他綜合諸家之諸，卻也消融了諸家用象上的差異性；如果說他是以陳述虞翻的易學思想，那虞翻在這一方面上，就不能視爲純粹的虞翻了。因此，從卦爻象的運用上來看，惠棟在這裡的易學主張，所代表的是一種揀選後的漢代《易》家的共同思想，一種重視用象的易學的詮釋方法與詮釋內容。

第三節　互體得卦取象以釋文義

　　互體之說，爲漢代《易》家論《易》的重要體例。互體之運用，可以對本卦六爻作另外再組合的認爲，使取象能夠更爲靈活而有彈性。惠氏根本漢說，釋《易》多以象而述義，用象爲其釋《易》之主要特色，然而象得之於卦，由卦而生象，因此，惠氏採互體之說，以得卦生象而述義。

一、互體運用之情形

　　互體爲漢代易學家釋《易》上常用的重要體例，源起甚早，《左傳》已見其端倪，也就是秋春時期，應該已使用互體之法釋《易》。[171]此外，

---

[171]　《左傳·莊二十二年》云：「陳厲公蔡出也，……生敬仲，其少也，周史有以《周易》見陳侯者，陳侯使筮之，遇觀䷓之否䷋，曰：是謂觀國之光，利用賓于王。……坤，土也；巽，風也；乾，天也。風爲天於土上山也。有山之材，而照之以天光，於是乎居土上，故曰觀國之光，利用賓于王。」杜預注云：「巽變爲乾，故曰風爲天。自二至四有艮象，艮爲山。」孔穎達《正義》則云：「六四之爻位在坤上，坤爲土，地山是土之高者，居於土上，是爲土上山也。又巽變爲乾，六四變爲九四，從二至四互體，有艮之象，艮爲山，故言山也。」（見藝文印書館《十三經注疏》本《左傳》，卷九，頁163-164。）杜、孔二家之說，皆以觀、否二卦之有艮象，必以互體而成之。觀卦以三至五互艮，否

歷來也有學者討論《易傳》（《繫傳》）、《子夏易傳》，乃至焦延壽的易學思想中，亦有互體的觀念或主張。然而真正明確而有廣泛使用互體的，依文獻所見，大概以京房爲先。京房的互體主張，主要以三爻互體爲主，也就是以一卦中之三爻互體成爲一個三爻的純卦。《京氏易傳》論述渙䷺卦時，云：

> 互見動而上，陰陽二象，資而益也，風行水上，處險非溺也。[172]

二、三、四互震爲動。至於「資而益也」的解釋，也就是何以爲「益」，則以二至四互體爲震，四至上爲巽，所以由二至上則五爻可以爻體爲上巽下震之益䷩卦。所以說，京氏亦有互體爲重卦者，並且以五爻爲互而成重卦，只不過在京氏的有關文獻中，這樣的例子僅此一說，且所說並不十分明確，虞翻時用之較爲清楚而頻繁，所以學者大都認爲五爻互體當成熟於東漢。京氏之後，馬融、鄭玄、荀爽亦皆有互體之說。馬融之說，文獻中僅一例，釋巽䷸卦九五「先庚三日，後庚三日」時云「巽互兌，而五在兌上」，[173]巽二至四互兌，而巽卦九五爻在此互兌之上，所以云「五在兌上」。鄭玄佚文較夥，今見互體之說，材料亦豐，劉玉建統計其三爻互體者有三十三處，包括《易緯》中的七處；[174]鄭氏釋大畜卦「不家食，吉」，云「自九三至上九，有頤象」，[175]至三至五互震，四至上互艮，上艮下震爲頤䷚卦，所以說九三至上九具有頤象。是四爻互體爲重卦在鄭氏時已用之。至於荀爽的互體說，則專取三爻互體爲三爻之純卦，並無作重卦的互體主張。互體的思想，發展到了虞翻，可以視爲最具規模者，虞翻除了一般之三爻互體爲純卦外，亦普遍運用四爻互體與五爻互體爲重卦，來呈現卦象與論述卦義。惠氏之學，多引虞說，故此不贅

卦以二至四互艮。王應麟《周易鄭康成注》中據《左傳》此一筮例，指出「以互體求《易》，左氏以來已有之」，（《周易鄭康成注》，引自《大易類聚初集》第一輯，頁4。）因此，遠在春秋時期，以互體之法釋《易》，應是可以確定的事實。

[172] 見《京氏易傳》，卷中。引自郭彧《京氏易傳導讀》，頁120。

[173] 引自明代熊過《周易象旨決錄》，卷四。台北：新文豐出版公司《大易類聚初集》第八輯，1983年10月初版，頁780。

[174] 詳細內容參見劉玉建《兩漢象數易學研究》，廣西：廣西教育出版社，1996年9月1版1刷，頁388-389。

[175] 引自惠棟《增補鄭氏周易》，卷上；輯自《禮記正義·表記》。

言。但知，漢儒釋《易》，以互體之法以見卦象，是一種普遍的現象。

惠棟治《易》的重要特色，即是廣取卦爻象以釋《易》，在釋《易》的過程中，不斷地從經文中舖陳或開展卦爻象，而透過互體的方法，獲得新的卦，以呈現新的卦象，成爲必要的手段，所以繁富的卦象釋《易》之法，也必然形成另一種廣用互體的特色，因爲本卦以外的新卦象的形成，必須仰賴互體而來。因此，互體作爲闡述經文在卦爻象上的主要依據，以互體所反映出的卦爻象，可使《易》義之詮釋更爲便利與合理。

惠棟釋《易》，採虞說爲主，其次爲荀爽、鄭玄等漢儒《易》說，在互體的論述上，大抵也根本於虞翻等漢儒之說。虞翻有三爻互體、四爻與五爻互體，惠棟既以虞說爲主，當然也有三爻互體爲純卦，以及四爻互體與五爻互體爲重卦之說。所以，整體而言，惠氏之互體說，也可以視之爲準虞翻的互體說。

惠氏的互體之法，云作「互」者，或作「體」者，或連用爲「互體」者，其運用之繁，在《周易述》中可以說是蔚爲大觀。《周易述》中，惠氏訓注經傳文義，用於表達互體之法，出現「互」者有二次，出現「體」者有二百餘次，出現「互體」者亦有二次。在疏文中，出現「互」與「互體」，皆在表達互體之義者，有七十五次；出現「體」，並同樣在表達互體者，則高達七百餘次。這當中不包括未明言指爲互體者，但實際上是表達因爲互體而成其義者，其情形又極爲普遍，由於複雜而繁瑣，故未及統計。由這樣的引述數字觀之，遠較虞翻爲盛，而以互體之法釋《易》，當然爲惠氏治《易》的主要特色。

三爻互體是互體說中最爲基本，最具規則，且爲《易》家最常運用的互體方法。惠氏的互體說，主要是獨取三爻互體；在一個重卦中，除了上下二體外，二至四爻、三至五爻，亦可交互形成兩個新的純卦，並且可以得到上下二體的卦象外的另外兩個卦象，增加卦象的取用，使取象解《易》可以獲得更多的依據。惠棟對於本卦的上下二體，與其它二至四爻與三至五爻互體所增成的純卦，並無細作不同的名稱以加以區別，往往同稱爲「體」。因此，三爻所成的卦，惠氏皆作「體」，其「體」意味著三爻成爲一個純卦的卦體，本卦的上下卦如此爲名，二至四爻或三至五爻也是如此爲名－名爲「體」。皆是「體」，所不同的是「體」的

形成，在於位置的不同，也就是爻位的不同，或者是形成上的不同；形成上的不同，有以原來本卦取三爻爲一卦體，有以卦變或爻變而取變後的三爻爲一卦體。除了三爻互體爲一純卦外，亦有以四爻互體以及五爻互體，而形成新的重卦，藉由表彰此新的重卦卦義，進一步論述本卦之卦爻義。

　　以下僅將惠氏《周易述》上下經與《彖傳》、《象傳》、《繫傳》、《文言傳》、《說卦傳》的注文中所見互體之法，粗略統計如下表所示：

圖表 6-3-1　惠棟《周易述》注文互體統計表

經傳原文	互　　體
乾䷀卦九五：飛龍在天，利見大人。	**五體離**，離爲飛，五在天，故曰飛龍在天。二變應之，故利見大人。
坤䷁卦卦辭：先迷後得主，利。	坤爲迷，消剝艮爲迷，復故先迷。震爲主，反剝爲復，**體震**，故後得主利。
屯䷂卦六二：匪寇昏媾。	**五體坎**，坎爲寇；二應五，故匪寇。陰陽得正，故昏媾。
屯䷂卦六三：惟入于林中。	艮爲山，山足曰鹿，鹿，林也。**三變體坎**，坎爲叢木山下，故稱林中。
屯䷂卦上六：乘馬班如，泣血漣如。	乘，五也。上于五非晉，因之正，初雖乘馬，終必泣血。**三變體離**，離爲目，坎爲血，艮爲手，舉目流血，泣之象也。
蒙䷃卦：蒙，亨。	艮三之二，六五爲童蒙，**體艮**，故云蒙。蒙，物之稺也。五應二，剛柔接，故亨。
蒙䷃卦：匪我求童蒙，童蒙求我。	我，謂二。艮爲求，五應二，故匪我求童蒙，童蒙求我。禮，有來學，无往教。虞氏以**二體師象**，坎爲經，謂二爲經師也。
蒙䷃卦初六：發蒙，利用刑人。	發蒙之正**體兌**，兌爲刑人，坤爲用。故曰利用刑人。
蒙䷃卦九二：子克家。	**五體艮**，艮爲子，二稱家，故子克家也。
蒙䷃卦六三：見金夫，不有躬，无攸利。	兌爲見，陽稱金，震爲夫，坤身稱躬，五變**坤體壞**，故見金夫，不有躬，失位多凶，故无攸利。
蒙䷃卦上九：擊蒙，不利爲寇，利禦寇。	擊三也，**體艮**，爲手，故擊。謂五已變，上動成坎，稱寇。而逆乘陽，故不利爲寇。禦，止也。上應三，**三體坎**，行不順，故利禦寇。
需䷄卦初九：需于郊，利用恆，无咎。	乾爲郊，**初變體恆**，故曰利用恆。需極上升，得位承五，故无咎。
需䷄卦九二：需于沚，小有言，終吉。	沚謂坎五，水中之剛，故曰沚。二當升五，故需于沚。**四體兌**，兌爲口、爲小，故小有言。二終居五，故終吉。
需䷄卦九五：需于酒食。	**五互離坎**，水在火上，酒食之象。需者，飲食之道，故坎在需家爲酒食也。
訟䷅卦初六：不永所事，小有言，終吉。	永，長也。坤爲事，初失位而爲訟，始變之正，故不永所事。**體兌**，故小有言。二動應五，三食舊德，故終吉。
訟䷅卦六三：食舊德，貞厲，終吉。	乾爲舊德，三動得位，二變食乾，故食舊德。**體坎**，故貞厲。得位，故終吉。
訟䷅卦九四：不克訟，復即命渝，安貞吉。	二以惡德受服，九五中正，奪二與四，故不克訟，復即命。渝，變也。**四變體巽爲命**，得位承五，故渝安貞吉。坤爲安。
師䷆卦卦辭：貞丈人，吉，无咎。	乾二之坤，與同人旁通。丈之言長，丈人謂二，**二體震**爲長子，故云丈人。二失位，當升五居正，故云貞丈人，吉，无咎。

比䷇卦九五：顯比。	五貴多功，得位正中。**初三已變體重明**，故顯比謂顯諸仁也。
小畜䷈卦卦辭：密雲不雨，自我西郊。	需坎爲雲，上變爲陽，坎象牛見，故密雲不雨。我謂四，**四體兌**，兌爲西，乾爲郊，雲西行，則雨自我西郊。
小畜䷈卦九二：牽復吉。	變至二與初同復，故牽復至五，**體需**，二變應之，故吉。
履䷉卦九四：履虎尾，愬愬，終吉。	愬愬，敬懼貌。體與下絕，乾爲敬，四多懼，故愬愬。**變體坎**得位，承五應初，故終吉。
履䷉卦九五：夬履，貞厲。	三上已變，**體夬象**，故夬履。四變五在坎中，故貞厲。
泰䷊卦九二：用馮河，不遐遺。	馮河，涉河。遐，遠。遺，亡也。失位變得正，**體坎**，坎爲河，震爲足，故用馮河。乾爲遠，故不遐遺。
泰䷊卦九三：无平不陂，无往不復。	陂，傾也。應在上，平謂三，陂謂上，往謂消外，復謂息內，**從三至上體復象**，故无平不陂，无往不復。
泰䷊卦九三：艱貞无咎，勿恤其孚，于食有福。	艱，險；貞，正；恤，憂；孚，信也。二之五，**三體坎**，爲險，爲恤，爲孚。乾爲福，三得位，故艱貞无咎，勿恤其孚，于食有福也。
泰䷊卦上六：勿用師，自邑告命，貞吝。	**二動體師**，陰乘陽，故勿用師。邑，天子之居也。坤爲邑，否巽爲告，爲命，政教不出於國門，故自邑告命，雖貞亦吝。
否䷋卦上九：傾否，先否後喜。	否終必傾，應在三，故先否。**下反於初，成益體震**，民說无疆，故後喜。
同人䷌卦卦辭：利涉大川。	四、上失位，變而體坎，故利涉大川。
同人䷌卦九五：同人先號咷而後笑，大師克，相遇。	應在二。巽爲號咷，乾爲先，故先號咷。師震在下，故後笑。乾爲大同，人反師，故大師。**二至五體遘遇**，故相遇。
大有䷍卦九三：公用亨于天子，小人弗克。	三公，位也。天子謂五，小人謂四，**二變體鼎象**，故公用亨于天子。四折鼎足，覆公餗，故小人弗克。
謙䷎卦初六：謙謙君子，用涉大川，吉。	變之正在下，故謙謙君子謂陽。**三體坎**爲大川，歷三應四，故用涉大川，吉。
謙䷎卦六二：鳴謙，貞吉。	**三體震**爲善鳴，故鳴謙。三居五，二正應之，故貞吉。
謙䷎卦九三：勞謙，君子有終，吉。	**體坎爲勞**，故曰勞謙。謙縛而光率，而不可踰君子之終，故吉也。
謙䷎卦上六：鳴謙，利用行師，征邑國。	應在震，故鳴謙。**體師象**，震爲行，坤爲邑國，五之正，已得從征，故利用行師，征邑國。
豫䷏卦卦辭：利建侯行師。	復初之四，與小畜旁通。豫，樂也。震爲諸侯，**初至五體比象**，故四利復初，故利建侯。**三至上體師象**，故行師。
豫䷏卦六五：貞疾，恆不死。	恆，常也。坎爲疾，應在坤，坤爲死，震爲反生，位在震中，**與坤體絕**，故貞疾，恒不死也。
豫䷏卦上六：冥豫，成有渝，无咎。	冥讀爲瞑，應在三，坤爲冥，冥豫，瀆也。渝，變也。三失位无應，多凶，變乃得正，**體艮成**，故成有渝，无咎。
隨䷐卦六二：係小子，失丈夫。	小子謂初，丈夫謂五。**五體大過老夫**，故稱大夫。
蠱䷑卦卦辭：先甲三日，後甲三日。	先甲三日，巽也。在乾之先，故曰先甲。後甲三日，兌也。在乾之後，故曰後甲。虞氏謂初變成乾，乾爲甲，至三成离，离爲日，謂乾三爻在前，故先甲三日，貴時也。**變三至四體离**，至五成乾，乾三爻在後，故後甲三日，无妄時也。
蠱䷑卦六四：裕父之蠱，往見吝。	裕不能争也，**四陰體大過**，本末弱，故裕父之蠱。兌爲見，應在初，初變應四，則吝，故往見吝。
觀䷓卦六二：闚觀，利女貞。	竊觀稱闚，二离爻，离爲目，爲中女。**互體艮**，艮爲宮室，坤爲闔戶，女目近戶，闚觀之象。二陰得正應五，故利女貞，利不淫視也。
觀䷓卦六四：觀國之光，利用賓于王。	坤爲國，**上之三體离**，离爲光，故觀國之光。王謂五，四陽稱賓，變坤承五，坤爲用，爲臣，故利用賓于王。

觀■卦上九：觀其生，君子无咎。	應在三，**三體臨震**，故觀其生。君子謂三，之三得正，故无咎。
噬嗑■卦上九：何校滅耳，凶。	爲五所何，故曰何校。**五體坎爲耳**，上據坎，故何校滅耳。上以不正，陰終消陽，故凶。
賁■卦初九：賁其止，舍車而徒。	初爲止，坤爲車，應在坤。上之二，**坤體壞**，故舍車而徒。
復■卦上六：用行師，終有大敗。以其國君凶。	三復位，**體師**，故用行師。上行師而距于初，陽息上升，必消羣陰，故終有大敗。國君謂初也，受命復道，當從下升，今上六行師，王誅必加，故以其國君凶也。
无妄■卦卦辭：无亨，利貞。其匪正有眚，不利有攸往。	遯上之初。妄讀爲望，言无所望也。四已之正成益，利用大作。三、上易位，成既濟。雲行雨施，品物流形，故曰元亨，利貞。其謂三，三失位，故匪正。上動成坎，故有眚。**體屯難**，故不利有攸往。災及邑人，天命不右，卦之所以爲无望也。《雜卦》曰：无妄，災也。
无妄■卦六三：无妄之災，或繫之牛，行人之得，邑人之災。	應在上，**上動體坎**，故稱災。坤爲牛，乾爲行人，坤爲邑人牛，所以資耕稆也。繫而弗用，爲行人所得，故災。天子所居曰邑，邑人災，天下皆災矣。
大畜■卦卦辭：不家食吉。	二稱家，**體頤養**，居外，是不家食吉而養賢。
大畜■卦卦辭：利涉大川。	**二變體坎**，故利涉大川。
大畜■卦初九：有厲，利已。	厲，危；已，止也。**二變四體坎**，故有厲，應在艮，艮爲止，故利已。
頤■卦卦辭：貞吉。	**卦互兩坤**，萬物致養，故名頤。
頤■卦六三：拂頤，貞凶，十年勿用，无攸利。	**三失位體剝**，故拂頤。不正相應，弒父弒君，故貞凶。坤爲十年，動无所應，故十年勿用，无攸利也。
大過■卦九二：枯楊生稊，老夫得其女妻，无不利。	稊謂初發孚也。巽爲楊，乾爲老，老楊故枯。**二體乾老**，稱老夫。巽，長女，生稊爲女妻，老夫得其女妻，得初也。過以相與，故无不利。
坎■卦卦辭：行有尚。	行謂二，尚謂五。**二體震**，爲行，動得正，故行有尚，往有功也。
坎■卦上六：繫用徽纆，寘于叢棘，三歲不得，凶。	繫，拘也。巽爲繩，坤爲黑，故爲徽纆。寘，示也。坎爲叢棘，艮爲門闕，門闕之內有叢木，是天子外朝，左右九棘之象也。應在三，**三體比**，匪人，故縛以徽纆，示于叢棘，而使公卿以下議之，害人者加明刑，任之以事，上罪三年而舍，中罪二年而舍，下罪一年而舍，不得者謂不能改，而不得出獄。艮止坎獄，乾爲歲，歷三爻，故三歲不得，凶。
離■卦卦辭：利貞，亨。畜牝牛吉。	坤二五之乾，與坎旁通。于爻遯初之五，四、五、上失正，利出離爲坎，故利貞，亨。畜，養也。坤爲牝牛，乾二五之坤成坎，**體頤養**，故畜牝牛，吉。
離■卦九三：日昃之離，不鼓缶而歌，則大耋之嗟。	三不中，故日曰日昃。艮手爲鼓，坤爲缶，震爲音聲，兌爲口，故不鼓缶而歌。乾老爲耋，**體大過**，故大耋之嗟。
離■卦九四：突如其來如，焚如死如，棄如。	突，不順忽出也。四震爻失正，故突如。與初敵應，故來如。離焰宣揚，故焚如。**體大過**，死象，故死如。火息灰損，故棄如。不孝之罪，五刑莫大。燒殺棄之，不入于兆也。
離■卦上九：王用出征，有嘉折首，獲匪其醜，无咎。	五已正，乾爲王，坤衆爲師，震爲出，故王用出征。乾上爲首，兌爲折，**上變體兌**，折乾，應在三，故有嘉折首。醜，類也。獲，獲四也。以上獲四，故匪其醜。爻皆得正，故无咎。
咸■卦九四：貞吉。悔亡。憧憧往來，朋從爾思。	失位，悔也。應初動得正，故貞吉而悔亡矣。憧憧，往來貌。四之初爲來，初之四爲往，故憧憧往來矣。兌爲朋，四于位爲心，故云思。**初之四體坎**，亦爲思，故朋從爾思也。
恆■卦九三：不恆其德，或承之羞，貞吝。	**三體乾爲德**，變失位，故不恆其德。坤恥爲羞，**變至四，體坤**，故或承之羞。三多凶，變失位，與上敵應，故貞吝。
遯■卦九三：係遯，有疾厲，畜臣妾吉。	二係三，故係遯。三多凶，**四變三體坎**，爲疾，故有疾厲。遯陰剝陽，三消成坤，與上易位，坤爲臣，兌爲妾，上來之三，據艮應兌，故畜臣妾吉。
遯■卦上九：飛遯，无不利。	應在三，**四變三體離**，爲飛，上失位，變之正，故飛遯。《九師道訓》曰：遯而能飛，

	吉孰大焉，故无不利，乾爲利也。
大壯**䷡**卦九三：小人用壯，君子用罔，貞厲。	應在上也。三陽君子，小人謂上。**二變三體离**，离爲罔，上乘五，故用壯。三據二，故用罔。**體乾夕惕**，故貞厲。
大壯**䷡**卦九四：貞吉，悔亡。藩決不羸，壯于大輿之輹。	失位，悔也，之五得中，故貞吉而悔亡矣。**體夬象**，故藩決。震四上處五，則藩毀壞，故藩決不羸。腹讀爲輹，坤爲大輿，爲腹，四之五折坤，故壯于大輿之輹。
晉**䷢**卦卦辭：康侯用錫馬蕃庶，晝日三接。	觀四之五。晉，進也。康讀如康周公之康，廣也。坤爲廣，四爲諸侯，觀四賓王，四、五失位，五之正，以四錫初，**初動體屯**，震爲諸侯，故康侯。坎爲馬，坤爲用，故用錫馬。艮爲多，坤爲衆，故蕃庶。离日在上，故晝日。三陰在下，故三接矣。
晉**䷢**卦九四：晉如鼫鼠，貞厲。	**四體坎艮**，艮爲鼫鼠，在坎穴中，故晉如鼫鼠。失位，故貞厲。
晉**䷢**卦上九：晉其角，維用伐邑，厲吉，无咎，貞吝。	上爲角，坤爲邑，**動體豫**，利行師，故維用伐邑。失位，故危。變之正，故厲吉，无咎。動入冥豫，故貞吝。
明夷**䷣**卦卦辭：利艱貞。	謂三也，**三得正體坎**，爲艱，故利艱貞。
明夷**䷣**卦初九：明夷于飛，垂其翼。君子于行，三日不食。	离爲飛鳥，故曰于飛。爲坤所抑，故垂其翼。陽爲君子，三者陽德成也。震爲行，离爲日，**晉初動，體噬嗑**，明夷反晉，故曰君子于行，三日不食。
明夷**䷣**卦六四：有攸往主人有言。	應在四，故有攸往。**四體震**，爲主人，爲言，故主人有言。
明夷**䷣**卦六四：入于左腹，獲明夷之心，于出門庭。	左謂三，坤爲腹，四欲上，三居五，故入于左腹。**三獲五體坎**，爲心，故獲明夷之心。震爲出，**晉艮爲門庭**，故于出門庭，言三當出門庭，升五君位。
家人**䷤**卦九三：家人嗃嗃，悔厲，吉。婦子喜喜，終吝。	嗃嗃，盛烈也。乾盛，故嗃嗃。三多凶，故悔厲。得位，故吉。喜喜，喜笑也。巽爲婦，**動體艮子**，家人毀壞，故婦子喜喜，終吝。
家人**䷤**卦九五：王假有家，勿恤吉。	乾爲王。假，大也。三變受上，**五體坎**，坎爲恤。五得尊位，據四應二，以天下爲家，故王假有家。天下正也，故勿恤，吉。
睽**䷥**卦初九：悔亡。喪馬，勿逐自復。見惡人无咎。	无應，悔也。四動得位，故悔亡。應在坎，坎爲馬，四失位，之正入坤，坤爲喪，坎象不見，故喪馬。震爲逐，艮爲止，故勿逐。坤爲自，**二至五體復象**，二動震，馬來，故勿逐自復也。离爲見，惡人謂四，動入坤，初四復正，故見惡人无咎也。
睽**䷥**卦九二：遇主于巷，无咎。	**二動體震**，震爲主，艮爲宮，爲徑路。宮中有徑路，故稱巷。二動五變應之，故遇主于巷。變得正，故无咎。
睽**䷥**卦六五：悔亡。厥宗噬膚，往何咎。	失位，悔也，變之正，故悔亡。乾爲宗，**二動體噬嗑**，故曰噬。四變時艮爲膚，故厥宗噬膚，言與三合也。二往應之，故往何咎。
解**䷧**卦卦辭：无所往，其來復吉。	謂四本處初，之五失位於外而无所應，故无所往。宜來反初，復得正位，故其來復吉。二往之五，四來之初成屯，**體復象**，故云復也。
損**䷨**卦卦辭：曷之用二簋，可用享。	坤爲用，**二體震**，震爲木，乾爲圓，木器而圓，簋象也。震主祭器，故爲簋。二簋者，黍與稷也。五离爻，离爲火，火數二，故二簋。上爲宗廟，謂二升五爲益，柔樀之利既成，用二簋盛稻粱，以享于上，上右五益三，而成既濟，故云二簋可用享也。
益**䷩**卦卦辭：利涉大川。	謂三失正，**動成坎體渙**，坎爲大川，故利涉大川。渙，舟楫象，木道乃行也。
益**䷩**卦初九：利用爲大作，元吉，无咎。	大作，謂耕播、耒耨之利蓋取諸此也。坤爲用，乾爲大，震爲作，故利用爲大作。**體復初得正**，故无吉，无咎。震三月卦，日中星鳥，敬授民時，故以耕播也。
益**䷩**卦六二：王用亨于帝，吉。	震稱帝，王謂五，否乾爲王，**體觀**，象祭祀。益正月卦，王用以郊天，故亨于帝。得位，故吉。
益**䷩**卦六三：有孚。中行告公用圭。	公謂三，**三動體坎**，故有孚。震爲行，**初至四體復**，故曰中行。震爲告，坤爲用，乾爲圭，上之三，故告公用圭。禮合者執璧將命，贈者執圭將命，皆西面坐，委之宰，舉璧與圭，此凶事用圭之禮。
益**䷩**卦六四：中行告公從。	**體復**，四故亦云中行。三爲公，震爲從，三、上失位，四利三之正，已得從初，故告公從。

益█卦九五：有孚惠心，勿問，元吉。	謂三、上也。震爲問，三、上易位，**三、五體坎**，已成既濟，坎爲心，故有孚惠心，勿問，元吉。《象》曰：勿問之矣。
益█卦九五：有孚，惠我德。	坤爲我，乾爲德，三之上**體坎爲孚**，故惠我德。《象》曰：大德志也。
益█卦上九：立心勿恆，凶。	旁通恆，**益初體復心**，上不益初，故立心勿恆。傷之者至，故凶。
夬█卦卦辭：孚號，有厲。	陽在二、五，稱孚，孚謂五也。二失位，**動體巽**，巽爲號。決之者五也，危去上六，故孚號，有厲。
夬█卦九四：牽羊悔亡。聞言不信。	**四體兌爲羊**，初欲牽之，故牽羊。變應初，故悔亡。四變坎爲聞，震爲言，今四不變，故聞言不信。坎孚爲信也。
夬█卦上六：无號，終有凶。	遯時巽爲號，復亨剛反，巽象伏藏，故无號。至夬而乾成，剛長乃終，故終有凶。或說二動三，**體巽爲號**，三不應上，內外體絕，故无號。位極乘陽，故終有凶。
遘█卦初六：羸豕孚蹢躅。	三夬之四在夬，**動而體坎**，坎爲豕，孚爲孚，巽繩操之，故稱羸。巽爲舞，爲進退，操而舞，故羸豕孚蹢躅，以喻遘女望於五陽，如豕蹢躅也。
遘█卦九三：臀无膚，其行次且，无大咎。	夬時三在四爲臀，艮爲膚，**二折艮體**，故臀无膚。復震爲行，其象不正，故其行次且。三得正位，雖則危厲，无大咎也。
遘█卦九五：以杞苞瓜，含章有隕自天。	巽爲杞，在中稱苞，乾圓爲瓜，**四變體巽**，故以杞苞瓜。含章謂五，五欲使初、四易位，以陰含陽，已得據之，故以含章。**初之四體兌爲口**，故稱含。隕，落也。乾爲天，謂四隕之初，初上承五，故有隕自天。
萃█卦卦辭：王假有廟。	觀上之四也，觀乾爲王。假，至也。艮爲廟，**體觀享祀**，上之四，故假有廟，致孝享也。
萃█卦六二：孚乃利用禴。	孚謂五，禴，夏祭也。**體觀象離爲夏**，故利用禴。二孚于五，得用薄祭以祀其先，不用大牲，降于天子也。
萃█卦上六：齎咨涕洟，无咎。	自目曰涕，自鼻曰洟。兩陰無應，故齎咨。**三之四體離坎**，離爲目，艮爲鼻，乘陽不敬，坎水流鼻目，故涕洟。三變應上，故无咎。
升█卦卦辭：元亨。	臨初之三，**又有臨象**，剛中而應，故元亨。
困█卦初六：入于幽谷，三歲不覿。	**初動體兌**，坎水半見，出于口，故爲谷。坎爲入，爲三歲，坎陽入陰，爲陰所掩，故入于幽谷，三歲不覿。
困█卦九二：困于酒食，朱紱方來。	坎爲酒食，二爲大夫，坤爲采地，上之二，坤爲坎，故酒食。**初變坎體壞**，故困于酒食，以喻采地薄，不足已用也。乾爲朱，坤爲紱，朱紱謂五，二變采五，故朱紱方來。
困█卦九二：利用享祀，征凶无咎。	**二變體觀享祀**，故利用享祀。二失位無應，故征凶。變之正，與五應，故无咎。《象》曰：中有慶也。荀氏謂二升於廟，五親奉之，故利用享祀。
困█卦六三：困于石，據于蒺藜。	三承四，**二變體艮**，爲石，故困于石。《春秋傳》曰：往不濟矣。下乘二剛，**二體坎爲蒺藜**，非所據而據，故困于蒺藜。《春秋傳》曰：所恃傷也。
井█卦卦辭：羸其瓶，凶。	瓶謂初，初欲應五，爲二拘累，故凶。虞氏謂累，鉤羅也。艮爲手，巽爲繘，離爲瓶，手繘折其中，故羸其瓶。**體兌毀缺**，故凶矣。
革█卦卦辭：巳日乃孚，元亨利貞，悔亡。	**二體離**，離象就巳，爲巳日。孚謂五，三以言就五，乃者難也，故巳日乃孚。悔亡謂四也，四失正，動得位，故悔亡。已成既濟，乾道變化，各正性命，保合大和，乃利貞。故元亨，利貞，悔亡矣。
革█卦六二：巳日乃革之，征吉无咎。	**二體離**，爲巳，故巳日乃革之。四動二應五，故征吉，无咎。
蒙█卦《彖傳》：匪我求童蒙，童蒙求我，志應也。	五變上動，**體坎**，坎爲志，故曰志應，應謂五應二。
蒙█卦《彖傳》：蒙以養正，聖功也。	體頤，故養。二志應五，五之正，反蒙爲聖，故曰聖功也。五，多功也。

豫䷏卦《彖傳》：聖人以順動，則刑罰清而民服。	復初爲聖人。清猶明也。動初至四，兌爲刑，至坎爲罰。坎兌體正，故刑罰清。坤爲民，乾爲清，以乾據坤，故民服。
賁䷕卦《彖傳》：天文也。	謂五。利變之正，成巽，體离。艮爲星，离日，坎月，巽爲高。五，天位。离爲文明，日月星辰，高麗于上，故稱天之文也。
賁䷕卦《彖傳》：觀乎人文，以化成天下。	乾爲人。五上動，體既濟。賁离象，重明麗正，故以化成天下。
无妄䷘卦《彖傳》：其匪正有眚，不利有攸往。无妄之往，何之矣天命不右，行矣哉。	體屯難，故无所之。右，助也。災成于三，窮于上，故天命不右。馬氏謂天命不右行，非也。
大畜䷙卦《彖傳》：大畜，剛健篤實，輝光日新。	剛健謂乾。篤實謂艮。二之五體离，离爲日，故輝光日新。
坎䷜卦《彖傳》：天險不可升也。	五爲天位，五從乾來，體屯難，故天險不可升也。
离䷝卦《彖傳》：百穀草木麗乎地。	震爲百穀，巽爲草木，坤爲地。乾二、五之坤成坎，震體屯，屯者盈也，盈天地之間隹萬物。萬物出震，故百穀草木麗乎地。
明夷䷣卦《彖傳》：利艱貞，晦其明也。內難而能正其志，箕子以之。	坤爲晦，离爲明，應在坤而在內卦，故云內難。坎爲志，三得正體坎，故能正其志，似箕子爲奴。
睽䷥卦《彖傳》：睽，火動而上，澤動而下。	二動之五，體离，故火動而上。五動之二，體兌，故澤動而下。
睽䷥卦《彖傳》：天地睽而其事同也。	五動乾爲天，四動坤爲地，故天地睽。坤爲事，五動體同人，故其事同也。
夬䷪卦《彖傳》：利有攸往，剛長乃終也。	乾體大成，以決小人。終乾之剛，故乃終也。
革䷰卦《彖傳》：二女同居，其志不相得，曰革。	二女，离兌，體同人象。蒙艮爲居，故二女同居。四變體兩坎象，二女有志。离火志上，兌水志下，故其志不相得，坎爲志也。
屯䷂卦《象傳》：求而往，明也。	體离故明。
蒙䷃卦《象傳》：君子以果行育德。	君子謂二，艮爲果，震爲行，育，養也。體頤養，故以果行育德也。
蒙䷃卦《象傳》：勿用娶女，行不順也。	震爲行，坤爲順。坤體壞，故行不順。
蒙䷃卦《象傳》：童蒙之吉，順以巽也。	五體坤，動而成巽，故順以巽。
泰䷊卦《象傳》：苞荒，得尚于中行，以光大也。	升五體离，嚮明而治，故以光大。
否䷋卦《象傳》：拔茅貞吉，志在君也。	四變體坎，爲志，君謂五。
大有䷍卦《象傳》：火在天上，大有。君子以遏惡揚善，順天休命。	君子謂二。遏，絕；揚，舉也。乾爲揚善，坤爲遏惡，爲順。以乾滅坤，體夬，揚於王庭，故遏惡揚善。乾爲天，爲休，二變時巽爲命，故順天休命。
嗛䷎卦《象傳》：鳴嗛，貞吉，中心得也。	三升五，體坎，亟心，與二相得。
蠱䷑卦《象傳》：山下有風，蠱。君子以振民育德。	君子謂泰乾也。坤爲民，初上撫坤，故振民。乾稱德，體頤養，故以育德。
蠱䷑卦《象傳》：不事王侯，志可則也。	三體坎，爲志。則，法也。
臨䷒卦《象傳》：咸臨，貞吉，志	二升五，四體坎，爲志。初正應四，故志行正。

行正也。	
賁䷕卦《象傳》：白賁无咎，上得志也。	上之正得位，**體既濟**，故曰得志。坎爲志也。
无妄䷘卦《象傳》：先王以茂對時育萬物。	先王謂乾，乾盈爲茂。對，配也。艮爲時，**體頤養爲育**。四之正，三、上易位。天地位，萬物育，故以茂對，時育萬物。
大過䷛卦《象傳》：枯楊生華，何可久也。老婦士夫，亦可醜也。	乾爲久，華在上，故不可久。頤坤爲醜，虞氏謂**婦體遘淫**，故可醜。
咸卦《象傳》：雖凶居吉，順不害也。	坤爲順，爲害，二本坤也，故順上之三。**坤體壞**，故順不害。
遯䷠卦《象傳》：遯尾之厲，不往何災也。	坎爲災，**艮體宜靜**，若不往於四，則无災也。
晉䷢卦《象傳》：晉如摧如，獨行正也	。初一稱獨，**動體震爲行**，故獨行正。
解䷧卦《象傳》：雷雨作，解。君子以赦過宥罪。	君子謂三，伏陽出，**成大過**。坎爲罪入，則大過象壞，故以赦過。二、四失位，皆在坎獄中。**三出體乾**，兩坎不見。震，喜；兌，說。罪人皆出，故以宥罪。謂三入則赦過，出則宥罪。公用射隼以解悖，是其義也。
解䷧卦《象傳》：剛柔之際，義无咎也。	**體屯**初震，剛柔始交，故无咎也。
損䷨卦《象傳》：九二利貞，中以爲志也。	**動體离中**，故中以爲志。
損䷨卦《象傳》：弗損益之，大得志也。	**离坎體正**，故大得志。
益卦《象傳》：風雷，益。君子以見善則遷，有過則改。	君子謂乾也。上之三，離爲見，乾爲善，坤爲過，三進之乾四，故見善則遷。乾上之坤初，改坤之過，**體復象**。復以自知，故有過則改也。
《繫辭上傳》：鼓萬物而不與聖人同憂。	萬物出乎震，震爲鼓，故鼓萬物。乾五爲聖人，**體坎爲憂**，震初獨行，故不與聖人同憂。
《繫辭上傳》：鳴鶴在陰，其子和之，我有好爵，吾與爾靡之。子曰：君子居其室。	**二變體復**，君子謂復初。陰消入坤，艮爲居，巽陽隱室，故居其室。
《繫辭上傳》：德言盛，禮言恭。謙也者，致恭以存其位者也。	乾爲盛，德旁通履。履者，禮也。嗛以制禮，三從上來，**體坎，坎折坤體**，故恭。震爲言，故德言盛，禮言恭。上无位，知存而不知亡，降之三得位，故致恭以存其位者也。
《繫辭上傳》：君不密則失臣，臣不密則失身。	泰乾爲君，坤爲臣，爲閉，故稱密。乾三之坤五，君臣毀賊，故君不密則失臣。坤五之乾三，**坤體毀壞**，故臣不密則失身。坤爲身也。
《繫辭上傳》：幾事不密則害成。	幾，初也。二已變成坤，坤爲事。初不密，**動體剝**，故幾事不密。初辭偃之，卒成之終，故害成也。
《繫辭下傳》：重門擊柝，以待暴客，蓋取諸豫。	復四之初也。**下有艮象**，從外示之，震復爲艮，兩艮對合，重門之象也。艮爲手，震爲木，初，巽爻也，應在四，皆木也。手持二木以相敲，是爲擊柝。擊柝爲守備警戒也。**四體坎**，坎爲盜，五离爻，爲甲冑戈兵。盜持兵，是暴客也。震爲足，爲行，坤爲夜，手持柝木，夜行之象，其卦爲豫。備豫不虞，故取諸豫也。
《繫辭下傳》：古之葬者，厚衣之以薪，葬之中野，不封不樹，喪期无數。後世聖人易之以棺椁，蓋取諸大過。	中孚，上下象易也。本无乾兌，故不言上古。大過**乾在中**，故但言古者。巽爲薪，艮爲厚，乾爲衣，爲野。乾象在中，故厚衣之以薪，葬之中野。穿土稱封。封，古窆字也。聚土爲樹，中孚无坤坎象，故不封不樹。坤爲喪期，謂從斬衰至緦麻。日月之期數，无坎离、日月，坤象，故喪期无數。无妄之大過，初在巽，**體巽**，爲木。

	上六位在巳，巳當巽位，巽又爲木。二木夾四陽，**四陽互體爲二乾**，乾爲君，爲父。二木夾君父，是棺斂之象。中孚、艮爲山邱，巽木在裏棺，藏山陵，槨之象也，故取諸大過。
《繫辭下傳》：日月相推而明生焉。	一往一來曰推。五六三十，和而後月生，故明生。虞氏謂**既濟體兩离坎象**，故明生焉。
《繫辭下傳》：（鼎卦）知少而謀大。	**兌爲少知**，**乾**爲大謀，**四在乾體**，故謀大。
《繫辭下傳》：（鼎卦）力少而任重。	**五至初**，**體大過**。本末弱，故力少。乾爲仁，故任重。以爲己任，不亦重乎。
《繫辭下傳》：易其心而後語。	乾爲易，**益初體復心**，震爲後語。
《繫辭下傳》：莫之與，則傷之者至矣。	上不之初，否消滅乾，**則體剝傷**。故傷之者至矣。
《繫辭下傳》：益，長裕而不設。	巽爲長。益，德之裕，故長裕。設，大也。《攷工記》曰：中其莖，設其後。坤三進之乾，乾上之坤初。遷善改過，陰稱小。**上之初體復**，小故不設。
《文言傳》：聖人作而萬物覩。	聖人謂庖犧，合德乾五，造作八卦，故聖人作。覩，見也。四變五，**體離**，離爲見，故萬物覩。萬物皆相見，利見之象也。
《文言傳》：見龍在田，天下文明。	二升坤五，坤爲文。坤五降二，**體离**，离爲明。故天下文明。
《文言傳》：或躍在淵，乾道乃革。	二上變，**體革**，故乾道乃革。
《文言傳》：由辯之不早辯也。	辯，別也。初動**成震體復**，則別之早矣。《繫》曰復小而辯於物。

　　惠棟的注文，對於互體的稱謂，有以「體」稱之，亦有言「互」或「互體」者，而言「體」並非全然爲「互體」之說，有針對卦體而言者，其卦體多因爻變而成另一之卦，非互體之卦體。這部份將於後文列舉說明。惠氏之互體說，並非僅爲上表所列注文之言，在疏解文義的過程中，惠氏直言互體之說者，遠遠超過表列之數量，由於數量龐大，未克全列。惠氏在注文中多有未明言採互體述義，而在疏文中說明，例如釋隨䷐卦上六「王用亨于西山」，注文云「有觀象，故亨。兌爲西，艮爲山，故王用亨于西山」，在疏文中則明白指出「**二至五體觀**」，「皆亨帝亨親之事，故云亨」，「**體兌互艮**，兌爲西，艮爲山，故云西山」。[176]例如釋賁䷕卦九三，提到「**坎水**自潤」，並沒有直言互體，實際上此「坎」爲互體者，惠氏特別在疏文中明白指出「**互體坎**，坎水自潤，是濡如也」；[177]此二至四互爲坎☵卦。例如釋坎䷜卦六三「險且枕」，注云「枕，止也，艮爲止，

三失位，乘二則險，承五隔四，故險且枕」；疏文中則明言「互艮，艮爲止」，此即二至四互體爲艮☶卦。同樣地，坎卦九五「坎不盈」，注文中亦未明互體，而疏文中則云「體坎互艮，坎流艮止，故流而不盈」。[178]例如釋蹇䷦卦時，注文未明互體，而疏文則云「卦有兩坎，兼互體也」，[179]此即二至四、四至上皆互爲坎☵卦，所以有「卦有兩坎」。類似的例子，不勝枚舉。但知惠氏釋卦取象，多以互體之法以得卦，進而因卦而得象，取象以應合文義。

二、互體之類別

（一）三爻互體

　　一般情況下，六爻之卦分爲內卦（下卦）與外卦（上卦），內卦居下又稱下體，外卦居上又稱上體，上下二體合爲完整的重卦，也就是構成一個重卦的兩個純卦是由上下二體而成。但是三爻互體，則是破除此一侷限，將一卦六爻重新分組結合，依釋卦所需而取其三爻爲一純卦。因此，三爻互體成爲最爲普遍而常用的互體方式。惠棟釋卦互體的運用，主要採三爻互體而爲純卦之法，惠棟或以「互」稱之，或「互體」稱之，但大都直稱「體」；並且，他所說的「體」，包括本卦上三爻（上體）與下三爻（下體）所成之卦，把原來的上下體也混同於「互體」之中，而稱爲「體」。同時，惠氏甚至取三爻互體爲一卦時，忽略了稱「體」或「互」、「互體」之名，而直謂三爻之卦名，這一種情形，在《周易述》中極爲普遍。三爻互體爲惠氏互體之法運用最爲龐富者，《周易述》中處處可見，有數百次之多，不勝蒐列，以下僅舉數列說明：

1. 本卦直取三爻互體者

　　例如泰䷊卦九三「艱貞无咎，勿恤其孚，于食有福」，惠氏注云：
　　　艱，險；貞，正；恤，憂；孚，信也。二之五，<u>三體坎</u>，爲險，

---

[178] 見《周易述》，卷四，頁 127-129。
[179] 見《周易述》，卷六，頁 165。

為恤，為孚。乾為福，三得位，故艱貞无咎，勿恤其孚，于食有福也。

泰䷊卦二之五，二至四互坎☵，則三在坎中，故云「三體坎」。

例如坎䷜卦卦辭「行有尚」，惠氏注云：

行謂二，尚謂五。**二體震**，為行，動得正，故行有尚，往有功也。[180]

二體震乃二至四互體為震☳卦，震行有功，所以云「利涉大川」。

此二例，皆是一般由本卦直取三爻而互體為新的純卦者，而非下、下卦者。

2.取爻變後三爻互體者

例如同人䷌卦卦辭「利涉大川」，惠氏注云：

四、上失位，變而體坎，故利涉大川。[181]

同人卦四、上陽居陰位，變而使之正，則二至四爻互體為坎☵，四至上亦為坎☵。

例如屯䷂卦六三「惟入于林中」，惠氏注云：

艮為山，山足曰鹿，鹿，林也。**三變體坎**，坎為叢木山下，故稱林中。[182]

屯卦三陰失位，變而使之正，則二至四爻互體為坎☵。

此二例，皆是由本卦中某爻不正，進行爻變而使之正後，取其爻變後之三爻互體成一新的純卦。

3.直取上體或下體為互體者

例如恆䷟卦九三「不恆其德，或承之羞，貞吝」，惠氏注云：

三體乾為德，變失位，故不恆其德。坤恥為羞，**變至四，體坤**，故或承之羞。三多凶，變失位，與上敵應，故貞吝。

---

[180] 見《周易述》，卷四，頁126。
[181] 見《周易述》，卷二，頁62。
[182] 見《周易述》，卷一，頁17。

恆卦二至四互體爲乾☰，所以云「三體乾爲德」。又四爻陽居陰位，變而使之正，則四至上互體爲坤，故云「變至四，體坤」；在這裡，四至上爲坤，本屬於一卦之上體（或稱上卦），以「體」爲名，則可稱爲上體，或是四至上的互體之卦。

例如大壯䷡九三「羝羊觸藩，羸其角」，惠氏疏云：

> **三體兌**，**息至五，上亦體兌**，兌爲羊，故三、五、上皆有羊象。《説文》曰「羝，牡羊也」。陽息之卦，故曰羝。馬氏云：藩，籬落也。四體震，震爲萑葦，爲竹木，故爲藩也。羸讀爲纍，讀從鄭、虞，故馬氏云大索也。**四之五，上變體巽**，巽爲繩，故爲羸。四爲藩，三欲觸四而應上，故羸其角。爻例：上爲角也。[183]

在這裡，「三體兌」，是就三至五爻互體爲兌☱卦而言，非取自上下體。但是「息至五，上亦體兌」，則以息五爲陽，四至六上體爲兌☱卦，也就是直接取自上體。又「四之五，上變體巽」，亦將四五爻使之正，且上變爲陽，而直取上體爲巽☴卦。

因此，由這兩個例子，可以看到惠氏混同了上下體與互體的概念，也就是上下體概括在互體之中。

4. 未明互體而實爲互體者

例如升䷭卦卦辭「用見大人，勿恤」，惠氏注云：

> 二當之五爲大人，**离爲見，坎爲恤**，二之五得正，故用見大人，勿恤，有慶也。[184]

二五失位，使之正，則「二當之五」。二之五可成坎离二卦，即三至五互體爲离☲卦，二至四與四至上皆可互體爲坎☵卦。惠氏於此，云「离爲見，坎爲恤」，並無明言「體」或「互體」，而於疏文中才作說明。

例如睽䷥卦六三「見輿曳，其牛掣」，惠氏注云：

> **离爲見，坎爲輿**，爲曳，故見輿曳。四動坤爲牛，牛角一俯一卬

---

[183] 見《周易述》，卷五，頁 146。
[184] 見《周易述》，卷六，頁 197。

曰觢，离上而坎下，故其牛觢也。[185]

在這裡，惠氏述明「离爲見，坎爲輿」之卦象，而二卦由來則略而不言，實睽卦三至五互體爲坎☵卦，二至四與四至上同樣互體爲离☲卦。

此二例皆惠氏用互體之法略而不言，僅直接述明卦象。

（二）四爻重卦互體

1.履☱卦九五「夬履，貞厲」，注云：

> 三上已變，**體夬象**，故夬履。四變五在坎中，故貞厲。

爻辭中「夬履」，有「夬」字，惠氏本虞說，用互體的方式，以成夬☱卦而相應之。三上相應，易位而得正，所以惠氏認爲「三上易位體夬」。[186] 從互體的角度言，順應惠說「三上」，則三至上互體可以爲夬卦；除此之外，履卦三與上爻易位，也可以成爲一個完整的夬卦。惠氏此「體」義，或在互體，或在卦爻之形體。

2.泰☷卦九三「无平不陂，无往不復」，注云：

> 陂，傾也。應在上，平謂三，陂謂上，往謂消外，復謂息內，**從三至上體復象**，故无平不陂，无往不復。

「往謂消外」者，以坤爲消而言；「復謂息內」者，以乾爲息而言。爻辭中有「无往不復」，復☷卦本是反復之義，而泰卦於此則有「復」義，因此，惠氏本虞說，用互體以成復卦，以「三至上體復象，互體也」，[187]即四爻互體之法。

3.同人☲卦九五「同人先號咷而後笑，大師克，相遇」，注云：

> 應在二。巽爲號咷，乾爲先，故先號咷。師震在下，故後笑。乾爲大同，人反師，故大師。**二至五體遘遇**，故相遇。

同人卦所「相遇」者爲遘☴卦，不論遘卦《彖傳》、《序卦傳》或《雜卦傳》，皆云「遘（者）遇也」，即遘卦有「遇」象。因此，要取此「遇」義，則必出遘卦；惠氏以同人卦二至五的四爻互體方式而成之，二至四

---

[185] 見《周易述》，卷五，頁159。

[186] 見《周易述》，卷二，頁49、51。

[187] 見《周易述》，卷二，頁53、55。

互爲巽，三至五互爲乾，乾上巽下則爲遘卦。

　　4.隨▆卦六二「係小子，失丈夫」，注云：

　　　　小子謂初，丈夫謂五。**五體大過老夫**，故稱大夫。

惠氏進一步詳疏，云：

　　　　陽大陰小，《易》之例也。今謂初陽爲小者，《繫下》云「復小而
　　　　辯于物」，虞彼注云「陽始見故小」，是小子謂初也。**二至上體大**
　　　　過，大過九二云「老夫得其女妻」，虞彼注云「乾老，故稱老夫」，
　　　　丈夫猶老夫也。四、五本乾，故稱丈夫。二係于初，初陽尚小，
　　　　故係小子，不兼與五，故失丈夫也。[188]

惠棟指出「二至上體大過」，當作「三至上體大過」爲正，也就是隨▆卦
三至五互巽、四至上互兌，兌上巽下而爲大過▆卦。若依惠說，二至上
則不能互體成爲大過卦，此確爲惠氏之誤；惠氏或因延續引用大過九二
之文，而誤作「二至上」而言。之所以要互體得出大過卦，主要在於「丈
夫」之文，大過卦有「老夫」之稱，惠氏明白地解釋「老夫」即「丈夫」；
同時，「小子」就初爻而言，「係」小子，即「二係于初」，五爲丈夫，而
二係於小子，不能兼係於丈夫，所以「失丈夫」。惠氏注文說法，概取自
虞義，然解釋與虞說卻多有不同。虞翻指出：

　　　　應在巽，巽爲繩，故稱「係」。小子謂五。兌爲少，故曰小子。丈
　　　　夫謂四。體大過「老夫」，故稱「丈夫」。承四隔三，故「失丈夫」。
　　　　[189]

惠氏並不以互體得象爲巽繩，並進一步稱「係」言。其「係」直接取隨
卦卦義，認爲陰隨陽爲「係」，即「二係初，三係四，上係五」。[190]虞氏
以小子爲五，丈夫爲四，而惠氏則以小子爲初，丈夫爲四、五。虞氏釋
「失丈夫」，以二欲四，卻隔於三，所以「失丈夫」，而惠氏則初係於二，
不能兼於五，所以「失丈夫」。因此，惠氏兼取虞文，而不與虞義同。

　　5.**蠱**▆卦六四「裕父之蠱，往見吝」，注云：

---

[188] 見《周易述》，卷三，頁78-80。
[189] 見李鼎祚《周易集解》，卷五，頁103。
[190] 見《周易述》，卷三，頁77。

　裕不能爭也，**四陰體大過**，本末弱，故裕父之蠱。兌為見，應在
　初，初變應四，則吝，故往見吝。¹⁹¹

惠氏引虞注晉初六云「坤弱為裕」，所以六四為陰柔為裕。初至四互體為
大過☴，大過初上皆陰，所以「本末弱」，是不能爭父之過，只能是「裕
父之蠱」。因此，惠氏用互體為大過的目的，在於說明「裕父」，以四弱
不能爭父過。

　　6.大畜☶卦卦辭「不家食吉」，注云：

　　二稱家，**體頤養**，居外，是不家食吉而養賢。¹⁹²

惠氏指出三至上互體為頤☶卦，而在外卦，是不家食吉而養賢；以互體
成頤卦，以明養賢之義。

　　7.離☲卦九三「日昃之離，不鼓缶而歌，則大耋之嗟」，注云：

　　三不中，故曰日昃。艮手為擊，坤為缶，震為音聲，兌為口，故
　　不擊缶而歌。乾老為耋，**體大過**，故大耋之嗟。

以離卦二至五互體為大過☴卦，大過有死象，所以為「大耋之嗟」。

　　8.離☲卦九四「焚如其來如，焚如死如，棄如」，注云：

　　焚，不順忽出也。四震爻失正，故焚如。與初敵應，故來如。離
　　燄宣揚，故焚如。**體大過**，死象，故死如。火息灰損，故棄如。
　　不孝之罪，五刑莫大。燒殺棄之，不入于兆也。¹⁹³

同樣以離卦二至五互體為大過☴卦，大過死象，所以云「死如」。

　　9.睽☲卦初九「悔亡。喪馬，勿逐自復。見惡人无咎」，注云：

　　无應，悔也。四動得位，故悔亡。應在坎，坎為馬，四失位，之
　　正入坤，坤為喪，坎象不見，故喪馬。震為逐，艮為止，故勿逐。
　　坤為自，**二至五體復象**，二動震，馬來，故勿逐自復也。離為見，
　　惡人謂四，動入坤，初四復正，故見惡人无咎也。¹⁹⁴

睽卦初四皆陽而無應，四失正，動而得位，故悔亡。三至五互坎，四為
坎中，所以應在坎。坤為自，四已變，則二至五互體為復☷卦；所以云

---

¹⁹¹ 見《周易述》，卷三，頁 84。
¹⁹² 見《周易述》，卷四，頁 115。
¹⁹³ 見《周易述》，卷四，頁 132。
¹⁹⁴ 見《周易述》，卷五，頁 159。

「自復」。惠氏以互體而成復卦之目的，即在於「自復」。

　　10.解☷卦卦辭「无所往，其來復吉」，注云：

　　　　謂四本從初，之四失位於外而无所應，故无所往。宜來反初，復
　　　　得正位，故其來復吉。二往之五，四來之初成屯，**體復象**，故云
　　　　復也。[195]

四以陽居陰位，又在外卦，故失位於外。進則無應，所以无所應。失位
無應，則无所往。往不行，則宜來反初。惠氏並指出陽二往之陰五，陽
四來之陰初，則成爲屯☳卦；而屯卦初至四則互體爲復☷卦，所以言
「復」。

　　11.益☴卦初九「利用爲大作，元吉，无咎」，注云：

　　　　大作，謂耕播、耒耨之利蓋取諸此也。坤爲用，乾爲大，震爲作，
　　　　故利用爲大作。**體復初得正**，故无吉，无咎。震三月卦，日中星
　　　　鳥，敬授民時，故以耕播也。[196]

此益卦初至四互體成復☷卦，初又得正，所以云「體復初得正」。復卦初
九云「无祇悔，元吉」，與益卦初九「元吉」同義，既是「元吉」，所以
「无咎」。惠氏以益卦互體成復卦之目的，就在於體現「元吉，无咎」之
義。

　　12.益☴卦六三「有孚。中行告公用圭」，注云：

　　　　公謂三，**三動體坎**，故有孚。震爲行，**初至四體復**，故曰中行。
　　　　震爲告，坤爲用，乾爲圭，上之三，故告公用圭。禮含者執璧將
　　　　命，賵者執圭將命，皆西面坐，委之宰，舉璧與圭，此凶事用圭
　　　　之禮。[197]

三爻陰變陽則二至四爻互體爲純卦坎卦。又初至四互體爲重卦復☷卦，
與上例初九同，同爲四爻互體之例。復卦六四云「中行獨復」，以此「中
行」以合益卦此六三爻辭。

　　13.益☴卦六四「中行告公從」，注云：

---

[195] 見《周易述》，卷六，頁168。
[196] 見《周易述》，卷六，頁178。
[197] 見《周易述》，卷六，頁179。

　　體復，四故亦云中行。三為公，震為從，三、上失位，四利三之
　　正，已得從初，故告公從。[198]

此互體為復卦，同前益卦六三之例。復卦六四云「中行獨復，以從道也」，
以此合益卦爻辭。

　　14.益☲卦上九「立心勿恆，凶」，注云：

　　旁通恆，**益初體復心**，上不益初，故立心勿恆。傷之者至，故凶。

益初至四互體為復，復卦《象傳》云「復其見天地之心」，故「體復心」，
合於益卦上九言「立心」。恆☳卦上震下巽，惠云「震巽特變，終變成益」。
益卦上體為巽，巽為進退，所以「勿恆」。引復卦、恆卦，此皆在述明益
卦上九爻義。

　　15.蠱☶卦《象卦》「山下有風，蠱。君子以振民育德」，注云：

　　君子謂泰乾也。坤為民，初上撫坤，故振民。乾稱德，**體頤養**，
　　故以育德。

疏云：

　　泰，君子道長，故君子謂泰乾。坤為民，亦謂泰坤也。初之坤上，
　　故撫坤，謂振撫坤民也。乾為龍德，故稱德。育，養也。**四至上**
　　體頤，頤者養也，故以育德也。[199]

惠氏云蠱卦「四至上體頤」為誤，當為「三至上體頤」，即三爻至上爻互
體為頤☶卦，三至五為震☳為下體，四至上為艮☶為上體，艮上震下為
頤卦。頤卦有養育之象義。（以下引例，皆引惠氏之注疏，故不再說明辭
義。）

　　16.无妄☳卦《象傳》「先王以茂對，時育萬物」，注云：

　　先王謂乾，乾盈為茂。對，配也。艮為時，**體頤養為育**。四之
　　正，三、上易位。天地位，萬物育，故以茂對，時育萬物。

疏云：

　　乾為先，為王，故先王謂乾，乾盈為茂，虞義也。十五乾盈甲，
　　茂者盈盛，故云乾盈為茂。對，配，馬義也。《詩・皇矣》云：

---

[198] 見《周易述》，卷六，頁179。
[199] 見《周易述・象上傳》，卷十二，頁323。

帝作邦作對。《毛傳》云：對，配也。茂對者，德盛配天地也。
艮為時，虞義也。**初至四體頤**，頤者養也，故云體頤養為育。
育亦養也，四之正，三上易位，成既濟，則中和之化行天地。[200]

以无妄卦初至四互體爲頤䷚卦，頤卦有養育之義，合於无妄《象》義之需。

17.益䷩卦《象傳》「風雷，益。君子以見善則遷，有過則改」，注云：

君子謂乾也。上之三，離為見，乾為善，坤為過，三進之乾四，
故見善則遷。乾上之坤初，改坤之過，**體復象**。復以自知，故
有過則改也。

疏云：

乾謂否乾，陽為君子，故君子謂乾也。相見乎離，上失位之三，
得正體離，故離為見。乾，元善之長，故乾為善。坤積不善，
故為過。四本坤三，上之初，則三進之乾四，故見善則遷。初
本坤也，乾上之初，坤體壞，故改坤之過。**初至四，體復**。復
初有不善，未嘗不知，知之未嘗復行，故有過則改也。[201]

益卦初至四爻互體爲復䷗卦，復能知過遷善。又三爻互體：三上失位，
之正則下體成離☲，離有「見」象，以見乾善。皆在《象》義之訓用。

18.《繫辭上傳》「鳴鶴在陰，其子和之，我有好爵，吾與爾靡之。
子曰：君子居其室」，惠氏此段文字，解釋「君子居其室」，注云：

二變體復，君子謂復初。陰消入坤，艮為居，巽陽隱室，故居其
室。

疏云：

君子謂陽。**中孚二失位**，**變體復**，故君子謂復初。復自坤來，
陰消剝上入坤，剝艮為居，坤初巽爻，陽復巽初，巽陽隱室，
故居其室。言微陽應卦，中孚時也。[202]

中孚䷼卦陽二失位，使之正，則初至四互體爲復䷗卦。復初陽正，所以

---

[200] 見《周易述·象上傳》，卷十二，頁334-335。
[201] 見《周易述·象下傳》，卷十三，頁364-365。
[202] 見《周易述·繫辭上傳》，卷十五，頁413-414。

君子謂復初。復卦自坤來，消剝▦入坤▦，而後一陽復。剝艮爲居，坤初爲巽爻，而復卦時則一陽處巽初，巽陽伏隱，所以云「居其室」，此中孚之時。惠氏透過互體以成復卦，以確定「君子」爲復初，並進一步藉消息之說，以明巽爻爲居室，最後在於闡發「君子居其室」爲中孚之時。惠氏此說，似過於繁瑣，且惠說前一部份參照虞翻說法，而後面部份則以自說爲釋；割裂虞說，而自說又不若虞說清楚。虞氏釋云：

> 君子，謂初也。二變，五來應之。艮爲居，初在艮內，故居其室。[203]

中孚卦二變互體爲復，初陽爲正，所以君子爲初。二變得正，五來應二，三至五互艮▦爲門闕爲室，亦爲居；初在艮卦之內，所以云「居其室」。虞氏之說，相對較惠氏明晰。

19.《繫辭上傳》「幾事不密則害成」，注云：

> 幾，初也。二已變成坤，坤爲事。初不密，**動體剝**，故幾事不密。初辭儗之，卒成之終，故害成也。

疏云：

> 鄭注云：幾，微也。幾者，動之微。故幾謂初。二失位，**變互坤**，臣道知事，故坤爲事。初利居貞，**動體剝**，故幾事不密。初辭儗之，卒成之終，坤爲害，故害成，此兼虞義也。[204]

此云節▦卦二動爲陰，則二至四爻互體爲純卦坤▦卦，二至五爻互體爲重卦剝▦卦；坤爲事，剝則不密。

20.《繫辭上傳》「古之葬者，厚衣之以薪，葬之中野，不封不樹，喪期无數。後世聖人易之以棺椁，蓋取諸大過」，注云：

> 中孚，上下象易也。本无乾象，故不言上古。大過**乾在中**，故但言古者。巽爲薪，艮爲厚，乾爲衣，爲野。乾象在中，故厚衣之以薪，葬之中野。穿土稱封。封，古窆字也。聚土爲樹，中孚无坤坎象，故不封不樹。坤爲喪期，謂從斬衰至緦麻。日月之期數，无坎离、日月、坤象，故喪期无數。无妄之大過，初在巽，**體巽**，

---

203 見李鼎祚《周易集解》，卷十三，頁327。
204 見《周易述・繫辭上傳》，卷十五，頁420。

為木。上六位在巳，巳當巽位，巽又為木。二木夾四陽，**四陽互體為二乾**，乾為君，為父。二木夾君父，是棺斂之象。中孚、艮為山邱，巽木在裏棺，藏山陵，椁之象也，故取諸大過。[205]

大過☲☷卦二至五爻互體為二乾☰，亦即重卦乾☰卦。

21.《繫辭下傳》「易其心而後語」，注云：

乾為易，**益初體復心**，震為後語。

疏云：

乾謂否乾。**益初互復**，復其見天地之心，故體復心也。[206]

此益☴☷卦初至四爻互體為復☷卦。由復卦而推「心」。

22.《繫辭下傳》「益，長裕而不設」，注云：

巽為長。益，德之裕，故長裕。設，大也。《攷工記》曰：中其莖，設其後。坤三進之乾，乾上之坤初。遷善改過，陰稱小。**上之初體復**，小故不設。

疏云：

設，大也。至設其後，鄭義也。《攷工記·桃氏》曰：中其莖，設其後。鄭彼注云：從中以卻，稍大之也，後大則於把易制。知設訓為大。坤三進之乾，為遷善。乾上之坤初，為改過。**初至四體復象**，陽息，復時尚小，故不設。[207]

此以益☴☷卦初至四爻互體為復☷卦。

（三）五爻重卦互體

1.蒙☶☵卦卦辭「匪我求童蒙，童蒙求我」，注云：

我，謂二。艮為求，五應二，故匪我求童蒙，童蒙求我。禮，有來學，无往教。虞氏以**二體師象**，坎為經，謂二為經師也。

惠氏引虞氏說「二體師象」，主要在說明二爻為「經師」之義，二爻在蒙卦中具主爻地位，除了下體坎卦為「經」外，初至五爻互體為師☷☵卦，

---

[205] 見《周易述·繫辭下傳》，卷十七，頁489-490。

[206] 見《周易述·繫辭下傳》，卷十七，頁513。

[207] 見《周易述·繫辭下傳》，卷十八，頁521、525。

所以爲「經師」。因此，惠棟特別指出「漢時通經有家法，故五經皆有師，謂之經師，虞氏以二爲經師，借漢法爲況也」。另外，惠氏也解釋說「二至五有師象，故二體師」，[208]這樣的說法，主要在說明「二體師」，雖尚爲是，但倘以「一至五有師象」，可能更能反映出如何互體爲師卦。

2.泰䷊卦上六「勿用師，自邑告命，貞吝」，注云：

二動體師，陰乘陽，故勿用師。邑，天子之居也。坤爲邑，否巽爲告，爲命，政教不出於國門，故自邑告命，雖貞亦吝。

惠氏特別指出「二動體師，互體也」，[209]也就是泰卦九二動爲陰而爲正，二至上互體爲師䷆卦，則是「二動體師」。坤三陰乘陽，此不利之勢，則「勿用師」。上六爲泰卦之終，泰反爲否，政教陵夷，天子號令不出於國門，則上六雖得位，亦爲吝。

3.大有䷍卦九三「公用亨于天子，小人弗克」，注云：

三公，位也。天子謂五，小人謂四，**二變體鼎象**，故公用亨于天子。四折鼎足，覆公餗，故小人弗克。

惠氏並作詳細疏解，云：

爻例：三爲三公，故云三公，位也。五爲天子，故天子謂五。四不正，故曰小人。鼎《象傳》曰「大亨以養聖賢」，三，賢人；二變體鼎，養賢之象，故云公用亨于天子。僖二十四年《春秋傳》卜偃説此卦云：天子降心以逆公。五履信思順，又以尚賢，故有降心逆公之事。三應上，上爲宗廟，天子亨諸侯必于祖廟也。虞注鼎九四云：四變震爲足，二折入兌，故鼎折足，覆公餗，是小人不克當天子之亨也。[210]

天子亨諸侯，在於養賢，則「公用亨于天子」，合於鼎䷱卦「大亨以養聖賢」之義。大有九二失位，變而得位，二至上互體爲鼎，則合天子養賢之義。

4.嗛䷎卦上六「鳴嗛，利用行師，征邑國」，注云：

208　諸引文見《周易述》，卷一，頁22。
209　諸引文見《周易述》，卷二，頁54、57。
210　諸引文見《周易述》，卷二，頁67-68。

應在震，故鳴嗛。**體師象**，震為行，坤為邑國，五之正，已得從
征，故利用行師，征邑國。[211]

上六應九三，九三至五互體爲震，所以「應在震」，震又爲鳴，所以「鳴
嗛」。嗛二至上互體爲師☷☳卦；三上居五，二五正應之，上得以從征，震
又爲行，所以「利用行師，征邑國」。

　　5.豫☳☷卦卦辭「利建侯行師」，注云：

復初之四，與小畜旁通。豫，樂也。震爲諸侯，**初至五體比象**，
四利復初，故利建侯。**三至上體師象**，故行師。[212]

惠氏認爲「初至五體比象」，即初至五互體爲比☷☵卦，比《象傳》云「先
王以建萬國，親諸侯」，與豫卦此辭義近。依虞氏卦變之說，豫卦來自復
☷☳卦初之四，惠氏認爲此復四之初，是從兩象之例，四復初，初爲建，
所以利建侯。惠氏並認爲「三至上體師象」，此「體」非就「互體」而言，
而是豫卦三爻至上爻所構成的卦體，與師卦初爻至四爻同，所以稱「三
至上體師象」，既有師象，而豫、師二卦中皆有震體，震爲行，故「行師」。

　　6.復☷☳卦上六「用行師，終有大敗，以其國君凶」，注云：

三復位，**體師**，故用行師。上行師而距于初，陽息上升，必消羣
陰，故終有大敗。國君謂初也，受命復道，當從下升，今上六行
師，王誅必加，故以其國君凶也。[213]

「三復位」，即三復於陽位，於此則二至上互體爲師☷☵卦，故云「體師」。
坤爲用，震爲行，所以「用行師」。震受乾命而復自道，易氣從下生，自
下升上，故云「受命復道，當從下升」；然而，今上六居高履危，迷乎復
道，逆命行師，終有大敗，王誅之所必加，則「以其國君凶」。

　　7.頤☶☳卦六三「拂頤，貞凶，十年勿用，无攸利」，注云：

三失位體剝，故拂頤。不正相應，弑父弑君，故貞凶。坤爲十年，
動无所應，故十年勿用，无攸利也。

三陰不正，所以失位。二至上互體爲剝☶☷卦，「違於養道，故拂頤」。[214]三

---

211 見《周易述》，卷三，頁72。
212 見《周易述》，卷三，頁74。
213 見《周易述》，卷四，頁108。
214 見《周易述》，卷四，頁120-121。

與上皆不正，雖相應，亦不義之應。陰消至二成遯，艮子弒父；至三成否，坤臣弒君。故爲貞凶。內三爻互坤，或二至五爻互爲重坤；坤癸數十，故爲「十年」，動而與上爲敵應，故「動无所應」。坤器爲用，故「勿用」。

8.坎䷜卦上六「繫用徽纆，寘于叢棘，三歲不得，凶」，注云：

> 繫，拘也。巽爲繩，坤爲黑，故爲徽纆。寘，示也。坎爲叢棘，艮爲門闕，門闕之內有叢木，是天子外朝，左右九棘之象也。應在三，**三體比**，匪人，故縛以徽纆，示于叢棘，而使公卿以下議之，害人者加明刑，任之以事，上罪三年而舍，中罪二年而舍，下罪一年而舍，不得者謂不能改，而不得出獄。艮止坎獄，乾爲歲，歷三爻，故三歲不得，凶。[215]

惠氏認爲上應在三，二動三體比䷇卦，爲匪人，有邪惡之罪，故縛以徽纆，示於叢棘。虞氏注此卦，則作「二變五體剝，剝傷坤殺，故寘于叢棘」，[216]即初至五體剝䷖；剝滅爲傷，坤陰爲殺既傷且殺，則「寘于叢棘」。

9.離䷝卦卦辭「利貞，亨。畜牝牛，吉」，注云：

> 坤二五之乾，與坎旁通。于爻遯初之五，四、五、上失正，利出離爲坎，故利貞，亨。畜，養也。坤爲牝牛，乾二五之坤成坎，**體頤養**，故畜牝牛，吉。

離䷝卦與坎䷜卦旁通，乾二五之坤成坎卦，坎卦二至上互體爲頤，有頤養象，故畜牝牛；「出離爲坎，重明以麗乎正，乃化成天下，故吉也」。[217]

10.大壯䷡卦九四「貞吉，悔亡。藩決不羸，壯于大輿之腹」，注云：

> 失位，悔也，之五得中，故貞吉而悔亡矣。**體夬象**，故藩決。震四上處五，則藩毀壞，故藩決不羸。腹讀爲輹。坤爲大輿，爲腹，四之五折坤，故壯于大輿之腹。

以大壯卦初至五互體爲夬䷪卦，夬者爲「決」義，所以「藩決」。上體爲震，四之五則震體壞，故「藩決不羸」。

---

[215] 見《周易述》，卷四，頁128。
[216] 見李鼎祚《周易集解》，卷六，頁152。
[217] 見《周易述》，卷四，頁131。

11.晉 ䷢ 卦卦辭「康侯用錫馬蕃庶，晝日三接」，注云：

> 觀四之五。晉，進也。康讀如康周公之康，廣也。坤為廣，四為諸侯，觀四實王，四、五失位，五之正，以四錫初，**初動體屯**，震為諸侯，故康侯。坎為馬，坤為用，故用錫馬。艮為多，坤為衆，故蕃庶。離日在上，故晝日。三陰在下，故三接矣。

以晉卦初爻動而之正，則初至五互體爲屯 ䷂ 卦，此非以晉卦本卦作互體，而是透過爻變而後互體爲晉。初動互體爲屯卦，則其下體爲震，震爲諸侯，即康侯之象。

12.益 ䷩ 卦卦辭「利涉大川」，注云：

> 謂三失正，**動成坎體渙**，坎為大川，故利涉大川。渙，舟楫象，木道乃行也。[218]

三陰失位，動而成坎，即二三四成純卦坎卦；三陰動而爲正，則二至上互體爲渙 ䷺ 卦，所以云「動成坎體渙」。坎水爲大川，乾爲利，故利涉大川。舟楫之利，以濟不通，所以取諸渙，也就是渙卦有舟楫象，此所以互體成渙卦取義之目的。巽木得水，所以木道乃行。

13.益 ䷩ 卦六二「王用亨于帝，吉」，注云：

> 震稱帝，王謂五，否乾為王，**體觀**，象祭祀。益正月卦，王用以郊天，故亨于帝。得位，故吉。

帝出乎震，所以震稱帝。否乾爲王，此「乾」爲五上二爻，爲半象乾；王爲五爻。惠氏並云「體觀」，即二至上互體爲觀 ䷓ 卦，觀卦爲「禘祭天神之卦」，「象祭祀」。[219]惠氏以益卦互體爲觀卦之主要目的，在於以觀卦祭亨義，以合六二爻辭。

14.萃 ䷬ 卦卦辭「王假有廟」，注云：

> 觀上之四也，觀乾為王。假，至也。艮為廟，**體觀享祀**，上之四，故假有廟，致孝享也。

又，萃 ䷬ 卦六二「孚乃利用禴」，注云：

> 孚謂五，禴，夏祭也。**體觀象離為夏**，故利用禴。二孚于五，得

---

[218] 見《周易述》，卷六，頁 177。
[219] 諸引文，見《周易述》，卷六，頁 179、181。

用薄祭以祀其先，不用大牲，降于天子也。[220]

萃卦是由觀▤卦而來，即觀上九之六四而爲萃卦。惠氏此云「體」者，一方面是從卦變的角度云，即指萃卦由觀卦卦變而來，而有此觀卦之體；從其注云「體觀享祀」，後接「上之四」，即可得知。然而，從互體的角度云，萃卦初至五爻亦可互體爲觀卦。惠氏作此「體」與「互體」，並無強作區別。

15.升▤卦卦辭「元亨」，注云：

臨初之三，**又有臨象**，剛中而應，故元亨。[221]

升卦從四陰二陽的卦變之例，由臨▤卦初九之六三而來。並且，升卦二至上又可互體爲臨卦，所以云「又有臨象」。臨卦卦辭云「元亨」，而《彖傳》云「剛中而應，是以大亨」，與升卦「元亨」同，象義又近。因此，惠氏互體爲臨，用意在此。

16.困▤卦九二「利用享祀，征凶，无咎」，注云：

二變體觀享祀，故利用享祀。二失位无應，故征凶。變之正，與五應，故无咎。《象》曰：中有慶也。荀氏謂二升在廟，五親奉之，故利用享祀。[222]

困卦九二變之正，則初至五爻互體爲觀▤卦，觀卦爲享祀之卦，所以云「利用享祀」。二失位无應，所以征行則凶。二爻變爲陰，則居中得正，與五相應，可有福慶，所以「无咎」。爻變而後互體爲觀，困卦九二爻辭可得正解。

17.蒙▤卦《彖傳》「蒙以養正，聖功也」，惠氏注云：

體頤，故養。二志應五，五之正，反蒙爲聖，故曰聖功。五，多功也。

疏云：

二至上有頤象，頤者，養也。《序卦》曰：頤，養正也。虞彼注云：謂養三、五，五之正爲功，三出坎爲聖，故由頤養正。虞謂與蒙

---

[220] 見《周易述》，卷六，頁 192-193。

[221] 見《周易述》，卷六，頁 197。

[222] 見《周易述》，卷七，頁 205。

養正聖功同義也。《洪範》休徵曰：聖，時風若。咎徵曰：蒙，恆風若。是蒙與聖反也。《乾鑿度》九五為聖人。陰反為陽，猶蒙反為聖，故曰聖功。《呂氏春秋》曰：學者師達而有材，吾未知其不為聖人是也。五多功，《下繫》文。不言二之正者，二養正也。[223]

此五爻互體為頤☶卦之例，在於表明頤卦有「養正」之義，蒙既可互頤，則蒙卦亦有此義。（以下引例，皆引惠氏之注疏，故不再說明辭義。）

18.蒙☶卦《象傳》「君子以果行育德」，注云：

> 君子謂二，艮為果，震為行，育，養也。**體頤養**，故以果行育德也。

疏云：

> 《乾鑿度》九二為庸人。今九居二，而稱君子者，二以亨行時，中變之正，六居二為君子，故謂君子為二也。艮為果蓏，故為果。育，養也。《釋詁》文。**二至上體頤**，頤者養也。《象傳》曰：蒙以養正。果行育德，養正之義也。[224]

此五爻互體為頤☶卦之例，亦在於表明「養育」之義。

19.坎☵卦《象傳》「天險不可升也」，注云：

> 五為天位，五從乾來，**體屯難**，故天險不可升也。

疏云：

> 需《象傳》曰：位乎天位。大壯四之五，位乎天位。故知五為天位。《乾鑿度》曰：五為天子也。乾五之坤五，故五從乾來。乾又為天，**二至上體屯**。《說文》曰：屯，難也。**故體屯難**。震為足，艮為止，震足止于下，故不可升也。[225]

坎卦二至上互體為屯☳卦，屯卦有「難」義，所以為「天險」。

20.睽☲卦《象傳》「天地睽而其事同也」，注云：

> 五動乾為天，四動坤為地，故天地睽。坤為事，**五動體同人**，故其事同也。

---

223 見《周易述·象上傳》，卷九，頁228。
224 見《周易述·象上傳》，卷十一，頁296。
225 見《周易述·象上傳》，卷九，頁255-256。

疏云：

> 五動體乾，故乾為天。四動互坤，故坤為地。乾上坤下，象天
> 地否，故曰天地睽。否終則傾，故其事同也。[226]

睽卦五動為陽，且二至上爻互體為同人䷌卦，故云「五動體同人」。

21.革䷰卦《彖傳》「二女同居，其志不相得，曰革」，注云：

> 二女，離兌，**體同人象**。蒙艮為居，故二女同居。四變體兩坎
> 象，二女有志。離火志上，兌水志下，故其志不相得，坎為志
> 也。

疏云：

> 離，中女；兌，少女。故云二女離兌。**初至五，體同人**。蒙艮為
> 居，故二女同居，謂同在革家也。**四變體兩坎象**，坎為志，兩坎
> 為兩志。故云二女有志。火動而上，故離火志上，澤動而下，故
> 兌水志下。二女各有志，故其志不相得，是水火相息，而更用事
> 之義也。[227]

以初至五爻互體為同人䷌卦。疏文中並云「四變體兩坎象」，即是革卦互
體成同人卦外，同人陽四變陰，則上下二體皆為坎卦，坎又為志，兩坎
則為兩志。因此，透過互體，再以四爻變之正，則得坎志之象，以述明
《彖》義。

22.大有䷍卦《象傳》「火在天上，大有。君子以遏惡揚善，順天休
命」，注云：

> 君子謂二。遏，絕；揚，舉也。乾為揚善，坤為遏惡，為順。
> 以乾滅坤，**體夬**，揚於王庭，故遏惡揚善。乾為天，為休，二
> 變時巽為命，故順天休命。

疏云：

> 二失位，變之正。陰得位，為君子，故君子謂二。**初至五體夬**，
> 夬本坤世。乾為善，坤為惡，揚於王庭，以乾滅坤，故遏惡揚善。
> 乾為美，休，美也，故乾為休。**二變體巽**，巽為命，坤為順，故

---

226 見《周易述·彖下傳》，卷十，頁 269-270。
227 見《周易述·彖下傳》，卷十，頁 283-284。

順天休命也。[228]

大有卦初至五爻互體為夬☱卦，夬卦卦辭「揚於王庭」，有「遏惡揚善」之義。二變體巽，乃陽二變陰，二至四互體為純卦巽☴卦，巽為命，象義合爻辭之用。

23.大過☱卦《象傳》「枯楊生華，何可久也。老婦士夫，亦可醜也」，注云：

> 乾為久，華在上，故不可久。頤坤為醜，虞氏謂**婦體遘淫**，故可醜。

疏云：

> 乾為天，天行不息，故久。兌反巽，巽為楊，楊枯於下，華發於上，故不久。頤坤謂旁通也。坤為夜，《太玄》曰：夜以醜之，故為醜。《詩·牆有茨》曰：中冓之言，不可道也。所可道也，言之醜也。薛君《章句》云：中冓，中夜也。虞氏以初為老婦，**初體遘**，遘女壯。鄭氏謂壯健以淫，故婦體遘淫，亦可醜也得。[229]

此「體遘」之言，即大過卦初至五爻互體為遘卦。遘卦卦辭「女壯」，女壯以淫，所以「可醜」。

24.大壯☳卦《象傳》「雷在天上，大壯。君子以非禮弗履」，注云：

> 夬，履兩象易。**體夬**，故非禮。初為履，四之正應初，故非禮弗履。

疏云：

> 夬、履兩象易，虞義也。澤天為夬，天澤為履，故兩象易。**初至五體夬**，柔乘剛，故非禮。履者，禮也。初足為履，四之正應初，得所履矣。故非禮弗履。[230]

大壯卦初至五爻互體為夬☱卦，柔乘五剛，故非禮。而夬☱卦上兌下乾與履☱卦上乾下兌，又為兩象易，履卦又有禮義。此互體得象義，均在釋《象》之用。

---

[228] 見《周易述·象上傳》，卷十一，頁313-314。
[229] 見《周易述·象上傳》，卷十二，頁341-342。
[230] 見《周易述·象下傳》，卷十三，頁352。

25.解䷧卦《象傳》「雷雨作，解。君子以赦過宥罪」，注云：

> 君子謂三，伏陽出，**成大過**。坎為罪入，則大過象壞，故以赦
> 過。二、四失位，皆在坎獄中。**三出體乾**，兩坎不見。震，喜；
> 兌，說。罪人皆出，故以宥罪。謂三入則赦過，出則宥罪。公
> 用射隼以解悖，是其義也。

疏云：

> 據三伏陽當出，故稱君子。**三出體乾，成大過**。卦有兩坎，坎為
> 罪。坎有入義，入則大過象壞，故以赦過。二、四失位，皆在坎
> 獄中。三出成乾，兩坎象壞，外體本震，故震喜。**互體為兌**，故
> 兌說。罪人出獄之象，故以宥罪。六爻之義，出乾入坤，三入而
> 大過毀，故赦過。三出而坎象毀，故宥罪。卦有赦過而無宥罪之
> 象，故引上六爻辭，以證三出坎毀之象，故云是其義也。[231]

解卦三爻為陰，伏陽出則「三出體乾」，即二至四互乾☰，伏陽出則初至
五互體為大過䷛卦，互大過之用意在於言「過」。

26.《繫辭下傳》「力少而任重」，注云：

> **五至初，體大過**。本末弱，故力少。乾為仁，故任重。以為己任，
> 不亦重乎。[232]

此云鼎䷱卦，五至初爻互體為大過䷛卦。二陰包四陽，此初上為陰，所
以本末弱，本末弱則「力少」。

27.《繫辭下傳》「莫之與，則傷之者至矣」，注云：

> 上不之初，否消滅乾，**則體剝傷**。故傷之者至矣。

疏云：

> 益本否卦，故上不之初，則否消滅乾。**消四至五，體剝**。剝六四
> 云：剝牀以膚，凶。故體剝傷，傷之者至矣。[233]

益䷩卦消四至五，則陽五變為陰，則二至上互體為剝䷖卦，體剝則傷。

---

[231] 見《周易述·象下傳》，卷十三，頁 360-361。

[232] 見《周易述·繫辭下傳》，卷十七，頁 508。

[233] 見《周易述·繫辭下傳》，卷十七，頁 514。

三、多取非本卦正體之互卦與互體運用之商榷

（一）非本卦正體之互卦

惠棟互體取象，除了本卦之互體外，大多採用非本卦之互卦方式，其中以卦爻變後之卦作互體的方式最爲普遍，特別是本卦中某爻不正而使之正，再作互體者最多，這樣的情形，前述諸例每每可見：例如睽䷥卦六五，二動互體爲噬嗑䷔卦；益䷩卦卦辭，三失正，動成坎而互體成䷲渙；困䷮卦九二，二變互體爲觀䷂卦，等等。下以則列舉非上述以爻變後互體之例子稍加說明。

例如觀䷓卦上九「觀其生，君子无咎」，注云：

> 應在三，**三體臨震**，故觀其生。君子謂三，之三得正，故无咎。[234]

上應在三，反臨三體震，此就反卦互三爻爲震，非以本卦由初而上的正常取爻互體之方式。互體爲震之目的，在於震爲生，所以「觀其生」。君子爲三，三失位，上之三得正，所以云「君子无咎」。

例如解䷧卦卦辭「无所往，其來復吉」，注云：

> 謂四本從初，之四失位於外而无所應，故无所往。宜來反初，復得正位，故其來復吉。二往之五，四來之初成屯，**體復象**，故云復也。[235]

此例前面已作說明，在這裡所要關注的是，惠氏以陽二往之陰五，陽四來之陰初，則成爲屯䷂卦；而屯卦初至四則互體爲復䷗卦，所以言「復」。此復卦的產生，並不是直接由解卦互體而成，而是透過卦變成屯卦之後，再由屯卦互體而成。

例如解䷧卦《象傳》「雷雨作，解。君子以赦過宥罪」，注云：

> 君子謂三，伏陽出，**成大過**。坎爲罪入，則大過象壞，故以赦過。二、四失位，皆在坎獄中。**三出體乾**，兩坎不見。震，喜；兌，說。罪人皆出，故以宥罪。謂三入則赦過，出則宥罪。公

---

[234] 見《周易述》，卷三，頁 92。
[235] 見《周易述》，卷六，頁 168。

用射隼以解悖，是其義也。[236]

解卦三爻爲陰，伏陽出則「三出體乾」，即二至四互乾☰，伏陽出則初至五互體爲大過☵卦，互大過之用意在於言「過」。此以伏陽之法，而後行互體成大過卦，非以本卦直接取爻而作互體。

取本卦六爻中之數爻作互體以成新卦，取象以釋義，基本上可以說是最直接而名正言順的；但是只以本卦六爻作爲互體的對象，往往不足以獲得所需之卦象，因此，則以爻位變更或是其它的方式，產生非本卦的爻位，作爲取爻互體的對象，這樣可以使互體取象更爲方便，也使以象釋卦更爲容易更具彈性。所以，不論是漢儒，乃至惠棟的使用互體釋卦，非本卦六爻之互卦方式，常常佔有較高的比例。

（二）互體運用之商榷

惠棟採互體之法釋卦，往往僅以「體」爲名，前面已有提到，惠氏訓注《周易述》中經傳文義，出現「互」者與出現「互體」者，皆各僅有二次，而出現「體」者則多達二百餘次，可見惠氏述明互體之法，慣稱作「體」。然而，以「體」爲稱，是不是真可代表是互體的運用，事實上並非全然如此。以下舉數例來說明。

1.惠氏釋需☵卦初九「需于郊，利用恆，无咎」，注云：

乾爲郊，**初變體恆**，故曰利用恆。需極上升，得位承五，故无咎。

並疏云：

乾位西北之地，故稱郊。需于郊，則不犯坎難。虞注九二曰「四之五，震象半見」，故**初變體恆**。需時當升，初居四，得位承五，故无咎。[237]

惠氏於此，爲取爻辭「利用恆」之義，所以云「初變體恆」，以呼應辭義。然而，惠氏以虞注九二「四之五，震象半見」而云爲「初變體恆」，語意未明，殊不知四之五如何能夠互體爲恆☵卦？事實上，虞翻釋此卦，以需卦四陽二陰之卦自大壯☳而來，以大壯四之五而爲需卦，而虞翻注九

---

[236] 見《周易述·象下傳》，卷十三，頁360-361。
[237] 見《周易述》，卷一，頁27-28。

二云「四之五，震象半見」，主要在說明九二爻辭「小有言」之「言」，大壯卦四之五，震象半見，震爲善鳴爲「言」，而又互兌爲口，兌又爲少女又爲「小」，所以「小有言」；所以虞翻所言「四之五，震象半見」與「初變體恆」無涉。倒是要解釋初九「利用恆」，欲取恆䷟卦合義，則可如李道平《周易集解纂疏》所云，「需爲坤之遊魂，坤致役爲用，自大壯䷡來，初變爲恆，故曰利用恆。四應初，得位承五，需之得其地也，故曰无咎」。[238]李氏以爲需卦本於大壯卦而來，而大壯䷡初九變，則爲恆䷟卦。因此，惠氏此「初變體恆」的互體說，並不合虞義，且語意不明。

2.小畜䷈卦九二「牽復吉」，注云：

> 變至二與初同復，故牽復，至五**體需**，二變應之，故吉。

疏云：

> 變至二，謂從旁通變也。陽息至二，故與初同，復爲牽復也。
> 二變失位，至五體需，五剛居正，二變應之，故吉。[239]

對於小畜卦，虞翻認爲「需上變爲巽，與豫旁通，豫四之坤初爲復」，[240]需䷄卦上六變爲上九，使成爲上巽下乾之小畜卦。小畜與豫䷏卦旁通，與豫卦旁通而息來仍在復䷗；由需上變成小畜而伏豫，故小畜取需。二仍言「復」者，旁通於豫，豫四之初成復，陽息至二失位，五引之則變正反復，故爲牽復；五體巽繩，二在豫艮手，故爲牽。惠氏於此，認爲小畜卦由初至五體需，此「體」不能以「互體」爲言，只能視小畜卦初至五爻與需卦同，不能當作互體後成需卦，因爲小畜初至五互體後，本來就不能成爲需卦，因此，惠氏作「體」言，似不恰當。小畜與需卦的關係，在虞翻的卦變主張裡，並無明確認爲此一陰五陽之卦出至復卦，只說小畜是由「需上變爲巽」而來。惠氏以此而用「體需」來作聯結，實未詳明虞氏此說。

3.无妄䷘卦卦辭「无亨，利貞。其匪正有眚，不利有攸往」，注云：

> 遂上之初。妄讀爲望，言无所望也。四已之正成益，利用大作。

---

[238] 見李道平《周易集解纂疏》，卷二，頁115。
[239] 諸引文見《周易述》，卷二，頁44、46。
[240] 見李鼎祚《周易集解》，卷二，頁66。

> 三、上易位，成既濟。雲行雨施，品物流形，故曰元亨，利貞。
> 其謂三，三失位，故匪正。上動成坎，故有眚。**體屯難**，故不利
> 有攸往。災及邑人，天命不右，卦之所以為无望也。《雜卦》曰：
> 无妄，災也。[241]

无妄卦自遯☷卦來，依例，當三之初，此於「上之初」者，以消卦之始，
特正乾元，與否☷上成益☳同義。「上動成坎」，實當四亦之正，方可為
坎，坎為多眚，故「有眚」。惠氏此云「體屯難」，為上動與四之正而為
屯☵卦，屯象草木難生，亦剛柔始交而難生，此難時則「不利有攸往」。
惠氏引出屯卦，目的在於解釋「不利有攸往」。不論，惠氏在這裡言「體
屯難」，此「體」當是上與四爻變而後成屯卦，並非由互體而成屯卦，也
就是无妄卦上與四爻變之正而為屯卦，成為屯卦之體，用「體」為云，
混同互體，實不恰當。

　　4.晉☷卦上九：晉其角，維用伐邑，厲吉，无咎，貞吝。

> 上為角，坤為邑，**動體豫**，利行師，故維用伐邑。失位，故危。
> 變之正，故厲吉，无咎。動入冥豫，故貞吝。

坤土為邑。上動之正則為豫卦，惠氏稱為「動體豫」，以「體」為言，當
有互體之義，然惠氏此處似乎並不作互體言，而是由晉卦上爻變正之後，
成為另一晉卦卦體。因此，此乃爻變而成為新的卦體，惠氏用「體」稱
之，混同了與互體《易》例之分別。

　　5.明夷☷卦初九「明夷于飛，垂其翼。君子于行，三日不食」，注云：

> 离為飛鳥，故曰于飛。為坤所抑，故垂其翼。陽為君子，三者陽
> 德成也。震為行，离為日，**晉初動，體噬嗑食**，明夷反晉，故曰
> 君子于行，三日不食。[242]

明夷☷反晉；晉卦初動之正而為噬嗑☲卦，《雜卦》云：「噬嗑，食也」，
則晉初亦有「食」義，而明夷既是反晉，故「不食」。惠氏由明夷卦推至
「晉初動，體噬嗑食」，即在於解釋「三日不食」之「不食」二字。然而，
此處的「體噬嗑」，用「體」字，漢儒多作「互體」言，但此處從晉卦初

---

[241] 見《周易述》，卷四，頁111。
[242] 見《周易述》，卷五，頁151。

動而變爲噬嗑卦，應該是屬於由爻變而成新卦者，非因互體而成噬嗑卦，惠氏所言「體」者，指的是成爲新的卦體。因此，在陳述卦爻義，用字分明爲宜。

6.睽**卦**六五「悔亡。厥宗噬膚，往何咎」，注云：

> 失位，悔也，變之正，故悔亡。乾爲宗，**二動體噬嗑**，故曰噬。四變時艮爲膚，故厥宗噬膚，言與二合也。二往應之，故往何咎。[243]

五失正，動而體乾，即上體爲乾，乾爲天爲尊，故爲宗。睽卦二動爲陰，則成噬嗑**卦，四變體艮爲膚，五來合二，所以云「厥宗噬膚」。惠氏此云「二動體噬嗑」，在於九二變而成噬嗑卦，所以其「體」並非就「互體」而言。

7.无妄**卦**《象傳》「其匪正有眚，不利有攸往。无妄之往，何之矣。天命不右，行矣哉」，注云：

> **體屯難**，故无所之。右，助也。災成于三，窮于上，故天命不右。

疏云：

> 四已正，上動成坎，故**體屯難**。屯卦辭曰：不利有攸往，故无所之。右，助。鄭義也。三匪正，故災成於三。《上傳》曰：窮之災也。故云窮于上。乾爲天，巽爲命，虞氏謂上動逆巽命，故天命不右行矣哉，言不可行也。

四、上之正，則成屯**卦。惠氏此云「體屯難」，乃就爻變成屯卦而言，非言互體以成之。爻變成屯，則无妄卦亦有屯義。以「體」爲言，使與「互體」混同。

8.賁**卦**《象卦》，注云：

> 白賁无咎，上得志也。上之正得位，**體既濟**，故曰得志。坎爲志也。

疏云：

> 上變之正，故云得位。**五、上易位，故體既濟**。其志得行，故

---

243 見《周易述》，卷五，頁 160。

　　云得志。五、上變體坎，故坎爲志也。[244]

此就爻變而言，五、上易位，使陰陽各歸其正，而成既濟☲☵卦。以「體」
爲言，與互體用詞相淆亂。

　　9.《文言傳》「或躍在淵，乾道乃革」，注云：

　　　二上變，**體革**，故乾道乃革。

疏云：

> 二升坤五，上降坤三，是二、上變也。**乾二、上變，其象爲革，**
> **故體革**。而云四體革者，革之既濟，較九四一爻耳。四變成既
> 濟，革《象》云：元、亨、利、貞。與乾用九同，故發其義於
> 九四爻，而云乾道乃革耳。[245]

惠氏注文中云「體革」，並於疏中解釋爲「乾二、上變，其象爲革，故體
革」，此言「體」者，無涉於互體。乾☰卦二、上爻變後，則成革☱卦。

　　10·《文言傳》「由辯之不早辯也」，注云：

　　　辯，別也。初動**成震體復**，則別之早矣。《繫》曰復小而辯於物。
[246]

此云坤☷卦初動由陰變陽，爲復☷卦，復卦下體爲震☳，所以云「初動
成震體復」。故此「體復」之「體」，無關互體。

　　由上述諸例可以得知，惠氏以「體」爲言，大多表現在互體方面，
但是，亦有非爲互體者，有一些「體」，指的是一卦之體，也就是卦體，
這個卦體，有指重卦下的上下卦體，有指完整的重卦卦體，更有指稱一
卦中之四爻或五爻所表現的卦體。惠氏這樣以「體」爲名而述卦義，雖
然可以從惠氏行文述義中知其用義，但不細加詳審，往往容易誤以爲其
「體」即指互體而言。作爲一位嚴謹的論述者，統一名稱於一事是極重
要的觀念，大體上惠氏能夠掌握到這個原則，但是對於「體」的運用，
則多有相左者。名稱的分野，往往會遇到合同上的衝突，但細加分別，
常常是一種瑣碎的事，但有時候真的詳予分別，可以使自己論述內容更

顯分明，也使讀者得到快速而清晰的認識。

　　互體作為兩漢《易》家釋《易》的重要常例，並且儼然為象數易學上論《易》的當然主張，惠氏述《易》取象也把它視為主要的方法，可見惠氏對此法之重視與依賴。惠氏互體取爻，往往不從本卦直取數爻為互，而是透過爻位之正後之數爻互體，或是以其它方式得到數爻而作互體，其目的皆在於取得「有效」之卦象作為釋《易》之材料。互體取爻的彈性，提高了有效的用象機會。雖然是彈性，並不代表可以隨意爻變或是隨意摘取卦爻，仍有其合理的取爻論述，以及爻位改變上的規律，這個規律大都本於爻位當正，也就是一、三、五為陽位，二、四、六為陰位，陽處陰位，或是陰處陽位，皆當使之正，所以進行爻變。惠氏抓準這個原則，作為彈性取爻互體成象的重要方式，使其取象的來源更為便利。另外，有一個問題在這裡須要提的是，惠氏在撰著《易例》時，由於其作未竟而終，並未將「互體」納為釋例，此非惠氏所忽略或不重視者，後世拿此未竟之作而苛評其功過，對惠氏來講，並不是很公平；由《周易述》的述《易》特重互體之法，可見其重視此一《易》例之情形，非因未竟之作無而真的不存在。

第四節　爻位之說為述義之重要內涵

　　象數立說，以爻位為論，是一個極重要的面向。爻位之說的範疇甚廣，內容繁富，後漢以來，荀爽、虞翻等易學家，其一家之言，已顯其繁瑣龐雜，而惠氏綜之數家，衍生其說，更顯其百匯江海。以下主要針對爻位之當位說、爻位之相應說、爻位之承乘說，以及理想的中位說等幾個方面作討論。

一、爻位之當位說

　　以爻位釋《易》的觀念由來已早，遠在《易傳》時代，已明確提出

當位的主張，並且成爲歷來易學家釋《易》中不可或缺的方法。《易傳》中每每提到當位或不當位的說法，在《象傳》與《彖傳》中所言尤多。[247]《易傳》強調一卦六爻各有陰陽之性，有陰陽位之分，初、三、五爲陽位，二、四、上爲陰位。陽居陽位或陰居陰位，稱之爲「當位」、「得位」、「正位」、「位當」、「位正」、「未失正」等等；陽居陰位或陰居陽位，稱之爲「失位」、「不當位」、「位不當」、「非其位」、「未當位」等等。當位則吉，失位則凶，成爲釋《易》的普遍共識。

惠棟考索漢《易》，對於這方面的爻位概念，曾經指出：

> 《易》重當位，其次重應，而例見于既、未濟《彖辭》，既濟《象》曰：利貞，剛柔正而位當也，此言當位也。未濟《象》曰：雖不當位，剛柔應也，此言應也。未濟六爻皆不當位，而皆應，《易》猶稱之，則《易》于當位之外，其次重應明矣。六十四卦言當位者十三卦，履九五、否九五、臨六四、噬嗑六五、賁六四、遯二五、蹇《象》及六四、巽九五位正中、兑九五、渙九五正位，節九五居位中也，中孚九五、既濟。言不當位者二十二卦，需上六降三、師六三見五《象》、履六三、否六三、豫六三、臨六三、[248]噬嗑《象》及六三、大壯六五、晉九四、睽六三、解九四、夬九四、萃九四、困九四、六三見上《象》、震六三、歸妹《象》六三、豐九四、旅九四未得位、兑六三、中孚六三、小過《象》剛失位及九四、未濟《象》及六三。言應者十七卦，蒙二五、師二五、比、小畜、履、同人二五、大有、豫、臨二五、无妄二五、咸、恆、遯二五、睽二五、革二五、鼎二五、中孚。而皆于《彖辭》發之。[249]

惠氏很明確地提出他的爻位觀，認爲《易》於爻位，最重視的是「當位」的問題，然後是「應」。以既濟䷾卦而言，初、三、五陽爻，二、四、上陰爻，是「剛柔正而位當」，既是當位，而且兩兩相應。以未濟䷿卦而言，爻位適與既濟相反，六爻雖皆不當位，但陰陽仍能相應。惠氏並將六十

---

[247] 劉玉建《兩漢象數易學研究》中詳細統計《象傳》之說有二十九處，《彖傳》之說有十二處，《文言》二處，乃至《繫辭》與《說卦》皆有相關的主張。（見劉玉建《兩漢象數易學研究》，頁 26-29。）

[248] 「臨六三」，惠氏原作「臨六二」，當惠氏筆誤或印刷之誤，以「臨六三」爲正，故改之。

[249] 見《易例》，卷一，頁 971-972。

四卦言「當位」、「不當位」與「應」者，主要以《彖傳》與《象傳》所言爲根據，作了明確的統計，言「當位」者十三卦，言「不當位」者二十二，言「應」者十七卦。然而，實際地觀察《周易》經傳文義，其數次與惠氏所計卻有所出入。以下將對此問題作簡要說明，並且針對《周易述》中以當位與否作爲述義的方法，所呈現的重要意義，稍作討論。

（一）惠氏載《易傳》中當位與與不當位之情形

1. 當位

以「當位」言，惠氏所列十三卦，包括：

履☲卦九五《象傳》云「位正當也」，即九五當位。

否☷卦九五《象傳》云「位正當也」，即九五當位。

臨☷卦六四《象傳》云「位當也」，即六四當位。

賁☲卦六四《象傳》云「當位疑也」，即六四當位。

遯☶卦《彖傳》云「剛當位而應」，即六二、九五當位。

蹇☵卦《彖傳》云「當位貞吉」，即六二、九五當位；又六四《象傳》云「當位實也」，即六四當位。

巽☴卦九五《象傳》云「王居无咎，正位也」，即九五當位。

兌☱卦九五《象傳》「位正當也」，即九五當位。

渙☵卦九五《象傳》「正位也」，即九五當位。

節☵卦《彖傳》云「當位以節，中正以通」，即九五當位。

中孚☴卦九五《象傳》云「位正當也」，即九五當位。

既濟☵卦《彖傳》云「剛柔正而位當也」，即六爻皆當位。

上列十二卦，另一爲噬嗑☲卦，有討論的必要，將於後述。事實上，《易傳》中所呈現之當位者，不僅爲惠氏上面所列諸卦，其它如：小畜☴卦《彖傳》云「柔得位而上下應之」，當就六四爻而言。[250]如同人☲卦《彖傳》云「柔得位得中而應乎乾」，當就六二爻而言。如漸☴卦《彖傳》

---

[250] 王弼指出「謂六四也。成卦之義，在此一爻者，體无二陰，以分其應，既得其位，而上下應之，三不能陵，小畜之義。」（見李鼎祚《周易集解》，卷三，頁 66。）是六四得位而應。

云「進得位,往有功也。進以正,可以邦正也,其位剛得中也」,位剛而得中,當就九五爻而言。渙☴卦《彖傳》云「柔得位乎外而上同」,當就六四爻而言。家人☲卦《彖傳》云「如正位乎內,男正位乎外」,當指六二、九二爻而言。兌☱卦九五《象傳》云「位正當也」,即九五當位。其它如需☵卦《彖傳》云「以正中也」;訟☶卦九五《象傳》云「訟,元吉,以中正也」;豫☷卦六二《象傳》云「不終日,貞吉,以中正也」;晉☳卦六二《象傳》云「受茲介福,以中正也」;這些卦雖未直言「當位」,然而言「中」或言「正」,當指爻之正位,既是正位,則是「當位」,所以徐芹庭認為「若二為陰,五為陽,合於六爻之正位,則多以中正稱之」,[251]二、五陰陽居中得正,以「中正」為言,本是當位。因此,加上引述諸卦,則「當」位之卦,遠遠超過惠氏之數。以下分別針對惠氏於《周易述》中就這些卦的論述,作簡要的討論。其中漸☶卦《彖傳》、渙☴卦《彖傳》與兌☱卦九五《象傳》方面,三卦惠氏缺,故不論。

(1)小畜☴卦《彖傳》「柔得位而上下應之」,惠氏注云:

柔謂四,四為卦主。少者為多之所宗,故上下應之。

惠氏以一陰五陽,陰少陽多,故陰為陽主。並且本諸王弼之說,認為「王氏謂體无二陰,以分其應,故上下應之,是也」。四處柔位,又為卦中惟一陰爻,位當而為卦主。不但初與之相應,餘陽爻亦應之。惠氏未將之納為「當位」之卦,此當疏忽之誤。

(2)同人☲卦《彖傳》「柔得位得中而應乎乾」,惠氏注云:

五之二,得位得中,而與乾應,故曰同人。

惠氏認為卦變無一陰五陽之例,同人卦當是由坤六五失位而五降居乾二,是「柔得位得中而應乎乾」,[252]肯定二與五應,五體乾,所以應乎乾。依惠氏注疏所言,同樣肯定二五位當而相應,只不過《易例》未將此卦納為「當位」之卦。

(3)家人☲卦《彖傳》「女正位乎內,男正位乎外」,惠氏注云:

內謂二,外謂五。

---

[251] 見徐芹庭《兩漢十六家易註闡微》,台北:五洲出版社,1975 年 12 月初版,頁 74。
[252] 此卦所引注文與括弧引文,見《周易述‧彖上傳》,卷九,頁 235-236。

並解釋為「男得天，正于五；女得地，正于二」，[253]此陰陽二五得天地之正位，既得位且又相應。此當然為「當位」之卦。

（4）需☵卦《彖傳》「位乎天位，以正中也。利涉大川，往有功也」，惠氏僅注作「五多功，故往有功」，並解釋為「二往居五，故往有功」。[254]惠氏此蓋根據《繫辭下傳》而言，《繫辭下傳》云「二與四同功而異位」，「三與五同功而異位」；二與四、三與五之所以同功，很重要的一個因素就是在於二、四爻同為陰位，三、五爻同為陽位，背後仍強調陰陽當位的重要性。需卦九五位處外陽天位，居中得正，當然合於當位之說。

（5）訟☰卦九五《象傳》「訟，元吉，以中正也」，惠氏並未對此文作任何注疏。然而，陽爻處於陽位，《象傳》明白地以「中正」言之，當然可以視為當位之說。

（6）豫☷卦六二《象傳》「不終日，貞吉，以中正也」，惠氏注云：

> 中謂二，正謂四復初。

並進一步疏云：

> 二得位得中，故中謂二。四不正，復初得正，故正謂四。四復初
> 而二體之，故中正謂兩爻。[255]

明白指出二得位得中，也就是六二為當位。

（7）晉☲卦六二《象傳》「受茲介福，以中正也」，惠氏注云：

> 五動得正中，故二受大福矣。

並疏云：

> 二受介福于五，故中正謂五。[256]

在這裡，惠氏對《象傳》文的理解，認為所言「中正」是就五爻而言，然而晉卦五爻為陰爻，欲使之中正，則須「五動得正中」，五爻動而變陽，才能處當位而中正，其前提仍在於陰五動而成陽，這樣的說法，在於期盼原本並未當位之五爻，能動而當位，強調當位與否的重要性。在這裡，二爻陰居陰位，本處當位，倘相應的五爻亦能使之動而成陽爻，則相應

---

[253] 此卦所引注文與括弧引文，見《周易述・象下傳》，卷十，頁 266-267。

[254] 括弧引文，見《周易述・象上傳》，卷九，頁 228。

[255] 二段引文，見《周易述・象上傳》，卷十二，頁 320-321。

[256] 二段引文，見《周易述・象下傳》，卷十三，頁 354。

之下，二爻必能受大福於五。惠氏的說法，「中正」關注的是五爻而非二爻，這樣的說法，未必符合《象傳》的本義，但也透露出當位與相應的重要性，特別是惠氏的「中正」觀，並不單在二爻，五爻尤為重要，二五居中得正，又能相應，才能符合完整的中和之道。

這些例子當中，除了最後一例外，惠氏大抵肯定皆有當位之義，然而並未列入其統計之中，可見實際上當位之卦，遠遠超過惠氏所說的十三卦；其未能周詳之處，由此可見。

另外，惠氏指出噬嗑䷔卦六五亦屬當位之卦，從陰當陰位，陽當陽位的正例言，六五爻處陽位，為不當位，而惠氏卻視之為當位。六五爻辭「噬乾肉，得黃金，貞厲，无咎」，惠氏解釋云：

> 五，陰也，故陰稱肉。五正离位，故云位當离，日中烈為乾肉也。
> 五陰居中，故為黃，位不當，故厲，變而得正，故无咎。[257]

依惠氏的說法，五位正處离位，所以「位當」於离，依其卦象而得「乾肉」之義。然而，惠氏也肯定此五位「位不當」，所以為「厲」，「厲」而能「无咎」，在於五位能夠「變而得正」，也就是透過爻變而使之當位，而得以无咎。惠氏這樣的當位之說，並不符合噬嗑卦爻位的實際情形，藉由爻變才使之當位，也不合當位的正例；倘卦爻皆變動而使之正，那可以動而成當位者，那就不只這一卦而已。

2. 不當位

惠氏列舉不當位者有二十二卦，包括：

師䷆卦六五《象傳》云「使不當也」，此指六三不當位，所以惠氏云「師六三見五《象》」。

履䷉卦六三《象傳》云「位不當也」，即六三不當位。

否䷋卦六三《象傳》云「位不當也」，即六三不當位。

豫䷏卦六三《象傳》云「位不當也」，即六三不當位。

臨䷒卦六三《象傳》云「位不當也」，即六三不當位。

噬嗑䷔卦《彖傳》云「柔得中而上行，雖不當位」，即六五不當位；

---

257 見《周易述》，卷三，頁 97。

又六三《象傳》云「位不當也」，即六三不當位。

　　大壯▤卦六五《象傳》云「位不當也」，即六五不當位。

　　晉▤卦九四《象傳》云「位不當也」，即九四不當位。

　　睽▤卦六三《象傳》云「位不當也」，即六三不當位。

　　解▤卦九四《象傳》云「未當位也」，即九四不當位。

　　夬▤卦九四《象傳》云「位不當也」，即九四不當位。

　　萃▤卦九四《象傳》云「位不當也」，即九四不當位。

　　困▤卦九四《象傳》云「雖不當位」，即九四不當位；又上六《象傳》云「未當也」，是專就六三不當位而言。所以惠氏云「困九四、六三見上《象》」。

　　震▤卦六三《象傳》云「位不當也」，即六三不當位。

　　歸妹▤卦六三《象傳》云「未當也」，即六三不當位。

　　豐▤卦九四《象傳》云「位不當也」，即九四不當位。

　　旅▤卦九四《象傳》云「未得位也」，即九四不當位。

　　兌▤卦六三《象傳》云「位不當也」，即六三不當位。

　　中孚▤卦六三《象傳》云「位不當也」，即六三不當位。

　　小過▤卦《彖傳》「剛失位而不中」，即九四不當位；又九四《象傳》云「位不當也」，亦九四不當位。

　　未濟▤卦《彖傳》云「雖不當位，剛柔應也」，即六爻皆不當位；又六三《象傳》云「位不當也」，即六三不當位。

　　上列二十一卦，惟需▤卦未列。惠氏所列大抵準確，但需▤卦上六，陰爻居陰位，應該視爲「當位」，然而《象傳》卻言「雖不當位，未大失也」，歷來對此說的看法紛歧，《集解》中引荀爽注，認爲「上降居三，雖不當位，承陽有實，故終吉，无大失矣」，以不當位是在「上降居三」時。王弼《周易注》認爲「上」爲「虛位」，云「處无之地，不當位者也」。朱子《本義》則指出「以陰居上，是爲當位；言不當位，未詳」，抱持著闕疑的態度。[258]惠棟則注云：

---

258 以上三家之言，見李鼎祚《周易集解》，卷二，頁 50；《周易注疏》，卷二，頁 33；《原本周易本義・象上傳》，頁 898。

上降居三，雖不當位，承陽有實，故无大失。

並疏云：

六居三為失位，故云不當位。上降承乾，故承陽有實。失謂不當
位，末大失，以其承陽也。[259]

惠棟採取荀爽之說，爲了應合《象傳》之說，將原來本爲當位的上六依
升降之法，將之降至陽三之位，而成爲「不當位」。基本上，惠氏對《象
傳》之文並不抱持任何懷疑的態度，[260]而是根據荀爽、虞翻以來，使用
升降或爻變之方式來作解釋；所以惠氏所言，並無另作新解，仍以原本
漢儒之說。但是，單就上六一爻觀之，是要以「當位」或「不當位」來
說呢？當然是視爲「當位」者，至於惠氏之說，則非正例。

另外，恆䷟卦九四《象傳》「久非其位，安得禽也」，大抵也涉及不
當位的概念，而惠氏並未將之納爲不當位者。但是，惠氏注此文云：

四、五皆失位，故非其位。五已之正，故不得禽。[261]

從其注文可以清楚地看出，惠氏肯定恆卦四、五爻皆失位，爲不當位。
惠氏忽略而未納入其統計之中。

（二）「貞」在當位上的重要意義

惠氏《周易述》中論述卦爻義，本漢儒之說而言，不論在當位或不
當位的運用上，所言者遠比上述所列爲多，限於篇幅，在此不作詳列。
這裡特別針對其使用此一爻位主張，所反映出的重要意義，作簡要說明。
惠氏在論述當位與否時，主要根本於虞說，不僅著眼於本卦現實存在的
爻象，也特別重視透過爻變闡明由本卦轉變後的新爻位之當位情形；前
者爲一般傳統《易傳》意義上的當位說，是一種已成的靜態呈現，後者
則爲經過爻變而成的動態爻位關係。例如惠氏釋晉䷢卦初六「晉如摧如，

---

[259] 見《周易述》，卷十一，頁 298-299。
[260] 屈萬里曾懷疑此《象傳》有羨文者，「疑位字爲羨文。蓋經言『有不速之客三人來，敬
之終吉。』不速之客，本不當敬。故象傳釋上六曰：『不速之客來，敬之終吉。雖不當，
未大失也。』不當，謂敬之不當。若著位字，則費解矣。」因此，屈氏同朱子一般，認
爲明明上六爲「當位」，何以《象傳》作「不當位」，「位」字當衍。然而，屈氏僅是猜
測，並無實據可以論證確實爲羨字。況且，漢儒也從未提出質疑，故不宜妄作羨字。
[261] 見《周易述》，卷十三，頁 350。

貞吉」時注云：

> 晉，進；摧，退也。初進居四，故晉如。四退居初，故摧如。動
> 得位，故貞吉。

並進一步疏云：

> 初四失位，初之四為進，故晉如。四之初為退，故摧如。二爻得
> 位，故貞吉。

本卦初、四皆不正，也就是不當位，藉由「初進居四」與「四退居初」，使初、四二爻動而得位，所以能夠「貞吉」。又同卦六二「貞吉」，惠氏認為「二正應五，故晉如」，「五失位，變之正，與二相應，故貞吉」。[262]雖然六二為當位之爻，但相應的五爻卻失位，宜與五爻變陽，使之當位，如此二五相應，而得以「貞吉」。又如大壯䷡卦九二「貞吉」，惠注云「變得位，故貞吉」，九二原本不當位，使其爻變而得位，故「貞吉」。同卦九四「貞吉，悔亡」，注云：

> 失位，悔也，之五得中，故貞吉而悔亡矣。

並疏解云：

> 四失位，宜有悔，之五得正得中，故貞吉而悔亡矣。[263]

四爻原本不當位而有悔，使其之五而能變為當位，所以「貞吉，悔亡」。又如升䷭卦六五「貞吉，升階」，惠注云：

> 二升五，故貞吉。坤為階，陰為陽作階，使升居五，故升階也。

惠氏並指出「二失正，升五得正，故貞吉」；「階所以升者，五陰為二陽作階，使升居五，故有升階之象也」。[264]透過升降之法，使原本不當位之二五兩爻，得以變為當位。又如咸䷞卦九四「貞吉，悔亡。憧憧往來」，惠氏注云：

> 失位，悔也。應初動得正，故貞吉而悔亡矣。憧憧，往來貌。四
> 之初為來，初之四為往，故憧憧往來矣。[265]

四爻原本不當位而有悔，與初爻易位，而能夠相應而當位，所以「動得

---

262 晉卦諸引文，見《周易述》，卷五，頁148-149。
263 大壯卦諸引文，見《周易述》，卷五，頁144-146。
264 諸引文，見《周易述》，卷六，頁198-200。
265 諸引文，見《周易述》，卷五，頁136。

正」,「貞吉而悔亡」。又如損卦九二「利貞」,惠氏認爲「二失位,當之五得正,故利貞」;又同卦上九「无咎,貞吉」,認爲「上失正爲損,咎也;之三得位,故无咎,貞吉」。[266]損卦九二與上九原本皆非當位,有凶咎之象,但由於變而使之當位,所以能夠得吉。

從這些例子當中,我們可以看到,惠氏將原本不當位的卦爻,藉由爻變的方式,使之變成當位,打破了《易傳》普遍陳述的當位正例,將不當位者,變而成爲當位者,是一種動態性的意義陳述。陰陽的發展有一定的律則,當它失序而爲不當位時,呈現的是凶咎悔吝的狀況,但是,只要使之改變,回歸其本來應處的貞正位置時,他仍然可以爲吉象。在這裡,惠氏爻變之說,常以「之」、「之正」、「動」或「變」稱之,在於說明爻某原處不當位,經過爻變使之當位。然而,惠氏在闡述卦爻義時,是不是對於不當位的爻都使之爻變而成爲當位來作解釋?事實上不然,惠氏仍作謹慎的揀選,其揀選的前提,當然是必須符合卦爻義。在《周易》的經文中,惠氏將「貞」字大都解作「正」義。在他的思維中,大抵認爲「貞」字的出現,在爻位上有兩種狀態,一種是該卦之某爻已爲「貞」,也就是已是一種當位居正的狀態,所以毋需再變;一種是該卦之某爻現在處於不當位的狀態,應該透過爻變而使之正,上面所引諸例,皆是此種狀態。

二、爻位之相應說

爻位的思想尚涉及「應」的概念,傳統上從《易傳》以來,易學家也將「應」與「不應」視爲一定的律則。重卦上下二體,兩兩對應存在著相互感應的關係,即初與四爻相應,二與五爻相應,三與上爻相應。對應之兩爻爲一陰一陽,則爲「應」;對應的兩爻同爲陰爻或陽爻,則爲不相應,即所謂的「敵應」。在判定吉凶上,一般而言,相應則吉,敵應則凶。這樣的概念,在《易傳》中主要表現在《象傳》中,述及「應」說至少有二十餘處。然而,真正較早對「應」作了明確的定義者,則爲

---

266 損卦諸引文,見《周易述》,卷六,頁 174-177。

《易緯乾鑿度》：

> 乾坤相並俱生，物有陰陽，因而重之，故六畫而成卦。三畫已下
> 為地，四畫已上為天。物感以動，類相應也。易氣從下生，動於
> 地之下，則應於天之下，動於地之中，則應於天之中，動於地之
> 上，則應於天之上。初以四，二以五，三以上，此之謂應。[267]

可見這種相應之說，在漢代已成定型化的釋《易》上之共同認識。惠棟
曾經引此文作為「世應」之說，[268]同時亦引《左傳正義·昭五年》云：

> 卦有六位，初、三、五奇數，為陽位也。二、四、上耦數，為陰
> 位也。初與四、二與五、三與上位、相值為相應，陽之所求者陰，
> 陰之所求者陽，陽陰相值為有應，陰還值陰、陽還值陽為無應。[269]

陰陽爻以奇偶之數為名，其義皆同。京房的八宮卦次與世應之說，皆本
之卦「應」的觀念而來。相應的思想，為兩漢《易》家不可或缺的爻位
主張。

（一）惠氏載《易傳》中相應之情形

惠氏從《易傳》去推求，指出六十四卦中，言「應」者有十七卦，[270]
並且皆為《彖傳》所言。其中較無疑異者，包括：

蒙䷃卦《彖傳》「童蒙求我，志應也」，即二與五相應。

師䷆卦《彖傳》「剛中而應」，即二與五相應。

比䷇卦《彖傳》「上下應也」，即五與二相應。

小畜䷈卦《彖傳》「柔得位而上下應之」，即四與初相應。

同人䷌卦《彖傳》「柔得位中而應乎乾」，即二與五相應。

大有䷍卦《彖傳》「柔得尊位，大中而上下應之」，即二與五相應。

豫䷏卦《彖傳》「剛應而志行」，即四與初相應。

臨䷒卦《彖傳》「剛中而應」，即二與五相應。

无妄䷘卦《彖傳》「剛中而應」，即五與二相應。

---

[267] 見《易緯乾鑿度》，卷上，頁 481-482。
[268] 見《易例》，卷一，頁 972。
[269] 見《易例》，卷一，頁 973。
[270] 已如前述當位與不當位中，引自《易例》之言。

　　咸䷞卦《彖傳》「柔上而剛下，二氣感應以相與」，即六爻皆兩兩相應。

　　恆䷟卦《彖傳》「剛柔皆應」，即六爻兩兩相應。

　　遯䷠卦《彖傳》「剛當位而應」，即五與二相應。

　　鼎䷱卦《彖傳》「柔進而上行，得中而應乎剛」，即五與二相應。

　　革䷰卦《彖傳》「順乎天而應乎人」，即二與五相應。

　　惠氏所列，有討論之必要者，如履䷉卦《彖傳》「說而應乎乾」，惠氏注云：

　　　　乾履兌，兌說應之，故不咥人。[271]

依惠氏之說，乾剛以兌說應之，看似上乾應於下兌，是就卦應卦而言，[272]實際上，說氏並純就卦應卦而言，因為若從卦與卦的相應來看，乾為剛，而兌卦惠氏指出「兌為剛鹵，非柔」，[273]也就是兌亦為剛鹵，二卦皆有剛德，以此言「應」，似乎不甚恰合。且，惠氏釋《彖傳》「柔履剛」時，指出「兌《彖傳》明言剛中柔外，則柔履剛為兌三之柔履二之剛明矣」，[274]惠氏明白指出兌本為剛，兌中之剛特別是就二陽而言，而其三為柔。如此看來，回到「兌說應之」乾剛，則當專指六三應上九而言。

　　睽䷥卦，惠氏認為二五相應，主要根據《彖傳》「柔進而上行，得中而應乎剛，是以小事吉」而言。如果從睽卦實際爻位來看，九二與六五確實可以稱為相應，但是惠氏並不如此觀，他認為「卦從无妄來，二之五，故上行。乾伏五下，六五得中，而應乾五之伏陽，故云得中而應乎剛。必知應乾五伏陽者，卦之二、五皆失位，例變之正。若五柔應二剛，非法也，故云應乾五伏陽。五動之乾，二變應之，陰利承陽，故小事吉也」。[275]惠氏明白地指出此處「五柔應二剛」，並不是相應之法，當使「五動之乾，二變應之」，也就是將原來睽卦六五動而成九五、九二變而成六

---

[271] 見《周易述》，卷九，頁232。

[272] 江弘遠《惠棟易例研究》認為「此言兌柔應乾剛，乃以卦言之」，依朱子《本義》「以二體釋卦名義」而言。（見是書，台北：國立台灣師範大學國文研究所碩士論文，1988年5月，頁209。）江氏即從卦應卦而言相應。

[273] 見《周易述》，卷九，頁232。

[274] 同前注。

[275] 見《周易述》，卷十，頁270。

二，如此則陰陽當位而相應。惠氏此說，非一般「應」之正例，大費周章將原本就相應的二爻皆變，然而再言相應；一方面是論述上的必要，一方面則惠氏基於「小事吉」，並某種程度上衷心於二與五的當位，透過陰五降二、陽二升五的方式行之，使吉兆的論述更具理據。但是，這樣的論述，卻相對使之顯得繁瑣與牽強之感。

又，中孚☲卦，惠氏認為是相應之卦，但《周易述》中缺此卦，不能詳明所指。一般以《象傳》云「乃應乎天也」觀之，歷來少有以此言而論相應者，殊不知惠氏是否以其初與四或三與上相應。

此外，順便一提的是革☲卦，云其「應」者，是根據《象傳》「順乎天而應乎人」而來，惠氏於《易例》中作二五應，而其《周易述》中則云「二正應五」，「上應三」，即二與五、上與三皆相應。然而，兌☱卦《象傳》亦云「是以順乎天而應乎人」，同言「順乎天而應乎人」，但惠氏並未視為「應」卦，從兌卦的爻位觀之，六爻皆不相應，未引為正，但不知惠氏如何訓解。[276]

（二）惠氏相應說的重要內涵

惠氏《周易述》中大量的申述爻位的相應關係，作為解釋卦爻義與判定吉凶。除了延續《易傳》以來的相應主張外，也根本於漢儒之法，特別是虞翻的論述。惠氏除了以本卦實際的爻位相應關係作為論述的依據外，也採取爻變的方式，進一步撮合爻與爻間的相應，這種方式已不同於傳統《易傳》相應的正例，而同於虞翻、荀爽等漢儒之說；並且，這種方式的運用，在其相應說中佔了主要的部份。

1. 採用爻變的方法尋求相應

爻位的相應與否，直接地反映出吉凶禍福之兆，也就是爻位相應者，可得吉象，而爻位不相應者，則為凶咎之象；這是傳統上直接從本卦的爻位判定其應與不應，進一步推論吉凶。但是，惠棟除了從本卦實際的爻位來推定外，亦大量採用爻變的方式，使原本陰陽不相應的兩爻使之

---

[276] 兌卦，《周易述》缺。

相應。

例如嗛䷎卦初六「嗛嗛君子，用涉大川，吉」，惠氏解釋云：

> 初失位，故變之正。荀云初最在下為嗛，上之三嗛也，初之正而
> 在下又嗛焉，故曰嗛嗛。初正陽位，故曰君子。坎為大川，歷三
> 應四，故利涉大川，吉也。

又同卦六二云「貞吉」，惠氏疏云：

> 三上居五，二正應之，中心相得，故貞吉也。[277]

嗛卦初六不當位，與四爻同為陰爻，故又不相應，惠氏藉由爻變，使初
爻陰變陽為當位，並且與四爻陰陽相應。初爻之正後，下體為坎為水，
初四應為初歷三應四，亦即歷水而應四，所以云「利涉大川，吉」。嗛卦
六二為當位之爻，卻與五爻同屬陰爻為不相應，惠氏藉由陽三上升至五，
使五爻之正，如此一來，則二五相應為「貞吉」。

例如賁䷕卦六二「賁其須」，惠氏注云：

> 須謂五，五變應二，二上賁之，故賁其須。

並進一步疏云：

> 《說文》曰：須，面毛也。爻位近取諸身，初為止，五當為須，
> 故知須謂五。五失位，故變應二，二上賁五，是賁其須也。

賁卦二爻原與五爻不相應，透過五變之正，而能與之相應。所應之六五
爻辭云「吝，終吉」，惠氏認為「五失位，无應，今已之正，故應在二」；
「五失位，故吝，變而得正，應二」，[278]故終而為吉。原本五不當位，使
之爻變而當位，則二、五相應，雖然原來五爻不正為吝，得之之正相應
而為「終吉」。

又如剝䷖卦初六云「蔑貞凶」，惠氏指出「失位无應，故蔑貞凶」，[279]
乃初陽在下為不當位，又无應與上，所以處無正之位，故云「蔑貞凶」。
同樣地，六二亦與五爻無應，所以亦云「蔑貞凶」。

2.重視當位的相應

[277] 見《周易述》，卷三，頁 72-73。
[278] 見《周易述》，卷三，頁 98-99。
[279] 見《周易述》，卷四，頁 101。

惠氏論述爻位的相應時，尤重當位之相應。爻位的相應有二種現象，一種是相應而二爻又當位，另一種是相應而二爻卻不當位。從判定吉凶的角度言，一般前者都較後者爲吉。

例又如蹇䷦卦卦辭「利見大人，貞吉」，惠氏注云：

> 大人，天子，故謂五。五居尊位，二正應之，故利見大人。五當
> 位居正，羣陰順從，故貞吉也。[280]

九五爲大人，居天子之正位，又與六二相應，此二爻本皆當位，又相應，所以爲貞吉。這種情形是傳統《易傳》陳述下的當位相應而貞吉的正例。但是，爻位往往有相應而卻不當位者，在這種情形下，惠氏則藉由爻變的方式使之當位而相應，前面的例子當中，已有這種情形者，這裡又舉蒙䷃卦爲釋，蒙卦六五「童蒙，吉」，惠氏認爲：

> 二之正，五變應之，蒙以養正，優入聖域，故吉也。變應者，由
> 不正而之正也。二、五失位，二之正，五變應之，則各得其正。[281]

蒙卦二、五皆失位不正，皆使之爻變而當位以相應之，則可以爲吉。

又如蠱䷑卦九二云「不可貞」，惠氏指出二「應在五」，但「二、五失位，故不可貞，言當變之正也」。[282]九二陽爻與六五陰爻相應，所以「應在五」，但是，九二陽居陰位，而六五又陰居陽位，二、五兩爻皆失位，雖然相應，仍「不可貞」，惟有將二爻皆變之正，然後才能正應，也才可貞。因此，從這裡也可以看出，兩爻雖然相應，但是如果是不當位，仍然不可貞，仍有凶咎之象。

又如困䷮卦九二「困于酒食，朱紱方來」，惠氏指出「朱紱謂五。二、五敵應，二變則與五相應，故朱紱方來」。九二不當位，變之正，而與九五相應。又如同卦上六云「動悔有悔，征吉」，惠氏疏云：

> 二之上，乘五陽，故動悔。上變應三，則失正，故有悔。三變應
> 上，則各得其正，故云三已變正，已得應之。謂往應三則吉，故
> 征吉也。[283]

---

[280] 見《周易述》，卷六，頁166。

[281] 見《周易述》，卷一，頁25。

[282] 見《周易述》，卷三，頁84-85。

[283] 困卦諸引文，見《周易述》，卷七，頁207-209。

九二之上，上爻由當位而變爲不當位，並乘五陽，所以動而有悔。又上
六變而應六三，雖應卻失正，所以也是有悔。然而六三變而爲正，並與
上六相應，所以能夠「征吉」。由惠氏此處之論述，可以瞭解陰陽雖然能
夠相應，但是若非當位，仍會有所悔咎，倘能相應而當位，則必可得吉
象。因此，當位而相應的最佳狀態，是最理想的期盼。

3. 以爻應卦之說

惠氏論述爻位的相應多有以爻應卦而言者，如豫▆▆卦初六「鳴豫，
凶」，惠氏注云：

> 應震，善鳴失位，故鳴豫，凶。

並進一步解釋云：

> 《夏小正》曰：震也者，鳴也。四體震，震爲善鳴，初獨應四，
> 意得而鳴，失位不當，故凶也。[284]

在這裡，豫卦初六與九四相應，但惠氏並不以此二爻相應而說，倒是言
初爻「應震」，上體爲震，四爻爲震初，初爻應震爲善鳴，但是陰陽不當
位，縱使相應，仍爲凶咎。在這裡，也反映出一個重要的意義，即爻位
以當位爲重，應則其次，這是惠氏對爻位認識的一貫原則，所以此卦爻
雖然相應，但失位不當，故仍爲「凶」。

又如賁▆▆卦初九「賁其止，舍車而徒」，惠氏注云：

> 初爲止，坤爲車，應在坤。上之二，坤體壞，故舍車而徒。[285]

在這裡，惠氏以初爻應坤，但賁卦六爻排序，並無體坤者，主要是根據
「泰坤」而來，即賁卦是由泰▆▆卦上六之乾二而來，初應於四，即初應
於泰坤之四爻，所以說初爻「應在坤」。當泰卦上之二卦變成賁卦時，則
「坤體壞」，坤爲車，車體既壞，則無法駕用，只好「舍車而徒」。初四
當位而應，雖「舍車而徒」，仍不致爲凶。

因此，以爻應卦，本質上仍是以爻應爻，只是所應之爻所代表的意
義不只是一爻的意義，而是象徵著某卦的形象。

---

[284] 見《周易述》，卷三，頁 74-75。
[285] 見《周易述》，卷三，頁 98。

4. 伏應

惠氏相應說中也有另外一種特例，即伏應之說。例如豫䷏卦六二「介于石，不終日，貞吉」，惠氏指出

> 二應小畜，五伏陽，故應在五。[286]

在這裡，惠棟以爻應重卦，即六二爻應小畜䷈卦；豫卦與小畜旁通，六二應小畜卦，即應豫卦之旁通卦，之所以能應，很重要的因素爲旁通之小畜卦五爻又適爲陽爻，所以「二應小畜」，亦即二應於五。此五非豫卦顯現的實際六五爻，因爲六二與六五不相應，二之所以應五，此五爲小畜卦之九五爻，所以六二所應者，爲伏隱之小畜卦九五爻。在這裡，惠氏的相應說，特別以伏隱之爻作相應。

又如解䷧卦上六「公用射隼於高庸之上，獲之，无不利」，惠氏疏云：

> 三失位，當變之正，上應在三，故發其義于上爻。三爲三公，六三陽位，下有伏陽，故謂三伏陽也。

這裡，惠氏指出六三失位不正，當變而使之爲當位，如此方可以上六相應。除此之外，惠氏指出六三爲陽位，因爲下有伏隱之陽爻，既是如此，則與上六伏隱著相應的關係，使之正，則當然顯明。三變之正，則三上當位而相應，則无不利。

這種伏應之說，爲相應說上的權宜之法，其目的在於使卦爻義之陳述更具開放與運用的空間。

三、爻位之承乘說

「比」爲易學當中極爲重要的易例，亦是探討爻位問題的一個不可忽略的概念。「比」有親輔、鄰近之義，主要在體現相鄰爻位的關係。「比」的方式或種類，有兩陽之「比」，有兩陰之「比」，也有一陰一陽之「比」。前二者之「比」，往往是就其當位與否，以及爻位之貴賤來對照；而一陰一陽之「比」，主要是涉及到陽尊陰卑的概念，分爲「承」與「乘」二者。

286　見《周易述》，卷三，頁75。

《繫辭上傳》強調「天尊地卑，乾坤定矣。卑高以陳，貴賤位矣」，即陽尊居上，陰卑處下，以柔順剛，以陰順陽，才能合乎陰陽自然之道。因此，下陰上陽之「比」，合於陽尊陰卑的基本樣態，所以為吉，此種爻位比鄰的關係，稱為「承」；上陰下陽之「比」，則不合於自然之道，此種比鄰關係為凶，稱為「乘」。一般談到爻位的比鄰關係，主要是針對「承」、「乘」二者而言。這種論述爻位的概念，根柢於《周易》本身對爻位貴賤與爻位質性的基本認識，並在《易傳》以下，乃至漢代易學學家的大力主張之下，使「承」、「乘」各別成為獨立而重要的釋《易》體例。惠棟本於漢儒之說，「承」、「乘」的爻位思想，在其易學論述中，處處可以體現。

（一）承

上下兩爻的關係，「承」的主體，特別是就下爻而言，陽上陰下，陰順承於陽，所以「承」有陰卑順於陽的概念。這樣的概念正是陽尊陰卑在爻位上的具體表現，透過這種爻位的關係，以進一步推論卦爻所處的吉凶狀態。惠棟根據漢儒《易》說，闡釋卦爻義每每以爻位相承的關係而論，其論述的形式，有從實際爻位間的相承，以及藉由爻變的方式或是升降的方式來談相承的關係，這幾種方式最為普遍，其它尚有以隔位相承、陽承陽，以及以爻承卦作為論述上的特例。

1. 傳統的相承之說

傳統上的「承」，是就原來卦爻不變的情況下，從實際爻位來論述其相承的關係。以下舉幾個例子說明。

例如惠氏釋嗛䷎卦六二「鳴嗛，貞吉」，云「二以陰承陽」，[287]即六二承九三，為陰承陽之正例。

又如噬嗑䷔卦六三云「小吝，无咎」，惠云「失位承四，故小吝」，即三承四，三四皆不當位，所以「小吝」。此三四相承之正例。惟「上來

---

[287] 見《周易述》，卷三，頁 73。

之三」，[288]各正其位，而能「无咎」。由此爻位可以看出，三四雖然相承，而且三又與上應，但是三四卻非當位，所以有「吝」，只有三四之正，才能化「小吝」爲「无咎」。因此，「當位」在吉凶判定上的角色尤爲重要。

又如小畜䷈卦六四「有孚，血去惕出，无咎」，惠氏云「四陰得位，上承九五，與五合志，故无咎也」，[289]此六四得位而承九五，亦爲陰承陽之正例。

又如大畜䷙卦六四「童牛之告，元吉」，惠氏云「得位承五，故元吉」，[290]即六四得位，上承九五，得元吉。此陰承陽之正例。

由這些例子可以看出，上下兩爻相承，倘二爻又能當位，大抵皆可得吉兆或无咎；但是，雖然在爻位上有相承的關係，若無當位，仍有可能爲凶咎之象。

2. 先行爻變而後相承

如訟䷅卦九四「渝，安貞吉」，惠氏指出「四變體巽爲命，得位承五，故渝，安貞吉」，並進一步解釋云：

渝，變也，《釋言》文。巽《象傳》曰：重巽以申命，故巽爲命。

四變得位，安于承乾之正，故「渝，安貞吉」。[291]

九四陽居陰位，位不當，當使之爲正，所以「四變得位」，以陰承九五乾陽之正。此即爻變而後承。

又如履䷉卦九四「履虎尾，愬愬，終吉」，惠氏疏云：

四失位，變體坎，上承九五，下應初九，故終吉。[292]

九四原本陽居陰位，爲不當位，使其變而爲陰，上承陽九，所以爲吉。此以爻變之法而得以相承。

又如同人䷌卦九四「弗克攻，吉」，惠氏疏云：

四與初皆陽，故敵應。初得位，四無攻初之義，變而承五應初，

---

288 括弧引文，見《周易述》，卷三，頁95。
289 見《周易述》，卷二，頁47。
290 見《周易述》，卷四，頁116。
291 見《周易述》，卷一，頁31-33。
292 見《周易述》，卷二，頁48。

故弗克攻吉也。[293]

九四陽居陰位，爲不當位，變而使之正，則「承五應初」，故能得「吉」。

3. 爻位升降而後相承

爻位每每不當位或無相應，採取升降之法，使爻位之正、得以相應，以及進一步得以與鄰爻相承；或是直接將未相承之爻，用升降之法，使之相承。以下舉幾個例子說明。

如前述坤▉▉卦六五「黃裳，元吉」，惠氏注云：

降二承乾，陰陽位正，故元吉。

惠氏以升降之說，以坤五降於乾二，則陰二承乾，陰二亦承陽三，陰陽位正，所以「元吉」。同卦六四「括囊，无咎」，惠氏指出「四居陰位，上承九五，存不忘亡，故无咎也」。[294]坤卦六爻皆陰，此處言「上承九五」，「九五」者乃乾坤二卦升降所致。

如需▉▉卦初九「需于郊，利用恆，无咎」，惠氏特別指出：

需時當升，初居四，得位承五，故无咎。[295]

惠氏採升降之說，認爲需卦初九當上升，上升居四，四仍爲陰，不因初九上升六四而改變六四的陰質，所以「初居四」，「四」仍是原來的「六四」陰爻，然後以六四陰爻承九五陽爻，即所謂「得位承五」，所以「无咎」。惠氏之所以認爲「需時當升」，全因初九爻辭「需于郊」而立說。但是，其上升之法，並不同於其經常說的升降說，因爲甲升至乙，則乙成爲甲，也就是陽爻升至陰爻之位，則此陰爻變成陽爻。然而，此處初九陽爻升至六四陰爻之位，陰爻並沒有變爲陽爻，惠氏用「初居四」言，即初爻居於四爻之位，初爻並不改變四爻原來的陰爻之性。這樣的說法，似乎顯得瑣碎而有附會之嫌。就需卦爻位本象來看，六四陰爻本來就是承九五陽爻，且又當位，所以无咎；惠氏看準此二爻爻位的關係，所以硬將初九升降而寄居在六四之中，並不改變六四爻的本質，利用其當位

---

[293] 見《周易述》，卷二，頁65。
[294] 見《周易述》，卷一，頁14。
[295] 見《周易述》，卷一，頁28。

又爲「承」的關係，以說明初爻「需于郊」至「无咎」的意義。

如師䷆卦六四「師左次，无咎」，惠氏注云：

> 震爲左。次，舍也。二與四同功，四承五，五无陽，故呼二舍
> 於五，四得承之，故无咎。[296]

五本爲陰，由於「二與四同功」，所以「呼二舍於五」，也就是採升降之法，使陽二升五而得正位，陰四順承之，故「无咎」。

如泰䷊卦六五「帝乙歸妹，以祉元吉」，惠氏疏云：

> 五下嫁二，二上升五，以陰承陽，故云上承乾福，與坤「黃裳，
> 元吉」同義也。[297]

五位不正，下降於陽二，而二升至陰五，則「以陰承陽」，即六二承九三；「上承乾福」，亦爲六二上承九三之義。

4. 隔位相承

漢魏《易》家論述相承之說，除了一般上下相鄰二爻的相承關係外，亦有論及非相鄰二爻的隔爻相承之說，包括像荀爽、虞翻、王弼、姚信等人，皆有用「隔」以說明爻位之間的關係。惠氏本諸漢說，所以隔位相承之說也不例外。

如師䷆卦上六「大君有命，開國承家」，惠氏注云：

> 二升五，爲大君。坤爲國，二稱家，二之五處坤之中，故曰開
> 國。五降二，得位承五，故曰承家。

並進一步疏云：

> 《乾鑿度》曰：大君者，君人之盛者也。荀氏曰：大君謂二。
> 故知二升五爲大君也。坤爲國，二稱家，虞義也。二之五爲比
> 五建國，故云開國。二爲大夫，五降二承五，故曰承家。此宋
> 衷義也。[298]

惠氏此一相承之說，是根據宋衷之義而來，宋衷認爲「陽當之五，處坤

之中，故曰開國。陰下之二，在二承五，故曰承家」。[299]此說除了以乾二升五、坤五降二之升降法，使九二升至九五，六五降居六二，二、五皆居正位外，以六二之陰承九五之陽，是一種隔位相承之例。

如否▤卦初六「拔茅茹，以其彙，貞吉，亨」，惠氏注云：

　　初惡未著，與二三同類承五。變之正，猶可亨，故曰「貞吉，亨」。

進一步疏云：

　　坤為積惡，初尚微，故惡未著。……是初與二、三同類承五也。

　　初、四失位，變之正，則猶可亨，故曰「貞吉，亨」。

又同卦六二「苞承，小人吉，大人否亨」，注云：

　　二正承五，為五所苞，故曰苞承。

疏云：

　　二得位，故二正承五，五苞桑，故為五所苞也。苞二承五，故曰苞承。[300]

從初六、六二釋文觀之，不論是初六或是六二，乃至六三，其承五皆為「同類承五」，也就是同屬陰爻以承九五陽爻，此種相承之法，為隔位相承，即跳過四爻而承五爻。

5. 以陽承陽之特例

　　陽上陰下的爻位關係，才稱為「承」，但惠氏卻有以陽承陽之說，此相承之特例。如乾▤卦九三「君子終日乾乾」，惠氏釋「乾乾」云：

　　三與外體接，以乾接乾，故曰乾乾。荀氏謂承乾行乾，義亦同也。[301]

惠棟採荀爽之說為言，基本上仍認同荀氏有此一說，九三為下體之上，外接上體純陽乾▤卦，為「以乾接乾」，或是以乾承乾，以九三陽爻承上體三陽，所以稱「乾乾」。

　　又如前述訟▤卦六三「食舊德」，惠氏注云：

---

[299] 見李鼎祚《周易集解》，卷三，頁60。

[300] 否卦引文，見《周易述》，卷二，頁58-60。

[301] 見《周易述》，卷一，頁5。

　　三失位，動而承乾，有食舊德之象。

「動而承乾」，六三動而爲九三陽爻，上承乾☰體，此亦是以陽爻承陽爻之說。

　　此二例，又可以視爲以爻承卦之相承特例。

6. 以爻承卦之特例

　　前面「以陽承陽」之二例，亦可視爲以爻承卦之例，只不過其二例，皆是以陽爻承陽卦（乾卦），不合一般以陰承陽之普遍原則。如訟☰卦六三「食舊德」而後「終吉」，惠氏注云：

　　乾爲久、爲德，故爲舊德。四變食乾，……三失位，動而承乾，有食舊德之象。……三爲下卦之終，得位，故終吉。[302]

三爻以陰居陽位，使之正，而爲九三陽爻，上承乾☰體，所以惠氏云「動而承乾」，並進一步呼應「有食舊德之象」。此爲惠氏以爻承卦之例，也是以陽爻承陽爻之說。以下一例，則合陰承陽的一般原則。

　　坤☷卦六五「黃裳，元吉」，惠氏注云：

　　降二承乾，陰陽位正，故元吉。

惠氏以升降之說，以坤五降於乾二，則陰二承乾，陰二亦承陽三，陰陽位正，所以「元吉」，惠氏特別指出「元吉謂承陽之吉」，以陰二承上諸陽爻。[303]

（二）乘

　　「乘」於上下兩爻的關係，特別是就上爻而言。一卦之中，任意兩爻，特別是相鄰的兩爻，甲爻居於乙爻之上者，則可稱爲甲爻乘乙爻。《易傳》特別將「乘」作了原則性的規範，認爲一陰爻凌居於一陽爻之上者，則稱爲「乘」；這樣的一陰爻與一陽爻，是一卦中所顯現的實際爻位，沒有經過任何的爻變或是任何因素的改變其爻位者，所以可以視爲「乘」的正格或正例。但是，《易傳》之後，漢魏以降易學家運用「乘」說更爲

---

[302] 見《周易述》，卷一，頁 32-33。

[303] 二引文，見《周易述》，卷一，頁 14。

多元化，除了以傳統之說在沒有經過爻變的原有卦象上言乘者之外，有以隔爻相乘者，有以眾陰爻乘一陽或眾陽爻乘一陰者，有以上下卦稱乘者。惠氏綜采諸家之說，言「乘」之形式亦夥，但大體仍以傳統的正例為主。以下分別就其各種不同的形式，舉例作簡要說明。

1. 傳統上實際爻位間的乘例

惠氏以傳統之說在沒有經過爻變的原有卦象上言乘者最為普遍。例如屯䷂卦「元、亨、利、貞」，惠氏疏云：

> 卦二、五得正，而名屯者，以二乘初剛，五弇于上，不能相應，故二有屯如之難，五有屯膏之凶，名之曰屯也。三變則六爻皆正，陰陽氣通，成既濟之世，故云元亨利貞。[304]

六二乘初九，所以「二乘初剛」；上六乘九五，所以「五弇于上」。如此一來，二五雖皆居中而正，卻因陰乘陽、陽為陰所乘，所以不能相應，故有「屯如之難」。透過三爻變之正，則能「元、亨、利、貞」。

又如蒙䷃卦上九「擊蒙，不利為寇」，惠氏注云：

> 擊三也，體艮為手，故擊。謂五已變，上動成坎，稱寇，而逆乘陽，故不利為寇。

疏云：

> 上應三，三行不順，故擊三也。艮為手，《說卦》文。坎為寇，三體坎，五上變亦為坎，故爻辭有二寇，一謂上，一謂三也。
> 五變，上動乘之，是乘陽也，乘陽為逆，故曰逆乘陽。[305]

蒙卦五、上二爻的關係，原本為五承上，但在這裡惠氏刻意使五變上動，形成上六乘九五的局面，其目的皆在於爻義解釋上的需要，特別是藉由爻變求得爻象，至於造成上六乘九五的情形，無傷吉凶上的解釋。

又如師䷆卦六三「師或輿尸，凶」，惠氏疏云：

> 三以陰居陽而乘二剛，又不與上應，故失位乘剛无應。[306]

六三陰居陽位，並以三陰乘二陽，又與上无應，所以云「失位乘剛无應」；此爻失之甚矣，故必爲「凶」象。

又如比▆卦「後夫凶」，惠氏指出「乘陽无應，故凶」，並進一步以虞翻之說解釋云：

> 後謂上，夫謂五也；上後于五，故稱後夫。乘五，故曰乘陽。

比卦上六乘九五，並與六三無應，所以爲凶。同卦上六「比之无首，故凶」，惠氏注云：

> 上爲首，乘陽无首，故凶。

惠氏疏云：

> 陰无首，以陽爲首，上乘五是陰不承陽，爲无首也，故凶。[307]

一般而言，「上爲首」，是就陽爻而言，陰爻無首，且上六乘九五，以陰乘陽，所以爲凶。

2. 爻變而言乘

不論是漢儒，乃至惠氏述漢而立說，以爻變釋卦爻之義，皆希望透過爻變以改變原來不好的卦爻象，使之趨於吉象，但是在某些狀況下，爲求卦爻義之通解，有時不得不藉由爻變以附合不善之卦爻義，論述爻位之乘也是如此；乘本是凶象，爻變而使爻位爲承的關係，即以爻變爲凶。因此，以爻變爲乘者，在惠氏論乘的例子中，相對於傳統正例，算是少數，不像前述「承」的部份，爻變言「承」反而成大宗。以下舉例言之。

例如无妄▆卦上九「无妄，行有眚，无攸利」，

> 四已正，故上動成坎。坎爲多眚，故行有眚。上柔乘剛，逆巽之命，故无攸利。[308]

上爻原爲陽爻，惠氏使之動而爲陰，形成陰乘陽的爻位關係，目的在於陳述此上陰乘剛，爲「逆巽之命」，所以「无攸利」。

例如恆▆卦上六「震恆，凶」，惠氏指出「五動乘陽，故凶」，並解

---

[307] 比卦諸引文，見《周易述》，卷二，頁 40-43。
[308] 見《周易述》，卷四，頁 114。

釋云：

> 五之正，則上乘陽，故五動乘陽。乘陽不敬，故凶也。[309]

六五爻原本爲陰，惠氏使之動而爲陽，則上六乘九五陽爻，乘陽爲凶。此六五爻變而後言「乘」，目的在於解釋爻辭「凶」義。

例如大壯䷡卦九三「小人用壯」，惠氏以九三相應上六而言，指出：

> 以大壯陽息之卦，息至五體夬，夬上為小人。……五已正，上逆
> 乘陽，故用壯。[310]

藉由消息之說而論，大壯卦爲陽息之卦，息至五爲夬䷪卦，此時五爻已由原來大壯卦的六五變成夬卦的九五當位之卦，此時五雖已正，但上六乘五，所以爲凶象。此凶象是九三之凶。

3. 隔爻相乘

例如大過䷛卦上六云「凶，无咎」，惠氏注云：

> 乘剛，咎也；得位，故无咎。

疏云：

> 上乘四剛，故有咎。以陰居陰，得位，故无咎。[311]

上六下乘四剛爻，即以一陰乘四陽，一爻乘多爻，爲有咎。然而，上六得位，可以化爲「无咎」。

例如嗛䷎卦六五「不富以其鄰」，惠氏指出：

> 四、上為五之鄰，故鄰謂四、上。自四以上，皆乘三陽，故曰乘
> 陽。[312]

六四與上六皆爲六五之鄰，所以爻辭所言「鄰」者，即指六四與上六兩爻。惠氏並指出上體三爻皆爲陰爻，皆乘九三陽爻，即六四乘九三、六五乘九三、上六乘九三，上體三陰同乘陽三，故稱「乘陽」。此一論述，可以視爲隔爻相乘之說。

例如夬䷪卦上六「終有凶」，惠氏指出「位極乘陽，故終有凶」，並

解釋云：

> 位乘乘陽，故終有凶。虞義：位極于上而乘五剛，故終有凶也。[313]

惠氏採虞翻之說，以夬卦爲一陰五陽之卦，上六一陰處於亢極之位，乘五陽爻，所以云「位極于上而乘五剛」，以陰乘陽，則必有凶。

4. 以爻乘卦

例如小畜☲卦六四「有孚，血去惕出，无咎」，惠氏云：

> 五陽居中，故孚謂五。血讀為恤，讀從馬氏，蓋古文恤作血也。坎為加憂，故為恤，為惕。萬物出乎震，故震為出。四以一陰乘乾，乾陽尚往，不為所畜，故為恤，為惕，旁通變至上，成小畜，坎象不見，故恤去惕出。四陰得位，上承九五，與五合志，故无咎也。[314]

惠氏指出六四以「一陰乘乾」，即六四陰爻乘下體乾☰卦，也可以說六四陰爻乘下三陽爻。但是六四陰居陰位，又上承九五陽爻，所以「與五合志」而无咎。

5. 以卦乘卦

例如泰☷卦上六「勿用師」，惠氏注云：

> 二動體師，陰乘陽，故勿用師。

惠氏認爲「坤三陰乘陽」，[315]即泰卦坤上乾下，上體坤☷乘下體乾☰，此陰乘陽非爲正象，故「勿用師」。

　　隔爻相乘、以爻乘卦，或是以卦乘卦之說，爲「乘」說之特例，基於卦爻的結構實況而立說。大體而言，隔爻相乘與以爻乘卦之說，主要的對象是多陰或多陽之卦，例如前述大過☳卦爲四陽二陰，嗛☷卦爲五陰一陽，夬☱卦爲五陽一陰，小畜☲卦亦爲五陽一陰。惠氏以卦乘卦之

---

[313] 見《周易述》，卷六，頁 186-188。惠氏疏作「位乘乘陽」，前「乘」字當爲「極」，此惠氏筆誤或刻印之誤。

[314] 見《周易述》，卷二，頁 47。

[315] 二引文，見《周易述》，卷二，頁 54、57。

說，僅泰䷊卦一例，泰卦上下二體適爲乾☰陽坤☷陰之卦，爲陰陽二體，順此實體，而言「陰乘陽」，因此，惠氏並不在刻意建構以卦乘卦的特殊形式。

四、理想的中位說

　　中國傳統思想，於事物對立中取其的統一和諧的中道主張極爲重視與推崇，在儒家的思想體系中普遍稱之爲「中和」，而表現在《周易》的卦爻當中，《周易》對一卦六爻中的二、五兩爻特別重視，二、五兩爻特別是五爻，大都以吉象而言，因爲二、五兩爻處於上下兩卦的中位，是一種較爲理想的狀態。所以《周易折中》指出，「剛柔各有善不善，時當用剛，則以剛爲善也；時當用柔，則以柔爲善也。惟中與正，則無有不善者。然正尤不如中之善，故程子曰：正未必中，中則無不正也。六爻當位者未必皆吉，而二五之中，則吉者獨多，以此故爾」。[316]剛柔之善與不善，依時而定，六爻當位而能得吉，但無必然之吉；然而爻位居中，則以吉象爲多。這種中位的思想，發展到《易傳》，則表現的更爲明確，特別是《彖傳》與《象傳》，每每稱「中正」、「正中」、「剛中」、「得中」、「剛得中」、「柔得中」、「中行」、「行中」、「中道」、「在中」，以及「中」等等，即指爻居於中位而立說。漢代的易學家，陳述卦爻義時，不斷強調中位的重要性，特別是荀爽，其升降說是中位思想的開展與具體呈現，推崇九二升五與六五降二的原則，使中位的主張更具動態的積極意義。虞翻也是如此，爲凸顯中位的重要，經常採用爻變的方式，將不當位的中爻，使之正而當位；對於二五兩中位之爻，尤其側重五爻，以五爻居於天子中正之位，與二爻臣位相對，君臣居處中正之位，則爲天下之大吉。這一些重要的中位思想，成爲惠氏述《易》的重要材料，也成爲惠氏中位思想的主體內容。

　　（一）中和爲中位之最佳典式

---

[316] 見李光地《周易折中》，卷首＜爻例＞，四川：巴蜀書社，1998 年 4 月 1 版 1 刷，頁27。

　　爻位可以視爲陰陽二氣所處的形式位置，荀爽認爲陰陽二氣相易相生、相感相成的推移變易，是依循著陽進陰退、陽升陰降的基本法則；惠氏就是根源於荀爽的此一升降說，特別明確地指出乾二升坤五、坤五降乾二的準據，從二、五之位入手，將中和確定爲爻位的理想目標，藉由二、五升降的爻變方式，達到中和的最佳典式。因此，中和代表著爻位的最佳位置，也代表著達到同於《中庸》的宇宙生成之道，天地位而萬物育，生生不息，圓滿美善。「中」爲天地萬物得以存在的終極根據，一切事物都依「中」的平衡中正結構關係而存在；「和」則揭示一切事物的有序發展在於依賴其相互之間的和諧協同關係。中和成爲一切事物存在發展的主要根據與理想境域。二、五兩爻代表著宇宙天地在變動不居、周流不停的狀態下，尋求的最佳處所。所以，惠氏以此二爻：陰二陽五、二五當位、二五相應，既中且和，是中位之最佳典式，是成濟既定的主要架構，是六十四卦爻位的最佳歸宿。

　　惠氏在述《易》的過程中，不斷強調中和之位，並以之闡釋卦爻義。例如他在闡釋泰☷☰卦九二爻辭時，指出：

> 中和謂六二、九五。合言之則二、五為中，相應為和；分言之則五為中，二為和。……天地者，二、五也，天交乎地，……《中庸》所謂致中和，天地位焉，萬物育焉是也。漢儒皆以二、五為中和，故《易乾鑿度》於師之九二曰：有盛德行中和，順民心。
> 于臨之九五曰：中和之盛，應于盛位，浸大之化，行于萬民。[317]

又如釋屯☵☳卦《象傳》時，也指出：

> 二五為中和，聖人致中和，天地位，萬物育，故能贊化育也。[318]

明白地指出「中和」爲六二與九五兩個爻位，不只是指二、五位，更是指「二」必爲陰爻處陰位的六二爻，「五」必爲陽爻處陽位的九五爻。「中和」在爻位上又有兩層意義，其一、合而言之，六二、九五爲「中」，兩爻當位相應爲「和」；分而言之，九五爻爲「中」，六二爻爲「和」，九五處天之中位，爲至尊至貴的中正之位，而六二處地之中位，爲協同和諧

之位。《易》卦得此中和之位，則可循「既濟定」的理想定位邁進，臻於「元、亨、利、貞」的最佳狀態。

（二）爻位的理想歸宿－成既濟定

「成既濟定」為陰陽交感的最佳狀態，也是爻位的理想歸宿。「成既濟」之說，早在荀爽易學中，已藉由其升降之主張而展現出來，並且由虞翻進一步地開闡，大力主張「成既濟定」之說。惠氏的論述，就是定調於二家之說。

當位是陰陽的本來處所，也是事物發展應有的最佳狀態。當位中的二、五兩爻，又是六爻當位中的最重要位置，也是中位居中得正的完整狀態。對於不當位之爻，藉由爻變的方式，使之當位，特別是二、五中位，往往於不當位時，透過乾升坤降的爻變方式，使之合中和之位。六十四卦當中，惟既濟☲卦是六爻皆當位者，此六爻之當位，他在論述乾卦「利貞」時，特別指出「乾六爻，二、四、上匪正；坤六爻，初、三、五匪正」，「二、四、上以陽居陰，初、三、五以陰居陽，故皆不正。乾變坤化，六爻皆正，故各正性命」。「乾坤合德，六爻和會，故保合太和」。「經凡言利貞者，皆爻當位，或變之正，或剛柔相易」，終在使成理想的「剛柔正而位當」，[319]以成既濟定的最佳歸宿。成既濟定，六爻各正其位，特於是由於其能行中和之道，以彰顯其理想與價值。以下列舉數例略加說明：

例如惠氏釋《繫上》「子曰：易其至矣乎」，注云：

> 易謂坎離，坎上離下，六爻得位而行中和，故其至矣乎。

疏云：

> 易謂坎離，謂既濟也。既濟剛柔正而位當，故坎上離下，六爻得位，二五為中和，故行中和。[320]

例如惠氏注《繫上》「而道濟天下，故不過」，云：

> 乾為道，乾制坤化，陽升陰降，成既濟定，故道濟天下。六爻皆

---

[319] 括弧諸引文，見《周易述》，卷一，頁2。
[320] 見《周易述·繫辭上傳》，卷十五，頁407-408。

正，故不過也。[321]

進一步解釋云：

> 乾為道。亦虞義也。陽道制命，坤化成物，故乾制坤化。乾二升
> 坤，坤五降乾，陽升陰降，成既濟定，故道濟天下也。過，過失。
> 六爻皆正，而无過失，故不過也。[322]

例如釋臨䷒卦卦辭「元亨利貞」，注云：

> 二陽升五，臨長羣陰，故曰臨三動成既濟，故元亨利貞。

惠氏並進一步解釋：

> 陽息稱大，坤虛无君，二當升五，以臨群陰，卦之所以名臨也。
> 二升五，三動成既濟，故云元亨利貞也。[323]

從這些例子裡，可以看出，陰陽當位以成既濟定，則可元亨利貞，陰陽和均而得其正，也可以致中和而天地位與萬物化。因此，成既濟定的理想，特別反映出中和之中位之重要，以及中位所期盼達到的最佳歸宿即既濟之道。「中和」與此「既濟定」這兩個命題，為後面章節論述之重要，此處僅作簡要說明。

（三）中位以五爻尤重

二、五兩爻同處中位，但五處天位，而二處地位，五又為陽位，二則為陰位，《易》本尊陽賤陰，天高地卑，所以雖然同是居中之位，但是五位始終是最重要的位置。

惠氏釋泰䷊卦九二時，指出中和為六二與九二，此二爻尤其以九五為重，所以引揚雄之言云「中和莫尚于五」。[324]又釋《繫辭下傳》「辯是與非，則非其中爻不備」段時，也特別地提出：

> 六爻以二、五為中和，卦二、五兩爻，又以五爻為主。[325]

惠氏明白地指出二、五兩爻以五爻為主，也就是以五爻尤為重要；二、

---

[321] 見《周易述》，卷十三，頁395。

[322] 見《周易述》，卷十三，頁398。

[323] 以上惠氏之言，見《周易述》，卷三，頁86。

[324] 見《周易述》，卷二，頁55。

[325] 見《周易述》，卷十八，頁533。

五兩爻本是一卦六爻相對較爲重要的爻位，當中又以五爻爲主，則五爻爲一卦六爻中最重要的爻位。以中和而言，五爻爲中，二爻爲和，以五爻「中」爲重，則「中」重於「和」，中和之道，必先得其「中」以致其「和」，不「中」之「和」不可成，不「中」亦不可成「和」，因爲不「中」無法二、五相應，無法相應也就不能「和」。因此，惠氏在釋《易》的歷程中，對於五爻的中位特別重視。

　　中位爲爻位的主角，是《易》道的理想處所，是中和之所指，是成既濟定的最重要處。中位既是如此重要，則必須維護與追求中位的正當性與完整性，也就是使中位能夠居中爲正，能夠爲當位。對於居中而爲不當之位者，則透過爻變的方式使之爲正，變失位之中爲當位之中，以達中正之目的。因此，惠氏在詮釋卦爻的時候，常常於不當位之中爻，以爻變的方式促使其正，意義即在此。有關的例子，前面論述的引例中每每可見，在此就不再贅舉。

　　惠氏其它有關之爻位主張，如根本於京房、虞翻之說，以爻位的貴賤，透過具體的爵位賦予爻位的貴賤，進一步闡釋卦爻義。這方面已於前面章節論述卦爻象時有說明。此外，惠氏也直接指明某爻爲貴、某爻爲賤。例如釋屯䷂卦初九「利居貞，利建侯」，指出「二失位，動居初，得正，故利居貞。震，諸侯象，得正應四，以貴下賤，大得民，故利建侯也」。[326]震☳卦爲諸侯之象，今居下體之初，將其諸侯之貴象，下於初爻賤位，深處民間，與民同心，所以處位得當，能夠「大得民」而「利建侯」。在這裡，惠氏提到「以貴下賤」，明白地指出初爻爲賤位。例如釋比䷇卦九五指出「乾高貴五，五多，功故五貴多功」，[327]既是如此，所以爲「吉」。指出五爻爲高貴之位。釋泰䷊卦六五指出「五貴位」，[328]所以「元吉」。釋萃䷬卦九五引《文言》指出乾卦上九爲「貴而无位」，[329]上

---

[326] 見《周易述》，卷一，頁 19。

[327] 見《周易述》，卷二，頁 42。

[328] 見《周易述》，卷二，頁 56。

[329] 見《周易述》，卷六，頁 196。

九亦爲貴位。釋觀䷓卦初六指出「初爲元士，故位賤」，[330]即初爻爲賤位。類似的例子，不勝枚舉。基本上，五爻最爲尊貴，其次爲上爻；三位處下卦之上，爲凶，所以尤賤，初位最下爲卑，所以亦賤。但是，爻位貴賤雖定，但仍必須綜合當位、相應、承乘等等實際的爻位關，才能確定其最後的吉凶。總之，解釋經文吉凶悔吝時，必須綜合各種爻位關係而加以分析才能確定，而這諸多的爻位關係，並不是一種僵化既成的關係，當中仍有動態、具體的呈現，透過爻變與有關的方式展現出來，才決定其最後的吉凶。惠氏廣採漢儒之說，成爲其對爻位的運用與認識。

第五節　綜採漢儒其它重要主張以釋《易》

漢儒用象之說龐雜繁富，爲象數易學發展最鼎盛的年代，惠棟根本漢說，對漢儒之說，也都囊括綜采，存續發皇，因此，述《易》的主要特色表現，除了前述諸說外，尚有其它漢說之用。以下主要針對半象、兩象易、反卦、旁通、震巽特變等主張，作簡要說明。

一、半象

《周易》構成「象」的符號系統，有爻的部份，有三爻而形成的八卦部份，有八卦交互而形成的六十四卦部份，一般最常談的，而且視爲「象」的主體的部份，則是就八卦的卦象而言。完整的卦象，是由三爻所組成的，由三爻以成象而盡意。因此，一般言卦象，必以三爻而言。兩漢《易》家，有以兩爻以代表一卦而爲象者，後世稱爲「半象」。歷來討論「半象」的先趨，揣度焦贛《易林》曾用半象，如尚秉和《焦氏易詁》即是如此認爲；乃至後來承焦氏之學的京房，也有使用半象的概念，但是此種猜測之言，未能成爲定說。而依目前文獻所見，明確提出「半象」之說者，大概以虞翻最早。虞翻習於用象，也繁於用象，透過取象

---

[330] 見《周易述》，卷三，頁92。

以解經，「半象」成為其言象的重要特徵。

爻分陰陽，一卦有三爻，倘若取兩爻而代表一卦以取象，則這兩爻很可能為三個卦以上所共同存在的，也就是說以兩爻為半象，至少可以代表三個卦以上的象，其情形可以為：

其一、由兩個陽爻所組成的半象，可以同時為乾☰之半象、巽☴之半象與兌☱之半象。

其二、由兩個陰爻所組成的半象，可以同時為坤☷之半象、震☳之半象與艮☶之半象。

其三、由下陰上陽之兩爻所組成的半象，可以同時為艮☶之半象、坎☵之半象、離☲之半象與巽☴之半象。

其四、由下陽上陰之兩爻所組成的半象，可以同時為坎☵之半象、離☲之半象、震☳之半象與兌☱之半象。

在這種情形下，一旦要兩爻取象，如何作選擇？是要將符合的卦全部都選用呢？還是選用其中一兩卦或其中一卦呢？就虞翻的使用方式，他僅取一卦而言，如此一來，其選用的方式是不是有一定的準據或原則？假如沒有，則陷入個人意志的認定，而形成沒有標準的存在。惠棟述《易》使用「半象」之主張，大抵根據虞說而有發揮，他在《易例》中也提出「半象」之例，所言者也都是虞翻的注文。至於其《周易述》，對於虞說也屢次引用論述，所以能夠瞭解惠氏之說，虞說大致也都能夠明白。以下列舉數例加以說明。

例如惠氏釋需䷄卦初九「需于郊，利用恆，无咎」，疏云：

> 乾位西北之地，故稱郊。需于郊，則不犯坎難。虞註九二曰：四之五震象半見，故初變體恆，需時當升，初居四，得位承五，故无咎。[331]

惠氏同時於《易例》中舉虞氏以此卦有「半象」之言，指出：

> 虞註需卦曰「大壯四之五」。九二「需于沙，小有言」，虞註云「大壯，震為言，四之五，震象半見，故小有言」。[332]

---

[331] 見《周易述》，卷一，頁 28。
[332] 見《易例》，卷二，頁 1028。

惠氏釋文中提到虞註九二云「四之五震象半見」，惠氏此一引文並不夠清楚與完整，「四之五」指的是大壯☳☰卦的「四之五」，也就是透過大壯卦「四之五」後，則變爲需卦。大壯卦上震☳下乾☰，當「四之五」後，大壯卦變爲需卦，原來的上體震☳卦也變爲坎☵卦，但是仍有半見的震象，即下陽爻上陰爻所組成的半象之震；在卦變後的需卦中，下陽上陰之兩個爻，有三四爻與五上爻，那麼惠氏所的半象應該是那兩個爻呢？指的應該是五上爻，因爲原來大壯卦的上體爲震卦，而五上爻即此震卦中的兩爻。由下陽上陰兩爻所組成的半象，可以爲坎☵之半象、離☲之半象、震☳之半象與兌☱之半象，而這裡特別指出是震卦之半象，主要的依據就是需卦的前身是大壯卦，是由大壯卦所變而來的，因爲大壯卦的上體爲震，而五上爻面是上體三爻中的兩個爻，所以下陰上陰兩爻之半象，當然是震卦了。因此，由這個例子可以看出，不論是虞翻或是惠棟，取用半象絕非隨意而行，並非肆意妄用，而是有所根據，主要是以需卦的前身爲大壯卦，大壯卦上體爲震而五上爻又是當其原來震卦之位，故取兩爻爲半象，當然是指震卦了。

又如釋小畜☴☰卦「密雲不雨」，云：

> 需時坎在上爲雲，上變坎象半見，四體兌，兌爲密，故密雲不雨。[333]

同時於《易例》中指出虞翻注云：

> 需上變爲巽，上變爲陽，坎象半見，故密雲不雨。[334]

虞氏以小畜☴☰卦由需☵☰卦上六變上九而來；需卦上體爲坎☵，變成小畜卦上體爲巽☴，云此小畜卦有坎象半見，即就四陰五陽的兩爻而言。取作小畜卦四陰五陽爲坎象半見，而不爲艮☶之半象、離☲之半象或巽☴之半象，主要就在於其前身需卦上體爲坎。

---

[333] 見《周易述》，卷二，頁 44。

[334] 見《易例》，卷二，頁 1029。事實上，非虞氏注卦辭之文，而是注小畜卦《彖傳》之文，並且斷取其中文句。虞翻實際之注文，注《彖傳》「健而巽，剛中而志行，乃亨」云：「需上變爲巽，與豫旁通。豫四之坤初爲復，復小陽潛，所畜者少，故曰小畜。二失位，五剛中正，二變應之，故志行乃亨也。」注「密雲不雨，尚往也」云：「密，小也。兌爲密。需坎升天爲雲，墜地稱雨，上變爲陽，坎象半見，故密雲不雨，上往也。」（見李鼎祚《周易集解》，卷三，頁 66。）

又如釋豫䷏卦卦辭「利建侯行師」，惠氏以虞說云「復初之四」，「震為諸侯，初至五體比象，四利復初，故利建侯。三至上體師象，故行師」。並指出：

> 一陰五陽，一陽五陰之卦，皆自乾坤來；師、嗛、大有、同人是也。此卦復四之初，乃從《繫辭》兩象易之例，非乾坤往來也。……震為諸侯，初至五體比象，比「建萬國，親諸侯」。二欲四復初，初為建，故利建侯。卦體本坤，四之初，坤象半見，故體師象利行師也。虞注晉上九曰動體師象例，與此同，半象之說易例詳矣。[335]

豫卦由復䷗卦而來，復卦上坤☷下震☳，所以復卦四之初為豫卦，則豫卦上體本坤，故惠云「卦體本坤」。卦變前既復卦上體原為坤☷卦，則卦變後豫卦上體六五與上六兩爻為坤之半象。同樣的道理，晉䷢卦上九動則上六、六五亦為坤之半象。

釋困䷮卦初六「入于幽谷」，云：

> 初動體兌，坎水半見，謂坎半象也。《說文》谷字下云：泉水出，通川為谷，從水半見。出於口，與坎半象同義，故亦取象于谷也。[336]

惠氏指出初六不正，動而使之正而互體為兌　，此時原來的下卦坎　水已不全，所以「坎水半見」，則九二、六三為坎之半象。惠氏並以《說文》之言，說明「谷」同樣有「從水半見」之義，與坎「半象」同。在這裡惠氏亦以文字字形字義以說明半象之義。同樣地惠氏釋井　卦九二「井谷射鮒」，云「兌有坎半象，故為谷」；[337]其說法與此例同。

其它例子如釋革䷰卦《彖傳》「水火相息」，以虞說為訓，云：

> 息讀為消息之息，故云長也。兌為坎半象，故為水。坎為川，川雍為澤，故為澤。……兌言澤而稱水者，卦无坎象，四革之正，

---

[335] 見《周易述》，卷三，頁 74。惠氏並於《易例》指出虞注豫卦辭云「三至上體師象，故行師」。（見《易例》，卷二，頁 1029。）即六五、上六為坤之半象，故「三至上體師象」。

[336] 見《周易述》，卷七，頁 206-207。

[337] 見《周易述》，卷七，頁 212。

坎兩見，故不曰澤而曰水也。[338]

釋夬卦《象傳》「澤上於天，夬」，云：

> 兌為澤，兌體坎象半見，坎為水，故水氣上天。兌澤在上，故決降成雨，以陽決陰，故曰夬也。[339]

釋《繫下》「小懲而大誡，此小人之福也」，云：

> 艮為少男，故為小。陽稱大，故乾為大。五之初體震，故坤殺不行，坤為虎刑，春生秋殺，故坤為殺。震來虩虩，又恐懼脩省，故震懼虩虩。否五之初，巽象半見，有益象，故以陽下陰，民說无疆，震恐懼致福，故小人之福也。[340]

半象取義與前述例子同，故不再詳述。這裡尚有一例要提的是惠氏釋賁 ䷕ 卦六五「賁于丘園」，云：

> 五失位无應，今已之正，故應在二。二在坎下，坎為隱伏，故為隱。《爾雅‧釋地》曰：非人為之邱。郭璞云：地自然生。《說文》曰：邱，土之高也。故云坤土為邱。虞氏謂艮為山，五半山，故稱邱。揚子曰：邱陵學山而不至于山。半山為邱，義亦通也。[341]

惠氏透過爻變，使原本六五不當位且無應於二，變之正則又與六二相應。二爻又為二至四互體為坎 ☵ 之下爻，坎象為隱，有隱士之象，隱士多居山林丘園之間，所以「賁于丘園」。惠氏並引虞氏以艮 ☶ 為山，而五爻在艮之中，則為半山，所以「五半山」，既是半山，則比一般之山為低，即邱陵之屬。「半山」是否可以視為艮之半象，拙自認為從兩個方向來看：如果從完整的三爻組成的艮山，而二爻居於艮山之中來看，則虞翻應不以此為半象之說，因為賁卦上體為艮 ☶，是完整的三爻所組成的純卦，不符虞翻所說的兩個爻所組成的半象；虞翻稱作「半山」，只不過就完整一象（山）所中（中爻）而分，所以為「半山」，故「半山」不能視為虞氏的半象說。如因從爻變的角度來看，賁卦上卦為艮為山，但六五失位

---

[338] 見《周易述》，卷十，頁 284。
[339] 見《周易述》，卷十三，頁 365-366。
[340] 見《周易述》，卷十三，頁 365-366。
[341] 見《周易述》，卷三，頁 100。

則動而成陽爲巽☴，如此一來，六四、九五可以視爲艮之半象。惠氏此引虞說，並未細加說明，所以不知其對此虞說半象的看法。

　　以不完整的兩爻就可以代表一個三畫純卦與卦象，常常會給人牽合氾濫的感覺，所以歷來批評者眾，如焦循《易圖略》云「虞氏之學，朱漢上譏其牽合，非過論也」。[342]然而雖因用象而造作繁富，但仍有其內在理路可循，不因此而浮泛，失卻其應有的原則。兩爻雖然可以構成多種卦象，但取其一卦爲言，其取捨的原則是根據經文釋義而定，依經取象，爲尋求合理的卦象來釋義，在不得已的情形下，無法以一完整的三畫卦取象來闡明經義時，只好尋求二爻以代一卦之象。而此二爻爲一某卦，仍有其機制的運用，有以卦變的前卦爲背景依據，如前引需䷄卦初九之例，二爻所代表的卦是大壯䷡卦的上震☳，有以爻變前的卦（包卦互體所成之卦）爲依據，即二爻所代表的是爻變前的卦之半象，前引諸例大都循此方式。因此，不論是虞翻或是其它漢魏《易》家，乃至述漢的惠棟，他們使用半象大抵嚴謹，並無漫加濫用或非無端造作。半象既能合乎邏輯的合理使用，則毋須過度的打壓或否定。《周易》透過卦爻符號來象徵事物，而事物發展常常是活動性、變化性的存在，因此，如何將符號運用成一種活動性的、變化性的發展，這是符號在建構運用上的重要概念，半象的使用，某種程度上存在著這樣的特質；如需䷄卦九五、上六爲爲震☳之半象，需卦從大壯䷡卦而來，從大壯卦變到需卦後，需卦上體中仍存在著本卦大壯卦上體（震卦☳）的成份，需卦五、上兩爻爲震之半象，可以反映出這樣的訊息或意義。所以，半象的符號意義，表現出一種活動性與變化性的內涵。

二、兩象易

（一）惠氏列舉虞氏兩象易之說

　　《周易》六十四卦中，除了乾☰、震☳、坎☵、艮☶、坤☷、巽☴、

---

[342] 見焦循《易學三書・易圖略》，卷七，北京：九州出版社，2003 年 12 月 1 版 1 刷，頁 133。其它如顧炎武《日知錄》、王夫之《周易外傳》亦有批評。

離☲、兌☱等八卦之外（此八卦上下體皆同），其餘五十六卦，每卦上下體易位後就成為另一卦，如屯䷂卦（震☳下坎☵上）上下易位則為解䷧卦（坎☵下震☳上）；這種上下卦易位的概念，發展到了荀爽，已見其易位之說，[343] 而到了虞翻則確切提出兩象易或上下象易之說。惠氏在《易例》中列舉了虞說五例：

1. 大壯䷡與无妄䷘為兩象易

惠氏云：

> 《繫上》曰：「上古穴居而野處，後世聖人易之以宮室，上棟下宇，以待風雨，蓋取諸大壯。」虞註云：无妄，兩象易也。无妄乾在上，故稱上古。艮為穴居，乾為野，巽為處。无妄乾人在路，故穴居野處。震為後世，為聖人。[344] 後世聖人，謂黃帝也。艮為宮室，變成大壯。乾人入宮，故易以宮室。艮為待，巽為風，兌為雨。乾為高，巽為長木，反在上為棟，震陽動起，故上棟。下宇，謂屋邊也。兌澤動下為下宇，无妄之大壯，巽風不見，兌雨隔震，與乾體絕，故上棟下宇，以待風雨，蓋取諸大壯也。」[345]

大壯䷡卦與无妄䷘卦同為四陽二陰之卦，但二者原本並無卦變的關係，大壯卦來自於乾坤消息之說，而无妄卦則自遯䷠卦而來。然而，虞氏於解說《繫傳》此文，則將二卦以兩象易之說，作了密切的聯繫，認為大壯卦可以來自於无妄卦上乾☰下震☳的易位。无妄卦上乾為「上古」，二至四體艮為穴居；上乾又為野，而三至五互巽為處，所以為「上古穴居

---

[343] 如荀爽釋需䷄卦上六云：「乾升在上，居位以定。坎降在下，當循臣職。」（見《周易集解》，卷二，頁 50。）荀爽認為下乾當升，而上坎當降，如此君臣才能定其職份。又如泰䷊卦《象卦》荀氏注云：「坤氣上升，以成天道。乾氣下降，以成地道。天地二氣，若時不交，則為閉塞。今既相交，乃通泰。」（見《周易集解》，卷四，頁 76。）此從天地陰陽二氣交感的概念上論否、泰二卦的關係。另外荀氏注《說卦》亦有類式之說法。此外，又注升䷭卦初六云：「初欲與巽一體，升得坤上。」（見《周易集解》，卷九，頁 226。）此即云升卦上體坤與下體巽易位之說。

[344] 惠氏引虞注云「震為後世，為聖人」，此誤。當為「震為後世，乾為聖人」。

[345] 見《易例》，卷二，頁 1021-1022。《周易述》中，惠氏亦針對虞說，作了詳細的論述。參見《周易述》，卷十七，頁 488-489。

而野處」。震為後世為聖人，而艮又為宮室，无妄卦野處者（上乾為野）則易居宮室，此則為上乾易至下位，成為大壯卦，所以云「後世聖人易之以宮室」。无妄卦互艮為待，互巽為風。大壯卦三至五互兌為雨。无妄卦互巽為長木，成大壯卦後，成反象而居上為棟。无妄卦下震為動，變成大壯卦後，震動起而居上體，故云「上棟」。大壯卦互兌為澤，澤動於下，為下宇。從无妄易為大壯後，巽體毀，故風象不見，所以「以待風雨」，此即就易位後的大壯卦而言。

2. 大過☴與中孚☲為兩象易

惠氏云：

> （《繫下》）又曰：「古之葬者，厚衣之以薪，藏之中野，不封不樹，喪期无數，後世聖人易之以棺椁，蓋取諸大過。」虞註云：「中孚，上下兩象易也。本無乾象，故不言上古。大過乾在中，故但言古者。巽為薪，艮為厚，乾為衣、為野。乾象在中，故厚衣之以薪，藏之中野。穿土稱封，『封』古『窆』字也。聚土為樹。中孚无坤坎象，故不封不樹。坤為喪。期，謂從斬衰至緦麻，日月之期數。无離坎日月坤象，故喪期无數。巽為木，為入處，兌為口，乾為人。木而有口，乾人入處，棺斂之象。中孚艮為山邱，巽木在裏，棺藏山陵，椁之象也。故取諸大過。[346]

虞氏指出中孚☲卦本无乾象，所以不言「上古」；主要是相對於大過☴卦而言，因為大過互乾在中，乾為古，所以云「古」。巽柔爻為草，所以為「薪」。艮卦云「敦艮之吉，以厚終也」，所以艮為「厚」。乾為衣，又為野，此皆就大過中之互乾，所以云「藏之中野」。「封」為古「窆」字，蓋取至鄭義。[347] 坎為穿土，坤為聚土，中孚无坤坎象，故「不卦不樹」。坤喪於乙，所以坤為「喪」。五服之期數，即喪禮之制。[348] 坎為月，離為

---

[346] 見《易例》，卷二，頁 1022-1023。《周易述》中，惠氏亦針對虞說，作了詳細的論述。參見《周易述》，卷十七，頁 490-491。

[347] 《禮記・檀弓》「懸棺而封」，鄭玄注云：「封當為窆。窆，下棺也。」《儀禮・士虞禮》賈公彥《疏》同樣云：「封當為窆。窆，下棺也。」漢儒多以「卦」作「窆」。

[348] 喪服有五，即斬衰、齊衰、大功、小功、緦麻等五服。五服期數：斬衰三年；齊衰有

日。所以此卦「无離坎日月坤象，故喪期无數」。中孚上下相易，變爲大卦卦，巽在下爲木爲入，亦爲處；兌在上爲口；乾人在中。巽木而有兌口，乾人入處其中，爲棺斂之象。中孚互艮爲山，半山爲邱，所以艮爲「山邱」。中孚卦以兩木巽對合，所以云「巽木在裏」，藏於山陵之中，所以爲「椁之象」。由中孚卦易爲大過卦，所以爲「易之以棺椁，蓋取諸大過」。虞氏透過大過卦爲中孚卦的上下兩卦易而來，說明《繫傳》對大過卦的詮釋。

3. 夬☰與履☰為兩象易

惠氏云：

> （《繫下》）又曰：「上古結繩而治，後世聖人易之以書契。百官以治，萬民以察，蓋取諸夬。」虞註云：「履上下象易也。乾象在上，故復言『上古』。巽爲繩，離爲罔罟，乾爲治，故結繩以治。後世聖人，謂黃帝、堯、舜也。夬旁通剝，剝坤爲書，兌爲契，故易之以書契。乾爲百，剝艮爲官。坤爲衆臣，爲萬民，爲迷暗。乾爲治。夬反剝，以乾照坤，故百官以治，萬民以察。故取諸夬。大壯、大過、夬，此三蓋取，直兩象上下相易，故俱言易之。大壯本无妄，夬本履卦，乾象俱在上，故言上古。中孚本无乾象，大過乾不在上，故但言古者。大過亦言後世聖人易之，明上古時也。[349]

虞氏指出履☰卦兌☰下乾☰上，夬☰卦兌☰上乾☰下，履夬二卦爲上下兩象易。上乾爲古，與无妄☰卦同言「上古」。履卦互巽爲繩，互離爲罔罟；「乾元用九，天下治也」，則乾爲治；所以云「結繩而治」。夬☰與剝☰旁通，剝坤文爲書，夬兌金爲契，所以云「易之以書契」。夬與剝反，夬內乾而剝內坤，故「以乾照坤」。以乾照坤，所以百官治而萬民察。書契所以斷決萬事，故言「取諸夬」。虞氏在這裡，特別明白地指出大壯☰

三年、有期、有三月者；大功九月；小功五月；緦麻三月。日謂三日而斂，三日而食粥，及祥禫之日。月謂三月而沐，期十三日而練冠，三年而祥，中月而禫之月數。

[349] 見《易例》，卷二，頁1023-1024。《周易述》中，惠氏亦針對虞說，作了詳細的論述。參見《周易述》，卷十七，頁492-493。

與无妄䷗爲兩象易，大過䷛與中孚䷼爲兩象易，以及夬䷪與履䷉爲兩象易。並且認爲大壯本无妄，夬本履卦，乾象皆在上，所以云「上古」；至於大過本中孚，而中孚本无乾象，大過乾不在上，所以只言「古」，但是大過亦言「後世聖人易之」，故此兩象易者，亦明上古之時。

4.萃䷬與臨䷒爲兩象易

惠氏指出：

> 大畜，利貞。虞註云：與萃旁通，此萃五之復二成臨，臨者，大也。至上有頤養之象，故名大畜。

並且案語云：

> 案：萃者，臨兩象易也。故萃五之復二成臨。虞註襙卦，大畜時也。大畜五之復二成臨，時舍坤二，故時也。_{兩象易，故不言四之初。}[350]

虞翻釋大畜䷙卦時，指出與萃䷬卦旁通，消息卦萃五之復䷗二成臨䷒，而息二陰反艮，是爲大畜。三至卜一有頤象，頤卦有頤養之義，所以名爲「大畜」。惠棟將萃、臨二卦理解爲兩象易，但依虞文，很難斷言虞氏有將此二卦作兩象易解。惠棟特別指出「兩象易，故不言四之初」，若是如此，又何必云「五之復二」；以此而認定虞定以萃臨爲兩象易，於理未恰。

5.豫䷏與復䷗爲兩象易

惠氏云：

> 小畜，亨。虞註云：「與豫旁通，豫四之坤初爲復，復小陽潛，所畜者小，故曰小畜。」初九「復自道，何其咎，吉」，虞註云：謂從豫四之初成復卦，故復自道。出入无疾，朋來无咎，何其咎，吉。乾稱道也。

並且案語云：

> 案：豫者，復兩象易也。故豫四之坤初，爲復。小畜與豫旁通，而兼及兩象易者，漢法也。其本諸《繫下》无妄、中孚、履與

　　大畜，倣此。[351]

事實上，虞氏注文「與豫旁通」前尙有一句，即「需上變爲巽」，即由需
☳上變而爲小畜☰；虞氏認爲小畜☴與豫☳旁通，而息來仍在復☷，所
以「豫四之坤初爲復」。虞氏於此，並無直言豫與復爲兩象易，反而從卦
變的角度言，認爲「豫四之坤初爲復」；惠氏視爲兩象易之說，純爲個人
之見。

　　虞氏以兩象易之說解《易》，並無廣泛運用在六十四卦經文之中，僅
用於闡釋《繫傳》，即上舉前三例，而提到兩象易的關係者，僅大壯與无
妄卦、大過與中孚卦，以及夬與履卦等三組卦，至於萃與臨卦、豫與復
卦，則爲惠氏一家之言，未必合於虞氏之義。

（二）惠氏使用兩象易述《易》之情形

　　《周易述》中，惠氏明確提出「兩象易」者，最少有十八次。除了
上引虞翻釋《繫傳》的三例外，其餘言「兩象易」者，僅說明二卦有兩
象易的關係，至於進一步以兩象易來述明卦義，惠氏則未言。以下舉數
例說明之。

　　惠棟釋屯☵卦時，針對之卦的主張，提出明確的看法，指出：

　　　自乾坤來而再見者，從爻例也。卦无剝、復、夬、遘之例，故師、
　　　同人、大有、嗛，從六子例，亦自乾坤來。小畜、需，上變也。
　　　履、訟初變也。豫自復來，乃兩象易，非乾、坤往來也。頤、小
　　　過，晉四之初，上之二也。大過、中孚，訟上之三，四之初也。
　　　此四卦與乾、坤、坎、离，反復不衰，故不從臨、觀之例。師二
　　　升五，成比。噬嗑上之三，折獄成豐。賁初之四，進退无恆，而
　　　成旅。皆據《傳》爲說，故亦從兩象易之例。[352]

惠氏對虞氏卦變所持的主張是「卦无剝、復、夬、遘之例」，也就是無一
陰一陽之例，一陰一陽之卦皆自乾坤而來。其中豫☳卦自復☷卦而來，

---

351 見《易例》，卷二，頁 1024-1025。
352 見《周易述》，卷一，頁 16。

並不從乾坤往來而成卦，而是兩象易的結果。此外，師卦成比卦，噬嗑卦成豐卦，賁卦成旅卦，也是從兩象易。惠氏之說，將兩象易納入六十四卦整體的卦變系統中。有關的卦變之說，已如前面章節中有詳述。除了大壯與无妄、大過與中孚、夬與履之外，虞氏並無明確地說出上列諸卦有兩象易之關係，此皆惠氏之自說。這裡要提的是，乾坤生六子，復有十二消息卦，且諸卦又從消息卦而來，如三陽三陰之卦從泰☳卦而來者，豐☳卦即是，既是如此，其實毋須另作「噬嗑上之三，折獄成豐」的兩象易之說的系統；又如旅☶卦同為三陽三陰之卦從否☷卦而來，亦毋須又作「賁初之四，進退无恆，而成旅」的兩象易的成卦說。此外，惠氏前面引虞說，指出大壯與无妄為兩象易的關係，但知无妄卦為四陽二陰之卦自遯來者；又夬卦與履卦為兩象易的關係，但惠氏又指出「履、訟初變也」，為「自乾坤來而再見者」，即所謂從「爻例」者；又萃與臨為兩象易，然萃卦為二陽四陰之卦，自觀卦而來。因此，惠氏所說的兩象易諸卦，又多與其所認識的虞翻卦變系統有兩見。虞翻明確所云三組（六卦）有兩象易之關係，並不納入其六十四卦的卦變系統來談，僅在《繫傳》中提到，而且也未用來論述上下經之經義，個人認為其兩象易之說，有畫蛇添足之嫌，毋須再造此說，幸好虞氏也未加運用，不致形成淆亂。然而惠氏卻增益創說，反而使整個卦變系統更顯無序。倘真要言兩象易，八卦外之五十六卦，皆可兩兩為兩象易的關係，這也可以獨成一系統。

　　釋比☷卦，惠氏云：

> 凡一陰一陽之卦皆自乾坤來，故《九家易》注坤六五曰：若五動
> 為比，乃事業之盛。則比實自坤來，如乾五動之坤，五為大有也。
> 此從<u>兩象易</u>，故云師二上之五，九居二為失位，升五為得位，二
> 正五位，眾陰順從。《傳》曰：比，輔也。下順從也。以五陰比一
> 陽，故曰比。以五陰順一陽，故曰吉也。[353]

惠氏以比卦屬一陰一陽之卦，皆自乾坤而來，則比自坤來。此「師二上之五」為比，認為師☷與比☷卦為兩象易。事實上，「二上之五」為單純

---

[353] 見《周易述》，卷二，頁 39-40。

的升降說，以兩象易言，徒增其複雜性。又，虞氏以兩象易之說，多藉兩卦之關係，以述明卦義，然而惠氏並無多作說明，很難看出師卦與比卦的明顯關係。

又，惠氏釋益䷩卦云：

> 此虞義也。否上爻之初成益。虞注否上九曰：否終必傾，下反於初成益是也。與恒旁通，又兩象易也。上之初，故損上益下。[354]

虞氏的卦變說，以益卦自否來，爲否上之初。益與恆䷟卦旁通，但虞氏並不作兩象易之說，此惠氏所自創。二卦作兩象易之關係，對闡釋卦義並無實質之意義。惠氏此云兩象易，主要原本於虞說「與恆旁通」，恆卦上震下巽，適與益卦上巽下震爲上下易位的關係，所以惠氏說「兩象易」。

虞翻提出兩象易的主張，僅運用於《繫傳》，配合互體與卦象以論述卦義，將定位的「兩象易」的關係與卦義作了密切的聯繫。然而，虞氏始終未將這樣的主張，用於《繫傳》以外的其它經文的解釋上，避免了釋義上的複雜性，以及造成卦變主張上的多頭馬車現象。但是，惠棟掌握虞氏此說，特別納爲卦變系統中的一部份，尤其是一陰一陽之卦的卦變來源。並且，惠棟並引於六十四的釋文之中，但僅提出某兩卦有兩象易的關係，至於其關係背後的實質意義爲何，惠氏並未作任何交待；也就是說，虞氏用兩象易釋《繫傳》，兩象易與經文或是某卦卦義有著深刻的關聯，然而，惠氏並無，所以，使用兩象易的主張，似乎喪失了其實質的目的與用意。如此一來，它的存在意義，就更受到質疑；以惠氏之使用言，拙自認爲，無存在的必要性。

三、反卦與旁通

反卦與旁通之說源自《周易》六十四卦的排序，六十四卦乾䷀與坤䷁、坎䷜與離䷝、頤䷚與大過䷛、中孚䷼與小過䷽等八卦，是相鄰兩卦相應的陰陽爻象皆是相反，即後來漢儒所說「旁通」的一部份；其餘五

十六卦，也都是相鄰兩卦互為反對之象，即漢儒所說之「反卦」或是「反對之象」，如：

蒙	訟	比	履	否	大有	豫	蠱	觀
䷃	䷅	䷇	䷈	䷋	䷍	䷏	䷑	䷓
屯	需	師	小畜	泰	同人	謙	隨	臨

這樣的兩種不同對應關係，也是後來易學家所說「非覆即變」的概念；明代來知德《周易集注》並以「錯綜」之說而言。「錯」即陰陽相變，也就是「非覆即變」的「變」，如乾坤之類；「綜」即上下反轉，也就是「覆」者，如屯蒙之類。惠棟引孔穎達《周易正義·序卦》云：

> 今驗六十四卦，二二相耦，非覆即變。覆者，表裏視之，遂成兩卦。屯蒙、需訟、師比之類是也。變者，反覆唯成一卦，則變以對之，乾坤、坎離、大過頤、中孚小過之類是也。[355]

惠氏又指出：

> 有卦之反，有爻之反。卦之反，反卦也；爻之反，旁通也。王氏《畧例》曰：卦有反對。[356]

不論是漢儒的反對、旁通之說，或是非覆即變之說，乃至後來的錯綜之說，可以視為源自《易經》六十四卦的卦序而來，但是真正用於釋卦，或是論述卦與卦之間的關係，則以漢儒說《易》才真正具有規模。惠氏並針對二說作了清楚而簡要的定義，即「有卦之反，有爻之反。卦之反，反卦也；爻之反，旁通也」；至於王弼所說「卦有反對」，指的是就旁通而言。

（一）反卦

1.虞注中的反卦說

一般論述反卦或旁通，特別是虞翻所言，常有將二者混淆者，所以惠氏特別作了說明，於釋觀䷓卦卦辭時云：

> 《雜卦》曰「否泰反其類也」。卦有反類，故復《彖傳》曰：剛反

---

[355] 見《易例》，卷二，頁1027。
[356] 見《易例》，卷二，頁1025。

動。虞彼注云：剛從艮入，坤從反震，是艮為反震也。觀六二「闚
觀，利女貞」，虞注云：臨兌為女，兌女反成巽，是兌為反巽也。
又虞注明夷曰：反晉也。注益曰：反損也。注漸曰：反歸妹也。
一說復亨剛反，復為反剝，與此經觀反臨，皆卦之反也。若荀氏
之義，其注《繫上》「鼓之舞之以盡神」，云：鼓者動也，舞者行
也，謂三百八十四爻動行相反，其卦所以盡《易》之蘊。此謂六
十四卦動行相反，乃乾坤、屯蒙之類，非僅反類之謂。又否泰之
反類，則兼旁通。唯觀反臨，明夷反晉，益反損，漸反歸妹，復
反剝，艮反震，兌反巽，乃反卦，非旁通也。又虞注《上繫》、同
人九五爻辭云：同人反師，又以旁通為反卦，所未詳也。[357]

對於《雜卦》「否泰反其類也」，虞氏云「否反成泰，泰反成否，故反其
類」，乃至虞注《繫上》與同人九五爻辭云「同人反師」，惠氏認為「仍
可通之於旁通」，[358]特別是「同人反師」，確定為旁通而非反卦。至於虞
說明確為反卦者，則包括艮反震、兌反巽、明夷反晉、益反損、漸反歸
妹、復反剝，以及觀反臨等卦。這方面的論述，惠氏在《易例》中作了
說明；惠氏認為「古无反卦之說，唯虞註觀、復、明夷、漸五條乃真反
卦也」，[359]也就是真正明確以反卦之說見世者，為艮與震為反卦，觀與臨
為反卦，兌與巽為反卦，明夷與晉為反卦，漸與歸妹為反卦，共有五組
十卦，顯然《易例》所列少於《周易述》；在這裡值得提的是《易例》所
言，只是草擬之說，並非完整的論著，並不能代表完整的惠氏易學主張，
因此，後儒研究惠氏之學，不能視《易例》的完整，從《易例》中去探
討惠氏的思想，不能不合《周易述》而言。

---

[357] 見《周易述》，卷三，頁 89-90。

[358] 見《易例》，頁 1026。

[359] 惠氏所指虞注「五條」，即其《易例》所列者，其一、「復《象傳》曰：復亨，剛反動
而以順行。虞註云：剛從艮入，坤從反震，故曰反動。艮反震。」其二、「觀卦曰：觀盥而
不薦。虞註云：觀反臨也。觀反臨。」其三、「觀六二曰：闚觀，利女貞。虞註云：臨兌為
女，兌女反成巽。兌反巽。」其四、「明夷。虞註云：夷，傷也。臨二之三，而反晉也。」
其五、「漸，女歸吉。虞註云：女謂四。歸，嫁也。坤三之四，承五，進得位，往有功。
反成歸妹，兌女歸吉。」（見《易例》，卷二，頁 1025-1026。）惠氏認為虞注之中，惟
此五注文最為明確表達為反卦之說。

　　惠氏指出虞氏明確提出反卦說者，包括艮反震等七組十四卦，事實上虞氏之說，並不只惠氏所言者。虞氏注《易》的過程中，往往有不明言兩卦為反卦的關係，但實質則以反卦的內涵來論述卦義，例如姤☴卦初六「有攸往，見凶。羸豕孚蹢躅」，虞氏注云：

> 夬時，三動，離為見，故有攸往，見凶。三，夬之四，在夬，動而體坎，為豕，為孚。[360]

從這段引文可以看出虞氏已直接將夬☱卦與姤卦以反卦的關係的作互訓，姤卦九三即夬卦九四，故姤卦九三與夬卦九四爻辭均稱「臀无膚，其行次且」。夬卦九四失位當變，則上體為坎為豕為孚。因此，從這裡可以看出，虞氏完全以反卦的關係，引夬卦之說來闡明姤卦的卦義。此內容惠氏釋姤卦時也引作說明，但受限於虞氏並沒有明白指出二卦是反卦的關係，所以惠氏於前述，並未納入反卦之列。又如賁☲卦《象傳》「无敢折獄」，虞氏注云：

> 坎為獄，三在獄得正，故「无敢折獄」。噬嗑四不正，故「利用獄」也。[361]

在這裡，虞氏雖未明白指出賁與噬嗑☲為反卦，但實際上是以反卦的關係來述明賁卦《象》義。賁卦二至四互坎為獄，九三得正；而賁九三在反卦噬嗑中九四則失位，故噬嗑卦辭稱「利用獄」。因此，虞氏反卦說的主張，絕對不僅是惠氏所言諸例而已。

2. 否泰反其類

　　「否泰反其類」，已如前述，惠氏並不將之視為純粹的反卦，仍可視為旁通，所以釋明夷卦時，除了指出明夷☷為「反晉」，也認為否泰兼反卦與旁通，云：

> 反晉者，易例有卦之反、爻之反。卦之反，反卦也；艮反震，兌反巽，明夷反晉之類是也。爻之反，旁通也，比大有之類是也。否泰則旁通而兼反卦者也。此不用旁通而用反卦者，以上六初登

---

[360] 見李鼎祚《周易集解》，卷九，頁218。

[361] 見李鼎祚《周易集解》，卷五，頁120。

于天為晉時，後入于地為明夷時，故用反卦，與否泰反其類為一
例也。[362]

釋坤卦六四云「四泰反成否」，間接肯定否與泰為反卦，但是釋泰卦卦辭
云：

> 《雜卦》曰：否泰反其類也。虞注云：否反成泰，泰反成否，故
> 云反否；在他卦則云旁通是也。[363]

似乎認為「反其類」與旁通的概念較為相近。所以釋同人卦九五云：

> 同人與師旁通，而稱反師者，猶否泰反其類，故云反也。[364]

一方面對虞翻將同人與師卦的關係作「反師」言，提出為旁通的合理認
定外，也認為否泰的關係作旁通較為適當。但是，不論是作旁通或反卦
的關係，惠氏對其「反」義之重視尤盛，因為否泰二卦正是反映出天地
的相交與否，代表著宇宙萬物生成發展與消亡的歷程，二卦以反象的形
式呈現，正是表述天地相交與否的意義。

3. 以反卦說釋卦義

不論漢儒，乃至惠氏，使用反卦說的主要目在於闡明卦爻之義，並
且展現《易》卦的動態概念。如釋坤▇卦「先迷後得主，利」，云：

> 坤為迷，《九家說卦》文。剝上體艮，消剝為坤。剝上九曰：小人
> 剝廬。虞注云：上變滅艮，坤陰迷亂，故小人剝廬。是消剝為迷，
> 復先迷之象也。《序卦》曰「主器者莫若長子，故受之以震」。是
> 震為主也。剝窮上反下為復，故反剝。復初體震，震為主，故後
> 得主，乃利也。[365]

以消息言，坤貞十月亥，先坤者為九月剝，後坤者為十一月復。剝上「小
人剝廬」，以其上變滅艮，而坤陰迷亂所致。復初體震，震為主，陰以陽
為主，所以「得主」，復卦曰「利有攸往」，故往得主為利。剝窮上反下
而為復，二卦為反卦，由剝至復，以明坤卦「先迷後得主，利」之義；

---

[362] 見《周易述》，卷五，頁150。
[363] 見《周易述》，卷二，頁58。
[364] 見《周易述》，卷二，頁65。
[365] 見《周易述》，卷一，頁10。

先來自剝，爲迷，後反爲震，則得主爲利。因此，藉由剝至復互爲反卦的關係，以訓解坤卦「先迷後得主，利」之義。

又如釋明夷䷇卦初九「明夷于飛，垂其翼，君子于行，三日不食」，云：

> 《説卦》曰：离爲雉。郭璞《洞林》曰：离爲朱雀，故爲飛鳥。明入地中，爲坤所抑，故垂其翼。昭五年《春秋傳》曰：日之謙當鳥飛不翔，垂不峻，翼不廣。初體离而在坤下，故有是象也。泰《象傳》曰：君子道長，君子謂三陽。《春秋傳》曰：象日之動，故曰君子于行。是知陽爲君子，陽成于三，故云三者，陽德成也。晉初動體噬嗑，《雜卦》曰：噬嗑，食也。明夷反晉，故不食。荀氏謂不食者，不得食君禄也。陽未居五，陰暗在上，初有明德，恥食其禄，故曰「君子于行，三日不食」，是其義也。

明夷卦上坤下離，離爲火，火曰炎上，本乎天者親上，所以爲飛象。且《説卦》與《洞林》皆以离爲鳥象。此飛鳥而稱「于飛」。明入地中，爲坤所抑，所以垂其羽翼。因此，卦當在初，體离而在坤下，故有此垂翼之飛象。且，晉　時離在坤上，爲明出地上，日從地出而升於天，今明夷離反在坤下，所以爲「垂」。君子之行，日象陽，所以喻君。晉初動體噬嗑，噬嗑爲食象。明夷反晉，所以云「不食」，爲不食君禄。陽在初，未居于五，坤以陰暗在上，所以陽有離明之德，恥食其禄。初應四，震爲行。自初至四，三爻爲三日，所以云「君子于行，三日不食」。惠氏透過明夷與晉卦爲反卦，以說明明夷初九爻義。晉有進升之義，明夷則反爲垂地之象；晉初有食象，而明夷初則反爲不食之象。藉由反卦之關係，更可彰明爻義。又釋上六「不明，晦。初登于天，後入于地」，云：

> 三體离，上正應三，故云應在三。坤滅藏于癸，坤上离下，故离滅坤下。坤冥爲晦，故不明而晦也。日月麗乎天，晉時在上麗乾，故登于天。明夷反晉，故反在下，後入于地也。[366]

此透過反卦的關係，來說明上六爻義。三體居離之上，而六上正應之，所以「應在三」。坤上離下，離滅於坤下，不明而晦。晉時初登於天，明

---

366 二段引文，見《周易述》，卷五，頁 152-155。

在上而下照于坤，坤眾為國，所以登天照四方之國。明夷反晉，反入於下，明入地中，即後入于地；此由晉晝變而為夜，暗晦甚極，此明夷之時。從明夷反晉的關係，可以體現陰陽遞嬗，晝夜循環，物極則反，往復不已的自然規律。所以侯果云「晉與明夷，往復不已」，[367]道理即此。

　　反象之卦的運用，可以看出卦爻的變化所反映出的動態意義，由剝至復如此，由晉至明夷如此，否至泰亦如此，宇宙的一切變化，皆是盈虛消長的歷程，透過反象之說，更可體現那種對立又統一的關係。同時，以反象的關係，可以具體地呈現，在相反不同的狀況、處境或概括名為「象」的情形下，所蘊示的物象情狀、吉凶、好壞等等結果，會有所不同，乃至強烈對比；並且藉由此反對之象，以表現事物的果因關係和良窳之面向，予人們一種積極性的參照。

（二）旁通

1. 直述虞說而新詮

　　旁通的形式表現，直接反映在《周易》六十四卦依卦序上所謂的「非覆即變」的乾坤等八個「變」卦上，而這八個卦只不過是「旁通」屬卦的一部份。又六十四卦本身的卦位結構，不依次序，則兩兩成對為三十二組互為旁通之卦。[368]真正以旁通訓義者，文獻所見，以虞翻為先。在虞翻之前，京房的「飛伏」主張，基本上與旁通之概念相近，《京氏易傳》於乾卦，認為「純陽用事」，「與坤為飛伏」，「六位純陽，陰象在中」，[369]六爻純陽顯現，則六陰伏於其下，所以乾與坤為飛伏。這種飛伏的思想，

---

[367] 見李鼎祚《周易集解》，卷七，頁 181。

[368] 「非覆即變」之說已如此前。三十二組兩兩互為旁卦的卦，包括：乾䷀與坤䷁、屯䷂與鼎䷱、蒙䷃與革䷰、需䷄與晉䷢、訟䷅與明夷䷣、師䷆與同人䷌、比䷇與大有䷍、小畜䷈與豫䷏、履䷉與謙䷎、泰䷊與否䷋、隨䷐與蠱䷑、臨䷒與遯䷠、觀䷓與大壯䷡、噬嗑䷔與井䷯、賁䷕與困䷮、剝䷖與夬䷪、復䷗與姤䷫、无妄䷘與升䷭、大畜䷙與萃䷬、頤䷚與大過䷛、坎䷜與離䷝、咸䷞與損䷨、恆䷟與益䷩、家人䷤與解䷧、睽䷥與蹇䷦、震䷲與巽䷸、艮䷳與兌䷹、漸䷴與歸妹䷵、豐䷶與渙䷺、旅䷷與節䷻、中孚䷼與小過䷽、既濟䷾與未濟䷿。

[369] 見《京氏易傳》，卷上。引自郭彧《京氏易傳導讀》，頁 65。

荀爽、虞翻亦有用之以釋《易》。飛伏所涵攝的意義是陰陽顯隱問題，陽中隱伏有陰，陰中隱伏有陽，於卦於爻亦是如此，乾卦顯則坤卦隱其下，某卦之某爻為陽顯，則該爻有伏陰。飛伏之原理，成為虞翻旁通說的另一種表現。所以旁通即是兩重卦間，對應各爻的爻性皆為陰陽相反者，也就是「兩卦相比，爻體互異；此陽則彼陰，此陰則彼陽，兩兩相通」，[370]則此二重卦，互為旁通的關係。

惠氏述《易》，綜采漢儒釋《易》常例，「旁通」亦不例外。惠氏《易例》於「諸卦旁通」條例下云：

> 乾《文言》曰「六爻發揮，旁通情也」。陸績注云：「乾六爻發揮變動，旁通於坤，坤來入乾，以成六十四卦，故曰旁通情也。」旁通如乾與坤、之與鼎、蒙與革之類。[371]

惠氏試圖為「旁通」一詞尋找有力的文獻根據，大概認為虞翻「旁通」一詞源自《文言》而來。但是《文言》此文，若從文義觀之，則不能與虞氏旁通說作等同，《文言》所言，乃指乾卦六爻，俱是純陽剛健，發越揮散，無量無邊，可以旁通萬物之情，並無指攝對應於坤卦六陰的概念，所以陸績之注，也未必合《文言》之本義。虞氏的旁通說，與《文言》意涵相去甚遠，所以屈萬里指出「虞氏取其名而變其義，已違文言傳之旨」；[372]陸績附會虞說而作此訓，惠氏不能也本陸說而視為虞氏「旁通」的本然訓解。

今見虞氏明確以旁通釋《易》者，大概有二十一卦，包括：比卦云「與大有旁通」；小畜卦云「與豫旁通」；履卦云「與謙旁通」；同人卦云「旁通師卦」；大有卦云「與比旁通」；謙卦云「與履旁通」；豫卦云「與小畜旁通」；蠱卦云「與隨旁通」；臨卦云「與姤旁通」；剝卦云「與遘旁通」；復卦云「與夬旁通」；大畜卦云「與萃旁通」；頤卦云「與大過旁通」；坎卦云「與離旁通」；離卦云「與坎旁通」；恆卦云「與益旁通」；夬卦云「與剝旁通」；姤卦云「與復旁通」；革卦云「與蒙旁通」；鼎卦云「與屯

---

[370] 見屈萬里《先秦漢魏易例述評》，台北：聯經出版公司，1984年7月初版，頁133。

[371] 見《易例》，卷二，頁1031。

[372] 見屈萬里《先秦漢魏易例述評》，頁135。

旁通」。[373]可見旁通說的主張，爲虞氏論述卦與卦之間的關聯與闡明卦義上的一個龐大的系統。惠氏述《易》，虞氏此說，也成爲其引據的重要內容。惠氏《周易述》中，提出「旁通」一詞者，多達一二二次，其注文中，以旁通爲言者，於虞氏上列二十一卦中，除比卦與噬卦未言之外，其餘十九卦皆云「旁通」，並又有虞氏所未說而說者，包括需卦注云「與比旁通」；師卦注云「與同人旁通」；大過卦注云「與頤旁通」；蹇卦注云「與睽旁通」；益卦注云「與恆旁通」；井卦注云「與噬嗑旁通」；計有六卦。合注文中惠氏云「旁通」者有二十五卦。《周易述》中，惠氏僅釋四十九卦，而注文中明確論及「旁通」多達二十五卦，過一半之數，可見惠氏釋卦對旁通說的重視，較虞氏過之而無不及。並且，惠氏以旁通述義，多有引虞說爲釋，但不全然依準虞說，又有增損而自爲論述之系體者，如履☰卦「履虎尾，不咥人，亨利貞」，虞氏明白指出：

　　與謙旁通，以坤履乾，以柔履剛。謙坤爲虎，艮爲尾，乾爲人，乾兌乘謙，震足蹈艮，故履虎尾。兌悅而應，虎口與上絕，故不咥人。剛當位，故通。俗儒皆以兌爲虎，乾履兌，非也。兌剛鹵，非柔也。[374]

以坤踐行乾，又以震足行兌成乾，所以「以坤履乾，以柔履剛」。在這裡，虞氏全然以履☰旁通於謙☷的旁通之說來闡釋履卦卦義。「履虎尾」者，謙卦下艮上坤，艮爲尾，坤爲虎，以此而言「履虎尾」。虞氏否定兌有爲「虎」之象，認爲「俗儒皆以兌爲虎，乾履兌」是錯誤的說法，並且認爲兌本是剛鹵，並無柔性，不能視爲「以柔履剛」。對於虞氏此說，惠氏提出反駁，云：

　　坤三之乾，以柔履剛，故名履。而引《象傳》以明之，郭璞《洞

林》曰：朱雀西北，白虎東起。注云：离為朱雀，兌為白虎，白
虎西方宿，兌正西，故云虎。《洞林》皆以兌為虎。虞注此經，云
「俗儒以兌為虎」，蓋漢儒相傳以兌為虎，虞氏斥為俗儒，非是。
虞氏據旁通，謂嗛坤為虎，今不用也。爻例：近取諸身，則初為
趾，上為首；遠取諸物，則初為尾，上為角。今言虎尾，故知尾
謂初。以卦言之，坤三之乾，以柔履剛，故名履。以爻言之，坤
之乾體兌，兌為虎，初為尾，以乾履兌，故履虎尾。所以取義于
虎尾者，《序卦》曰：履者，禮也。《荀子‧大畧》曰：禮者人之
所履也。失所履則顛躓陷溺，所失微而其為亂大者禮，是以取義
於虎尾也。[375]

惠氏也肯定履卦「與嗛旁通，以坤履乾，故曰履」，[376]但解釋的側面與虞
氏不同，認為兌為虎為漢儒相傳的卦象，這是不爭的事實，不容為非；
並以「近取諸身」，「遠取諸物」的取用爻象方式詮釋此一卦義，明白地
指出坤之乾成兌，兌為虎，初爻為尾，所以以乾履兌，云為「履虎尾」。
至於虞氏質疑「兌」為剛而非柔，又如何作解呢？或許只能視兌 ☱ 上為
柔來看，所以李道平云「坤三之乾，以柔履剛，故名履」，[377]可以作為惠
說之補充。同樣以旁通立說，惠氏顯然不若虞說複雜。因此，惠氏取用
虞說，並非原本再現，而是對虞說的再認識，進而建立個人詮釋上的新
的內涵。

2. 以旁通說釋義的具體內涵

惠氏以旁通說釋義所採取的模式，主要是藉由本卦與其旁通之卦
間，彼此可以相互關聯的部份，作為詮釋的主要內容，也就是以旁通之
卦的辭象來詮釋該卦的辭象。除了本卦自身外，透過其旁通之卦的卦爻
象，作為述義的主要依據。以下分別舉例言之。

乾坤二卦互體，以乾卦九二與坤卦六二為例，乾卦九二「見龍在田」，

---

[375] 見《周易述》，卷二，頁 48。
[376] 見《周易述》，卷二，頁 47-48。
[377] 見李道平《周易集解纂疏》，卷二，頁 155-156。

惠氏云：

> 與坤旁通，坤土稱田，《釋言》曰：土，田也。《太元》曰：觸地
> 而田之。故曰坤為田也。……九二陽不正，故當升坤五，五降二
> 體离。《說卦》曰：相見乎离，故离為見。二升坤田，故見龍在田。
> [378]

乾坤二卦六爻，僅乾九二與坤六二，惠氏明確提出「旁通」之言，已在
顯隱之間透露出二爻爻義必涉兩卦而併言之。所以乾九二有坤田之象，
九二又處坤陰之位，即乾龍處於坤田；又以升降說，以九二當升坤五，
則二升坤田之中，所以為「見龍在田」。以乾卦旁通於坤卦，直取旁通卦
坤卦之卦象作詮解。又，坤卦六二「直方大」，惠氏云：

> 與乾旁通。乾為直，坤為方，《九家說卦》文。《繫上》曰：乾
> 其動也直。故乾為直。《文言》曰：坤至靜而德方，虞氏云：陰
> 開為方，故坤為方。陽動直而大生，陰動闢而廣生，方有廣義，
> 故云直方大。[379]

同樣地，坤與乾旁通，取乾直坤方之象以釋之，「直」、「廣」均有「大」
義，所以為「直方大」。因此，乾坤二卦二爻，皆兼彼此卦象以釋之，本
於二卦旁通的關係。

以小畜☰卦為例，惠氏訓解小畜卦辭，明白指出「小畜與豫相反，
故云旁通」，[380]小畜初九「復自道，何其咎，吉」，惠氏注云：

> 謂從豫四之坤，初成復卦，故復自道。出入无疾，朋來无咎。何
> 其咎，吉。乾為道也。

疏云：

> 需，與豫旁通。豫、復兩象易也，故云從豫四之坤初，成復卦，……
> 復《象》曰：出入无疾，崩來无咎。故云「何其咎，吉」。乾初體
> 震，震開門為大塗，故為道也。

需☰上變而為小畜☰，小畜與豫☷卦旁通。惠氏特別以小畜的旁通卦豫

378　見《周易述》，卷一，頁5。
379　見《周易述》，卷一，頁13。
380　見《周易述》，卷一，頁43。後面惠注小畜卦，皆引自同卷，頁44-47；不再另作注明。

卦訓解初九爻義。豫卦下坤上震與復☷卦下震上坤為兩象易,「豫四之坤初,成復卦」,惠氏即以兩象易解。復一陽潛藏於下,所畜者少,所以為小畜;則小畜初九云「復自道」。又引復卦《象傳》云「出入无疾,朋來无咎」,所以說「何其咎,吉」。惠氏在這裡,透過小畜與豫卦旁通,而豫卦又與復卦為兩象易,藉由卦與卦的聯繫關係,最後以復卦初九象義來訓解小畜初九爻義。九二「牽復,吉」,注云:

> 變至二,與初同復,故牽復,至五體需,二變應之,故吉。

疏云:

> 變至二,謂從旁通變也。陽息至二,故與初同,復為牽復也。
> 二變失位,至五體需,五剛居正,二變應之,故吉。《象》曰:
> 亦不自失也。

主要仍從小畜旁通於豫,而豫四之初成復的關係來談,四之初成復卦後,陽息至二則「朋來」。二變失位,至五體需,五剛居正,相應之二爻變而當位,所以為吉。九三「輿說腹」,注云:

> 腹讀為輹。豫坤為輿,為輹,至三成乾,坤象不見,故輿說輹。

疏云:

> 腹,古文輹,故讀為輹。坤為大輿,車輿同物。……故坤為大輿,
> 為輹,從旁通。變至三,則下體成乾,乾成坤毀,故坤象不見。
> 輿所以載者,說輹則不能載也。

此一爻辭,同樣以本卦之旁通卦豫卦為釋,以豫卦下坤之大輿、輹象訓解,至小畜卦則下體成乾,坤象則不見,也就是相反於坤象,所以云「輿說腹」。同樣地,六四亦引旁通為訓,在此就不再作說明。從前述三爻,惠氏之訓義,皆以旁通之卦的卦象作為論述的依據,並以旁通之卦帶引出另一卦變的本卦作說明,即從小畜而豫卦而復卦。從此卦之說明,可以反映出一個訊息,卦與卦間質性相近,或是有某些聯繫的關係存在時,其卦象卦義也都有某種程度的涵攝。

又以師☷卦與同人☰卦為例。惠氏於師卦卦辭下明白指出「乾二之坤,與同人旁通」,並於釋六三「師或輿尸,凶」,云:

> 坤為身,為喪,身喪故為尸。坎為車多眚,《說卦》文。虞本「輿」
> 為「車」,故云車也。與同人旁通,故同人離為戈兵。《說卦》曰:

离為折上槁。离上九曰：有嘉折首。离折乾首，故為折首。三以
陰居陽而乘二剛，又不與上應，故失位，乘剛无應。坤尸在坎車
之上，故車尸凶也。[381]

從惠氏的論述中，可以看出解釋師卦六三爻辭，同其旁通之卦同人卦下
離上乾之象為訓，藉離象為戈兵為折上槁，以及乾象為首，離乾合象為
「折首」，進一步說明三陰居陽位又乘二剛，並不與上應，故乘剛无應，
本身又面對離乾之凶象，所以「輿尸」必然為凶，無可避免。此又以旁
通卦的卦象釋其本卦卦爻義之例。

　　以「象」釋義，「象」的來源與「象」的運用，必須充裕與容易取得，
才能陳義合理與減少釋義上的窘迫，因此藉由旁通之說，提供了用象上
的方便的管道，開闢了更多可以選擇使用的卦象，使釋義上能夠「貨源
充足」。因此，不是每一卦都可以或是都必須一定要以旁通說來作詮釋，
一旦旁通之卦的卦象，不適合或不足以用來論述本卦的卦爻義時，旁通
說就無用武之地。並且，以旁通之法釋義，也非第一順位或是最佳的方
式，因此，旁通說於各卦爻間，非全面性，甚至嚴格地講，也非普遍性。
所以惠氏四十九卦釋義中，直言「旁通」者半數，亦有半數未言，而就
爻義而言，未以「旁通」言者，則更以倍計。但是，不管如何，旁通說
仍提供人們對《易》卦結構與象義上的另一個思考面向，特別是陰陽間
相互涵攝和交易變化的關聯性，以及所呈顯的卦象和卦義上意義，擴展
了《易》象探索的空間。

四、震巽特變

　　漢儒釋《易》，特別重視爻位的當位與否，而爻變的主要決定因素，
也在於此，凡當位之爻則不需變，而不當位之爻應使之為正。但是，也
有一個特殊的例外情形，則是「震巽特變」，它的變，是一種特殊或特例
的下變，所以為「特變」。它一次以一個三爻卦體同時一起變，此卦體則

---

[381] 見《周易述》，卷二，頁37-38。

是震☳與巽☴，雖是純卦之變，亦是三爻的共同之變。震巽特變的主張，為虞翻所新立的主張。惠氏指出：

> 《說卦》曰：震為雷，其究為健，為蕃鮮。虞註云：震巽相薄，變而至三則下象究，與四成乾，變至三則成巽，故下象究。二至四體乾，故與四成乾。故其究為健，為蕃鮮。鮮，白也。巽為白，虞註巽九五云：蕃鮮，白謂巽也。巽究為躁卦。躁卦則震，震雷巽風无形，故卦特變耳。

> 又曰：巽為水，為風，其究為躁卦。虞註云：變至五成噬嗑，為市，動上成震，故其究為躁卦。明震體為專，外體為躁。[382]

惠氏引虞注《說卦》之文，說明震巽特變主張之源由。《說文》云八卦之象，以「震為決躁，其究為蕃鮮」，而「巽為白，其究為躁卦」。「蕃鮮」即植物茂盛鮮明的樣子，與巽白之象近，所以震究為蕃鮮，即同巽卦；而巽究為躁卦，即同決躁之震卦。虞氏並取巽變至五成噬嗑為市，以解「躁」義，以口吞食之聲狀，以及市場紛嚷之聲狀為躁動。八卦之象，乾天、坤地、坎水、離火、兌澤，皆形質俱明，惟震雷巽風無形，所以「特變」。卦遇震☳、巽☴即予特變，但並不代表遇到有震與巽卦皆作特變，全視經文釋義之需而定。以下舉數例說明之。

惠氏釋豫䷏卦六二「介于石，不終日，貞吉」，云：

> 《繫上》曰：憂悔吝者存乎介，謂纖介也。介謂初，石謂四，二在艮，體艮為石，故介于石。二應小畜，五伏陽，故應在五。豫體震，震特變，故終變成离。离為日，二以陰居陰，故得位。四復初體復。復六二曰：休復，吉。欲四復初，故已得休之也。二得位得中，上交不諂，下交不瀆。欲四復初，是不諂也；已得休之，是不瀆也。二五无應，四為卦主，故發其義于此爻也。[383]

以《繫上》之文以明「介」為「纖」之義。二至四互艮，《說卦》云「艮為小石」，所以「介于石」。二至四互艮為石。惠氏云介為初，當就互艮之初而言，因為虞翻認為「介，纖也，與四為艮」，也就是二爻為介，而

---

[382] 見《易例》，卷二，頁1034-1035。又《周易述·說卦傳》，卷二十，又有此相近訓文。

[383] 見《周易述》，卷三，頁75。

二至四爲艮之義。惠氏此段注文，語意不夠清楚，論述過於複雜迂迴。其用「豫體震，震特變」，虞翻則直接用「與小畜通」，[384]也就是以豫與小畜▤旁通作解。上應在五，息小畜至五則成離，主要在導出離爲「日」之象，以合爻義；離伏不見，故「不終日」。又四下於初，則成復▤卦，復卦六二云「休復吉」。《繫下》云「欲四復初」，爲「上交不諂」，而「已得休之」，則「下交不瀆」，此欲四復初在免窮凶而爲貞吉。然而，整體的論述，不夠順暢合理，且特變之法於此又不能彰顯其效用。

惠氏釋蠱▤卦卦辭「先甲三日，後甲三日」，云：

> 甲謂乾也。乾納甲，泰內卦本乾，乾三爻故三日。先甲三日，辛也，巽納辛，故云巽也。坤上之初成巽，在乾之先，故先甲也。後甲三日，丁也，兌納丁，故云兌也。四體兌，在乾之後，故後甲也。虞以卦體巽，而互震，震雷巽風，雷風無形，故卦特變。初變體乾，乾納甲，變至三體離，離爲日，成山火。賁內卦爲先，乾三爻在前，故先甲三日，賁時也。變三至四，有離象。至五，體乾，成天雷。无妄外卦爲後，故後甲三日，无妄時也。[385]

蠱卦下體爲巽▤，可特變爲震▤。初變則下體爲乾，按納甲之說，乾納甲，泰內卦本乾，而乾三爻爲三日。先甲三日爲辛，巽納辛，坤上之初成巽，在乾之先，所以爲「先甲三日」。後甲三日爲丁，兌納丁，二至四體兌，在乾之後，所以云後甲三日。又初變體乾，變至二體離，惠氏云「變至三」爲誤。離爲日。下離上艮，山火成賁▤。內卦爲先，乾三爻在前，故云「先甲三日，賁時也」。蠱六四屬上體艮▤，當位本不應變，但九三、六四、六五互體爲震，六四在震體上，故應隨震特變爲巽。六四變則體離爲日，六五變則成乾爲甲。外卦爲後，乾三爻在下體乾三爻之後，故爲「後甲三日」。蠱下體變爲震，上體變爲乾時，則爲天雷无妄▤，故云「後甲三日，无妄時也」。惠氏於此，利用震巽特變的方式，以蠱卦初至五爻體巽震，所以特變，用以釋蠱卦「先甲三日，後甲三日」之卦義。從這裡可以看出，震巽特變的使用，並不限在上下體，互體爲

---

384 虞氏之文，見李鼎祚《周易集解》，卷四，頁96。
385 見《周易述》，卷三，頁83-84。

震巽，亦可以特變。初至五爻體巽震，則爲恆䷟卦，所以恆卦下巽上震也適用特變之法。

　　恆䷟卦卦辭「利有攸往」，惠氏云「尋恆體震巽，八卦諸爻，唯震巽變」，所以「終變成益」，也就是下體巽特變爲震，而上體震特變爲巽，成雷風益䷩卦。恆卦九三「不恒其德，或承之羞，貞吝」，惠氏注云：

> 三本乾也，又互乾，乾爲德爲久，變失位，故不恒其德。爻例無有得位而變者，以巽于諸爻特變，故云變失位耳。羞者恥辱，坤爲恥，故云坤恥爲羞。終變成益，變之四則三體坤，故或承之羞。三多凶，《下繫》文。變至三，與上敵應，立心勿恒，爲上所擊，故貞吝也。[386]

原本恆卦二至四體乾，乾爲德爲久，但因下體巽特變爲震，九三原本當位，卻因特變而爲失位，所以，九三云「不恆其德」。上下體皆特變之後，則爲益卦，二至四體坤，坤爲恥爲羞，三爻處坤中，爲多凶，又與上敵應，爲上所擊，所以爻辭云「或承之羞，貞吝」。同樣地，恆卦九四、六五、上六爻辭，惠氏皆以特變之說訓解爻義。從此卦所解，可以看出，一般爻變者，在於使不當位者之正，而呈現的是化凶咎爲吉象，但震巽特變則不因求吉而變，往往因爲特變，得到的訓義是凶咎的，恆卦就是一個典型的例子。

　　惠氏根本虞翻之說，述《易》過程中多取震巽特變之法，而取其說專視訓解經義之需而用。震巽特變，並不只在一次由震變巽或由巽變震之後來看，而是還包括一爻一爻的變動過程所涵攝的意義，並且爲訓解上取義的重要依據。同時，震巽特變並無爻變上的正面積極意義，也就是說，一般爻變爲以不正而之正，變凶咎爲吉兆，但震巽特變並不在求好，而在訓義的必要。

　　除了上述釋《易》的象數方法之運用外，惠氏也重視以月體納甲之說闡明文義，《周易述》中處處可見其鑿痕，如復䷗卦「出入无疾」，惠棟引虞翻之說注云，「謂出震成乾，入巽成坤。坎爲疾，十二消息不見坎

---

386 括弧與此引文，見《周易述》，卷五，頁 138-140。

象，故出入无疾」。[387]已如前述，十二消息卦中，於內外卦見乾☰、坤☷、震☳、巽☴、艮☶、兌☱等六卦，而不見坎☵離☲二卦；惠棟以月體納甲之說爲釋，認爲「納甲之法，坎戊离巳，居中央、王四方」，又引《參同契》云，「坎离者，乾坤之二用，二用无爻位，周流行六虛」，[388]指明十二消息卦中，所以不見坎離二象，乃坎離本乾坤之二用，无其爻位，故而無其象用。也就是以納甲之說而言，日月成八卦之象；乾坤合東納甲乙，震巽合西納庚辛，艮兌合南納丙丁，坎離入中宮納戊己，其處空虛。離爲日光，震巽艮兌皆可見離象；坎爲月精，晦朔之交，滅於坤乙而不可見，所以說「十二消息不見坎象」。又如釋蹇☷卦，指出「『月消于艮，喪乙滅癸，故不利東北，其道窮也，則東北喪朋矣』。並進一步云：

> 虞氏據納甲謂五在坤中，故曰西南。體坎爲月，出庚見丁，故月生西南。五「往得中」，故利西南。往得中，睽兌爲朋，故西南得朋也。三體艮，故東北謂三。退辛消丙，故月消于艮。乙東癸北，喪乙滅癸。當月之晦，天道之終，故不利東北，其道窮也。東北喪朋，謂五六三十也。[389]

此採月體納甲之說爲釋。坎月生西南而終東北，出庚見丁盈甲，退辛消丙，窮乙滅癸。《參同契》云「五六三十度，度竟復更始」，故云「終則復始」。終始循環，以生萬物，故蹇卦《象傳》云「蹇之時大矣哉」。惠氏釋革☲卦卦辭「己日乃孚，元亨利貞，悔亡」，云：

> 二體离爲日，晦夕朔旦，坎象就戊；日中則离，离象就己，故爲己。日陽在二五稱孚，故孚謂五。[390]

言坎離居戊己中位，此納甲之說。至於其云坎五爲「孚」，乃坎有孚，五在坎中故爲「孚」。又釋蠱卦卦辭「先甲三日，後甲三日」，已如前述，除了用震巽特變之說外，主要以納甲爲訓，指出：

> 甲，謂乾也。乾納甲，泰內卦本乾，乾三爻故三日。先甲三日，辛也。巽納辛，故云巽也。坤上之初成巽，在乾之先，故先甲也。

---

[387] 見《周易述》，卷四，頁104。

[388] 見《周易述》，卷四，頁105。

[389] 見《周易述》，卷六，頁165-166。

[390] 見《周易述》，卷七，頁214。

後甲三日，丁也。兌納丁，故云兌也。四體兌，在乾之後，故後
甲也。

同時，蠱卦《彖傳》「先甲三日，後甲三日，終則有始，天行也」，惠氏
以虞義注云「乾爲始，坤爲終，故終則有始。乾爲天，震爲行，故天行
也」。疏云：

> 乾納甲，故爲始。坤納癸，故爲終。先甲者，在甲前，故云終。
> 後甲者，在甲後，故云始。甲者，乾也。乾爲天，互震爲行，故
> 天行也。因是而知聖人事天之道本乎《易》也。《白虎通》曰：《春
> 秋傳》曰以正月上辛。《尚書》曰丁巳用牲于郊。先甲三日辛也，
> 後甲三日丁也。[391]

惠氏以納甲之說爲釋。京房納甲說，以乾納甲壬，坤納乙癸，震納庚，
巽納辛，坎納戊，離納己，艮納丙，兌納丁，而虞翻的月體納甲說，在
天干配卦上，亦同於京氏，釋《繫上》「在天成象」時云「日月在天成八
卦：震象出庚，兌象見丁，乾象盈甲，巽象伏辛，艮象消丙，坤象喪乙，
坎象流戊，離象就己」；[392]惠氏所云乾納甲、巽納辛、兌象丁、坤納癸，
本於前儒所倡。惠氏認爲「先甲三日」爲巽辛，「後甲三日」爲兌丁，乃
依干支配卦、以甲爲基準前後推三干的次序而論，同於《子夏傳》所云
「先甲三日者，辛、壬、癸也；後甲三日者，乙、丙、丁也」：[393]

<pre>
  乾 坤 艮 兌 坎 離 震 巽 乾 坤
  →甲→乙→丙→丁→戊→己→庚→辛→壬→癸→
   （後甲三日）   （先甲三日）
</pre>

惠棟以「先甲三日」爲巽辛，「後甲三日」爲兌丁，顯然採取類似《子夏
傳》的說法，而與虞翻的月體納甲有所差異；虞翻以乾甲爲十五日，「先
甲三日」必在十五日之前，而巽辛爲十六日，所以惠棟的「先甲三日」
爲巽辛，於月體納甲的邏輯上不合；同樣地，「後甲三日」也必在十五日

391 見《周易述‧彖上傳》，卷九，頁 242。
392 見李鼎祚《周易集解》，卷十三，頁 312。
393 見李鼎祚《周易集解》，卷五，頁 105。

之後，當然也不會在兌丁（初八日）。關於這個例子，在虞翻易學的部份已有詳說。又如釋坤卦時，指出「虞以《易》道在天，八卦三爻已括大要，故以得朋、喪朋爲陰陽消息之義，謂月三日之暮震象出于庚方，至月八日二陽成兌，見于丁方，生明于庚，上弦于丁，庚西丁南，故西南得朋，謂兌二陽同類爲朋，又兩口對，有朋友講習之象，《傳》曰：乃與類行是也。十五日乾體盈甲，十六曰旦消乾成巽在辛，二十三日成艮在丙，二十九日消乙入坤，滅藏于癸，乙東癸北，故東北喪朋。坤消乾，喪于乙，故坤爲喪也」。[394]惠氏藉助虞氏納甲說，將得朋與喪朋釋爲月相變化中的兩類不同的連續性月相。同樣的，釋坤卦《象傳》「西南得朋，乃與類行。東北喪朋，乃終有慶」，云「陽稱慶，亦虞義。喪朋從陽，故稱慶也。虞氏以下據「納甲」爲言。陽得其類，謂一陽以至三陽成也。月朔至望，乾體已就，終日乾乾，與時偕行，故乃與類行。陽喪滅坤，謂乙癸也。坤終復生，五六三十，終竟復始。三日而震象出庚，乾之餘慶，故乃終有慶也」。[395]亦是納甲之說。納甲之說，成爲惠氏述《易》上的重要方法與理論依據，其《易》爲日月之說，也是以月體納甲作爲闡述的基礎。所以月體納甲之說，爲惠氏治《易》的極爲重要之象數主張。由於有關論述，虞翻易學中已有詳明，故不再細言。

　　此外，飛伏之說，從京房到虞氏所普遍使用的主張，也成爲惠氏述《易》上的方法之一，包括卦的飛伏與爻的飛伏，惠氏此法之用，仍在希望獲得更多取象的機會，有效用運以闡明卦爻義。其它，兩漢盛行的卦氣說，從孟、京開啓，至東漢廣泛運用於《周易》經傳的詮釋，在馬融、荀爽、鄭玄、虞翻等人的大發其皇，卦氣之說，儼然是那個時代易學詮釋的主要特徵，涵攝的諸元極爲龐富，其中不論消息、四時、節氣、六日七分等等，亦爲惠氏述《易》的重要材料。這些內容，前面探討諸家易學中已作詳論，所以也不再贅言。

---

[394] 見《周易述》，卷一，頁 11。
[395] 見《周易述·象下傳》，卷九，頁 223-225。

第六節　小結

　　惠棟治經強調經義存乎詁訓之中，遵循識字審音、通經求義之法在於詁訓，根本作為就是歸本於古訓與漢儒之說，以漢儒經說古訓為尊，也以漢儒經說的方法作為搜尋古義的重要憑藉。隨著時空的轉變，學派的雜揉混同，以及經師之難辨，所以從識字審音著手，是推求經義的最佳方式，也是漢儒古訓之重要方法。識字審音，除了可以直接援引漢儒經說之言外，很重要是必須仰賴字書，從字書當中推求文字本義。漢儒古訓之法，除了從舊有經典訓說中找尋答案外，其重要的管道就是從專門的文字訓解的典籍中獲得原始本義。惠棟述《易》即是本此進路，在文字訓詁上，特別仰賴書字的運用，強調「舍《爾雅》、《說文》无以言訓詁」，並且以《爾雅》言，認為「《爾雅・釋故》、＜釋訓＞，乃周公所作，以教成王，故《詩》曰古訓是式」。[396]《爾雅》等字書作為治經與訓詁的重要準據，《周易述》中的引述，可以得到深刻的體會。以訓詁作為整理與考述《周易》本義的方法，惠氏企圖消除長期以來附加在古《易》上的種種誤解和歪曲，雖然進一步作為象數主張的闡發，而偏廢了義理的部份，但這是惠氏的認識，《周易》在他心中的形象，它原本就是卜筮之書，兩漢時期便高度地展現其象數的實質內涵；並且，這樣的治《易》詁訓方式，從字書典籍入手，表現出復原傳統的積極意義，也帶著考據實學的務實方法與態度。

　　惠棟雖然根本字書，但字書也並非絕對地或惟一的權威，其中也有不足或謬誤的地方，所以援引其它典籍可以作為考索輔證的效果；只要在訓詁考據上，具有反映出《周易》本來古義，以及代表漢代的價值，皆可以視為引據之材料。由於詳徵博引，惠氏對於《周易》文義的論述極為詳明，文獻的運用廣博宏富，理據周恰，也能展現出高度的邏輯性與合理性；並且，考據有信，不以常說而為必然，使用文獻訓典而足作

---

[396] 見惠棟《惠氏春秋左傳補註》，卷三，襄十五年。引自台北：台灣商務印書館文淵閣《四庫全書》本，第181冊，頁172。

論據者，每每有不同於常說之論，並能言之有物，立論詳悉。《周易》文簡而意廣，特別反映在卦義上，表義深遠，如百川所納，所以在解釋卦義上，惠氏多有數義並陳者，使釋卦取義，詳明而多可參佐。惠氏運用漢《易》諸法，純熟周恰，言之合理，儼然爲漢儒《易》說之綜合體。因此，其述而不作，信而好古的態度，詁訓詳明、理據安在的面貌，誠用力之深，無愧爲乾嘉一時之師表。

張惠言《周易虞氏易》指出「翻之學既世，又具見馬、鄭、荀、宋氏書，考其是否，故其義爲精。又古書亡，而漢魏師說可見者十餘家，然唯鄭、荀、虞三家略有梗概可指說，而虞又較備，然則求七十子之微言，田何、楊叔、丁將軍之所傳者，舍虞氏之注，其何所自焉」。[397]張氏認爲鄭、荀、虞三家之言，最能代表漢魏以來易學傳承的遺緒，並且特別以虞氏之學又最爲詳備。此外，牟宗三也肯定「自田何到孟喜再至虞翻是漢《易》之正宗」，「傳漢《易》之衣鉢者，厥爲虞翻」。[398]集漢《易》之大成者爲虞翻，也可以視爲漢代象數易學的主要代表，所以李鼎祚《周易集解》輯引漢魏諸家《易》說，也以虞說爲最多。惠棟《周易述》廣引漢魏《易》說，專主虞翻、次而荀爽、鄭玄之學，符合述漢之正當性，但是，旁徵博采，徵引闡發，卻未益發突破而創爲新意。

原始而純粹的《易經》，一般都肯定其最初爲卜筮之書，而《易傳》則相對爲訴諸哲學的產物。《易傳》依附《易經》而產生，在論述《周易》經傳時，惠棟採取經傳分觀的形式，而在資料運用的時間問題上，《易傳》較漢儒爲先，與《易經》本義多有聯繫，所以論述《周易》古義，不能捨《易傳》而不用；以《易傳》作爲釋義的重要內容，並且綜采兩漢象數諸說予以相互論證，使《易傳》增添了更多象數的氣韻，從而消弱其哲理化的內涵。同時，對於《易傳》的采用，惠氏亦有偏重，特別采用《易傳》本身較具象數意義的內容，尤其是《說卦》中八卦取象的部份，援引相對較爲頻繁。在以傳釋經的認識與作爲上，惠氏少用義理，多取

---

[397] 見張惠言《周易虞氏義》序文之言，台北：新文豐出版公司《大易類聚初集》第十九輯，1983 年 10 月初版，頁 289。

[398] 見牟宗三《周易的自然哲學與道德函義》，台北：文津出版社，1998 年 8 月初版 2 刷，頁 28。

象數，主要在於《易傳》作爲論述《易經》的後出者，當本諸《易經》的原質本義，「純粹」的或是「高度」的哲學取向，不足以闡明《易經》樸實大旨。所以，普遍的象數痕跡是詮釋《易經》時所必然存在的，以《易傳》輔翼本經，當然在周全本經古義，象數之學是它主要的內容所在。

　　漢代的經學家，普遍將儒家的經典視爲恆久之至道，不刊之鴻教，乃至人倫之師表，儒家經典作爲學術研究與學問追求的典範。群經同源，大義互通；所以發明經義，宏揚懿旨，必多以群經互證。這種經典詮釋的方法與傾向，爲漢代經學家的普遍共識。惠棟述作《周易述》，源本漢法，於經傳釋義中，廣引群經與漢儒古注爲釋，周圓其復原漢學上的形式與內容上的表現。對於引述先秦漢魏時期的子書與諸家之注說，數量亦極爲可觀。在道家與道家傾向的典籍上，惠棟對於《老子》、《莊子》這原始道家論著的引述，相對比較下，算是極爲少數；惠氏的少用，或許標幟著儒家思想與原始道家上應當有一定的分別，倘若彼此過多近身的琢磨，恐怕會割裂了純粹古《易》、純粹儒學的主體性。並且，《老》、《莊》的內容，所呈現的語言內涵，並非惠棟象數材料上之所需，所以自然不多採用。然而，關於具有道家傾向的揚雄論著與《淮南子》，卻受到高度的青睞。揚雄之說與《淮南子》，雖然在宇宙圖式與萬物起源的問題上，融入了甚多道家的思想，卻也有大量運用了當時的天文、歷法等科學的知識，並且與孟、京、《易緯》的卦氣說，有諸多相近之處，足以反映出那個時代學術發展或是易學發展的重要特色。惠棟以二家之言爲釋，合於其輔訓或考證上的需要。董仲舒思想在漢代儒學發展中具有代表性地位，其論著主張多有可作爲象數易學闡釋之需要者。劉向、劉歆繼董仲舒、京房等人之後，舖陳天人之學，推演陰陽災異，詳徵天文歷法，正是漢代學術思想的重要特色所在。惠氏的引述，著實表現出那個時代易學家的主要觀點和認識。孔、孟、荀三聖之作，特別是荀子的思想，尤能表現出漢代學術與易學的聯結關係，在天道觀與說禮的方面，與《周易》的關係更是密切，所以對《荀子》的重視程度尤盛。《參同契》作者利用《周易》卦象與西漢孟喜、京房卦氣說的諸多易學條例，以及五行數方位圖式，構構出一系列相互關聯的天文歷法與煉丹模型。在京

房八卦納甲說的基礎上，提出月相納甲說，深深影響虞翻月體納甲的易學觀，歷來《易》家陳述漢《易》，往往直取魏說；唐代李鼎祚《周易集解》、宋代朱震《漢上易傳》皆是如此。惠棟申說漢《易》，當然不能拒之千里，所以引述申說，自是合理恰當。又，史書的引述，不論是《國語》、《戰國策》、《史記》、《漢書》、《後漢書》，乃至皇甫謐的《帝王世紀》，涵攝漢代與之前的史事，包括政令教化、訓典名物，乃至文化語言內涵。《周易》緣自於周朝，詮釋古義，以史典輔訓，最合其時代性的意義。因此，惠棟引書述義，學殖深厚，廣蒐群籍，論據有典，符合科學實證與論述的精神。

　　《易緯》之說，推衍經義，發揮《易》理，爲漢代易學思想之重要主流代表，具有高度的翼經價值，研究漢代易學，不能不通《易緯》。從《易緯》的本身來看，雖然《易緯》被歸類入讖緯的範圍，被貼上高度神學化的標籤，但有識者並不全然迷失於其神學的意識中，相對地能客觀的審視其中學術與文化的價值，歷來專門研究《易緯》的人，大都採取一種正面價值的見待，尤其其中所代表時代性的諸多學術主張與文化內涵，也都持肯定的態度。惠棟對於《易緯》，在釋《易》的過程中，大量的引用有關內容，基本上他是肯定《易緯》的價值，肯定《易緯》中的諸多觀點，有其正當性可以互補於漢代《易》家的學說，甚至《易緯》正可爲漢代易學的典型代表。從審視漢代易學的角度看，本人認同《易緯》所扮演的角色和價值；並且，從體會乾嘉時期學術發展的客觀現況，以及惠棟的學術研究傾向，對於惠棟的認同，也如同認同《易緯》一般。歷來批判者，從引用緯書的角度去嚴厲的批判惠棟，這個方面，應予以公允合理的對待。惠棟撥開了緯書神性的面紗，過濾了神性的內容，而採取了科學性或哲學性意義的材料，在《周易述》中，可以清晰的看到。當我們要批判惠棟以緯書爲說是一種缺失時，應該重新對於惠棟引述的實質內容，進一步審慎的認識，才不致於厚誣前儒。

　　惠棟畢生致力於漢學，探尋《周易》古義，深知原本古義，也必當還原古字，以原始的本字，才能得經義之真。惠氏認爲王弼淆亂古義，使漢代經師之義蕩然無存，也致使漢學殞落。其中很重要的因素就是王氏所本多有俗字，多有非原始之經字，以致扭曲了《周易》的本來面貌。

因此，惠氏詁訓《周易》本義，必先從校勘入手，以正其本字，改易經文也就成爲必然之途。經文異字的確定，是屬於經學上嚴密的校勘工作，校勘的論斷，必須根據最直接有效的文獻資料，作合理而可靠的審慎評詁；而這些文獻資料之認定，從時間點上言，則以早出者之可信度尤高，孟、京、鄭、虞之說，皆較王弼接近原典，也就是可信度較王弼爲高。所以，惠棟對王氏的批評，並非全然偏見或無的放矢，且經文的改易，也非全無所據而胡亂造次。從校勘改易的內容觀之，包括有改字、刪字、增字、句讀之校定，其中以易字的情形最多；大抵本諸漢儒舊說，以及《說文》、《釋文》等文獻典籍的記載。改易說明，有詳有略；有考正周全，合理恰當，也有以一己之偏，強作定說。其主要缺失爲：好用古字，未明其由；改用異字，未予統一；說明簡略，不夠周詳；未作深察，以致誤說；考校異文，過於武斷等方面。

惠棟對文獻版本的認識，認爲越是悠古且又可徵驗者，爲最恰當的版本。至於王弼之本，往往錯用古字，曲解古義，恐怕多有扭曲了《周易》的本來面貌，非爲至當之本，何必循之必然，而不能予以動搖？否定了王弼傳本作爲釋《易》的典型化版本，在詁訓經義前，必先正其字。面對古聖經典的態度，改易經文未必代表挑戰經典的崇高地位，對於使用長久延續的錯誤文本，才是有違聖人之意，此又何能稱之尊聖尊經，所以，惠氏治經所本，重在實事求事，重在那份原始純真的價值，也就是回歸原來最真實的古籍，從這考求的真實古籍中，進一步認識古籍的本義。惠棟考校異字，改易經文，雖有諸多啓人疑議批評者，但也給予研《易》者寶貴而重要的文獻資料。惠氏所作，並不在於打破傳統，更不在顛覆傳統，在惠氏的心裡，他期盼再現那最實在的傳統的本真，回歸原始漢儒的軌跡，從那裡才能得到真實，得到最原始的答案，所以惠棟試圖以科學的文獻考證態度，去揀選最佳的原來。惠氏提供了我們另外一種參考選擇，讓我們在面對傳統經典的時候，除了瞭解文字詁訓的重要之外，也讓我們認識到一家之言外或許仍有不同的別的說法別的聲音，這些說法、聲音也是值得用來參照反省的，因爲它或許能夠導正那一家之言的長期錯誤。不一定要刻意去糾正或革除這「長期錯誤」，但瞭解這「長期錯誤」，也是身爲一個研究者應該具有的知識。

　　惠棟延續虞翻的卦變說，有系統地普遍運用於釋卦當中，建構出一套頗具規模的易學理論，提供探究變化之道的新的論述視野。否定一陰一陽之卦自復、姤出者，認爲皆出自於乾坤二卦。又以因「反復不衰」而不從四陰二陽自臨、觀出者，有頤、大過、小過、中孚等卦。這些卦說，未必符合虞氏本意。至於卦變違例之述，主要是因爲附合經傳文義之需，如屯、蒙、比、豐等卦。在論述卦義上，大抵依循虞說，闡析詳明。然而，雜以他家之說，混同虞義，使不同的理論系統斷取並言，恐有支離蕪雜之嫌。

　　用象釋義爲惠氏述《易》之主要特色，善以爻例或爻象來釋卦，特別以六爻取人身象、以六爻貴賤而爲說、陰陽爻取象之說，以及「自內曰往，自外曰來」的爻象說等等。至於惠氏廣取卦象釋《易》，主要本於《說卦》的象說、虞氏逸象，以及《九家說卦》的逸象。惠棟論述卦爻義的特殊風格上，其用象可以視爲典型，每一卦爻辭或是《易傳》傳文的闡釋上，惠氏大量的以卦象作舖陳，藉由卦象的有機組合，以具體的呈現卦爻義。這樣的釋《易》之易學主張，代表著漢代《易》家普遍重視用象的易學的詮釋方法與詮釋內容。

　　互體之運用，可以對本卦六爻作另外再組合的認爲，使取象能夠更爲靈活而有彈性。廣取卦爻象以釋《易》，在釋《易》的過程中，透過互體的方法，以獲得新的卦象，成爲必要的手段。互體以依循漢儒之說，特別以虞說爲主，有三爻互體、四爻與五爻互體等方式。其互體之法，有云「互」者，或作「體」者，或連名爲「互體」者。特別在三爻互體方面，對於本卦的上下二體，與其它二至四爻與三至五爻互體所增成的純卦，並無細作不同的名稱以加以區別，往往同稱爲「體」。惠氏互體取爻，往往有不從本卦直取數爻爲互，而是透過爻位之正後的數爻互體，或是以升降說等其它方式得到數爻而作互體，其目的皆在於取得「有效」的卦象作爲釋《易》之材料。互體取爻的彈性，提高了有效的用象機會。雖然是彈性，並不代表可以隨意爻變或是隨意摘取卦爻，仍有其合理的取爻模式，以及爻位改變上的規律，這個模式或規律大都本於爻位當正，陽處陰位，或是陰處陽位，皆當使之正，所以進行爻變。惠氏抓準這個原則，作爲彈性取爻互體成象的重要方式，使其取象的來源更爲便利。

　　在爻位的主張上，惠氏特別重視原本不當位的卦爻，藉由爻變的方式，使之變成當位，呈現一種動態性的意義陳述。「貞」字與爻位相聯繫，惠氏將「貞」字大都解作「正」義；「貞」字的出現，在爻位上有兩種狀態，一種是該卦之某爻已為「貞」，也就是已是一種當位居正的狀態，所以毋需再變；一種是該卦之某爻現在處於不當位的狀態，應該透過爻變而使之正。又，爻位的相應關係，作為解釋卦爻義與判定吉凶。惠氏除了以本卦實際的爻位相應關係作為論述的依據外，也採取爻變的方式，進一步撮合爻與爻間的相應，這種方式已不同於傳統《易傳》相應的正例，而同於虞翻、荀爽等漢儒之說，成為其相應說的主要部份。在承乘的運用上，惠棟對「承」的論述的形式，從實際爻位間的相承關係，以及藉由爻變的或是升降的方式來談相承，呈現的都是吉兆。爻變釋卦爻之義，希望透過爻變以改變原來不好的卦爻象，使之趨於吉象，但是在某些狀況下，為求卦爻義之通解，有時不得不藉由爻變以附合不善之卦爻義；論述爻位之乘也是如此，乘本是凶象，爻變而使爻位為承的關係，即以爻變為吉。以爻變為乘者，在惠氏論乘的例子中，相對於傳統正例，算是少數，不像爻變言「承」者為大宗。中位為爻位的主角，是《易》道的理想處所，是中和之所指，是成既濟定的最重要處。中位既是如此重要，則必須維護與追求中位的正當性與完整性，也就是使中位能夠居中為正，能夠為當位。對於居中而為不當之位者，則透過爻變的方式使之為正，變失位之中為當位之中，以達中正之目的。爻位貴賤雖定，但仍必須綜合當位、相應、承乘等等實際的爻位關係，才能確定其最後的吉凶。解釋經文吉凶悔吝時，必須綜合各種爻位關係而加以分析才能確定，而這諸多的爻位關係，並不是一種僵化既成的關係，當中仍有動態、具體的呈現，透過爻變與有關的方式展現出來，才決定其最後的吉凶。

　　「半象」雖是不完整的卦象，但惠棟使用半象大抵嚴謹，論述合乎邏輯，並無漫加濫用。半象的符號意義，表現出一種活動性與變化性的卦象運用之內涵。至於「兩象易」，惠棟提到某兩卦有兩象易的關係，但對其關係背後的實質意義為何，惠氏並未作任何交待，所以，使用兩象易的主張，似乎喪失了其實質的目的與用意。「反卦」的運用，可以看出卦爻的變化所反映出的動態意義，並且具體地呈現，在相反不同的狀況、

處境或概括名爲「象」的情形下，所蘊示的物象情狀、吉凶、好壞等等結果，會有所不同，乃至強烈對比；並且藉由此反對之象，以表現事物的果因關係和良窳面向，予人們一種積極性的參照。「旁通」提供人們對《易》卦結構與象義上的另一個思考面向，特別是陰陽間相互涵攝和交易變化的關聯性，以及所呈顯的卦象和卦義上意義，擴展了《易》象探索的空間。「震巽特變」，並不只以在一次由震變巽或由巽變震之後來看，而是還包括一爻一爻的變動過程所涵攝的意義，並且作爲訓解上取義的重要依據。震巽特變並無爻變上的正面積極意義，也就是說，一般爻變爲以不正而之正，變凶咎爲吉兆，但震巽特變並不在求好，而在訓義的必要。

　　《周易》透過卦爻符號來象徵事物，而事物發展常常是活動性、變化性的存在，因此，如何將符號運用成一種活動性的、變化性的發展，這是符號在建構運用上的重要概念。「卦象原是借符號以象萬物，其中存在著兩個系統，一爲萬物的客體系統，一爲對客觀系統之再造的符號系統，前者爲客體的本原系統，後者爲主體的再生系統。但是，符號一經形成，其摹擬性與象徵性，往往是固定的。如八卦所象徵的最基本物象，☰爲天、☷爲地、☳爲雷、☴爲風、☵爲水、☲爲火、☶爲山、☱爲澤等，均有其約定俗成性。而萬物本身卻是生生不息，無時無刻不在運動變化中。這便產生了一個矛盾，即萬物是動的，而卦符是靜的。如何解決這一矛盾呢？從根本上講，即把卦符不要看作是死的、靜的，而要看作是活的、動的。易道尚變，只有活、動才能體現易道的精義，死、靜是不符合易道的」[399]因此，不論是卦變、卦爻象的有機運用、互體取象、當位、相應、承乘之說、中位、震巽特變等等，以及爻變的合配應用，在在體現生息變化的易道精神，也使機械化的符號訊息的背後意義積極呈顯出來。

---

[399] 原文爲周立升之說（見《虞翻象數易論綱》，岳麓書社《中國哲學》第十六輯，1993年9月初版1刷），今轉引自劉玉建《兩漢象數易學研究》，頁684。

第七章　惠棟易學的義理觀

　　惠棟易學，主要偏重在象數的部份，義理方面相對顯得不足，乃至為一般所忽視。但是，惠棟雖重於漢《易》象數之闡發，卻不代表其易學中不見義理痕跡，仍有哲學的思維內容可以探尋。這些屬於義理的思維內容，除了散見於《易漢學》外，《周易述》裡對各經卦的論述與對《易傳》的解說，也可以得到其義理脈絡。而在《易微言》、《易例》、《易大誼》、《明堂大道錄》與《禘說》當中，更可管窺其思想的會通所呈現的哲理面貌。本章首先關注的是從宇宙觀的角度切入，探尋惠棟易學中的宇宙本源的思想；其次，要探討的是《中庸》與《易》理的融攝，主要從《周易述》與《易大誼》所述作為討論內容之主要來源；再其次，主要針對惠氏以禮述《易》與以史述《易》的部份作詳細的說明與檢討，參照《周易述》、《禘說》與《明堂大道論》作論述。最後，舉惠氏所言的幾個重要義理概念，包括「有無」、「虛」與「日月爲易」等命題作探述。

第一節　宇宙觀

　　兩漢以降，天人之學勃興，宇宙本原之說紛至沓來，從老子逪延而概括地將「道」有系統的建構起權威之哲學本體思想開始，一般都以老子道論爲核心，視「道」具優先性而爲先天地而存在的本體思想；然而，殊不知另一套宇宙觀始終蓬勃發展著，那就是易學這支歷久彌新的哲學體系。漢《易》融合陰陽五行、天文曆法之說，藉由卦爻象位與陰陽、五行、八宮、世應、納甲、爻辰、卦氣等論說的配合，呈現出與自然科學結合的易學特色，並融合戰國以來元氣、生剋、宇宙、天道等思想命題，建立其類似物質氣化的宇宙觀及天人感應的世界圖式，將人與自然

的關係，作最大程度的類比與聯結。一種類似物質氣化的宇宙觀，在兩漢時期蔚然成風，也儼然成爲漢儒論《易》表現在宇宙觀方面的特有思想。因此，惠棟易學所呈現的宇宙觀思想，也正反映出漢代易學家在這方面的看法。

一、太極爲本的宇宙觀

「太極」本爲《易》的哲學思維的重要核心，也是論述易學思想在宇宙論中的重要命題。《易》以太極爲最高性，並在《易傳》中予以闡發，所以太極生次的思想，蓋濫觴於斯，而爲兩漢時期普遍延續而存在的說法。「太極」一說，《易傳》之外，首先爲名者，則《墨子·非攻下》亦有「大極」之言，云：

> 禹既已克有三苗，焉磨（案當作歷）爲山川，別物上下，卿制大極，而神民不違，天下乃靜。[1]

孫詒讓《閒詁》指出「疑當爲『卿制四極』」，也就是認爲「大」字乃「四」字之形訛，然而二字形殊而不相近，訛舛而誤用，不甚合理。作「卿制大極」，大義概略爲有條理地去建立大極，這個「大極」語義並不明確，但應屬於某種人文現象，與作爲宇宙論來談的「太極」，在內容上二者是截然不同的。《莊子·大宗師》論「道」而提及「太極」者，云：

> 夫道，有情有信，無爲無形；可傳而不可受，可得而不可見；自本自根，未有天地，自古以固存；神鬼神帝，生天生地；在太極之先而不爲高，在六極之下而不爲深，先天地生而不爲久，長於上古而不爲老。[2]

以「太極」相對於「六極」來談，而這個「太極」的內涵性質如何，是否具有實體的概念，歷來眾說紛紜，學者各有其不同的表述，[3] 依其文

---

[1] 見《墨子·非攻下》。引自孫詒讓《墨子閒詁》，卷五，北京：中華書局《諸子集成》第四輯，1996 年 2 月 1 版北京 9 刷，頁 92-93。

[2] 見《莊子·大宗師》。引自郭慶藩《莊子集釋》，卷三上，台北：貫雅文化事業有限公司，1991 年 9 月初版，頁 246-247。

[3] 朱伯崑先生認爲「太極」是「指空間的最高極限」，用以說明「道」在「太極」之先而

意，大概可以肯定的是，「太極」爲一種方位傾向的論述，「太極」與「道」不能等量齊觀，「生天生地」、「先天地生」的「道」的位階是又先於「太極」的。《易傳》中陳述「道」與「太極」的內容，<繫辭上>云：

> 一陰一陽之謂道，繼之者善也，成之者性也。……是故易有太極，是生兩儀，兩儀生四象，四象生八卦。

「道」爲宇宙萬物變化的規律，也就是陰陽雙方互相對立和互相作用的規律；<繫辭上>認爲「生生之謂易」，事物之所以運動變化，生生變易，主要是由於事物中存有陰陽兩個相反相成的力量，在互相對立與作用下，促使其運動、變化與發展。在這裡，「道」爲「一陰一陽」，卻不是陰陽的本身，陰陽爲「道」存在的基礎，唯有陰陽的規律變化運動才是「道」，因此，陰陽可以視爲「道」的作用。陰陽規律普遍存在於天地萬物的運動變化的過程中，以其相互作用而爲天地萬物和社會人事的共同規律，並進一步地反映在宇宙、社會與人生中，作出不同的表現，這也就是後世所認識的，「立天之道曰陰與陽，立地之道曰柔與剛，立人之道曰仁與義」（<說卦>）的三才之道。從「道」內存於天地萬物、體現於天地萬物中來說，它是天地萬物的本質，但它卻又不拘執於具體的事物之中，它與具體事物的區別在於它是「形而上」的，具有無形的、抽象的性質，而事物是「形而下」的，具有有形的、具體的性質；簡而言之，即「道」與「器」之別。[4]《易傳》在宇宙本體論的概念上，除了提到「道」

不爲高，這個「太極」並不具有實體的概念。（見朱伯崑《易學哲學史》第一卷，北京：華夏出版社，1995 年北京第一版第一刷，頁 66。）葛榮晉先生則認爲，莊子在這裡所指的「太極不是一個實體性概念，而是形容道的性質的屬性概念」。（見葛榮晉《中國哲學範疇導論》，臺北：萬卷樓圖書公司，民國八十二年，頁 57。）鄧球柏從方位的觀念來詮釋，認爲『「太極」乃天之最高處，「六極」是地的最深處』。（見鄧球柏《周易的智慧》，河北：河北人民出版社，1991 年第一版第一刷，頁 40。）王葆玹先生則提出不同的另一說法，認爲<大宗師>中的「太極」當作「六極」言才對，其理由爲：『「大」、「太」兩字古通用，根據馬王堆帛書各篇，「大」、「太」兩字在西漢早期隸書抄寫時很難區分，可見《大宗師》的原文應當是：「在六極之先而不爲高，在六極之下而不爲深」。王葆玹將「六極」視爲四方上下的空間來談，並且否定《莊子》作「太極」之說。諸家對太極的理解都有明顯的不同，「太極」在宇宙本體論上的歸位不明。

4　《易傳・繫辭上》云：「形而上者謂之道，形而下者謂之器。」用以區別「道」與「物」在性質上的差異，形而上的道，是無形的、抽象的，也就是「陰陽不測之謂神」（同前）、

之外，更重要的是提到「太極」，而彼此間的聯繫關係，並未詳細的說明。
但是，我們可以知道，《易傳》以「一陰一陽」來規範出「道」的內涵，
以「形而上者」來描述「道」的本質特徵，而陰陽又是太極化生過程中
的一個階段，因此，「道」與「太極」二者間的關係，可以視「道」為「太
極」化生萬物與其變化發展過程中的形而上的陰陽之道，但是它並不見
得完全能夠與太極作等同的。《易傳》將太極作為一種先天地萬物存在的
實存體，而從太極到八卦，是一個生化或分化的過程，也就是說，「太極」
作為世界形成過程中的最高或最初的實體。這種論述八卦的形成，兼含
宇宙萬物生成之理，正是易道生生之德。

　　關於「太極」的性質，《易傳》卻未作具體的規定，秦漢以來，大都
解釋為原始的混沌未分的氣；孔穎達《周易正義》云：

> 太極，謂天地未分之前，元氣混而為一，即是「太初」、「太一」
> 也。故《老子》云「道生一」，即此「太極」是也。又謂混元既分，
> 即有天地，故曰「太極生兩儀」，即《老子》云「一生二」也。[5]

李鼎祚《周易集解》引虞翻云：

> 太極，太一也；分為天地，故生兩儀也。[6]

王應麟輯《周易鄭注》也提到鄭玄釋「太極」云：

> 極中之道，淳和未分之氣也。[7]

「太極」的內涵，一般普遍的說法，都認為是天地未分之前的混沌狀態，
是天地萬物的根源或總會之所在。至於太極生次的過程，則由太極而生
兩儀，兩儀而生四象，四象而生八卦，其兩儀與四象，《易傳》並無明確
的指明，所以其生次的架構，也就因此留給後人無限的哲學思考空間。
於此，《易緯》的說法較為明確，賦予兩儀與四象清楚的內容，《乾鑿度》
云：

「神無方而易無體」（同前）的特性。形而下的事物本身，是有形的、具體的，也就是
「形乃謂之器」（同前）的特性。

[5]　見孔穎達《周易正義‧繫辭上》第七。引自藝文印書館十三經注疏本《周易注疏》，頁
156。

[6]　見李鼎祚《周易集解》卷十四，頁349。

[7]　見王應麟輯《周易鄭注》，據《文選》卷十九所輯。引自惠棟考補《新本鄭氏周易》，台
北：台灣商務印書館景印文淵閣四庫全書本第七冊，頁176。

孔子曰：易始於太極。太極分而為二，故生天地。天地有春秋冬
夏之節，故生四時。四時各有陰陽剛柔之分，故生八卦。八卦成
列，天地之道立。[8]

緯文依太極而生天地，天地而生四時，四時而生八卦的次序，也就是以
「太極→天地→四時→八卦」為生次歷程，覈顯於《易傳》的「太極→
兩儀→四象→八卦」，作為宇宙生成的發展過程。以「天地」指稱「兩儀」，
「四時」指稱「四象」，這樣的論述，《乾鑿度》蓋為首出者。

　　《易傳》以「太極」作為宇宙最高的本源來說，但並無詳細疏解，
實質內涵不明，提供後人不同的解釋空間。[9]宇宙本體的觀念，從早期的
恆常之道的抽象概念，作為宇宙生成的本源，而後發展到兩漢時期普遍
的氣論，諸如《管子‧心術》等篇以「氣」名「道」，以「道」無所不在，
而與「氣」相類，與「氣」同質。[10]《呂氏春秋‧大樂》提到「太一出兩
儀，兩儀出陰陽」，「太一」的概念，某種程度是與《繫傳》的太極生兩
儀的說法相通，以太一為萬物之本源而化生陰陽二氣。[11]《淮南子》更進
一步從「太始→虛霩→宇宙→元氣（分清妙與重濁）→天地→陰陽→四
時→萬物」的詳細創生過程，建立起典型的氣化宇宙論。[12]並且，＜原道

---

[8] 見《易緯乾鑿度》，卷上，頁480。

[9] 唐君毅先生認為「唯是太極乃高于兩儀之一概念。如兩儀指陰陽或天地，則太極應為位
于陰陽、乾坤、天地二者之上，而如以統攝之一概念。而太極之所指者，則應為天地及
天地中之萬物之根源或總會之所在。此為就《易傳》之文句之構造，吾人可如此說者。
至于太極之一名所實指者為何，則儘可容後人有不同之解釋。」（見唐君毅＜太極問題
疏抉＞，《新亞書院學術年刊》，第六期，頁9-10。）

[10] 《管子‧心術》等四篇（＜心術＞上下、＜白心＞、＜內業＞），以氣名道，從本質上
改造發展了老子的道，「道在天地之間，其大無外，其小無內」（＜心術上＞），充塞於
宇宙之間，「萬物以生，萬物以成」（＜內業＞），而無所不在。其道與氣相類，與氣同
質，所以說，「靈氣在心，其細無內，其大無外」。

[11] 參見《呂氏春秋‧大樂》：「太一出兩儀，兩儀出陰陽，陰陽變化，一上一下，合而成
章，渾渾沌沌，離則復合，合則復離，是謂天常。天地如車輪，終則復始，極則復返，
莫不咸當。」＜知分＞：「凡人物者，陰陽之化也。」＜明理＞：「凡生非一氣之化也，
長非一物之任也，成非一形之功也。」萬物源於「太一」，並生化於陰陽二氣，陰陽二
氣是「太一」的分化，「太一」是陰陽二氣混沌未分之初態。《呂氏春秋》並擴大精氣與
形氣的養生論，參見＜盡數＞、＜達鬱＞等篇，在此不予贅述。

[12] 《淮南子‧天文》：「天地未形，馮馮翼翼，洞洞灟灟，故曰太始。太始生虛霩，虛霩
生宇宙，宇宙生元氣，元氣有涯垠，清陽者薄靡而為天，重濁者凝滯而為地。清妙之合

＞提到「道者，一立而萬物生矣」，「所謂一者，無匹合於天下者也。卓然獨立，塊然獨處，上通九天，下貫九野，員不中規，方不中矩，大渾而爲一」；「是故，一之理，施四海，一之解，際天地」。＜詮言＞也提到「一者，萬物之本也，無敵之道也」；「洞同天地，渾沌爲樸，未造而成物，謂之太一。同出於一，所爲各異，有鳥有魚有獸，謂之分物。方以類別，物以羣分，性命不同，皆形於有，隔而不通，分而爲萬物」。《淮南子》以「道」萬有之本根，或稱爲「一」、爲「太一」，爲處於一種混沌未明的狀態，與《呂氏春秋》「太一」義近。

　　《呂氏春秋》、《淮南子》皆言「太一」，事實上「太一」的觀念，源起甚早，丁四新先生指出「太一」一詞的出現當在戰國中期，[13]而饒宗頤先生曾提出「戰國的儒家、法家，以及陰陽家、星占家對於『一』的共同追求，塑造出『大一』這個抽象而又具體的總攬宇宙萬物的元神（借用高誘語），來代表不易、不偏的最高原則性的道」，它的作用和意義與「太極基本上是一致的」。[14]以「太一」爲名，確實從秦漢以降，極爲普遍，在《楚辭》中，「太一」爲楚國的主神。[15]《莊子》以「太一」或「大一」爲名者，有五見，＜天下＞云「建之以常無有，主之以太一」；「至大無外，謂之大一」；＜列御寇＞云「太一形虛」；＜徐无鬼＞云「知大一」、「大一通之」。《文子・自然》云「天氣爲魂，地氣爲魄，反之玄妙，各處其宅，守之勿失，上通太一，太一之精，通合於天」。[16]《荀子・禮

專易，重澤之凝竭難，故天先成而地後定。天地之襲精爲陰陽，陰陽之專精爲四時，四時之散精爲萬物。」明白地提出萬物創生的歷程。此外，＜精神＞、＜俶真＞等也提出天地萬物的肇生，始於元氣的概念。這樣的氣化宇宙論，可以說是兩漢以來有關說法的重要典型。

[13] 見丁四新《郭店楚墓竹簡思想研究》，北京：東方出版社，2000 年 10 月 1 版 1 刷，頁 87。

[14] 見饒宗頤＜帛書《繫辭傳》「大恒」說＞。引自陳鼓應主編《道家文化研究》，第三輯，上海：上海古籍出版社，1993 年 8 月 1 版 1 刷，頁 17。

[15] 太一爲楚國之主神，《九歌》首列＜東皇太一＞，「東皇太一」即「上皇」，相當於上帝位格。而宋玉的＜高唐賦＞則有云「醮諸神，禮太一」，亦以「太一」爲神名。

[16] 《文子》一文，見丁原植《《文子》資料探索》，台北：萬卷樓圖書有限公司，199 年 9 月初版，頁 402。《文子》此段文字，同於《淮南子・主術訓》。惟「太一」一詞，《文子》有二本，除作「太一」外，亦作「太乙」。

論》云「以歸大一」，而《禮記・禮運》亦云「是故夫禮，必本於大一，分而爲天地，轉而爲陰陽，變而爲四時，列而爲鬼神」；皆以禮由「大一」而出，歸本於「大一」。《越絕書・外傳記寶劍》云「太一下觀，天精下之」。此外《鶡冠子・泰鴻》云「中央者，太一之位，百神仰制焉」。在先秦諸子之書，不論是儒、道之門，皆云「太一」。另外，在出土的文物中，如曾經出土的一件戰國戈（學者或稱「兵避太歲」戈），乃至包山楚簡、馬王堆漢墓出土的帛畫中，皆有「太一」崇拜的證據，特別是馬王堆《陰陽五行》乙本有《天一圖》，學者或稱《太一將行圖》，「太一」爲天帝神祇之名。「太一」之說，最具典型者，則爲郭店楚墓竹簡中《太一生水》的簡本，將「太一」作爲宇宙本源的哲學觀念，作了有系統的說明，其中例如 1 至 8 簡云：

> 大一生水，水反輔大一，是以成天。天反輔大一，是以成地。天地〔復相輔〕也，是以成神明。神明復相輔也，是以成陰陽。陰陽復相輔也，是以成四時。四時復相輔也，是以成滄熱。滄熱復相輔也，是以成濕燥。濕燥復相輔也，成歲而止。故歲者，濕燥之所生也。濕燥者，滄熱之所生也。滄熱者，〔四時之所生也〕。四時者，陰陽之所生。陰陽者，神明之所生也。神明者，天地之所生也。天地者，大一之所生也。是故大一藏于水，行于時，周而或〔始，以己爲〕萬物母。一缺一盈，以己爲萬物經。此天之所不能殺，地之所不能埋，陰陽之所不能成。……[17]

從這段文字可以看出其建構之宇宙化生體系極爲嚴密，「太一」爲宇宙之本根，一切萬有皆有此而生；太一生水生天生地，生神明生陰陽，生四時生滄熱生濕燥，直至一歲的形成。以太一爲宇宙之本而論述「歲」的形成，「太一」有雙重的存在狀況，一是形上的超越存在，一是形下的即物而存在，因此丁四新指出「太一是其自身的圓滿規定，即使是其生物、物物、即物的特性，亦皆是太一自身的內在規定。這樣太一的形下存在即已經預設于太一存在的形上定律中，所以太一的兩種存在狀況是統一

---

[17] 文引自丁四新《郭店楚墓竹簡思想研究》，北京：東方出版社，2000 年 10 月 1 版 1 刷，頁 88。

的」。[18]

「太一」主神的地位，秦漢時期得到普遍的確認，《史記·秦始皇本紀》提到「古有天皇，有地皇，有泰皇，泰皇最貴」，「泰皇」一般解釋為「太一」。又《史記·禮書》云「貴本之謂文，親用之謂理。兩者合而成文以歸太一，是謂太隆」，又云「故至備，情文俱盡；其次，情文代勝；其下，復情以歸太一」。[19] ＜樂書＞亦云「漢家常以正月上辛祠太一甘泉」，「復次以《太一之歌》，歌曲曰：太一貢兮天馬下」。又＜天官書＞云「中宮天極星，其一明者，太一常居也」。＜封禪書＞言太一者更多，如「天神貴者太一，太一佐曰五帝」。這些論述，班固在《漢書》中特別在＜禮樂志＞與＜郊祀志＞，有更為詳盡的記載，這裡不再贅舉。因此，「太一」普遍在典籍中呈現，儼然成為那個時期文化學術上，將天文星象、宗教神話與思想義理聯繫在一起的一個重要稱謂，也被普遍套用在各個學說思想中，例如《漢書·藝文志》中列有：《太壹兵法》一篇，《泰一雜子星》二十八卷，《太壹雜子雲雨》三十四卷，《太壹陰陽》二十三卷，《太壹雜子候歲》二十二卷，《太一》二十九卷，《泰壹雜子十五家方》二十二卷，《泰壹雜子黃冶》三十一卷等等，「太一」成為陰陽五行、星象兵法的重要代言人。

已如前述，「太一」在哲學上，特別是宇宙論上，具有本源的概念，而這樣的概念，也滲透在易學思想之中，《易緯·乾鑿度》有「太乙下行九宮」之說，提到「太一取其數，以行九宮，……上游息於太一天下之宮，而反於紫宮」，鄭玄注云：

> 太乙者，北辰之神名也。居其所曰太乙，常行於八卦日辰之間曰
> 天一，或曰太一。出入所游，息於紫宮之內外，其星因以為名焉，
> 故《星經》曰：天一、太乙，主氣之神。

天一與太一原本各主一位之主星，但到了鄭玄，則混同了二者，並且明確指出不管是天一或太一，皆為主氣之神。兩漢時期，氣論的宇宙觀盛行，宇宙的本源來自於氣，而太一又為主氣者，也就是說太一為氣之本

---

[18] 見丁四新《郭店楚墓竹簡思想研究》，頁90。

[19] 這些文字幾乎與《荀子·禮論》、《大戴禮記·禮三本》之文相同。

根，也是宇宙之本根。《易》道陰陽之氣，以論氣為盛，所以《易》氣又與太一相涉。

　　兩漢時期，在「太極」之外，又有以「道」為名，或以「太一」而言宇宙本體者，不管它們是出自於道家系統、黃老系統或是儒家系統的思想，乃至兩漢學術思想發展的普遍傾向，但總可以理解的，是兩漢期間已普遍存在的宇宙本源思想。惠棟應該深刻瞭解這樣的發展，所以他在論述以太極為宇宙本源的同時，也用「太一」稱之，他明白地指出自己對「太一」的看法，在解釋《老子》「一生二，二生三，三生萬物」時云：

> 愚謂一，太一，天也。二，陰陽也。太一分為兩儀，故一生二，二與一為三，故二生三，三合然後生，故三生萬物。[20]

惠棟在釋《繫傳》「顯道神德行，是故可與酬酢，可與右神矣」時指出：

> 太極，一也。道據其一，故道謂太極也。一尚微，太極生兩儀，剖判分離，故顯也。……《九家》曰：陽往曰酬，陰來曰酢，故曰酬酢，往來也。……神謂天神太一者，天之主氣，即其一不用者是也。右，助也。言易四象之作，能右太一之神，而助其變化，故可與右神矣。[21]

惠氏釋《繫上》「《易》有大極，是生兩儀」，云：

> 太極，太一者，馬氏云《易》有太極，謂北辰也。《乾鑿度》曰：太一取七、八、九、六之數，以行九宮。鄭彼注云：太一者，北辰之神名也。居其所曰太一，主氣之神，京氏注大衍之數云：其一不用者，天之主氣，將欲以虛來實，故用四十九。《禮運》曰：夫禮必本于太一，分而為天地。《呂氏春秋》曰：太一出兩儀。太一者，極大曰太，未分曰一。太極者，極中也，未分曰一。故謂之太一。未發為中，故謂之太極。在人為皇極，其實一也。兩儀，天地也，分而為天地，故生兩儀，此上虞義也。儀，匹也。《釋詁》文。天地相匹，故稱兩儀。《乾鑿度》曰：《易》始于一，分于二，

---

[20] 見《易微言》，卷上，頁688。
[21] 見《周易述・繫辭上傳》，卷十六，頁435。

通于三。鄭氏謂陰陽氣交，人生其中，故為三才。太極函三為一，
相並俱生，故太極生兩儀，三才具焉。[22]

從這幾段文句中，可以看出惠棟以「太極」為「一」，以「太極」為「太
一」，而太極又為「道」，所以「道謂太極」。對於《老子》所言「一生二」
之「一」，視為「太一」，然而，《老子》在「一生二」之前又有「道生一」，
如此一來，是否意味著在「太一」之前又有一個「道」作為本體呢？事
實上，惠棟似乎並不否定這樣的存在，只不過刻意的忽略這個「道」的
最高性，甚至混同了「道」與「太極」，所以他說「太極，一也。道據其
一，故道謂太極也」；「太極」既為「一」，而「道」又據其「一」，那「一」
含於「道」中，也就是「太極」也含於「道」中，如此一來，「道」應該
比「太極」或「一」更具根源性，但是，惠棟並不如此認定，以「道謂
太極」使「道」之位階不在「太極」之上，與「太極」同，也就是「道」
即「太極」。至於「太極」的本質，惠棟將之視為「氣」，是一種未發未
分之氣，此氣尚微而未顯，所以「一尚微」，直至太一判分陰陽兩儀時，
才真正的顯發。所以氣有未分有已分，未分為「一」為「太一」為「太
極」，已分則為陰陽為天地；不管是未分或已分，其本質仍是「氣」。此
外，惠棟也指出「太一」主氣，以虛來實，也就是由虛中未分至顯發為
陰陽，陰陽二氣之往來變化，進而生成萬物。因此，惠棟以道為「太極」，
而「太極」又為「一」、又為「太一」，是一種物質的「氣」的存在。這
樣的說法，與兩漢時期普遍的氣化宇宙論之主張相近。並且，惠棟以「太
極」即「太一」，其天神之性、北辰之星格，也合於漢儒的一般說法。有
關「一」的詳細內涵，將於後文另作說明。

二、太易化生的宇宙觀

《易緯》建構一套由「太易」而「太初」而「太始」而「太素」，進
而化分天地與衍生出具有形質的萬物的有系統的宇宙觀，其核心內容在
於其氣化之質，是由無而有的，是不斷變化的。在這套宇宙觀裡，太易

---

[22] 見《周易述‧繫辭上傳》，卷十六，頁 455。

是其最高之本源，至於一般所提的太極，在這裡則又似乎是位居太易之下，彼此各居其位，分立而有別。惠棟揀選《易緯》之說，並對有關主張作了某種程度的改造，以呈現其宇宙觀的意向。

（一）側重「有」的氣化說

宇宙的本源，《易緯》除了呼應《易傳》，定太極於一尊外，更重要的是，明白地表述出氣化宇宙論的實質。《乾鑿度》的詳細之說則為：

> 昔者聖人因陰陽，定消息，立乾坤，以統天地。夫有形生於無形，乾坤安從生？故曰：有太易、有太初、有太始、有太素也。太易者，未見氣也；太初者，氣之始也；太始者，形之始也；太素者，質之始也。氣形質具而未離，故曰渾淪。渾淪者，言萬物相渾成而未相離。視之不見，聽之不聞，循之不得，故曰易也。[23]

立乾坤以統天地為有形，而有形之物皆由無形而生，故《易緯》建立宇宙的形成階段，從太易而太初，而太始，而太素，乃至萬物的造化，都是由無而有的歷程，這樣的邏輯觀念，與《老子》「天下萬物生於有，有生於無」[24]的推「有」入「無」的理論體系相似，或許也是因老子而發。

「太易」、「太初」、「太始」與「太素」於氣論中的位階與性質，鄭玄曾經作了解釋云：

> 太易之始，漠然無氣可見者；太初者，氣寒溫始生也；太始，有兆始萌也；太素者，質始形也。諸所為物，皆成包裹，元未分別。

「太易」之時，以氣之未見而未分，而「太初」則氣始見，「太始」以氣成而後形見為物，「太素」則萬物素質由是淳在，但仍是未成物的氣之質。這樣的說法，在《乾坤鑿度》也有同樣的敘述：

---

[23] 見《易緯乾鑿度》，卷上，頁481。此一引文，又見《乾鑿度》，卷下；下卷所言，其不同者，惟「聖人」作「文王」，「易無形畔」作「易無形埒」，餘則為虛詞之損益，文義概為一致。另外，《列子・天瑞》也有相似之引文，其不同者在於《乾鑿度》之文最後歸於「三畫而成乾」，「六畫而成卦」，展現出易書的本色，但《列子》之文則歸於「沖和氣者為人」，以及「萬物化生」。倘以《列子》後出，則其文或許是出自於《乾鑿度》者。又《白虎通義》卷九，論天地之始中提到：「始起先有太初，然後有太始，形兆既成，名曰太素，混沌相連，視之不見，聽之不聞，然後判。」顯然也襲引前者。

[24] 語出《老子》第四十章。

太易變，教民不倦。太初而後有太始，太始而後有太素。有形始
於弗形，有法始於弗法。[25]

《易緯》以「太易」屬「無」的階段，氣未能見，虛豁寂寞，不可視聽
以尋，簡名爲「易無形畔」而「弗形弗法」的「易」，是氣化宇宙論的最
高本源。「太初」以下屬於「有」的範疇；但是，「太初」爲「氣之始」，
「太始」爲「形之始」，「太素」爲「質之始」，雖是「有」，其有形仍未
落物形，故云以「之始」，而此三始與「太易」仍屬於「形而上者謂之道」
的概念。

惠棟引《乾鑿度》之說，云：

《易》有太易，有太初，有太始，有太素。《易》變而為一，當太
初時，易无形畔。太易者，未見氣；太初者，氣之始，寒溫始生，
故云易也。三變成爻，四營者止一變耳。而云易者，易本乎氣，
故不言變而言易，象天地之始，故云象氣變也。[26]

惠氏引「太易」爲「未見氣」，事實上《乾鑿度》認爲此時氣尙未形成，
而至「太初」之時，則爲「氣之始」，也就是這時候氣才開始形成，亦即
「太初」以降三始乃萬物相渾成而未相離之狀，總名曰「渾淪」，也是兩
漢時期，普遍稱說的「元氣」。氣的特性爲絪縕運動，混沌一片，肉眼看
不到其形狀，耳朵聽不到其聲音，沒有固定的形跡可循，卻是化生萬物
的元素，故渾淪之氣，其氣即有氣之開始、產生與存在的性質，故屬於
「有」，屬於「有形」的範圍和性質。但是，惠氏並且認爲「易本乎氣」，
也就是「易」作爲萬化之源，是一種純粹的「氣」的存在，在這種情形
下，惠氏似乎刻意忽略「太易」那「未見氣」的樣態，也就是忽略《乾
鑿度》所表現的「太易」那種「無」的傾向，而將「太易」、「太初」、「太
始」與「太素」概括爲「易」，「易本乎氣」，所以也就是概括爲「氣」。
所以，惠氏於《易例》中特別列「太易」之易例，依《乾鑿度》之文，
作了明確的解釋：

《乾鑿度》曰：有太易，有太初，有太始，有太素也。太易者，

---

[25] 見《易緯乾坤鑿度》，卷上，頁 463-464。
[26] 見《周易述・繫辭上傳》，卷十六，頁 434。

未見氣也；以其寂然無物，故名之為太易。太初者，氣之始也；元氣之所本始，太易既自寂然無物矣，焉能生此太初哉，則太初者，亦忽然而自生。太始者，形之始也；形見也。天象，形見之所本始也。太素者，質之始也；地質之所本始也。氣形質具而未離，故曰渾淪。雖含此三始，而猶未有分判。《老子》曰：有物渾成，先天地生。渾淪者，言萬物相渾成，而未相離。言萬物莫不資此三者也。視之不見，聽之不聞，循之不得，故曰易也。

又以《禮記・曲禮正義》引河上公註云：

能生天地人，則當大易之氣。[27]

從這段話，可以看出惠氏對此宇宙最高本原「太易」的看法，類似《乾鑿度》那種「無」傾向的本質，或是《老子》「道」的概念，是寂然無物的，也就是一種非物的存在，而這種「無物」或者「非物」，並不代表沒有物質性的物質存有，反而肯定是「元氣」的存在，所以他說「能生天地人，則當大易之氣」，也就是說，太易是一種寂然無物的「元氣」，稱之為「渾淪」，含「太初」、「太始」、「太素」三始，而尚未分判，故「視之不見，聽之不聞，循之不得」。因此，從這樣的見解，惠氏對「太易」的化生系統之看法，並無像《乾鑿度》具有強烈地由無而有的歷程，惠氏的「無物」，仍然是一種元氣的存在，也可以說是「有」。

（二）太極同於太易之最高性

「太極生兩儀」的生次觀，乃至「太易→太初→太始→太素」的由無而有的氣化論，「太極」與「太易」皆是成卦之始，而二系統的關係如何，又如何相融，在探究《易緯》的宇宙論時，是有必要釐清的。《易緯》的「兩儀」明指天地，「太極」必在天地之上，是為渾淪之性，既為渾淪之氣性，則當屬「有」的形質；在這裡，太極究竟可否等同於太易？或者是同於渾淪？這對於建構一個完整而嚴謹的理論時，所必須交待清楚的，雖然《易緯》並無明白地展現其彼此間的脈絡關係，但我們仍可進一步有系統的釐析出來。

從《周易》的視野談「太極」，太極視為宇宙的最高性與本源是不容

---

[27] 二段引文，見《易例》，卷上，頁930。

置疑的，雖然如唐君毅先生所言「儘可容後人有不同之解釋」，[28]但落入
《易緯》的體系中，則不容隨意。《易緯》中，普遍以元氣作爲解釋「太
極」之意。它是「淳和未分之氣」，在天地未分之前，分輕清與重濁於未
來的天地之中，也就是「輕清者上爲天，重濁者下爲地」，[29]誠如《河圖
括地象》所云，「有易太極，是生兩儀。兩儀未分，其氣混淪」，[30]則太極
本爲「渾淪之元氣」，在緯文的系統中，是無待異議的。《乾坤鑿度》特
別指出「太易始著，太極成；太極成，乾坤行」，[31]「太易」而後有「太
極」，故其未見氣的「太易」階段，屬「性無生」的「無」之性，而氣形
質生的「太極」階段，則是「生復體」的從「無」入「有」的歷程。因
此，在《易緯》裡，「太易」與「太極」的重要屬性區別，以「太易」爲
「無」，而「太極」爲「有」。[32]「太極」是氣而爲有，處於未分天地的狀
態，似乎涵攝「太初」、「太始」與「太素」三始；至於「太易」，則非「太
極」之質，而是先於「太極」而存在之未見氣者。此外，「太素」以上，
包括爲「無」氣之質的「太易」，以及「有」氣之質的渾淪狀的「太初」、
「太始」與「太素」，雖是「有形」之氣，但仍處於渾淪之狀，未現物形，
故實質上皆仍屬於「無形」者，也就是說，渾淪並非實質的「有形」，渾
淪本是「無形」的，但它已存在之氣，逐漸化生成爲有形之物；同樣地，
「太極」也是如此，「太極」雖是具「有形」之氣質，但也是處在渾淪之

---

[28] 見唐君毅〈太極問題疏抉〉，《新亞書院學術年刊》，第六期，頁 9-10。

[29] 內文引號中所引，見《乾鑿度》。轉引自《周易述・彖上傳》，卷九，頁 224。

[30] 見《河圖括地象》。引自安居香山、中村璋八輯《緯書集成》，河北：河北人民出版社，
1994 年 12 月 1 版 1 刷，頁 1092。

[31] 見《易緯乾坤鑿度》，卷上，頁 463。

[32] 「太易」與「太極」的「有」與「無」上的屬性差異，鄭玄《乾坤鑿度・上》注云：「太
易，無也；太極，有也。太易從無入有，聖人知太易有理未形，故曰太易。」亦可以爲
證。又《孝經緯鉤命訣》云：「天地未分之前，有太易，有太初，有太始，有太素，有
太極，是爲五運。形象未分，謂之太易。元氣始萌，謂之太初。氣形之端，謂之太始。
形變有質，謂之太素。質形已具，謂之太極。五氣漸變，謂之五運。」其說雖異於《乾
鑿度》，然以太極爲元氣則是一致的。事實上，太極爲元氣，已如前文引《淮南子・天
文訓》中已有明言，而劉歆在《三統曆》中提到「太極元氣，函三爲一」，以太極爲元
氣而涵攝天地人三才。因此，太極爲有形的元氣之說，在兩漢期間，是一種極爲普遍的
說法。

狀，實質上也是物形未現的「無形」的「道」。至於「太素」以下，則爲真正具有物象的「有形」的「器」。有形始於無形，可以用此參合《易傳》所謂的「形上之道」與「形下之器」的區別，「太極」與「太素」以上者皆屬「形而上之道」，「太極」下分之天地與「太素」以下者，則屬「形而下之器」。《易緯》不離《易傳》之義，由是可見一斑。

但是，惠棟引述《易緯》之說，雖並未否定《易緯》「有」、「無」之說，但是他也未進一步闡明此說，反而他將這些統稱爲「易」，是一種「氣」的存在，也就是一種物質化的「有」。如此一來，惠氏似乎肯定「太極」與「太易」是站在同一位階上，同爲一種氣質概念的存在，而與《易緯》有所不同。例如惠棟曾指出：

太易者，未見氣也；太初者，氣之始也。故云變易者，其氣也。[33]

又引《史記·律書》中「氣始於冬至⋯⋯以得細若氣，微若聲」，以《正義》之言解釋此「氣」，明白地認爲：

氣謂大易之氣。[34]

「太易」或稱「大易」，雖「未見氣」，並不代表它不是「氣」的存在，從「太易」至「太初」的改變歷程，惠氏謂之「變易」，是一種「氣」的變化，所以「太易」仍爲「氣」。是「太易」之「未見氣」，即氣呈現出一種混沌不明的狀態，這樣的狀態，與「太極」所反應出的元氣樣態相同。惠氏這樣的論述，是一種對《易緯》的改造。

（三）氣之性以變易

上面提到惠氏引《乾鑿度》提到「變易也者，其氣也」，《易》不離變易之性，而變易之性在於「氣」，也就是「氣」具有變易之性。《古微書·河圖緯》提到「元氣無形，洶洶隆隆，偃者爲地，伏者爲天」，[35] 元氣變化而無形，絪縕而化生天地萬物。惠氏釋《繫辭上傳》「是故四營而成《易》」時，提到：

---

[33] 見《周易述·繫辭上傳》，卷十五，頁 387。
[34] 見《易微言》，卷下，頁 726。
[35] 見《河圖括地象》。引自安居香山、中村璋八輯《緯書集成》，河北：河北人民出版社，1994 年 12 月 1 版 1 刷，頁 1092。

若鄭氏之義，以文王推爻，四乃術數，則以四營為七、八、九、六。單則七也，拆則八也，重則九也，交則六也。四營而成，由是而生四七、四八、四九、四六之數，如是備為一爻，七、八、九、六皆三變而成，故十有八變而成卦，八卦而小成也。……一變而為七，七變而為九，九者氣變之究，乃復變而為一者，皆《乾鑿度》文。物有始，有壯，有究。一，始也；七，壯也；九，究也。一、七、九，三氣相承。太極元氣，函三為一，故乃復變而為一，則三撰著而成一爻也。……《乾鑿度》曰：三畫而成乾，乾坤相並俱生。鄭彼注云：夫陽則言乾成，陰則言坤成。可知謂乾坤各三爻，故云六爻。三六十八，故十有八變而成卦。乾坤與六子俱名八卦，而小成謂天三爻，故云小成也。陽變成震、坎、艮；陰變成巽、离、兌。故云觀變于陰陽而立卦也。[36]

又於釋《繫上》「形而上者謂之道，形而下者謂之器」，亦云：

《易說》：「易无形畔，易變而為一，一變而為七，七變而為九，九者氣變之究也，乃復變而為一，一者形變之始者。」皆《乾鑿度》文。易无形畔者，謂太易也。易變而為一者，謂太初也。一變而為七者，七主南方，謂太始也。七變而為九者，九主西方，謂太素也。九者氣變之究也者，鄭氏謂西方陽氣所終究之始也。乃復變而為一者，鄭氏謂此一則元氣，形見而未分者。一者形變之始者，即乾之初也。「清輕者上為天，濁重者下為地」，亦《乾鑿度》文。乾息至二則升坤五，故清輕者上為天。[37]

「太極」為其形成的物質要素，而太極元氣也包蘊者氣、形、質三個方面。卦爻是依據元氣的變易規律而建構的，所有的卦畫和卦象都體現元氣的運動法則，基本的次序為由氣而形而質生。氣、形、質而後成物，也必須經歷始、壯、究三個階段，八卦的三畫就是依此而生。「易」本無形畔，然非無作用，「太易」始著而「太極」成，「太極」之元氣發動，氣變之「始」為一，氣變之「壯」為七，氣變之「究」為九。有形物的

---

[36] 見《周易述‧繫辭上傳》，卷十六，頁434-435。
[37] 見《周易述‧繫辭上傳》，卷十六，頁466-467。

生成皆歷太初、太始與太素三個階段，藉由這樣不同階段的變化，最後
形成有形的萬物。初變爲一，進而七，乃至於九爲極數，然後復變而爲
一。但是，依鄭注所云，則認爲復變爲一是錯誤的，「當爲二，二變而爲
六，六變而爲八，則與上七九意相協」。[38]惠氏用《乾鑿度》之說，而未
採鄭氏之注；事實上，《乾鑿度》復變爲一之說，並無不當，用「七」、「九」
而不用「八」、「六」，在於卦氣或元氣以乾陽初九先起，當乾之時，坤陰
尚未顯。乾始於太極初始之陽，變少陽之「七」，至「九」爲陽之極，此
時坤陰方始生，所以云「九者氣變之究也，乃復變而爲一」，這樣的說法
仍屬合理。因爲乾一既然爲始起而爲先，而有至七至九的過程，這時坤
尚未顯，自然仍是陽。「易變而爲一」，是太極始生乾之交；「復變而爲一」，
是乾陽生坤之交，此時坤氣始生，但在生化的歷程上，仍是反復爲乾一
之時。[39]但是，在鄭玄的看法，以太極渾淪分化的過程，從變出陽氣之
數，復生陰氣之數，也就是「陽變七之九，陰變八之六」。既有天地之形，
復有陰陽數之變，故三畫而成乾坤，因而重之，故六畫而成卦，六十四
卦也因之而生。易數一、七、九而反復爲一的循環概念，表現的意義，
並不在純粹的數字遊戲或數的神祕主義上，某種程度上薪承《左傳·僖
公十五年》載韓簡言「物生而後有象，象而後有滋，滋而後有數」的象
數統一的前提，用「數」來擬象事物的變化週程的特定形式與內容呈現，

---

[38] 鄭注《乾鑿度》，見《易緯乾鑿度》，卷下，頁 488。

[39] 高懷民先生對於鄭玄注《乾鑿度》，也作了一番詳細的分析，認爲「（鄭玄）這一段注
文乃誤解了原文之義，注者認爲『七變而爲九』之後，理應陽極變陰，變生坤陰，即與
乾陽相對爲二，故言『一變誤耳，當爲二。』不知原作者之意，並非向『九』以下變，
只是剖析『一中之變』。但注者仍有錯誤，即不當言『二變而爲六，六變而爲八。』當
言『二變而爲八，八變而爲六。』因爲陽極所生爲少陰，然後方生老陰。注文的錯誤
不止在於易學思想欠通，且在於錯會了原作者『乾鑿度』之用心，故以『一』爲『二』之
誤文。又因爲要說明『當爲二』之正確性，乃回頭倒作解說，謂『易』即『太易』，『變
一』即『變爲太初』，『變七』即『變爲太始』，『變九』即『變爲太素』，如此一來，等
於勾消了原文的形上思想，錯誤更大了。」（見高懷民《偉大的孕育－中國哲學在皇皇
的易道中成長發展》，台北：作者自著，1999 年 2 月初版，頁 292。）高氏肯定《乾鑿
度》的哲理思維，而否定鄭說的曲解。事實上，仔細觀照惠棟的論述，混同了《乾鑿度》
與鄭說，揀選其所要的部份，而與二者又產生不同的看法。或許從誤讀當中，創造其新
的詮釋內涵。

其意義即是萬物化生的初始變化狀態。另外，陰陽之氣形成後，其運後的模式，則爲「清輕者上爲天，濁重者下爲地」，陽清而質輕故上升爲天，陰濁而質重而下降爲地。陰陽二氣升降的基本律則在於陽升而陰降，而最普遍而理想的升降，則爲乾二升坤五，坤五降乾二，荀爽升降說的理論基礎就是由此而來。

在氣化的歷程，由元氣的運行而形成天地後，其運行而有春秋冬夏的四時節氣，以及陰陽、剛柔之分，各具陰陽、剛柔相反相成的作用，以及八卦的形成，天、地、雷、風、水、火、山、澤諸象的產生，這都反映出元氣的變化特性，和天地萬物的變化規律。至於八卦的本身，即體現了陰陽之氣變化的具體形態，八卦便是取象於陰陽之氣運動所形成天、地、雷、風等象而構造的。八卦之氣的運變，囊括了天地陰陽運動的規律。乾坤成卦，上陽下陰，象天地運動而氣化成物。因此，藉由元氣陰陽的不斷運動變化所形成的不同特質，作爲《周易》成卦的依據，及以其卦義的根本內容。

惠氏肯定宇宙萬物的生成，是由無形而至有形的變化過程，這樣的變化過程是一種氣化的過程。由太易而生天地，其間必歷太初、太始與太素的歷程轉換，乃至於萬物的生成，重卦的產生，也都是變易性質而生。至於數的變化，所反映的意涵，不僅可以表述節氣的變化，也可以說明世界從無到有的變化過程，這種元氣數值化的表現方式，也爲漢《易》中的象數之學，提供了理論的基礎與同時展現其時代的易學思想特色。

三、乾坤爲宇宙萬物化生的門徑

（一）主導之地位

「易變而爲一」，變而爲七，再而九，爲氣變之究，《乾鑿度》並復變而爲一；至於鄭玄則稱復變爲二，爲六，再而八。不論復變爲「一」或爲「二」，終致由乾坤的相並俱生，進而生成眾卦，以乾坤爲始，即萬物源起之門戶。乾坤擬象爲天地，天以陽剛爲尊，地由陰柔而卑；乾坤之陰陽剛柔，交感而化生萬物，《繫辭下傳》云：

> 乾坤其易之門邪！乾，陽物也；坤，陰物也。陰陽合德而剛柔有
> 體，以體天地之撰，以通神明之德。

乾坤是諸卦形成的門鑰，也是萬物化生的主要指徑。它們位居六十四卦
之首，本於「乾坤相摩，八卦相盪」（〈繫辭傳〉）的共同作用，而爲
「乾知大始，坤作成物」（《乾鑿度》）的大始成物的德業。乾坤似獨立於
六十四卦之外，而爲易道所蘊積之根源，「乾坤成列，而易立乎其中矣」
（〈繫辭傳〉）。太極分化爲二，兩儀成而天地生，而乾爲天，坤爲地，
爲萬物之宗祖，陰陽之根本，大易之法門。因此，易學精粹盡在「乾」、
「坤」。乾坤爲太極化生萬物的首要的、唯一的門徑，乾坤未行，太極之
德業無以成。因此，乾坤二者，爲論述宇宙本體時不可或缺的命題。

　　惠棟指出「太極分而爲二，故二氣謂乾坤」，[40]以太極作爲宇宙的最
高範疇，分化爲陰陽二氣，即乾坤，乾坤在氣化的過程中，所處的地位，
似乎是平列相等的，但從「一」而「七」而「九」，並復變爲「一」的概
念來看，乾似乎更具先始與重要的地位，《易緯》訓「乾」，「聖人頤乾道
浩大，以天門爲名也。乾者，天也，川也，先也」。乾元陽氣充沛，彌合
六虛，具生發萬物之勢，故乾爲「天也，又天也」，[41]同天體一般具有剛
健不息之動能，神化而難明，故擬以爲天象。又「乾」爲「川」，「川者，
倚豎天者也」，[42]乾以天地人三才之道皆備，三「一」（橫）豎而象「川」
之形，故天川浩蕩，澤潤萬物，其用廣大。又「乾」爲「先」，以其元氣
初發，始生萬物，必在萬物之先，而有先爲冒進之勢能，生生而不息之
作用。[43]故「乾」以其質健的乾元之氣，[44]化生而剛健不息，同天體之運

---

[40] 見《周易述·象下傳》，卷十，頁260。
[41] 括弧引《易緯》諸文，見《易緯乾坤鑿度》，卷上，頁465。《乾坤鑿度》云：「乾者，
乾天也，又天也。」《說文》云：「乾，上出也。」段注：「此乾字之本義也。自有文字
以後，乃用爲卦名，而孔子釋之曰：健也。健之義生於上出，上出爲乾，下注則爲濕，
故乾與濕相對，俗別其音，古無是也。」乾乃乾燥亢陽，元陽之氣充沛，具發動萬物之
能，同天體一般剛健不息，故擬以爲天象。
[42] 見《乾坤鑿度》，卷上，頁465。
[43] 「乾」爲「先」，《說文》云：「先，前進也。」乾創生萬物，具先爲冒進之勢能。
[44] 〈說卦〉云：「乾，健也。」〈乾·象〉：「天行健，君子以自彊不息。」又馬王堆帛
書本以「乾卦」作「鍵卦」，其「鍵」可當作「健」，以其具剛陽之本質。

行永無止歇，象徵宇宙大生命的日新不竭。乾元下貫，純陽剛健，開闢元氣，始生萬物，以氣變之究而爲「九」，爲陽德之極數，剛健中正，勢高德崇，有大生之德，所以乾也可以視爲氣之原始、開端。

萬物因天地而生，而乾坤各位天地；當中，「坤」則爲地之作用，以其「知元氣隤委」而不能上，乃「立坤元，成萬物」，「生育百靈」，以輔乾元天道之德，而進萬化之功。[45]從宇宙之本源爲起點來說，乾坤二元具生生之作用，所以萬物資於乾以始，資於坤以生；轉於人事，則坤地以其深厚廣大，「重厚可以匹天，迷遠可以盡極」，含容蓄有，窮其坤元之性。[46]《乾坤鑿度》提到「坤性體」，爲「一刑殺，二默塞，三沈厚」；坤之體乃無形之體，其體由作用而見，也就是坤以用爲體。坤質至柔，但以順承乾陽爲務，承天而行，有其牝馬之貞，隱伏乾健，其動也剛，故其本質仍具動靜剛柔之一體兩面；其位消息十月，時在秋多，陰氣盛極，凝結肅殺，萬物蟄伏，潛藏禁閉，生氣全無，轉爲人事之用，則以刑罰之紀以膺懲妨禁，收安寧清正之效。因此，坤以刑殺爲體，即坤體以反面肅威爲用，可濟正面順從不察之失。又，坤體默塞，充靜不動，[47]待乾陽一動而生機勃發，春回大地。又，其體沈厚，乃太極化爲二氣，清輕者上爲天爲乾，濁重者下爲地爲坤；坤純陰正，氣凝聚而下沈，沈而積厚，進而承載萬物，成就德業。是以坤之體，非具象之形體，而是就生成宇宙萬物與人事上的動能與作用而言。所以，惠棟認爲「乾爲道，故形而上者謂之道，坤消至五則降乾二，故濁重者下爲地，坤爲器，故形而下者謂之器也」。[48]以道器或體用的概念來作乾坤之分野。

---

[45] 《乾坤鑿度》，卷下云：「坤鑿度者，太古變乾之後，次坤鑿度。聖人法象，知元氣隤委，固甲作捍顯，孕靈坤地，……立坤元，成萬物，度推其理，釋譯坤性，生育百靈，效法之道矣。」鄭玄注云：「坤者，非地之名，是地之作用，以象地，坤元，萬物之孕靈從神化者也。」知坤道爲萬化之必要法門。

[46] 《乾坤鑿度》提及「坤元十性」，其二爲「坤元厚」，鄭注云：「薄不載群物，重厚可以匹天，迷遠可以盡極。坤厚者，能載積氣，積氣者，山石聖神不能窮其性也。」（見《易緯乾坤鑿度》，卷下，頁 473-474。）是以坤元德厚，爲其質性。

[47] 《乾坤鑿度》云：「默者充靜，充塞不動。」（見《易緯乾坤鑿度》，卷下，頁 475。）釋坤體默塞之義。此同《文言》所言「至靜而德方」，〈繫辭〉所言「其靜也翕」之義。

[48] 見《周易述·繫辭上傳》，卷十六，頁 466-467。

　　太極爲宇宙萬象之根源，其化育萬物，顯其二大勢能，其一爲創生之勢能，萬物資之以爲始，此乾之所象；其一爲凝聚之勢能，萬物資之以爲生，此則爲坤之所象。惠棟釋復卦《彖傳》「復，見其天地之心乎」時，指出：

> 《繫上》曰：《易》有太極，是生兩儀。虞氏注云：兩儀，謂乾坤也。太極生兩儀，故《乾鑿度》曰「乾坤相並俱生」。《彖傳》曰「大哉乾元」，又曰「至哉坤元」，故云乾坤合于一元。乾爲天，坤爲地，冬至天地之中，故云天地之心，心即中也。知天地之心，即天地之中者，以成十三年《春秋傳》曰：民受天地之中以生，所謂命也。天地之中，即乾坤之元，萬物資始，乾元資生坤元，所謂民受之以生，故知天地之心即天地之中，不曰中，而曰心者，陽尚潛藏，故曰心也。[49]

又釋《繫上》「是知知幽明之故」云：

> 幽明，雌雄也。《三朝記》文。彼文云：虞史伯夷曰：明，孟也。幽，幼也。明幽，雌雄也。《詩推度災》及《乾鑿度》曰：雄生西仲，號曰太初。雌生戌仲，號曰太始。雄生物魂，號曰太素。俱行三節。宋均注云：節，猶氣也。俱行，自酉、戌行至亥。雌雄俱行，故能含物魂而生物也。《推度災》又曰：陽本爲雄，陰本爲雌，物本爲魂。宋均注云：本，即原也。變陰陽爲雄雌魂也。乾知大始，故始謂乾初。坤道代終，故終謂坤上。[50]

惠棟強調太極下貫乾坤兩儀，而乾坤相並俱生，合爲一元，立於天地之中以生萬物，所以天地之中爲乾坤之元。太初之氣，爲雄陽之氣，所以「乾知大始，故始謂乾初」，至於雌陰之氣，則在其後而演化，所以「坤道代終，故終謂坤上」，雖有先後，但乾坤二元始終呼應，相輔相成，乾主創生，萬物因之以始生；坤主凝聚，萬物因之以形成。乾坤不可分行。乾陽剛，具始生之功，而坤陰柔，資生而順從天，這就是所謂「天德兼坤」的道理。同時，坤體純陰，陰數以六爲極，純任陰行，剛冷肅殺，

---

[49] 見《周易述・彖上傳》，卷九，頁 250。
[50] 見《周易述・繫辭上傳》，卷十五，頁 396-397。

原易於迷錯陷溺，幸其德配在天，順天而行，雖迷而以乾爲首，故能德
合無疆。

（二）尊卑貴賤之別

　　從尊卑貴賤的角度看乾坤，從《易傳》時已明確作乾尊坤卑的定位，
這樣的概念一直是易學家普遍的共識，惠棟曾有這樣的論述：

> 天地既分，乾升坤降，故乾坤定矣；卑坤高乾也，乾二升五，坤
> 五降二。列貴賤者，存乎位，故貴賤位矣。……天有八卦之象，
> 地有八卦之形；在天為變，在地為化，故變化見矣。此天地之別
> 也。[51]

又云：

> 《廣雅》曰：「太初，氣之始也；生于酉仲，清濁未分也。太始，
> 形之始也；生於戌仲，清者為精，濁者為形也。太素，質之始也；
> 生于亥仲，已有素朴，而未散也。三氣相接，至于子仲，剖判分
> 離；輕清者上為天，濁重者下為地。」《傳》首言天尊地卑，是天
> 地既分之後。輕清者，上為天，故乾升也。濁重者，下為地，故
> 坤降也。《乾鑿度》曰：「乾坤相並，俱生天地。」既分乾升、坤
> 降，故乾坤定矣。卑坤高乾者，《下傳》云：「崇效天，卑法地。」
> 故知卑謂坤，高謂乾。坤自上降，乾自下升，故先言卑，而後言
> 高也。虞注云：「乾高貴五，故乾二升五；坤卑賤二，故坤五降二。」
> 《下傳》云：「列貴賤者，存乎位。」故貴賤位矣。必知乾二升五，
> 坤五降二者，案：《乾鑿度》曰：「陽爻者，制於天也；陰爻者，
> 繫於地也。天動而施曰仁，地靜而理曰義。仁成而上，義成而下。
> 上者專制，下者順從。」故荀、虞說《易》，「乾二例升五，坤五
> 例降二也」。若然，乾升坤降，為天地之合。而云「別」者，卑高
> 陳，貴賤位，仍是天地之別也。[52]

天地之既分，在於乾升坤降的乾坤之定位，乾坤之定位，顯現出天尊地

---

[51] 見《周易述・繫辭上傳》，卷十五，頁381。

[52] 見《周易述》，卷十三，頁383-384。

卑的實狀，惠氏指出「乾升曰御天，坤降曰承天。升降以時，不失其正」
[53]，顯示出乾陽御天，而坤陰在於承天。同時乾坤的升降，也反映出天
地陰陽的變化，並且在變化中天地乃至乾坤亦有所別，即尊卑貴賤之別、
乾升坤降之別，更明確更理想者即乾二升五、坤五降二之別，乾升五位
為貴，坤降二位為賤，所以「貴賤位矣」。陰陽二氣之運動狀態，「輕清
者上為天，濁重者下為地」，具體呈現在乾坤爻位的變化上，則乾升表輕
清而上為天者，坤降表濁重而下為地者，升降已定，故乾高坤卑；高者
專，卑者順，但雖有別，但二者仍當相輔相成，方可造就天地，化生萬
物。對於貴賤之別，惠氏有更具體的說明，云：

> 《上傳》：「卑高以陳，貴賤位矣。」虞注云：「乾高貴五．坤卑賤
> 二。」謂九五、六二也。貴賤之義不一。若陽貴陰賤，則爻在下
> 者亦得言貴。如屯初九傳曰：「以貴下賤，大得民也。」謂初得坤
> 民，是以陽爻為貴也。若陽而无德，雖居正位，翻蒙賤稱。故頤
> 初九傳曰：「觀我朵頤，亦不足貴是也。」若本皆陽位，則上貴下
> 賤。如三為下體之君，對五而言亦為賤。故《下傳》云：「三多凶，
> 五多功，貴賤之等是也。」今傳云：「存乎位。」則不專指爻之貴
> 賤。但卦以二五為主。五陽為貴，又在君位。二陰為賤，又在臣
> 位。故云「五貴二賤」也。[54]

從宇宙觀的貴賤之別，下落於事物上的差別性，並以爻位的關係來表示；
在陽貴陰賤的大前提之下，陽爻雖處下位，亦得以言貴，若屯䷂卦初九
即是。但是，處「位」上的不同，也直接影響其貴賤上的差異，一般而
言，上貴下賤，所以同為陽位或同為陰位，大都以上貴而下賤；此外，
二、五中位，五本乾位，二本坤位，處五為貴，處二為賤。

　　另外，坤卦《彖傳》「至哉坤元，萬物資生，乃順承天」，惠氏注云：

> 坤為地。至從一，一亦地也。故曰至哉，乾坤相並俱生，合于一
> 元。故萬一千五百二十策，皆受始於乾，由坤而生也。天地既分，
> 陽升陰降，坤為順，故順承天。

---

[53] 見《周易述·彖上傳》，卷九，頁222。
[54] 見《周易述·繫辭上傳》，卷十五，頁393。

並進一步疏云：

> 地稱一者，亦謂天地皆始于一。《說文》曰：至，從高下至地，從
> 一，一猶地也。故乾稱大，坤稱至，乾坤相並俱生。《乾鑿度》文。
> 《易》有太極，極即一也，是生兩儀，兩儀天地也，故云相並俱
> 生。何休《公羊》注云：元者氣也，天地之始也。故云合于一。《素
> 問》曰：天氣始於子，甲子初九為乾之元，即坤之元也。《三統厤》
> 曰：陰陽合德，氣鍾於子，化生萬物，故萬一千五百二十策，皆
> 受始於乾，由坤而生也。天地既分，而下亦約。《乾鑿度》而為言
> 彼文云：太極分而為二，故生天地，輕清者上為天，濁重者下為
> 地。是天地既分之初，即具升降之理，坤之所以順承天也。[55]

天地之始，始於元氣，「合於一元」，所以乾坤天地皆為一，是就其相合
而言。天地之氣，「輕清者上為天，重濁者下為地」，此太極分為二氣而
生天地，而有升降之理，坤以順承於天，其質性為下降為地。乾坤雖合
為一元，也就是皆合為一，但就其先後之別，仍以乾陽之氣為先，也就
是宇宙氣化之變，由一而七而九，復歸於一，由乾陽之氣所肇始，所以
惠氏引《三統歷》認為「萬一千五百二十策，皆受始於乾，由坤而生」，
一切皆由乾而起，不論在天地判別之前，或是天地既分之後，陽升陰降、
陽尊陰卑的關係都是不會改變的，所以「升降之理，坤之所以順承天」。

　　從《易傳》乃至兩漢易學之說，不論直述乾坤的關係，仍至所象徵
的陰陽二氣，皆主陽健而陰順，地以承天而行天道，例如《易緯》云：

> 坤軯於乾，順亨貞。軯依乾而行，乾一索而男，坤一索而女，依
> 乾行道。乾為龍，純顥氣，氣若龍。坤為馬。乾為父，坤為母，
> 皆軯順天道，不可違化。乾君坤臣。……聖人裁以天地，膊軯而
> 養萬元，正其道。[56]

坤輔贊於乾，乾元始動，坤元乃順而應之，方能竟其成物之功。乾以剛
健為貞，坤則以柔順而正。坤道以陰從陽，以地承天，牝馬柔順而健行，

---

[55] 見《周易述·彖上傳》，卷九，頁224。
[56] 見《易緯乾坤鑿度》，卷下，頁476-477。

故取其馬象。順於乾道，以含弘光大，品物咸亨，安貞之吉，應地無疆。
坤既軸依乾道而行，乾以象父，坤則象母。乾父坤母之交感，乃有子女
之衍生，而乾父純陽，坤母純陰，六子則各從父母而生。乾父坤母，推
而爲乾君坤臣之道；坤但守其順道而不侵乾，軸順天道，不可違化，此
即鄭注所云：

> 從王事，不敢違，無成有終，君唱臣和，上術下法。聖人畫卦，
> 始有紀綱，唯淳德化，以行於君臣，父子、夫婦定矣。[57]

乾坤二氣，下落於人事倫理之中，乾坤各安其位，流行其德，則君臣、
父子、夫婦的儒家倫常之道得以綱維。乾坤之分立，君臣之道明。乾爲
君道，主倡始；坤爲臣道，主終正。陰陽各有職守，君臣各有定分；父
子、夫婦之倫亦同。乾坤二元，從氣論演發萬物，也下落於人倫事理之
中，取其宇宙天地的陰陽交感，對立而相融並生之象與其內在原理，成
爲宇宙觀的當然之重要二元。

　　易學思想在太極生次的宇宙創生的系統裡，太極分化爲天地，又以
乾坤爲門戶，進而生四時、生八卦，以立天地之道。乾父坤母，剛柔相
摩，而生六子；諸此八卦，取天地之象，各有用事，融合歲時節令，以
齊整終始之道，並濟萬物各以其類成。因此，陰陽得正，尊卑定象，通
天意以理人倫，則萬物萬事各得其宜。宇宙萬物的化生，有形之物皆由
無形而生；在這化生的體系中，視乾坤卦象爲有形，所以乾元始動，坤
元始生，「兩儀生四象，四時乃乾坤所生，乾知大始，坤化成物，故乾坤
成物也」，[58]視乾坤爲陰陽之物，即「陰陽合德之事，乾剛坤柔，乾天坤
地」，「陰陽同處則合德，分之則剛柔各有體也」，[59]都是「有」的作用之
體現。

四、道的實質意涵

---

[57] 鄭玄之注文，見《易緯乾坤鑿度》，卷下，頁476。
[58] 見《周易述・彖下傳》，卷十，頁263。
[59] 見《周易述・繫辭下傳》，卷十八，頁517。

　　「道」為宇宙萬物生成的本源，為老子哲學中最重要、最基本的涵義，《老子》第一章開宗明義指出「無，名天地之始；有，名萬物之母」；以「無」、「有」作為「道」的代稱，是天地萬物的本始與根源，表明「道」由「無形質落實向有形質的活動過程」，[60]這也說明「道」的轉化過程，可以為「天地之始」、「萬物之母」，更為「天地之母」[61]、「萬物之宗」[62]、「玄牝之門」、「天地之根」，[63]化育萬物；「有」、「無」二者看似對立，卻是具有相互的連續性，且具有永恆性，此「有」、「無」相互作用的過程，則為形上之「道」向下落實而產生天地萬物的的過程。所以「道」是一切最高的主宰，它打跛了傳統以「天」為最高主宰的觀念，由「道」而取代，「道」是「先天地生」[64]，具有最先性與根源性。《老子》認為天地萬物由「道」而生，「道」也由無形之狀而轉化為有形的萬物，所以「有生於無」，在有無相生的狀態下，產生萬物，這樣的「道」非但是萬物創生的本源，也是萬物創生時的活動歷程。「道」為天地萬物的本源，但它又超越一切無形的精神而存在，那麼「道」究竟是具有物質本性的「唯物」性質呢？還是它本是一種不可捉摸的超現象存在的精神性？事實上，《老子》對於「道」的建立與詮釋，並不將「道」建立在「物質」或「精神」的一元化上來表述，而是給予「道」帶來極大的模糊性，所以它的「無」，並非全然的「無」，它的「有」也非絕對的「有」，所以只能說老子的「道」是具有物質與精神二個面向的雙重性格；這個雙重性格，使「道」可視為物質性，又可解釋為精神性的，使「道」具有高度的神秘色彩，包容廣闊的詮釋性，增加其討論與運用的空間。《老子》將「道」描述的具模糊性與神祕性的色彩，而它確是一種超物質的真實存在。它並非是一個有具體形形象的東西，所以它「不可名」；也由於它的「不可

---

[60] 見陳鼓應《老子今註今譯》，臺北：臺灣商務印書館，1998 年，頁 48-49。
[61] 見《老子》第二十五章云：「有物混成，先天地生。……可以為天地母。」這裏可以看出「道」是最具優先性的最根本者，它超越「天地」而存在，所以它為「天地母」。
[62] 參見《老子》云：「道沖，而用之或不盈。淵兮，似萬物之宗。」（第四章）虛狀的道體，廣大而如淵深一般，為萬物的根源所在。
[63] 參見《老子》第六章云：「谷神不死，是謂玄牝。玄牝之門，是謂天地根。綿綿若存，用之勤。」道體微而不絕，生生不息，化育萬物。
[64] 見《老子》第二十五章。

名」，不爲「名」所拘限，因此它也就具有了無限性。[65]它「夷」、「希」、「微」，非感官知覺所能予以形象的把握，所以「視之不見」、「聽之不聞」、「搏之不得」，看不見，聽不到，也摸不著。它非普通物的存在，是沒有形狀的形狀，不見物體的形象，所以名爲「惚恍」，也就是說，它是一個超驗的混沌的存在體，存在於事物的本身，存在於一切。[66]「道」，深遠暗昧，似有似無，在幽隱混沌之中，確實「有象」、「有物」、「有精」、「有信」。所以「道」的真實存在性是絕對肯定的，也正由於其真實的存在，而能成爲萬物的本源。[67]因此，《老子》強調「道」先天地而存在的優先性，將「道」作爲宇宙的本源，爲一切事物的根本規律，並進一步而爲人生的準則、規範；不論是從宇宙論、人生論、政治論、認識論等方向來展開，彼此間可以相互聯繫，有高度的互通性。老子對「道」的高度概括，以及其縝密的邏輯性，使其展現出的張力與延展性，能夠永續其思想的生命力，從而成爲後世學術思想的重要基源，特別是一旦涉及宇宙論的議題，莫不言「道」，也在某種程度上接受了《老子》而爲推波助瀾；尤其是兩漢的思想，又特別以黃老之學爲是，在《老子》的根本架構下進一步開闡。

　　然而，老子所言之「道」，爲一種超越一切無形的精神而存在，雖然本身具有模糊性，但本質上仍屬於超物質的存在，並不能以此概括爲兩漢所普遍論述的宇宙觀下的「道」，縱使是黃老學說思想也是如此。例如，一般討論黃老帛書對老子「道」的因革問題，大都認爲黃老帛書是將老子的唯心主義作了唯物的改造，[68]事實上，從「道」的主體與性徵上的

---

[65] 「道」本身是「不可名」的，然而第一章開宗明義也提到說：「道可道，非常道；名可名，非常名。」也賦予「道」之名稱，但實際上的「道」是不可言說的，無法用一般「名」的概念來表達說明的，只能基於方便起見而勉強以「道」字來稱呼，所以「吾不知其名，強字之曰道」（第二十五章），其「名」是「非常名」的。

[66] 參見《老子》第十四章云：「視之不見，名曰夷；聽之不聞，名曰希；搏之不得，名曰微。此三者不可致詰，故混而爲一。其上不皦，其下不昧，繩繩兮不可名，復歸於無物。是謂無狀之狀，無物之象，是謂惚恍。迎之不見其首；隨之不見其後。」

[67] 參見《老子》第二十一章云：「道之爲物，惟恍惟惚。惚兮恍兮，其中有象；恍兮惚兮，其中有物。窈兮冥兮，其中有精；冥兮窈兮，其中有信。」

[68] 諸如程武、高亨、董治安、鍾肇鵬、程武等人皆如是認爲。參見程武〈漢初黃老思想和法家路線——讀長沙馬王堆三號漢墓出土帛書札記〉，大陸：《文物》，1974 年，第

表現來看，大致是與老子相近的，只不過在談到「道」的初生狀態時，呈現出近於物質的色彩，因此，欲將黃老帛書的「道」，判定爲絕對的物質存在，恐又過於斷言。又如《淮南子》的宇宙論，則發展爲氣化的宇宙論，以道並觀，則質性又顯與《老子》不同。[69]在易學的思想世界裡，兩漢時期所涉論者，將「道」融入易學的宇宙觀中，這個「道」與《老子》爲「無」的精神傾向者亦不同，兩漢易學家普遍主張氣化的宇宙觀，是一種實有傾向的本源說法，這個「道」也就是實有的存在，或可稱「太極」，或可稱「元氣」。惠棟依循漢儒而立說，他曾引用阮籍《通老論》云：

> 道者，法自然而為化，侯王能守之，萬物將自化。《易》謂之太極，《春秋》謂之元，《老子》謂之道。[70]

雖然沒有明白指出「道」的質性，但也說出「道」是一種自然的作爲或變化，在《易》稱爲「太極」，在《春秋》稱爲「元」，在《老子》稱爲「道」，「太極」、「元」或「道」，皆同屬而異稱，爲萬化之本。惠棟同時也引《繫上》「一陰一陽之謂道」，[71]來述明「道」的本然屬性，「道」是由一陰一陽組合而成的，這一陰一陽就是陰陽之氣，因此，他引用《乾鑿度》、《參同契》解釋云：

> （《乾鑿度》）陽以七，陰以八易，一陰一陽合于十五之謂道。陽

---

10 期。高亨、董治安＜十大經初探＞，大陸；《歷史研究》，1975 年，第 1 期。鍾肇鵬＜黃老帛書的哲學思想＞，大陸：《文物》1978 年，第 2 期。

[69] 《淮南子·俶真》云：「有始者，有未始有有始者，有未始有夫未始有始者；有有者，有無者；有未始有有無者，有未始有夫未始有有無者。所謂有始者，繁憒未發，萌兆牙蘗，未有形埒垠堮，無無蠕蠕，將欲生興而未成物類。有未始有始者，天氣始下，地氣始上，陰陽錯合，相與優游競暢于宇宙之間，被德含和，繽紛龍蓯，欲與物接而未成兆朕。有未始有夫未始有有始者，天含和而未降，地懷氣而未揚，虛無寂莫，蕭條霄雿，無有仿佛，氣遂而大通冥冥者也。……」這種氣化的概念，即是一種物質的存在。事實上，檢視黃老帛書中對於「氣」的論述，「氣」字約見五次，包括「地氣」、「夜氣」、「血氣」、「雲氣」，以及「氣者心之浮也」等「氣」，此五「氣」皆傾向具體之氣，並無抽象的哲學概念。這種說法，王博在其＜黃帝四經和管子四篇＞一文中也有論及。（王博所論，見《道家文化研究》第一輯，上海：上海古籍出版社，1992 年，頁 198-213）以此「氣」聯結「道」，則屬物質化的呈現，與《老子》之「道」明顯不同。

[70] 見《易微言》，卷上，頁 683。

[71] 見《易微言》，卷下，頁 715。

變七之八，陰變九之六，[72]亦合于十五。《參同契》曰：七八數十
五，九六亦相應，四十合三十，陽氣索滅藏。又曰：日合五行精，
月受六律紀，五六三十度，度竟復，更始三統歷，曰十一而天地
之數畢，十一者，五六也。五六三十而天地之數畢，故云七八九
六，合天地之數乃謂之道。太元曰：陰陽該極，乃道之合是也。[73]

以一陰一陽之數合十五而爲「道」，陰陽合氣謂之道，分而爲七八或六九
之數。不論是《易緯》、《參同契》，乃至《太玄》，皆如是說，以數字來
代表陰陽二氣，分爲陰陽二氣，合爲「道」。所以「太極」即「道」，其
質性又是未分化的「氣」。

　　惠棟對於「道」的見解，他概括的引用秦漢以下的重要說法，包括
如引《越紐錄》：

范子曰：道者，天地先生不知老，曲成萬物不名巧，故謂之道。
道生氣，氣生陰，陰生陽，陽生天地。天地立，然後寒暑、燥濕、
日月、星辰、四時，而萬物備。[74]

范蠡所言之道，爲生天地而成萬物者。由「道」而生「氣」，然後生「陰」
生「陽」，再由「陽」生「天地」，乃至寒暑、燥濕、日月、星辰、四時，
終至萬物，形成一個有系統的萬物的化生體系。在「氣」之前爲「道」，
是相對於「氣」的最本源性，是不同於「氣」的超物質存在者，或許與
《老子》之「道」相近。「氣」生「陰陽」二氣，是先「陰」而後「陽」，
顯然范子也是貴雌柔者。事實上，范蠡的思想，在《國語・越語》每有
記載，並多與老子思想相契合。[75]惠氏又引《淮南子・天文》云：

---

[72] 惠棟《周易述》原文作「陰變八之六」爲誤，當改爲「陰變九之六」；引文改之。（見
　　《周易述・繫辭上傳》，卷十五，頁401。）

[73] 見《周易述・繫辭上傳》，卷十五，頁401。

[74] 見《易微言》，卷下，頁715。

[75] 《國語・越語下》多記述范蠡思想，例如提到：「天道盈而不溢，盛而不驕，勞而不矜
　　其功。」又云：「天道皇皇，日月以爲常。明者以爲法，微者則是行。陽至而陰，陰
　　至而陽。日困而還，月盈而匡。」這種天道的自然法則，與《老子》之道論相契合。范
　　蠡之天道觀，並非孤立獨言天道，而是認爲「人事必將與天地同參，然後乃可以成功」
　　（同〈越語下〉），同時論述因天、因時、順其自然之概念，與《老子》所概括之「人
　　法地，地法天，天法道，道法自然」（第二十五章）之思想亦有吻合。又云：「天道盈而
　　不溢，盛而不驕，勞而不矜其功。」「夫聖人隨時以行，是謂守時。天時不作，弗爲人

　　道曰規，始于一，一而不生，故分而為陰陽，陰陽合和而萬物生。
[76]

已如前述，《淮南子》認為「道」為「一」，所以為「一」，在於它是宇宙
最本源而無可與之匹敵者，在天地萬物生成之前，只有它獨立存在而渾
然一體的惟一者，所以為一。「道」為一，但一而不生，必須透過自身的
分化而為陰陽二氣，並以二氣之接合而化生萬物。關於這個「道」或是
「一」，它是先「氣」而存在的宇宙本體，而產生萬物的工作，主要落實
在陰陽合和上。事實上，〈本經〉也提到「天地之合和，陰陽之陶化萬
物，皆乘一氣者也」；「道」為「一」而為宇宙本根，但「氣」化生之後，
「道」便是「氣」，所以「道」也就作為物質實體來看待了。又，引《鄭
長者》云：

　　體道無為無見也。《漢書‧藝文志》：《鄭長者》二篇，在道家。[77]

以「道」無為而不見其形，同《老子》之說。又引《莊子‧天地》云：

　　夫子曰：夫道，覆載萬物者也，洋洋乎大哉！[78]

「道」廣大而無邊，覆載萬物，生息由之。此《老子》道論思想的延續。
引賈子之說云：

　　《新書‧道術》曰：道者，所從接物也。其本者謂之虛，其末者
　　謂之術。虛者言其精微也，平素而無設施也。術也者所從制物也，
　　動靜之數也。凡此皆道也。

　　又〈道德說〉曰：道□疑而為德神載于德。[79]德者，道之澤也。道

客，人事不起，弗為之始。」「時不至不可強生，事不究不可強成，自若以處，以度天
下，待其來者而正之，因時之所宜而定之。」「必有以佑天地之恆制，乃可以有天下之
成利。」「因陰陽之恆，順天地之常。」「因天地之常，與之俱行。」范蠡論人事，必因
天地四時，即天道與人事參論，尤其聖人「因天」之觀念，蓋為當時人的一般共同思想，
如同《易‧革卦》所云：「天地革而四時成，湯武革命，順乎天而應乎人，革之時大矣
哉。」這般思想，或在《老子》前後，而《老子》「人法地，地法天，天法道，道法自
然」之思想，與之有異曲同工之妙。
76　見《易微言》，卷下，頁715。
77　見《易微言》，卷下，頁716。
78　見《易微言》，卷下，頁718。
79　□之字，惠氏缺，當為「冰」。

　　　　雖神，必載于德。[80]

以「道」、「德」並言，亦是《老子》道家系統的延伸，是一種體用的關係。賈誼受到《老子》的影響，以「道」爲哲學思想的最高範疇，爲一切事物的本原和最後根源。宇宙萬物皆爲「德」所生，而「德」是「道之澤」，又是以「道」爲本；「道」是非物質的東西，是神秘的「無」的狀態。並且，由「道」而下落於治術。道本爲虛，爲道之精微處，是一種平實而無爲之狀；道末爲術，是一種制物的動靜之法。然而，賈誼的宇宙觀，並不全然立足在《老子》爲「道」爲「無」的堅決立場上，它在《鵬鳥賦》中也有系統地表述自己的宇宙觀，提到「天地爲爐，造化爲工；陰陽爲炭，萬物爲銅。合散消息，安有常則？千變萬化，未始有極」！「萬物變化，固亡休息。斡流而遷，或推而還。形氣轉續，變化而嬗。汩穆亡間，胡可勝言」！宇宙萬物由天地、陰陽自然產生，且千變萬物，轉徙迴還，反復無定，不斷地更替而永無止息，強調的或是側重的是一種物質化的狀態，並發揮《周易》的陰陽變易思想。

　　惠棟又徵引《管子》諸說以言「道」，云：

　　　　《管子·四時》曰：道生天地。

　　　　《管子·白心》曰：道者一人用之，不聞有餘，天下行之，不聞不足，此謂道矣。注云：多少皆足者，道也。

　　　　〈正篇〉曰：陰陽同度曰道。

　　　　〈內業〉曰：夫道者，所以充形也，而人不能固。其往不復，其來不舍，謀乎莫聞其音，卒乎乃在于心，冥冥乎不見其形，淫淫乎與我俱生。不見其形，不聞其聲，而序其成，謂之道。注云：雖無形聲，常依序而成，故謂之道。

　　　　《文選注》引《管子》曰：虛而無形，謂之道。

　　　　〈形勢解〉曰：道者，扶持衆物，使得生育，而各終其性命者也。[81]

《管子》一書，內容龐雜，仔細考究，其思想內容並非僅專美於法家思

---

[80] 見《易微言》，卷下，頁719。
[81] 見《易微言》，卷下，頁716-717。

想之一端，尚見道家、儒家、陰陽、兵學等諸家思想色彩，而道家思想韻味尤濃，陳澧《東塾讀書記》就說其以「一家之書而有五家之學矣」。[82]所以，歷代的著錄，《管子》出入於諸家之中。[83]《管子》全書，「非一人之筆，亦非一時之書」，[84]或可能「記管子之言行，則習管氏法者所綴

---

[82] 陳澧《東塾讀書記・諸子書》卷十二云：「蓋一家之書而有五家之學矣。」即《管子》一書包含有法、名、老子（道家）、告子（儒家）、農等五家之學。（見陳澧《東塾讀書記》，北京：三聯書店，1998 年，頁 235。）

[83] 歷代關於《管子》的著錄，班固《漢書・藝文志》著錄「《筦子》八十六篇」，列道家類；另外＜兵書略＞又列「兵權謀十三家，二百五十九篇」下，班固云：「省《伊尹》、《太公》、《管子》、《孫卿子》、《鶡冠子》、《蘇子》、《蒯通》、《陸賈》、《淮南王》二百五十九種，出《司馬法》入禮也。」（見班固《漢書・藝文志》，頁 1757）。王先謙《漢書補注》引陶憲曾曰：「蓋《七略》中《伊尹》以下九家，其全書收入儒、道、從橫、雜各家，又擇其中之言兵權謀者，重入於此，共得二百五十九篇。班氏存其專家各書，而於此則省之，故所省亦止二百五十九篇也。」《管子》之所以重複著錄，蓋劉向校諸子書，任宏校兵書，二人各錄所見，遂有重出者，故班固《漢志》予以刪之。班固《漢書・藝文志》云：「兵家者，蓋出古司馬之職，王官之武備也。……武帝時，軍政楊僕捃摭遺逸，紀奏兵錄，猶未能備。至於孝成，命任宏論次兵書為四種。」（見《漢書・藝文志》，頁 1762）分兵家為「兵權謀」、「兵形勢」、「兵陰陽」、「兵技巧」等四類，《管子》即居「兵權謀」之列。《管子》列入兵家中之兵權謀類，此乃任宏論次所列。張守節《史記正義》引《七略》曰：「《管子》十八篇，在法家。」《漢書・藝文志》於儒家類中著錄「《內業》十五篇」，班固自注「不知作書者」，至《隋書》、《唐書》＜經籍志＞已未見著錄，疑或亡佚，或因入《管子》之中，或本為《管子》書本有，故而刪之。王應麟《漢書藝文志考證》云：「《管子》有內業篇，此書恐亦其類。」馬國翰《玉函山房輯佚書・子編・儒家類》有《內業》一卷，全錄《管子》內業篇文，而分之為十五段，以求其合《漢書・藝文志》所著錄言。馬氏並云：「考管子第四十九篇，標題內業，皆發明大道之蘊旨，與他篇不相類。蓋古有成書而管子述之。……明非管子所自作也。」（見《玉函山房輯佚書・子編・儒家類》）梁啟超《諸子考釋》則認為《管子》中＜內業＞乃班固《漢志》所著錄十五篇中之一篇：「管子書乃戰國末人雜掇群書而成。內業篇純屬儒家言，當即此十五篇中之一篇。」（見梁氏《諸子考釋・漢書藝文志諸子略考釋》。）因此，其書是否為《管子》書中的＜內業＞，則仍眾說紛紜，難決定論。《漢志》又於＜六藝略＞孝經類中著錄「《弟子職》一篇」，顏師古注引應劭曰：「管仲所作，在管子書。」王應麟《漢書藝文志考證》云：「管子雜篇五十九，有學則、蚤作、受業、饌饋乃食、灑掃、執燭、請衽、退習等章。」朱熹《朱子語類》云：「弟子職一篇，若不在管子中亦亡矣。此或是他存得古人底亦未可知，或是自作亦未可知。竊疑是作內政時，士之子常為士，因作此以教之。」是諸家皆肯定《漢志》所錄為《管子》中之篇章－＜弟子職＞。歷來論類著錄，各有所本，亦皆見異，但知《管子》書中有法家、儒家、道家等諸家之色彩，是獲得大多數學者所肯定。

[84] 見葉適《習學記言》，卷四十五。

輯，而非管仲所著述」，[85]也就是實非一人或一時之作，其成書可能為陸續增附而成，且雖未必為管仲所作，當是管仲思想的延續與補充。《管子》論「道」，主要反映在其道家傾向的諸篇章中，其中特別是＜心術＞、＜白心＞、＜內業＞、＜正＞、＜勢＞、＜四時＞、＜五行＞等篇章，多涉及道論思想。[86]惠棟引述云「道生天地」，天地由道而生，同於易學以太極生兩儀的概念同，兩儀除了表述陰陽二氣外，也可作為天地解。「道」包含了一切的存在，廣大精細，無所不包，它是萬事萬物生成的總根源，宇宙萬物皆由「道」而生，「扶持眾物，使得生育，而各終其性命者」，一切死生成敗也都由「道」來決定；所以，它「多少皆足」，它的存在具有普遍性。道體廣大而無端，不可捉摸，虛無寂靜，玄遠深邃，而為萬物之所生所成。其生滅萬物又非人感官所能知覺，它似有似無，若可得又若不可得，充滿在天下之間，卻不知其形。所以說「不見其形，不聞其聲」，「虛而無形，謂之道」。《老子》的「道」與《管子·內業》諸篇

---

[85] 見章學誠《文史通義·詩教上》，卷一。引自葉瑛校注《文史通義校注》本，臺北：里仁書局，1984 年，頁 62。

[86] 早在黃老帛書出土以前，黃震認為《管子》一書，當中「心術、內業等篇，皆影附道家以為高」，(見黃震《黃氏日抄·談諸子》，卷五十五，臺北：大化書局，乾隆三十三年刊本影印：西元 1768 年，1984 年初版，頁 640。) ＜心術上＞、＜心術下＞、＜白心＞、＜內業＞等四篇的內容早已受到關注，尤其張舜徽特將四篇納入其周秦道論之列。(見張舜徽《周秦道論發微》，臺北：木鐸出版社，1988 年，頁 199-309。) 黃老帛書出土以後，驗證《史記》對黃老思想的定義，對照《管子》一書的內容，部分篇章已廣受肯定具有黃老學說的氣質韻味，尤其「四篇」特受肯定，認為是稷下黃老的論著；《管子》四篇為黃老思想者，郭沫若較早提出，認為四篇是稷下尹文、宋鈃等黃老學者的遺作。(見《十批判書·稷下黃老學派的批判》，北京：東方出版社，1996 年，頁 166-167。) 此外知水、許抗生等大多數的大陸學者皆肯定四篇為黃老的代表作；國內學者陳麗桂先生亦肯定四篇的黃老氣質。胡家聰先生認為《管子》裏除了「四篇」外，其他包括＜形勢＞、＜宙合＞、＜樞言＞、＜水地＞、＜正＞、＜勢＞，以及＜九守＞等篇亦屬黃老之作。(見胡家聰《管子新探》，北京：中國社會科學出版社，1995 年，頁 88。) 陳鼓應先生則認為除了「四篇」，以及前列胡氏所言數篇之外，尚包括＜四時＞與＜五行＞等篇，皆屬稷下道家黃老之作。(見陳鼓應《黃帝四經今註今譯》，臺北：臺灣商務印書館，1996 年，頁 22。) 審覈《管子》一書豐富的內容，毋須過份裁割細分，斷言何者一定歸於道家，何者一定歸於法家，畢竟戰國時期，尤其中晚期以後，子學思想本有綜采各家、旁通混合各家的特色，倒可就篇章上氣質相近者，推敲其在學術演變中，可能融合或承繼的情形，並可基於思想敘述之便，集合而立論。

的差異，在於《老子》的道，可以視為一種想像的存在，一種超越物質的實有，也可以稱作一種境界，但《管子》的「道」，則漸漸向物質性存有靠攏，《管子》轉化為物質性的存有，〈內業〉所謂「卒卒乎其如可與索，泊泊乎與我俱生」，已假設「道」為可摸索的樣態，超越了無形無狀的不可攀附之界圍。這種具有物質性的樣態，可以精氣代稱，有關的說法，〈內業〉有進一步地解說：

> 凡物之精，此則為生，下生五穀，上為列星，流於天地之間，謂之鬼神。藏於胸中，謂之聖人。是故此氣，[87] 杲乎如登於天，杳乎如入於淵，淖乎如在於海，卒乎如在於己。
>
> 凡人之生也，天出其精，地出其形，合此以為人。
>
> 定心在中，耳目聰明。四枝堅固，可以為精舍。精也者，氣之精者也。氣，道乃生，生乃思，思乃知，知乃止矣。[88]

「精氣」同「道」一樣，是萬物的本源，是不斷流動變化的存在物質。「心」為精氣蓄駐之處，但「心」並不是在任何狀況下都能夠為精氣之舍，必須從養心著手，讓「心」保持一種虛靜欲寡的狀態，如此精氣自定，而不受外界所干擾，以存在其本然的狀態。[89]精氣是一種精微之物質性之氣，它充滿在天地之間，在蓄養「心」不受外物所累的狀態下，精氣自然進駐，但是，它雖然能夠生五穀、為列星，能夠育萬物，成就人類的智慧與生命，然而它本身並不是精神的本體，而是具有物質的特性。精氣在這裏所要揭示的是精神的來源，而不是強調其精神的本質。惠棟引

---

[87] 「是故此氣」，「此」本作「民」。丁士涵認為「民」乃「此」字之誤。（引自張舜徽《周秦道論發微》，臺北：木鐸出版社，1988年，頁278。）依丁氏校改，言之成理。

[88] 《管子‧內業》，引自黎翔鳳《管子校注‧內業》，卷十六，北京：中華書局，2004年6月1版1刷，頁931、945、937。

[89] 參見《管子》云：「心也者，智之舍也。」（〈心術上〉）「毋以物亂官，毋以官亂心。」（〈心術下〉）「節欲之道，萬物不害。」（〈內業〉）「凡人之生也，必以其歡，憂則失紀，怒則失端，憂悲喜怒，道乃無處。」（同前）「節其五欲，去其二凶，不喜不怒，平正擅胸。」（同前）「耳目不淫，心無他圖，正心在中，萬物得度。」（同前）「宮者心也，潔之者去好過也。」（〈心術上〉）「虛其欲，神將入舍；掃除不潔，神乃留處。」（同前）「紛乎其若亂，靜之而自治。」（同前）「靜則得之，躁則失之，心能執靜，道將自定。」（〈內業〉）在說明修養心的重要，必從虛靜寡欲方面下功夫，以求其自定。

此道論，雖不涉精氣之說，但知《管子》的「道」，已非《老子》能作等同。

除此之外，惠氏又引《韓非子》云：

> ＜主道＞曰：道者萬物之始，是非之紀也。是故明君守始以知萬物之源，治紀以知善敗之端。故虛靜以待令，令名自命也，令事自定也，虛則知實之情，靜則知動者正。＜解老＞曰：道者，萬物之所然也。

> ＜揚權＞曰：夫道者，弘大而無形。德者，覈理而普至。至于羣生，斟酌用之。

> 又曰：道無雙，故曰一。是故明君貴獨道之容。又曰：虛靜無為，道之情也。參伍比物，事之形也。參之以比物，伍之以合虛。喜之則多事，惡之則生怨。故去喜去惡，虛心以為道舍。又曰：道者，萬物之所然也，萬理之所稽也。理者，成物之文也。道者，萬物之所成也。故曰：道，理之者也。物有理不可以相薄，故理之為物之制，萬物各異理。萬物各異理而道盡，稽萬物之理，故不得不化。不得不化，故無常操，是以生死氣稟焉，萬智斟酌焉，萬事廢興焉。天得之以高，地得之以藏，維斗得之以成其威，日月得之以恒其光，五常得之以常其位，列星得之以端其行，四時得之以御其變氣，軒轅得之以擅四方，赤松得之與天地統，聖人得之以成文章。道與堯舜俱智，與接輿俱狂，與桀紂俱滅，與湯武俱昌。以為近乎，遊于四極。以為遠乎，常在吾側。以為暗乎，其光昭昭。以為明乎，其物冥冥。而功成天地，和光雷霆，宇內之物，恃之以成。凡道之情，不制不形，柔弱隨時，與理相應。萬物得之以死，得之以生。萬物得之以敗，得之以成。道譬諸若水，溺者多飲之即死，渴者適飲之即生。譬之若劍戟，愚人以行忿則禍生，聖人以誅暴則福成。故得之以死，得之以生，得之以敗，得之以成。[90]

---

[90] 見《易微言》，卷下，頁 717-718。「又曰」諸文，出自《韓非子‧解老》，惠氏並無逑明。

萬物都離不開「道」，它是「萬物之所成也」，「萬物之所然也」，「功成天地，和光雷霆，宇內之物，恃之以成」；「道」是萬物賴以生成的總根源，它能夠造成天地，調和雷霆，宇宙萬事萬物都依靠它而形成，所以「道」存在於萬物之中。「道」化育創生天地萬物，所以天得到「道」，所以能高；地得到「道」，所以能藏；北斗星得到「道」，所以能端正地守著運行的軌道；四時得到「道」，所以能支配氣節的變化；黃帝得到「道」，所以能夠統治四方；赤松仙人得到「道」，所以能與天地共長久；聖人得到「道」，所以能夠作成文章。宇宙一切莫不由「道」而生、由「道」而成。在這裏，可以看出韓非的「道」，是超越於天地而存在，「道」是高於天地的，它是天地創生的本源，更是一切的依準。「道」是「萬物之始，是非之紀」，也就是說它一方面是創生萬物的形上根源，一方面又是自然與人事的法則，兼具根源性與規律性，一切自然界的生死變化、成敗得失，皆依循於「道」，所以，「萬物得之以死，得之以生。萬物得之以敗，得之以成」。「道」的主要性徵在於「虛靜無爲」，「弘大而無形」，廣大而無形體，與一切有形的具體事物皆不相同，能夠散佈充盈於宇宙間的各個角落。它超越於萬有之上，所以它「不同於萬物」，姑且以「一」名之，也就是「道無雙，故曰一」，以「一」作爲「道」之具體呈現。另外，由「道」而言「理」，「理」是由「道」所分化出的，它是「道」化生於萬事萬物中的各別質性。也就是說，「道」是宇宙一切的總源，而「理」則是此總源呈顯於宇宙間各萬事萬物中的具體律則或殊性，所以稱之爲「成物之文」。「理」與「道」的重要不同點，在於「常」與「無常」；「道」總萬物，超越物理，超越時空之限制，而永恆存在，它本身並無恆質性，所以它「無常操」；然而，「理」卻是成萬物之文，是存在於各萬事萬物身上的異理，它各附於物之中，呈顯物性，有其固定常性，因此「萬物各異理」。「道」具有規律性，深化後即爲規範、準則，轉化爲事物之「理」，亦具指導、法式之作用。韓非認爲「得事理則必成功」（＜解老＞），掌握事物的規律，並且用以作爲行動的指導綱領，必能獲得成功；相對地，「動棄理則無成功」（同前），一但行動未能符合事物的規律，往往功敗垂成。所以「理」是行動的指南，是成功的基石。

　　惠棟在這裡，引用諸家「道」說，其「道」的概念，在某些意涵上

與《老子》之說相近，但並不全合《老子》「道」的本質。所引的這些「道」，反而與秦漢所倡論的黃老學說相近，更是晚近學者探述黃老學說的重要材料。這個「道」，漸漸向漢儒普遍談到的「氣」靠攏，與「氣」起了糾葛的關係，已不像《老子》那般的形上而純粹化。在這裡，雖然惠棟引用諸家「道」說，某種程度地反映出諸家之說即是自己對「道」的見解或看法，但是，惠棟並沒有進一步地申說從這不同的各家之說，自己要表達的「道」論之最明確意義，以及如何籠絡諸家之說，而聯結成為自己的「道」論主張。因為諸家之說，不盡相同，如何從中取捨，如何擇選詮釋，惠棟都留給後人揣度。

五、「一」所涵攝的意涵

（一）文字學上的意義

　　文字為人類文明的重要開端，文字的起始又以數字為先，而數字以「一」為首，所以，《說文解字》將「一」列為所有文字之第一個。「一」為開端為源頭，因此，思想家往往將「一」視為萬有之始，一切之本源，抽象化成為宇宙根源的象徵。從字義上看，惠棟指出「一亦作壹，古壹字從壺、吉」，[91]這樣的說法，蓋出自《說文》，云「壹，專一也，從壺吉聲」，「一」有有蓋之壺的表象；《說文·壺部》指出「壺，昆吾圜器也」，《詩·七月》「八月斷壺」，《毛傳》云「壺，瓠也」，《鶡冠子·學問》「中河失船，一壺千金」，陸佃注作「壺，瓠也。佩之可以濟涉，南人謂之腰舟」。不論「壺」或是「瓠」，皆蘊示著創世之義。「一」同「壹」，又作「壺」，《繫傳》有「天地壹壺」，不論是「壹壺」、「氤氳」或「絪縕」，皆表示宇宙元質之狀，或是更明確指為元氣之狀。[92]因此，從文字學的角度云，「一」作「壹」，或作「壺」，乃至以瓠瓜作為創世圖騰，皆有宇宙元始之義；並在質性的表現上，有氣化的宇宙本源之樣態。所以，惠

---

[91] 見《易微言》，卷下，頁696。
[92] 朱駿聲《說文通訓定聲》指出：「《易·繫辭傳》：天地壹壺。按：氣凝聚也。亦雙聲連語。據壺訓則吉亦意。」將此「壹壺」之狀，視為元氣。

棟又引云：

> 《說文》曰：惟初太始，道立于一，造分天地，化成萬物。又丙
> 部云：陰氣初起，陽氣將虧，从一入冂，一者陽也。又甘部云：
> 从口含一，一，道也。[93]

> 《說文》甘字下云：美也，从口，含一。一，道也。[94]

以「道」為「一」，造分天地，陰陽氣化，所以「一」為元氣之住所，為
陰陽二氣之本體，所以在本源的質性上，有氣化的實體存在。

（二）原始道家上的意義

在道家的系統裡，《老子》屢以「一」表徵「道」，例如惠棟引云：

> 《老子·道經》曰：少則得，多則惑，是以聖人抱一為天下式。

> 《老子·德經》曰：道生一。王弼注云：一，數之始，而物之極
> 也。

> 又曰：一生二，二生三，三生萬物。高誘《淮南》注云：一謂道
> 也，三者和氣也。或說一者，元氣也。生二者，乾坤也。二生三，
> 三生萬物，天地設位，陰陽流通，萬物乃生。愚謂一，太一，天也。二，
> 陰陽也。太一分為兩儀，故一生二，二與一為三，故二生三，三合然後生，故三生萬物。

> 《老子·道經》曰：聖人抱一為天下式。河上公注云：抱，守也。
> 守一乃知萬事，故能為天下法式。王弼注云：一，少之極也。式，
> 猶則也。《文選注》。

> 《老子·德經》曰：昔之得一者，天得一以清，地得一以寧，神
> 得一以靈，谷得一以盈，萬物得一以生，侯王得一以為天下貞。
> 王弼注云：一者，數之始，物之極也。各是一物，所以為生也。
> 各以其一，致此清寧貞。天地之一，即乾坤之元也。清輕，清上升也。寧，安貞也。
> 神亦乾也，谷亦坤也。萬物資始于乾元，資生于坤元，故得一以生。侯王得一以為天下貞，乾元
> 用九而天下治也。[95]

---

[93] 見《易微言》，卷下，頁 688。

[94] 見《易微言》，卷下，頁 695。

[95] 見《易微言》，卷下，頁 688、692、695。

《老子》之「一」說，除惠氏前引諸例，尚有：

> 載營魄，抱一，能無離乎？（十章）
>
> 視之不見名曰夷，聽之不聞名曰希，搏之不得名曰微；此三者不可致詰，故混而為一。（十四章）

數之始為「一」，物之極亦為「一」，「一」無形無狀，無聲無響，所以能夠無所不通，無所不往，所以名為「一」，故「一」與「道」可以作等同。雖然《老子》亦云「道生一，一生二，二生三，三生萬物」（四十二章），似乎認為「道」在「一」之先，而「道生一」，「道」與「一」怎能等同？事實上，將《老子》的「道」細分，有二種性質，即為「無」與為「有」。老子以「天下萬物生於有，有生於无」（四十章），「无」為無形無狀，「有」則有形有狀；作為無形無狀之「道」，就是混沌，渾然一體的存在。所謂有形有象的「道」，就是「一」。「道」是「自根自生」的，亦即「道生一」，就是「道」產生自己。同樣地，「一」也具有雙重性，一方面它是「道」，是本體，一方面又是「道」所派生出來的；作為本體，它是無所不包的整體，作為「道」產生的具體事物來說，它又是「一」。所以，「道生一」，從這樣的理解來看，「道」即「一」。惠氏同時將《老子》「道」與「一」與易學貫通，明白地指出「一」即「太一」，也就是《易傳》所說的「太極」，然後造分兩儀，而為陰陽為二。故天地、乾坤，皆肇於一元，歸本於一，天地萬物皆因「一」而生，即所謂「萬物資始于乾元，資生于坤元，故得一以生」。繼《老子》之後，《莊子》亦論「一」，惠棟引云：

> 《莊子・天地》曰：泰初有無，無有無名。一之所起，有一而未形。注云：一者有之，初至妙者也。至妙，故未有物理之形耳。夫一之所起，起于至一，非起于無也。然莊子之所以屢稱無于初者，何哉？初者未生而得生，得生之難，而猶上不資于無，下不待于知，突然而自得此生矣。物得以生，謂之德。天地之大德曰生。未形者有分，且然無閒，謂之命。留動而生物，物成生理，謂之形。形體保神，各有儀則，謂之性。注云：夫德形性命，因變立名，其于自爾一也。性脩反德，德至同于初。謂復于初。
>
> ＜繕性＞曰：古之人在混芒之中，崔譔云：混混芒芒，未分時也。與一世而得澹漠焉。當是時也，陰陽和靜，鬼神不擾，四時得節，萬物不傷，羣生不夭，人雖有知，無所用之，此之謂至一。當是時也，

莫之為而常自然。

　　＜天下＞曰：聖有所生，王有所成，皆原于一。注云：使物各得
其根，抱一而已，無飾于外，斯聖王所以生成也。

　　又曰：以本為精，以物為粗，以有積為不足，澹然獨與神明居，
古之道術有在于是者，關尹、老聃聞其風而悅之，建之以常無有，
主之以太一。

　　又曰：至大無外謂之大一，至小無內謂之小一。司馬彪注云：無
外不可一，無內不可分，故謂之一也。[96]

莊子繼承老子之思想，＜天地＞強調宇宙的本源、萬物的生成，是從無
到有的創生歷程，至於「一」，則是一種有而無形的狀態，「物得以生，
謂之德」，所以「一」為「有」為「德」。＜繕性＞提到「一」的質性，
是一種混混芒芒，澹漠未分的情狀，此一情狀下，「陰陽和靜，鬼神不擾，
四時得節，萬物不傷，羣生不夭」，也是一種無為而自然的樣態。同樣地，
「一」具有「有」與「無」的雙重性。聖王之所生所成，皆原於一。物
各復其本根，即為「一」為「道」。所以，成玄英指出，「原，本也。一，
道。雖復降靈接物，混迹和光，應物不離真常，抱一而歸本者也」。[97]一
切萬有皆歸本於「一」，歸本於「道」。這樣的「道」或「一」，《莊子》
也把它稱為「太一」，展現出「道」或「一」作為宇宙本體所具有的包容
一切、至大至極的範疇意義得到最大限度的發揮。「太一」以言「一」言
「道」，顯其廣大至極、曠蕩無邊、無不制圍、囊括萬有之狀，通而為一，
故又稱為「太一」。

（三）儒家思想上的意義

　　在老莊之外，先秦時期思想家亦常以「一」為論，惠棟廣納引述，
在儒家思想系統裡，如下：

　　《左傳・襄廿一年》：臧武仲曰：《夏書》曰：念茲在茲，釋茲在

---

[96] 見《易微言》，卷下，頁 693-695。

[97] 見成玄英《莊子・天下》疏文。引自郭慶藩《莊子集釋》，卷十下，台北：貫雅文化事業有限公司，1991 年 9 月初版，頁 1066。

茲，名言茲在茲，允出茲在茲。惟帝念功，將謂由己壹也。信由己壹，而後功可念也。案：茲，此也。壹即一念。《釋名》言允出皆在于此，故云由己壹也。

「一」為心中之一念，亦即存乎一心。

《詩·曹風》云：鳲鳩在桑，其子七兮。淑人君子，其儀一兮。其儀一兮，心如結兮。《大戴禮》引此詩云：君子其結于一也。《中庸》曰：天下之達道五，所以行之者三，曰：君臣也，父子也，夫婦也，昆弟也，朋友之交也。五者，天下之達道也。知、仁、勇三者，天下之達德也，所以行之者一也。朱子曰：一則誠而已矣。又曰：凡為天下國家，有九經，所以行之者一也。朱子曰：一者誠也。又曰：天地之道，可壹言而盡也，其為物不貳，則其生物不測。《荀子》曰：并一而不貳，所以為積也。

不論是五達道、三達德或是九經，能夠敦行而不悖者，在於「一」，亦即在於「誠」。至誠無息，能為天地萬物之終始，能以其自性發動而自成，所以一切道德準據，皆因「誠」而成，因「誠」而備。此「誠」純善而不二，所以為「一」。

《孟子》曰：梁襄王曰：天下惡乎定？吾對曰：定于一。孰能一之？對曰：不嗜殺人者能一之。趙岐注云：孟子謂仁政為一也。又曰：章指言定天下者，一道而已，不貪殺人則歸之是，故文王視民如傷，此之謂也。不嗜殺人，仁也。仁即一也。故曰：不嗜殺人者能一之。

《孟子》曰：滕文公為世子，將之楚過宋，而見孟子。孟子道性善，言必稱堯舜。世子自楚反，復見孟子。孟子曰：世子疑吾言乎？夫道一而已矣。

「一」為善道，即為「仁」，施行仁政，可以定天下，故定天下者一道而已，即「仁」。行仁能一以貫之，所以為治道之本。

《禮器》曰：禮有大有小，有顯有微。大者不可損，小者不可益，顯者不可揜，微者不可大也。故經禮三百，曲禮三千，其致一也。鄭注：致之，言至也；一，謂誠也。未有入室而不由戶也。鄭注：三百、三千，皆由誠也。

《正義》曰：其致一也者，致，至也；一，誠也。雖三千三百之多，而行之者皆須至誠，故云一也。若損大益小，捐顯大微，皆失至誠也。

行誼約章，不在寡眾，而在於誠。至誠不二，不作損益，所以爲「一」。

《荀子·儒效》曰：道出乎一。曷謂一？曰：執神而固。曷謂神？曰：盡善浹洽之謂神。萬物莫足以傾之之謂固，神固之謂聖人。

《荀子·勸學》曰：螾無爪牙之利，筋骨之彊，上食埃土，下飲黃泉，用心一也。蟹六跪而二螯，非蛇蟺之穴，無所寄托者，用心躁也。是故無冥冥之志者，無昭昭之明；無惛惛之事者，無赫赫之功。行衢道者不至，事兩君者不容。目不能兩視而明，耳不能兩聽而聰。螣蛇無足而飛，梧鼠五技而窮。《詩》曰：鳲鳩在桑，其子七兮。淑人君子，其儀一兮。其儀一兮，心如結兮。故君子結于一也。

又〈解蔽〉曰：故好書者眾矣，而倉頡獨傳者一也。好稼者眾矣，而后稷獨傳者一也。好樂者眾矣，而夔獨傳者一也。好義者眾矣，而舜獨傳者一也。倕作弓，浮游作矢，而羿精于射。奚仲作車，乘杜作乘馬，而造父精于御。自古及今，未嘗有兩而能精者也。《荀子》言一而後精後出。古文云：惟精惟一，先精後一。非古義也。

以道出乎一，此「道」並無形上義。能爲「一」者，在於盡善而不偏，居正而不倚。治學也是如此，專心一致而無旁騖。能神能精者，皆在於一。

《論語》曰：君子之于天下也，無適也。《荀子·君子》曰：天子四海之内無客禮，告無適也。適皆讀為敵。後儒有主一無適之語，讀適如字，訓為之殊，非古義。《淮南·詮言》曰：一者，萬物之本也，無敵之道也。義與《文子》同。

一之初，幾也。幾者動之微，吉之先見者也。以此見性之初，有善而无惡，惡者善之反，不與善對。故云無敵亦曰獨，君子慎獨，無惡于志也。惡讀如字。幾，有善而无惡。周子言幾善惡，非也。

《文子》曰：一也者，無適之道也。案：適，讀為敵，一者道之

本，故云無適。[98]

以「一」爲純善，爲一切的根本，是形上義的「道」之下落。惠氏從多元的視野來論述「一」的概念，強化「一」的重要性。所引儒家諸說，「一」的概念，並無強烈的形上本體之義涵。另外，惠棟又引云：

> 仲舒《對策》曰：春秋大一統者，天地之常經，古今之通誼也。
>
> 師古曰：一統者，萬物之統，皆歸于一也。
>
> 班固述〈律歷志〉曰：元元本本，數始于一。產氣黃鍾，造計秒忽。張晏曰：數之元本，起于初九之一也。
>
> 《春秋元命包》曰：陰陽之性以一起，人副天道，故生一子。
>
> 《春秋元命包》曰：常一不易，玉衡正。《文選注》九。
>
> 《春秋元命包》曰：陽數起于一，成于三。又曰：元年者何？元宜爲一。謂之元何：曰君之始年也。《文選注》。
>
> 《春秋保乾圖》曰：陽起于一，天帝爲北辰。[99]

董仲舒藉由「一」的本根之性，作爲宇宙的律則，以天地人構成宇宙的三個基本要素，三者爲「萬物之本」，「相爲手足，合以成體，不可一無也」，[100]力主天人同類，「以類合之，天人一也」，建構其以天是人的主宰，人是天的附屬，人必須遵從天道，服從天意的天人合一思想，成就其帶有理性與神祕主義相雜的天道觀。天人皆歸於「一」，一切也就皆本諸於「一」，下落於政治上的大一統主張，萬物統歸於一，所以天下也當大一統。這裡特別要提出來的是，董仲舒在宇宙本體觀的看法上，其重要的主張是將元氣視爲天地萬物的原質，這個元氣就是陰陽中和之氣，類似《易傳》的「太極」，他認爲「天地之常，一陰一陽」，[101]而「天地之氣，合而爲一，分爲陰陽，判爲四時，列爲五行」，[102]宇宙的化生，從相合爲一的元氣，分而爲陰陽二氣，然後爲四時，爲五行，而化生萬物。因此，

---

[98] 以上儒典引文，見《易微言》，卷下，頁684-692。

[99] 以上諸引文，見《易微言》，卷下，頁690、692、695。

[100] 見董仲舒《春秋繁露‧立元神》。引自蘇輿《春秋繁露義證》，卷六，北京：中華書局，1996年9月1版北京2刷，頁168。

[101] 見董仲舒《春秋繁露‧陰陽義》。引自蘇輿《春秋繁露義證》，卷十二，頁341。

[102] 見董仲舒《春秋繁露‧五行相生》。引自蘇輿《春秋繁露義證》，卷十三，頁362。

董仲舒的宇宙觀，仍然肯定氣化的宇宙觀。班固在律歷的主張上，也崇尚「一」的根源意義，「一」為元氣，為數之始。至於緯書，也是如此，以陰陽之氣源於「一」，「一」作為宇宙的本源，為物質之性。「一」之廣大神聖之性，即如天帝如北辰，也就是漢儒常說的「太一」，甚至與「太一」相混的「天一」。這樣的主張，雖未必是儒家原典的本義，卻是漢儒釋經的觀念所在，可以象徵為漢儒的思想。也就是說，漢儒普遍將「一」置於本根之位階，並具有元氣之質性，而這樣的主張，也是漢儒對易學在宇宙觀上的看法。

（四）諸子與黃老思想上的意義

惠棟引《韓非子》之言云「一」：

> 《韓非子‧揚權》曰：用一之道，以名為首，名正物定，名倚物徙，倚，偏倚；故聖人執一而靜。又曰：道無雙，故曰一。[103]

韓非以「道」為「一」，說明其弘大無形，恆定不變的本源特質。透過「道」為「一」，充份地掌握「一」的質性，而運用於治道之中。＜揚權＞指出「聖人執一以靜，使名自命，令事自定」，聖人或國君掌握了「一」，一切就自然走上正軌，國家社會也能夠達到安定清靜之境界。這個「一」就是「道」，它是政治原則、方法與秩序建立的根本。「一」與「多」對立而構成整體，韓非由此而為「貴一賤多」的思想架構，賦予「一」在「多」的世界裏的合理定位，而為其尊君、極權的政治思想作舖路。自然而和諧的「一」與「多」之關係，是「一」包含「多」；也就是「道」總括萬物、萬理，即「道者，萬物之所然也，萬理之所稽也」（＜解老＞），且「萬物各異理，而道盡稽萬物之理」（＜解老＞），故「道」（「一」）當是能派生萬物、定一切之理（「多」），並能完全主宰萬事萬物的。「一」的對立即「多」，「物」、「理」之時空有限，是多、偏、分、私的；物、理眾多，各具特性，變動不居，必然是全面之一偏、整體之某部分，是有限之個別，是有欲有為之私。藉由「道」的至高獨一之特性，導引出「貴一賤多」的觀念，反映在政治制度之思想上，即是塑造一個絕對「一」

---

[103] 見《易微言》，卷下，頁 690-691。

的君主，以統御眾臣萬民，亦即塑造一個專制獨裁的君主與政治體制。由於「明君貴獨道之容」，所以，凡「事在四方，要在中央，聖人執要，四方來效」，「察君之分，獨分也」（＜揚權＞），「獨行謂之王」（＜忠孝＞），「能獨斷者故可以為天下主」（外儲說右上），「霸王者，人主之大利也」（＜六反＞）。人主之利視之為公利、大利，超越了任何人的利益，而君主所執，又貴於獨有，必須把持「一」的完整性，進一步說，「一政而國治」（＜亡徵＞），求政事的統一，即其權力不可以被分割，否則將造成「一棲兩雄，其鬥」、「一家二貴，事乃無成」（＜揚權＞）、「兩主者可亡也」（＜亡徵＞）之嚴重現象。一切以「一」為基礎，所以除了上述之外：「國事務先而一民心」（＜心度＞），追求人心的統一；「一行其法」（＜八經＞）、「法莫如一而固」（＜五蠹＞）、「不一其審合，則姦多」（＜定法＞），要求執行法令的政治作為要統一；「塞私便而一功勞」（＜八說＞），要求賞罰的統一。「一」的用處在於一切的政治作為。「一」即「道」，而人格化則為君主，賦予君主合理的地位；「道無雙」，道「獨立無對」，君主也「獨立無對」，君權因之提高，至於無限。從這樣的進路可以體現韓非所言之「道」，置重於形下的政治場域，將「道」與「一」的聯結，也是在於建構其政治思想的理論，尋求合理的根據，使君權的獨貴獲得最佳的武裝與保證。

　　惠棟尚引秦漢諸家之說，包括如：

　　《家語・本命解》曰：分于道，謂之命。形于一，謂之性。
「道」與「一」為相對應或是互為聯繫的關係。形於一者稱為「性」。其它如：

　　《呂覽・論人》曰：游意于無窮之次，事心于自然之塗，若此則無以害其天矣。無以害其天則知精，知精則知神，知神之謂得一。凡彼萬形，得一後成。高注云：天，身也。一，道也。道生萬物，萬物得一，乃後成也。

　　《呂覽・大樂》曰：道也者，至精也。精，微。不可為形，不可為名。彊為之，謂之太一。故一也者制令，兩也者從聽。從聽，聽從。先聖擇讀為釋。兩法一，擇，棄也；法，用也。是以知萬物之情。故能以一聽政者，樂君臣，和遠近，說黔首，合宗親。能以一治其身者，

免于災，終其壽，全其天。天，身。能以一治其國者，姦邪去，賢
者至，成大化。能以一治天下者，寒暑適，風雨時，為聖人。故
知一則明，明兩則狂。

《淮南・原道》曰：道者一立而萬物生矣。是故一之理施四海，
一之解達也。際天地。至也。又＜天文＞曰：道曰規始于一，一而不
生，故分而為陰陽。陰陽合和，而萬物生。又＜精神＞曰：一生
二，二生三，三生萬物。高誘曰：一謂道也，二曰神明，三曰和
氣也。或說一者元氣也，生二者乾坤也。二生三，三生萬物，天
地設位，陰陽通流，萬物乃生。又曰：心志專于內通，達耦于一，
一者，道也。又＜詮言＞曰：一也者萬物之本也。無敵之道也。《文子》
敵作適，後人訓為主一者無他適，失之。

《管子・內業》曰：一物能化謂之神，一事能變謂之智。化不易
氣，變不易智，惟執一之君子能為此乎？執一不失，能君萬物。

《鶡冠子》曰：有一而有氣。陸佃注云：一者无氣之始。[104]

不論是《呂氏春秋》、《淮南子》、《管子》乃至《鶡冠子》，皆以「道」為
「一」，「道」生萬物，亦即「一」生萬物，「一」已成形，萬物萬形也皆
得一而後成，所以說「道者一立而萬物生」。這種思想是老子道論的延伸，
也是黃老思想的普遍主張。而在易學的論述範疇中，惠棟特別強調「一」
為元氣，一生二為乾坤，也就是陰陽二氣。在這些引述的材料中，可以
看到它們有一個共通之處，這個共通處即是晚近學者研究黃老學說的普
遍共識，將這些材料都視為黃老學說的重要內容，並且，黃老之學盛極
於兩漢，為兩漢時期普遍的學術氛圍或學術傾向，也就是說，以「道」
為「一」，或為具有物質性的「元氣」，是漢代學術思想上的普遍性論述，
惠棟基本上掌握了漢儒在這方面的主張，在易學的宇宙觀上也融入了這
樣的認識，所以，這樣的認識，並非惠氏所獨幟，而是在體現漢儒或是
漢代易學家的思想主張。學術的相互影響，特別是主流學術或是主流學
術傾向的影響尤甚，漢代各家學術並容，而黃老的影響也特別的廣泛，
包括兵家在內，甚至學者研究黃老學說，也把兵家視為一環，惠氏所舉

---

[104] 見《易微言》，卷下，頁 689-696。

如下：

> 《管子・兵法》曰：明一者王，察道者帝，通德者王。
>
> 《鬼谷子・陰符》曰：道者天地之始，一其紀也。又曰：道者神明之源，一其化端。
>
> 《六韜》：武王問太公曰：兵道何如？太公曰：凡兵之道，莫過乎一，一者能獨往獨來。黃帝曰：一者，階于道，幾于神，用之在于幾，顯之在于勢，成之在于君。故聖王號兵為凶器，不得已而用之。[105]

「道」包一切，體道則能掌握一切，而「道」為「一」，所以體「一」就能掌握用兵之道。黃老尚「一」，如黃老帛書《十大經・觀》提到「群群□□□□□為一囷。無晦無明，未有陰陽。陰陽未定，吾未有以名」，[106]以「道」之狀「如一囷」，為天地未成、陰陽未分時混聚昏冥的狀態，如同《文子・九守》所云「天地未形，窈窈冥冥，〔渾而為一，寂然清澄，重濁為地，精微為天，離而為四時〕，分而為陰陽」，「剛柔相成，萬物乃生」；[107]「為一囷」與「渾而為一」義近。又如黃老帛書《道原》提到「恒無之初，迵同大（太）虛。虛同為一，恒一而止。濕濕夢夢，未有明晦」，陳鼓應先生認為此「一」，即指先天一氣，也就是「道」；[108]此一氣作為宇宙之本源，是濕濕夢夢、混混沌沌的狀態。且「一者其號也，虛其舍也，無為其素也，和其用也。是故上道高而不可察也，深而不可則（測）也。顯明弗能為名，廣大弗能為刑（形）。獨立不偶，萬物莫之能令」；[109]「一」即「道」，同《淮南子・原道》「所謂無形者，一之謂也」，為哲學的最高範疇，它無名無形，沒有處所，所以它可大可小，可隱可顯，可出無入有，可在陽居陰，神秘莫測，變化萬端，獨一無二，萬物都離不開它。黃老學說對於「一」的論述極為普遍，甚至也發展成為修煉養生

---

[105] 見《易微言》，卷下，頁692、696。

[106] 見陳鼓應《黃帝四經今註今譯》，台北：臺灣商務印書館，1996年7月初版2刷，頁268。

[107] 見《文子・九守》。引自丁原植《《文子》資料探索》，台北：萬卷樓圖書有限公司，1999年9月初版，頁118。

[108] 《道原》之文，同陳鼓應之說，見陳鼓應《黃帝四經今註今譯》，頁470。

[109] 文見《道原》。引自陳鼓應《黃帝四經今註今譯》，頁474。

之術，如具有代表性的《太平經》也提到：

> 夫一者，乃道之根也，氣之始也，命之所繫屬，眾心之主也。[110]
> 一者，數之始也；一者，生之道也；一者，元氣之所起也；一者，天之綱紀也。故使守思一，從上更下也。[111]

以「一」作為「道」之本根，氣之始生，一切之源頭，一切之律則，並進一步強調「守一」作為修煉的重要方法，所以有「脩一却邪法」、「守一明法」、「守一入室知神戒」等篇章內容，並對守一之法予以高度的評價。[112]《太平經》守一，在於守精、氣、神三者合而為一，[113]此合三為一之概念，亦是漢儒常見的主張，這個主張，於易學則近於「太極元氣，函三為一」之說。這合三為一的概念，移後文再詳述。《太平經》這種思想，可以說是黃老思想後期的轉化，亦是道教對黃老思想的吸收與轉化，包括如《老子想爾注》中亦有類似的主張。[114]總之，黃老思想與易學思想，內容上有甚多相近的主張，而黃老又盛行於兩漢，所以，黃老的有關思想，某種程度上可以反映在易學思想上。

---

[110] 見《太平經‧脩一却邪法》。引自王明《太平經合校》，北京：中華書局，1997 年 10 月 1 版 5 刷，頁 12。

[111] 見《太平經‧五事解承負法》。引自王明《太平經合校》，頁 60。

[112] 見《太平經》諸篇；參見王明《太平經合校》，頁 12-13、15-16、409-423。《太平經》肯定守一之法的功效，在其佚文中多有論及，如《秘旨》所引，云：「守一之法，乃萬神本根，根深神靜，死之無門。」又云：「守一之法，與天地神明同。出陰入陽，無事不通也。」又云：「守一之法，先知天意，生化萬物，不言而理，功成不宰，道生久視。」又云：「守一之法，可以知萬端。萬端者，不能知一。夫守一者，可以度世，可以消災，可以事君，可以不死，可以理家，可以事神明，可以不窮困，可以理病，可以長生，可以久視。元氣之首，萬物樞機。天不守一失其清，地不守一失其寧，日不守一失其明，月不守一失其精，星不守一失其行，山不守一不免崩，水不守一塵土生，神不守一不生成，人不守一不活生。一之為本，萬事皆行。子知一，萬事畢矣。」相關的記載尚夥。有關佚文，見王明《太平經合校》，頁 739-743。

[113] 參見《太平經‧令人壽治平法》云：「三氣共一，為神根也。一為精，一為神，一為氣。此三者，共一位也，本天地人之氣。神者受之於天，精者受之於地，氣者受之於中和，相與共為一道。故神者乘氣而行，精者居其中也。三者相助為治。故人欲壽者，乃當愛氣尊神重精也。」（見王明《太平經合校》，頁 728。）

[114] 關於《太平經》與《老子想爾注》有關「守一」的思想，鄭國瑞先生《兩漢黃老思想研究》中也有作詳細的論述。（參見鄭國瑞《兩漢黃老思想研究》，台北：國立政治大學中國文學系博士論文，2003 年 6 月，頁 355-357、378-379。）

（五）「一」作爲易學範疇的明確定義

「一」在易學思想的範疇中，惠棟作了明確的定義：

> 一在《易》爲太極，在爻爲初。凡物皆有對，一者至善，不參以
> 惡，參以惡則二矣。又爲獨，獨者至誠也，不誠則不能獨。獨者
> 隱也，愛莫助之，故稱獨。一則貫，二則亂，故云其爲物不貳，
> 得一善則拳拳服膺。并一而不貳，所以爲積也。[115]

認爲「一」在易學思想的體系中，它代表「太極」，也就是爲宇宙的根源，爲萬有之本。而在一卦六爻爻位上，「一」則屬初爻，也就是卦爻之初始。[116]凡物皆有相對應的，難有純粹而獨一者，物有陰亦含有陽，陽中亦有陰，不易有純陰或純陽者，於人事亦同，如「榮辱與共」的道理，也是相對的常則。故求「一」不易，「一」則至極至善，純然而不蕪雜，獨一而無二，二則爲惡，破壞其惟善的原質。它既爲宇宙根源的「太極」，也如同《中庸》所說的「誠」，[117]所謂「誠者，天之道」，「誠者，物之終始」，[118]以誠爲宇宙之道，爲萬物的根源。惠氏以「一」又爲「獨」，所言有據，《方言》即以「一」爲「獨」。[119]「一」既爲純善，則能「獨」，獨善無惡則無須掩其惡，在任何時刻皆處於至誠無息的狀態，誠如宋代陳淳《大學章句》所云「造化流行，生育賦予，更無別物，只是個善而已」，[120]「一」善則一以貫之，拳拳服膺，不變其善，不雜其二，此即「一」爲「獨」爲「至誠」之義。因此，「一」不但可以作爲宇宙論的概念，也可以下放爲人事的律則，不論是人生修養、政治作爲等等，皆可以「一」爲釋。

---

[115] 見《易微言》，卷下，頁684。

[116] 惠棟引文云：「恒六五《象傳》曰：婦人貞吉，從一而終也。虞注云：一謂初。」（《易微言》，卷下，頁684。）即表明「一」在爻爲初。

[117] 《廣韻》云：「壹，誠也。」所以，惠氏以「一」爲「誠」，亦非妄言。

[118] 見《中庸》第二十章、二十五章。《中庸》言「誠」道者，包括第二十、二十一、二十二、二十四、二十六、三十二章，皆有廣泛論及。

[119] 《方言》，卷十二，云：「一，蜀也，南楚謂之獨。」章太炎《新方言·釋言》云：「《管子·形勢》曰：抱蜀不言。謂抱一也。」可見《方言》載楚地以「一」爲「獨」。

[120] 見陳淳《四書集注·大學章句》。轉引自來可泓《大學直解·中庸直解》，1999年2月1版2刷，頁51。

以「一」作爲易學上論述的範疇，惠棟並舉典籍與古說云：

> 《繫下》曰：天下之動，貞夫一者也。虞注云：一謂乾元。萬物
> 之動，各資天。一陽氣以生，故天下之動，貞夫一者也。又曰：
> 天下同歸而殊途，一致而百慮。又曰：天地絪縕，萬物化醇，男
> 女搆精，萬物化生。《易》曰：三人行則損一人，一人行則得其友。
> 言致一也。

> 《乾鑿度》曰：《易》變而爲一。鄭注云：一主北方，氣漸生之始，
> 此即太初之氣所生也。

> 又曰：《易》始于一。鄭注云：《易》本無體，炁變而爲一，故氣
> 從下生也。[121]

《易》根源於「一」，此「一」爲有形之氣，爲乾元資天之氣，也是一陽
動而由下而上升之氣；含有本原之義，也含有於爻爲初九之義。在本原
的概念上，不論是《乾鑿度》或是鄭玄的看法，都認爲「易」之原質本
無體，基本上是一種老本所說的「無」的傾向，然後由氣變而爲「一」，
這個氣就是太初之氣；也就是說，「一」是一種氣化的「有」，是一種物
質的存在，而「太極」爲「一」，所以太極也是一種「氣」的存在。這樣
的概念，前面已不斷的陳述，它是兩漢《易》家的普遍性甚至共同性的
主張，也是惠棟對漢儒的認識和自己在宇宙觀上的理解。

此外，揚雄的思想，也代表著漢代另類易學的思想，惠棟援引揚雄
的主張：

> 揚子《太玄》曰：生神莫先乎一。注云：玄始于一，玄道生神，
> 故生神無先，一也。

> 揚子《太玄》曰：常初一戴神墨，履靈武，以一耦萬，終不稷測。
> 曰戴神墨體一，形也。案：稷，側也。一，中也。以一耦萬，故
> 不偏側。[122]

揚雄將「玄」作爲宇宙的最高範疇，主要根源於《老子》的「道」，但是
與《老子》的「道」不同，因爲他的「玄」含有高度的物質元氣之傾向，

---

[121] 見《易微言》，卷下，頁 684、687。
[122] 見《易微言》，卷下，頁 687-688。

他指出「夫玄也者，天道也，地道也，人道也」，[123]「玄」為三者之合體，而始於「一」，體一而為有「形」，是一種元氣的物質之狀。

（六）太極元氣，函三為一

合三而為一的概念，在漢代普遍可以看到，前述揚雄的太玄思想，也是這樣的一種模式，而董仲舒也提出「三而一成」的主張，指出：

> 何謂天之大經？三起而成日，三日而成規，三旨而成月，三月而成時，三時而成功。寒暑與和，三而成物；日月與星，三而成光；天地與人，三而成德。由此觀之，三而一成，天之大經也，以此為天制。是故禮三讓而成一節，官三人而成一選。[124]

用「三而一成」來解析宇宙的結構，並為「三公、九卿、二十七大夫、八十一元士」[125]的王者官制進行論證，肯定「三合為一」為「天之大經」，為天所定之制度儀範，應當恪遵奉行。其合三為一的主張，目的並不在探究宇宙的主體結構，而是在為官僚制度確立背後的神聖根據，證明「官制象天」的神聖性。這樣的概念，到了後來的班固，也透過了天道觀來進一步地闡釋，指出：

> 王者受命為天地人之職，故分職以置三公，各主其一，以効其一。一公置三卿，故九卿也。天道莫不成於三。天有三光，日月星；地有三形，高下平；人有三尊，君父師。故一公三卿佐之，一卿三大夫佐之，一大夫三元士佐之。天有三光，然後能遍照。各自有三法。物成於三，有始、有中、有終，明天道而終之也。[126]

---

[123] 見揚雄《太玄·玄圖》。引自司馬光集注《太玄集注》，北京：中華書局，1998 年 9 月 1 版北京 1 刷，頁 212。

[124] 見董仲舒《春秋繁露·官制象天》。引自蘇輿《春秋繁露義證》，卷七，頁 216。

[125] 參見董仲舒《春秋繁露·官制象天》云：「王者制官，三公、九卿、二十七大夫、八十一元士，凡百二十人，而列臣備矣。吾聞聖王所取儀，法天之大經，三起而成，四轉而終，官制亦然者，此其儀與？三人而為一選，儀於三月而為一時；四選而止，儀於四時而終也。三公者，王之所以自持也。天以三成之，王以三自持。立成數以為植而四重之，其可以無失矣；備天數以參事，治謹於道之意也。此百二十臣者，皆先王之所與直道而行也。是故天子自參以三公，三公自參以九卿，九卿自參以三大夫，三大夫自參以三士。」引自蘇輿《春秋繁露義證》，卷七，頁 214-215。

[126] 見《白虎通·封公侯》。引自陳立《白虎通疏證》，卷四，北京：中華書局，1997 年 10

班固的「物成於三」，即董子的「三而一成」，而他們所言之「天道」或「天之大經」，都是用來服務於長期所流傳下來的三公九卿這套官制，爲了強調其權威性與神聖性，所以特別透過天道的思想來昭示。因此，以「一」這個數作爲宇宙的本原，由來已久，而以「三」這個成數作爲萬化過程中的重要概念的數，也是漢代思想家的慣用概念，如史遷提到「數始於一，終於十，成於三」，[127]「一」與「三」作爲聯結的兩個數，在漢儒的論述中普遍可以體現。

漢代學說思想在「三一」或「一三」數字意涵上形成最大聲勢者，主要表現在「三統說」與「三統歷」方面。「三統說」以殷時爲正白統，周時正赤統，而「春秋應天作新王之事，時正黑統」。[128]認爲天有三種「統致其氣」的方式，在夏歷正月朔，日躔營室，斗建寅之辰的時候致氣，通化萬物，萬物皆應而始萌，呈現黑色，是爲黑統；人間與之相應的朝代爲夏代。[129]天又在夏歷十二月朔，日躔虛，斗建丑辰的時候致氣，蛻化萬物，萬物皆應而始芽，呈白色，是爲白統；人世間與之相應的朝代是殷代。[130]又天在夏歷十一月朔，日躔牽牛，斗建子辰的時候致氣，施化萬物，萬物皆應而始動，呈赤色，是爲赤統；人世間與之相應的朝代是周代。[131]王者「受之於天」，「受命爲王」，都必須根據天統的啓示，「王

月 1 版北京 2 刷，頁 130-131。

[127] 參見《史記·律書》云：「音始於宮，窮於角；數始於一，終於十，成於三；氣始於冬至，周而復生。」

[128] 參見《春秋繁露·三代改制質文》。引自蘇輿《春秋繁露義證》，卷七，頁 186-187。

[129] 參見《春秋繁露·三代改制質文》云：「三正以黑統初，正日月朔於營室，斗建寅。天統氣始通化物，物見萌達，其色黑。」蘇輿則引《禮記·月令》云：「孟春之月，日在營室。」又注云：「孟春者，日月會於娵訾，而斗建寅之辰也。」（引自蘇輿《春秋繁露義證》，卷七，頁 191。）

[130] 參見《春秋繁露·三代改制質文》云：「正白統者，歷正日月朔于虛，斗建丑。天統氣始蛻化物，物始芽，其色白。蘇輿則引《禮記·月令》云：「季冬之月，日在婺女。」又注云：「季冬者，日月會於元枵，而斗建丑之辰也。」又《春秋感精符》云：「地統十二月建丑，地助生之端，謂之地統，商以爲正。」又《白虎通》云：「十二月之時，萬物始芽而白。白者陰氣，故殷爲地正，色尚白也。」（引自蘇輿《春秋繁露義證》，卷七，頁 193-194。）

[131] 參見《春秋繁露·三代改制質文》云：「正赤統者，歷正日月朔于牽牛，斗建子。天統氣始施化物，物始動，其色赤。」蘇輿則引《禮記·月令》云：「仲冬之月，日在。」

者必受命而後王。王者必改正朔，易服色，制禮樂，一統於天下」。[132]由黑而白而赤，循環反復，周而更始。每一統皆有自己的正朔，所以「三統」又稱「三正」；由於三正之始，萬物皆微，物色不同，所以「三統」又叫「三微」。惠棟認為「陽氣始施，萬物微而未著，故曰微」，並對三微與三統的有關論述，作了詳細的引文說明。[133]黑白赤三統又名天統、地統、人統，所以夏商周三正又叫做天正、地正、人正。三統著重於天的施化，而三正意在於人之副天。漢儒認為三統是「元」的逐一顯現，所以《漢書·律歷志》提到「元之三統也，三統合於一元」[134]之說。惠棟引董仲舒之言云：

> 董子《繁露》曰：惟聖人能屬萬物于一而繫之元也，故不及本所從來而承之不能遂其功。是以春秋變一謂之元，元猶原也。其義以隨天地終始也。《繫上》曰：原始反終。故人惟有終始也，而生死必應四時之變。原始反終，故知死生之說。說，舍也。故元者為萬物之本，而人之元在焉。[135]

「元」的意義，按照董子之說，乃「隨天地終始」，「為萬物之本」的「氣」，為「原」也為「一」，也是哲學家所探述的宇宙之本原本根，是一種氣化的存在。元之三統，或三統一元的概念，也就是一即三，或三即一的意思。

　　三統說經過劉歆等歷數家的鼓吹而具體地呈現在其三統歷之中，他結合具有科學性的天文數據，以及《周易》與《春秋》中的思想，使三與一的關係，又有新的面貌產生。劉歆談到「備數」時提到：

> 數者，一、十、百、千、萬也；所以算數事物，順性命之理也。《書》曰「先其算命」，本起於黃鐘之數，始於一而三之，三三積之，歷

又注云：「仲冬者，日月會于星紀，而斗建子之辰也。」又《春秋感精符》云：「天統十一月建子，天始施之端也。謂之天統者，周以為正。」又《白虎通》云：「十一月之時，陽氣始養根株。黃泉之下，萬物皆赤，赤者之氣也。故周為天正，色尚赤也。」（引自蘇輿《春秋繁露義證》，卷七，頁 194。）

[132] 括弧引文參見《春秋繁露·三代改制質文》。引自蘇輿《春秋繁露義證》，卷七，頁 184-185。

[133] 參見《易微言》，卷上，頁 649-652。

[134] 見《漢書·律歷志》。轉引自惠棟《易微言》，卷上，頁 622-623。

[135] 見《易微言》，卷上，頁 622。惠氏所引，見《春秋繁露·玉英》。

十二辰之數，十有七萬七千一百四十七，而五數備矣。[136]

數「本起於黃鐘之數」，即起於一，也就是黃鐘之數爲「一」，所以孟康認爲「黃鐘，子之律也；子數一。泰極元氣，含三爲一，是以一數變而爲三也」。[137]「始於一而三之」，其「三之」即乘以三，以一中含有三，也就是「含三爲一」，所以「一而三之」，透過「三之」來開展一的內涵，「三三積之」，而「歷十二辰之數」，也就是將三之乘積開展十二次（一乘以十一個三），即：

$$1*3*3*3*3*3*3*3*3*3*3*3=177147$$

劉歆相信這就是「順性命之理」，所得之數就可備「備數、和聲、審度、嘉量、權衡」[138]等五數，也可命百事，極盡天地之妙。劉歆進一步指出：

> 太極元氣，函三爲一。極，中也。元，始也。行於十二辰，始動於子；參之，於丑得三；又參之，於寅得九；又參之，於卯得二十七；又參之，於辰得八十一；又參之，於巳得二百四十三；又參之，於午得七百二十九；又參之，於未得二千一百八十七；又參之，於申得六千五百六十一；又參之，於酉得萬九千六百八十三；又參之，於戌得五萬九千四十九；又參之，於亥得十七萬七千一百四十七。此陰陽合德，氣鐘於子，化生萬物者也。故孳萌於子，紐牙於丑，引達於寅，冒茆於卯，振美於辰，巳盛於巳，咢布於午，昧薆於未，申堅於申，留孰於酉，畢入於戌，該閡於亥。出甲於甲，奮軋於乙，明炳於丙，大盛於丁，豐楙於戊，理紀於己，斂更於庚，悉新於辛，懷任於壬，陳揆於癸。故陰陽之施化，萬物之終始，既類旅於律呂，又經歷於日辰，而變化之情可見矣。[139]

「太極元氣」即混成太極的原始之氣，其所爲之「氣」，至大至正，至先至廣，爲宇宙萬物的本原，或稱爲「太極」，或稱爲「元」，或稱爲「一」。太極元氣之所以能夠化生萬物，在於它「函三爲一」。以「一」爲原始，

---

[136] 見《漢書·律曆志》，卷二十一上，頁 956。
[137] 孟康注，見《漢書·律曆志》，卷二十一上，頁 957。
[138] 參見《漢書·律曆志》，卷二十一上，頁 956。
[139] 見《漢書·律曆志》，卷二十一上，頁 964-965。

爲本根，而此「一」又含有「三」，所含之「三」又含「三」，這樣的推演歷程，所以能夠化生萬物。太極元氣化生萬物的過程稱爲「行」，它行於十二辰，歷經全部的時空坐標，由子辰時爲一，而後展開其內涵，丑辰而爲三，丑辰的三，每一個也都是涵三之一，而後寅辰爲九、卯辰爲二十七，以此類推，至最後一辰亥辰得十七萬七千一百四十七，是爲萬物之數。劉歆將「氣」與「數」作聯結，以數的變化來表述萬物的演化形成，認爲萬物之數或萬數之物，是元氣之一分爲三再分爲三而逐步分化形成，它是「孳萌於子」，「出甲於甲」的漸進歷程。他同時套用《周易》的思想語言，如云「陰陽合德」，云「陰陽之施化」，但是他始終並未具體的表明在一分爲三的過程中，陰陽是如何的合德、如何的施化？而是著重於將天干地支的讀音或字形，同植物的生長過程相湊在一起，所以有所謂「冒茆於卯」、「斂更於庚」之言。但是，不管如何，純粹從「太極元氣，函三爲一」的概念上去理解，宇宙的本體太極同於元氣，太極並與元氣合爲一個範疇，而「太極元氣」在未分化以前即包含著天地人生成的元素而渾爲一體。

　　惠棟以「太極」作爲宇宙本原的論述內容時，特別不斷地引用劉歆《三統歷》「太極元氣，函三爲一」的說法，《周易述》中解釋經傳時，至少引用此言七次以上，而《易微言》中也至少有兩次。舉其重要者，如《易微言》云：

> 《三統歷》曰：太極元氣，含三爲一。《後漢書》郅惲曰：含元包一。又曰：始于一而三之。又曰：十一月乾之初九，陽氣伏于地下，始著爲一。又曰：經元一以統始，《易》太極之首也。[140]

釋復卦時指出：

> 《象傳》曰復其見天地之心，董子以二至爲天地之中，云中者天地之太極。《三統歷》曰：太極元氣，函三爲一。一，元也。極，中也。即復之初也。[141]

釋《彖傳》「大哉乾元，萬物資始，乃統天」時，指出：

---

[140] 見《易微言》，卷上，頁 588-689。
[141] 見《周易述》，卷四，頁 109。

隱元年《公羊傳》曰：何言乎王正月，大一統也。何休注云：統者，始也。元亦始也。王者所以通三統，故云「統，始也」。大衍之數五十，謂日十、辰十二、星二十八，三辰之數凡五十也。三辰合于三統，三統會于一元，故《三統歷》曰：太極元氣，函三為一。一即天、地、人之始，所謂元也。《乾鑿度》曰：易始于一，謂太極也。分于二，謂兩儀也，通于三，謂三才也。故三才之道兼之為六畫，衍之為大衍，合之為太極，太極函三為一，故一不用，其用四十有九也。六十四卦、萬一千五百二十筴，皆取始于乾元，荀義也。二篇六十四卦，萬一千五百二十筴，當萬物之數，《象傳》所稱萬物，即二篇之筴也。《說文》曰：道立于一，化生萬物。故萬一千五百二十筴皆取始于乾元。《呂氏春秋》曰：凡彼萬形，得一後成。董子以元為萬物之本，又以天、地、人為萬物之本，亦此義也。何休注公羊曰：元者，天地之始，故乾坤皆言元。《春秋》正月、二月、三月，三代稱元，是統天之義。……《荀子·君道篇》曰：四統者俱，而天下歸之；四統者亡，而天下去之。又〈議兵篇〉曰：未有本統。統皆訓為本。〈郊特牲〉曰：萬物本乎天。故筴受始于乾，猶萬物之生本乎天也。[142]

釋《繫辭上傳》「繼之者善也，成之者性也」云：

乾為善，乃乾元也。《三統歷》曰：太極元氣，函三為一。三謂酉、戌、亥。故云三氣相承，合于一元，謂太初、太始、太素之氣也。《三統歷》又云：元者，善之長也。共養三德為善。孟康《漢書》注云：謂三統之微氣也。當施育萬物故謂之德。《三統歷》又云：元，體之長，合三體而為之原，故曰元。三統合于一元，是其義也。[143]

在這裡要重申，惠氏肯定劉歆之說，並認同「太極」同於「元氣」，二者同為一個範疇。「函三」為含天、地、人三者，即太極元氣在未分化以前，包含著天、地、人生成的元素而渾然一體，所以，惠氏不斷提到「太極

---

[142] 見《周易述·彖上傳》，卷九，頁 220-221。

[143] 見《周易述·繫辭上傳》，卷十五，頁 401-402。

元氣，函三爲一；三才合于一元」，[144]太極元氣合三者而爲一，也就是太極元氣爲「一」，細言之則太極爲「一」，元氣亦爲「一」，即其所言「太極元氣，函三爲一；一，太極也」。[145]宇宙的根本就是「太極元氣」，也就是這個「一」。數始於一，萬物之化亦始於一，陰陽之變亦始於一，陽氣始著即乾之初九，或是復卦之一陽，爲太極之首，這是就爻位而言。《易》「六十四卦、萬一千五百二十筴，皆取始于乾元」，也就是說，易卦之演化與策數之生成，皆始於乾元，乾元本乎天，所以說「萬物本乎天。故筴受始于乾，猶萬物之生本乎天也」。天、地、人三才合氣於一元，亦即太初、太始、太素之氣合爲一氣，也就是「三氣相承，合于一元，謂太初、太始、太素之氣也」；藉由「太極元氣，函三爲一」，將「太初、太始、太素」的宇宙化生系統作了聯繫，而這樣的聯繫可以得知「太初」、「太始」、「太素」三者也屬於「氣」的範疇，並且三者合爲元氣。惠氏「函三爲一」的宇宙觀，是漢儒在這方面主張的再現，但是，惠棟並沒有作更細膩的闡發或進一步再造，只停留在概括的引述。

六、成既濟定的理想境域

宇宙萬化，「一陰一陽之謂道」，陰陽二氣的轉化而生生不息，形成萬物萬象，一切都是陰陽二氣所形成的相互聯繫、相互照應的效果，所以朱熹強調「大而天地萬物，小而起居食息，皆太極陰陽之理」，[146]陰陽二氣在變化與創造的結果，呈現出萬象的不同面貌。以陰陽二氣作爲宇宙化生的主要元素，二氣的變化，其最佳的狀態與理想的境域，在於謀得陰陽二氣交感的和諧，誠如《繫辭上傳》所言「剛柔者，晝夜之象也」，也如《禮記‧祭義》所說「日出於東，月生於西，陰陽長短，終始相巡，以致天下之和」，陽剛陰柔的變化，能得其適所，如呈現其晝夜之象、日月之行的和諧規律一般，晝夜、日月行之有道，天道陰陽處於和諧互動

---

[144] 見《周易述‧繫辭下傳》，卷十七，頁 475。
[145] 見《周易述‧繫辭上傳》，卷十六，頁 427。
[146] 見黎靖德編《朱子語類‧性理三》，卷六，北京：中華書局，1999 年 6 月 1 版北京 1刷，頁 99。

的狀態，貫通於人事，天地萬物始能蓬勃發展，不斷繁衍相襲，所以說「陰陽合德，而剛柔有體」，[147]陰陽「二氣感應」，「天地感而萬物化生，聖人感人心而天下和平」即是一種天地陰陽相感、和諧相應、各處正位的理想思想。

　　陰陽消長變化，一旦「陰不之化，陽不之施，萬物各唫」，[148]「陰氣章強，陽氣潛退，萬物將亡」，[149]此陰陽對待轉化失調失序，陰陽不施不化，萬物閉塞而不貫通，陰強而陽退，則萬物將消亡。所以說，「天失陰陽則亂其道，地失陰陽則亂其財，人失陰陽則絕其後，君臣失陰陽則其道不理，五行四時失陰陽則爲災」，[150]陰陽雙方不調和或不平衡，便會亂天道，亂地財，人絕後，君臣其道不理，五行四時發生災異。陰陽的和諧或失序，造成截然不同的結果，因此，必須尋求一種和諧共生的理想對待關係。這種陰陽的交感變化、和諧共生的對待關係，落實在卦爻的變化上，即是期盼一種「成既濟定」的理想狀態。

　　一卦六爻，初、三、五爲陽位，當由陽爻居之，二、四、上爲陰位，當由陰爻居之，惠棟根本虞翻之說，重視陰陽之當位，即陰陽氣化之合於正道，對於非當位者，則使之變正而處正道。六十四卦中，惟既濟䷾一卦六爻均陰陽當位，體現出陰陽氣化的和諧與最佳狀態。《周易述》中雖缺既濟卦，但對於虞翻之說，惠氏當能貫通述用，江藩承惠氏之義，於《周易述補》中引虞氏之言釋既濟卦，指出「六爻得位，各正性命，保合太和，乃利貞」，並進一步解釋云：

> 六爻得位，陰陽氣通，故亨。各正性命，保合太和，乃利貞，乾《象》也。乾變坤化，乾五之坤，坤二之乾，成既濟定。……各能還其本體，故云保合太和，乃利貞也。[151]

既濟者，爲「陰陽之大樞」，[152]六爻均陰陽當位，各得其位，所以有天下

---

[147] 見《繫辭下傳》文。

[148] 見揚雄《太玄·唫》。引自司馬光《太玄集注》，卷五，頁 117。

[149] 見揚雄《太玄·逃》。引自司馬光《太玄集注》，卷四，頁 102。

[150] 見《後漢書·襄楷列傳》，卷三十下，注引《太平經》，頁 1084-1085。

[151] 見江藩《周易述補》。引自廣文書局本《惠氏易學》，頁 845-846。

[152] 劉沅云：「故既濟者，陰陽之大樞也。《序卦》，有過物者必濟，故受之以既濟。謂有餘而後濟耳。」轉引自馬振彪《周易學說》，卷六，廣東：花城出版社，2002 年 1 月 1 版

既平，萬事既定之象。既濟以六爻得位，爲象徵著主宰宇宙萬事萬物的陰陽平衡發展的乾道之具體體現，也象徵著不論是政治或是社會現象上，君臣尊卑有等，萬事萬物各就其序，各當其位，各司其職，國泰民安，天下平和，並進一步達到「保合太和」的理想之境。既濟之成，正是反映出陰陽之氣交感通宜、各安其位的呈現，從形式上來看，既濟之定，是透過乾陽坤陰的變化而來，乾坤二五交感互位，各歸其本位，各顯其本體，以成既濟定。因此，惠棟在述《易》的過程中，特別重視「成既濟定」的概念，也正反映出他對陰陽交感的和諧理想的期盼，也對宇宙化生的最佳狀態的企求。所以，《周易述》中，以此概念爲述者，至少出現百次以上。

惠棟在釋乾卦時，曾指出「《經》惟既濟一卦，六爻正而得位，故云剛柔正而位當。乾用九，坤用六，成既濟定，《中庸》所謂「致中和，天地位焉，萬物育焉」是也，此聖人作易之事也」。[153]明白地指出六十四卦惟既濟一卦陰陽已然定位，剛柔得正，而乾坤二卦，亦可透過「乾變坤化」，陰陽交感，進而「成既濟定」，到達如《中庸》所說的「天地位焉，萬物育焉」的中和之道。對於不正者，必須藉由「動」而使之正，也就是順應陰陽氣化本然之性，使之得其正位，使之行於正道。這樣的「動」，是一種積極的作爲，也是一種理想圓融的追求，下落在卦爻之中，則是爻變的形式運作。例如釋屯▆卦，云：

> 三動成既濟，故陰陽氣通。虞氏曰：三動反正，故十年乃字，謂成既濟定是也。[154]

三爻陰處陽位而不正，三動反正而成既濟，如此陰陽氣通，於難生之中，「動乎險中」而能「大亨貞」。[155]又，釋履▆卦上九云：

> 三位不當，故視履皆非禮，上亦失位，兩爻易位，各反于正，故其旋元吉。二、四已正，三、上易位，成既濟，故《傳》曰：大

---

1 刷，頁605。

[153] 見《周易述》，卷一，頁3。
[154] 見《周易述》，卷一，頁19。
[155] 括弧之文，見屯卦《象傳》。

有慶也。[156]

三位不當，以陰爻處陽位，履非其位，竊據眾陽，以陰柔害物，志不可測，剛愎自用，寖成尾大不掉之憂，故此視履而不依禮；而相應之上爻亦失其位，則動而之正，可省災異之禍，也可使眾祥並至，所以「其旋元吉」，「成既濟」而「大有慶也」。又，釋泰䷊卦卦辭云：

> 二、五失位，二升五，五降二，天地交，萬物通，成既濟定，故吉，亨。[157]

泰卦二、五兩爻居中而失位，則循陽升陰降之氣化典範，陽二升五，陰五降二，如此一來，天氣下，而地氣上，陰陽交而萬物通泰，上下交而能同其志，如同君臣之關係，上下志通，此萬民之泰，陰陽各得其所，則天下和平。此亦成既濟之理想境域。又如釋隨䷐卦卦辭，注云：

> 陰隨陽，故名隨。三、四易位，成既濟，故元、亨、利、貞，无咎。

疏云：

> 杜預《釋例》曰：婦人無外，於禮當繫夫之諡，以明所屬，皆是婦繫夫之事；故初九、九四、九五，比之「小子」、「丈夫」也。隨家陰隨陽，夫婦之道，故九五「孚于嘉，吉」。《傳》曰：君子以嚮晦入宴息，夫婦之道。而以既濟言者，夫婦者，君臣、父子之本，正家而天下定，故《中庸》曰：君子之道造端乎夫婦，及其至也，察乎天地。是言既濟之事也。

隨卦三、四非正，動而使之正，則能明其婦隨夫之道；夫婦之道以正，則家齊而父子、君臣之道行，天下也得以安定。陰陽正則夫婦之道正，而君子之道亦同，「察乎天地」之變，隨時而動，從宜適變，使循正道而行，則可成既濟、臻於「元、亨、利、貞」的理想。又如釋隨䷐卦上六「王用亨于西山」，云：

> 言太平封禪之事。三、四易位，成既濟定，亦是太平功成，故云既濟，告成之事也。盧植注《禮器》云：封太山，告太平，升中

---

[156] 見《周易述》，卷二，頁51。

[157] 見《周易述》，卷二，頁52。

和之氣于天，王者致中和，天地位，萬物育，故升其氣于天，亦
是既濟之事也。[158]

同卦三、四兩爻非正其位，此文王爲西山諸侯，拘於羑里，困窮哀思，
以待時勢之變，則太平封禪之事定，中和之氣普及天下，所以成既濟定，
而能「致中和，天地位，萬物育」。又如釋臨䷒卦卦辭「元亨利貞」，云：

二陽升五，臨長羣陰，故曰臨三動成既濟，故元、亨、利、貞。

進一步解釋：

陽息稱大，坤虛无君，二當升五，以臨羣陰，卦之所以名臨也。
二升五，三動成既濟，故云元、亨、利、貞也。

釋六五云：

臨之九二有中和美異之行，應于五位，故曰百姓欲其與上為大君，
皆言二升五之義，故云大君謂二也。以乾通坤，故曰知臨二居五
位，而施大化，成既濟之功，是大君之宜，故曰吉也。[159]

二、五中位皆不正，則二當升五，又三動之正，使之陰陽正位，陽處五
位，以臨羣陰，君隨天下，以施大化，此即既濟之功，所以「元、亨、
利、貞」。其它如釋无妄䷘卦卦辭，云：

三、上易位，成既濟。乾升為雲行，坤降為雨施，品物流形，羣
生暢遂，此神農既濟之時也，故曰「元、亨、利、貞」。卦有既濟
之道，而名无妄者，以三、上二爻耳。[160]

如釋家人䷤卦九三，云：

爻得位者不言變，今三動受上者，《象傳》曰：正家而天下定，謂
既濟也。此卦五爻得位，所較上爻耳。三動受上成既濟，則六爻
皆正，所謂正家而天下定也。[161]

无妄卦，三、上爻位不正，使之陰陽當位，則能雲行雨施，品物流形，
行其既濟之道。家人卦，三爻得位而不言變，此《易》之常例，而三與
上相對應，上非正位，使之正，即「三動受上」，則六爻皆正而成既濟定，

---

[158] 釋隨卦三處引文，見《周易述》，卷三，頁77-78、82。
[159] 三處引文，見《周易述》，卷三，頁86、88-89。
[160] 見《周易述》，卷四，頁111。
[161] 見《周易述》，卷五，頁157。

此家正而天下定。

　　從前面這些例子可以看出，陰陽交感的終極理想或是最佳狀態，是一種成既濟定的狀態，也是人們所企盼的宇宙氣化所創造的境域。誠如《禮記・樂記》所言，「天地訢合，陰陽相得，煦嫗覆育萬物」，陰陽變化有其一定的規律與定位，順應與掌握這自然的變化規定，終能獲得中和的歸宿。此外，從前述例子中也可明顯地看到，惠棟特別強調陽升陰陽的爻變而成為既濟定的模式，又如注《繫上》「而道濟天下，故不過」時，云：

> 乾為道，乾制坤化，陽升陰降，成既濟定，故道濟天下。六爻皆正，故不過也。[162]

進一步解釋云：

> 陽道制命，坤化成物，故乾制坤化。乾二升坤，坤五降乾，陽升陰降，成既濟定，故道濟天下也。過，過失。六爻皆正，而无過失，故不過也。[163]

陽升陰降，成既濟定，而能道濟天下。這樣的觀念，就陰陽對待的關係，從陽升陰降的方式看來，反映出《易傳》以來的陽尊陰卑的的關係，誠如王弼在《周易略例》中提到「位有尊卑，爻有陰陽。尊者，陽之所處，卑者，陰之所履也。故以尊為陽位，卑為陰位」，[164]這種尊卑貴賤的觀念，也是陰陽變化的一種規律與常性。

　　另外，成既濟定的理想境域下，還有一個重要的概念，即是「元、亨、利、貞」這四德，惠棟在《易例》中，列「元亨利貞大義」之易例，云：

> 「元、亨、利、貞」，乃二篇之綱領。魏晉已後，註易者皆不得其解。案革象辭曰：已日乃孚，元、亨、利、貞，晦亡。虞翻註云：悔亡，謂四也。四失正，動得位，故悔亡。離為日，孚謂坎，四動體離，五在坎中，故已日乃孚。已成既濟，乾道變化，各正性

162　見《周易述》，卷十三，頁 395。

163　見《周易述》，卷十三，頁 398。

164　見王弼《周易略例・辯位》。引自樓宇烈校釋《王弼集校釋》，北京：中華書局，1999年 12 月 1 版北京 3 刷，頁 613。

命，保合太和，乃利貞，故「元、亨、利、貞，悔亡」；與乾象同
義。又乾《文言》曰：時乘六龍，以御天也。雲行雨施，天下平
也。荀爽注云：乾升于坤，為雲行，坤降于乾，為雨施。乾坤二
卦，成兩既濟，陰陽和均，而得其正，故曰「天下平也」。是漢已
前解四德者，皆以既濟為言，莊三年《穀梁傳》曰：獨陰不生，
獨陽不生，獨天不生，三合然後生。《乾鑿度》曰：天地不變，不
能通氣。鄭玄注云：否卦是也。又曰：陰陽失位，皆為不正。注
云：初六，陰不正；九二，陽不正。故虞翻注下《繫》云：乾六
爻，二、四、上非正，坤六爻，初、三、五非正，蓋乾必交坤，
而後亨；爻必得位，而後正。若四德專謂純乾，獨陽不生，不可
言亨。二、四、上爻，不可言貞，既非化育之常，又失用九之義。
[165]

從這段話，可以看出，惠氏認為兩漢言「元、亨、利、貞」者，是就成
既濟定而言，而要能成此四德者，必須陰陽交感和諧，各得其正，各居
其所當位，而能雲行雨施，化育萬物。因為任何一切的生成，必須陰陽
二者共行，交感共生，獨陰或獨陽皆不足以成物，而且，陰陽之交感，
必在其處於正位，行其所宜，方可化育天下。惠氏又特別列舉「元亨利
貞皆言既濟」這個《易》之常例，並且明白指出「卦具四德者七，乾、
坤、屯、隨、无妄、革，皆言既濟」，[166]同時，在釋屯䷂卦時，也提到：

卦二、五得正，而名屯者，以二乘初剛，五夅于上，不能相應，
故二有屯如之難，五有屯膏之凶，名之曰屯也。三變則六爻皆正，
陰陽氣通，成既濟之世，故云「元、亨、利、貞」。卦具四德者七：
乾、坤、屯、隨、臨、无妄、革，皆以既濟言也。[167]

屯卦三爻非正，變而使之正，則陰陽通氣和諧，而成既濟定之世，所以
屯卦卦辭云「元、亨、利、貞」。惠氏認為六十四卦中，卦具此四德者有
乾䷀、坤䷁、屯䷂、隨䷐、臨䷒、无妄䷘、革䷰等七卦，也就是說此七

卦當然爲既濟定之卦，亦即成既濟定者，必具此四德。例如惠棟在釋乾卦時，詳細地指出：

> 元，始；亨，通；利，和；貞，正。子夏義也。元，始，《釋詁》文。亨者，乾坤交也，乾天坤地，天地交爲泰。《序卦》曰：泰者，通也，故知亨爲通也。《說文》曰：利，從刀，和然後利，從和省。《文言》曰：利者，義之和也。又曰：利物足以和義，故知利爲和也。貞，正也者，師《象傳》文。乾初謂初九也。初，始也，元亦始也。何休注《公羊》曰：元者，氣也；天地之始，故《傳》曰：大哉乾元，萬物資始。《說文》曰：元從一，故《春秋》一年稱元年。《說文》又曰：唯初大始，道立於一，造分天地，化生萬物。董子《對策》曰：謂一爲元者，視大始而欲正本，是乾初爲道本，故曰元也。初九注云：大衍之數，虛一不用，謂此爻，故謂之道本。乾、坤消息之卦，乾息坤消，息至二當升坤五爲天子，乾坤交通，故亨。經凡言亨者，皆謂乾坤交也。乾六爻，二、四、上匪正，坤六爻，初、三、五匪正，虞翻義也。二、四、上以陽居陰，初、三、五以陰居陽，故皆不正，乾變坤化，六爻皆正，故各正性命。乾爲性，巽爲命也。乾坤合德，六爻和會，故保合太和。正即貞，和即利，故乃利貞。《傳》曰「利貞，剛柔正而位當也」者，既濟《象傳》文。六爻皆正，故剛柔正而位當。《經》凡言「利貞」者，皆爻當位，或變之正，或剛柔相易。《經》惟既濟一卦，六爻正而得位，故云剛柔正而位當。乾用九，坤用六，成既濟定，《中庸》所謂「致中和，天地位焉，萬物育焉」是也，此聖人作易之事也。[168]

乾、坤各有三個爻位不正，以乾變坤化，二氣相交，六爻皆得正位，陰陽之氣各處當所，各正性命，具備元始、亨通、和順、貞正之德，而能保合太和，天地位而萬物育。宇宙萬物無不自然而相與爲變化，物質始基於「元」，其內部包含著陰陽兩種對立而相互消長的變化因素，在天地山澤雷風水火等自然物功能的動盪下，有雷霆鼓動之，風雨滋潤之，日

---

[168] 見《周易述》，卷一，頁1-3。

往月來，一寒一暑，稟受乾陽之氣，乃生成陽物，稟受坤陰之氣，則生陰物，天乾健，萬物資以始出，地坤順，萬物資以生成，然後能變化生成所有的萬物。「元、亨、利、貞」則爲其生成的典範，也是陰陽交感成既濟定所呈現的必然德性。至於四德之義：

元者，《爾雅・釋詁》作「始也」，董仲舒《春秋繁露》以「元猶原也」，「隨天地終始」，爲「萬物之本」，[169]《文言》爲「善之長」，《春秋》以元年爲「何君之始年」，[170]即一年稱元年，何休稱爲元氣，乃至《呂氏春秋・名類》作「與元同氣」，《通典》作「一」而爲「氣之初」，《春秋命歷序》、《元命包》、《說題辭》等亦皆作元氣解，[171]這些解釋，都具有本始、本原或本體的意義，所以乾元者，「萬物資始」。

亨者，《子夏傳》作「通」，爲「乾坤交也，乾天坤地，天地交爲泰」，即交泰、亨通，所以《文言》作「嘉之會也」。

利者，《子夏傳》作「和」，《說文》云「和然後利」，《文言》作「義之和」，並云「利物足以和義，故知利爲和也」。所以，「和」可以視爲一種陰陽二氣交融統一的狀態。

貞者，晚近學者普遍認爲作「卜問」更具原始義，而惠氏則採《子夏傳》作「正」解。《文言》指出「貞固足以幹事」，亦有「正」之義。

「元、亨、利、貞」所呈現的是事物的本始、本原之氣，在流通會合中，陰陽適均，交融統一，和諧當位，的理想狀態。《繫辭傳》所謂「天地絪縕，萬物化醇，男女構精，萬物化生」，表述出陰陽二氣的交感，必和於「元、亨、利、貞」之德，萬物方得以化生，方得達「成既濟定」之境。孔穎達《正義》也指出：

> 此言卦之德有純陽之性，自然能以陽氣始生萬物而得元始、亨通，能使物性和諧，各有其利，又能使物堅固貞正得終。……聖人亦當法此卦，而行善道，以長萬物，物得生存而爲「元」也。又當以嘉美之事，會合萬物，令使開通而爲「亨」也。又當以義協和

---

169 見董仲舒《春秋繁露・重政》。引自蘇輿《春秋繁露義證》，卷五，頁147。
170 見惠棟《易微言》，卷上，頁618。
171 參見惠棟《易微言》，卷上，頁619-621。

萬物，使物各得其理，而為「利」也。又當以貞固幹事，使物各
得其正，而為「貞」也。[172]

「元、亨、利、貞」可以視爲透過氣化而萬物生長的四個階段，亦即使
萬物生存、通達、具有條理和堅固完善的四種德行，聖人法此陰陽之道，
得以長萬、會合萬物、協和萬物、終而物皆能各得其正。總而言之，陰
陽二氣，交感變化，以生成萬物，其最佳的理想狀態，是陰陽各正其位，
和諧通感，使具「元、亨、利、貞」四德，而致既濟之境域。

惠棟的宇宙觀思維，整體而言，並沒有建立一個有條理的嚴密論述
系統，所以顯得支離而蕪蔓。惠氏以象數爲專，慣以象數釋義，從象數
的論述內容中過濾其宇宙觀的哲學思想，仍然無法拭去其象數的本色。
惠氏重視考據的論述方式，兼採眾說，爲其必然的作爲，大抵而言，惠
氏所採用的內容，同質性相近，所以在命題的論述上，不致有太多相互
扞格的現象；並且，諸說並舉，也可以看出那個時期學術思想的共同傾
向以及觀點上的差異情形。不過，這樣的廣擄博引，特別是《易微言》
的引述，或許可以作爲一個時代的普遍觀點，但不見得能夠完全代表《周
易》的實質內涵。

中國傳統宇宙觀有太極分陰陽的二分之說，亦有「函三爲一」的三
分之說，二者在兩漢並行，並且有一家而二說混言者。惠棟引用劉歆《三
統歷》「太極元氣，函三爲一」的三分之說，事實上是漢儒所極力倡言者，
如董仲舒、揚雄與劉歆等人。同時，惠棟也肯定太極生兩儀（陰陽）這
個二分之系統，但是，惠棟同劉歆一般，並沒有有條理、系統化而深刻
地將二者作聯結，形成蕪雜而蔓生之嫌。

以「太極」作爲宇宙化生的本原，惠棟強調的是一種「氣」的存有，
這是漢代易學家卦氣思想下的一貫主張。「氣」有未分有已分，未分爲「一」
爲「太一」爲「太極」，已分則爲陰陽爲天地；不管是未分或已分，其本
質仍是「氣」。惠棟以「道」爲「太極」，而「太極」又爲「一」、又爲「太

---

[172] 見孔穎達《周易正義》。引自台北：藝文印書館十三經注疏本《周易注疏》，卷一，頁
8。

一」，是一種物質屬性的「氣」的存在。這樣的說法，與兩漢時期普遍的氣化宇宙論之主張相近。又以「太極」即「太一」，其天神之性、北辰之星格，也合於漢儒的一般說法。

在太易化生的宇宙觀裡，惠棟揀選《易緯》之說，並對有關主張作了某種程度的改造，並不具有像《乾鑿度》那般強烈地由無而有的化生歷程。「太易」以「未見氣」呈現，仍屬於一種混沌不明的「氣」的狀態，與「太極」所反應出的元氣樣態相同。惠氏肯定宇宙萬物的生成，是由無形而至有形的變化過程，「無形」不是老子道論的純粹的「無」，而是一種無形之「氣」。所以整體的宇宙論思維，是一種氣化過程的宇宙觀。

宇宙化生的體系，有形之物皆由無形而生，乾坤主宰有形之物的形成，乾元始動，坤元始生，體現陰陽二氣的「有」的作用。所以乾坤二者，在宇宙觀中佔有舉足輕重的地位，《易傳》如此認為，而《易緯》乃至漢儒《易》說更是如此，惠氏在這方面的論述，是漢《易》的呈現。

「道」的本然屬性，惠氏概括秦漢以降的重要說法，以陰陽合氣謂之道，並以七八或六九之數來呈現，分為陰陽二氣，合為「道」。「道」的概念，在某些意涵上與《老子》之說相近，但並不全合《老子》「道」的本質，反而與秦漢所倡論的黃老學說相近，是一種向「氣」靠攏的道論。

《易》同於「一」，是一種有形之氣，也是一種乾元資天之氣，具有本原的最高義。惠棟特別強調「太極元氣，函三為一」的主張，不但以天、地、人三才合氣於一元，也將「太初、太始、太素」所表述的宇宙化生體系之氣合為太極元氣，藉由「函三為一」作了聯繫。

陰陽二氣作為宇宙化生的重要元質，下落在卦爻之上，惠氏期盼一種理想的成既濟定之境域，陰陽之氣交感通宜、各安其位的呈現，透過乾陽坤陰的變化而來，企求和諧的宇宙化生的最佳狀態。

第二節　《中庸》與《易》理的融攝

惠棟貫通《中庸》與《周易》之思想，不但在《周易述》中廣引《中

庸》的思想申論《易》義，同時著《易大誼》，以闡明《中庸》之大義，
所以《易大誼》可以視爲惠氏的《中庸》注。《中庸》的義理，與《周易》
哲學的核心思想，多有可以相互呼應之處，而惠棟更高度地運用《周易》
的概念去詮釋《中庸》，使二者的關係更爲綿密，《易大誼》可以說是《易》
與《中庸》會通的典範。《中庸》與《易》所以能夠建立彼此融攝的親密
關係，惠氏認爲《中庸》這個思想體系，「此仲尼微言也，子思傳其家學，
著爲此書，非明《易》不能通此書也」，[173]《中庸》承繼聖人之微言大義，
然而不通《易》義則不能明此書，則《中庸》有《易》之大義，而《易》
之大義又存在於《中庸》之中，所以以易學觀點來理解《中庸》，是最恰
當不過了。

　　《中庸》與《易》融攝的最核心觀念，就是《中庸》的「天命之性」
所貫通的道，並推爲中和之道，乃至至誠之道，即《易》的中和理想、
太極的本原觀，也是「元、亨、利、貞」、「成既濟定」的理想。以下分
別從幾個方面來說明其會通的實質內涵。

一、道論概念之會通

　　《中庸》言「道」，主要是從其開宗明義上所言「天命之謂性，率性
之謂道，修道之謂教。道也者，不可須臾離也，可離非道也。是故君子
戒慎乎其所不睹，恐懼乎其所不聞，莫見乎隱，莫顯乎微，故君子慎其
獨也」[174]這段話所開展，而惠棟的「道」論，則未必從其此入手，與《中
庸》於此所會通者，也未必合《中庸》本義。

（一）「天命之謂性，率性之謂道，修道之謂教」貫通之「道」

1. 天命之性

　　《中庸》之「道」建立在「天命之謂性，率性之謂道，修道之謂教」

---

[173] 見惠棟《易大誼》。引自台北：新文豐出版公司影印指海叢書本，《叢書集成新編》第
　　十七冊，頁37。後文所引，皆據此本，不再作詳注。
[174] 《中庸》此文，引自《易大誼》，頁37。

的架構上，「道」是不可片刻失離的，所以「道也者，不可須臾離也，可離非道也」。從天命之性觀之，對於「性」的問題，中國思想史上，最早言性者，概推孔子，孔子云「性相近也，習相遠也」，似有認爲「性」乃天生而來，但未明人性是善或惡，直至孟子才明白云性善；又有告子言「性無善無不善」，「可以爲善爲不善」，故「性有善有不善」；乃至後有荀子的性惡之說。

「性」爲孟荀二聖之代表性話題。孟子對於「性」的解說，其所指之「性」並非指人性的全體，而是指超乎其他動物以外爲人類所專有之「性」。其所言君子之「性」，不包括味、色、聲、臭等與動物所共有的特質之性，而是「仁、義、禮、智」等爲人的本質屬性，是動物所沒有的，故屬於義理之性、道德屬性。孟子言人的心性能被陷溺，則顯示有不善之處，從性可以爲惡之一面來說，人性亦當非純粹至善，故後有荀子主性惡之說。荀子說於性之解說，認爲「凡性者，天之就也」，[175]性乃天生即如此的，天生就是這樣的本質就是性；是屬於生理上的性，諸如食、色者，是天生就這樣存在的，而生理上的本質與外來的主觀感應，是天賦的本能，不須經過後生的學習，是能自然存有的，可以稱之爲生理上的「性」。荀子之性，不管生理上或心理上的性，是天賦自然的，是動物的本能，是一自然屬性，是物慾之性，不包括人類理智的思辨能力。

《中庸》對「性」之闡釋云「天命之謂性」，它綜合了孟、告、荀之性說，超越了性善性惡之紛爭歧異，而又能涵蓋之。以天命言性，性由天出，係以直貫的方式，明確地指出性與天的關係。由天言性，其積極之意涵乃性源於天，故性之善由天而來，非屬人爲，此否定荀子「其善者僞也」之說，而予孟子性善說以更廣大深厚之基礎。性之善自爲真實，不可以虛妄視之。性源於天，故各人所稟於天之性，根本上無大異，此所以「人皆可以爲堯舜」（《孟子·告子》），「堯舜與人同耳」（《孟子·離婁》）。人性自有高明之處，不可以卑視之。性源於天，人性與物性亦源於一，則人性與物性當有相通處，所以盡人之性可以盡物之性，人參贊天地萬物之化育，實爲可能，所以《中庸》說「唯天下至誠，爲能盡其

---

175 見《荀子·性惡》。

性，能盡其性，則能盡人之性，能盡人之性，則能盡物之性，能盡物之性，則可以贊天下之化育」，意義即在此。《中庸》並指出「性之德也，合外內之道也」，人性自有其廣大處，不可以小視之。《中庸》首章云「天命之謂性，……致中和，天地位焉，萬物育焉」，性爲天所命，順循本性就是「道」，修養此道就是「教」。性既爲天所命，它存續於人，無有間斷。故率性之道，亦不可有須臾之間斷。如可有關斷，即非率性之道。然人固常常拂性離道，因而須修道，此即爲「教」。人之拂性離道，始於「其所不睹」，「其所不聞」之處，修道者極應「戒慎恐懼」之。此不睹不聞之隱微處，即己所獨知之內心深處，天命之性即蘊藏於此。當心之喜怒哀樂未發時，此性存全無所偏倚，故謂之中。此「性」此「中」爲天所命，是天下的大本。及喜怒哀樂已發而皆能合於不偏不倚、無過不及之本性，這叫「中節」，這稱爲「和」，是天下的達道。「率性」是謂道。所以有「中」的大本，率循無違，自能發而爲「和」的達道。因此，修道的工夫，尤其在此己所獨知之內心隱微處，戒慎恐懼，以求無違大本之「中」，使發而皆得中節之「和」。這種工夫叫「慎獨」，又叫「致中和」。修養至此，必能發揮天命之性，成全天下之達道，使天地萬物均得位育。不睹不聞的內心隱微處，名爲「獨」，天命之性即蘊藏於此，未有須臾或離。君子特戒慎恐懼，唯恐因喜怒哀樂之發，致背離其天命之性，而不能率性。所以「慎獨」正爲「率性」之吃緊工夫。天命之「性」蘊藏於內心，其存全不偏，謂之「中」。所以中庸是「由性見中」。中庸之「中」即天命之「性」。分析地說，有天命之性，始有無過不及之中。實質地說，「性」與「中」同體不二。「性」字說明「中」之根源或本體；「中」字說明「性」之不偏不倚之特色。[176]

　　《中庸》這種天道觀下的「性」論，惠氏將它視爲《易》道本原觀下的「性」，指出「民受天地之中以生。天地之中，命也；民受之以生，性也」。所以「天命之謂性，中也」。[177]《中庸》以「性」有「不偏不倚」

---

[176] 徐復觀在《中國人性論史》中云：「中是不偏於一邊的精神狀態，而不是性。」認爲「中」不是「性」，但無論就《中庸》首章或全篇來看，皆未必然。

[177] 見《易大誼》，頁37。

的「中」的特質，於《易》道也是如此，《易》以太極元氣合「中」，位天地之中，於爻爲二、五，因爲能位中，則天地位，萬物育，成其中和之效。此亦《中庸》之道的理想。但是《中庸》是落實在人生修養之中，而惠氏的《易》道觀，則處在元氣本體上來看待。所以，惠氏說「盡性，初也」，[178]即元氣初成之時，也就是元氣的內在含質，也就是乾元，同樣視爲宇宙本體的範疇。至於「性之德也，合外內之道」，惠氏並引鄭氏之說，認爲「外內猶上下。《易》卦以上爲外，下爲內。合外內之道，故可以配天地」。[179]「性」作爲本體的概念，其之爲德者，在於配天地之道，也就是陰陽氣合，各正其位，交感諧和之道，也就是致中和、成既濟、贊化育之道，是一種「元、亨、利、貞」的理想德範。《中庸》的「道」之「性」，儼然成爲一種物化存在的元氣初始之質。至於下落於修養工夫的「獨」的概念，惠氏仍從本體的概念去看待它。這部份移於後面另作說明。

2. 率性之道

在《中庸》裡面，理想之道，由「率性」所決定。性既由天所命，則道源出於天，爲天所貫，與天正有其密切之關係。《中庸》之言「道」，道與性合，故遵道而行，不拂其性。道自性來，故「溥博淵泉，而時出之」，道由性定，故修道成聖，吾性自足，簡易自然，不待外求，此所以「人皆可以爲堯舜」。道與天合，故人道與天道合一，人爲不違自然。因此《中庸》認爲「性之德也，合外內之道也」，內外合一、天人合一，同流共化。人道可以達「天德」，而有「肫肫其仁，淵淵其淵，浩浩其天」之盛。人之修道，小可盡性順命，大可參贊天地。並且，道通於天，天大道亦大。故己之道通於人之道，通於物之道，通於天之道，此所以爲天下之「達道」。所以《中庸》指出「君子之道造端乎夫婦，及其至也，察乎天地」；「聖人之道洋洋乎，發育萬物，峻極于天」。此中和之道可以載物、覆物、育物、成物，悠久無疆。由於《中庸》論人之道與天之道

---

[178] 見《易大誼》，頁 39。
[179] 見《易大誼》，頁 39。

有密切關係，所以其論人道之同時，亦多論天道，而貫通之。唯《中庸》論道，固然貫通於天，此其「極高明」處，而天道可由人道以見，故「道不遠人」，道實在人生日用彝常之間，此又其「道中庸」處。道通於天，故道在天地之中，廣大無間，因此說「道也者，不可須臾離也，可離非道也」。道不離人生日用彝常，其發為言行，乃「庸德之行，庸言之謹」，故由道可以見「庸」。道既在日用彝常之間，應是不可須臾離的。但實際上，人每每在內心不睹不聞處背離了道。此種背離，雖在隱微之間，然終必顯見於外。君子率性而為道，初亦在內心隱微處，及發致「天地位，萬物育」之效，實亦天下莫見莫顯之達道。故中庸狀「道」之體性，既言道之「隱」，又言道之「顯」或「費」或「微」。諸如講鬼神之德云「夫微之顯，誠之不可揜」，乃就「誠」言天道之微而顯。天道為微而顯，人道率天命，亦微而顯，所以「君子之道費而隱」。道在日用彝常之間，所以為「顯」，然而道之率性而行，初在內心不睹不聞處，所以為「微」。因道之微，故一般人易予忽略，以至差之毫釐，失之千里，因此「中庸」似易實難。君子中庸之道，可以兼顯微、合內外、貫天人，所以為「天下之達道」。其對此達道之特色的形容即：

> 君子之道，本諸身，徵諸庶民，考諸三王而不繆，建諸天地而不悖，質諸鬼神而無疑，百世以俟聖人而不惑。質諸鬼神而無疑，知天也；百世以俟聖人而不惑，知人也。是故君子動而世為天下道；行而世為天下法；言而世為天下則。遠之則有望；近之則不厭。[180]

此段話直將道的普遍性、絕對性、永恆性、一貫性，說得淋漓盡致。而道的這些特性，又都根源於人的自身，不離於人群，以明「道」不離日用彝常之「庸」義，正所謂「極高明而道中庸」。

　　《中庸》以天命下落於人道之中，所以「率性之謂道」。惠氏則指出「率性之謂道，和也」，[181]站在天道本位的角度來看《中庸》這句話，即天道「中和」之「和」，是陰陽諧和之義，即太極陰陽居處正位，和諧交

180　《中庸》本文，引自《易大誼》，頁39。
181　見《易大誼》，頁37。

感，彼此相應，這就是「和」，也是惠氏常云「二五爲中，相應爲和」的「和」的概念。這個「和」，就是《中庸》的「率性之謂道」，但並不只在人倫修養上來看，而是處在宇宙自然的陰陽之道來看，藉由「中」與「和」，以成既濟定，而致中和，而化育萬物。《易》道陰陽，惠氏就是用這樣的立場來看待《中庸》，所以立足在本體的概念下貫通「率性之道」的。

3. 修道之教

　　《中庸》由天命、性、道，說修道之教，其積極意義乃因率性而爲道，所以修道乃使人不離其性。性既爲天所命，人所固有，故修道之教，使人順循本有之善性，成聖成賢，遂爲可能。教由道立，道由性出，性由天命。人人得天命之性，大本既同；率性之道，亦無二致；故修道之教，豈有異端？所以己立而可立人，己達而可達人，聖賢之推行教化，「以人治人」，遂爲可能。同時，性、道、教之一貫，即人道之修養，可與天命相合。人不必與天地萬物對立，修道之教可由盡其性，以盡人之性，以盡物不性，遂可以參贊天地之化育，而使人與天地參矣。

　　率性之謂道，道固不可須臾離。但實際上，人往往無法率性，常常離了道，所以必須有修道之「教」。喜怒哀樂之未發，天命之性固中正不倚；發而後有中節不中節，中節即率性，不中節即不率性。唯其發而後不中節，無法率其性，此所以率性之道必待修而成。修道之工夫，乃在內心不睹不聞處，戒慎恐懼，以免離道拂性，這工夫叫做「慎獨」。道既然不離日用彝常，所以修道之「教」，亦在「庸德之行，庸言之謹，有所不足，不敢不勉」。道既由性出，性爲天所命於己者，所以修道之方乃在「正己而不求人」，「反求諸其身」。「修道」首在「修身」。

　　《中庸》言修道之「教」，從政論出發，認爲「爲政在人，取人以身，修身以道，修道以仁」，[182]並且有所謂「爲天下國家有九經」，「九經」則以「修身」冠首。所以爲政的基礎，乃在「修身」，「修身」即「修道」之始。在這裡，惠氏始終站在治道乃至本體的高度來看，無意於修身的

---

[182] 《中庸》本文，引自《易大誼》，頁38。

立論，對《中庸》所說「九經」「所以行之者一也」，會通《易》道，云「一即元也，乾元用九，天下治也」。[183]是陰陽之數極於九六，而其象始著於乾坤。乾元爲陽之精，坤元爲陰之精。乾元用九以交坤，坤元用六以交乾。乾元爲元氣之始，亦是六十四卦三百八十四爻之開端，乾元用九，可以盡天下事物之理。萬類不離陰陽，萬象悉包於天地，而萬事萬物皆統於乾元，此乾卦《彖傳》所謂「大哉乾元，萬物資始，乃統天也」的意義所在。以乾元爲用，「元、亨、利、貞」四德備，則自然可以「天下治」。

　　《中庸》具體地言修道之教，先言人有生知安行、學知利行、困知勉行的不同。人生資質固有差異，但學知利行、困知勉行者仍一樣可以「修道」有成。聖人是生知安行，他「不思而得」即是「明善」；他「不勉而中」、「從容中道」即是「誠身」。聖人的「明善」「誠身」自然而然，所以是「誠」是「天之道」。一般人是學知利行、困知勉行，必須好學、力行以修身。一般人是「誠之者」，必須下「擇善而固執之」的工夫。「擇善」同於「明善」；「固執之」即是「誠身」。好學近知、擇善明善的具體工夫在「博學、審問、慎思、明辨」；力行近仁、固執誠身的具體工夫在「篤行」。由明善誠身以修道，必有所成。對於《中庸》在此修道之教上的三個層次上的不同，惠氏刻意以此所持之《易》道釋之，認爲「得乾之易者，生而知之者也。得坤之簡者，安而行之者也。九二升五，學而知之者，六五降二，利而行之者也。復六三，類復困而知之者也；噬嗑初九，履校滅止，勉彊而行之者也」。[184]惠氏此論，並未掌握《中庸》此修道之教的懿旨，而僅是附會《易》卦之言，顯明混淆《中庸》之本義。

　　孟子言性善，其「教」是由人固有仁義禮智四端擴而充之，所謂「先立乎其大者，則其小者不能奪也」(《孟子‧告子上》)。孟子教人由盡心以知性知天；由存心以養性事天，實爲由本心善性開出之直養工夫以立「教」。荀子言性惡，其「教」是「化性起僞」，「僞起而生禮義」(《荀子‧性惡篇》)；禮義之化，在荀子來說，是對治惡性之作用。所以荀子實由

---

[183] 見《易大誼》，頁 39。
[184] 見《易大誼》，頁 38。

對惡性之克治工夫以立「教」。《中庸》言「率性」固是孟子的「直養」工夫，但《中庸》言「慎獨」，實有見於人之可能悖性離道，反其中庸，故其立「教」，一方面重「反求諸其身」、「內省不疚」，反諸身以「誠」，此固曾子「守約」孟子「反身而誠」之教。但另一方面，《中庸》言「誠身」必先「明善」，言「篤行」必先「博學」、「慎思」、「明辨」，以立自明而誠之教。此亦同於荀子「勸學」以「化性」之旨。所以，中庸之「教」，乃「尊德性而道問學；致廣大而盡精微；極高明而道中庸；溫故而知新，敦厚以崇禮」；[185]《中庸》修道之教，秉承孔子，而兼有孟、荀之美，描繪出儒教的全幅精神。對於此修養工夫之說，惠氏並無過多的著墨，畢竟這並非惠氏之《易》道所側重的部份，惠氏闡釋或會通《中庸》，仍著眼於宇宙本體的方向，作為論述的主要範疇。

4. 道的貫通

「道」為倡明「中庸」之本，求中庸，必先本於道。《中庸》揭示了「天命之性」、「率性之道」與「修道之教」，然後扣緊這個「道」，說這個「道」本於「天命之性」，並開出「修道之教」。天道、人道一貫，道是率性而行，所以不可須臾離也。這個「道」，往下就講君子，也就是說，這個「道」，是君子之道，是成德之道。君子之道，就在最隱微的地方顯，所以說「莫見乎隱，莫顯乎微」，這最隱微的地方，就在我們人性人心的深處，人性人心的活動，不容易被看出來，內在的生命涵養，方寸之地的發用，儘管隱微，卻是決定性的。對生命來說是決定性的，所以莫見乎隱，莫顯乎微，它最隱微，也最顯發，因為最能顯發生命莊嚴的，是我們的心性。所以就在這個地方講「慎獨」，是慎守這獨天獨地的心性，修養工夫從此做起。

《中庸》言性、道、教。未發時是「性」的「中」，即人性的本身，人性的真實，發而皆中節是「性」的「和」。一發出來就已牽動「情」意的變化，此一情意的發動要合乎「理」，合乎「性」的本然，這叫「和」。以「情」來云「人性」是靠不住的，因為「情」會發動，會搖擺，會起

---

[185] 《中庸》之言，引自《易大誼》，頁39。

伏，會漲落，由浮動不定的「情」，來表現人「性」，這樣的人「性」表現，就轉成不定的浮動。人性既不定，人生的道路又如何去貞定開展呢？而「率性之謂道」的「道」，也等於無道，「修道之謂教」的「教」也就不能說。再進一層分析，「性」若不定而浮動，根本不可「率」性而行，否則人生的行程終是飄浮無根；且人生既無道，那裏有「道」可修可教呢？《中庸》由「天命」來定「性」，天命是理而有常，人性也因理而有定常，如是，性可率而成道，道可修而立教。此天理所定的人性之常，是「中」，人性所開的修道之教是「和」。工夫在由內的「中」而通於外的「和」，所以，一個是天下的大本，一個是天下的達道。「中」是天下的大本，「人性」的理，是天下的大本，「人情」的和諧，是天下的達道，什麼叫達道呢？大家可以通達的道，就叫達道，你可以走出去，他也可以走出去，大家相互通達的大道，叫達道。父子之間，父親通達，兒子也通達；夫婦之間，先生通達，太太也通達，這樣的話，生命可以通過去，可以交感，可以共鳴，這叫達道。因此，《中庸》從第一章始，總是一個「道」字，以貫串全書。「道」之本源於天，而其實體備於己，吾人反觀自省，這一念炯然的明覺，正是自性的呈露，一念復甦，道就在其中。簡而明之，中庸之道的內在主體－－誠明的天命之性，就貫注落實於我們現在當的一念靈明；這個當前的一念靈明，必須念念相續，於穆不已在作用著，主宰著，支配著我們的語默動靜，日用人生以成就中庸之道的淵淵浩浩的廣大世界。

　　至於惠氏對於《中庸》從「天命之謂性，率性之謂道，修道之謂教」貫通之「道」，為了附會其《易》道，刻意忽略在修養工夫這些形下的部份，也不能將「天命之性」、「率性之道」與「修道之教」三者，與「道」作合理扣合的論述，而其「道」仍專注在氣化的本體意義上，對於闡釋《中庸》之大義，仍顯現出強烈的侷限性與濃厚的附會成份，《中庸》原本的哲學思想特性，反而也被割裂和損害了。至於《中庸》的「慎獨」和「隱微」的意義，惠氏也專從元氣的角度出發，所以雖說二者會通，但結果是質性殊異，《中庸》道旨反而隱晦。對於惠氏對「道」的體會，已於前一節次中作了陳述，在這裡就不再重複。

（二）「隱微」與「獨」的意義

《中庸》將形上「道」的至誠之性，下貫於修養工夫中，而有「莫見乎隱，莫顯乎微」，與強調「君子慎其獨」道德修養自律之說，而至惠棟之言，則特別重於轉化回歸於「道」的範疇，於《易》言，則爲一種元氣生發的狀態，即初陽之狀。

1. 隱微

《中庸》修養工夫推言「隱微」，在明「慎獨」的重要，其義可作：其一，幽暗之中，細微之事，往往潛滋暗長於隱微之中，所以君子當常存戒慎恐懼之心，遏人欲於將萌，此其省察之工夫。其二，隱、微可不必全說暗處細事，因人類所獨得於天賦的性德（或稱作道）是極其隱微的，無不顯著於人生日用間，所以當敬謹接受此與其他生物不同的獨有德性，擴充而爲人類生存之大道，故「必慎其獨也」。這一天賦予人類獨得的德性，既寶貴而微妙，即所謂「道心惟微」者。因此，從二義言「慎獨」，一方面固應在暗處細事加以消極的省察，一方面也當應用積極的方法，君以擴充，使此種人類獨有的德性，得以發揚光大。至於惠氏所解，則偏向於其二之說。他在《易微言》「隱」的命題下引述云：

> 《中庸》曰：莫見乎隱，莫顯乎微，故君子慎其獨也。言隱必見，微必顯，誠中形外，故君子慎獨。[186]

即強調君子「慎獨」，以使隱者現，微者顯，誠於中而形於外，以擴充顯揚天道。因此，不論是「隱」或「微」者，皆屬未顯之德，一種亟待顯揚的德性；而從天道化生的觀點來看，此隱微者，爲元氣初始待生之狀，等待生化，以期成既濟、致中和而贊化育。

惠氏引諸書以述「隱」之義，如：

> （《中庸》）又曰：是故君子不賞而民勸，不怒而民威于鈇鉞。《詩》曰：不顯維德，百辟其刑之。案：不顯謂隱也。

> 《詩·烝民》曰：人亦有言，德輶如毛，民鮮克舉之。我儀圖之，

186　見《易微言》，卷上，頁 633。

維仲山甫舉之，愛莫助之。《毛傳》曰：愛，隱也。案：如毛，猶微也。民鮮克舉，言慎獨者少。毛訓愛為隱，謂隱微也。隱微之間，非人所能助，故愛莫助之。《荀子》曰：能積微者速成。《詩》曰：德輶如毛，民鮮克舉。此之謂也。荀子，毛公之師也，故其說與荀同，鄭《箋》不識聖人微言，訓愛為惜，失之遠矣。

《表記》曰：子言之，歸乎君子，隱而顯，不矜而莊，不屬而威，不言而信。案：歸乎君子，讀。歸乎，由成子之義，言人當以君子為法也。篇名《表記》而先言隱而顯，由內而達外也。君子從事于慎獨之功，誠中形外，故隱而顯。誠則不矜而莊，不屬而威，不言而信也。

《漢書》司馬相如贊曰：司馬遷稱《春秋》推見至隱，推見至隱，故亂臣賊子懼。《易》本隱以之顯。李奇注云：隱猶微也。

初九、初六，從下而生，自微及著，如初潛龍隱也，九二見龍則顯矣，所謂本隱以之顯也。初乾為積善，積善成德，故初為龍德而隱，二為龍德而正中。《中庸》言夫微之顯，又云知微之顯。《繫下》云：知微之彰，皆是義也。

揚子《太元》曰：元者，神之魁也，魁，首也。猶言始。天以不見為元，地以不形為元，人以心腹為元。天奧西北，鬱化精也。地奧黃泉，隱魄榮也。人奧思慮，含至精也。

《荀子·勸學》曰：昔者瓠巴鼓瑟而流魚出聽，伯牙鼓琴而六馬仰秣。故聲無小而不聞，行無隱而不形，玉在山而草木潤，淵生珠而岸不枯，為善不積邪，安有不聞者乎？

《說文》云：幽，隱也。从山中丝。丝，微也。

《老子·德經》曰：道隱無名。注云：道潛隱，使人無能指名也。

《文言》初九曰：不成名。[187]

由惠氏所引，大抵可以看出惠氏所理解的「隱」之義，以不顯為隱，是一種潛隱的存在，這個存在如同《老子》的「道」一般，「道」潛隱而無法指名其處。惠氏並認為「隱」猶「微」，二者義近，同樣是表徵「道」

[187] 諸引文，見《易微言》，卷上，頁633-635。

那幽微未顯之狀。它既是隱微而未顯，表示它並非是「無」，而是一種「有」的存在，只不過尚未彰顯出來罷了。所以與《易》義相繫，這個潛隱之「道」，即元氣的潛隱初始之狀。例如惠氏引述《易》文：

《文言》曰：初九，潛龍勿用，何謂也？子曰：龍德而隱者也。_潛陽隱初，故隱者也。

又曰：潛之為言也，隱而未見，行而未成，是以君子弗用也。_{初隱}二見，故隱而未見。

《繫上》曰：《易》无思也，无為也，寂然不動，感而遂通天下之故，非天下之至神，其孰能與于此？虞注云：寂然不動，謂隱藏坤初，故不動者也。至神謂《易》，隱初入微，知幾其神乎？

又曰：探賾索隱。虞注云：探，取；賾，初也。初隱未見，故探賾索隱，則幽贊神明而生蓍。[188]

從這些引文，可以看出惠氏所言之「隱」，於《易》道則為潛陽初隱之乾初元氣，初隱而不見，為元氣初始未顯，待升而見之狀態。

惠氏同時引諸書以述「隱」之義，如：

《繫下》曰：幾者動之微，吉之先見者也。虞注云：陽見初成震，故動之微。復初元吉，吉之先見者也。幾，即一也。一，古文作壹。《說文》壹从壺吉，即吉之先見之義。朱子據劉向傳，作吉凶之先見，失其義矣。

又曰：君子知微知彰。姚信注云：二下交初，故曰知微。上交于三，故曰知彰。

又曰：子曰：顏氏之子，其殆庶幾乎？虞注云：幾，微也。顏子知微，故殆庶幾。孔子曰：回也其庶幾乎？

又曰：夫《易》章往而察來，而微顯闡幽。虞注云：神以知來，知以藏往。微者顯之，謂從復成乾，是察來也。闡者幽之，謂從姤之坤，是章往也。

又曰：其初難知。侯果注云：初則事微，故難知。

又曰：能說諸心，能研諸侯之慮，定天下之吉凶，成天下之亹亹

---

188 諸引文，見《易微言》，卷上，頁632-633。

者。荀注曰：亹亹者，陰陽之微，可成可敗也。王弼曰：亹亹，微妙之意也。

《中庸》曰：莫見乎隱，莫顯乎微，故君子慎其獨也。在《易》，隱微為乾坤之初爻。

又曰：夫微之顯，誠之不可揜如此夫！誠則形，故不可揜。

又曰：致廣大而盡精微。《荀子‧賦篇》曰：精微而無形。

又曰：知微之顯，可與入德矣。夫微之顯，誠者，天之道也。知微之顯，誠之者，人之道也。

又曰：子曰：聲色之於以化民，末也。對本，故言末。《詩》曰：德輶如毛。案：毛猶微也。

《經解》曰：絜靜精微，《易》教也。案：絜靜，坤也。精微，乾也。乾元絜靜，坤元精微，故云《易》教也。

《易乾鑿度》曰：孔子曰：乾坤，陰陽之主也。陽始于亥，形于丑，乾位在西北，陽祖微，據始也。

又云：易氣從下生。鄭注云：易本無形，自微及著，故氣從下生，以下爻為始也。[189]

《中庸》曰：莫見乎隱，莫顯乎微，故君子慎其獨也。又云：知微之顯，可與入德矣。太史公《史記‧贊》曰：《易》本隱以之顯。愚謂隱者，乾初九也，至二則顯矣，故云隱以之顯。《文言》釋九二云：閑邪存其誠。二陽不正，故曰閑邪。存誠，謂慎獨也。《荀子》曰：不誠則不能獨，獨則形隱，猶曲也。《中庸》曰：其次致曲，曲能有誠，誠則形，形則著。《孝經緯》：天道三微而成著，皆是義也。唯天下至誠，謂九五也。其次致曲，謂九二也。唯天下至誠，誠者也。其次致曲，誠之者也。致曲，即孟子思誠。二升坤五，所謂及其成功，一也。乾善九五，坤善六二。乾二中而不正，三正而不中，四不中不正，二養正，三求中，兼之四也。以《中庸》言之，二三學知，利行者也。四困知勉行者也。五生知安行者也。及其知之及

其成功，則一也。[190]

從這些引文，大致可以看出，「微」除了與「隱」義近之外，又與「幾」義相近，與「幾」相繫而言，則更富動態、行動變化的形象，其精微無形，非真無物，共是存在於一種純粹初始的狀態，一旦修誠而「誠之者」，則「隱必見，微必顯」，[191]此亦存誠慎獨之功。因此，「微之顯」，即「誠則形，故不可揜」。《易》道元氣，乾元、坤元，皆元氣初始「絜靜精微」之狀，因為氣從下升，由微而著，所以相應於卦爻，則為初始之爻，即乾元、坤元。初升二以上，則由微而顯，至九五則就至誠之位，也是致中和之位。從隱微之中，進而顯現其形，即一種氣化的過程，也是一種存誠的工夫，也就是慎獨之道；也就是說，透過慎獨以隱見微顯，達於中和育物之境。

2. 獨

「慎獨」作為一種道德修養工夫，在儒家經典中較早提出者，為《中庸》與《大學》，惠氏特別引二家之說：

> 《中庸》曰：君子戒慎乎其所不睹，恐懼乎其所不聞，莫見乎隱，莫顯乎微，故君子慎其獨也。
>
> 《大學》曰：欲正其心者，先誠其意。所謂誠其意者，毋自欺也。如惡惡臭，如好好色，此之謂自謙，故君子必慎其獨也。小人閒居為不善，無所不至，見君子而後厭然。揜其不善而著其善，人之視己，如見其肺肝，然則何益矣，此謂誠于中，形于外，故君子必慎其獨也。曾子曰：十目所視，十手所指，其嚴乎！富潤屋，德潤身，心廣體胖，故君子必誠其意。鄭注云：嚴乎，言可畏敬也。胖，猶大也。三者言實于內，顯見于外。[192]

《中庸》從「天命之性」、「率性之道」、「修道之教」一體的角度講人須與不能離道，故君子當以慎獨作為修身之要。人雖片刻不能離道，但是

---

[190] 見《易微言》，卷上，頁 652-653。
[191] 見惠氏《易大誼》釋《中庸》「天命之謂性」一段之文，頁 37。
[192] 見《易微言》，卷上，頁 660。

在別人眼看不到、耳聽不到的獨處之地，人往往產生僥倖心理，做出自欺欺人的行為來。所以，君子尤為需要在獨處之地處處謹慎，時時懷著戒慎恐懼之心。此之謂「慎獨」。至於《大學》所言之「慎獨」，則特別從誠意處講慎獨。誠意即不自欺，不論在眾人面前，還是在獨處之地，皆須使自己意念純正，一絲不苟，如此方可心安理得。但是，缺乏道德修養的人，往往在個人獨處時，做出不正當的行為，當別人來到面前時，卻又裝出正人君子的樣子。這種自欺欺人的行為，是由於其內心不誠實，表現於外也不自然，所以別人也看得清楚。因此，君子在獨處時，必須使自己心無邪念，誠實無欺。由此不難看出，不論《中庸》或《大學》，所言「慎獨」皆在強調人在獨處時，仍要保持自我警省，在幽隱微暗之地，更當毅謹慎。所以「慎獨」確為一種高度自律自省的道德修養工夫。

　　惠氏對於《中庸》「獨」的理解，肯定「獨」與「誠」相繫。他認為「戒慎恐懼，誠之者也。隱必見，微必顯，故云莫見乎隱，莫顯乎微，猶言誠于中，形于外也，善惡皆然，故君子慎其獨也」。[193]誠於天地之中，必在「莫見乎隱，莫顯乎微」，因為「隱」、「微」仍屬可見可顯者，非誠實者。倘能貫於天地之中，誠於一，而無隱微顯見者，則為「獨」。這個「獨」，是「誠于中，形于外」者，惠氏似乎不作善惡之別，所以「善惡皆然」。惠氏也特別指出，「誠，實也。獨，中外一也。《大學》曰：此謂誠于中，形于外。《中庸》曰：誠則形，堯舜率天下以仁，而民從之；桀紂率天下以暴，而民從之，皆獨之效也」。[194]堯舜與桀紂為善惡之別，但同得「獨」之效，其義在此。因此，《中庸》的自律修養工夫，在惠棟的理解上，他並不純粹從這個方面來看待，側重於一種初始開端的純粹性來看待，也就是從隱微狀態的情形來看「獨」，所以又是「誠」。這樣的「獨」，有形上本體的傾向。例如惠氏《易微言》中的引述：

　　《禮器》曰：禮之以少為貴者，以其內心也。鄭注：內心，用心于內，其德在內。德產之致也精微，鄭注：致，致密也。盧注：天地之德，所生至精至微也。觀天下之物，無可以稱其德者，如此則得不以少為貴乎？故君子

[193] 見《易大誼》，頁 37。
[194] 見《易微言》，卷上，頁 661。

慎其獨也。獨則象天。

《韓非子・揚權》曰：道無雙，故曰一，是故明君貴獨道之容。
注云：道以獨為容。案：獨道之容，即獨也。《大戴禮・武王踐阼》
帶之銘云：火滅脩容。劉子《新論》云：顏回不以夜浴改容，所
謂獨道之容。

《老子・道經》曰：有物混成，先天地生，寂兮寥兮，獨立而不
改。河上公注云：獨立者無匹雙，不改者化有常。案：獨即一也。
道獨行，故君子慎獨。道不改，故不可須臾離。

《淮南・原道》曰：所謂無形者，一之謂也。所謂一者，無匹合
于天下者也。卓然獨立，塊然獨處，上通九天，下貫九野。

《爾雅・釋山》獨者蜀。注云：蜀亦孤獨。《方言》：一，蜀也，
南楚謂之獨。《管子》云：抱蜀不言，而廟堂既修。半農人云：抱
蜀，即《老子》抱一。[195]

這些引述中，有以「天地之德」，「至精至微」，而君子當法天地之精微而
「慎其獨」，所以「獨則象天」。又以「明君貴獨道之容」，道為一，則「獨
道之容」有獨一的概念；所以在引《老子》之言，則明白指出「獨即一
也」，道一獨行，君子法道而不可須臾離。其它引《淮南子》、《方言》之
言亦同，「獨」有「卓然獨立」為一的意義，類似《老子》的抱一。這種
將「獨」向本體的方向靠攏的情形，類氏劉蕺山所謂「獨之外別無本體，
慎獨之外別無工夫」[196]的本體概念。因此，惠氏藉由這種對「獨」的認
識，會通於《易》。他指出：

> 隱微，乾初爻也，初乾為積善，慎獨之誼。不誠則不能獨，故終
> 以至誠。[197]

初乾積善之說，出於虞翻《易》說，此乾初元氣而為積善者，即慎獨之
義，也是「誠」的概念。此外，惠氏也提出《易》中言「獨」者，如：

---

[195] 見《易微言》，卷上，頁 660-665。

[196] 見劉蕺山《劉蕺山集・中庸首章說》，卷十一。引自台北：台灣商務印書館文淵閣四庫
全書本，第 1294 冊，頁 18。當然，惠氏的「獨」，雖同劉氏有本體傾向，但內容與性
質上，仍有極大的差異。由於並非本研究所必要討論者，故不作詳述。

[197] 見《易大誼》，頁 37。

《易》履初九素履，素，始也。往无咎。《象》曰：素履之往，獨行
願也。述曰：初微謂之獨。震為行，使四變而已應之，故獨行願。
疏云：初為隱，為微，隱微于人為獨。

觀初六曰：童觀。馬融注云：童猶獨也。

復六四曰：中行獨復。虞注云：中謂初，震為行。初一陽爻，故
稱獨。

大過《象》曰：君子以獨立不懼。虞注云：君子謂乾初，陽伏巽
中，體復。一爻，潛龍之德，故稱獨立不懼。疏云：初為獨。

晉初六：晉如摧如，貞吉。《象》曰：晉如摧如，獨行正也。虞注
云：失位，故摧如。動得位，故貞吉。初動，震為行，初一稱獨
也。《方言》曰：一，蜀也，南楚謂之獨。郭注云：蜀，猶獨也。是獨即一，故云初一稱獨。[198]

聖人以復之初九喻顏子，顏子擇乎中庸，得一善則拳拳服膺，一
善即復初也。初不遠復，擇乎中庸之謂也。故謂中為初，初體震，
故震為行。初微謂之獨，初即一也，一猶獨也，故云初一陽爻稱
獨。四得位應初，故曰中行獨復。《象》曰：以從道也，謂從初。
[199]

從這些論述當中，可以看到惠氏以初一陽爻稱「獨」，以初陽始生，為隱
為微，為陽德一善，所以「獨」從道初，直指初九一爻，亦陽氣初生之
始，其狀隱微而形。因此，在《易》道，「獨」儼然成為一種元氣的初始
而隱微的狀態。這樣的概念，已去《中庸》之「慎獨」遠矣。

二、中和思想的會通

（一）「中」的主體概念之契合

「中」為《中庸》的一個極為重要的核心概念，這個以「中」為軌
範的儒學一脈相承的學說思想，由來已早，惠氏引孔子之學，云：

《論語·堯曰》：咨，爾舜，天之曆數在爾躬，允執其中。四海困

[198] 見《易微言》，卷上，頁 657-658。
[199] 見《周易述》，卷四，頁 109。

窮，天祿永終。舜亦以命禹。[200]

孔子在這裡所展現的中道思想，是從「祖述堯舜，憲章文武」的「允執厥中」的基礎所闡發出來的觀念。中道的思想，作為治國的理念或法門，由來已早，堯、舜、禹三聖以執中所為立國之道，商湯亦承聖道，有「建中于民」之說，[201]所以惠氏也引《孟子》之說云「湯執中」，[202]說明商湯對中道治國的堅持是一脈相承的。周武王滅殷後，向殷之舊臣箕子徵詣減國方略時，箕子呈「洪範九疇」，概說治國九大原則，其中極重要的主張「建用皇極」，是一種具有承上啓下的「建中」且「用中」的中道思想，孔安國釋其義，云「皇，大；極，中也。凡立事當用大中之道」，[203]即王者立政行道，必以大中為典式，皆當無得過與不及，此「大中」之道，是洪範九疇的核心原則，貫穿於五行、五事、八政、五紀等其它八疇之中，所以孔穎達更為詳細地指出，「大中之道，大立其有中，欲使人主先自立其大中，乃以大中教民也。凡行不迂僻，則謂之中，《中庸》所謂從容中道。《論語》允執其中，皆謂此也。九疇為德，皆求大中，是為善之總，故云謂行九疇之義，言九疇之義皆求得中，非獨此疇求大中也」。[204]以皇極大中治國，必須嚴守一貫的中道，《洪範》並具體的指出，「無偏無陂，遵王之義；無有作好，遵王之道；無有作惡，遵王之路；無偏無黨，王道蕩蕩；無黨無偏，王道平平；無反無側，王道正直。會其有極，歸其有極」，[205]以「中」行之，則天下歸於「中」。這樣的中道思想，本質上是一種「治天下大法」[206]的儒家政治哲學為出發的範疇。因此，惠棟明白地指出：

---

[200] 見《易微言》，卷下，頁 743。

[201] 見《尚書·商書·仲虺之誥》。孔安國釋云：「欲王自勉，明大德，立大中之道於民」。引自台北：藝文印書館十三經注疏本《尚書注疏》，卷八，頁 112。

[202] 見《易微言》，卷下，頁 743。惠氏引《孟子》言，出於《孟子·離婁》，云：「湯執中，立賢無方。」

[203] 見《尚書·周書·洪範》。引自《尚書注疏》，卷十二，頁 168。

[204] 見《尚書·周書·洪範》孔穎達疏文。引自《尚書注疏》，卷十二，頁 172。

[205] 見《尚書·周書·洪範》。引自《尚書注疏》，卷十二，頁 173。

[206] 見宋胡士行《胡氏尚書詳解》，卷七。引自台北：台灣商務印書館景印文淵閣四庫全書本，第 60 冊，頁 363。

> 大舜執其兩端，用其中于民。周公設官分職，以為民極。極，中
> 也。虞、周皆既濟之世，贊化育之功同也。[207]

從舜帝執兩端以用中的治國之道，到周公設官分職，根本於中道，都創
造了既濟之世，以「既濟」言盛世之況，即既濟☷☵卦「剛柔正而位當」，
[208]三陰三陽，各得其正，為天下既平，萬事既定之象，同《中庸》所謂
「天地位，萬物育」的贊化育之功。因此，三代既濟之世的建立，就是
因為行中道所致。惠氏以「極」釋「中」，依準於漢儒之詁詮，視「極」、
「中」為政治的最高指導原則，也是治道之理想，並且將之與易道之最
佳狀態的「成既濟定」相繫，會通《中庸》與《易》理，已非侷限於政
治理想的範疇，而函括了本體與人生的終極概念。

中道的理想無所不包，惠氏指出：

> 復《象》曰：復其見天地之心乎？案：冬至，復加坎，坎為盃心，
> 盃，古文極，中也。然則天地之心，即天地之中也。董子《繁露》
> 曰：陽之行，始于北方之中，而止于南方之中，陰之行，始于南
> 方之中，而止于北方之中。陰陽之道不同，至于盛而皆止于中，
> 其所起皆必于中。中者，天地之太極也，日月之所至而卻也。長
> 短之隆，不得過中，天地之制也。如董子之言，則天地之心，兼
> 二至也。象至日閉關，兼二至。[209]

「中」者，如天地四時之運行一般，陽始行於北方之極，而止於南方之
極，南北象天地，南北之極則象天地之心、天地之中，於時節之運行則
為冬至與夏至，是日月成象於夜晝之至極至中，所以《易》以復卦言「天
地之心」。以「心」為「中」，或以「心」為「中」，象徵心的不偏不倚，
下落於人心之中，則是一種理性精神的顯揚，所以周朝以來的儒家思想，
強調「德」的概念，如《酒誥》所謂「爾克永觀省，作稽中德」；「德」
字從心從直，《說文解字》又以「直」為「正見也」，所以「德」之本義
為正見於心，有中正不偏之心的的強烈意涵存在，「中」由宇宙概念出發，

---

[207] 見《易微言》，卷下，頁 740。

[208] 見既濟卦《象傳》。

[209] 見《易微言》，卷下，頁 740-741。

發展爲可以視爲一種德性，而非僅牢籠於政治概念的侷限範疇。這種中道觀的多方面的涵攝概念，即是《中庸》的中道精神，也是中道思想由宇宙觀出發，包絡萬有的必然性。至於《易》道，更是具有這種純粹的中道精神，並且可以透過具體的卦爻關係作爲象徵而展現出來。所以，惠氏會通《中庸》與《易》理，可使二家在這方面的思想，具有加乘效果的呈顯出來。

惠氏又述云：

> 《繫上》曰：易簡而天下之理得矣，天下之理得，而易成位乎其中矣。荀爽注云：易謂坎離，陽位成于五，五爲上中，陰位成于二，二爲下中，故易成位乎其中。案：易簡，即天地之中也。[210]

「易作位乎其中」的中道思想，爲天下普遍的法則或道理，亦即《易》道成上坎下離的既濟卦，五陽爲上中，二陰爲下中，各本其位，而立天地之中，此亦「易簡」之意義。惠氏又述云：

> 成十三年《左傳》：劉子曰：吾聞之，民受天地之中以生，所謂命也。是以有動作、禮義、威儀之則，以定命也。

> 明道程子曰：民受天地之中以生，天命之謂性也。荀爽《對策》曰：昔者聖人建天地之中而制禮。

> 《中庸》曰：天命之謂性。又曰：喜怒哀樂之未發謂之中。又曰：中也者，天下之大本也。又曰：立天下之大本。[211]

《左傳》所謂「天地之中」，乃自然之律則，或自然之常、陰陽之和，亦即《易》道的「易簡」之概念，以此自然之律則爲「命」，並下落而定爲人們動作、禮義、威儀等行爲的規範，所以荀爽也提到「聖人建天地之中制禮」，即聖人依此自然之道而制定合宜的禮儀。這種適中的自然之道，即《中庸》所說的「天命之謂性」的自然之性。天命是自然的賦予，而非上帝的使令，從人類的觀點言，自然賦予人類生命，也賦予人類最合宜的德性，爲與其它萬物所不同而爲人類所獨有的，所以爲「天命之謂性」。這種獨有的「性」，本諸天之中道而適中於人，是儒家的中道觀，

---

[210] 見《易微言》，卷下，頁 741。
[211] 三段引文，見《易微》，卷下，頁 741-742。

也是易學中的「易簡」主張，亦是陰陽氣化流行交感的極中之處。惠氏又述云：

> 《周語》曰：王將鑄無射，問律于伶州鳩。對曰：律所以立，均出度也。古之神瞽，考中聲而量之以制，考，合也，謂合中和之聲而量度之，以制樂也。度律均鍾，百官軌儀，紀之以三，天、地、人。平之以六，六律。成于十二，律呂。天之道也。夫六，中之色也，故名之曰黃鍾，十一月曰黃鍾，乾初九也。六者，天地之中。天有六氣，降生五味。天有六甲，地有五子，十一而天地畢矣。而六為中，故六律、六呂而成天道。黃鍾初九，六律之首，故以六律正色為黃鍾之名，重元正始之義也。所以宣養六氣九德也。六氣：陰、陽、風、雨、晦、明也。九德，九功之德：水、火、金、木、土、穀、正德、利用、厚生也。十一月陽伏于下，物始萌，于五聲為宮，含元處中，所以徧養六氣、九德之本。
>
> 《三統歷》曰：四分月法，以其一乘章月，是為中法。朔不得中，是為閏月。言陰陽雖交，不得中不生。獨陰不生，獨陽不生，獨天不生。天者，中也。三合然後生，故云不得中不生。[212]

以天之中道而紀之以萬事萬物，則律呂之制，亦本諸「中」，律之所以立，在於均中而出度，以中和之聲而制樂。黃鍾為律呂之始，同於《易》乾初九，為氣之始，含元處中。至於歷法亦同，循中道而制。在這裡，惠氏不斷申言「獨陰不生，獨陽不生，獨天不生」，必合而後生；陰陽之交，必以得中而生，也就是《中庸》「天地位焉，萬物育焉」的道理。

（二）中和之道在贊化育之本的會通

對於《中庸》的「中和」意義，惠氏立《易》之例，而舉《中庸》之言，作了明確的解釋，云：

> 《中庸》曰：喜怒哀樂之未發，謂之中。朱子曰：喜怒哀樂，情也；其未發，則性也。發而皆中節，謂之和。不誠則不能獨；獨者，中也。故未發為中，已發為和。張湛《列子註》云：稟性之質，謂之性，得性之極，謂之和。中也者，天下之大本也。和也者，天下之達道也。朱子曰：大本者，天命之性；達道者，循性之謂。致中和，天地位焉，萬物育焉。此至誠之事，所謂贊化育，與天地參者也。中和於易為

二五。《繫上》曰：易簡而天下之理得矣，天下之理得而易成位乎其中，故言天地位。[213]

惠氏根據朱子之說，以未發、已發的性情觀來說明，指出喜怒哀樂爲人人所具有的情感，這種情感在未發動之前，則稱爲性，也就是未發動時，無過與不及的偏倚，所以謂之「中」；朱子並指出「發皆中節，情之正也，無所乖戾，故謂之和」，[214]當情感發動時，能無過與不及的偏倚，如音樂能夠悉中節奏，所以謂之「和」；故稱「未發爲中，已發爲和」。並且，從「誠」與「獨」的概念言，視之爲「中」；關於此二命題，移於後文再述。同時，也以張湛之說，提出稟受天性之本然，稱爲「性」，也就是「中」，而能得「性」之「極」，即得「性」之「中」，能不偏不倚，則就是「和」；義與朱子之說相近。《中庸》從本體化的角度出發，明白地提出「中和」的範疇爲「中也者，天下之大本也。和也者，天下之達道也」，將「中和」概括爲天地萬物存在的「大本」和發展的「達道」。「大本」爲最高的本體存在，而「達道」爲最高的生成之道。也就是說，「中」是天地萬物得以存在的終極根據，一切事物都依準於中正的關係而存在；至於「和」，則是揭示一切事物的有序發展都只是能依賴於相互間的和諧關係。天地之「大本」與「達道」的中和，通過天命的形式進入了心性的結構，所以惠氏引朱子之言而云「大本者，天命之性；達道者，循性之謂」，「大本」爲「性」爲「中」，而「達道」爲「情」爲「和」，亦同未發、已發之概念，合爲「中和」。接著，《中庸》認爲達到「中和」之後，則「天地位焉，萬物育焉」，這是「中和」理想或是目標；循中和之道推而極之，則天地皆從其所，萬物皆得其養，可以與天地化育同功。此中和之道即贊化育之本，也是至誠之事。在這裡，惠氏已明白地將其心中《易》道的中和觀，與《中庸》的中和而贊化育相融會，認爲「所謂贊化育，與天地參者也。中和於易爲二五。《繫上》曰：易簡而天下之理得矣，天下之理得而易成位乎其中，故言天地位」；《易》以二、五居中得正，也就是天地居其正位，則天下之理得，天下之事成，即《易》之「中和」，同

---

[213]見《易例》，卷上，頁 952-953。

[214] 見朱子《四書集註・中庸》。引自朱熹集注、蔣伯潛廣解《廣解四書・中庸》，台北：東華書局，1993 年 3 月 22 版 3 刷，頁 2。

在贊化育之功。於此，惠氏不但對《中庸》的中和觀作了詳明的解釋，也將之與《易》道相契合。

惠氏同樣於「中和」的《易》之例，指出：

> （《中庸》）又曰：仲尼曰：君子中庸。又曰：仲尼祖述堯舜。仲尼，孔子字，漢安昌侯張禹曰：仲者，中也；尼者，和也。此篇論中和之義，故篇中兩舉仲尼，以至誠屬之，以致中和之事，歸之中和者，既濟也。孔子論定六經，以立中和之本，而贊化育。下篇所云，經綸天下之大經，立天下之大本，知天地之化育是也。孔子無位而當既濟，故子思兩舉表德之字以明之。[215]

《中庸》以仲尼之言，提出「君子中庸，小人反中庸」，是以中庸之德來說明中和之義。成德的君子，有中和的性情，能表現中庸的德行，所以爲「君子中庸」；小人則性情乖戾，不能中和，行爲適與君子相反，所以「小人反中庸」。又引《中庸》云「仲尼祖述堯舜」，即仲尼遠宗堯舜之道，即堯舜之中和之道，已如前述；此中和之道，從堯舜以降，至孔子則述其聖德，發其聖旨，所以仲尼儼然爲「中和」的代言人，此漢安昌侯張禹附會爲「仲者，中也；尼者，和也」，在於強調孔子對「中和」之道的承繼與發揚之功。惠氏並指出孔子論定六經的目的，即在「立中和之本，而贊化育」，亦即「經綸天下之大經，立天下之大本，知天地之化育」。這樣的中和之道，就是《周易》的既濟之道，亦即贊化育之道。

在《易大誼》中，惠氏也對《中庸》之有關文字作了訓解：

> 喜怒哀樂之未發，謂之中。隱微，始也；于道為極，故未發為中。發而皆中節，謂之和。發而皆中節，行之和也，故謂之和。未發為中，已發為和，合之則一也，故曰「中庸」。中和即天地之中，在人則為情性，故《文言》曰：利貞者，性情也。中也者，天下之大本也。和也者，天下之達道也。致中和，天地位焉，萬物育焉。致中和，即修道之人。天地位，中也；萬物育，和也，既濟定也。
>
> 仲尼曰：稱仲尼者，安昌侯張禹說曰：仲者，中也；尼者，和也。言孔子有中和之德，故曰仲尼。此書專論中和，故稱表德之字，見《孝經疏》。君子中庸，庸，用也，常也；用中為常道，故曰中庸。小人反中庸。並舉君子小人者，陰陽之誼也。乾為積善，君子中庸也；

坤為積惡，小人反中庸也。在爻其初九、六三乎。又乾五居二，坤二居五，亦為反中庸也。[216]

惠氏同樣以未發為「中」，為宇宙之原始狀態，為「隱微」，為「極」，甚至可以稱為「太極」；至於發而中節謂之「和」。二者合為則為「一和」，也就是「中庸」。中和為天地之中，在人為情性；即《易》道的利貞之德，所以《文言》云「利貞者，性情也」。天地位為「中」，萬物育為「和」，即致中和，也就是合於「元、亨、利、貞」四德的成既濟定者。《中庸》云「君子中庸，小人反中庸」，惠氏以「君子」、「小人」並舉，合陰陽之義，也合乾坤二卦的卦象，所以他說「乾為積善」是「君子中庸」，「坤為積惡」，是「小人反中庸」；從爻位言，則初九為「君子中庸」，六三為「小人反中庸」；又「乾五居二，坤二居五」，為陽居陰位或陰居陽位，亦為反中庸，使之乾二居五或坤五降二，則成既濟定，是君子中庸。在這裡，惠氏同樣以其《易》道中和之思想，融入《中庸》的中和思想之中。不論是《易》或《中庸》，皆在追求贊化育的中和理想。因此，惠氏明確提出「中和之本、贊化育之本」的《易》之例，云：

> 參天兩地而倚數。又曰：兼三才而兩之。虞仲翔註云：謂分天象為三才，以地兩之，立為六畫之數，故倚數。參天兩地，有坎離之象，此中和之本也。《說卦》云：幽贊于神明而生蓍，此贊化育之本。[217]

認為參天兩地有成既濟定的坎離之象，即中和之本，也是贊化育之本。合於《中庸》的原義。他在「中和」的《易》之常例中，特別再一次強調：

> 《易》二五為中和。坎上離下，為既濟。天地位，萬物育，中和之效也。《三統曆》曰：陽陰雖交，不得中不生，故易尚中和。二五為中，相應為和。《說文》曰：咊，相譍也。咊即和也，譍即應也。[218]

這種以「二五為中，相應為和」，成坎上離下的既濟之道，而能天地位，

---

[216] 二段引文，見《易大誼》，頁37。
[217] 見《易例》，卷下，頁1045-1046。
[218] 見《易例》，卷上，頁951。

萬物育的贊化育之道的中和觀，本論前諸章節中，已不斷地申述此一主張；這種主張可以視為《易》與《中庸》會通下的最重要命題。

惠氏在《易例》中，尚引諸文以言「中和」之義，包括：

師九二曰：在師中吉，无咎，王三錫命。《乾鑿度》曰：師者，眾也。言有盛德，行中和，順民心，天下歸往之，莫不美命為王也。行師以除民害，錫命以長世，德之盛。

《象》曰：能以眾正，可以王矣。荀註云：謂二有中和之德，而據羣陰，上居五位，可以王也。

泰九二曰：朋亡，得尚于中行。荀註云：中謂五，朋謂坤，朋亡而下，則二得上居五，而行中和矣。

臨六五曰：知臨，大君之宜，吉。《乾鑿度》曰：臨者，大也。陽氣在內，中和之盛，應於盛位，浸大之化，行于萬民，故言宜處王位，施大化，為大君矣，臣民欲被化之詞也。

《文言》曰：利貞者，性情也。《述》曰：易尚中和，故曰和貞者，情性，情和而性中也。聖人體中和，贊化育，以天地萬物為坎離也。

《周禮・大司徒》：以鄉三物，教萬民而賓興。之一曰六德，知、仁、聖、義、忠、和。鄭註云：忠言以中心；和，不剛不柔。

又論強曰：故君子和而不流，強哉矯。中立而不倚，強哉矯。《周禮》師氏以三德教國子，一曰至德，以為道本。馬融傳云：德行，內外之稱。在心為德，施之為行。至德者，中德也。《中庸》曰：天命之謂性，率性之謂道，失中庸則無以至道，故曰以為道本。鄭註云：至德，中和之德。覆幬持載，含容者也。

《孟子》曰：中也，養不中。趙岐註云：中者，履中和之氣所生，謂之賢。《禮器》曰：君在阼，夫人在房，大明生於東，月生於西，此陰陽之分，夫婦之位也。鄭註：大明，日也。君西酌犧象，夫人東酌罍尊。鄭註：象日出東方而西行，月出西方而東行也。禮交動乎上，樂交應乎下，和之至也。鄭註云：交乃和。案：禮，中也；樂，和也。禮交動乎上，樂交應乎下，上下相應，故云和之至也。

揚子《太元》曰：五為中和。又曰：中和莫尚於五。

《法言》曰：立政鼓眾，莫尚於中和。又曰：甄陶天下，其在和乎。龍之潛亢，不獲其中矣。是以過中則惕，不及中則躍，其近於中乎。惕躍近中，猶忠恕近道。

《莊子‧消搖游》曰：若夫乘天地之正，而御六氣之辯。揀補注云：天地之正，猶天地之中。易之九五、六二，即天地之正也。六氣，陰、陽、風、雨、晦、明也。[219]

中和的基本意涵，即卦二、五居中得正，以象其得正於天地之中，而行中和之道與「元、亨、利、貞」四德，贊化育，建立一個和諧共生的最佳場域。其它，在《周易述》中，惠氏每每也以《中庸》「天地位，萬物育」的中和思想，來詮釋卦義，如釋隨卦云「升中和之氣于天，王者致中和，天地位，萬物育，故升其氣于天，亦是既濟之事也」。[220]釋屯卦《象傳》「雲雷，屯。君子以經論」，指出「文王時，受王不率仁義之道，失為人法矣。已之調和陰陽尚微，故演《易》，使我得卒至於大平，日月之光明如《易》矣。是文王經論大經為既濟也。九五屯膏，以喻受德，初九建侯，以喻文王。三動反正，為既濟，是其事矣。中和之本者，中和謂二、五，本謂乾元也。乾元用九，坎上離下，六爻得正，二、五為中和。聖人致中和，天地位，萬物育，故能贊化育也」。[221]類似這種會通《中庸》的中和思想以闡明《周易》大義的論述，不勝枚舉，不再詳作列舉。因此，中和之道在贊化育之本，不論在《易大誼》中，或是《周易述》、《易例》、《易微言》中，都可以體現《易》與《中庸》在這方面的會通。

三、誠的思想的會通

「誠」的思想，為儒家所普遍倡論的主張，在《中庸》之外，《孟子》曾提出「是故誠者天之道也，思誠者人之道也。至誠而不動者未之有也，不誠未有能動者也」。[222]戴震《孟子字義疏證》認為「義之端不可勝數，

---

[219]　見《易例》，卷上，頁 951-955。

[220]　見《周易述》，卷三，頁 82。

[221]　見《周易述‧象上傳》，卷十一，頁 293。

[222]　見《孟子‧離婁上》。引自焦循《孟子正義》，卷十五，北京：中華書局，1996 年 2 月

舉仁義禮三者而善備矣。德性之美不可勝數,舉智仁勇三者而德備矣。
曰善曰德,盡其實之謂誠」。焦循《孟子正義》沿著宋儒的路線,從「性」
的概念出發,並根據《中庸》之大旨而發,認爲「惟天下至誠,爲能盡
其性;能盡其性,則能盡人之性;能盡人之性;則能盡物之性;能盡物
之性,則可以贊天地之化育,可以贊天地之化育,則可以與天地參矣」。
[223]大體而言,《孟子》之「誠」作爲「動」與「不動」的主要動因,屬倫
理範疇的傾向。惠棟引《大學》之言而論:

> 《大學》曰:欲正其心者,先誠其意。又曰:所謂誠其意者,毋
> 自欺也。如惡惡臭,如好好色,此之謂自謙,故君子必慎其獨也。
> 小人閒居,為不善,無所不至,見君子而後厭然,揜其不善而著
> 其善,人之視己,如見其肺肝,然則何益矣!此謂誠於中,形於
> 外,故君子必慎其獨也。[224]

又引述云:

> 《大學》言誠意,而歸之慎獨,則誠猶獨也。[225]

所謂「欲正其心者,先誠其意」,是就「修己」的功夫而言,也就是「欲
修其身者,先正其心」,然後「正心」而「先誠其意」,這是一貫的「修
己」功夫,強調「修己」功夫必以「正心」爲主,時時省察自己,不爲
情欲所動,也不欺人,更不自欺。爲善去惡,從內心到外在行爲,都能
展現「誠實」的一面,即「誠於中,形於外」,也就是「慎其獨」,更明
確地說,「誠」可以視爲「獨」。這段話大抵是從功夫論的角度來說的。
惠氏同時又引《荀子》之言來論述:

> 《荀子》曰:養心莫善於誠。又曰:不誠則不獨。[226]

此出於《荀子·不苟》。荀子似乎循《孟子·盡心下》「養心莫善於寡欲」
的路數,都是循著人我的內心世界來闡釋「誠」義,以「誠」爲德性的

---

1 版北京 3 刷,頁 509。
[223] 見焦循《孟子正義·離婁上》,卷十五,北京:中華書局,1996 年 2 月 1 版北京 3 刷,
頁 511。
[224] 見《易微言》,卷下,頁 733。
[225] 見《易微言》,卷下,頁 735。
[226] 見《易微言》,卷下,頁 735。

基礎，致誠則眾德自備。惟誠然後能使人化，使人變。所以，天地之能化萬物，以誠；聖人之能化萬民，亦以誠。這樣的「誠」，與孟子之說相近，也是屬於論理或修養的範疇。至於《中庸》論「誠」，則內容更為豐富，也更具形上義，也就是以「誠」作為宇宙的根本開始來涵攝一切道理。

惠氏列舉《中庸》的本文，作為概括「誠」的意義者，首先引述：

> 《中庸》曰：子曰：鬼神之為德，其盛矣乎！視之而不見，聽之而不聞，體物而不可遺。使天下之人，齊明盛服，以承祭祀，洋洋乎如在其上，如在其左右。《詩》曰：神之格思，不可度思，矧可射思。夫微之顯，誠之不可揜如此夫！[227]

在惠棟的認識裡，對於「誠」形象，似乎認為與「鬼神之為德」同，是一種「視之而不見，聽之而不聞，體物而不可遺」的狀態，也就是視聽都不著其體，卻是實質存在而「不可遺」者；它雖微而顯，隱微而顯揚於萬物之中，所以是一種「不可揜」，也無法揜的形象，而與《老子》的「道」有某種程度的相近，具有高度的形上義。惠氏又引：

> 又曰：誠者，天之道也。誠之者，人之道也。誠者，不勉而中，不思而得，從容中道，聖人也。誠之者，擇善而固執之者也。[228]

《中庸》將天道與人道並論，也就是將外在的天道與內在的人道合言，形成一種天人合一的主張，希望藉由天道以獲得人生之道，這樣的天道或人道，即是「誠」，也就是透過「誠」來界定天道與人生之道的本質，理解宇宙萬物之道與人生之理。天的根本性徵為「誠」，因為天是真實無妄的，天之所以為天即在於「誠」。在於天，誠的境界，是與道合一，不待思勉而無不合道；在於人，求誠則須思勉，擇善固執，終致於合道。又引云：

> 又曰：自誠明，謂之性；自明誠，謂之教。誠則明矣，明則誠矣。
> 又曰：唯天下至誠，為能盡其性；能盡其性，則能盡人之性；能盡人之性，則能盡物之性；能盡物之性，則可以贊天地之化育；

---

[227] 見《易微言》，卷下，頁733。
[228] 見《易微言》，卷下，頁734。

可以贊天地之化育，則可以與天地參矣。[229]

《中庸》又以自天道的「至誠」而高明，是天道的自然之「性」，這個「性」，是真實無妄，與道爲一，而能明其理者。又云「自明誠，謂之教」，即修明天道這一自然的「誠」，經由修道而達到至誠的境界，是教化的結果；這樣的方式，是先明其理，而後得以同天道之真實無妄，與道爲一，這是教化的功能。從天道觀導入人生的修養工夫，這是「誠」所涵攝的廣度。《中庸》又言「至誠」，此至極真實不妄者，即能天道自性，是一個圓融的「自誠」者，所以「能盡其性，則能盡人之性」，能盡知天之「至誠」之性，則能盡人之性，進一步「能盡人之性，則能盡物之性」。此人性得自誠體，物性也得自誠體；能盡其誠體之性，則對人人物物之本性皆無所不悉，無所不盡。能夠如此，就可以贊天地自然之化育，人便可以與天地並立於宇宙之間。於此，惠氏特別表明，「自盡性以至贊化育，皆既濟之事」，將盡天道自然之性，乃至可以贊天地之化育，與《易》道所謂「成既濟定」之事相契合。並且對於《中庸》所謂「可以贊天地之化育，則可以與天地參矣」，作了進一步地解釋：

> 此《易》所以有三才；太極含三爲一，三才備太極之之初。盡性，初也，元也。至贊化育，則四德備矣。《易》者三才，故至誠與天地參。贊化育，則既濟也。[230]

《中庸》「與天地參」，即《易》道以人合天地爲三才之道。惠氏從「誠」的最高性觀之，認爲《中庸》於此「可以贊天地之化育，則可以與天地參」的境界，即《易》道「太極含三爲一，三才備太極之之初」者，此太極元氣之初，爲萬化之始，所以《中庸》的「盡性」階段，就是太極之初，也就是元氣初始所在。然後《中庸》的「贊天地之化育」，則爲《易》道「元、亨、利、貞」四德兼備的境界，也是成既濟、致中和的理想境域，故云「贊化育，則既濟也」。在這裡，惠氏特別站在宇宙本體化生的高度來看待《中庸》這段話，將二者的思想作了彼此相融的對待關係。

惠氏又引述云：

---

[229] 二引文，見《易微言》，卷下，頁734。
[230] 見《易大誼》，頁39。

又曰：故至誠無息，不息則久，久則徵，徵則悠遠，悠遠則博厚，
博厚則高明。[231]

此一天地的至誠之道，作爲產生萬物的本源，它無息、能徵、悠長久遠、
博厚而高明的功能與現象，表現出誠道的超越時空的特性，永遠存在而
永不止息。

又曰：唯天下至誠，爲能經綸天下之大經，立天下之大本，知天
地之化育。夫焉有所倚，肫肫其仁，淵淵其淵，浩浩其天。[232]

此《中庸》至誠之功。惠氏並從「中和」的觀點作解釋，指出「大本謂
中，化育謂和」，[233]此《中庸》「立天下之大本，知天地之化育」即是中
和的理想與功能，亦是《易》「成既濟定」之道，所以惠氏進一步云：

變屯難爲既濟。《易》屯「元、亨、利、貞」，謂既濟也。《象》曰
「雲雷屯，君子以經綸」，所謂經綸天下之大經也。[234]

又於釋屯卦《象傳》「雲雷，屯。君子以經論」時，注云：

三陽爲君子，謂文王也。經論大經，以立中和之本，而贊化育也。
《中庸》曰：唯天下至誠，爲能經論天下之大經，立天下之大本，
知天地之化育。三之正，成既濟，是其事矣。[235]

由此可見，在惠氏看來，《中庸》的誠道，在於贊化育之功，等同於《易》
道的「成既濟定」、成「元、亨、利、貞」四德之境。「淵淵其淵，浩浩
其天」，即「與天地合德也」，[236]天道之誠，合於人道之誠，從誠體出發，
即同於陰陽合德的概念，陰陽變化合德，則陰陽之位定，和諧之境成，
四德備，既濟之功就。類似屯卦這般會通《中庸》誠道於《易》卦卦義
之中者，《周易述》中屢次可見，在這裡不再贅引。

《中庸》中最關鍵與最核心的思想爲「中和」與「誠」，而這兩個思
想概念，彼此又有其內在的一致性與可貫通之處。這種一致性或可貫通

---

231 見《易微言》，卷下，頁 734。
232 見《易微言》，卷下，頁 734。
233 見《易大誼》，頁 40。
234 見《易大誼》，頁 40。
235 見《周易述·象上傳》，卷十一，頁 292。
236 見《易大誼》，頁 40。

者，在惠氏的《易》道中展現的最為具體；在惠氏的論述中，將「中和」、「誠」與「成既濟定」，以及成「元、亨、利、貞」四德者，彼此有共生或相應的關係，它們作為宇宙的本體，終致天地位而萬物育，以成贊化育之功的共同理想。

四、其它

《易大誼》中，惠氏刻意或試圖以《易》之思想貫通於《中庸》文義之中，其相涉的主要思想內涵，已如前述。欲將《易》理全盤置入《中庸》全書的每一文句中，則為一種高難度的任務，若強作會合，則牽強附會的現象，必定是不可避免的；所以錢熙祚在《易大誼跋》中，特別指出「列《中庸》全文，而以《易》義解之，固不免支離傅會之失」。[237]

以《易》理會通《中庸》本文，在支節瑣碎的部份，如：

《中庸》「君子中庸，小人反中庸」一文，惠氏釋云：

> 並舉君子、小人者，陰陽之誼也。乾為積善，君子中庸也。坤為積惡，小人反中庸也。在爻其初九、六三乎。又乾五居二、坤二居五，亦反中庸也。[238]

以陰陽之義，乃至乾坤積善積惡之說，貫通於《中庸》此文。並且從爻位言，初九為君子，六三為小人；乾五居二、坤二居五，陰陽皆居中而不正，所以是反中庸，相反地，乾陽居五、坤陰居二，則居中得正，是為合中庸之道。

《中庸》「而好察邇言，隱惡而揚善」一文，惠氏釋云：

> 察，辨也。言出乎身，從近始。乾初為善，坤初為惡；隱惡揚善，辨之早也。坤初為隱惡，乾初為揚善。[239]

以乾初與坤初附合「隱惡」與「揚善」。乾初為揚善，而坤初為隱惡，善惡之辨，必在於初，以全防惡立善之功。陰陽對應為善惡之義，揚善去

---

[237] 錢熙祚《易大誼跋》，見《易大誼》，頁 40。
[238] 見《易大誼》，頁 37。
[239] 見《易大誼》，頁 37。

惡從初始入手，所以以乾初坤初而言。

　　《中庸》「驅而納諸罟擭陷穽之中，而莫之知辟也。人皆曰予知，擇乎中庸而不能期月守也」一文，惠氏釋「驅而納諸罟擭陷穽之中」，云「未濟六爻失位，故所遇皆罟擭陷穽也」。釋「皆曰予知」，云「不察邇言」。釋「擇乎中庸而不能期月守也」，云「尟能久」。全文釋云：

> 罟擭，離也；陷穽，坎也。離上坎下，為未濟。罟擭，陷穽也。坎上離下，為既濟，中庸也。中庸言擇者，初乾、初坤也。不能期月守，以小善為無益，而弗為，不能積善者也。[240]

惠氏以「罟擭陷穽」象六爻皆失位的未濟䷿卦，而合中庸之道者，則為六爻皆正位的既濟卦。擇善而固執，但此處「不能期月守」，則是不以小善而為之，是不能積善以成德。

　　《中庸》「南方之彊與？北方之彊與」一文，惠氏釋云：

> 南方，離也；北方，坎也。離二居五，南方之彊也；坎五居二，北方之彊也。此未濟也。

又《中庸》「故君子和而不流，彊哉矯。中立而不倚，彊哉矯。國有道，不變塞焉，彊哉矯。國無道，至死不變，彊哉矯。」一文，惠氏釋云：

> 此自彊合于中和，謂既濟也。不變，貞也。貞固足以幹事，故不變塞焉。獨立不懼，遯世無悶，故至死不變。[241]

《中庸》透過子路問「強」之義，以表現中庸之道，並不在血氣之勇上。孔子反問是「南方之彊與？北方之彊與」，事實上，孔子之意並不在此南方或北方之彊，孔子所強調的是一種本著中和之性所展現的中庸之勇，這種勇，就是「和而不流」，「中立而不倚」，「國有道，不變塞焉」，「國無道，至死不變」的精神。因此，不論是南方之強，或是什麼北方之強，都是不對的，也就是都不是「強」之所在。惠氏藉以視為未濟之義，以未濟視為不合「強」義。至於合於「強」的真正意涵，則以既濟卦象之，合於中和之道，中和貞正，不懼不變，具有「富貴不能淫，貧賤不能移，威武不能屈」的勇氣。

240　《中庸》「驅而納諸罟擭陷穽之中」一段，惠氏諸釋文，見《易大誼》，頁37。
241　二段注文，見《易大誼》，頁37。

《中庸》「鬼神之爲德，其盛矣乎！視之而弗見，聽之而弗聞，體物而不可遺」一文，惠氏釋云：

> 乾神坤鬼。鬼神之德，自微而顯，故盛。因鬼神而制禮樂，大舜、文、武、周公是也。禮樂天地之中，猶《易》之二五。鄭氏云：「體，猶生也。可，猶所也。不有所遺，言萬物無不以鬼神之氣生也。」鄭氏精于《禮》，疏于《易》，無不以鬼神之氣生也，神可言生，鬼不可言生，此說不通于《易》。若以乾坤言鬼神，亦可云生。坤廣生是也。[242]

《中庸》以鬼神之作用，鑒之在上，質之在旁，一般人普遍存在對它們有著恭敬惶恐的心理；萬事萬物，無不在鑒上質旁之內，所以「體物而不可遺」。鬼神無形無聲，但它的性情功效，似乎隨處可以表現，使人皆信仰它，敬畏它，遺忘不了，視之爲有形體的事物一般。惠氏以《易》理涉論，乾神坤鬼，乾坤氣化之狀，是有微而顯，所以鬼神之德盛大充滿。因鬼神而禮樂制，德顯於天地之中，猶《易》二、五中位。鬼神之所以能生氣，是就鬼神爲乾坤之象而言，乾坤陰陽的變化本爲生生之道，而就卦象而言，坤又爲廣生，亦有「生」之義。

《中庸》「子曰：愚而好自用，賤而好自專。生乎今之世，反古之道。如此者，栽及其身者也。非天子，不議禮，不制度，不考文。今天下車同軌，書同文，行同倫。雖有其位，苟無其德，不敢作禮樂焉；雖有其德，苟無其位，亦不敢作禮樂焉」一文，惠氏釋「愚而好自用」爲初六，「賤而好自專」爲九二。二句並進一步作說明，云「初六，陰不正；九二，易不正，皆愚賤之類」。並且針對全文，釋云：

> 鄭氏云：「言作禮樂者，必聖人在天子之位。」六居五，是有位而無德也。九居二，是有德而無位也。乾二居坤五，是聖人在天子之位也。故《文言》曰：「龍德而正中者也。」有聖人之德，然後居天子之位，故五帝官天下。[243]

《中庸》以無德爲愚，無位爲賤，有位無德而作禮樂，所謂愚而好自用；

---

[242] 見《易大誼》，頁38。
[243] 《中庸》該文下，諸惠氏注文，見《易大誼》，頁39。

有德無位而作禮樂，所謂賤而好自專。愚而自用，賤而自專，反背古道，各自爲政，弄得互相爭戰，災害及身，是春秋戰國時期常見的現象。因此，非有德有位的聖賢天子，是不能隨便「議禮」、「制度」和「考文」，這是治國的重要原則。惠氏以「愚而好自用」與「賤好自專」者，猶《易》之初六、九二爻位，二者陰居陽位，陽居陰位，位不當而爲愚賤之類。禮樂制度，爲極其慎重之事，非有德有位者不能爲之，惟乾二居坤五之位，爲聖人之德居天子之位，德位兼備，方可統制天下之宜。由是可見九五之位尊與德顯，在爻位上最爲重要。

從以上的論述，大致可以看出，惠氏以《易》理會通《中庸》，有可與《中庸》大義相得益彰者，亦有附會曲解《中庸》本義者。詮釋是否成功，是否合理恰當，卻是惠氏易學中會通二家之說的典範論著，也表現出惠氏對經典經義互通上的看法。

《易大誼》爲惠氏以漢《易》的思想內容，來詮解儒家經典中具有高度哲理思想的《中庸》。其會通的重點，表現在道論、中和與誠的重要命題上，透過具體的陳述，以呈顯出《易》與《中庸》思想的同質性與其可貫通之處。《中庸》言道、言天命爲性、言誠體發用，以及言中和，可以了然於儒學根脈的宇宙觀、性善論，乃至道德的實踐與理想價值；《中庸》客觀地超越地說，從天道下貫人性，從宇宙本體的概念出發，而入於人，並著重在道德實踐的工夫上。這著本諸天道而下入人事的理論體系，在傳統儒家思想中，以《中庸》表現的較先較具體。然而，同爲儒家體系下的《周易》，卻也提供了更爲完整的宇宙觀之材料與方向，可足供《中庸》在天道觀上建立基礎。惠氏也點明二家思想的最高價值，在於創構一個天地位焉，萬物育焉的理想世界。的確，二家思想多有可以互通之處，而惠氏也試圖構築出二說的致中和、成既濟的共同遠景，並提供我們思想會通在本質上與論述上的一種參照。

第三節 《易》與禮與史的會通

　　本節探述惠氏釋《易》的重要內涵：第一部份，主要針對惠氏《周易述》中，以禮述《易》的部份作詳細的說明與檢討，例如觀卦「盥而不觀薦」，惠棟作禘祭解，是否適當；從貢士之禮、地方諸侯祭天選才之禮來思考，是否更爲恰當。惠棟的《禘說》，是「明堂」的進一步擴大，是對祭禮與古史文化的另一推明，並運用於釋《易》之中；這也是第一部份的重要內容。第二部份，置重於古史與《易》的會通。惠棟提到「《易》與《春秋》，天人之道也」，[244]《春秋》紀事，效法於《易》，歷代以紀「元」開始，即效法《易》以太極爲首。《易》爲天道，《春秋》爲人事，天道與人事結合，也就古史與《易》的會通。這種史事與《易》相涉的具體表現，惠氏則主要表現在對聖王的釐清。第三部份，特別將明堂之法個別討論，主要參照《周易述》與《明堂大道論》中的論述。「明堂」爲古代君王宣明政教之地，其制度卻於六朝以後湮沒不聞，惠氏著力考實，以示明堂之本真。惠氏特別以易理說明堂，述明堂大道，以呈顯周秦文化的歷史事實的。

一、以禮釋《易》

　　惠氏根本漢儒之說，主要依據虞翻乃至鄭玄之用禮，惠氏擷取所要而爲己說，以下列舉一些重要例子作說明。

（一）婚禮

1. 男先於女

　　按照中國古禮的規範，男女雙方的結婚，都是由男方採取主動，也就是由男方求於女方，《禮記‧昏禮》明言凡「納采、問名、納吉、納徵、請期、親迎」諸禮，皆當「男先於女」。[245]＜郊特牲＞也指出男先於女的大義，云「男子親迎，男先於女，剛柔之義也。天先乎地，君先乎臣，

---

[244] 見《易例》，上卷，「太極生次」條目下，頁 928。

[245] 見《禮記‧昏義》。引自孫希旦《禮記集解》，卷五十八，台北：文史哲出版社，1990年 8 月文一版，頁 1417。

其義一也」。[246]男剛而女柔，剛之德主進，而柔之德主退，此天地之道，男女之義如此，君臣之義也是如此。從昏聘到迎取，皆由男方先於女方，此種昏禮的形式，從天子至庶民皆是一致遵守的禮制。所以咸䷞卦卦辭「亨。利貞，取女吉」，惠氏云：

> 坤三之上成女，乾上之三成男，乾坤氣交以相與，止而說，男下女，故通，利貞，取女，吉。[247]

又釋咸卦《彖傳》「止而說，男下女，是以亨利貞，取女吉也」，云「止艮說兌，艮男兌女，男先於女，故男下女」，並進一步解釋云：

> 艮少男，兌少女，故云艮男兌。案《士昏禮》壻御婦車授綏，御輪三周，先候於門外，皆男下女事。《郊特牲》曰「男子親迎，男先於女，剛柔之義也」。天先乎地，君先乎臣，卦例下為先，上為後，比九五失前禽，前禽謂初，是下為先也。卦辭云「後夫凶」，「後夫」謂上，是上為後也。《易》氣從下生，故以下為先，上為後。今艮男在下，兌女在上，男先於女，故曰男下女也。[248]

根據虞翻的說法，咸卦自否卦來，坤三之上成兌女，乾上之三成艮男。三上易位，所以為「乾坤氣交以相與」。王肅提到「男女以禮感，男而下女，初婚之所以為禮。通義正，取女之所為吉也」。[249]艮男在下，兌女在上，是為「男下女」。合於男下女之婚誼之道，則能亨通、利貞與吉祥。這種以昏義論《易》，會以先秦、兩漢對於婚禮的規定。因此，《荀子·大略》也提到「《易》之咸見夫婦，夫婦之道不可不正也。君臣、父子之本也。咸，感也。以高下下，以男下女，柔上而剛下，聘士之義，親迎之道，重始也」。[250]咸卦的男下女婚義之說，早在《荀子》時已作了最佳的詮釋。婚事以男為先，此合婚儀。

2. 主內有德而娶

---

[246] 見《禮記·郊特牲》。引自孫希旦《禮記集解》，卷二十六，頁708。

[247] 見《周易述》，卷五，頁135。

[248] 見《周易述·彖下傳》，卷十，頁260。

[249] 見李鼎祚《周易集解》，卷七，頁160。

[250] 見《荀子·大略》，卷十九，北京：中華書局《諸子集成》本，頁326-327。

惠棟於遘䷫卦卦辭「勿用取女」下注云：

> 一陰承五陽，一女當五男，苟相遇耳，故勿用取女，婦人以婉娩為其德也。

此取鄭玄之義。惠棟疏解云：

> 卦唯一陰在下，故一陰承五陽。初六巽為女，九二、九五坎爻，坎為中男，九三、上九艮爻，艮為少男，九四震爻，震為長男，故一女當五男。桓八年《穀梁傳》曰「不期而會曰遇」，《傳》曰「遘，遇也」，故苟相遇耳，不以義交，乃淫女也，故勿用取女。《內則》曰：「女子十年不出，姆教婉、娩、聽從。」鄭彼注云：「婉謂言語也，娩之言媚也，媚謂容貌。」又鄭注《周禮・九嬪》「四德」「婦容」云「婦容謂婉娩」，故「婦人以婉娩為其德也」。[251]

遘卦為陰消陽之卦，一陰在內為主，陽反為客，且一陰在下而進，五陽在上而退，進則勢盛，終必消陽，所以女壯。又一陰承五陽，亦非女之道，此女德不貞，為淫女；縱使不期而遇，亦不能與之長久，所以「勿用取女」。《曲禮》所謂「諸侯未及期相見曰遇」，而《穀梁傳》亦云「不期而會曰遇」，是姤女以不期而會男，則謂之「遇」。女既壯則為性淫極盛，則非家室之所宜，故「勿用取女」。古夏桀之惑妹喜，周幽王之惑褒姒，高宗之立武后，皆遇而未知防杜，不明其理，不循婦德。惠棟特別取用鄭玄之義，強調娶女必求「婦人以婉娩為其德」，並引《禮記》、《周禮》與鄭注為訓。女子居內而十年不出，「婉、娩、聽從」皆由姆教之。根據《周禮・九嬪》所言，「九嬪掌婦學之法」，教女御以「婦德、婦言、婦容、婦功」。[252]「婦德」即「聽從」，為婦順；「婦言」為「婉」，即言語辭令；「婦容」為「娩」，為容貌；「婦功」為執麻枲、治絲繭、織紝組紃等女工之事。[253]而惠氏引鄭文以「婉娩」為婦之四德，為概括之義，「婉

251　二段引文，見《周易述》，卷六，頁189。

252　見《周禮・九嬪》，卷七。引自藝文印書館《十三經注疏本》，頁116。

253　鄭玄注「婦德、婦言、婦容、婦功」云：「婦德謂貞順，婦言謂辭令，婦容謂婉娩，婦功謂絲枲。」備參。（見《周禮・九嬪》，卷七。引自藝文印書館《十三經注疏本》，頁116）

嫩」即充「婦德、婦言、婦容、婦功」四者。娶女當娶其有德，從其禮教，不以一時相遇，而為淫色所誘。因此，從此卦的論述，說明男女的婚姻，男下於女，由男方主動示出，不期之遇，亦不合於禮；且，女當順於男，女必以婦德，女德不貞，不可為妻。

3. 昏禮用壺器

惠氏釋睽☲卦上九「先張之弧，後說之壺」，云：

> 謂五已變，乾為先，應在三，坎為弓，离為矢，張弧之象也，故先張之弧。四動震為後，說猶置也。兌為口，离為大腹，坤為器，大腹有口，坎酒在中，壺之象也，故後說之壺。

進一步疏云：

> 《釋詁》曰：說，舍也。郭注云：舍，放置。說、舍同義，故云說猶置也。壺俗作弧，今從古。阮諶《三禮圖》曰：方壺受一斛，腹圓，足口方。圜壺受一斛，腹方，足口圜。若然，壺有口有腹，故云兌為口，离為大腹。昏禮設尊，是為壺尊。揚子《太元》曰：家无壺，婦承之姑，《測》曰：家无壺，无以相承也。若然，說壺者，婦承姑之禮與。壺器大腹有口，盛坎酒于中，故後說之壺也。[254]

惠氏以虞說謂五變體乾，陽主倡，所以乾為先。下應三，三互，坎為弓輪，所以為弧。离為戈兵，所以為矢。此張弓之象，所以「先張之弧」。四動體震，震《象傳》云「後有則」，故為後。依《釋詁》與郭注之言，「說」猶「置」之義。《說卦》指出兌為口，離為大腹，而坤形下為器，大腹有口，坎水為酒而在其中，所以為壺之象。依阮諶所載壺之形狀，猶兌口離大腹之象。惠氏並特別指出，昏禮設尊，是為壺尊。以《太玄》等籍所載，「說壺」為婦承姑之禮，家無壺則無以相承。上之三，二者易位，坎象不見，壺空置而為「後說之壺」。對此，惠士奇《禮說》中也有詳明，「秋嘗冬烝，饋獻用壺尊。饋獻者，饋食之獻，當薦熟時，於是后薦豆籩，而獻以壺焉」；「婦承之姑者，婦饋食於姑，猶后薦豆籩於廟，

而獻以壺尊，故其測曰：家無壺，無以相承也」。「離上與兌三，陰陽相應而家道睽乖，故先疑後釋。張弧者，拒之如外寇；設壺者，禮之若內賓。壺誤爲弧，失其義矣。壺者，家之禮法，故家無壺，婦無以承姑，妻無以事夫。上九、六三婚媾之象，始以爲寇也，故先張之弧，非寇乃婚媾也，故後設之壺。古《易》皆作壺，壺，尊也。昏禮設尊於室爲內尊，又尊于房戶東爲外尊，此之謂設壺」。[255]惠士奇明白地指出設壺的目的，在於婚禮之用，既然婚禮已行，所以有婦姑的饋食之禮。至於壺作爲盛酒之器，其形與缶近，而貴賤之別，則壺爲貴，而缶爲賤。[256]惠氏引《三禮圖》指出有方壺與圓壺之分；腹方口圓曰圓壺，反之曰方壺。《儀禮·燕禮》有言，「司宮尊于東楹之西，兩方壺」，「尊士旅食于門西，兩圓壺」，通行於周代，尤盛於東周。一般而言，「燕禮皆用壺，卿大夫方而士圓焉。古者貴賤不嫌同名，饋獻之壺，其最貴者乎」。[257]至於惠氏此處訓壺之用者，並不在官方之燕禮，而爲婚禮所用之酒器。

4. 昏娶以時

泰䷊卦六五「帝乙歸妹，以祉元，吉」，惠氏釋云：

> 帝出乎震，故震爲帝。坤納乙，故坤爲乙。隱二年《公羊傳》曰：婦人謂嫁曰歸，故云歸，嫁也。……六陰爻，五貴位，陰之貴者莫如帝妹，貴而當降者，亦莫如帝妹。坤，妻道也，臣道也，故六居五必降。……五下嫁二，二上升五，以陰承陽，故云上承乾福，與坤「黃裳，元吉」同義也。帝乙，虞氏據《左傳》以爲紂父，秦漢先儒皆以爲湯，故《乾鑿度》曰：泰，正月之卦也，陽氣始通，陰道執順，故因此見湯之嫁妹，能順天地之道，敬戒之義。……湯以乙生，嫁妹，本天地，正夫婦，夫婦正則王教興矣。……泰、歸妹二卦皆言歸妹者，歸妹九月卦，泰正月卦，《荀子》曰：霜降逆女，冰泮殺內。《家語》曰：霜降而婦功成，嫁娶者行焉。

冰泮而農事起，婚禮殺於此。自秋至春，辛壬癸甲皆嫁娶之時，
故《易》獨舉泰、婦妹二卦，以明之也。[258]

惠氏以互震為帝，上坤為乙，故為「帝乙」。「帝乙」為成湯。「歸」為「嫁」
義，「歸妹」即嫁妹。故為成湯嫁妹。上坤為妻道，而六五處尊位，當下
降至二位，而二升五位，則以陰承陽，乃承乾福。惠氏並舉《乾鑿度》
云泰卦為正月卦，並指明「自秋至春，辛壬癸甲皆嫁娶之時」，泰為正月
之時，亦合婚禮之時。然而，依鄭玄爻辰的說法，「五爻辰在卯，春為陽
中，萬物以生。生育者，嫁娶之貴。仲春之月，嫁娶男女之禮，福祿大
吉」。[259]六五爻值卯辰，為二月陽中，此嫁娶之時。《周禮·地官》提到
「中春之月，令會男女」，鄭玄注云，「中春，陰陽交，以成昏禮，順天
時也」。[260]以二月作為嫁娶之良時。《白虎通》詳細指出：

> 嫁娶必以春何？春者，天地交通，萬物始生，陰陽交接之時也。《詩》
> 云：「士如歸妻，迨冰未泮。」《周官》曰：「仲春之月，令會男女，
> 令男三十娶，女二十嫁。」《夏小正》曰「二月，冠子娶婦之時」
> 也。[261]

雖然《周官》、《夏小正》指明二月為娶婦之時，但《白虎通》則通言春
時，以春天時節為天地交通，陰陽交接，萬物始生之時。此外《管子·
時令》亦云「春以會男女」，[262]仍寬以春季而言。此外，《孔子家語·本
命解》則云「霜降而婦功成，嫁娶者行焉。冰泮而農業起，昏禮殺于此」。
又云「冬合男女，秋班爵位」。[263]孫詒讓《周禮正義》，詳考其時，並指
出「其士以上，無農事之限，則昏娶卜吉，通於四時，既非限於中春，
亦不必在秋冬」；[264]孫氏之說，尤為彈性，以士階層之上，四時昏娶，無

---

[258] 見《周易述》，卷二，頁 56-57。

[259] 見鄭玄《周禮·媒氏》疏。引自惠棟《新本鄭氏周易》，卷上，頁 153。

[260] 見《周禮·地官司徒》。引自孫詒讓《周禮正義·地官司徒·媒氏》，卷二十六，北京：
中華書局，2000 年 3 月 1 版北京 2 刷，頁 1040。

[261] 見《白虎通·嫁娶》。引自陳立《白虎疏證》，卷十，北京：中華書局，1997 年 10 月 1
版北京 2 刷，頁 466。

[262] 《管子·時令》文，轉引自陳立《白虎疏證》，卷十，頁 467。

[263] 《孔子家語·本命解》文，轉引自陳立《白虎疏證》，卷十，頁 467。

[264] 見孫詒讓《周禮正義·地官司徒·媒氏》，卷二十六，頁 1044。

所拘限。惠氏言娶之時，自秋至春皆宜，實本諸惠士奇《禮說》所言，[265]
但是否真如所言之時，則未必作為定說，而知言春季時最為普遍。

（二）祭禮

1. 以禘祭言「觀盥而不觀薦」

觀☷卦卦辭「觀盥而不觀薦」，惠氏注云：

> 觀，反臨也。以五陽觀示坤民，故稱觀。盥，沃盥；薦，羞牲也。
> 坎為水，坤為器，艮手臨坤，坎水沃之，盥之象也，故觀盥而不
> 觀薦。馬氏謂盥者，進爵灌地以降神也。祭祀之盛，莫過于初盥，
> 及神降薦牲，其禮簡略不足觀也。故孔子曰：禘自既灌而往者，
> 吾不欲觀之矣。

疏云：

> 《雜卦》曰：否泰反其類也。卦有反類，故復《象傳》曰剛反動。
> 虞彼注云：剛從艮入，坤從反震，是艮為反震也。觀六二「闚觀，
> 利女貞」，虞注云：臨兌為女，兌女反成巽，是兌為反巽也。又虞
> 注明夷曰：反晉也。注益曰：反損也。注漸曰：反歸妹也。一說
> 復亨剛反，復為反剝，與此《經》觀反臨，皆卦之反也。若荀氏
> 之義，其注《繫上》「鼓之舞之以盡神」云：鼓者，動也；舞者，
> 行也。謂三百八十四爻動行相反，其卦所以盡《易》之蘊。此謂
> 六十四卦動行相反，乃乾、坤、屯、蒙之類，非僅反類之謂。又

---

[265] 惠士奇《禮說》云：「《管子》：春三卯，十二始卯，十二中卯，十二小卯，而始卯合男
女。秋三卯，十二始卯，十二中卯，十二小卯，而始卯合男女。冬夏兩至後九十二日，
謂之春秋兩至。春至十日之內，室無處女。蓋始卯合男女者，白露下，收聚之初，始卯
之辰。《荀子》所謂霜降逆女。《家語》所謂霜降而婦功成，嫁娶者行焉是也。始卯合男
女者，清明後，出耕之日，始卯之辰，媒氏職所謂仲春之月，令會男女是也。春至即春
分，十日之內，三卯之中，中春之月，會男女之時。于是時也，奔者不禁，故曰室無處
女，謂女盡行。……過此則非昏姻之時，不用令者罰之。荀卿子所謂冰泮殺止，《家語》
所謂冰泮而農事起。昏禮殺於此，眾說皆同。康成獨異，而《管子》尤合《周官》。……
《夏小正》二月綏多士女，《太元》內婦始秋分，自秋至春，辛壬癸甲，皆嫁娶之時。」
（見惠士奇《禮說‧地官二》，卷四，台北：台灣商務印書館景印文淵閣四庫全書本，
第 101 冊，頁 468-469。）惠士奇考述甚詳，惠棟所本，雖未說明，但亦有根據。

否、泰之反類，則兼旁通。唯觀反臨，明夷反晉，益反損，漸反歸妹，復反剝，艮反震，兌反巽，乃反卦，非旁通也。又虞注《上繫》同人九五爻辭云：同人反師，又以旁通為反卦，所未詳也。《象傳》曰：中正以觀天下。中正謂五，坤為民，故以五陽觀示坤民，名為觀也。鄭氏謂艮為鬼門，又為宮闕，地上有木而為鬼門宮闕者，天子宗廟之象，此取觀象而言。《釋宮》曰：觀謂之闕。虞義或當然也。《祭統》曰：獻之屬莫重于祼，字亦作灌，義取于坤地之觀。《周禮》：鬱人掌祼器，凡祼事沃盥。故云盥，沃盥。《郊特牲》曰：既灌然後迎牲，迎牲而後獻薦。是薦在灌後，故云薦，羞牲也。上之三，五體坎，故坎為水形。而下謂之器，故坤為器，謂沃盥器也。以艮于臨坤器，而以坎水沃之，故云盥之象也。鬱人祼事沃盥，故盥與灌通。觀灌而不觀薦，乃禘禮配天之祭，故馬氏謂盥者，進爵灌地以降神也。配天之禘，灌禮最盛，古文作祼。周監二代而制禮，大宗伯以肆獻祼，享先王典瑞，祼圭有瓚，以肆先王，以祼賓客。則祼一事有三節：肆者實而陳之，祼者將而行之，獻者奉而進之，實以彝祼之陳，將以瓚祼之行，獻以爵祼之成。故曰肆祼獻，祭天無灌，而禘有灌者。宣三年《公羊傳》說配天之義云：王者曷為必以其祖配，自內出者無匹不行，自外至者無主不止。自內出者無匹不行，南郊配天也；自外至者無主不止，明堂配天也。明堂之配天帝，異饌亦異其禮，故天無灌而祖有灌，以灌禮降神，推人道以接天，所謂自外至者無主不止，故云祭祀之盛，莫過于初盥也。禘行于春夏，物未成熟，薦禮獨略，故云神降薦牲，其禮簡略不足觀也。引孔子語者，《論語》文。《穀梁傳》曰：常視曰視，非常曰觀。灌禮非常，薦為常禮，故曰觀盥而不觀薦。吾不欲觀，非不欲觀也，所以明灌禮之特盛，與此經觀盥而不觀薦同義，故虞氏、王弼亦皆引以為證。孔安國謂魯禘亂昭穆，聖人不欲觀，失其義矣。[266]

惠氏此一釋文，涉及諸多祭禮的內容，其中最重要的焦點是，惠氏認為

266　以上觀卦引文，見《周易述》，卷三，頁 89-91。

「觀盥而不觀薦」爲禘祭。禘祭一般是專指喪畢三年之祭名，[267]顧炎武在《左傳杜注補正》，針對《左傳·昭公十五年》「十五年，將禘於武公」，釋云：

> 按此乃時禘。《記》[268]所謂「春禘秋嘗」之禘，而非五年大祭追遠之禘也。二十五年「將禘於襄公」，定八年「禘於僖公」並同。惟是閔二年「吉禘於莊公」解云：三年喪畢，致新死者之主於廟，廟之遠主當遷入祧。因是大祭以審昭穆謂之禘[269]

顧氏所云極是。《春秋》所見，以下舉例略作說明：

《春秋·閔公二年》云「夏五月乙酉，吉禘於莊公」，《左傳》云「夏，吉禘於莊公，速也」。《禮記·王制》孔穎達疏引鄭玄《答趙商》云「閔公心懼於難，務自尊大以厭其禍。凡二十二月而除，又不禫，於禮少六月」。按此爲新死之莊公行禘禮。顧氏以爲閔公二年「吉禘於莊公」是大祭，以審昭穆之祭，甚確。在莊公的廟行禘禮，即爲新死者行禘禮，一方面是確定新死者的昭穆之位；另一方面爲確定繼承人的合法身份。因爲只有繼承人才得主持舉行禘禮。閔公懼內亂，故急於通過主持舉行禘禮，以確定自己的繼承人合法身份。這就是《左傳》所的「速也」。吉禘即禘，以別於三年喪中之祭，故稱「吉禘」。「吉禘於莊公」，則於莊公之廟行禘禮，據此則禘禮既可行於太祖廟，亦可行於新死者自己的廟。

《春秋·僖公八年》云「秋七月禘於大廟，用致夫人」，《左傳》則云「秋，禘而致哀姜焉。非禮也。凡夫人不薨於寢，不殯於廟，不赴於同，不祔於姑，則弗致也」。這是爲了將哀姜的神主置於莊公之廟而祭。哀姜於僖公元年被齊人所殺；不死於寢，依禮其主不得置於廟。僖公到八年特在太廟舉行大祭，使哀姜入莊公廟，得到合法身份。因此，此大

---

[267] 鄭玄根據《春秋》所載之祭事，撰《魯禮禘祫志》，主張「三年一祫，五年一禘」，祫祭是否存在，是否如鄭氏之說，歷來爭論不休，莫衷一是。根據孫詒讓的統計，在唐以前持異說者，其中主要者就有二十一家，而唐以後異說更多。但是清代以來，重要的禮學家，如黃以周、孫詒讓等人，均信奉鄭氏之說，似乎已無爭議。然而，鄭氏之說，確仍有諸多探討商榷的地方。不在本論文討論的範圍，故不作進一步論述。

[268] 《記》，指《禮記·祭義》。

[269] 見顧炎武《左傳杜注補正》，卷下。引自台北：台灣商務印書館景印文淵閣四庫全書本，第174冊，頁329。

祭並不是爲喪畢而行的禘祭，故凡宗廟的大祭祀都可稱爲「禘」。

《春秋・文公二年》云「八月丁卯，大事於大廟，躋僖公」，《左傳》則云「秋八月丁卯，大事於大廟，逆祀也」。魯僖公原是閔公之庶兄，閔公死，僖公繼位，依宗法，僖公爲閔公之後，「爲人後者爲之子」，則僖公後爲子。閔公爲昭，僖公爲穆。但僖公死後，其子文公卻將僖公排在閔公之上，故當時稱爲「躋僖公」，亦稱「逆祀」。文公這種「逆祀」的作法，是違背當時的宗法制度；雖然後來定公作了糾正，所謂「順祀」，仍有人反對。[270]然而，文公所行禘祭，是喪畢於太廟所行之禘祭。

《春秋・宣公八年》云「辛巳，有事於大廟，仲遂卒於垂。壬午，猶繹，萬入去籥」；《左傳》則云「有事於大廟，襄仲卒而繹，非禮也」。而《公羊傳》何休解詁云「禮，大夫死，爲廢一時之祭；有事於廟而聞之者，去樂卒事」。此有事於太廟，指時祭之夏礿祭；鄭玄《魯禮禘祫志》以爲「八年禘」，非是。又《春秋・昭公十五年》「二月癸酉」之禘，以及＜昭二十五年＞「將禘於襄公」者，亦屬四時祭。[271]

《左傳・襄公十六年》云「冬，穆叔如晉聘，且言齊故。晉人曰：以寡君之未禘祀，與民之未息，不然不敢忘」。杜預注云「禘祀，三年喪畢之吉祭」。是晉悼公卒於襄公十五年冬十一月，至十六年冬僅一年，喪未畢，故云「未禘祀」。這是春秋時期國君於三年喪畢行禘禮之最確切的證據，同時也說明春秋時期諸侯於三年喪畢行禘禮者不僅魯國，諸國皆行。

禘禮於春秋時期之用，天子、諸侯三年喪畢，確實施行一次禘禮。然而，典籍所錄，言「禘」者，亦非全然爲三年喪畢之祭，亦有作爲四時祭者；也就是說，「禘」有作爲四時祭者，前述《左傳・昭公二十五年》云「將禘於襄公」即是。與四時祭近者，則爲「薦新」，以時鮮食物薦於

---

[270] 參見《公羊傳・定公八年》云：「從祀先公。從祀者何？順祀也。文公逆祀，去者三人。定公順祀，叛者五人。」文公逆祀時，三人反對而去職，而定公順祀，也有五人反對。

[271] 《春秋・昭公十五年》云「二月癸酉，有事於武宮。籥入，叔弓卒，去樂卒事」；《左傳》云「二月癸酉，禘。叔弓涖事，籥入而卒。去樂卒事，禮也」。此與＜宣八年＞「有事於大廟」同，皆是時祭。顧炎武《左傳杜注補正》云「此爲時祭」，甚確。同樣地，《左傳・昭公二十五年》云「將禘於襄公，萬者二人，其眾萬於季氏」。顧氏《補正》亦以爲時祭，亦確然。

宗廟，這是較早的宗廟之祭，或云「嘗」，或云「烝」者。[272]薦新禮相對
為不定時、無一定次數、禮節也較為簡單，而四時祭或在薦新禮的基礎
上發展出來，為每年四次的定時而禮節隆重的祭禮。四時祭沿用薦新禮
「嘗」、「烝」作為秋、冬兩季的祭名，而春、夏二季之名，春為「礿」、
為「祠」，夏稱「禘」、為「禴」。[273] 所以，在四時祭中，「禘」有作為夏
季之祭的名稱。[274]「禘」除了作為三年喪畢之祭，以及四時祭之外，也
作為有所祈禱而祭所用之名，例如《左傳・定公八年》云「冬十月，順
祀先公而祈焉。辛卯，禘於僖公」，此「禘」為有所祈禱而祭。

「禘」既然可以作為前此不同的宗廟祭名，那惠氏以「觀盥而不觀
薦」所言作為禘祭者，是指那一種禘祭呢？惠氏並無明言，但是惠氏明
白地指出「配天之禘，灌禮最盛，古文作祼」，「祭天無灌，而禘有灌者」，
即「天無灌而祖有灌」；配天祭祖，其「灌」特用於祭於祖廟。依惠氏所
述，灌儀最為莊重，但並不否定其它薦儀的存在。在禘祭中，特別是天
子、諸侯的四時祭，可以說是宗廟祭祀中為隆盛的祭祀，包括祼、薦血
腥、薦熟與饋食等祭儀。這些祭儀當中，惠氏特別肯定「祼」，也就是灌
儀的階段，作為禘祭中最重要者。

惠氏以禘祭釋觀卦「觀盥而不觀薦」，也就是主張視之為禘祭。歷來
學者多有引《論語》中孔子之言「禘自既灌而往者，吾不欲觀之矣」作
為禘祭，惠氏亦然。但是，惠氏之後，張惠言持有異議而不認同惠氏的
說法，云：

> 虞及馬融、王弼，皆引《論語》之文，惠徵士據以為禘祭，其實

---

[272] 例如《周書・嘗麥解》：「維四年孟夏，王初祈禱於宗廟，乃嘗麥於太祖。」又如《國
語・魯語上》：「古者大寒降，土蟄發，水虞於是乎講眾罶，取名魚，登川禽，而嘗之寢
廟。」又如《禮記・月令》於「仲春之月」云「天子乃鮮（獻）羔開冰，先薦寢廟」。
於孟夏「天子乃以彘嘗麥，先薦寢廟」。於仲夏「天子乃以雛嘗黍，羞以含桃，先薦寢
廟」。於孟秋「農乃登穀，天子嘗新，先薦寢廟」。於仲秋「以犬嘗麻，先薦寢廟」。於
季秋「天子乃以犬嘗稻，先薦寢廟」。於季冬「天子親往，乃嘗魚，先薦寢廟」。是皆天
子、諸侯於宗廟之薦新之禮。

[273] 關於禴祭的問題，將於後文再述。

[274] 孫詒讓《周禮正義》中，提到《郊特牲》、《祭義》又有「春禘秋嘗」，注以「禘」為「禴」
之誤，以為夏殷之禮。（參見孫詒讓《周禮正義・春官・大宗伯》，卷三十三，頁1332。）
知三代之名，各有互異。

> 非也。鄭氏注震「不喪不匕」云：人君于祭之禮，匕牲體，薦鬯
> 而已，其餘不親為也。升牢于俎，君匕之，臣載之，盥而不薦。
> 義當用此。蓋人君之祭，盥以匕牲，盥以酌獻，薦牲則卿大夫為
> 之，故曰：下觀而化也。[275]

張氏駁惠氏之非，主要立據於鄭玄言「不喪不匕」者，說明人君於祭禮
中，有親為者，有不親為者，而非專指天子之禘祭，[276]他認為「鄭氏注
以為貢士之禮」，[277]也就是似乎特重於認為是貢士之禮。但是，非專指禘
祭，張氏也未否定為禘祭，故不能從而否定惠氏為禘祭之說。

　　惠氏探述禘說，認為《周易》與明堂和禘說是一脈相承的關係。惠
氏著《禘說》二卷，詳明其由，而在《周易述》中也多次以禘祭釋義，
對禘祭的考據不遺餘力，而歸納與建立了一套有系統的論述內容。惠氏
在《禘說》中云：

> 禘有三：大禘，有吉禘，有時禘。大禘者，圜丘之禘也。吉禘者，
> 終王之禘也。時禘者，春夏之禘也。吉禘、時禘皆在明堂，獨大
> 禘在圜丘，與南郊就陽位同，而亦謂之禘者，以圜丘為明堂六天
> 之祭故也。禘者，禘其祖之所自出，皆天子配天之典。……自明
> 堂之瀆不明，後人止據《春秋》之禘謂禘在大廟；又據緯書之言，
> 以禘止審禘昭穆，非配天之祭，而禘誼晦矣。[278]

認為「禘」為「禘其祖之所自出，皆天子配天之典」，也就是「禘」的最

---

[275] 見張惠言《虞氏易禮》，卷上。引自趙韞如編次，新文豐出版公司印行《大易類聚初集》
第十九輯，引印自學海堂《皇清經解》本，頁 446。

[276] 張氏從觀卦卦象觀之，顯其非專於禘祭，云：「以象言之，巽為鬱草，上之三，坎為酒，
艮手持之，灌獻象也。坎棘為匕，艮手持棘，坤牛在下，匕牲象也。坎木為俎，坤生在
下，未升俎，故不薦象。《象》曰『四時不忒』，明宗廟之祭，總具此義，不專于禘矣。」
（見張惠言《虞氏易禮》，卷上，頁 446。）以卦象言之，觀卦下體為坤，上體為巽，
上三失位變正，則二三四互體為坎，取象為酒，三四五互體為艮，取象為手，總為「艮
手持酒」，有進獻爵酒之灌獻祭象。下體為坤，取象為牛，坎取象為俎，若三上反變正，
則象未升俎，故無法薦祭，與「盥而不薦」之卦辭相符。故張氏以「盥而不薦」，「四時
不忒」，強調君王能以忠信肅敬對神，則民亦受其化，此非專指禘祭而言。

[277] 見張惠言《虞氏易禮》，卷上，頁 446。

[278] 見惠棟《禘說》，卷上。引自台北：新文豐出版公司《叢書集成新編》第三十五輯，影
印經訓堂叢書本，1985 年元月初版，頁 404。

重要內涵,是先祖之所出在天,「禘」即天子配天的祭典。將上古禘祭分為三大類:一為大禘,為圜丘之禘;一為吉禘,即已故帝王之禘;一為時禘,為春夏實施的四時之禘。吉禘與時禘的進行都在明堂,而大禘在圜丘,與天子在南郊就陽位行郊祭同,惠氏也把它稱為禘祭,主要是以圜丘為明堂六天帝之祭的緣故,六天帝中,涉及五帝是為天帝或人帝、人神的概念,惠氏考索有關典籍,否定鄭玄作人帝或人神的主張,而認為五帝亦屬天帝,[279]這樣的說法,基本上是符合漢人的普遍共識。但是,將圜丘之禘視為禘祭,只能備為一說,不能視為定然,與其當為禘祭,還不如作郊祭較為確當。吉禘為天子薨,當致新主入廟,舊主依次遞升,與群主合食於明堂;天為祖之所出,合數十世之祖,行配天之祭而為吉禘。[280]至於時禘為四時祭中的春夏二季之祭,前已論及,不再贅述。惠氏肯定禘祭為上古天子主祭的最高祭儀,不離配天之祭,但是後世不明明堂之法,降至諸侯之祫、太廟之祭、審諦昭穆,未必配天行祭,也未必以天子主祭,以致明堂之法越發不明。惠氏釐清禘祭,並藉此可以更能認識明堂之法,也可以具體地應用於《周易》的釋義內容中。

2. 禴祭以薄

惠氏釋萃☷卦六二「孚乃利用禴」,注云:

> 孚謂五。禴,夏祭也。體觀象,離為夏,故利用禴。二孚于五,得用薄祭,以祀其先,不用大牲,降于天子也。

---

[279] 六天帝說,緯書主要指蒼帝、赤帝、黃帝、白帝、黑帝,加上天皇大帝。清代秦蕙田《五禮通考》卷二十八,指出六天帝,是五帝加上天帝,此天帝有稱昊天上帝或太一者。歷來對於明堂所祭者,說法紛歧,有說只祭五帝而不祭上帝,又有說兼祭上帝者,秦氏則認為「明堂兼祭上帝、五帝,自漢元封五年始。祀明堂即祀太一、五帝。太一在漢為天神最尊者,即上帝矣。」也就是明堂祭六天者,始於漢代元封年間。鄭玄認為五帝即太皡、炎帝、黃帝、少皡、顓頊為五人帝,惠氏則反駁鄭氏之說,以五帝亦為天帝,加上原有的天帝,所以稱為六天帝。詳細內容參閱惠氏《明堂大道錄》,卷四,頁682。引自台北:新文豐出版公司《叢書集成新編》第三十四輯,影印經訓堂叢書本,1985年元月初版。後文引《明堂大道錄》文,皆本於此,不再作詳注。

[280] 參見《禘說》云:「祭莫大于喪畢之吉禘。一王終,嗣天子即吉,奉新陟之王升合食于明堂,上自郊宗石室,旁及毀廟,下逮功臣,無不與食。而天者又祖之所自出,合數十世之祖,行配天之禮,故謂之大禘。」(是書,卷上,頁406。)

並疏云：

> 五坎中，故孚謂五。《爾雅・祭名》曰：夏祭曰礿。故云禴，夏祭
> 也。上至初體觀象，觀，祭祀之卦。四之三體离，离於四正為夏，
> 故利用禴。二正應五，故孚于五。既濟九五曰「東鄰殺牛，不如
> 西鄰之禴祭」。故知禴為薄祭。二為大夫，故不用大牲，降于天子
> 也。[281]

二應五，五坎中，所以「孚謂五」。上至初體觀有祭祀之象。引《爾雅》
云「夏祭曰礿」，視「禴」為夏祭，意味著「礿」即「禴」。關於這個問
題，移後文再述。禴為夏祭，以四之三體離，離為夏，故為夏祭；又，
二五應，既濟九五云「東鄰殺牛，不如西鄰之禴祭」，故知不用大牲而「利
用禴」。天子「用大牲」，所以「順天命」，今二孚用禴以薄祭，臣下所以
通乎上，通乎上，在於心之萃，而非在物之厚薄；並且，大夫不用大牲，
又有自降於天子之義。至於禴祭為薄祭，惠氏特別引既濟九五為說，九
五為坎中，坎為豕，所以禴祭不以大牲，而以豕而已，不奢盈於禮，而
能「實受其福」[282]。以豕為祭，所以禴為薄祭。

　　惠氏又釋升䷭卦九二「孚乃利用禴，无咎」，注云：

> 禴，夏祭也。孚謂二，之五成坎為孚，离為夏，故乃利用禴。二
> 升五得位，故无咎也。

並疏云：

> 陽在二、五稱孚，故孚謂二，之五成坎為孚，坎陽在二、五也。
> 离直夏，夏祭曰禴，故孚乃利用禴。二失位，宜有咎，升五得位，
> 故无咎也。[283]

二之五成坎為孚。互離為夏。所以此「禴」為夏祭。二失位，本來有咎，
升五得位而相應，故「无咎」。

　　先秦古籍中，記四時祭之名，或有不同者，如《詩・小雅・天保》
云「禴祠烝嘗，于公先王」，《毛傳》云「春曰祠，夏曰禴，秋曰嘗，冬

---

[281] 見《周易述》，卷六，頁 194、196。

[282] 「實受其福」，為既濟九五爻辭。

[283] 見《周易述》，卷六，頁 198-199。

曰烝，公事也」。《禮記·明堂位》云「夏礿、秋嘗、冬烝」，鄭玄注云「不言春祠，魯在東方，王東巡守以春，或闕之」。《周禮·春官·大宗伯》云「以祠春享先王，以禴夏享先王，以嘗秋享先王，以烝冬享先王」，所以明代蔡清《易經蒙引》亦引〈大宗伯〉之言云「以祠春享先王，春物生未有以享故曰祠；以禴夏享先王，夏陽盛以樂為主故曰禴；以嘗秋享先王，秋物成可嘗故曰嘗；以烝冬享先王，冬庶物盛多故曰烝。」《爾雅·釋天》云「春祭曰祠，夏祭曰礿，秋祭曰嘗，冬祭曰蒸」。《公羊傳·桓公八年》云「春曰祠，夏曰礿，秋曰嘗，冬曰烝」。《左傳·昭公十五年》云「十五年春，將禘於武公」；又〈昭公二十五年〉云「將禘於襄公」；此「禘」均為四時祭。《禮記·郊特牲》云「饗禘有樂，而食嘗無樂」，「此春禘而秋嘗」。《禮記·祭統》云「祭有四時：春祭曰礿，夏祭曰禘，秋祭曰嘗，冬祭曰烝」。《禮記·祭義》云「怠則忘，是故君子合諸天道，春禘秋嘗」。《禮記·王制》云「天子諸侯宗廟之祭，春曰礿，夏曰禘，秋曰嘗，冬曰烝」。由所舉例子可知，秋、冬作「嘗」、「烝」，而春則有作「祠」、「礿」者，夏則有作「礿」、「禴」、「禘」者。此皆四時祭之名。名稱之所以不同，蓋因夏、商、周三代用制之不同所致。夏季之祭為「禴」，且「礿」同於「禴」，惠氏所言無誤。「礿」與「禴」同，《爾雅》「夏祭曰礿」，郭注云「礿，新菜可汋」。《說文》亦云「礿，夏祭也」。又，《公羊傳》云「夏曰礿」，何注云「礿，麥始熟可汋，故曰礿」。知「礿」或者「禴」，或以菜麥為薦，而少用大牲。是不用大牲，正合於禮；此亦惠氏所以稱「薄祭」者。

3. 夏商之王以郊祀

惠氏釋益䷩卦六二「王用亨于帝，吉」，注云：

> 震稱帝，王謂五，否乾為王，體觀，象祭祀。益正月卦，王用以郊天，故亨于帝。得位，故吉。

疏云：

> 帝出乎震，故震稱帝。否乾為王，故王謂五。乾以君之，故為王也。觀，禘祭天神之卦，二至上有觀象，故體觀象祭祀。此上虞義也。孟喜《卦圖》，益，正月之卦。《易乾鑿度》曰：孔子曰：

益者，正月之卦也。天氣下施，萬物皆盛，言王者法天地，施政教，而天下被陽德，蒙王化，如美寶莫能違害，永貞其道，咸受吉化，德施四海，能繼天道也。王用亨于帝者，言祭天也。三王之郊，一用夏正，天氣三微而成一著，三著而成一體，方此之時，天地交，萬物通，故泰、益之卦皆夏之正也。此四時之正，不易之道也。若然王用亨于帝，乃郊天之祭。故蔡邕《明堂月令論》曰：《易》正月之卦曰泰，其《經》曰「王用亨于帝，吉」，孟春令曰：乃擇元日，祈穀于上帝，是郊天享帝之事也。爻辭文王所作，所云王者乃夏商之王，三王郊用夏正故也。後儒據此，謂文王郊天事，此誤以周公作爻辭，而附會其說也。案虞溥《江表傳》曰：嘉禾元年冬，羣臣奏議，宜修郊祀。權曰：郊祀當於土中，今非其所，於何施此。重奏曰：王者以天下為家，昔周文王郊於酆鎬，非必土中。權曰：武王伐紂，即阼于鎬京而郊其所也。文王未為天子，立郊於酆，見何經典。復奏曰：伏見《漢書·郊祀志》匡衡奏：從甘泉河東郊於酆。權曰：文王性謙讓，處諸侯之位，明未郊也。經傳無明文，匡衡俗儒意說，非典籍正義，不可用也。是言無文王郊天之事。而此經王用亨于帝，為夏商之王明矣。得位故吉，亦虞義也。享帝而稱吉者，不敢以其私褻事上帝之義也。[284]

帝出乎震，震為帝。否乾為王，五上二爻為半象乾為王，王為五爻天子之位。二至上體觀，為禘祭天神之卦，泛指祭祀之義，而這裡特別指明王用以「郊天享帝之事」。惠氏引《乾鑿度》指出益卦為正月之卦，此行郊天之祭即在正月。至於所言之「王」，惠氏認為爻辭為文王所作，所以文王云「王」，非就自己云郊天之事，當夏商之王以夏正一月行祭天者，後儒謂文王郊天事，在於誤以周公作爻辭所致。且從史籍所載，並無文王郊天之事，故惠氏以此「王用亨于帝」，是言夏商之王。五日為一微，十五日為一著，故五日有一候，十五日成一氣。多至陽始生，積十五日至小寒為一著，至大寒為二著，至立春為三著，凡此四十五日而成一節，

---

[284] 見《周易述》，卷六，頁 178-182。

此即《乾鑿度》所說的「三著而成一體」。正月天地交而萬物通，爲泰卦用事，益卦同，所以泰、益二卦皆夏之正。

至於此卦作祭天解，當對祭天之義有所認識。古代對祭天神、地祇比宗廟祭人鬼更爲重視。祭天爲君主特有的權利，是一種個人權威的展現。郊天之事，即祭天神；根據《周禮・春官・大宗伯》所載：

> 以禋祀祀天上帝，以實柴祀日、月、星、辰，以槱燎祀司中、司命、飌師、雨師。

鄭玄注云：

> 禋之言煙，周人尚臭，煙，氣之臭聞者。槱，積也。《詩》曰：「芃芃棫樸，薪之槱之。」三祀皆積柴實牲體焉，或有玉帛，燔燎而升煙，所以報陽也。……玄謂昊天上帝，冬至於圜丘所祀天皇大帝。[285]

《大宗伯》總言天神及所屬中祀、小祀。[286]鄭玄將「昊天上帝」視爲「冬至於圜丘所祀天皇大帝」，視圜丘所祀之天神，合昊天與上帝爲一。但後之學者，多有以二者爲不同之二神。如清代金榜《禮箋》則認爲「昊天與上帝殊」，「冬至禘者爲昊天，啓蟄郊者爲上帝」。孫詒讓肯定金氏的說法，以「昊天爲圜丘所祭之天，天之總神也。上帝爲南郊所祭受命帝，五帝之蒼帝也」；認爲《大宗伯》的「上帝」即鄭玄所說的受命帝，所以不論是《周禮》或《禮記》單云「上帝」者，即爲受命帝。[287]概而言之，《周禮》所云「昊天」者，爲圜丘所祭之天。而「上帝」雖未述其涵義，但後之學者以爲五色帝中之受命帝。至於五帝，爲與五行相配之五色帝。「天」或「昊天」，先民常言，指爲自然之體；至於稱「上帝」者，則以天神而人格化，天具有神性與本體的概念，如人間之帝王，能夠主宰一

---

[285] 《周禮・春官・大宗伯》與鄭注，見孫詒讓《周禮正義》，卷三十三，頁1296。

[286] 《周禮・春官・肆師》云：「立大祀用玉帛牲牷；立次祀，用牲幣；立小祀，用牲。」鄭玄注云：「大祀，天、地。次祀，日、月、星辰。小祀，司命已下。玄謂大祀又有宗廟，次祀又有社稷、五祀、五嶽，小祀又有司中、風師、雨師、山川、百物。」（見孫詒讓《周禮正義》，卷三十七，頁1465。）是天神地祇之祀，有大、中、小之分。

[287] 金、孫二氏之說，見孫詒讓《周禮正義・春官・大宗伯》，卷三十三，頁1309。《周禮・大司樂》鄭玄注云：「王者又各以夏正月祀其所受命之帝於南郊，尊之也。」即夏正月祀於南郊者爲受命之帝，孫氏認爲《大宗伯》的「上帝」即此受命之帝。

切。《詩》、《書》等先秦典籍，多用「天」、「昊天」或「上帝」，其內涵往往無太大的區別。至於五帝，乃戰國後期之說，受命帝的說法又更在其後。秦亡之時，僅有四色帝，未及五色帝，[288]《周禮》及《呂氏春秋》或依秦制而設想，增成五色帝之制，絕非當時已既定實行的禮制。有五色帝，才有受命之帝，並始於戰國時期鄒衍之說。[289]因此，《周禮》中的天神圜丘（昊天）、上帝、五帝等不同的天帝之祭，在周代或未有此細分，而統以郊祭為稱，[290]祀天或稱天、昊天、上帝者，所祀即《左傳》、《禮記》中所述之郊祭。郊祭之時，自古有二說，一為在冬至，謂歲收之後謝天之祭；[291]一為啓蟄後行郊祭，以祈農事。周行郊祭，本在冬至，常

---

[288] 《左傳·昭二十九年》：「晉大史蔡墨言：有五行之官。……木正曰句芒，火正曰祝融，金正曰蓐收，水正曰玄冥，土正曰后土。」《左傳》有祀五行之官，但未與天神相配。祀五色帝，始於秦國，據《史記·封禪書》所言，秦襄公祠白帝，宣公祠青帝，靈公祠黃帝、炎帝。〈封禪書〉並云：「（高祖）二年，東擊項籍，而還入關。問：故秦時上帝祠何帝也？對曰：四帝，有白、青、黃、赤帝之祠。高祖曰：吾聞天有五帝，而有四，何也？莫知其說。於是高祖曰：吾知之矣，乃待吾而具五也。乃立黑帝祠。」是至秦亡之時，只有四色帝，未及五色帝。

[289] 受命帝之說，始於鄒衍，但其《五德終始》已佚，漢人引其文，亦僅取其一二。《淮南子·齊俗訓》高誘注云：「鄒子曰：五德之次，從所不勝，故虞土，夏木，殷金，周火。」言虞舜以土德王，其受命帝為黃帝；夏以木德克土而王，其受命帝為蒼帝；殷以金德克木而王，其受命帝為白帝；周以火德克金而王，其受命帝是赤帝。另據《史記·封禪書》所云，「自齊威、宣之時，鄒子之徒，論著終始五德之運。及秦帝，而齊人奏之，故始皇采用之。」但至秦亡，仍未立秦之受命帝黑帝祠，只有四色帝。因此，《周禮》五色帝，或許只是因五行說而虛構者，在周時並無落實在祭禮之中。

[290] 《周禮》在敘述祀天，有分圜丘、昊天、上帝、五帝者，而不用「郊」。全書只有兩處用「郊」，即《周禮·春官·小祝》云：「有寇戎之事，則保郊、祀于社。」鄭玄注：「保、祀互文，郊、社皆守而祀之，彌災兵。」又，《周禮·夏官·節服氏》云：「郊祀裘冕，二人執戈，送逆尸從車。」此二處用「郊」，或因輯錄前人史料而漏改者。

[291] 例如《禮記·郊特牲》云：「郊之祭也，迎長日之至也，大報天而主日也。兆于南郊，就陽位也。……於郊，故謂之郊。」又云：「郊之用，辛也，周之始，郊日以至。」此周行郊祀，「郊日以至」，為多至行郊禮，與魯於啓蟄後行郊禮不同。《左傳·桓五年》云：「凡祀，啓蟄而郊，龍而雩。」啓蟄即驚蟄，漢避景帝諱改。啓蟄原為夏曆正月立春後之節氣，漢行太初曆改在雨水後，為夏曆二月節氣。又《左傳·襄七年》提到「夏四月，三卜郊，不從，乃免牲。」「今既耕而卜郊，宜其不從也。」四月卜郊，時太遲，不合郊祀之宜，所以不從。又《禮記·月令》於孟春，「是月也，天子乃以元日祈穀于上帝」。鄭玄注云：「謂以上辛郊祭天也。」又《禮記·明堂位》云：「魯君孟春乘大路，載弧韣旂，十有二旒，日月之章，祀帝于郊。」此亦就夏曆正月郊祀。

以事拖延至下年夏正一月舉行，至魯國則改在夏正一月「啓蟄而郊」，也就是說，啓蟄而郊，可以視爲魯國郊祭之制。有關的郊祀之說，《春秋》記載頗多，如宣公三年、成公七年、定公十五年、哀公元年等等，也就是說，郊天之事，在春秋時期是極爲普遍的。惠氏釋此爻義，以郊祭之禮言之，特別指出「祈穀于上帝，是郊天享帝之事」，也就是說，所行郊天之祭，在於祈求農事的豐順。並且，針對《周易》爻辭的作者視爲文王所作，所以文王所云「王」者必不在己，乃夏商之王。同時，又指出「三王郊用夏正」，郊祀之時用夏正。惠氏清楚地掌握郊祭之禮的內涵，但專言「夏商之王」，實無必要，亦無絕對實證可明。

4. 殺牲享祀

惠棟釋萃䷬卦，採虞說認爲該卦由觀䷓卦而變。注「王假有廟」，云「觀上之四也。觀乾爲王。假，至也。艮爲廟，體觀享祀。上之四，『故假有廟，致孝享』也」。惠氏並指出「觀者乾世，故觀乾爲王」，觀卦爲乾宮四世卦，故「爲王」。更引禮爲述，云：

> 鄭氏謂艮爲鬼門，又爲宮闕。鬼門、宮闕，天子宗廟之象，故爲廟。五至初體觀象。「觀盥而不薦」，乃明堂配天之禘，故體觀享祀。上之四，四體艮，故「假有廟」。

言宗廟之禮與明堂配天之禘，皆屬禮說。同時釋「用大牲吉，利有攸往」，同引虞說云「坤爲牛，故曰大牲。四之三折坤得正，故「用大牲吉」。三往之四，故「利有攸往，順天命也」。進一步說明云：

> 下體坤爲牛，《說文》曰「牛，大牲也」。四之三坤體壞，离爲折，故折坤得正。坤爲用，故用大牲吉。三往之四，自外曰往，故利有攸往。[292]

內體爲坤爲大牲，以牛爲用，必在嘉會殺牛而盟；四之三離成而坤毀，離爲折，三四得正，故云「折坤得正」。《曲禮》云「涖牲曰盟」，配天之禘必有盟，殺牲歃血，以誓於神，所以殺牛享祀，以見其敬慎；《周禮·

---

292 見《周易述》，卷六，頁 192-193。

春官疏》云「盟者，盟將來」，此殺牛爲祀盟之將來，是「利有攸往」。[293]
用大牲者，爲祭祀之重典，特別是用於會盟，則嘉會足以幹事，備物致
敬，聚合人心，所以爲吉象。按鄭氏云用大牲以牛，在於大人有嘉會，
殺牛而盟，而虞氏則以大牲重在「致孝享」之事；[294]惠氏所述，似乎採
用虞說，也就是在於配天享祀的方面，與會盟諸侯，發禁命事不同。然
而觀經文，「用大牲」在「利見大人」之下，用鄭說尤當。

5. 祭器內約以誠

惠氏釋坎☵卦六四「尊酒簋貳用缶，內約自牖，終无咎」，注云：

> 震主祭器，故有尊簋。坎爲酒貳，副也。禮有副尊，坤爲缶，故
> 貳用缶。內，入也。坎信爲約，艮爲牖，薦信于鬼神，奠于牖下，
> 故內約自牖。得位承五，故无咎。

疏云：

> 《序卦》曰「主器者莫若長子」，謂主祭器，故震主祭器；尊、簋、
> 缶，皆祭器也。祭尚玄水，坎水爲酒。貳，副也。注酒于尊中曰
> 副。《周禮・酒正》云：「大祭三貳，中祭再貳，小祭壹貳。」鄭
> 彼注云：貳，副益之也。《弟子職》曰「周旋而貳」，故云「禮有
> 副尊」。坤器爲缶，義見比卦。坎爲入，入內同物，故云「內，入
> 也」。坎爲信約者，約，信也，故坎信爲約。虞以四陰小，故約，
> 非其義，故易之也。隱三年《春秋傳》曰：苟有明信，澗谿沼沚
> 之毛，蘋蘩蘊藻之菜，可薦于鬼神。是薦信于鬼神之事，坤爲鬼，

---

[293] 孫希旦《禮記集解》引孔氏云：「盟者，殺牲歃血，誓於神也。天下太平之時，則諸侯
不得擅相與盟。惟天子巡守至方岳之下，會畢，然後乃與諸侯相盟，同好惡，獎王室，
以昭事神、訓民、事君。凡國有疑，則盟詛其不言者。後至於五霸之道卑於三王，有事
而會，不協而盟。盟之爲法：先鑿地爲方坎，殺牲於坎上，割牲左耳，盛以珠槃，又取
血盛以玉敦，用血爲盟。書成，乃歃血而讀書。知坎血加書者，案僖二十五年《左傳》
云『坎血加書』，又襄二十六年《左傳》云『歃用牲加書』是也。」（見孫希旦《禮記集
解・曲禮下第二之二》，卷六，頁 140。）可見會盟之禮，殺牲歃血，並誓於神。所用
之牲爲牛，割牛左耳，而後歃血爲盟。

[294] 關於鄭玄與虞翻二家之說，詳見李鼎祚《周易集解》萃卦所引；見《集解》，卷九，頁
221。

乾為神也。《詩·采蘋》曰：于以奠之，宗室牖下。《毛傳》云奠于牖下，是內約自牖之義也。四得位，上承九五，故有是象而无咎也。[295]

惠氏以《序卦》之言而云「震主祭器」，事實上，震卦卦辭亦云「不喪匕鬯」，「匕」為勺匙之類盛食物的器具，而「鬯」為祭祀所用的酒，皆是祭器之屬，更合「震主祭器」之義。至於祭器，則謂「尊、簠、缶」。尊為盛酒之器，「尊彝」連文，為禮器之共名。[296]至於簠，屬於盛飯之器；飯器有簠、敦、簋等類，盛黍稷常用簋或敦，盛稻粱常用簠。[297]至於缶，亦屬盛酒之器；與缶相近者為壺，《禮記·禮器》提到「門外缶，門內壺」，「壺缶皆飲諸臣，貴者以壺，賤者以缶」，即缶與壺或有貴賤之別。[298]惠氏並引《周禮·天官·酒正》，指出「大祭三貳，中祭再貳，小祭壹貳」，鄭司農認為「大祭天地，中祭宗廟，小祭五祀」，[299]以祭典大小有別，所以副貳之數則異。大祭禮盛，所以為三貳，而「中祭小祭禮殺，獻酬數校少，故正酌之外，止再度壹度益之也」。[300]副貳之數的多寡，全因祭禮隆盛的程度而定。惠氏指出「禮有副尊」，「坤器為缶」，則副尊用缶，也就是說「用缶」，即以缶為尊，以缶為簠。坎為入為內，所以「內」即「入」。

---

[295] 見《周易述》，卷四，頁 127-129。

[296] 尊為僅次於鼎的重要禮器，尊的形狀很多，《周禮·春官·小宗伯》提到「辨六尊之名物，以待祭祀賓客」，其六尊包括：獻尊、象尊、著尊、壺尊、大尊與山尊。鄭玄注云：「獻讀為犧，犧尊飾以翡翠。象尊以象鳳皇，或曰以象骨飾尊。……著尊者，著略尊也，或曰著尊著地無足。……壺者，以壺為尊。……大尊，太古之瓦尊。山尊，山罍也。」因此，尊的種類繁多，特別是出土的獸尊，並不僅限於大象之形，尚有犀、牛、羊、虎、豕、狗、怪獸、鴞、兔等形，商周時期皆有用之。

[297] 《儀禮·聘禮》云「堂上八簋，盛黍稷」；《儀禮·公食大夫禮》云「正饌設黍稷八簋」；《儀禮·少牢饋食禮》云「設敦黍、敦稷」。是簋、敦為黍稷之盛器。又《儀禮·聘禮》、〈公食大夫禮〉提到粱、稻均盛於簋。故《周禮·秋官·掌客》鄭玄注云「簠，稻粱器也」；「簋，黍稷器也」。然而，《詩·秦風·權輿》云：「於我乎，每食四簋。」《毛傳》云：「四簋，黍、稷、稻、粱。」又《禮記·玉藻》云：「朔月，少牢五俎，四簋。」鄭玄注云：「朔月四簋，則日食粱稻各一簋而已。」故據《毛傳》、鄭注，則簋亦得盛稻粱。

[298] 見惠士奇《禮說·春官一》，卷六。引自台北：台灣商務印書館景印文淵閣四庫全書本，第 101 冊，頁 512。孔穎達《正義》釋「尊酒簋，貳用缶」云：「缶，尊名也。列尊之法，缶盛酒在門外。」也就是祭典上，一般用缶，是盛酒於門外者。

[299] 見孫詒讓《周禮正義·天官·酒正》，卷九，頁 354。

[300] 見孫詒讓《周禮正義·天官·酒正》，卷九，頁 355。

虞氏以四陰爲小，小故「約」，但惠氏認爲非其義，以坎信爲約才合正義。艮爲門闕，故爲牖。坤爲闔戶、爲戶，艮爲小石、爲小光照戶，皆爲「牖」之象。所以惠氏引《詩・采蘋》「于以奠之，宗室牖下」，而《毛傳》注云「奠于牖下」，故爲「內約自牖」之義。又四得位，上承九五，所以能夠「无咎」。惠氏以酒器之別，以迪明爻義；以缶爲用，副貳雖薄，用器雖樸，也可以達到誠敬而行燕享之禮。祭祀之品，不在於豐，而在於誠，不在於華，而在於樸，「苟有明信」，雖「澗谿沼沚之毛，蘋蘩薀藻之菜」，亦可羞可薦於鬼神。牖所以通明，在於約以達己之誠；《詩》尙言牖下之奠於平時，何況面臨險交之際，仍在內約至誠。

坎卦「尊酒簋貳用缶」一文，古今《易》家不論在斷句有詁訓上，乃至引禮爲釋，呈現眾說紛紜的情形，張惠言提出對惠氏之異議云：

> 惠徵士說虞義以爲此祭禮也，副尊謂《周官》云：大祭三貳，中祭再貳，小祭一貳，于以奠之宗室牖下，故內約自牖。其說不然。《象》曰：尊酒簋，剛柔際也。坎坤際乾，四上承五，若四奉酒簋于五，是以乾象鬼，以坤象人，斯不可矣。[301]

張氏駁斥惠氏之說。二至四互震象祭器，二爻失正而變，則二至四互體爲坤。祭禮應是人奉酒於鬼神，然此卦卻成爲坤，取義爲鬼，鬼奉酒於人，不合祭義，也違「乾爲人象，坤爲鬼象」之理，所以認爲惠氏取虞義爲祭禮，非是。張氏之說，亦不無道理，然惠說固亦不失其理，不必如張說之強言。

關於缶、簋與簠的實物爲何，特別引用明代劉績《三禮圖》所示，卑供參照。

圖表 7-3-1　缶、簋與簠實物圖

缶	簋	簋	簠

---

[301] 見張惠言《虞氏易禮》，卷下，頁 455。

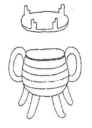

6. 饋祭為婦職

惠氏釋家人☲☴卦六二「无攸遂，在中饋，貞吉」，注云：

> 遂讀如大夫無遂事之遂。婦道无成，故无攸遂。饋，饋祭也。二
> 在下中，故在中饋，正應五，故貞吉。

並進一步疏云：

> 大夫無遂事，讀從桓八年《公羊傳》文。彼文云：遂者何，生事
> 也。何休注云：生，猶造也，專事之辭。夫子制義，婦道无成，
> 故无攸遂。古文《論語》曰：詠而饋，舊注云：詠，歌；饋，祭
> 也。《周禮·籩人》有饋食，《儀禮》有特牲、少牢、饋食之禮，
> 皆謂薦孰，故云饋，饋祭也。二居下中，而有婦道；昏禮云：昏
> 者將合二姓之好，上以事宗廟，是饋祭為婦職。二居下體之中，
> 故在中饋，執中含和正應九五，故貞吉也。[302]

唐代李賢注《後漢書》引《易》文「无攸遂，在中饋」時，引鄭玄之注
文，指出「二為陰爻，得正於內；五，陽爻也，得正於外。猶婦人自脩
正於內，丈夫脩正於外。無攸遂，言婦人無敢自遂也。爻體離，又互體
坎，火位在下，水在上，飪之象也。饋，食也，故云在中饋也」。[303] 夫子
制義，倡婦道以无成，此荀爽所謂「坤道順從，故无所得遂」。[304] 二與二
相應，為妻夫之象。饋食，為婦人之常業，二處內卦之中，婦正饋職，

---

[302] 見《周易述》，卷五，頁 156-157。
[303] 見李賢《後漢書·楊震列傳》注。引自《後漢書·楊震列傳》，卷五十四，頁 1762。
[304] 見李鼎祚《周易集解》，卷八，頁 185。

爲「中饋」，與五正應，所以「貞吉」。惠氏於此表明婦主於內，以无成爲婦德，以饋祭爲婦職，相應於夫，此合於夫婦之道。

7. 二簋之用在損以誠

惠氏釋損☷卦卦辭「曷之用，二簋可用享」，注云：

> 坤爲用，二體震，震爲木，乾爲圓，木器而圓，簋象也。震主祭器，故爲簋。二簋者，黍與稷也。五离爻，离爲火，火數二，故二簋。上爲宗廟，謂二升五爲益。耒耨之利既成，用二簋盛稻粱，以享于上，上右五益三，而成既濟，故云二簋可用享也。

疏云：

> 坤爲用，虞義也。二體震，震春爲木。《說卦》曰：乾爲圓。木器而圓，簋象，鄭義也。《三禮圖》曰：簋受斗二升，足高一寸，中圓外圓，挫其四角，漆赤中，其飾如簠蓋。簋以木爲之，內外皆圓，故知木器而圓，簋象也。荀氏曰：簋者，宗廟之器，震長子，主祭器，故爲簋。《明堂位》曰：周之八簋。《祭義》曰：八簋之實。鄭注云：天子之祭八簋。簋有八而稱二者，《三禮圖》：簠盛稻粱，簋盛黍稷。故知二簋者，舉黍與稷也。五离爻，故又取象火數以釋二簋。上爲宗廟，二升五成益。益者神農，蓋取以興耒耨之利，而成既濟者也。故云耒耨之利既成，用二簋盛稻與粱，以享于上。五，《象傳》曰：六五元吉，自上右也。五爲一卦之主，上之三成既濟，則五之功成，故知上右五益三，而成既濟也。[305]

三至五互坤，坤爲用。二至四體震，震春爲木，乾爲圓，本器而圓，爲簋象。爻位上爲宗廟，又艮爲門闕，有宗廟之象。坤鬼居之，亦有祖宗之象。互震爲長子主祭器，艮手執之，爲享祭之象。惠氏並舉《三禮圖》以說明簋象爲中圓外圓，其飾如簠蓋；簠、簋同爲盛器，主要的差別在於所盛之穀物不同，簠盛稻粱，而簋盛黍稷。《周禮·地官·舍人》云「凡祭祀共簠、簋，實之陳之」，鄭玄注爲「方曰簠，圓曰簋」，但《說文·竹部》卻說「簋，黍稷之器也」，「簠，黍稷圓器也」，兩說相反；然而，

---

[305] 見《周易述》，卷六，頁 172-173。

從出土青銅器可以看出簋爲圓形，而簠爲方形，鄭說無誤。青銅器有簋、
簠，則簋、簠有以銅製者。《考工記》提到「瓬人爲簋」，則簋、簠又有
以陶製。簋、簠字從竹部，則或有以竹製者；《說文》云「簋，重文作朹」，
偏旁爲「木」，則有以木製，木製亦不限於竹製之器。惠氏引《祭義》云
「八簋之實」，而鄭注「天子之祭八簋」，事實上《儀禮‧聘禮》亦云「堂
上八簋，盛黍稷」，<公食大夫禮>亦云「正饌設黍稷八簋」，也就是說
不論是天子之祭，或是大夫之禮，皆有作「八簋」者。但是，損卦卻言
「二簋」，惠氏的解釋爲用二簋主要是「舉黍與稷」二者而言，盛稻與粱；
又，五離爻，取象火數爲二以釋二簋。惠氏並指出二升五成益☳卦，「益
者神農」「取以興耒耜之利」。上爲宗廟，而五爲一卦之主，有上爻可以
祐之，而成既濟者，所以卦辭云「有孚，元吉无咎，可貞，利有攸往」，
即既濟之道。二簋雖至薄，亦可用享，《老子》所謂去甚、去奢、儉故能
廣，即卦辭所謂「利有攸往」之義。因此，事神以誠，而取民以孚；祀
神雖薄而能誠，則於理不悖，損民之節而能孚信，於法不違，儉損而能
中於禮法，也能與時偕行，乃可有益。欲望生於不知足，不知足生於不
知禮，二簋用享，以其時損則損，時益則益，損益中於禮，於此之損，
在於能夠去忿欲，即《象傳》所說「君子以懲忿窒欲」，倘能如此，則二
簋已足。惠氏藉禮器以明此卦義。

（三）喪禮－凶事用圭

惠氏釋益☳卦六三「益之用凶事，无咎」，注云：

> 坤爲事，三多凶，上來益三，得正，故益用凶事，无咎。

疏云：

> 坤致役，故爲事。三多凶，《下繫》文。彼文又云：其柔危，其剛
> 勝邪。上來益三，得正，是以剛稱其位，故益用凶事，无咎。凶
> 事謂喪事，喪事有進無退，而云益者，以喪禮哀死亡，是益之之
> 義也。

坤爲事而三多凶，故云「凶事」。上來益三，使三變正。《釋詁》云「凶，
咎也」，凶則有咎，三爻之正，則雖用凶事而无咎。上來益三，有拯凶之

責。李道平指出「三變坎難，凡水旱札瘥兵甲之發，皆凶事也」。[306]災事致凶，必有喪，所以惠氏特別指為「喪事」，喪亡既成，喪祭必行，所以「喪事有進無退」，敬慎以哀死亡，此所以「益之」「凶事」而「无咎」者。惠氏並進一步釋「有孚中行，告公用圭」，注云：

> 公謂三，三動體坎，故有孚。震為行，初至四體復，故曰中行。震為告，坤為用，乾為圭，上之三，故告公用圭。禮含者執璧將命，賵者執圭將命，皆西面坐委之，宰舉璧與圭，此凶事用圭之禮。

疏云：

> 《乾鑿度》曰：三為三公，故知公為三。坎為孚，三動體坎，故有孚。震為作足，故為行。復「中行獨復」，中行謂初，初至四體復，故曰中行。震善鳴，故為告。乾為玉，故為圭。三為公，上之三，故告公用圭。此上虞義也。禮含者執璧將命，賵者執圭將命，皆西面坐委之，宰舉璧與圭者，皆《雜記》文。此諸侯相含且賵，經云凶事，此凶事用圭之禮，故引以為證也。[307]

三爻為三公，三之正，體坎為有孚。震為行，初至四體復，復六五「中行獨復」，故云「中行」。震善鳴為告，三本公位，故「告公」。乾為玉為圭。上乾之三，故「告公用圭」。此凶事用圭之禮，特別用於喪禮之中。惠氏特別引《雜記》中有關喪禮的有關內涵，提到「含者執璧將命，賵者執圭將命」，[308]「含」、「賵」皆為喪禮中的一部份。隱元年《公羊傳》云「車馬曰賵，貨財曰賻，衣被曰襚」；《穀梁》則云「乘馬曰賵，衣衾曰襚，貝玉曰含，錢財曰賻」。[309]不論是賵、襚、含、賻，皆屬施於喪者。

---

306 見李道平《周易集解纂疏》，卷五，頁 386。

307 益卦六三爻辭之注疏文，見《周易述》，卷六，頁 179-182。

308 參見《禮記·雜記》原文云：「含者執璧將命，曰：『寡君使某含。』相者入告，出曰：『孤某須矣。』含者入，升堂致命，子拜稽顙。含者坐委於殯東南，有葦席，既葬蒲席。降，出反位。宰夫朝服，即喪屨，升自西階，西面坐取璧，降自西階，以東。」又云：「上介賵，執圭將命，曰『寡君使某賵』。相者入告，反命曰：『孤某須矣』。陳乘黃、大路於中庭，北輈，執圭將命。客使自下由路西，子拜稽顙，坐委于殯東南隅，宰舉以東。」（見孫希旦《禮記集解》，卷四十，頁 1074、1076。）

309 轉引自孫希旦《禮記集解》，卷四十，頁 1077。

「賵在含、襚之後者，賵物以助葬，先含、次襚、次賵，以喪事之先後為次」。至於賻，「賻是加厚，非常故」，「其間加恩厚則有賻」，[310]並不是每一喪儀皆有。「含者執璧」，「賵者執圭」，璧、圭有別；《周禮》言六瑞，包括圭、璧、璋、琮、琥、璜六者，每種玉瑞的名目繁多，單就圭在《周禮》中就有十幾種名稱，如琬圭、琰圭、大圭、祼圭等，多屬方形。至於璧，也是行禮中最常用的玉瑞，璧正圓形，中孔謂「好」，好之外稱「肉」，與璧相類者，又有瑗、環。[311]在喪祭之中，含禮以玉璧，而賵禮以圭。圭尊於璧，所以孫希旦認為「坐委於殯東南隅者，圭尊於璧，委於席上，而在璧之南也」。[312]故圭、璧仍有貴賤之別。此處爻卦云「告公用圭」，可顯其尊貴敬慎。至於云「西面而坐委之，宰舉璧與圭」者，[313]西方為死者而設於鬼神之位，西面而坐委之，除了表達敬穆之外，也避其子之拜。[314]圭璧皆重，故由小宰舉之，故「宰舉璧與圭」。凡此凶事，皆慎重其事。故惠氏以「凶事」作「喪事」言，而不作災難之發，藉由誠於喪而重於災，保社稷而拯災救民。

（四）賓客與酒食朱紱之禮

1. 天子賓客之禮

惠棟釋晉䷢卦卦辭「康侯用錫馬蕃庶，晝日三接」，云：

康讀如《祭統》「康周公」之「康」，鄭氏註《禮》引此為證，故

---

[310] 括弧諸文，轉引自孫希旦《禮記集解》，卷四十，頁1077。

[311] 《爾雅・釋器》云：「肉倍好，謂之璧；好倍肉，謂之瑗；肉好若一，謂之環。」過去學者認為璧的兩邊肉的直徑加起來與好的直徑比例為二比一，晚近也有另一種說法，即璧的一邊的肉之直徑與好的直徑為二比一，兩邊加起來與好的比例為四比一。瑗、環的說法亦夥。然而從出土的文物觀之，不論璧、瑗、環的肉與好的比例，皆未盡符合《釋器》之說。

[312] 見孫希旦《禮記集解》，卷四十，頁1077。

[313] 此亦《禮記・雜記》文，云：「凡將命，鄉殯將命，子拜稽顙，西面而坐委之。宰舉璧與圭，宰夫舉襚，升自西階，西面坐取之，降自西階。」（見孫希旦《禮記集解》，卷四十，頁1079。）

[314] 參見孫希旦釋《禮記・雜記》「子拜稽顙，西面而坐委之」，云：「言於子拜稽顙之時，而西面委之，亦若避子之拜然也。」（見孫希旦《禮記集解》，卷四十，頁1079。）

讀從之。又鄭註康侯云：康，廣也。謂褒廣其車服之賜也。坤廣
生，故曰廣。爻例四為諸侯，觀之六四「利用賓于王」，故觀四賓
王。四之五而皆失位，五之正以四，錫初謂初四易位也，初動體
屯，謂初至五體屯也。屯下體震，震為侯，卦辭曰利建侯。四為
諸侯，以四錫初，初震亦為侯，康侯之象也。坎為馬美脊，坤為
用，故用錫馬。錫讀納錫錫貢之錫。侯享王之禮，觀禮匹馬卓。
上九馬隨之。是，其事也；蕃，多也；庶，衆也。艮為多，坤為
衆，故蕃庶。《雜卦》曰：晉，晝也。离日在地上，故晝日。坤三
陰在下，故三接。《周禮・大行人》曰：上公之禮，廟中將幣三享，
出入三問三勞，諸侯三享再問再勞，諸子三享壹問壹勞。是天子
三接諸侯之禮也。此兼虞鄭義。一說，三接王接諸侯之禮。觀禮
延升，一也；觀畢，致享，升，致命，二也；享畢，王勞之，升，
成拜，三也。[315]

褒廣車服之賜於諸侯，以震為侯為馬，而坎為馬美脊，坤為用，所以為
「用錫馬」。艮為多，坤為衆，故稱「蕃庶」，為衆多之義。以离日在地
之上，而坤陰三爻在下，所以為「晝日三接」。「三接」以禮釋之，有二
義：其一為天子三接諸侯之禮，即三等之接，為三享。此一說法，為侯
果所言，指出：

四為諸侯，五為天子，坤為衆，坎為馬。天子至明于上，公侯謙
順于下，美其治物有功，故蕃錫車馬，一晝三覯也。《采菽》刺幽
王侮諸侯，《詩》曰「雖無與之，路車乘馬」。《大行人職》曰「諸
公三饗三問三勞，諸侯三饗再問再勞，子男三饗一問一勞」，即天
子三接諸侯之禮也。[316]

由侯氏之言，大抵可以看出惠氏所述，蓋本諸侯氏。「天子至明于上」，
即離為明；「公侯謙順于下」，即坤為順。君明臣順，此治道有功；君王
賞諸侯之功，故「蕃錫車馬，一晝三覯」。侯氏並指出《詩・小雅・采菽》
所言，在於刺周幽王之侮諸侯；《詩序》說明，「刺幽王也。侮慢諸侯，

諸侯來朝，不能錫命以禮，數徵會之，而无信義。君子見微而思古焉」。
並以《詩云》「君子來朝，何錫予？雖無予之，路車乘馬」來論證康侯錫
馬之義。又，此「三接」之義，出於《周禮·秋官·大行人》，事實上，
＜大行人＞原文，並無如侯氏乃至惠氏之言，此侯氏斷取之文。[317]的確，
按周朝天子待其賓客以邦國之禮，於上公則三獻饗設盛禮以飲，[318]三問
無恙，[319]三勞於道；[320]於諸侯則二問二勞，子男則一問一勞。其二即就
觀禮釋之，亦即王接諸侯之禮，觀禮延升，一接；觀畢，致享，致命，
二接；享畢，王勞之，升，成拜，三接。因此，此以天子賓客之禮儀以
釋義。

---

[317] 《周禮·秋官·大行人》云：「上公之禮，執桓圭九寸，繅藉九寸，冕服九章，建常九
斿，樊纓九就，貳車九乘，介九人，禮九牢，其朝位賓主之間九十步，立當車軹，擯者
五人，廟中將幣三享，王禮再祼而酢，饗禮九獻，食禮九舉，出入五積，三問三勞。諸
侯之禮，執信圭七寸，繅藉七寸，冕服七章，建常七斿，樊纓七就，貳車七乘，介七人，
禮七牢，朝位賓主之間七十步，立當前疾，擯者四人，廟中將幣三享，王禮壹祼而酢，
饗禮七獻，食禮七舉，出入四積，再問再勞。諸伯執躬圭，其他皆如諸侯之禮。諸子執
穀璧五寸，繅藉五寸，冕服五章，建常五斿，樊纓五就，貳車五乘，介五人，禮五牢，
朝位賓主之間五十步，立當車衡，擯者三人，廟中將幣三享，王禮壹祼不酢，饗禮五獻，
食禮五舉，出入三積，壹問壹勞。諸男執蒲璧，其他皆如諸子之禮。」（引文見孫詒讓
《周禮正義·秋官·大行人》，卷七十一，頁2952-2953。）

[318] 飲禮之禮有三，曰饗，曰食，曰燕。其中饗最隆盛，《大司樂》、《仲尼燕居》及《坊記》
並謂之「大饗」。《國語·魯語》云「饗養上賓」；《詩·小雅·彤弓》箋云「大飲賓曰饗」。
孔疏云：「饗者，烹大牢以飲賓，是禮之大者，故曰大飲賓曰饗，謂以大禮飲賓，獻如
命數，設牲俎豆，盛於食燕。《周語》曰：『王饗有體薦，燕有折俎。』公當饗，卿當燕，
是其禮盛也。」所以「饗」、「食」、「燕」三飲食之禮有別，尤其是「饗」，嚴格來說，
並不通用於各個階級，只上公適用。至於《大行人》所言，以上公、諸侯、子男皆同用
「饗」，此當同賞眾臣的共同場合，故以「饗」言。

[319] 顏師古《匡謬正俗》引《風俗通》云：「無恙，俗說恙，病也。凡人相見及通書皆曰無
恙。謹案：《易傳》上古之世，艸居露宿，恙，噬人蟲也，善噬人心，故俗相勞問者云
無恙，非為病也。」（轉引自孫詒讓《周禮正義·秋官·大行人》，卷七十一，頁2964。）
是天子於朝賓來時，在道有問禮，其去時則無。

[320] 《觀禮》賈疏云：「案《小行人》云：『凡諸侯人，王則逆勞于畿。』不辨尊卑，則五
等同有畿勞。其子男唯有此一勞而已，侯伯又加遠郊勞，上公又加近勞。若然，聘禮使
臣聘而云近郊勞者，臣禮異於君禮，君禮宜先遠，臣禮宜先近故也。」《左傳·隱十年》
孔疏云：「《大行人》云『上公三勞』，近郊勞一也，遠郊勞二也，竟首勞三也。侯伯再
勞，去竟首。子男一勞，去遠郊。」是近郊之勞，五等諸侯皆有之，侯伯加以遠郊勞，
上公加以畿勞。爵尊者有勞遠，爵卑者其勞近，此禮宜然。

2. 酒食與朱紱的禮制意義

惠氏釋困☷卦九二「困于酒食，朱紱方來」，注云：

> 坎為酒食，二為大夫，坤為采地，上之二，坤為坎，故為酒食。初變坎體壞，故困于酒食，以喻采地薄，不足已用也。乾為朱，坤為紱，朱紱謂五，二變應五，故朱紱方來。

疏云：

> 需九五「需于酒食」，謂坎也，故坎為酒食。二為大夫，爻例也。坤田為采地，二之上，坤變為坎，故為酒食。古者分田制祿，采地祿所入，故《乾鑿度》曰：困于酒食者，困于祿也。鄭彼注云：因其祿薄，故无以為酒食。云初變坎體壞，故困于酒食，以喻采地薄，不足已用也者，此兼用鄭義。鄭說本《乾鑿度》，唯釋酒食以初辰在未，未上值天厨，酒食象，此據爻辰二十八宿所值而言，今不用也。乾為大赤，故為朱，坤為紱，皆虞義也。《九家說卦》曰：坤為帛，故為紱。《乾鑿度》曰：天子、三公、九卿朱紱，故朱紱謂五。二、五敵應，二變則與五相應，故朱紱方來。自外曰來也。

家人☲卦六二云「在中饋」，所以二本陰位，為中饋之職。需☵卦九五「需于酒食」，就上坎而言，所以坎為酒食。坤田為采地，二之上，使坤變為坎而為酒食，上為宗廟，有酒食入宗廟之象。然而，坤二采地祿薄，無以為酒食，所以「困于酒食」。朱紱為宗廟祭祀之服，否乾為朱，而坤為紱，五位為天子之位，以朱紱主祀，五自外來與二相應，所以為朱紱方來。釋「利用享祀，征凶，无咎」，注云：

> 二變體觀享祀，故利用享祀。二失位无應，故征凶。變之正，與五應，故无咎。《象》曰：中有慶也。荀氏謂二升在廟，五親奉之，故利用享祀。

疏云：

> 二變有觀象，觀，享祀之卦，故利用享祀。二失位无應，故征行則凶。變之正，與五應，則五有慶，二受福，故无咎也。荀氏據卦自否來，六二升上，上為宗廟，故二升在廟，五以上為宗廟，

　　故親奉之，若然利用享祀謂五也。[321]

二變則初至五有觀☷卦之象，觀爲享祀之卦，故「利用享祀」。二失位无應，所以征行則凶。二變之正，與五相應，則五位有慶，五有慶則二受其福，故「无咎」。惠氏並指出荀爽以卦自否來的卦變方式，六二升上，而上爲宗廟，亦爲酒食入廟之象，而否卦上九降居於二，自外而來，亦「朱紱方來」。五以上爲宗廟，五近承上，所以「五親奉之」，故「利用享祀」指五位。二陰動至上，內失二中，上陽下陷於坎中，爲二陰所掩，所以二上易位皆凶，故「征凶」。然而，上陽來二，位雖不位，但得中而實有，且陰二往上而當位，皆免於咎，所以「无咎」。

　　周代百官的俸祿有三等，一曰采邑，發給采邑以爲祿；一邑三十六家，田三千六百畝。收取地租，並有治理各邑居民之權，此亦稱食邑。采邑爲世襲，故亦稱世祿。凡貴族及公卿大夫可得采邑。二曰祿田，發給若干邑認以爲祿，收取地租，但無治理居民之權，並此田地亦不世襲。凡較疏遠之貴族及新進的士大夫，可得祿田。三曰稍食，凡無爵位的官吏，每月發給粟米，以爲月俸。[322]《孟子·萬章下》云：

　　北宮錡問曰：周室班爵祿也，如之何？……天子之制，地方千里，
　　公、侯皆方百里，伯七十里，子、男五十里，凡四等。不能五十
　　里，不達於天子，附於諸侯，曰附庸。天子之卿受地視侯，大夫

---

[321] 困卦四注疏引文，見《周易述》，卷七，頁 205-207。

[322] 有關記載，《周禮》有詳細論述，如《周禮·地官·載師》、《周禮·天官·宮正》皆是。孫詒讓釋《周禮·天官·大宰》時云：「家邑大小都三等采地，皆頒田邑以爲祿也。凡公卿大夫貴戚有功德得世祿者，皆頒邑以爲祿，是謂采邑。唯疏族新進未得世祿者，則賦田斂粟以頒祿，是謂祿田。賈《喪服》疏引《鄭志》云：『天子之卿，其地見賜乃有。』是采地皆特賜也。其在王子弟無官者，雖無祿，而得以恩澤食邑。采邑、食邑，食其田並主其邑，治以家宰私臣，又子孫得世守之。祿田不世守，且僅食其田之租稅，而不得主其邑，各就近屬鄉遂或公邑王官治之，若《司勳》賞地附屬六鄉之比，此其異也。凡命士有功德者，或功臣之後，亦閒有采地，《祭法》注云『置都立邑，爲卿大夫采地及賜士有功者之地』是也。然士有采地者甚少，且里數亦大減，其餘則唯頒祿田而已，故《國語·晉語》云『大夫食邑，士食田』，明恆制士不得有采邑。鄭釋三等采地，止於大夫，《王制》畿縣內三等國，亦云『其餘以祿士』是也。其不命之士及庶人在官者，則又無祿，而唯有稍食。以祿與命相將，不命則亦無祿也。通言之，祿田或亦謂之采，采地及稍食或亦謂之祿，散文不別也。」（見孫詒讓《周禮正義》，卷二，頁 69。）

受地視伯，元士受地視子、男。大國地方百里，君十卿祿，卿祿
四大夫，大夫倍上士，上士倍中士，中士倍下士，下士與庶人在
官者同祿，祿足以代其耕也。次國地方七十里，君十卿祿，卿祿
三大夫，大夫倍上士，上士倍中士，中士倍下士，下士與庶人在
官者同祿，祿足以代其耕也。小國地方五十里，君十卿祿，卿祿
二大夫，大夫倍上士，上士倍中士，中士倍下士，下士與庶人在
官者同祿，祿足以代其耕也。耕者之所獲，一夫百畝，百畝之糞，
上農夫食九人，上次食八人，中食七人，中次食六人，下食五人。
庶人在官者，其祿以是為差。[323]

對於各個階級的祿田都有詳細的規定，但各級官吏俸祿實得之數，則無
明文記載，但從《孟子》及至《王制》述及各級官吏俸祿相互比較，後
來學者則有依此推算各級官吏實得之田數。田祿封地之多寡，都制度化
的規定，而農田的產量，也因地畝的大小、歲之豐歉，以及人之勤惰而
有所不同。而困卦九二「困于酒食」，惠氏也根據漢儒如鄭玄之說、《乾
鑿度》之說，述及田祿的概念，藉以「喻采地薄，不足已用」而闡明卦
爻之義。《乾鑿度》云「困之九二」，「困于酒食者，困于祿也」。鄭玄注
云，「因其薄祿，故無以為酒食」；「文王雖紂三公，而為小人所困，且進
不得伸其職事也，故遂同於大夫」。[324]文王本為商紂之上等公侯，封地自
然較大夫為多，但文王被囚，而二於爻位又為大夫，所以其采地僅若大
夫一般，也就是原當百里而僅為七十，此采地薄而不足以己用，故「困
於酒食」。

關於「朱紱」的認識，《禮記·明堂位》云「有虞氏服韍，夏后氏山，
殷火周龍章」，鄭玄注云：

韍，冕服之韠也。舜始作之，以尊祭服，禹、湯至周，增以畫文，

---

[323] 《孟子·萬章下》之言，《禮記·王制》亦有類似之記載，如云：「天子之田方千里，
公侯田方百里，伯七十里，子男五十里。不能五十里者，不合於天子，附於諸侯，曰附
庸。天子之三公之田視公侯，天子之卿視伯，天子之大夫視子男，天子之元士視附庸。」
（見《禮記·王制》。引自孫希旦《禮記集解》，卷十二，頁 310-311。）《王制》當為後
出之書，而或緣自《孟子》之說。

[324] 《乾鑿度》與鄭玄之注文，見《易緯乾鑿度》，卷上，頁 486。

後王彌飾也。山，取其仁可仰也。火，取其明也。龍，取其變化
也。天子備焉，諸侯火而下，卿大夫山，士韍韋而已。韍或作黻。
[325]

「紱」同於「韍」。鄭玄以「韍」作為冕服之「韠」，始生於舜，作為祭
服以為尊崇，其紋因身份之不同而有別。又，《禮記·玉藻》提到「韠」，
孔氏云「他服稱韠，祭服稱韍」，分別「韠」與「韍」之用。至於顏色，
《毛傳》指出「天子純朱，諸侯黃朱」，[326]黃朱色淺，卿大夫赤韍，色又
更淺。此此，《儀禮·士冠禮》云「韎韐」，鄭注作「此與君祭之服」，「韎
韐，縕韍也」。賈疏為「士無飾則不得單名韍，一名韎韐，一名縕紱而已」。
士陪君王祭祀時，所著祭服無過多的飾文，故不能以有飾文的紱稱之，
但作為一種祭服，則稱為「韎韐」或「縕紱」。天子與諸侯、卿、大夫等
身份殊異，所以祭服仍有別，雖同為朱色，但深淺不同。困卦九二「朱
紱方來」，此朱紱是祭服，雖然「困于酒食」，卻能「朱紱方來」；九二雖
為大夫之位，而相應於天子五爻之位，能夠來賜朱紱。因此，詳於禮制，
尤其對於田祿與服制的理解，更能述明此一爻義。義可申為：困君子之
身，窮君子之祿，固不能喪君子之志，朱紱之來，有其德器，而能有慶。

（五）刑罰

有關刑罰思想用於述義者，如惠氏釋坎䷜卦上六「繫用徽纆，寘于
叢棘，三歲不得，凶」，注云：

> 繫，拘也。巽為繩，坤為黑，故為徽纆。寘，示也。坎為叢棘，
> 艮為門闕，門闕之內有叢木，是天子外朝，左右九棘之象也。應
> 在三，三體比，匪人，故縛以徽纆，示于叢棘，而使公卿以下議
> 之。害人者加明刑，任之以事，上罪三年而舍，中罪二年而舍，
> 下罪一年而舍，不得者謂不能改，而不得出獄。艮止坎獄，乾為
> 歲，歷三爻，故三歲不得，凶。

---

[325] 見《禮記·明堂位》。引自孫希旦《禮記集解》，卷三十一，頁856。

[326] 孔氏與《毛傳》之言，見孫希旦《禮記集解·玉藻第十三之二》，卷三十，頁813。孔
氏之言，《儀禮·士冠禮》賈公彥疏亦同。

疏云：

> 隨上六曰「拘繫之」，故云繫，拘也。巽為繩，觀巽也。坤為黑，
> 《說卦》文。虞云：徽纆，黑索也。巽繩坤黑，故云徽纆。示，
> 實也者，《詩·鹿鳴》曰「示我周行」，鄭箋云「示當為實」。《禮
> 記·中庸》曰「治國其如示諸掌乎」，鄭注云「示讀如寘之河之干
> 之寘」。是「示」、「實」、「寘」三字同物。故劉表、張璠或作「示」，
> 或作「寘」也。坎為叢棘，《九家說卦》文。艮為門闕，《說卦》
> 文。《周禮·秋官·朝士》「掌建邦外朝之法，左九棘，孤卿大夫
> 位焉；右九棘，公侯伯子男位焉」。外朝在皐門之內，故云門闕之
> 內有叢木，是天子外朝左右九棘之象也。《朝士》又云「左嘉石，
> 平罷民焉；右肺石，達窮民焉」。鄭氏謂「罷民，邪惡之民也」。
> 上應在三，二動三體比，「匪人」，有邪惡之罪，故縛以徽纆，示
> 于叢棘。鄭氏謂外朝者，所以詢事之處，故使公卿以下議之。劉
> 表亦云眾議于九棘之下也。「害人者加明刑」已下至「下罪一年而
> 舍」，皆《秋官·司圜》文也。鄭彼注云：明刑，書其罪惡于大方
> 版，著其背。任之以事，若今時罰作。舍，釋之也。《司圜》又云：
> 其不能改而出圜土者殺，故不得者，謂不能改而不得出獄。艮止，
> 坎獄，言止于獄也。乾為天，天數十二歲，有十二月，故乾為歲。
> 二之上歷三爻，為三歲，三歲不改，則不得出獄，出獄則殺，故
> 凶也。[327]

「拘繫」連詞，故「繫」即「拘也」。卦自觀來，觀上為巽，巽為繩；坤
為黑。所以為黑繩，即「徽纆」。惠氏並引諸說，以詁訓「示」、「寘」、「實」
三字同義。坎為叢棘，有刑禁之義。《左傳·哀八年》云「邾子又無道，
吳子使大宰子餘討之，囚諸樓臺，栫之以棘」。[328]棘，赤心有刺，[329]此以
棘為籬以圍之，是以棘禁人之始。又《春秋元命包》云「樹棘槐，聽訟

---

[327] 見《周易述》，卷四，頁 128、130。

[328] 見《左傳·哀九年》。引自楊伯峻編著《春秋左傳注》，頁 1650。

[329] 鄭玄釋《周禮·秋官·朝士》云：「樹棘以為位者，取其赤心而外刺，象以赤心三刺也。」
《說文·束部》云「棘，小棗叢生者。」《詩·小雅·大東》毛傳云：「棘，赤心也。」
是棘為赤心而以有刺聞名者。

于其下。棘赤心有刺，言治人者，原其心不失赤，事所以刺人其情，令各歸實」。[330]知棘除了有禁人之義外，亦有導人以正，歸人以實之內涵。所以「棘」作爲刑制之象徵。惠氏引《周禮·秋官·朝士》云「掌建邦外朝之法」，其「左九棘，孤卿大夫位焉；右九棘，公侯伯子男位焉」，亦天子外朝之朝位，天子以外朝作爲詢事刑禁之處，並使司寇公卿議獄於下。鄭玄指出「周天子、諸侯皆有三朝，外朝一，內朝二。內朝之在路門內者，或謂之燕朝」；賈疏云「天子外朝一者，即朝士所掌者是也。內朝二者，司士所掌正朝，大僕所掌路寢朝，是二也」；[331]指出周有三朝，外朝主在朝務，而內朝主在路寢，或稱爲燕朝。另外，《國語·魯語》也提到「天子及諸侯合民事於外朝，合神事於內朝」，韋昭並云「言與百官考合民事於外朝也。神事，祭祀也。內朝，在路門內也」；[332]認爲與百官考合民事於外朝，而神事祭祀於內朝。內朝與外朝是相對爲內外庭而言，外朝掌國政之事，刑禁亦在其職。至於稱「左九棘」、「右九棘」之左右者，左指外朝之東，右爲外朝之西，就左右朝位而言。惠氏並指出「外朝在皋門之內」，其門闕之內有叢木，爲天子外朝左右九棘之象。言「皋門」者，即涉及明堂位的問題，鄭司農指出「王有五門，外曰皋門，二曰雉門，三曰庫門，四曰應門，五曰路門，路門一曰畢門」；鄭玄也提到，「言門如天子之制也。天子五門，皋、庫、雉、應、路。魯有庫、雉、路，則諸侯三門與」？[333]似乎認爲天子之制五門，而諸侯三門。至於諸侯三門，所指爲何，歷來衆說紛紜，依鄭氏之說，諸侯三門有皋、應、路，而無庫、雉。孫詒讓考諸家之說，指出「魯雖亦三門，而以周公之故，得立庫門、雉門，然但以二門兼皋門、應門之制，仍不得別立皋應二門、備五門之數也」。並且指出《毛傳》「則諸侯不得有皋門、應門」；認爲當從諸侯無皋門與應門爲是。[334]倘若如孫氏所言，則惠氏所說「外

---

[330] 《春秋元命包》文，引自中村璋八、安居香山輯《緯書集成》，頁 618。

[331] 見《周禮·秋官·朝士》鄭注、賈疏。引自孫詒讓《周禮正義》，卷六十八，頁 2817、2822。

[332] 見《國語·魯語下》，台北：漢京文化事業有限公司，1983 年 12 月，頁 204。

[333] 括弧引文，見孫詒讓《周禮正義·秋官·朝士》，卷六十八，頁 2819、2820。

[334] 有關此天子五門、諸侯三門之說，詳見孫詒讓《周禮正義·秋官·朝士》，卷六十八，頁 2820-2821。

朝在皋門之內」，是指天子所在外朝，不含諸侯朝位，又實是天子「詢事之處，故使公卿以下議之」者。

惠氏引《朝士》「左嘉石，平罷民焉；右肺石，達窮民焉」，即外朝左有嘉石，在於平刑惡之民，右有肺石，在於達窮民之志。惠氏又引《周禮・秋官・司圜》之說，所引並不完整，《周禮》原文當云：

> 凡害人者，弗使冠飾而加明刑焉，任之以事而收教之。能改者，上罪三年而舍，中罪二年而舍，下罪一年而舍。其不能改而出圜土者，殺。[335]

惠氏引鄭氏之說，以言「明刑」之義，即在罪者著衣之背書明罪狀與姓名，以示於人。至於「弗使冠飾」者，即不使冠飾，而罰以任事，並著墨幪等刑服。《孝經緯》提到「上罪墨幪、赭衣、雜屨，中罪赭衣、雜屨，下罪雜屨而已」。另外，《公羊傳・襄二十九年》徐疏，以及《御覽・刑法部》引《尚書大傳・唐傳》云「上刑赭衣不純，中刑雜屨，下刑墨幪，以居州里，而民恥之」。[336]從衣著之不同，可知刑罰之異。惠氏並且指出：上罪者三年而釋之，中罪者二年而釋之，下罪者一年而釋之；不能改者，則不得出獄。惠氏以三爻言三歲，即就上罪而言；倘三年仍不能改，則不能出獄，出獄則殺，所以為「凶」。透過此一爻辭之釋義，可以看明顯看出惠氏引用刑政規定以闡明爻義，必對三代以降之刑政有所瞭解才能達其理。

二、以史釋《易》

惠氏以史釋《易》，並不太過強調史實背後的實質意義，而是重視其文字訓詁的內涵，以下列舉數例為釋。

（一）乾卦九五為庖犧之象

乾䷀卦六爻，皆為純陽之爻，氣從下升，六陽自微至，歷來易學家

---

[335] 引自孫詒讓《周禮正義・秋官・司圜》，卷六十九，頁2869。
[336] 轉引自孫詒讓《周禮正義・秋官・司圜》，卷六十九，頁2870。

多用以象聖王者，對於九五，惠氏則引虞說，以五爻象庖犧。九五「飛龍在天，利見大人」，惠氏注云：

> 五體离，离為飛，五在天，故曰飛龍在天。二變應之，故利見大人。虞氏謂文王書《經》，繫庖犧于乾五，造作八卦，備物致用，以利天下，天下之所利見是也。[337]

乾象龍，諸爻皆有龍象。离爲雉爲朱雀，有飛鳥之象，所以爲飛。五於三才爲天道，爲天位，所以飛龍在天。關於五爻象庖犧，惠氏取虞氏注《繫傳》云「文王書《經》，繫庖犧于乾五」，又取虞注本爻云「造作八卦，備物致用，以利天下，天下之所利見是也」。[338]對於乾卦諸爻之王象，虞氏以三爻象文王，爲得民心而尚未正位之君主；以五爻象庖犧，爲帝位確立的君主。虞氏這種論述的視野，是從歷史傳承的觀點言之。另外，干寶則從文王、武王受命登位的觀點言乾卦諸爻之象，九五則云「此武王克紂正位之爻也。聖功既就，萬物既覩，故曰利見大人矣」。[339]二家取聖王之象的觀點明顯不同。惠氏同意虞說，並作進一步地闡釋，云：

> 虞氏以卦辭、爻辭皆文王所作，庖犧德合乾五，故繫於九五。冠《禮記》曰：天下无生而貴者。《天問》曰：登立為帝，孰道尚之？王逸注云：言伏羲始作八卦，修行道德，萬民登以為帝，誰開道而尚之，是伏羲，亦自下升也。《象》曰：大人造也。《文言》曰：聖人作而萬物覩。聖人作是造作八卦也，萬物覩是利見大人也。[340]

惠氏肯定虞氏作庖犧，所持之看法，主要認爲卦爻辭皆爲文王所作，文王既自作卦爻辭，固不致以五爻自尊。同時認爲庖犧之德合於九五，他始作八卦，修行道德，從民登而爲帝，此自下而上升之象。另外《象傳》云「大人造也」，《文言》也提到「聖人作而萬物覩」，即伏羲這位聖人作是「造作八卦」，覩萬物而能造作八卦，所以「萬物覩」者，是利見大人。

---

[337] 見《周易述》，卷一，頁4。

[338] 乾卦九五，虞氏注云：「謂四已變，則五體離。離爲飛，五在天，故飛龍在天，利見大人也。謂若庖犧觀象於天，造作八卦，備物致用，以利天下。故曰飛龍在天。天下之所利見也。」（見李鼎祚《周易集解》·卷一，頁3。）惠氏斷取其中。

[339] 見李鼎祚《周易集解》·卷一，頁3。

[340] 見《周易述》，卷一，頁7。

史籍記載，庖犧即太皞，《孔子家語・五帝德》云「太皞配木」，而《左傳・昭十七年》云「太皞氏以龍紀，故爲龍師而龍名」；庖犧以木德王，以龍紀官，並爲五帝之首。庖犧既有龍象，故取象自乾卦，則合其宜，又專取九五，更顯其尊。

卦爻辭爲文王所作，惠氏釋《文言傳》，云：

> 《文言》，乾坤卦爻辭也。文王所制，故謂之文言。孔子爲之傳。

並進一步解釋云：

> 《文言》一篇，皆夫子所釋乾坤二卦卦爻辭之義，故云卦爻辭也。梁武帝云：《文言》是文王所制。案：「元者，善之長也」一節，魯穆姜引之，在孔子前，故以爲文王所制。然則初九以下，著答問而稱「子曰」，豈亦文王所制耶？是知《文言》者，指卦爻辭也，以卦爻辭爲文王制，故謂之《文言》。孔子爲之傳，故謂之《文言傳》，乃十翼之一也。[341]

惠氏指出「文言」，爲文王所制乾坤二卦卦爻辭，而孔子爲二卦卦爻辭所作之傳，稱爲《文言傳》。以文中有「子曰」之言，知是孔子之說。

《文言傳》中，「九五曰：飛龍在天，利見大人，何謂也？子曰：同聲相應，同氣相求」，惠氏指出：

> 庖犧觀變於陰陽，而立八卦，震雷巽風，相薄而不相悖，故同聲相應。艮山兌澤，高下氣通，故同氣相求。

此八卦「震雷、巽風、艮山、兌澤」等象，同聲相應，同氣相求，皆是庖犧觀陰陽之變而立者。又「聖人作而萬物覩」，惠氏也認爲「聖人謂庖犧，合德乾五，造作八卦，故聖人作」，並且進一步解釋云：

> 聖人即大人也。文王書辭，系庖犧於九五，故聖人謂庖犧也。庖犧全，體中和，故合德乾五。始作八卦，是聖人作。[342]

「聖人」、「大人」皆指庖犧，九五即謂聖人庖犧，所以「合德乾五」，即致中和之德者。

（二）以春秋戰事明師律與輿尸之義

---

[341] 見《周易述・文言傳》，卷十九，頁545。
[342] 見《周易述・文言傳》，卷十九，頁554-555。

惠氏釋師䷆卦初六「初六師出以律，否臧凶」，指出：

> 初為出師之始，故云出。坎為律，《九家說卦》文。律者，同律也。《周禮·太師》曰「大師執同律，以聽軍聲，而詔吉凶」。……《兵書》曰：王者行師，出軍之日，太師吹律合音。商則戰勝，軍士強；角則軍擾多變，失士心；宮則軍和士卒同心；徵則將急數怒，軍士勞；羽則兵弱，少威明。《史記·律書》曰：王者制事立法，壹稟于六律。六律為萬事根本，其於兵械尤重。是師出以律之事也。……宣十二年《春秋傳》晉知莊子說此爻曰：執事順成為臧，逆為否。初失位，故不臧凶也。[343]

惠氏云此「律」為「同律」，即樂律。以《周禮·行師》之言，可知古者出師，皆執樂律以從。並以《兵書》之言，知不同的樂音，可明軍士實況。所以音律為萬事根本，師事尤多賴以為用，所以《吳越春秋》載大夫皋如之言云「審聲則可以戰」。惠氏並引《左傳·宣十二年》知莊子評論邲之戰的必然結果，彘子不從帥令，不以律從，則執事順成而為臧，反之為否；此爻失位，故不臧凶。「師出以律」，必全體一致順從，而彘子之不從，為敗亡種下必然的結果。且，就爻位言，初爻失位，所以「不臧凶」。又，六三「師或輿尸，凶」，指出「尸，主也，坤、坎皆有輿象，師以輿為主也」，並解釋云：

> 《戰國策》曰「寧為雞尸」，故知「尸，主也」。《說卦》坤為大轝，坎其於輿也為多眚，故坤、坎皆有輿象。轝、輿古今字。師以輿為主者，師之進退以輿為主，凡帥師謂之帥，賦輿故曰輿尸。楚令尹南轅反旆，王用伍參之言，改轅而北，則師之進退在輿也。[344]

惠氏以《戰國策》云「寧為雞尸」，而訓「尸」為「主」義，[345]並且認為師以輿為主。師既以輿為主，則師之進退亦以輿為主，主帥指揮軍隊，

---

[343] 見《周易述》，卷二，頁 36、37。

[344] 見《周易述》，卷二，頁 36、38。

[345] 劉向原本《戰國策》作「寧為雞口，無為牛後」。姚宏續注本指出《顏氏家訓》引作「寧為雞尸，不為牛從」。鮑彪在新注本中則補曰：「《正義》云：雞口雖小，乃進食；牛後雖大，乃出糞。《大事記》取。正曰：《索隱》引延篤云：寧為雞尸，不為牛從。尸，雞中主；從，牛子也。」（見劉向集錄《戰國策·韓一》，卷二十六，台北：里仁書局，1990年 9 月，頁 933。）以「尸」訓「主」。

必乘輿以行令，所以爲「輿尸」。惠棟此一說法，有源於家學，惠士奇釋此爻辭，亦引《戰國策》言以「尸」爲「主」，並指出：

> 尸者，九二也；一陽爲尸，羣陰爲從，三體柔而志剛，不爲從，而亦欲爲尸，故凶。《春秋》宣公十有二年，晉楚戰于邲，是時晉荀林父將中軍，中軍者軍之元帥，所謂尸也。林父欲還不欲戰，其佐彘子不從，故荀首曰：此師殆哉。有帥而不從，彘子尸之，必有大咎。……輿尸者，師之進退以輿爲主，凡帥師者，謂之帥，賦輿故曰輿尸。楚令尹南轅反旆，王用伍參之言，改轅而北，則師之進退在輿明矣。[346]

師卦以九二爲卦主，亦爲主帥，而六三陰爻不從陽主，亦欲爲尸，如同邲之戰，彘子不從主帥荀林父之指揮，且欲自爲主，所以大凶。又，師之進退行止，以輿爲主，指揮兵車之所至，即主帥所至；主帥所至，即大軍所至。行軍以旆爲先，而主帥在其後，今改轅而反旆，則知師之進退，故大軍進退，由輿之方向可知。因此，此爻舉春秋之事而明其義。

（三）崩來而復歸其道

惠氏釋復卦「崩來无咎，反復其道」，指出「自上下者爲崩，剝艮反初得正，故无咎。反復其道，有崩道也。虞氏作朋來，云兌爲朋。在內稱來，五陰從初，初陽正，息而成兌，故朋來无咎。乾成坤，反于震，陽爲道，故復其道」，並進一步解釋云：

> 自上下者爲崩，京房義也。京剝《傳》曰：小人剝廬，厥妖山崩。復《傳》曰：崩來无咎，自上下者爲崩，厥應大山之石，顚而下。陽極于艮，艮爲石，爲山，剝之上九消艮入坤，山崩之象。《春秋·僖十四年》「沙鹿崩」。《穀梁傳》曰「高曰崩」，故知崩自上而下也。自上而下者，非爻自上反初，乃消艮入坤出震耳。……正陽在下爲聖人，故云剝艮反初得正。《穀梁傳》曰「沙鹿崩，無崩道而崩，故志之」，復卦，乾息坤，乾爲道，故云反復其道，有崩道

---

[346] 見惠士奇《惠氏易說》。引自台北：藝文印書館《皇清經解易類彙編》，卷二百零八，頁337。

也。[347]

惠氏訓「崩」，自上而下爲崩，並引《春秋》云「沙鹿崩」，《穀梁傳》以「高」爲「崩」，同時《穀梁傳》也提到僖公十四年秋八月沙鹿的崩塌，本無崩塌的道理卻崩了，所以將此一變異的現象給記載下來。事實上，並非真無崩道，乃「反復其道」所致。群陰剝陽至於幾盡，而有崩象，然而物極必反，此陽氣復反而得以交通，所以雖崩而无咎。《春秋》載此「沙鹿崩」異象，在於群陰剝陽，倘能止其剝而復反其正，則誠如「少康德成，然後討澆；光武即位，收河北，然後征赤眉」。[348]爲君者，當體察反復之道，撥亂反正，修身下仁，改過從善，則可化凶咎爲吉慶。

（四）弒君父而八月有凶

惠棟釋臨卦「至于八月有凶」云：

> 臨卦斗建丑而用事，殷之正月也。當文王之時，紂爲无道，故于是卦爲殷家著興衰之戒，以見周改殷正之數云。臨自周二月用事，訖其七月，至八月而遯卦受之。是其義也。若然，周後受命而建子，其法于此乎，陰消至遯，艮子弒父，至三成否，坤臣弒君，故云遯弒君父。遯于周爲八月，故至于八月有凶也。[349]

臨☷☷與遯☰☰旁通，遯於十二消息爲六月，屬夏歷所建之月，於周則爲八月。遯下卦爲艮，艮子弒父，遯消至三成否，坤臣弒君，所以「遯弒君父」，乃至「八月有凶」。臨卦二陽在下，陽氣始盛，萬物皆長，猶王者盛大之德，威臨萬方，有臨治萬民之象，倘違正道，則轉變成遯，君道消殞，亡國滅身，桀、紂皆如是。

《史記·歷書》提到「昔者易姓受命，必慎始初，改正朔」；「夏正以正月，殷正以十二月，周正以十一月」。「天下道，則不失紀序；無道，則正朔不行於諸侯」。王朝代興，必行「改正朔」之制，惠氏於釋革卦時

---

[347] 見《周易述》，卷四，頁 104-106。

[348] 見張惠言《虞氏易事》，引自趙驥如編次，新文豐出版公司印行《大易類聚初集》第十九輯，引印自南菁書院《皇清經解》本，頁 478。

[349] 見《周易述》，卷三，頁 86-87。

指出,「王者受命,改正朔,易服色,亦謂之革」。[350]此一述說,爲根據鄭玄之文。新立王朝,王者代天行事,改行正朔,建立本朝新的歷法,夏、商、周用歷的重要不同,在於歲首的建月不同;夏歷以建寅爲歲首,商歷以建丑爲歲首,周歷以建子爲歲首,世稱「三正」。[351]臨卦斗建丑,爲夏歷十二月,即殷之正月,周之二月。漢儒中類似鄭玄等人,以文王作卦爻辭,其所謂「至於八月有凶」,應該是就周歷而言。臨卦於十二消息爲十二月,就爻而言,復卦初九主十一月,臨卦九二主十二月,於周於二月。陽長而爲泰、大壯、夬、乾,然後陰始長於姤,至於遯,即周之八月。此八月之時,陰盛而陽衰,如同桀、紂之無道,終必消亡,所以「有凶」。

（五）成湯歸妹

惠氏釋泰☷卦六五「帝乙歸妹,以祉元,吉」,以帝乙爲成湯,其論述云:

> 帝出乎震,故震爲帝。坤納乙,故坤爲乙。隱二年《公羊傳》曰:婦人謂嫁曰歸,故云歸,嫁也。……六陰爻,五貴位,陰之貴者莫如帝妹,貴而當降者,亦莫如帝妹。坤,妻道也,臣道也,故六居五必降。……五下嫁二,二上升五,以陰承陽,故云上承乾福,與坤「黃裳,元吉」同義也。帝乙,虞氏據《左傳》以爲紂父,秦漢先儒皆以爲湯,故《乾鑿度》曰:泰,正月之卦也,陽氣始通,陰道執順,故因此見湯之嫁妹,能順天地之道,敬戒之義。……湯以乙生,嫁妹,本天地,正夫婦,夫婦正則王教興矣。故曰《易》之帝乙爲成湯。《書》之帝乙六世王,同名不害以明功,疏猶所也。晉賀循議曰:案《殷紀》,成湯已下至於帝乙,父子兄

---

[350] 見《周易述》,卷七,頁214。

[351] 清代吳鼎詳考「三正」之說,於《三正考》中也明白指出:「黃帝始造甲子而建子,至顓頊始建寅,而唐、虞、夏因之。逮於商復建丑,周復建子。月既爲正,而時亦隨之,以爲春然,商周之春,天施地化之義也。」(見《三正考》,卷一,引自台北:台灣商務印書館四庫全書本,第181冊,頁331。)從黃帝始建子月,顓頊、唐、虞、夏則建寅,商建丑,周又復建子。月正則時亦因之,四時之變,即天地之施化。各個不同的時期,皆有其不同的建月,皆在正天地之變。

弟相繼為君，合十二世，而正世唯六。故《乾鑿度》曰：殷帝乙
六世王，不數兄弟為正世也。子夏、京房、荀爽皆同《易》説。《世
本》湯名天乙，故稱帝乙，則先儒之説不為無據。古人通經有家
法，《左氏傳春秋》不如《易》家之審也。泰、歸妹二卦皆言歸妹
者，歸妹九月卦，泰正月卦，《荀子》曰：霜降逆女，冰泮殺內。
《家語》曰：霜降而婦功成，嫁娶者行焉。冰泮而農事起，婚禮
殺於此。自秋至春，辛壬癸甲皆嫁娶之時，故《易》獨舉泰、婦
妹二卦，以明之也。[352]

震帝坤乙而為「帝乙」。以《公羊傳》訓婦嫁為「歸」。五為天子之位，
陰處五陰有帝妹之象。「帝乙」為何，歷來主要說法有二，一稱紂父者，
一稱成湯者。惠氏指出虞翻作「紂父」，主要根據《左傳》而來；《尚書·
多士》云「自成湯至于帝乙」，而《左傳·哀九年》則載晉趙鞅筮得此爻，
其言云「微子，帝乙之元子也」，則帝乙為紂父。《子夏傳》云「帝乙歸
妹，湯之嫁妹也」，《世本》云「湯名天乙」，故稱「帝乙」。京房《章句》
記載湯嫁妹之辭云「無以天子之尊而乘諸侯，無以天子之貴而驕諸侯。
陰之從陽，女之順夫，本天地之義也。往事爾夫，必以禮義」；亦以帝乙
為成湯。《後漢書·荀爽列傳》言「湯有娶禮，歸其妹于諸侯也」；亦云
歸妹者為成湯。是漢儒大都以帝乙為成湯。惠氏特別強調古人通經皆有
家法，而《易》之家法較《左傳》尤為精審。至於婚娶的最當時節，惠
氏引《荀子》與《孔子家語》，認為是自秋至春，即辛壬癸甲之時，泰卦
與歸妹二卦言嫁娶是在此時。

（六）變通之道

其它如釋《繫傳》「神農氏沒，黃帝、堯、舜氏作，通其變，使民不
倦」，注云：

乾為變，坤為民。聖人南面而治天下，改正朔，易服色，與民變
革，故通其變，使民不倦。[353]

---

[352] 見《周易述》，卷二，頁 56-57。
[353] 見《周易述》，卷十七，頁 482。

疏云：

> 乾變坤化，故乾為變。聖人南面而治天下，改正朔，易服色，與
> 民變革者，《禮記大傳》文。《漢書》元朔元年詔曰：朕聞天地不
> 變，不成施化；陰陽不變，物不暢茂。引此傳通其變使民不倦為
> 證，是其義也。[354]

引《禮記大傳》與《漢書》之言，說明先秦以至兩漢，南面而王、改正
朔與易服色的政治思想，並且強調天地變則施化成，陰陽變則物暢茂的
通宜權變之治道。

　　惠氏進一步釋《繫傳》「《易》窮則變，變則通，通則久。是以自天
右之，吉无不利」，注云：

> 化而裁之存乎變，故窮則變。推而行之存乎通，故變則通。與天
> 終始則可久，故通則久。王者通三統，立三正，若循連環，周則
> 復始，窮則反本，是其義也。黃帝、堯、舜，亦位乾五。五動之
> 大有，故自天右之，吉无不利。[355]

疏云：

> 與天終始，則可久，此陸績義也。王者通三統，立三正，若循連
> 環，周則復始，窮則反本者，《書傳略說》文。黃帝、堯、舜，繼
> 伏羲、神農有天下者，故亦位乾五。五動之坤，成大有，有天地
> 日月之象。古之聰明睿知神武，反復而不衰者，故自天右之，吉
> 无不利也。[356]

變通之道，與天終始，則可久。依陸績之說，庖犧教民取禽獸，民眾獸
少，其道易窮；神農教民播殖，以養其生。血食窮則變而食穀糧，此即
窮變之法。[357]不論伏羲、神農，乃至黃帝、堯、舜，皆位乾五，五動之
坤而為大有☷，故云「自天右之，吉无不利」。惠氏透過堯舜之前的生活

---

[354] 見《周易述》，卷十七，頁484。

[355] 見《周易述》，卷十七，頁482-483。

[356] 見《周易述·繫辭下傳》，卷十七，頁484。

[357] 參見陸績注此《繫辭》云：「陰窮則變為陽，陽窮則變為陰，天之道也。庖犧作网罟，
教民取禽獸，以充民食。民眾獸少其道窮，則神農教民播殖以變之。此窮變之大要也。」
（見李鼎祚《周易集解》，卷十五，頁365。）

樣態，與帝王的治道，以明《周易》的變通之道。

（七）建萬國親諸侯者為夏先王

惠棟釋比☷☵卦《象傳》「先王以建萬國，親諸侯」，疏云：

> 先王，謂夏先王也。五為天子，故先王謂五。初變之正，體震。
> 震為建侯，初剛難拔，故云「建」。震為諸侯，義見屯卦。坤為地，
> 地有九州，夏時九州有萬國，故坤為萬國。……《古文尚書‧皋
> 陶謨》曰：邸成五服，至於五千，州有十二師，外薄四海，咸建
> 五長。鄭彼注云：敷土既畢，廣輔五服而成之，面方各五千里。
> 四面相距為方萬里。師，長也。九州，州立十二人為諸侯，師以
> 佐其牧。外則五國立長，使各守其職。堯初制五服，服各五百里。
> 要服之內，方四千里，曰「九州」。其外荒服，曰「四海」。此禹
> 所受《地記書》，崑崙山東南，地方五千里，名曰神州者，禹邸五
> 服之殘數，亦每服者合五百里，故有萬里之界，萬國之封。《春秋
> 傳》曰：禹朝羣臣於會稽，執玉帛者萬國。言執玉帛者，則九州
> 之內諸侯也。其制特置牧，以諸侯賢者為之師。蓋百國一師，州
> 十有二師，則州千二百國也。八州凡九千六百國，其餘四百國在
> 圻內。此禹時建萬國之事也。四月以建萬國者，《明堂月令》曰：
> 立夏之日，天子親帥三公、九卿、大夫，以迎夏於南郊，還反，
> 賞封諸侯。蓋夏、殷法也。《白虎通》曰：封諸侯以夏何？陽氣盛
> 養，故封諸侯，盛養賢也。襄廿六年《春秋傳》曰：賞以春夏，
> 刑以秋冬。是慶賞封建，皆以夏也。王肅《聖證論》亦同此說。
> 禹邸成五服，「邸」與「比」同。《說文》曰「邸，輔信也」。輔成
> 五服，此建萬國之象。比，比也，《序卦》文。九五孚信之德，盈
> 滿中國，四海會同，遠人賓服，此親諸侯之象也。[358]

惠氏明白指出「先王」為「夏先王」。五為天子，震長子主器為諸侯。坤
地九州，夏時九州有萬國，所以坤為萬國。惠氏並引《尚書》與鄭注，
指出九州立十二長為諸侯；九州之外，又有五國，各立其長，各守其職。

---

[358] 見《周易述‧象上傳》，卷十一，頁303-304。

堯時九州方四千里，其外堯制五服，各五百里。引《地記書》云神州五千里，禹邰五服，每服亦五百里。禹建萬國，一州十二諸侯爲十二師，一師百國，則一州一千二百國，八州合九千六百國，餘四百國在天子城內。此即禹建萬國之事。惠氏同時指出，立夏爲建萬國與封諸侯之時，此夏、商相襲之法。從《明堂月令》、《白虎通》、《春秋傳》與王肅之言，可以證實先秦封官獎賞大都在夏時，乃陽氣盛養之時，所以盛養賢臣。從卦爻象言，九五下臨坤地，爲建萬國之象。一陽下撫群陰，爲親諸侯之象。天子立孚信之德，盈滿天下，四海一家，遠近賓服，所以爲諸侯者。惠氏定「先王」爲夏禹，立論九州諸侯與萬國的天下架構，並陳述王天下的美好政治圖式，或許是一種夏代信史的還原，或許是一種政治典範的建立與理想的期盼。

（八）衣裳之制取諸乾坤之義

惠氏釋《繫下》「黃帝堯舜，垂衣裳而天下治，蓋取諸乾坤」，注云：

> 乾爲衣，坤爲裳。取乾坤用九、用六之義，以治天下，而君臣上下各得其正，故天下治。《世本・作》曰：黃帝臣伯余作衣裳。蓋法始于伏戲，而成于堯、舜。舜曰：予欲觀古人之象，日月星辰、山龍華蟲，作會。宗彝、藻、火、粉米、黼、黻、絺繡，以五采章施于五色，作服，女明。衣用會，裳用繡，凡十二章，是取象乾坤之事。《易》者象也，古人之象，謂《易》象也。《春秋傳》曰：見《易》象。

疏云：

> 乾爲衣，坤爲裳，《九家説卦》文。《文言傳》曰「乾元用九，天下治」也。乾用九，坤用六，成兩既濟，故君臣上下各得其正，而天下治也。《世本》十五篇，其一曰《作篇》，言制作之事，彼文云「伯余作衣裳」，宋衷注云：黃帝臣也。揚子《法言》曰：「法始于伏羲，而成于堯。黃帝作衣裳，衣裳之制，取諸乾坤。」故云「法始于伏羲，而成于堯舜」。堯舜之治天下，與伏羲同，禹、湯、文、武皆然，故《荀子》曰：文武之道，同伏羲也。「舜曰」已下至「女明」，《尚書・皐陶謨》文。鄭彼注云：「會」讀爲「繪」。

宗彝，宗廟之鬱鬯尊也；虞夏以上，蓋取虎彝、蜼彝而已。粉米，白米也。絺，讀為黹；黹，紩也。凡畫者為繪，刺者為繡，此繡與繪各六，衣用繪，裳用繡。性曰采，施曰色，此十二章為五服，天子備有焉，以飾祭服。乾為衣，坤為裳，乾坤各六畫，繡與繪亦各六；乾坤十二爻，衣裳亦十二章。是取象乾坤之事，八卦成列，象在其中，故曰：《易》者象也，謂今之《易》，古之象也。伏羲作八卦而名象，故五帝之書皆蒙象名。《堯典》歷象日月星辰，此歷書也。又曰象以典刑，《皋陶謨》曰：方施象刑，惟明此刑書也。古人之象此《易》書也。聖人因天，故治天下之書皆名象。《周禮》六官稱六象，縣于象魏。故哀三年《春秋傳》曰：命藏象魏，曰舊章不可亡也。是古名書為象之事。《春秋傳》曰：見《易》象，昭二年《傳》文。引之以驗，彼時猶襲古名，稱為《易》象也。[359]

關於惠氏之引述，「舜曰」一段，云出自《尚書·皋陶謨》文，實當出自《尚書·益稷》，此惠氏之失。惠引《世本》論證黃帝之臣伯余有作衣裳之實。黃帝之作衣裳，又取法於伏羲，而成於堯舜。因為伏羲作八卦而名象，物皆以象為台，衣裳亦然。衣裳取乾坤之象，乾為衣，坤為裳，乾坤各六畫，衣裳之工分繡與繪亦各六；乾坤十二爻，衣裳亦十二章；是取象乾坤之事。堯舜根本伏羲，而禹、湯、文、武亦皆一脈相承之治道。「黃帝堯舜，垂衣裳而天下治，蓋取諸乾坤」，是取乾坤用九用六之道，成兩既濟，故君臣上下能夠各得其正，化育萬物而天下治。惠氏引《尚書·益稷》文，以說明取法自然之象而繪繡於衣裳之上；用日、月、星辰、山、龍、華蟲六種圖形繪在上衣上，而用虎（或蜼）、水草、火、白米、黑白相間的斧形花紋、黑青相間的相背兩「己」字的花紋繡在下裳上，並以五種不同的顏料作成五種色彩不同的衣服，以分別成五種不同等級的服裝，此即鄭玄所謂的「此十二章為五服，天子備有焉，公自山龍而下，侯伯自華蟲而下，子男自藻火而下，卿大夫自粉米而下」。[360]

---

[359] 見《周易述·繫辭下傳》，卷十七，頁482-485。

[360] 見《尚書注疏·益稷》，卷五，孔穎達《疏》引鄭氏之文，頁69。（藝文印書館《十三經注疏》本。）

衣裳取象，即同乾坤十二爻；萬物之象，萬物之理，皆合《易》象，亦合《易》之理。因此，此《繫傳》文，透過歷史文化的背景、服飾制作的規定，來闡明其義。

惠氏以史述《易》，主要著重在文字的詁訓意義上，從義理陳述的觀點言之，仍屬於消極的態度。他運用的史實，主要爲歷史人物，特別是三皇五帝與商周時的人物，以及運用有關的歷史制度，其運用之目的，大都僅在解釋文字的意涵，或是澄清文字的實質意義，並不在運用史實而擴大論述以闡明經傳大義。除了前面諸例的論述外，其它如：

其一、《彖傳》「明入地中，明夷。內文明而外柔順，以蒙大難，文王以之」，惠氏注云：

> 文明，离也。柔順，坤也。三喻文王，大難謂坤。三幽坎中，故蒙大難，似文王之拘羑里。[361]

以明夷䷣九三喻文王，九三爲上下坎陰所包，故以「蒙大難」言，如同文王爲紂所囚，拘於羑里一般。

其二、《彖傳》「利艱貞，晦其明也。內難而能正其志，箕子以之」，惠氏注云：

> 坤為晦，离為明，應在坤而在內卦，故云內難。坎為志，三得正體坎，故能正其志，似箕子為奴。[362]

以明夷䷣卦九三陽居三得正體坎，故能正其志，似箕子仁人，而爲紂所奴，所以云「箕子以之」。同時，惠氏並且否定虞氏之說，認爲「虞氏從俗説，謂箕子爲五，臣居天位，失其義矣」。[363]

其三、惠氏釋革卦卦義時，取義有四，其中有作「王者受命，改正朔，易服色」者，亦作「湯武革命」爲解者，[364]此二義皆涉史事。

其四、《繫傳》「聖人設卦」，注云「聖人謂庖犧」，以庖犧作八卦，所以聖人指的是庖犧氏。又「是故君子所居而安者，易之象也」，注云「君

---

361 見《周易述·彖下傳》，卷十，頁265。
362 見《周易述·彖下傳》，卷十，頁265。
363 見《周易述·彖下傳》，卷十，頁266。
364 見《周易述》，卷七，頁214。

子謂文王」；引《帝王世紀》指出「文王在羑里演六十四卦，著七、八、九、六之爻，謂之《周易》」，所以說君子爲文王。[365]

其五、《繫上》「聖人有以見天下之賾」，釋云「乾稱聖人，謂庖犧也」；也就是說，「乾五爲聖人，文王書《經》，繫庖犧于九五，故謂庖犧也」。以乾爲聖人，而庖犧特指九五爻位。又「聖人有以見天下之動」，釋云「聖人謂文王也」，即見天下之動者，也就是知六爻之動者，即是文王；惠氏指出「庖犧畫卦，文王書經傳，兩稱聖人，故知庖犧及文王也」。[366]《繫下》「聖人以通天下之志」，以及「聖人以此先心」，所言「聖人」，皆謂庖犧氏。[367]

有關的論述極爲頻繁，惠氏重在考實與文字對象的確認，並不具有太多義理性的內涵存在。

三、明堂說

惠氏曾說他「因學《易》而得明堂之灋，因明堂而知禘之說」，明堂之法是由學《易》而考證得到的，而「禘」之說則又因明堂而進一步所得到的主張，也就是說，不論是明堂或是禘明，皆與其治《易》有密切的相關。惠氏研《易》則對明堂之義愈明，所以專著《明堂大道錄》八卷，本於兩漢以降諸說，驗於緒經，詳述明堂建制的歷史沿革與作用，博贍而有徵，提供學者研究這方面的議題時的完備的重要參考。《周易述》中提及「明堂」或「明堂位」，乃至「明堂月令」者，計有一百三十六次，特別是詁訓《說卦》時，對於明堂之法，作了極爲詳細的論述，可以看出惠氏對明堂與《易》的聯繫關係之側重，並且透過《易》來闡釋明堂，或以明堂來發揮《易》義。

（一）明堂的功能與架構

---

[365] 參見《周易述・繫辭上傳》，卷十五，頁388-389。
[366] 參見《周易述・繫辭上傳》，卷十五，頁409-411。
[367] 參見《周易述・繫辭下傳》，卷十六，頁443-444。

明堂為古代帝王宣明政教的重要地位，聖人法「四時之序，五德相次」，「以立明堂，為治天下之大法」。[368]所以惠氏引諸典籍之言云：

《孝經》曰：周公宗祀文王於明堂以配上帝。周以木德，謂配木德之帝，是五德之帝皆稱上帝也。上帝五帝，在太微之中，迭生子孫。更王天下者，此何休義也。劉歆《七略》曰：王者師天地，體天而行。是以明堂之制內有太室象紫微，南出明堂象太微。《援神契》亦謂五精之神，實在太微，故知五帝在太微之中。乾《象傳》曰：大哉乾元，萬物資始，乃統天。《郊特牲》曰：萬物本乎天，聖人而為天子，尤天所篤生者。故云迭生子孫，更王天下，如下所云五德相次是也。四時之序，木、火、土、金、水，五行之德用事者，王所生相，故王廢勝，王囚，王所勝死，故云五德相次。《家語》孔子曰：天有五行，木、火、金、水、土，分時化育，以成萬物，其神謂之五帝。又曰：五行用事，先起於木，木東方，萬物之初皆出焉。是故王者則之，而首以木德王天下。其次則以所生之行轉相承也。《大戴禮・盛德》云：明堂天法，故聖人法之以立明堂。[369]

明堂之中，用以配上帝，其「上帝」者，即「五帝」；如周以文王配祀為木德之帝。五帝在太微之中，即用以師於天地，體天體之運行，而以明堂象徵太微之中。天德五行，木、火、金、水、土，相次而行，分時化育，而成萬物以生息不已，此五行之所，駐於天體太微中，所以乾卦《象傳》云「大哉乾元，萬物資始，乃統」，其理即同於此。王者法此天道，以立明堂之法。明堂依朝代的更迭而有不同的名稱，「神農曰天府，黃帝曰合宮，唐曰五府，虞曰總章，夏曰世室，殷曰重屋，周曰明堂」。[370]

惠氏進一步指出明堂的主要活動或功能，以及其基本的組成結構，云：

明堂為天子大廟，禘祭、宗祀、朝覲、耕籍、養老、尊賢、饗射、

---

[368] 見《周易述・說卦》，卷二十，頁586。

[369] 見《周易述・說卦》，卷二十，頁590。

[370] 見《周易述・說卦》，卷二十，頁586。

獻俘治、望氣、告朔、行政，皆行于其中，故為大教之宮。其中
有五寢五廟、左右个、前堂後室。室以祭天，堂以布政。上有靈
臺，東有大學，外有四門，四門之外有辟廱，有四郊及四郊迎气
之兆，中為方澤，左有圜丘，主四門者有四嶽，外薄四海，有四
極。[371]

明堂為天子的太廟，不論是祭天祭祖的禘祭、宗祀、朝覲、帝王親耕之
禮、養老、尊賢、宴饗賓客並行之射禮、獻俘治、望氣占卜、告朔與行
政作為，都行於明堂之中。明堂的大概佈置結構，有五寢五廟，以及左
个、右个、前堂與後堂。即明堂主要有五室四堂，室用以祭天，而堂以
布政。上又有靈臺，東方有太學，外四門，四門外又有辟廱，並有四郊、
方澤、圜丘、四嶽，外接四海，有四極。惠氏《明堂大道錄》又云：

三代以前，其濃大備，詳於《周禮》之〈冬官〉，〈冬官〉亾而
明堂之濃遂不可攷，略見于六經而不得聞其詳。說經者異同開出，
惟前漢之戴德、戴聖、韓嬰、孔牢、馬宮、劉歆，後漢之賈逵、
許慎、服虔、盧植、穎容、蔡邕、高誘諸儒，猶能識其制度，惜
為孔安國、鄭康成、王肅、袁準四人所亂。安國以禘止為審諦佋
穆，故漢四百季無禘礼。康成以文王廟如明堂制，謂國外別有明
堂。王肅又以禘嚳為后稷之所自出，非配天之祭。及袁準作《正
論》，謂明堂大廟，大學各有所為，排詆先儒，并及六經，于是明
堂之濃，後人無有述而明之者矣。[372]

並於《周易述》中也論云：

尋明堂之制，備於《冬官》，《冬官》亡，故《黃圖月令論》所稱
不盡與古合，為袁準所駁。然其取法於《易》則同也。又先儒戴
德、戴聖、韓嬰、孔牢、馬宮、劉歆、賈逵、許慎、服虔、盧植、
穎容、蔡邕、高誘諸人，皆以明堂上有靈臺，下有辟雍，四門有
太學。故蔡氏論云：謹承天順時之令，昭令德宗祀之禮，明前功
百辟之勞，起養老敬長之義，順教幼誨稚之學，明諸侯選造士於

---

[371] 見惠棟《明堂大道錄·明堂總論》，卷一，頁 665。
[372] 見惠棟《明堂大道錄·明堂總論》，卷一，頁 665。

其中，以明制度。生者乘其能而至，死者論其功而祭，故為大教之宮。《周書·大匡》曰：明堂所以明道，明道惟法。是言治天下之大法也。《大戴禮·盛德》曰：明堂者，古有之也。盧辯注云：案《淮南子》言神農之世祀於明堂，明堂有蓋，四方蓋始於此。《尸子》曰：黃帝曰合宮，有虞曰總章，周人曰明堂，皆所以明休其善。又曰：欲觀黃帝之行於合宮，觀堯舜之行於總章，故知黃帝曰合宮，虞曰總章。《尚書帝命驗》曰：帝者承天，立五府，以尊天重象。注云：象五精之神也。天有五帝，集居太微，降精以生聖人，故帝者承天，立五帝之府，是為天府。桓譚《新論》曰：明堂，堯謂之五府。府，聚也。言五帝之神聚於此。《古文尚書·堯典》曰：正月上日，受終於文祖。鄭彼注云：文祖，五府之大名，如周之明堂。故知唐曰五府，皆明堂異名也。《考工記》曰：夏后氏世室，殷人重屋，周人明堂，是三代明堂亦異名也。[373]

明堂之制，這個代表歷史文化與政治範疇的制度、建築，以及反映和代表某種時代的思想內涵，曾顯著於一時，卻隨著時光洪流的消逝，由詳知而簡略，不明其全，主要的問題就是文獻之不足徵。明堂備於詳於《周禮·冬官》，但〈冬官〉亡而明堂之法便不可考，雖略見諸經之中，卻不得聞其詳。說經者異同互見，莫衷一是，其中兩漢戴德、戴聖、韓嬰、孔牢、馬宮、劉歆、賈逵、許慎、服虔、盧植、穎容、蔡邕、高誘諸儒，猶能識其制度，以明堂為天子太廟，所以宗祀其祖，以配上帝，恭敬而行其孝道。又為聖帝明王南面而聽政的布政之堂，並含有順天時，施行法、講學、養老、朝諸侯、選士、備禮、辨物的教化之所。明堂與清廟、太廟、辟廱、靈臺、大學異名而同實，所以惠氏云「取其宗祀之類，則曰清廟；取其正室之貌，則曰大廟；取其堂則曰明堂；取其四門之學，則曰大學；取其周水圜如壁，則曰辟廱。異名同事，其實一也」。諸家之說，以蔡邕《明堂月令論》所言最為詳要。[374]但是，諸儒所傳之說，卻又為孔安國、鄭康成、王肅、袁準四人所亂。孔安國以禘僅僅為審諦昭

---

[373] 見《周易述·說卦傳》，卷二十，頁 590-591。

[374] 諸儒之說，詳見惠棟《明堂大道錄·諸儒論明堂》，卷一，頁 666。

穆，故漢代四百年无真正的禘禮存在；鄭玄則以文王廟如明堂制度，認為國都之外又另有別堂；王肅則以禘嚳（高辛氏）是從后稷開始的，為非配天之禘祭；晉代袁準提出明堂太廟、太學各有所為，否定漢儒及六經中的有關說法。惠氏直指四人為惑亂明堂之制的主要禍首，也造學後學對明堂之法，不能得其真正內涵。明堂的名稱各個時期或雖不同，但是它功能是一樣的；明堂的重要意義，在於「謹承天順時之令，昭令德宗祀之禮，明前功百辟之勞，起養老敬長之義，順教幼誨稚之學」；「明堂所以明道，明道惟法。是言治天下之大法也」。治天下之大法，即是中庸的至誠與中和之理想境界，也是《周易》化育萬物、成既濟定的最佳歸宿。

惠氏《周易述》中又引諸家之說，以述明明堂之制的有關重要之內涵，云：

> 室以祭天，堂以布政者，後魏封軌《明堂議》文。軌又云：依行而祭，故室不過五，依時布政，故堂不踰四是也。王者承天統物，各於其方以聽事者，《禮記‧明堂陰陽錄》文。彼文云：明堂之制，周旋以水。水左旋以象天，內有太室，象紫垣。南出明堂，象太微。西出總章，象五潢。北出元堂，象營室。東出青陽，象天市。上帝四時，各治其室，故王者法之也。統物，統萬物也。蔡氏《章句》曰：月令，所以順陰陽，奉四時，效氣物，行王政也。成法具備，各從時月，藏之明堂，所以示承祖考神明，明不敢泄瀆之義，故以明堂冠月令。虞、夏、商、周四代行之，故《禮記‧明堂位》兼陳四代之服器，其文在《周書》五十三。《大戴》采以為《明堂月令》，馬氏附《月令》於《小戴》而刪明堂字，故止謂之《月令》也。《中庸》言：唯天下至聖，為能聰明睿知，足以有臨也。下云：凡有血氣者，莫不尊親，故曰配天，是生有配天之業也。《古文尚書‧伊訓篇》曰：惟太甲元年，十有二月乙丑朔，伊尹祀於先王，誕資有牧方明。劉歆釋之曰：言太甲雖有成湯、太丁、外丙之服，以冬至越茀，祀先王於方明，以配上帝。方明者，放明堂之制，太甲行吉禘之禮，宗祀成湯於明堂，以配上帝，是沒有配天之祭也。夏少康中興，伍員亦云祀夏配天。三代受命中

興之主，及繼世有德之君沒，皆行配天之祭。禹、湯、文、武，受命之主也。夏之少康、周之宣王，中興之主也。殷之三宗、周之成康，繼世有德之君也。云太皞以下，歷代所禘者，《禮運》云：大道之行也，天下為公。鄭注《祭法》云：有虞氏以上，尚德禘郊祖宗，配用有德者而已。自夏已下，稍用其姓氏代之。《禮運》所謂大道既隱，天下為家。禹、湯、文、武、成王、周公，由此其選。言禹、湯以下，雖用明堂之法，而大道稍隱也。若然，太皞、炎帝當亦黃帝以下所禘。其黃帝以下，乃四代所禘，見於《魯語》及《祭法》也。蔡氏《獨斷》曰：《易》曰：帝出乎震，震者，木也。言宓犧氏始以木德王天下也。木生火，故宓犧氏沒，神農氏又以火德繼之。火生土，故神農氏沒，黃帝以土德繼之。土生金，故黃帝氏沒，少昊氏以金德繼之。金生水，故少昊氏沒，顓頊氏以水德繼之。是言五德相次，自太皞以下也。《獨斷》又云：水生木，故顓頊氏沒，帝嚳以木德繼之。木生火，故帝嚳氏沒，帝堯以火德繼之。火生土，故帝舜氏以土德繼之。土生金，故夏禹氏以金德繼之。金生水，故殷湯氏以水德繼之。亦皆五德相次，故帝嚳雖不列五帝，商周以下禘之，堯、舜、禹、湯、文、武，咸列祖宗之祭也。《若明堂月令》以太皞相次者，蓋唐虞已前之制，其實歷代皆有損益也。《禮器》曰：大饗其王事，與三牲魚腊、四海九州之美味也。籩豆之薦，四時之和氣也。內金，示和也。束帛加璧，尊德也。龜為前列，先知也。金次之，見情也。丹漆、絲纊、竹箭，與眾共財也。其餘無常貨，各以其國之所有則致遠物也。《禮器》云：大饗其王事。大饗者，明堂之大禘也。王者行大饗之禮於明堂，謂之禘、祖、宗。禘者，圜丘之大禘，與春夏之時禘，及喪畢之吉禘也。祖者，如周之祖文王也。宗者，如周之宗武王也。皆配天之祭，又皆蒙禘之名，謂禘其祖之所自出故也。后稷之祀在南郊，《郊特牲》曰：兆於南郊，就陽位也。又云：於郊，故謂之郊，故云唯郊行之於南郊。其三大祭皆在明堂也。《爾雅》祭名曰禘，大祭也。禘、郊、祖、宗，四大祭，而總謂之禘者，《楚語》：禘郊，郊也。鄭注《大傳》不王不禘，及《詩‧長

發》大禘《箋》皆云郊祀天。是郊稱禘也。《周頌‧雝‧序》云：
禘，大祖也。鄭《箋》云：大祖謂文王，是祖稱禘也。劉歆云：
大禘則終王，是宗稱禘也。禘者，禘其祖之所自出。董子曰：天
地者，先祖之所出也。故四大祭皆蒙禘之名也。《般庚》曰：茲予
大享於先王，爾祖其從與享之。故云一帝配天，功臣從祀。禘禮
上遡遠祖者，謂如周始祖之上，又有遠祖嚳。虞喜曰：終禘及郊，
宗石室是也。旁及毀廟者，謂四廟二祧之外，又及毀廟，皆升合
食序昭穆，故《韓詩內傳》曰：禘取毀廟之主，皆升合食於太祖
是也。下逮功臣者，謂功臣從祀。《周書‧大匡》曰：勇如害上，
不登於明堂。高堂隆釋之云：謂有勇而無義，死不登堂而配食。
故蔡氏據《禮記太學志》曰：善人祭於明堂，其無位者祭於太學。
是言禘祭下逮功臣之事也。聖人居天子之位，謂如《文言》所云：
飛龍在天，乃位乎天德，有天德而居天位者也。《說文》曰：董仲
舒云：古之造文者，三畫而連其中謂之王。三者，天、地、人也。
而參通之者，王也。孔子曰：一貫三為王，故云。以一德貫三才，
行配天之祭者，謂上四大祭也。天道遠，故推人道以接天，禘禮
之灌是也。以孫格祖，以祖格天，故天神降，地示出，人鬼格。
即《大司樂》所云：若樂六變則天神皆降八變則地示皆出，九變
則人鬼可得而禮是也。[375]

祭天之室，布政之堂，各不踰五、四。明堂四周圍繞以水，水左旋以象
天體之行。室、堂又象天體各布天體，行於天中，如同五帝以四時各治
其室，而王者法之以布政。所以月令在「順陰陽，奉四時，效氣物，行
王政」，從而「明堂」冠「月令」。行於三代之前及三代，後儒載籍，有
云「明堂月令」，或簡作「月令」者。諸王配天行道，受命為主，是西漢
五行觀與天人交感思想的重要基礎，或可以說是這一系思想範疇的承
繼。惠氏並引典籍說明明堂行禘、祖、宗、郊等祭，並對「禘」義作了
一番引述，這部份前面已有簡要論及，不再說明。

（二）明堂與易學的重要相繫關係

惠棟指出明堂「權輿于伏羲之《易》，肇始于神農之制，自黃帝、虞舜、夏、商、周，皆遵而行之。而行之者，天下之至誠，田三才之道，施之春烁冬夏，是爲七始。始於盡性，終於盡人性，盡物性；贊化育而成既濟定者也」。所以說，「其道本乎乎《易》而制寓于明堂」。[376]明堂與《易》理有密切的相關，根本於伏羲的制《易》，而從黃帝以降皆尊而行之。循至誠之道，貫通於天、地、人三才，施之於四時而不墜，此亦合《易》道之質。其始於盡性，即盡天命之性，也就是一種自然的道性，既是《中庸》的概念，也是《易》道的概念；其終於盡人性與萬物之性，也就是秉其萬物宜善之性，終能致中和而天地位與萬物育，而達於既濟定與「元亨利貞」之道。

從明堂的結構形體言，惠氏指出：

> 宇文愷據《黃圖》曰：堂方百四十四尺，法坤之筴也。方象地，屋圓檐，徑二百一十六尺，法乾之筴也。圓象天，室九宮，法九州。太室方六丈，法陰之變也。十二堂，法十二月。三十六戶，法極陰之變數。七十二牖，法五行所行。日數八達，象八風，法八卦。通天臺，徑九尺，法乾以九覆六。高八十一尺，法黃鍾九九之數。二十八柱，象二十八宿。堂高三尺，土階三等，法三統。堂四向五色，法四時五行。水四周於外，象四海圓，法陽也。水潤二十四丈，象二十四氣。水內徑三丈，應覲《禮經》。是言所法之事。蔡氏《明堂月令論》，其說略同。[377]

根據《黃圖》與蔡邕《明堂月令論》之說，明堂堂方一百四十四尺，徑長二百一十六尺，是法《周易》六十四卦乾坤之策數而制。可見創制明堂的思考上，對《周易》的功能與實質的地位，是十分看重的。同時，對於明堂所涉之數字，亦有所依循，如明堂九室，法九州之數；太室方六丈，法陰之變數；通天之臺，徑九尺，法陽九之數；其它有法十二月之數、八卦之數、二十四氣數、二十八宿數等等者。這些數都與漢代易

[376] 見惠棟《明堂大道錄·明堂總論》，卷一，頁665。
[377] 見《周易述·說卦傳》，卷二十，頁590-591。

學的用數有密切的相關。

惠氏於《明堂大道錄・明堂權輿》中引《繫上》之言：

> 《繫上》曰：大衍之數五十，其用四十有九，分而為二以象兩，
> 掛一以象三，撰之以四以象四時，歸奇于扐以象閏，五歲再閏，
> 故再扐而後掛。是故四營而成易，十有八變而成卦，八卦而小成，
> 引而信之，觸類而長之，天下之能事畢矣。

並進一步論述云：

> 《繫下》曰：易有太極，是生兩儀，兩儀生四象，四象生八卦。
> 伏羲用著而作八卦，所以贊化育之本也。天地之數五十有五，而
> 五為虛，故大衍之數五十。三才，五行之數也；其一大極，故用
> 四十有九，取其圜而神也。大極生兩儀，兩儀，乾坤也，故分而
> 為二，以象兩。大衍之數有三才。乾道成男，坤道成女，故掛一
> 以象三。大衍之數有五行，播五行于四時，故撰之以四以象四
> 時，……四營而成易，易變而為一，謂成一變大初之氣，寒溫始
> 生，故不云變，而云易也。……六爻三變，故十有八變而成卦，
> 六子三索而，成故八卦而小成，所謂四象生八卦也。引信三才，
> 觸類而長之，以成六十四卦，聖人成能，故天下之事畢矣。明堂
> 者，王者丑三才之道以施于春炢冬夏，即大衍之數也。《孟子》曰：
> 夫明堂者，王者之堂也。一丑三為王，王者順時行令，兼三王之
> 道，以施于春炢冬夏，所以贊化育也。明堂以聽朔為先，本大衍
> 歸奇再扐之濃。[378]

在這裡，惠氏將占筮大衍之法與伏羲太極化生八卦之法，作了詳細的說
明，並且指出明堂之法即此《易》之法，所以贊化育之道。此外，惠氏
又進一步說：

> 震，東丂也者，青陽大廟也。巽，東南也者，東青陽个，南明堂
> 个也。離，南方之卦也者，明堂大廟也。負斧依南面而立，故南
> 面而聽天下。聽，聽朔也。天子當陽，故鄉明而治，蓋取諸此也
> 者。言明堂之濃，取諸此也。蔡氏謂人君之位，莫正于此，故雖

---

[378] 見《明堂大道論・明堂權輿》，卷二，頁669。

　　有五名，而主以明堂也。坤也者，地也者。坤位未而王四季，故
　　用事于西南而尻中央。西總章个，南明堂个，中央大廟大室也。
　　兌主酉，故正烁，總章大廟也。乾西北之卦也者，西總章个，北
　　（元）堂个也。坎，正北匸之卦也者，（元）堂之大廟也。艮，東
　　北之卦也，萬物之所成終而成始也者。東青陽个，故曰成始；北
　　（元）堂个，故曰成終。[379]

依五德終始之說，伏羲爲五帝之始，以木德爲主，木於五行方位又屬東；
此合於《說卦》所云「帝出乎震」、「萬物出乎震」的概念。震屬青陽太
廟。巽屬東青陽个與南明堂个。離爲明堂大堂，君主位此當陽而明，南
面而王；明堂之法，取自於此，人君之位，即此明堂之位。坤用事於西
南而坐中央，屬西總章个、南明堂个，與中央太廟太室。乾位西北，屬
西總章个與北元堂个。坎爲正北之卦，屬元堂太廟。艮東北爲萬物之所
成終而成始，成始於東青陽个，成終於北元堂个。八卦各有所屬，此明
堂之位，合八卦方位之說。

　　惠氏認爲明堂有五室四堂，其二、九、四，七、五、三，六、一、
八，四正四維，皆合於十五。其室用以祭天，而堂則用以布政。同時認
爲「王者承天統物，各於其方以聽事，謂之明堂月令。虞、夏、商、周
四代行之，今所傳《月令》是也」。[380]並且進一步指出：

　　五室，謂中太室，東青陽，南明堂，西總章，北元堂。四堂各有
　　室，兼中央爲五，故有五室四堂也。二、九、四，七、五、三，
　　六、一、八者，《大戴禮・盛德》文。坤二、離九、巽四，故云二、
　　九、四。兌七、中央五、震三，故云七、五、三。乾六、坎一、
　　艮八，故云六、一、八。凡九謂之九宮，一、二、三、四，得五
　　爲六、七、八、九，故《乾鑿度》曰：太一取其數以行九宮，四
　　正四維，皆合於十五。鄭彼注云：太一，主氣之神，四正四維，
　　以八卦神所居，故亦名之曰宮。太一下行，猶天子出巡狩省方岳
　　之事，每率則復。太一下行八卦之宮，每四乃還於中央。中央者，

北辰之所居，故因謂之九宮。始坎，次坤，次震，次巽，次中央，次乾，次兌，次艮，次离。行則周矣，乃反於紫宮，出從中男，入從中女，亦因陰陽、男女之偶為終始云。坎、离、震、兌為四正，乾、坤、艮、巽為四維。一、九，六、四，二、八，七、三，乘五皆為十五，故云皆合於十五。[381]

明堂九堂之數，合於八卦之數，太一下行於八卦之宮，四維四正，皆合於十五，《乾鑿度》與鄭玄皆如是說。出從中男，入從中女，因陰陽男女之偶而爲終始，也就是以陰陽爲萬化之終始，合於《易》之陰陽之道。此種禮制之法，源於伏羲，而爲漢代《易》說的普遍認識。從漢儒《易》說的角度觀之，漢初的明堂九室說，原本尙未配八卦而合說，配八卦則是孟喜、京房的卦氣說和明堂九室相結合的產物，其結合的契機仍然在大衍法之中。在揲蓍求卦的筮法，九、六爲可變之老陽、老陰，而七、八爲不變之少陽、少陰，筮以三十六策爲老陽，三十二策爲少陰，二十八策爲少陽，二十四策爲老陰，四策一揲，以四除之，則得九、八、七、六四數；四數奇偶相加各得十五，適合九宮縱橫之數。九宮十五數，合於大衍陰陽之數，如此則八卦卦氣之說，可以與明堂之法合理的結合在一起。這種觀念，在《易緯》與鄭說中，也可以得到相同的主張。

惠氏以明堂上溯伏羲制《易》，並以八卦、九宮卦氣來解釋明堂，爲漢代易學思想的反映。其考證明堂之說，提供我們對周秦歷史文化的重要參考資料，也讓我理解陰陽五行、天文歷法與帝制、建築等有關的聯結關係。這些有機的組合，一方面可以視爲惠氏考據學的主張，也可以視爲惠氏將《易》有關元素會通的思想。

惠氏考索明堂九室，特根據其所論，而製作明堂九室圖備作參照。

---

[381] 見《周易述・說卦傳》，卷二十，頁 591-592。

圖表 7-3-2　惠棟考索明堂九室圖

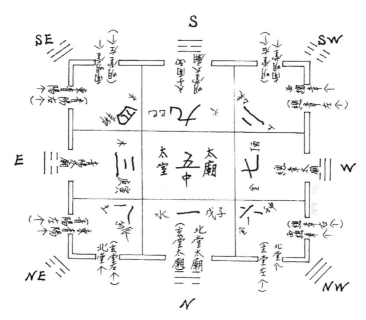

第四節　惠氏義理觀餘說

　　惠氏易學在哲學思想上的表現，被「當棄之糟粕」的《易微言》，成為重要的來源，惠氏羅列了六十五個標目，這些標目都是易學上的重要觀念。惠氏廣引諸子百家之說，內容十分豐富，但並無提出個人的看法，致使諸多的文獻資料，內容與性質本多有相左之處，讀者只能從中建立其文獻的連繫關係，但詮釋的結果，也未必能夠成為惠氏的主要看法，這是詮釋者面對這些資料上的主要困境。關於這些標目，除了前面三節的討論內容引述之外，以下尚舉「有無」、「虛」與「日月爲易」三個命題作爲本章之餘論。

一、有無

　　先秦諸子將「有」、「無」作為探討宇宙的本源問題，可以說是《老子》所代表的道家思想的專利，而在儒家思想體系中，這種本源概念下的「有」、「無」，特別是以「無」作為「道」的基本質性，是不存在的。這樣的概念，惠棟深刻的體會到了，所以他指出：

> 六經無有以「无」言道者，唯《中庸》引《詩》「上天之載，無聲無臭」，及《孔子閒居》論「三無」，此以「无」言道也。《說文》无字下引王育說曰：天闕西北為无。乾，西北之卦。西北，乾元也。天不足西北，故言无。又引《古文奇字》曰：无通于元者。若然，則无與元同義也。《繫上》曰：《易》有太極。《北史》梁武帝問李業興云：《易》有太極，極是「有」「無」？業興對曰：所傳太極是「有」，愚謂太極即乾之初九，又謂之元，故不可言无。无通于元，故元為道之本。《三統歷》曰：道據其一，一即元也。知元之為道本。則後世先天無極之說，皆可不用也。[382]

惠氏指出儒家經典從來沒有以「無」論道，唯一例外的是《中庸》與《孔子閒居》中勉強涉及道論中的「無」的概念；但是其「無」並無本體的概念，更難以從本體的概念，去檢視「無」的實質內涵。[383]同時，惠氏以《說文》引王育之說，指出「天闕西北為无」，因為乾卦位處西北，為天之開端，為元氣之初始，是紮紮實實的「有」，而「天不足西北，故言无」。至於《繫傳》言「太極」，太極的本質是「有」還是「無」？惠氏以李業興之言，明白的指出太極為「有」，這個「有」，具體的說，就是

---

[382] 見惠棟《易微言》，卷上，頁 627-628。

[383] 《易微言》中列舉儒家典籍中涉論「無」者，為《中庸》引《詩》與《孔子閒居》。引述《中庸》之文云：「子曰：聲色之於以化民，末也。聲色，德之顯者，故曰末也。《詩》曰：德輶如毛，德輶如毛，德之微者，故《詩》云民鮮克舉。毛猶有倫。上天之載，無聲無臭。至矣。」引述《孔子閒居》云：孔子曰：以致五至而行三無。子夏曰：敢問何謂三無？孔子曰：無聲之樂，無體之禮，無服之喪，此之謂三無。子夏曰：三無既得略而聞之矣，敢問何詩近之？孔子曰：夙夜其命，宥密無聲之樂也。威儀逮逮，不可選也。無體之禮也。凡民有喪，匍匐救之，無服之喪也。」（見《易微言》，卷上，頁 894。）所云之「無」，並無本體的概念，更難以從本體的概念，去檢視「無」的實質內涵。

乾之初九,也就是元,是一種氣化的物質傾向。「无通于元」,「元」爲「一」,爲道之本,也就是「有」爲一切的根據,涵攝了一切的存在,當然也包括「無」。惠氏強調,從「有」「無」來看,宇宙化生的根本在於「有」,而從「道」的範疇來看,這個「道」也是一個實有的存在,它可視爲「一」,更具體的是「元」,是「乾元」,也就是《易傳》所說的「太極」。「太極」爲道本,爲一切現象界存有的根本,是有的存在,而不能強作「無」,所以「後世先天無極之說,皆可不用」,也就是說,宋儒的「无極而太極」之說,是一種荒謬的說法,扭曲了儒家經典與儒家思想的本義,不是傳統儒家的本色。

《易傳》提到由「太極」而生「兩儀」的化生體系,這個「太極」,在惠氏看來是初始之氣,也就是乾初,或稱元氣,可以視之爲「一」,是一種絕對化的物質元氣的存在,這樣的說法,在於駁斥宋儒之失。「太極」與「陰陽」的關係,周敦頤於《太極圖說》提到:

> 無極而太極,太極動而生陽,動極而靜,靜而生陰。靜極復動,
> 一動一靜,互爲其根,分陰分陽,兩儀立焉。

周子於「太極」前立「無極」一說,本於先「太極」後「陰陽」的易學傳統,陰陽由太極所生,且「太極」似乎可以解釋爲介乎氣與非氣之間的宇宙萬物生成的原始狀態,也可以說是物質由無形狀態到有形狀態的聯結點,它是「無極」的「子體」(無極而太極),也是「陰陽」的「母體」,即太極「動而陽,靜而陰」的實狀。「太極」本身定位的模糊,所以當加入「理」與「氣」的觀念時,則形成「太極生陰陽,理生氣也」[384]的主張,這樣的主張,一直成爲朱熹理論上的重要根據。朱子視「無極而太極,只是說無形而有理」,且「太極只是箇極好至善底道理」,[385]這是朱子因其說與自己理學主張相近而採取的改造利用之方法。程朱理學標榜著以「理」作爲宇宙之最高本體,肯定與視「理」爲存在的一種實體,這種實體的存在,卻又不純粹物質實體的存在觀念,所以又將「氣」

---

[384] 見《周子全書·集說》,卷一。
[385] 見黎靖德編《朱子語類》,卷九十四,北京:中華書局,1999年6月北京1版4刷,頁2371。

作爲「理」的作用或物質表現，因此，「理」作爲宇宙的最高主宰者，與《老子》的「道」及其「無」的質性相近，轉諸於個別事物時，事物的規律就是「理」，是一種絕對觀念的表現，它雖散於萬物之中，通過事物表現出他的主體，但歸根究柢仍是先於事物而存在，在事物之上支配與主宰著事物的；這樣的主張，定位在體用的觀點上，則理是體，氣是用，且理在先，而氣在後。以「有」與「無」來分辨，即是「無」在先，而「有」在後。但是，這種理學的主張，惠氏認爲它根本悖離了儒家原始經典的本然大義，也悖離了《周易》的宇宙觀主張，在《周易》看來，宇宙的本體在於元氣，在於陰陽的變化之道，是一種實有的存在，絕對不是「無」，「無」絕無本體觀上的優先性，同樣地，「理」也是一樣，也不能在「氣」之先；惠氏既言「无通于元，故元爲道之本」，若從「理」、「氣」的關係言，則「理」通於「氣」，「氣」爲「理」之本。

　　惠氏強調宇宙的本有之性，強調這個「有」就是元氣，就是一，所以他引用了諸多典籍上的說法，如：

> 隱元年《公羊傳》曰：元年者何？君之始年也。何休注云：變一爲元，元者氣也。無形以起，有形以分，造起天地，天地之始也。疏云：《春秋》説云：元者，端也。氣泉无形以起，有形以分，窺之不見，聽之不聞。宋氏云：元爲氣之始，如水之有泉。泉流之，原无形以起，在天成象；有形以分，在地成形也。然則有形與無形，皆生乎元氣而來，故言造起天地，天地之始也。[386]

元氣肇端於無形，這種「無形」，並不是本體的「無形」，只是元氣起源的一種「窺之不見，聽之不聞」的狀態，然而元氣有形以分，而生成萬物，成就其具體的形象。從「天」與「地」來作化生的區別，元氣是先在天而後在地，也就是先「无形以起，在天成象」，後「有形以分，在地成形」，這樣的有形與無形，或有與無，其本體仍在「一」，也就是「太極」，也就是「元氣」。

　　另外，惠氏又引述，云：

> 劉巘《周易義》曰：自無出有曰生。《文選》六。

老子《道經》曰：視之不見名曰夷，聽之不聞名曰希。王弼注云：
無象，無聲，無響，無所不通，無所不往。又曰：搏之不得名曰
微。《河上公注》云：無色曰夷，無聲曰希，無形曰微。又曰：此
三者不可致詰，故混而為一。《河上注》云：混，合也。故合于三，
名之而為一。

《德經》曰：天下萬物生于有，有生于無。《河上注》云：萬物皆
從天地生。天地有形位，故言生於有也。天地神明，蜎飛蠕動，
皆從道生。道無形，故言生於無。[387]

從這些引文中，可以看出惠氏並不否定「自無出有」，但這「自無出有」
只不過是從「一」而生的歷程，「一」仍是實有的物質存在，它是「太極」
是「元氣」。因此，它也採用了《老子》的由「無」而「有」的概念，根
本仍在「一」。這樣的由「無」而「有」的「有」、「無」，只不過是一種
形象上的「有」、「無」，非「本體」的內涵。然而，惠氏在這裡似乎刻意
曲解或忽略《老子》「有」與「無」的實質意義，乃至「無」作為絕對的
本體上的意義。我們都知道，《老子》第一章開宗明義指出「無，名天地
之始；有，名萬物之母」，以「無」、「有」作為「道」的代稱，是天地萬
物的本始與根源，是述明「道」由無形質落實向有形質的活動過程。《老
子》以「天下萬物生於有，有生於無」，天地萬物由「道」而生，「道」
由無形之狀而轉化為有形的萬物，所以「有生於無」，在有無相生的狀態
下，產生萬物；這個「無」是「道」的先位，是「道」萬物創生時的活
動歷程。此一實存的「道」，與現實事物不同，它「不可名」，不具有具
體形象；也由於它的「不可名」，所以具有無限性。它「夷」、「希」、「微」，
非感官知覺所能予以形象的把握，所以「視之不見」、「聽之不聞」、「搏
之不得」，看不見，聽不到，也摸不著。它非普通物的存在，是沒有形狀
的形狀，不見物體的形象，所以名為「惚恍」，也就是說，它是一個超驗
的混沌的存在體，存在於事物的本身，存在於一切。《老子》的「道」，
深遠暗昧，似有似無，在幽隱混沌之中，確實「有象」、「有物」、「有精」、
「有信」。所以「道」的真實存在性是絕對肯定的，也正由於其真實的存

---

[387] 見惠棟《易微言》，卷上，頁 628-629。

在，而能成為萬物的本源。惠氏肯定萬物生成的過程中，是一種由「無」而「有」的歷程，但是惠氏並不在意於《老子》的「道」所涵攝的精細內容，而直接將它視為「太極」視為「一」，也就是視為「元氣」，也就是肯定其本源上的物質化存有。一切都在他所堅持下的易學立場，至於《老子》道論之實質意義，則非他所在詮釋清楚或是關注的。同樣的，他引述《淮南子》、王弼等說，立場也是如此。[388]

二、虛

「虛」的概念，先秦兩漢諸子之說，每有述及，從道家系統出發，則濫觴於《老子》，並為戰國以來至兩漢時期黃老學說所普遍涉論之命題。在儒家的系統裡，最有名的就是《荀子》所言之「虛壹而靜」。惠氏《易微言》特別立「虛」之範疇，並引諸家用「虛」之說；探述惠氏所引，面對較大的困境，即是惠氏並未參入個人的意見或詮釋的內容，而且廣引諸說，思想內容與所反映的意義亦不盡相同，所以只能試圖折衷諸說，或作個別的說明。

首先，惠氏引《周易》之說：

　　咸《象傳》曰：山上有澤，咸，君子以虛受人。[389]

該文事實上，並非為咸䷞卦《象傳》之辭，而是《象傳》之辭，此惠氏之誤。惠氏以「坤為虛，上之三，是虛三受上，故以虛受人」，[390]意即君子當效法下山上澤之象，空虛其懷，不自有實，虛懷若谷，以容納和感化眾人。這樣的「虛」的意涵，與道家的「虛」不同，亦與荀子之「虛」相異。

《老子》言「虛」，強調「致虛守靜」。《漢志》對於道家的界說，認為「清虛以自守」為道家思想的重要所長，[391]強調致虛守靜的功夫。「道」體原是虛靜之狀，人體「道」而行，當守虛靜之道。《老子》第十六章云

388　其它有關引述《淮南子》、王弼、《世說新語》等說，參見《易微言》，卷上，頁 629-630。

389　見《易微言》，卷上，頁 655。

390　見《周易述・象下傳》，卷十三，頁 347。

391　見《漢書・藝文志・諸子略》云：「清虛以自守，卑弱以自持，此其所長也。」

「致虛極，守靜篤」，「虛」、「靜」皆爲「道」的特性，而「致虛」與「守靜」則爲求「道」的功夫，也是心靈活動的境界追求，使內心保持安靜狀態，以能夠認識事物的真象。道家言「虛」，同樣地，黃老學說思想也言虛；惠氏引《管子・心術》乃至賈誼之說，皆可以視爲黃老學說或其學說傾向的說法，惠氏述云：

> 《管子・心術篇》曰：虛無無形謂之道。又曰：虛之與人也無閒，唯聖人得虛道。注云：虛能貫穿人形，故曰無閒。又曰：天之道虛，地之道靜，虛則不屈，靜則不變。又曰：虛者，萬物之始也。注云：有形生于无形也。
>
> 賈子《新書・道術》曰：道者所從接物也，其本者謂之虛，其末者謂之術。虛者，言其精微也，平素而無設施也。術也者，所從制萬物也，動靜之數也。凡此皆道也。[392]

《管子・心術》掌握《老子》致虛守靜的主張，發展出「虛」、「靜」與「一」的內在修養的方法，因此，《管子》的「虛」，重在治心的工夫。〈心術〉藉由道體虛無無形的原始質性，轉諸於人生修爲之中，以「虛」爲「萬物之始」，即「道」處「無形」之狀，透過這樣無形的道體，才能產生有形的萬物。「虛無無形之謂道」，其「虛」一方面指道體的形態，一方面則作爲治道的鋼領。「聖人得虛道」，[393]即「聖人裁物，不爲物使」[394]的修爲，是一種虛靜治心的修養狀態，即「虛其欲，神將入舍；掃除不絜，神乃留處」，[395]透過消除欲念，洗滌心靈雜質，讓心能夠存有澄明清潔的空間，這就是「虛」。以天地之道貫於虛靜的工夫之中，則「天之道虛，地之道靜」，虛則不雜，不存主見，至於「靜」則是歸於平和無牽擾狀況。至於賈誼的思想，身爲儒生，而處於思想匯聚而黃老抬頭的年代，在其論著中，不免可以看到諸多「站在儒家的立上傳播了黃老之學」

---

[392] 見《易微言》，卷上，頁 656。

[393] 見《管子・心術上》。引自黎翔鳳《管子校注》，卷十三，北京：中華書局，2004 年 6 月北京 1 版 1 刷，頁 767。

[394] 見《管子・心術下》。引自黎翔鳳《管子校注》，卷十三，頁 780。

[395] 見《管子・心術上》。引自黎翔鳳《管子校注》，卷十三，頁 759。

[396]的主張。惠氏所引其言「虛」一文,為其道術或是治術的重要思想。「道」不僅是宇宙萬物的本體,同時也是君王制臣的依據。君主欲執術以治臣下,必須與「道」同體,保持心靈上的虛靜,超然於權力控制系統之外,而能更冷靜地觀察與考驗臣下的行動,辨明民心好惡,把握事情發展趨向。在「虛」的基礎上,然後循名責實,制萬物,能夠更有效地掌握一切的脈動。

　　惠氏又引云:

　　　《韓非子‧外儲說》鄭長者有言曰:夫虛靜無為而無見也。＜太
　　　史公自序＞曰:虛者道之常也。[397]

《韓非子》與史遷之說,也同樣反映出道體的狀態,以及作為無為的治術。這樣的概念,某種程度也是從《老子》的思想而來。史遷於《史記》韓非之本傳中,指出「韓非之學歸本於黃老」,也就是韓非與黃老有難以釐析的糾葛。《韓非子》中,提到諸多的道論,尤其對於「道」的本體主張,以及其規律性和種種性徵的表現,可以說是對《老子》與黃老學說的承繼和開展,並著力落實於政治的層面,使能於急世變局中,建立一套君王治國的政治哲學。因此,在道論下的虛靜無為概念,也是《老子》思想的積極呈現。[398]

　　此外,惠氏引《荀子》之說:

　　　《荀子‧解蔽篇》曰:人何以知道?曰:心。心何以知?曰:虛
　　　壹而靜。心未嘗不臧也,臧讀為藏。然而有所謂虛,心未嘗不滿也,
　　　滿讀為兩。然而有所謂一;心未嘗不動也,然而有所謂靜。人生而有
　　　知,知而有志。志也者,臧藏也;然而有所謂虛,不以所已臧害
　　　所將受,謂之虛。心生而有知,知而有異,異也者,同時兼知之;
　　　同時兼知之,兩也;然而有所謂一,夫不以一害此一謂之壹。心,
　　　臥則夢,偷則自行,使之則謀。故心未嘗不動也,然而有所謂靜,
　　　不以夢劇亂知謂之靜。未得道而求道者,謂之虛壹而靜。知道察,

───────────

[396] 見丁原明《黃老學論綱》,山東:山東大學出版社,1997 年 12 月 1 版 1 刷,頁 248。
[397] 見《易微言》,卷上,頁 656。
[398] 有關韓非與道家或黃老的關係,參見拙著《韓非之學歸本於黃老析探》,台北:國立政
　　治大學中國文學系碩士論文,2000 年 6 月。

知道行，體道者也。虛壹而靜，謂之大清明。[399]

此段文字即荀子「虛壹而靜」的重要主張。荀子認爲天下思想混亂、是非不清的局面，主要是由於人們思想認識存在嚴重弊端與缺陷。「凡人之患，蔽於一曲，而闇於大理」，「蔽於一曲而失正求」（《荀子·解蔽》），一般人對事物的認識，僅見其局部而不識其全體，所以「有見於此，無見於彼」（〈天論〉），造成「黑白在前而目不見，雷鼓在側而耳不聞」的蔽塞現象。荀子探討諸子百家的思想，批判各家學說皆僅偏蔽於一隅，即「觀於道之一隅而未之能識」（〈解蔽〉）。以「道」作爲全面、週延而正確的認識，也是認識的最高追求，[400]而必須透過從「心」來下功夫，具體的方法就是要做到「虛壹而靜」，即惠氏上引之言所述。根據《荀子》之說，明白地將「虛」、「壹」、「靜」作了定論。每個人心中皆不能不存有一定的知識與記憶，這是心的基本功能與作用，因而「心未嘗不藏」；但是已有的知識往常成爲獲得新知的障礙，或即先入爲主的觀念（主觀意識）蒙蔽與妨礙了新知識的獲得，如何避免此種現象，而能得到知真，則有賴於「虛」，虛其心以使「已藏」與「將受」得到統一。[401]這種概念，黃老學說有突出的論述；《經法·道法》提到「見知之道，唯虛無有」，以「無執」、「無處」、「無爲」、「無私」四者爲主體認識的狀態，也就是藉由「虛無有」體察與認識死生成敗產生的原因，然而黃老帛書更將「虛無有」與「形名」作了連結，[402]這一方面，荀子並無進一步的說明。至

---

[399] 見《易微言》，卷上，頁 656-657。

[400] 《荀子·解蔽》云：「故心不可以不知道，心不知道，則不可道而可非道。人孰欲得恣而守其所不可以禁其所可？以其不可道之心取人，則必合於不道人而不合於道人。以其不可道之心與不道人論道人，亂之本也。夫何以知！心知道然後可道。可道然後能守道以禁非道，以其可道之心取人，則合於道人而不合於不道之人矣。以其可道之心與道人論非道，治之要也。何患不知？故治之要在於知道。」以「道」爲認識的最高依準，否定道之心與不守道不識道，將無法選用合於道之人，並且會造成社會之混亂，只有肯定道的心和守道的人去評判不守道的人，社會國家才能獲得治理。

[401] 依其「虛」的概念，「虛」並無是心中空無一物，而是一種特定的心理狀態，一種消弭主觀意識的心理狀態。

[402] 參見《經法·道法》云：「見知之道，唯虛無有。虛無有，秋毫成之，必有刑（形）名，刑（形）名立，則黑白之分已。故執道者之觀於天下醫（也）。無執醫（也），無處醫（也），無爲醫（也），無私醫（也）。是故天下有事，無不自爲刑（形）名聲號矣。刑（形）名

於《管子》，強調主體「心」的修治，將「心」處於「虛」的狀態，以獲得最佳積聚精氣的修治作為。認為「虛者，無藏也」（＜心術上＞），藏其所當藏，而去其所不藏，以排斥主觀的成見與種種情感障礙，讓所當藏之精氣積聚益盛。此一「無藏」的概念與荀子「心未嘗不藏」同調。「壹」者，「心未嘗不滿（兩）也」，心莫不同時兼知他物，同時認識不同的事物，故心中之知莫不有異，調合異知，使之相互不干擾妨礙，則有賴於「壹」，也就是心要能專一，要能專心一致。「靜」者，「心未嘗不動也」，夢中亦思亦謀，故心無時不在動，惟有思緒集中，歸於靜，才能深刻的認識事物，而此一「靜」，是一種動態的靜，可以說是「動」與「靜」的協調統一。《管子·內業》所謂「靜則得之，躁則失之」，「靜」「躁」並舉對應，其「靜」並非寂然未動，而是一種穩定與調合而勿使之躁動的作為，它仍然具有「動」的內在本質，所以不毛躁、不妄動的進一層意義，即是黃老思想所強調的「靜因之道」，它也是同於荀子「不以夢劇亂知」的調合性之「靜」。荀子認為只要能夠做到「虛壹而靜」，必能在認識上登至幽微透澈、毫無偏蔽的境界，所以「虛壹而靜，謂之大清明」。「虛壹而靜」並歸於「大清明」，是表述認識的境界，也就修養的境界，更是政治的境界。

因此，惠氏所引「虛」義諸文，除了咸卦《象傳》外，其餘諸說，雖然論述的立場或有不同，但仍可共構出相近之處，特別是從道家或黃老的路線出發，那種道體的「虛」，下落到修養工夫或是政治作為上，是明顯而普遍的存在。

三、理

對於「理」的理解，惠棟指出「宋人說理與道同，而謂道為路只見得一偏」。[403]「道」在傳統儒家的思想裡，其意義並不一致，大抵概括為

已立，聲號已建，則無所逃跡匿正矣。」主體認識一旦達到「虛無有」的境界，就會發現任何細微事物之出現，皆必然要伴隨著「形」與「名」。

[403] 見《易微言》，卷下，頁790。

一種政治主張或理想，以及學術思想體系，如《論語・里仁》云「朝聞道・夕死可也」，即是。至於「理」，從《說文》所言爲玉石的條紋，引申爲事物的規律與條理。宋代理學稱著，程朱一系將「道」與「理」視爲同一的概念，並且成爲純然的形上意涵。惠氏反對將二者混爲一解，特別以《韓非子・解老》之說云「道者，萬物之所以然也，萬理之所稽也。理者，成物之文也；道者，萬物之所以成也。故曰道理之者也」。「道」是作爲萬物遵循的普遍規律和原理，它所呈現的各個具體事物的特殊規律或個別原理才是所謂「理」。《韓非子》「道、理二字，說得分明」，[404]也就是對「道」與「理」的認識，最爲恰當。因此他將《韓非子》之說與易學的理解相結合，認爲「《易》陰陽、剛柔爲性命之理，兼三才而兩之，故《易》六位而成章，所謂成物之文也」。[405]這樣的易學理解，即從《韓非子》所謂「凡道之情，不制不形，柔弱隨時，與理想應」[406]的論「道」所得的結論。揭示了普遍性規律的「道」與特殊性規律的「理」之相互關係。這種相互的關係，並不意味著可以將「道」與「理」二者合爲一談；在惠氏看來，「道者，萬物之所以成也，萬物各異理。萬物各異理，而道盡稽萬物之理，故不得不化。不得不化，故無常操。無常操，是以死生氣稟焉，萬智斟酌焉，萬物興廢焉」。[407]惠氏透過《韓非子》的理解，批判宋儒「道」與「理」合一的錯誤。「理」是由「道」所分出的，它是「道」化生於萬事萬物中的各別質性。也就是說，「道」是宇宙一切的總源，而「理」則是此總源呈顯於宇宙間各萬事萬物中的具體律則或殊性，所以稱之爲「成物之文」。「理」與「道」的重要不同點，在於「常」與「無常」；「道」總萬物，超越物理，超越時空之限制，而永恆存在，它本身並無恆質性，所以它「無常操」；然而，「理」卻是成萬物之文，是存在於各萬事萬物身上的異理，它各附於物之中，呈顯物性，有其固定常性，因此「萬物各異理」。惠氏依準於《韓非子》之說，也無法對儒家的君臣之義無法釋懷，所以引《管子・君臣》將「道」與「理」作君臣

---

[404] 見《易微言》，卷下，頁 790。
[405] 見《易微言》，卷下，頁 789-790。
[406] 見《易微言》，卷下，頁 790。
[407] 同前注。

關係的論述，指出「別交正分之謂理，順理而不失之謂道」，即「別上下之交，正君臣之分」。[408]合乎君臣名分的「理」，即遵循封建禮法規定所應盡的職責與享有的權利，即爲名正言順的「道」。這種「理」分別於「道」，又與「道」相繫的說法，即是惠氏的理解。

又，對「天理」與「人欲」的理解，惠氏反對將二者從對立的角度來看待，也就是將天理與人欲紀對地對立起來，是一種謬論。惠氏這樣的說法，事實上是針對宋明理學而發，反對理學的主張。天理與人欲的對立，一直是宋明理學家的根本認識。[409]理學家的這種說法，惠氏認爲是一種錯誤，所以說「後人以天人、理欲爲對待，且曰天即理也，尤謬」。[410]惠氏從易學的角度推衍「理」字之義，云：

> 理字之義，兼兩之謂也。人之性稟，于天性必兼兩。在天曰陰與陽，在地曰柔與剛，在人曰仁與義。兼三才而兩之，故曰性命之理。[411]

從三才之說來論「理」義，是《周易》本有的概念。[412]同時，惠氏也企圖從《禮記·樂記》中去理解「天理」的意義，指出「《禮記·樂記》言天理，謂好與惡也；好近仁，惡近義，好惡得其正，謂之天理；好惡失其正，謂之滅天理」。[413]這種認識，即其所引《樂記》之言：

> 人生而靜，天之性也。感于物而動，性之欲也。物至如知之，知然後好惡形焉。好惡無節于內，知誘于外，不能反躬，天理滅矣。夫物之感人無窮，而人之好惡無節，則是物至而人化物也。人化

---

[408] 見《易微言》，卷下，頁 791。前段括弧引文爲惠氏引自《管子·君臣》之言，後段括弧引文則爲注文。

[409] 例如朱熹強調「學者須是革盡人欲，復盡天理，方始是學」。（見《朱子語錄》，卷十三。）明白地將「天理」與「人欲」判爲立對的一面，欲求得「天理」，必須去除「人欲」，「天理」與「人欲」不可能共存。

[410] 見《易微言》，卷下，頁 787。

[411] 見《易微言》，卷下，頁 786-787。

[412] 從三才之說論「理」，爲《周易》本有的思想，三才之說，淵源於《繫辭傳》「有天道焉，有人道焉，有地道焉」的說法，而《說卦傳》又云「立天之道曰陰與陽，立地之道曰柔與剛，立人之道曰仁與義」。它囊括宇宙演化、物質結構與人生理想等意涵。

[413] 見《易微言》，卷下，頁 787。

物也者，滅天理而窮人欲者也。[414]

《樂記》對天理與人欲的理解，似乎某種程度仍認爲人欲會影響天理，天理隱滅，直受人欲的影響。這樣的理解，正是宋明理學家倡論天理與人欲對立的最佳材料。而這裡，惠氏期望能從這原理儒家的思想主張中，去尋找反對宋明理學家的這種對立的說法，惠氏所採取的理解是從這段話中的「理」去解釋，認爲「謂之天理，理，分也，猶節也」，「康成、子雍以天理爲天性，非是。理屬地，不屬天；一闔一闢，一靜一動，謂之天理」。[415]「理」爲「地」，才是「理」的原始義，既爲「地」，則不以「天性」言，所以鄭康成與王肅之說爲誤。惠氏進一步指出《繫傳》云「仰以觀于天文，俯以察于地」，《說卦傳》云「窮理盡以至于命」，虞翻注云「乾爲性」。[416]天與地相對而言，同於乾與坤，也同於性與理，也就是乾天爲性，坤地爲理，理從屬於地而不爲天，既不爲天，所以不能以「天理」作「天性」解。以朱子爲首的理學家，強調性即理，將「性」與「理」同視爲先天的稟賦。但是，惠氏卻以「性」不等同於「理」，也就是將理學家理解的「盡性」與「窮理」分開，否定理學家對「天理」無所不在、貫通天人、萬古不變的本體意義，也直接否定理學家「存天理，滅人欲」的理論基礎。

四、日月爲易

大凡自然四時之推移，晝夜之循環，乃至現象界諸多事物之轉變，與日月之運行都有直接的關係，因此，當人們探究宇宙的奧妙時，日月常成爲被關注的對象。《易傳》闡明《易經》之大義，對於日月所扮演的角色功能，也有一番陳述，例如《繫辭上傳》提到「日月運行，一寒一暑」，「陰陽之義配日月」，「是故法象莫大乎天地，變通莫大乎四時，縣象著明莫大乎日月」。《繫辭下傳》也有這麼說，「天地之道，貞觀者也。

---

414 見《易微言》，卷下，頁788。
415 見《易微言》，卷下，頁789。
416 見《易微言》，卷下，頁755。

日月之道，貞明者也。天下之動，貞夫一者也」。又「日往則月來，月往則日來，日月相推而明生焉；寒往則暑來，暑往則寒來，寒暑相推而歲成焉」。陰陽、寒暑、天地、四時，皆與日月相涉，並以日月言「貞」，且「貞夫一」，即日月直接與太極相貫，可以視爲陰陽；隨著日月的運行，象徵陰陽二氣的交感、消長，形成四時之交替與寒暑之往來，所以，中國的歷法，直言「陽歷」與「陰歷」，就是因「日」因「月」之不同而異稱，日月與陰陽可以作爲彼此相互的代名詞。

　　兩漢時期，以日月詮釋《周易》象義，或是推衍爲義理之說，尤爲頻繁，如《易緯乾坤鑿度》云「易名有四義，本日月相銜」，鄭玄則說明爲「日往月來，古日下有月爲易」，[417]肯定「日月爲易」爲古有之說。這樣的說法，許慎《說文解字》也有明確地提到，一直到了魏伯陽的《周易參同契》與虞翻的易學，更擴大將「日月爲易」的觀念，融入在其易學主張中，特別是虞氏的月體納甲說，具體地彰顯「日月爲易」的實質內涵。前面第三章已有論及，這裡就不再重複。「日月爲易」之說，確實是兩漢釋「易」義的重要說法。

　　惠氏以復原漢《易》爲首要，直接繼承《說文》與虞氏等漢人作「日月爲易」之說，《九經古義》中指出：

> 《說文》曰：《祕書》說日月爲易，象陰陽也。虞仲翔《易》注引《參同契》亦云：字从日下月。《參同契》曰：易謂坎離。又曰：日月爲易。[418]

《易漢學》中也提到：

> 坎戊月精，離巳日光，日月爲易。《繫辭下》云：易者，象也。仲翔云《易》謂日月懸象著明，莫大日月也。[419]

惠氏肯定日月爲「易」的著明之象，八卦是由日月之象而來，也就是說，萬物之象是由日月所造作。惠氏在其《周易述》中不斷陳述此義，並且廣采虞氏的月體納甲之說，如《繫傳》「在天成象」，惠氏引虞氏之說云：

---

[417] 見《易緯乾坤鑿度》，卷上，頁469。
[418] 見《九經古義・周易古義》，卷一，362。（台灣商務印書館文淵閣四庫全書本第191冊。）
[419] 見《易漢學・虞仲翔易》，卷三，頁1117。

日月在天成八卦象，震象出庚，兌象見丁，乾象盈甲，巽象伏辛，

艮象消丙，坤象喪乙，坎象流戊，離象就己，故在天成象也。[420]

八卦之象，乃至八卦的方位，皆因日月而成，此即日月「在天成象」，然後化生八卦之象，並衍為萬事萬物。以日月為易，創生萬物，所以「易」與「日月」具有本體的意義，「易」與「日月」的關係，就像「太極」與「陰陽（兩儀）」的關係一樣，則「日月」即「陰陽」。因此，以「日月為易」，不斷不失易道陰陽的大旨，也正可以彰明「易」之大義。

　　陽盈而陰闕，乃自然之象，非作意而為之者。天地陰陽之氣，一盈一闕，同日月之象。日生陽，月生陰，陰陽相替，如畫日而夜月一般。所以宋代馮椅《厚齋易學》提到「日月為易，陰陽相代之義」。[421]以「易」為名，取三義之說，不論為易簡、不易或變易，皆可以屬為日月運行之象義。如從「變易」的的概念云，《繫傳》強調「變動不居，周流六虛，上下無常，剛柔相易」，「惟變所適」，「剛柔相推，變在其中矣」。「易」涵攝著天地相為變通而未嘗有所止窮，所以宋李過《西谿易說》云「日月為易，亦取往來不窮之意」。[422]此外，鄭厚《易圖》提到「易從日從月，天下之理，一奇一偶盡矣」；「故易設一長畫，一短畫，以總括之，所謂一陰一陽之謂道者」。而陸秉也指出「易字篆文日下從月，取日月交配而成，是日往月來，迭相為易之義」。[423]日月並而為易之象，並且可以象徵陰陽之義。「易」與日月的糾結關係，一直是歷來易學家所關注的重要焦點。

　　「日月為易」，在《周易》本文中，或可見其端倪。《說卦》以「乾為天」，「離為日，為乾卦」；故乾有為天為日之象。《禮記・郊特牲》云「郊之祭，迎長日之至也，大報天而主日」。鄭玄注作「天之神，日為尊」，「以日為百神之王」。孔穎達疏則云「天之諸神，唯日為尊，故此祭者，

[420] 見《周易述・繫辭上傳》，卷十五，頁384。
[421] 見馮椅《厚齋易學》，卷五。引自台北：新文豐出版公司《大易類聚初集》第四輯，1983年10月初版，頁93。
[422] 見李過《西谿易說・原序》。引自台北：新文豐出版公司《大易類聚初集》第5輯，1983年10月初版，頁121。
[423] 二家之說，轉引元胡一桂《周易啟蒙翼傳・天地自然之易》，上篇，台北：台灣商務印書館《四庫全書》本，第22冊，頁201。

日為諸神之主，故云主日也」；「天之諸神，莫大於日，祭諸神之時，日居群神之首，故云日為尊也」。[424]古人似乎以天與日是同一回事，將日視為天的實質內容。《漢書·魏相傳》云「天地變化，必繇陰陽，陰陽之分，以日為紀」，[425]太陽主宰著整個天道規律的變化，萬物隨其變化而變化，故《彖傳》云「大哉乾元，萬物資始，乃統天。雲行雨施，品物流行。大明終始，六位時成，時乘六龍以御天」。「大明」即與日相涉，甚至可以視為日月之行。徐堅《初學記》引《廣雅》，指出「日名耀靈，一名朱明，一名東君，一名大明」，[426]以「大明」為日。惠氏《周易述》則稱「乾為大明，坤二五之乾成離，離為日，坎為月，日月之道，陰陽之經，所以終始萬物，故曰大明終始」；[427]乾元為萬化之始，而成日月之道，以終始萬物。另外，就月象而言，《說卦》以坤為地為馬。《春秋考異郵》云「地主月精，月精為馬」；[428]《春秋感精符》云「月者陰之精，地之理」。[429]知兩漢時期，對坤陰的理解，即有月象的傾向，也就是坤為月。坤之古字有作「𡿧」者，[430]而馬王堆帛書《周易》則作「川」，不論是「𡿧」或「川」，皆指「坤」字，而有「水」之義。[431]又《淮南子》云「月者，陰之宗也」，「積陰之寒氣為水，水氣之精者為月」。[432]坤為水，水為月，月為陰，因此坤亦為月。《說卦》以坎為月為水，坎為坤之次女，所以坤亦有月、水之象。月與水同類相通，月為影響水潮起落之主因，所以以「月」表示「水」。乾為日，坤為月，乾坤合日月之象，故「日月為易」。

[424] 見《禮記·郊特牲》，卷二十六。引自台北：藝文印書館十三經注疏本，頁497。

[425] 見《漢書·魏相傳》，卷七十四，頁3139。

[426] 見唐徐堅《初學記·天部》，卷一。引台北：台灣商務印書館《四庫全書》本，第890冊，頁18。

[427] 見《周易述·彖上傳》，卷九，頁219。惠氏此說，蓋源於《易緯乾鑿度》之說而來。

[428] 見中村璋八、安居香山《緯書集成·春秋考異郵》，頁785-786。

[429] 見中村璋八、安居香山《緯書集成·春秋感精符》，頁738。

[430] 例如《大戴禮·保傅》云「易之乾𡿧」。又《後漢書·輿服志》云「黃帝、堯、舜垂衣裳而天下治，蓋取諸乾𡿧」。以「𡿧」為「坤」之古字。

[431] 《玉篇·川部》云：「𡿧讀為川，古坤字。」是「𡿧」與「川」相通，「𡿧」為「坤」；甲骨文「川」為「水」，則「坤」亦為「水」，所以尚秉和《周易尚氏學》中，亦稱坤為水。

[432] 見《淮南子·天文訓》。引自劉文典《淮南鴻烈集解·天文訓》，卷三，頁80-81。

乾坤周流六虛，即日月之周期循環運動之道。日月爲易，即「生生之謂易」，如同《序卦》所言「有天地然後萬物生焉，盈天地之間者唯萬物」，乾坤象天地，又象日月，乾坤日月合德，具創生化育萬物之功，亦爲宇宙化生的主要元質，因此「日月爲易」。

　　這種以乾坤象日月而爲「易」之說，在惠氏的說法上，有某些不同的說法，主要是惠氏承繼虞翻之說，引月體納甲的主張，其「日月」主要是就「坎離」而言，提升了坎離二卦在易卦中的重要地位。但是，在惠氏的易學思想裡，日月並不真的惟坎離所獨居，因爲坎離出於乾坤，且在成既濟的理想規律中，乾坤二五變而爲坎離，坎離始終爲乾坤所附加而成的，因此，乾坤爲「日月」仍有其優先性與合法性。總之，「日月爲易」之說，代表著惠氏對「易」的理解，也代表著惠氏對「日月」在宇宙觀上的高度定位，「日月爲易」更是惠氏易學主張的重要理論基礎與原則依據。

　　在《易微言》中，惠氏所云「元」、「一」、「始」、「初」、「本」、「極」、「無」、「潛」、「隱」、「微」、「幾」、「虛」等諸命題，皆有本體的觀念，也就是作爲宇宙最高本源，其中「元」、「一」、「始」、「初」、「本」、「極」等，尤有元氣初始之狀的概念，這個初始之狀，又特別指乾陽之氣而言，乾爲萬物之本，萬物之始，萬物之初，萬物之極。至於「無」、「潛」、「隱」、「微」、「幾」、「虛」等諸說，則表現出乾爲太初之氣的樣態，或是狀態與性質。另外，「道」、「誠」、「中」等概念，又爲二者之綜合概念。也就是說，惠氏所述命題，大都圍繞在這個作爲化育萬物的最高本體的元氣概念的範疇上。對這些哲學概念的側重，體現出惠氏的元氣觀的宇宙本源主張，是大多數漢儒的普遍共識，也是漢儒卦氣說的再現，並對「太極」作爲「元氣」，下了最爲明確的注解。

第八章　惠棟易學的檢討與反省

　　本書最後主要從三個方面作檢討與反省：首先總結惠棟易學的主要內涵，包括考索漢代諸說、述《易》特色、義理思想、校勘輯佚之得失與文獻運用上的問題。其次針對惠棟易學的評價與影響作簡要說明，從純粹漢學的歷史意義與從惠棟的學術背景的立場兩方面予以說明；並舉張惠言與李道平二家《易》說，說明惠氏易學的影響。最後從象數思維的定位與詮釋學思潮反省惠氏易學。

第一節　總結惠棟治《易》之主要內涵

一、考索漢代諸家《易》說之重要內涵

（一）孟、京《易》說之重要內涵

1.確立孟、京卦氣說為易學史上的開創性主張

　　秦漢以降，陰陽五行學說高度成熟發展，並與天文、歷法、醫藥、卜筮之說結合運用，特別又將諸說納入易學系統中，形成漢代特有的象數易學。《易》卦卦象符號與陰陽五行思想本質上具有先天的親和力，所以陰陽觀念得以有一個可以以符號化表徵的形式系統，陰陽五行之說與易學通過這樣的形式系統的建構而更為緊密的結合在一起，這樣的現象為漢《易》的特色。孟、京《易》說的卦氣理論成就和影響，可以說是西漢時期最為突出者，在那個時期，可以視為一種開創性的主張。漢《易》的重要成就，正是形成了一個以卦氣說為核心的哲學體系和象數結構圖式。惠氏重拾漢《易》的原貌，試圖重構一個完整的漢代象數《易》的

學說，並且透過對漢《易》的考索，可以引發人們對漢《易》的理解與認識。

孟、京之說，統稱爲卦氣說，主要的特點就是融合天文歷法、陰陽五行、人事災異的占測爲一體，形成一個易學、占候之術與宇宙圖式相合爲用的共同名稱。陰陽消長與四時寒暑變化的聯繫，漢代在天文歷法中已有極爲周密的體現，天文歷法也儼然成爲論述宇宙生成之道的知識系統，而在一個以陰陽五行爲宇宙圖式基本架構的學術環境，天文歷法的知識系統，也必須得到陰陽五行的詮釋。卦氣之說，主要是融入天文歷法與陰陽五行而成爲一種新的象數理論形態，將「彌綸天地之道」的《易》道從觀念上的凌空虛蹈落實在周期性天地運行過程的結構圖式之中，這種運用《易》卦符號而有系統地圖解天地及其運行的規律並形成相應的理論，成爲漢《易》的主要特色與貢獻，更爲漢代象數之學的主要內涵。從孟喜到京房，可以說是這套卦氣說理論的發展至成熟的階段。

2.《易緯》為漢《易》的典範

卦氣說以及由此衍生出的卦序、爻辰、納甲，乃至占筮之說，都是《易》道的結構陰陽五行化，所以朱伯崑先生指出，「從哲學史上看，孟京易學，特別是京房易學，通過其卦氣說，建立起一個以陰陽五行爲世界間架的哲學體系。這個體系是漢代陰陽五行學說的發展。京房將八卦和六十四卦看成是世界的模式，認爲《周易》既是自然界又是人類社會的縮影，作爲世界變易的基本法則即陰陽二氣的運行和五行之氣的生克，即表現在八卦和六十四卦及三百八十四爻之中。這樣，便將西漢以來的自然哲學更加系統化了。儘管他將《周易》中的筮法，引向占候之術，宣揚了天人感應的迷信，但他提出的世界圖式對後來的哲學家們探討世界的普遍聯繫，很有啓發的意義。特別是，他以陰陽二氣解釋《周易》的原理，借助於當時天文學的知識和理論，闡述《周易》經傳中關於事物變化的學說，這是對先秦易學的一大發展」。[1]孟、京的象數理論，並在《易緯》的思想中進一步地開展。因此，在討論孟、京學說，引《易

---

[1] 見朱伯崑《易學哲學史》，北京：華夏出版社，1995 年 1 月 1 版北京 1 刷，頁 155。

緯》作爲輔訓，可使有關主張之闡釋更爲詳盡。惠棟深刻體察這樣的學術脈絡關係，也能夠有效的掌握有關的學說內容，所以對於孟、京之說能夠提出其最具代表性的主張，而《易緯》也成爲其考索二家之說的重要輔訓對象；儘管惠棟並未將《易緯》另立一家來談，但也直接表達出《易緯》的思想內容，也呈顯出《易緯》在漢代易學發展中的重要地位。東漢以後，雖然鄭玄、荀爽、虞翻等人在象數易學發展上佔有主導的地位，但整體的主張理路仍有《易緯》框架的影子，《易緯》確實爲兩漢易學發展中的典範，爲兩漢易學的主要代表，研究漢代易學，捨《易緯》則無以見其全豹。惠氏以《易緯》詮解兩漢《易》說，是有識者的至當作法。

3. 孟喜《易》說之重要內涵

(1) 惠氏述明孟喜之重要易學主張，特別包括六日七分法、四正卦說、十二消息卦說、七十二候與六十卦用事之月等內容。

(2) 對於四正卦說，肯定《說卦傳》所云坎、離、震、兌四正方位之卦，爲西漢《易》家共同的準據，孟喜四正之說，亦本自於此。

(3) 孟喜以筮法九、六、七八的卦數，以表徵四正卦的陰陽消長，配合節氣之說，作爲《周易》與歷法重要之架構橋樑。

(4) 在十二消息說中，惠氏強調日月的盈虛，即陰陽消長變化對天地之影響，宇宙萬物的變化即根源於此日月之盈虛，與其「日月爲易」之基本主張相呼應。六十四卦皆乾坤之交易，而十二卦也爲乾坤之消息。

(5) 十二消息卦配月、配四時、十二支與方位，乃至與乾坤十二爻辰和呂律相配，背後本身即是一種天文歷法知識之結合，並盛行於兩漢時期。這種多元配次，並貫之以災異符瑞，爲兩漢天人相應之學的另一側面。

(6) 六十四卦配七十二候，重列卦序，雖涉神學色彩，卻不乏創構思維，掌握歷法之科學性與陰陽盈虛之理，推於萬化而制爲新的易學理論。同時可從六十卦用事月之卦序系統中，於爻數的變化上透露出陰陽變化之普遍規律，具體地表現出象數的邏輯思維，有

其結構化的意義。消息以復爲首，而卦氣卻又起中孚，以中孚而後復卦，值卦序初始，直接展現了《易》道的精神。惠棟考索其卦候，舉論去其災異徵驗，大致選以歷法實徵，重組孟喜之學，大有其功。

(7) 惠棟考索孟喜之學，並未著墨於徵驗之說，堅守其考據實學的科學立場，排拒災異，重視務實，這一點是可以被肯定的，後學強力批評其引《易緯》陰陽災異爲說，不知理據何在，惠氏不應蒙受此一厚誣。但是，從另外的角度言，雖然災異徵驗之說，脫離學術現實，而其背後的歷史文化與學術背景的義涵，則仍值得關注。

4. 京房《易》說之重要內涵

(1) 惠氏述明京房之重要易學主張，主要包括八卦六位說、八宮卦次說、占筮說、建月建候與積算說、卦爻飛伏與貴賤說等內容。

(2) 惠棟制定「八卦六位圖」，以五行配八卦、卦中各爻，充份反映出京房《易》的特點，並揭示京房《易》的象數占星術的內在邏輯本質。

(3) 認識到京房納甲之說，是《說卦傳》乾坤父母配以十天干說和律曆月建之說相結合的產物；納甲深深包含著十一月月建在子的夏曆歷法，也就是京房《易》八卦六位（五行六位）包含著夏曆歷法。

(4) 惠棟揭示魏晉時期諸儒，慣以納甲之說論卦，包括從虞翻、宋衷、陸績，乃至干寶一系，因此，京房作爲此說的完整奠基者，影響至爲深遠，三國時代仍普遍見其論緒。

(5) 京房乃至其後學，以納甲諸法論卦，並不專主於闡發微言大義，而是重在占筮與解說陰陽災異的方面，這也是干、支、五行配卦的主要目的。但是這樣的一套主張，與傳統的律曆有密切的關係，同時也表現出陰陽變化的週期循環與宇宙生息的規律性，使《周易》的思想，可以透過這樣的象數之學，呈顯的更爲具體。

(6) 京房以八卦與五行相配而建構出八卦休王之說，開闢出易學的新的象數思想，使釋《易》之法，益加複雜而帶有更強烈的占筮氣味，這是兩漢的學術環境所營造出的產物，也是陰陽災異學說的另一種典型代表。

(7) 京房論制八宮卦次圖，卦序爲：乾、震、坎、艮；坤、巽、離、兌；乾、坤父母帶三男三女卦，形成六十四卦的卦次，這種有條理有次序的卦序主張，與帛書《周易》一系的八卦卦序系統在西漢是已經同時存在的。

(8) 惠棟體察京房八宮卦序所呈現的陰陽轉化的宇宙圖式之意義，與其堅持的「日月爲易」之說法相呼應。日月陰陽的變易爲宇宙生成的最根本之原理，以具體的《易》卦生成來表述，則皆是乾坤之作用結果。

(9) 惠棟考索京房風雨寒溫之說，明白指出是從日月天象的變化而來。同時指出太初之氣是始生之氣，寒溫由此而生，寒溫即氣，是氣化流行的本質。由自然風雨寒溫之兆，轉爲人事之應的占驗主張，爲兩漢天文時變相應於人事的普遍思想。同樣地，蒙氣占說也是如此，爲陰陽相盪消長所呈顯的現象。不論是風雨寒溫或蒙氣之說，皆建基於卦氣系統之下，惠氏肯定漢儒皆用此卦氣爲占驗，此皆爲兩漢時期天人感應說的另一種側面。

(10) 惠棟肯定納甲錢卜之法，始於京房，而宋代所傳《火珠林》以錢代蓍之法，亦以京說爲效。

(11) 京房世卦起月例，以世爻之陰陽屬性而定，非就陰卦或陽卦而言，亦非指八宮卦屬陰或屬陽而論，後世學者多有不明而誤說。對於這方面，惠氏深知其要，而能作正確的論述。

(12) 八宮卦及各屬卦間的關係，可以從各爻間的感應得到說明。天地之氣的交互運動，反映在爻位對應上，由此可見彼，由此變也可影響到彼變，這是宇宙變化的常性，並相繫於社會階層地位上。以爻位言吉凶，以主爻位說世卦，感應於人事萬物，此即世應之說。

(13) 惠棟考索京房「飛伏」之說，認爲其源來自於《說卦》對「巽」

的解釋。同時惠棟注意到飛伏之說對解釋《易》理的作用，並注意到諸家《易》說的飛伏主張。將飛伏之說視爲漢儒解釋《易》理的普遍性論述。

（二）虞、荀《易》說之重要內涵

1. 虞翻《易》說之重要內涵

(1) 虞翻集兩漢易學之大成，建立一套體系龐大之象數主張，強調與創新《易》例，廣用卦象，並提出月體納甲之說作爲用象之理論基礎，並藉由互體、升降、旁通、卦變、爻變等方法取象。惠棟考索虞氏之學，試圖重新建構與修補這被長期冷落與殘闕的光榮歷史，重返漢學的榮耀，以考證的方法出發，尋找較具科學性的意義，如論其逸象，以虞氏皆有所本，非妄自造作，並以兩漢天文歷法知識作爲相驗的對象，並同時糾正後人的誤解，特別是宋代朱震等人對虞氏五行生數與成數運用上的錯誤解讀，乃至暗指河圖、洛書之說的造次。

(2) 惠氏考索虞翻月體納甲說，認爲虞翻原本於京、魏而作。魏氏月相納甲之說，以京氏納甲之十干納卦爲準據，進一步建立一套更嚴密而詳盡之理論，其目的在於爲丹道服務。虞翻則歸本京、魏，闡釋其以論卦爲主的八卦納甲之說。

(3) 虞氏月體納甲之說，透過陰陽五行與天文歷法之知識背景，配合易學之基本內涵，以闡明「易道陰陽消息」合於日月之運動規律，使月體的循環往復、盈虛變化，與八卦之陰陽消息能夠合理的相契，確立其八卦「在天成象」的「科學」原則。惠棟揭示虞氏從科學務實角度建立納甲體系的企圖，體現其時代易學所展現之科學知識與易學知識密切相容的特色與特殊意義，期盼建立一個可驗證性的理論與實證價值。

(4) 虞氏之說雖根源於《參同契》，但與《參同契》仍有差異存在。《參同契》只言「乾坤括終始」，並未明言坎離會壬癸。虞氏坎離生冬之說，又與魏伯陽之義相異。魏氏之學重於丹道養生，虞氏重在詮

釋《易》卦。虞氏是一種承繼後的改造與創新。

(5) 惠氏以「月幾望」之「幾」作「既」訓，認爲孟喜亦用月相納甲之說，也就是說以月相納甲具體反映在釋《易》上者，孟喜之時已然使用，如此一來，月相納甲未必以魏氏而專。這裡點出了易學學術史的議題，值得後學關注與參考。

(6) 月體納甲之說，推闡陰陽消長之義。自震而兌而乾，是一陽息陰消的過程，也是月相自晦而明乃至盈滿之象；自巽而艮而坤，是一陰息陽消的過程，也是月相自盈滿而消退乃至全然隱晦之象。此種主張，是陰陽消息說的另一種詮釋，也是一種以月相架構的宇宙論。同時藉由納甲說證立其「日月爲易說」的合理性與正當性。

(7) 惠棟「虞氏逸象」的輯成與解釋，對後學研究逸象功不可沒。虞氏大量運用逸象，這些逸象本身大都符合《周易》經傳的實質意涵。以「象」釋《易》，亦可視爲是一種根源於經傳而新建立的開創性的詮釋典範。逸象作爲某種符號或名象來運用於萬化之道的詮釋上，必然有其基本的邏輯理路。藉由具象思維的體驗，享受另類的哲學情境。

(8) 從經典中搜尋虞氏佚文，擇選其逸象，本是一繁瑣之功夫，惠氏始創，自是難能可貴，雖有小失，仍不掩其功。

2. 荀爽《易》說之重要內涵

(1) 惠棟認爲《九家易》的作者是六朝時期的人，而這個人專宗荀爽之學；這種說法即《釋文》的延伸，是一種極爲合理的推論。《九家易》與荀爽易學相互表裡，大旨亦同。

(2) 京房的升降說，直接影響荀爽的易學主張，荀爽的升降說，有承於京房之學。然而二家不論在目的上或是內涵上，仍有其差異存在。京房側重於陰陽災異的闡發，而荀爽則重於解說經義。京房的升降，只要能符合其形式操作的合理運用原則，乃至符合其建構的合理性即可，無須過度受到《周易》本來的卦爻精神的制約，所以八宮卦次之法，陰陽皆可升降。但是，荀爽的升降主張，則必須受限於經傳的陽尊陰卑的基本精神之影響，使其升降說的重點，仍然

置重於陽升陰降的方面，而不敢放開的去多元論述。

(3)「時中」作爲《易》道的核心思想，在惠棟高度肯定荀爽的易學思想，可以真正勾勒出與彰顯出此一《易》道思想，特別乾升坤降的主張，正是「時中」思想的最直接表述。

(4) 歷來批評惠氏之學，認爲惠氏惟漢是好，對於宋人之說，皆一概不取，但惠氏考述《九家易》逸象，多以朱、項之說爲主，故認爲惠氏刻意不取宋人之說、刻意排拒宋學，並非全然客觀。惠氏以復原漢學爲志，而漢學不論在方法或內容上，與宋人之說多有迥異之處，自然取捨，宋學必多不用。惠氏並不真的刻意迴避宋學。

（三）鄭玄《易》說之重要內涵

1.鄭玄以爻辰解說經傳，爲其易學之重要特色。鄭氏承接與運用西漢《易》家的爻辰說，鎔新鑄舊的整合與再造，建構一個嶄新而有系統的爻辰學說，作爲工具或方法引進《周易》的詮釋中，從對思想發展或詮釋建構的歷史向度來看，也是一個重要的積極進路。惠棟考索鄭《易》，駁斥王輔嗣解《易》不用爻辰，而孔穎達《正義》黜鄭存王的偏狹不當作法，就鄭玄而言，是極不公平的對待。

2.鄭玄以爻辰說解釋《周易》經傳文字，而其爻辰法，惠棟認爲主要根源於《易緯》，特別是《乾鑿度》的貞辰之說而另爲創制；肯定鄭氏之說是《乾鑿度》貞辰思想的解讀與擴伸，二者關係密不可分。

3.鄭玄爻辰說與京氏《易》與《乾鑿度》或有承繼或密切聯繫的關係，但三者並不能混爲一談。三者互異，而鄭氏創爲新說，建立其在象數易學史上的獨樹特色和重要貢獻。鄭氏爻辰說特重於乾坤二卦，以乾坤爲一切創生之源，亦是《易》卦之首，將乾坤十二爻辰作爲《易》卦爻辰說之本，亦即乾坤外之六十二卦，同本於乾坤十二爻辰。六十四卦三百八十四爻，凡陽爻者取乾卦相應爻位所值之支辰，凡陰爻則取坤卦相應爻位所值之支辰。京房納支之法，以八純卦爻辰作爲整個爻辰說之基礎，間接體現《易傳》所謂「八卦相重」而生六十四卦的思想，也就是八純卦爲主，而餘諸卦爻辰則從之而生。《乾鑿度》的貞爻法，視六十四卦爲一大系統，而六十四卦之每一卦皆各自獨立爲子

系統，卦與卦並列平等，無從屬的關係；將六十四卦分三十二對，每對二卦十二爻配十二辰主一年十二月，六十四卦合三十二年爲一大周期。這樣的方式，與鄭氏、京氏之說皆不同。

4.在乾坤十二爻主十二辰的次序方面，朱震對鄭玄爻辰的理解，於乾起於子而終於戌，與鄭氏之義相符而無異議，然坤起於未而終於酉，則與鄭義相違。惠棟透過十二律相生之說，以正朱震之誤。

5.透過惠棟的考索，得以深刻瞭解鄭玄的爻辰說涉及四方、五行、十二肖、二十八宿等內容，由此爻辰說揭示卦象與卦辭間、爻象與爻辭間的聯繫，豐富與擴展了象數《易》的應用內容。惠氏擬出的鄭玄爻辰說之「鄭氏十二月爻辰圖」與「爻辰所值二十八宿圖」，以爻辰納支與律呂、星宿共構成天人交感下的宇宙圖式，使《周易》的思想，通向實際的人事吉凶成敗，建立普遍性的規範。惠棟在這方面的成就，雖大多是資料的檢索與彙集，以及宋明以來一些見解的釐清，某種程度上也賦予鄭氏思想的再現或再造。

6.惠棟對鄭玄爻辰說佚文資料之彙集，提供我們對鄭氏爻辰說的內涵有較能夠進快速而全面性瞭解的直接材料，有助於對鄭氏有關思想之認識與研究。

（四）考索諸家《易》說之商榷與缺失

1.《易緯》方位說最爲詳備，可與孟說相呼應，可惜惠氏在這方面卻未加引述。四正四門之說，爲《乾坤鑿度》之重要主張，亦爲西漢論述四正說之較爲完善者。闡述四正，未納《易緯》爲說，不足以強烈表達四正說在漢《易》主張的普遍性認識。這樣的缺引，蓋惠氏之不明。

2.引文論述或有失察：如孟喜的四正卦說，引「冬至，日在坎」一文爲出自《是類謀》，實當《稽覽圖》者，[2] 此惠氏之小失。在考述孟喜用事月的議題上，依卦氣之說，每卦直六日七分，月得五卦，六十卦分屬十二月；但在主歲卦每爻直一月，歲得兩卦之說，又與六十卦直日之說爲不同的系統，但惠氏將六十卦直日之說，與六日七分法混爲一談，

---

[2] 見《易漢學》，頁 1063。

此蒐羅雖富，但異說共理，又不詳為說明，難免疑惑後生。

3. 京房以二十八宿卦配立說，為其占筮與解說陰陽災異的重要部份，但惠棟考索京房易學，不見二十八宿之說，似乎刻意避而不談，動機所在，引人疑竇。揣其原因，蓋以京房附會二十八入配六十四卦，不符合一般起月之模式。又京房目的在占筮，其配宿之法，不符一般常道。若惠棟以其不符曆法與科學之精神而予不言，倘真如此，則有失京氏《易》之全真。

4. 惠棟以甲子起卦之納甲錢卜之法，始於京房，這種說法，或稍過武斷；《火珠林》納甲術或「源於」《京氏易傳》的納甲法，但不能證明是「始於」《京氏易傳》。「源於」即以之為思想資料之意，而「始於」則意味著自《京氏易傳》已存在納甲法了。

5. 惠棟論述京房世應之說，似乎接受了一個觀點，那就是人間貴賤等級，實為世應已定。世應以立貴賤，將貴賤之別的現實原因加以邏輯化，而成為爻位世卦的邏輯系統之合理解釋；但《易》理是未必能、或者本來就完全不能揭示貴賤之別的真正原因的，當慎戒於陷入迷信的窠臼之中。

6. 惠棟畢生窮研漢《易》，對京房積算之學，應無未聞或不通之理，其刻意忽略而不細言，當有其學術論述之立場，只不過惠棟未明其由，蓋不符其考驗與實學的堅持。

7. 惠氏引宋本《參同契》「五位相得而各有合」圖，認為該圖式「當是仲翔所作」，不知惠氏是因虞文而為臆測，或另有所據，實不得而知。

8. 惠氏引虞翻以月相納甲之方位訓解《說卦》的方位說，知二者在八卦納方位上之差異極大，迥然不同為二系統。《說卦》以太陽為相應物，而虞說以月亮為相應物，一種是一年四時之變，一種是一月三十日的月相變化，論述的本質彼此不合，所以結果當然不同。若有相合者，則不是巧合，就是適可強作附合。月體納甲的方位決定，依據月相的位置而來，各卦之方位，當取其共同的時間點來決定其位置，然而虞氏似乎並非如此，所以與實質月體運行的位置相印證，並不相符，失去了科學的實質意涵，難以成為一個合理而具有實證價值的學說。

9. 惠棟訓解虞氏逸象，用考據之態度，折衷採納，少立己意，廣引諸說

爲言。然而，所釋過於簡要，或未盡其全意，部份象義，無法獲得較爲詳實的認識。且少數引用他說爲釋者，亦未必符合虞翻本意。同時，惠氏對部份逸象的內涵用較狹隘的解釋認定，使逸象的運用和論述上，失去了較多的彈性空間，也使運用逸象在論述上造成扞格齟齬的情形，反而失去了用象應具的嚴整性與合理性，也未能全然符合虞翻的意志，而落入了自家之言的窘境。

10.荀爽執守於經義，尤其重視「陽升陰降」的規律，但並不全然意味著荀爽的思想完全貫徹在「陽升陰降」的規律下。惠棟既在陳述荀爽的升降說，應作全面性的思考與論述，而只採荀爽「陽升陰降」的主體內涵部份，扼殺了可能有的「陽降陰升」之陰陽運動變化的另一種方式，這是值得商榷的。

11.惠棟肯定荀爽與虞翻二者升降說的高度的一致性，但事實上仍有很大的差異存在。惠棟非但沒有作釐清，反而混同二者，例如將虞翻的諸卦既濟之主張，引爲荀爽也同有正既濟之義，爲最明顯的例子。

12.惠棟詮釋「時中」的意涵，並概括指出「時」爲一卦整體取義而言，而「中」則是一爻在其卦中所處之適應位置而言。這樣概括性的分別，是否恰當，仍有商榷的必要。因爲這種概括性的定義，消弱了「時中」本該可以更具豐富與廣度的哲學思想，同時也可能僵化了「時中」呈顯的多維意義與彈性思維。

13.惠氏認爲荀爽的中和主張，必也在於五陽而二陰的居中得正又相應的嚴格規範下，才能臻於理想。但是，就《周易》的本質或精神，則不必是單就二、五爻而言。以二、五爻強化中和之道，卻也減殺《易》道的變通之道，這也是值得商榷的。

14.爻辰說在乾坤左右行的理解上，惠棟認爲《乾鑿度》乾貞於子，左行子、寅、辰、午、申、戌，坤貞於未，右行未、酉、亥、丑、卯、巳，與鄭注《周禮‧春官‧太師》十二律相生圖合，以鄭氏爻辰說同於《乾鑿度》。惠氏未能細察而誤解了《乾鑿度》的說法，其乾坤俱爲左行，與《乾鑿度》之「乾左行，坤右行」的基本法則不符。惠棟不能詳審《乾鑿度》的實質內涵，不能認識《乾鑿度》與鄭玄之說有其基本上的差異。所以對鄭玄之說與《乾鑿度》同的認識，是一種誤衍。

15.惠棟考訂諸家《易》說，並綜采諸家之說而論述《周易》本義，其兼
綜合流，卻又以虞說爲主體，這種兼綜又有主體的方式，使兼綜雜匯
而不合，主體失正而未盡通，所以張惠言批評其失，指出「清之有天
下百年，元和徵士惠棟始考古義孟、京、荀、鄭、虞氏，作《易漢學》，
又自爲解釋，曰《周易述》。然掇拾於亡廢之後，左右采獲，十无二三。
其所述大氐宗襧虞氏，而未能盡通，則旁徵他說以合之」。[3]將不同之思
想體系彙合而言，確實可能面對扞格齟齬的現象。

二、總結惠氏述易之主要特色

（一）文字訓詁之法

1.根柢於漢學，探尋於古義，依據古訓以通經知義，經之義存乎訓，爲
惠氏治《易》的根本之法。
2.以字書作爲文字訓詁的主要根據，特別以《說文》與《爾雅》等字書
爲據，辨證文字，詳釋文義，合於漢儒之法。字書表現出詁訓《周易》
文義上的神聖性與權威性，以此尋得《周易》本義的最佳詮解。此種
訓解來源，是一種合宜的至當方式。
3.文獻的運用廣博宏富，理據周恰，雖大都是象數之熔鑄，但仍能展現
出高度的邏輯性與合理性。
4.考據有信，不以常說而爲必然，其見識專就文獻訓典的足作論據者而
言，所以每每有不同於常說之論，言之有物，理據恰當。堅持探尋古
義的職志與考據之精神而作爲說法，不求語出驚人，但持樸素篤實之
論。
5.《周易》文簡而意廣，特別反映在卦義上，表義深遠，如百川所納，
所以在釋卦義上，惠氏多有數義並陳者，使釋卦取義，詳明而多可參
佐。
6.詁解文義，不單重於個別字義的訓解，每每采漢儒《易》說，以明其

---

[3] 見張惠言《周易虞氏易·序》，引自台北：新文豐出版公司《大易類聚初集》，第十九冊，
1983 年 10 月初版，頁 289。

卦爻之義；運用漢《易》諸法，純熟周恰，言之合理，儼然爲漢儒《易》說之綜合體。

（二）群籍眾說之文獻運用

1. 以漢學爲尊，廣蒐博考，探賾漢儒的經說古義，文獻以古爲要，以古訓解《易》，以漢儒解經之法爲典式，故博引群籍眾說爲必要的方法。

2. 以虞翻、荀爽爲主，參以鄭玄、宋衷、干寶、子夏、京房、劉歆、許慎、馬融、王肅、董遇、九家、姚信、翟元、王弼等漢魏諸家之說，融會貫串，綜合其義，信而有徵。羅列史料而考證務實，卻又未見其能夠大力於理性之分析或創爲新說，誠爲「述而不作」。

3. 雖以恢復漢《易》爲職志，采蒐漢魏諸家之要，作爲論述之主要材料和內容，仍以虞翻易學爲核心，以申述虞義爲主，在引述虞文上，也是最爲普遍，某種程度上，可以視爲虞氏易學的再現。

4. 惠氏以傳解經，並不在引傳文而能立即透析經義，而是以漢儒象數《易》說爲主體，將《易傳》原有的義理內涵給直接淡化掉了。所以，惠棟引傳文釋經，除了將義理化的傳文給象數化之外，也廣引本身具有純粹象數性質的傳文作爲釋經之對象，以《說卦傳》作爲運用的主要材料。惠棟採取《易傳》作爲釋經之材料，重在背後的漢儒象數意義，割裂《易傳》中的義理之學的重要元質，斲殺了《易傳》既有的本色。

5. 漢儒視經典爲恆久之至道，群經同源，大義互通；發明經義，宏揚大旨，必多以群經互證，爲漢代經學家的普遍共識。惠氏以漢學爲志，於治《易》上，亦承繼漢儒說經之法。引經述《易》的主要目的取向，大抵多用於文字訓詁之用，或者是辨證異文，至於諸經中的豐富思想內涵，作爲哲理性的論述，則少運用，主要仍重在象數之用，所以經典中高度思想性的部份，受到冷落與擱置是必然的情形。

6. 引述先秦漢魏時期的子書與諸家注說上，數量可觀。但在原始道家子書的引述上，相對較少，原因是這些思想性極高的語言，非並象數材料的必要。對於道家傾向的揚雄與劉安思想之引述，則較爲頻繁；引言表述，合於其時代性的實質現況，可以合理的達到輔訓或考證上的需要。又以董子和劉向父子之說爲訓，表徵出漢代儒學中的代表性地

位，並取用作為象數易學之闡釋與文字訓義上的需要，最合漢代古義。

7.採用具有神道色彩的典籍以釋《釋》，其中包括《參同契》、《靈寶經》、《陰符經》、《玄珠密語》、《抱朴子》等等，並以《參同契》為主。所用內容直接或間接地反映出漢代的天文歷法之科學知識，以及漢代《易》家的易學主張，並無不妥。歷來學者批評於此之用，似乎過當與不公。

8.惠棟引書述義，見其學殖深厚，而能廣蒐群籍、巧為運用，綜取諸說而成新的見解。在文義的考證上，惠棟用功頗深，引據有典，符合科學實證的精神。至於神道讖緯之書的引用，惠氏都能排除災異神怪的部份，而純取文義詁訓的內容與兩漢象數之說的材料，所以大無缺失。

（三）《易緯》的重要地位

1.惠氏引《易緯》為釋，主要用以輔翼虞翻、荀爽、鄭玄等諸家之說。在論述兩漢主流的象數思想，《易緯》佔有極為重要的地位。

2.慣取《易緯》中論述卦象、爻象之文，且多取自《乾鑿度》之說。特別強調爻位的貴賤等別，但用來詮釋某一家所述之卦爻義，不但弱化了卦爻義詮釋上的彈性，未必合於該家之說。

3.《易傳》作為釋經的產物，開展了一套有系統的宇宙生成理論，成為易學思想中的重要代表。引《易緯》詮釋《易傳》，大體合理恰當，並且提供我們對這兩個系統的對照認識。

4.從《易緯》中可以窺得漢代易學的重要面貌，也可以反映出漢代的學術文化意識，一種科學與神學的雙重韻味。惠氏採用的大都是那些較具科學性的或是那個年代易學家普遍的共同主張或是認識。

（四）經文之改易

1.《周易》版本於漢代已呈紛亂叢出之象，歷經時空之流轉，傳述文字亦多有更易，所以研究《周易》本義，必當先行校勘本字，使不致穿鑿附會，扭曲古義。惠氏以王弼之學興則漢學亡，王氏多用俗字，多有非原始之經字，勘正本字成為必然之途。

2.從文獻的取用上，惠氏引漢儒《易》文作為改易經文的主要依據，這

些文字都較王弼爲早，也就是可信度較王弼爲高。並且，隨著時空的改變，文字語言也會隨著鈔錄傳述的過程中而改變，惠棟認定王弼多采俗字，事實上，以漢魏文字改變急遽變化下，這是可能存在的。不過，一切仍需回歸實證的推求，而惠棟對王氏的批評，也非全然偏見或無的放矢。

（五）之卦訓義之法

1. 《周易》透過陰陽的變化、卦爻象和卦爻象的變化，來揭示和反映宇宙事物的發展規律與存在的意義。惠棟延續虞翻的卦變說，有系統地普遍運用於釋卦當中，建構出一套頗具規模的易學理論，強化探究變化之道的新的論述視野。

2. 乾坤爲眾卦之首，象徵天地、陰陽等宇宙生成變化的最重要元質，並爲產生諸卦之根本。陰陽相摩而生六子之法，重申「乾以二五摩坤成坎，而互震、艮」爲三男；「坤以二五摩乾成離，而互巽、兌」爲三女。乾坤生六子，爲宇宙萬化之道，亦陰陽剛柔變化之道。

3. 乾坤相交而生坎離二子，坎離以出入二五而生，具有高度的重要性與主導性意義，與乾坤互爲體用，在求既濟定之中和的終極理想。

4. 十二消息卦由乾坤所衍，並且由十二消息卦再衍生出其餘五十二卦，惠棟統以「之卦」爲言，視爲「之卦」之範疇。惠氏此說主要參照虞氏之學，並綜之以互體、逸象、旁通等法，儼然爲虞氏思想的延續。但部份引據他說，支離虞說之完整性。

5. 惠棟的卦變主張，大體根本於虞翻，但或因對虞說的某些誤解，而有屬於自己的說法。震、坎、艮、巽、離、兌六子與十二消息卦皆自乾坤出。雜卦出於辟卦者，則包括：二陽四陰之卦，出自消息卦臨、觀二卦者；四陽二陰之卦，出自消息卦大壯、遯二卦者；三陽三陰之卦，出自消息卦泰、否二卦者。又，卦無一陽一陰之例，亦即無出自消息卦中的剝、復、夬、姤之例，師、同人、大有、謙、小畜、履、豫等七卦，皆自乾坤來；有因反復不衰者，不從四陰二陽自臨、觀之例者，有頤、大過、小過、中孚等四卦；有據傳爲說，而爲變例者，比、豐、旅、屯、蒙；睽、蹇二卦，因《繫辭》、《象傳》而出。

（六）卦爻象釋義之法

1. 惠棟《周易述》，根本漢《易》，宗主虞說，掌握了用象的特色，處處可見象，可以說是漢儒用象之集大成者。對於八卦用象有精詳的認識，解釋諸象之由來或是卦象的實質意義，都能引據文獻加以佐證說明。

2. 惠氏廣取卦象釋《易》，主要本於《說卦》的象說、虞氏逸象，以及《九家說卦》的逸象。所用之象由來有據，大體並無乖違漢儒之說而另創新象；由用象可見其治漢《易》之功力，能為其時代之翹楚，並非浪得虛名。

3. 惠氏指出《說卦》以訓詁的行文方式呈現，用於訓解《彖傳》、《繫傳》等諸傳中八卦之德，為其七十子之徒所為。所以八卦用象之說，非孔子所作，此涉及到《十翼》的作者問題，惠氏肯定《彖傳》、《繫傳》等諸傳為孔子所作，但《說卦》非是。

4. 惠氏的取象釋義，有直接取象者，即直引《說卦》或虞翻等漢儒所用之象，進一步說明卦爻義；而間接取象者，則他在用象的過程中，常會對所用之象，作簡要而清楚的解釋。

5. 惠氏大量的以卦象作舖陳，藉由卦象的有機組合，以具體的呈現卦爻義。用象之繁，似乎存在著強烈的機械化套用的韻味，但這種機械式的「組合」，仍須存在著靈活運用的思維，一種能夠集合成有意義的內容之邏輯組合，才能運用於萬化之道的詮釋上，必然有其基本的邏輯理路，考慮到組合後的合理性，是否能應合於經傳文字內容，以及表達其意義。惠棟大體成功地建構出這麼一套藉由用象的論述系統，誠其不易。

（七）互體取象之法

1. 惠棟在釋《易》的過程中，不斷地從經文中舖陳或開展卦爻象，而透過互體的方法，獲得新的卦，以呈現新的卦象，成為必要的手段。以繁富的卦象釋《易》之法，必須仰賴互體而來，所以以互體所反映出的卦爻象，可使《易》義之詮釋更為便利與合理。

2. 惠棟在互體的運用上，主要根本於虞翻等漢儒之說。互體的方式有三

爻互體爲純卦，以及四爻互體與五爻互體爲重卦之說。

3.惠棟對於本卦的上下二體，與其它二至四爻與三至五爻互體所增成的純卦，並無細作不同的名稱以加以區別，往往同稱爲「體」。

4.三爻互體爲惠氏互體之法運用最爲龐富者。所取之方式或論述方式，包括本卦直取三爻互體者、取爻變後三爻互體者、直取上體或下體爲互體者未明互體而實爲互體者。

5.惠棟互體取象，除了本卦之互體外，大多採用非本卦之互卦方式，即經卦爻變後以取互體，這樣的方式最爲普遍，又特別是本卦中某爻不正而使之正，再作互體者最多。互體的目的皆在於取得「有效」之卦象作爲釋《易》之材料。互體取爻的彈性，提高了有效的用象機會。

（八）爻位述義之法

1.惠氏的爻位觀，認爲《易》於爻位，最重視的是「當位」的問題，然後是「應」。惠氏在論述當位與否，除了著眼於本卦現實存在的爻象，也特別重視透過爻變闡明由本卦轉變後的新爻位之當位情形。當位與否的爻位關係，除了是一種已成的靜態呈現，也是一種動態的爻位關係。因此，惠氏打破《易傳》普遍陳述的當位正例，是一種動態性的意義陳述。

2.惠氏認爲「貞」字的出現，在爻位上有兩種狀態，一種是該卦之某爻已爲「貞」，也就是已是一種當位居正的狀態，所以毋需再變；一種是該卦之某爻現在處於不當位的狀態，應該透過爻變而使之正。

3.在相應說上，惠氏陳述的重要內容，主要爲：採用爻變的方法尋求相應、重視當位的相應、重視當位的相應與伏應等方面。

4.惠棟根據漢儒《易》說，以爻位相承的關係闡釋卦爻義，其論述的形式，有從實際爻位間的相承，以及藉由爻變的方式或是升降的方式來談相承的關係，尚有以隔位相承、陽承陽，以及以爻承卦作爲論述上的特例。

5.惠氏綜采諸家之說，言「乘」之方式亦夥，但大體仍以傳統的正例爲主，尚有以爻變而言、隔爻相乘、以爻乘卦，以及以卦乘卦者。其中隔爻相乘與以爻乘卦之說，主要的對象是多陰或多陽之卦。

6. 惠氏不斷強調中位的重要性，以乾升坤降作為中位思想的開展與具體呈現，推崇九二升五與六五降二的原則，並且採用爻變的方式，將不當位的中爻，使之正而當位。二、五兩爻代表著宇宙天地在變動不居、周流不停的狀態下的最佳處所。陰二陽五、二五當位、二五相應，既中且和，是中位之最佳典式，是成濟既定的主要架構，是六十四卦爻位的最佳歸宿。

7. 爻位貴賤雖定，但仍必須綜合當位、相應、承乘等等實際的爻位關係，才能確定其最後的吉凶。這樣的爻位關係，並不是一種僵化既成的關係，當中仍有動態、具體的呈現，透過爻變與有關的方式展現出來，才決定其最後的吉凶。

（九）其它象數主張

1. 惠棟使用「半象」為釋《易》常例，大抵嚴謹，合乎邏輯的合理使用，並無漫加濫用或非無端造作。半象的符號意義，表現出一種活動性與變化性的內涵。

2. 惠棟提出某兩卦有兩象易的關係，對於其關係背後的實質意義為何，並未作任何交待；使用兩象易的主張，喪失了實質的目的與用意。

3. 反象之卦，可以看出卦爻的變化所反映出的動態意義。透過反象之說，體現對立又統一的關係。藉由此反對之象，表現事物的果因關係和良窳之面向，予人們一種積極性的參照。

4. 惠氏言旁通者甚夥，提供人們對《易》卦結構與象義上的另一個思考面向，特別是陰陽間相互涵攝和交易變化的關聯性，以及所呈顯的卦象和卦義上意義，擴展了《易》象探索的空間。

5. 惠氏根本虞說，多取震巽特變之法以訓解經義。不只在一次由震變巽或由巽變震之後來釋其義，還從一爻一爻的變動過程所涵攝的意義而論。震巽特變並無爻變上的正面積極意義，不在求吉象，而在訓義的必要。

三、總結義理觀的主要內涵

（一）宇宙觀

1. 惠棟以「太極」爲「一」、「太一」，又爲「道」。「太極」視爲「元氣」，是一種未發未分之氣，此氣尚微而未顯，所以「一尚微」，直至太一判分陰陽兩儀時，才真正的顯發。「太一」主氣，以虛來實，也就是由虛中未分至顯發爲陰陽，並以陰陽二氣之往來變化，進而生成萬物。以「太極」即「太一」，其天神之性、北辰之星格，合於漢儒的一般說法。

2. 惠棟揀選《易緯》由「太易」而「太初」而「太始」而「太素」這套化分天地與衍生出具有形質的萬物的有系統的宇宙觀，並對有關主張作了改造，以呈現其宇宙觀本體意向。惠氏的看法，並無像《乾鑿度》具有強烈地由無而有的歷程，惠氏的「無物」，仍然是一種元氣的存在，也可以說是「有」。「太易」之「未見氣」，即氣呈現出一種混沌不明的狀態，這樣的狀態，與「太極」所反應出的元氣樣態相同；這種說法也是對《易緯》的改造。惠氏肯定宇宙萬物的生成，是由無形而至有形的變化過程，也就是一種氣化的過程。

3. 強調太極下貫乾坤兩儀，而乾坤相並俱生，合爲一元，立於天地之中以生萬物，所以天地之中爲乾坤之元。乾與坤雖造化萬有，但存在著貴賤與先後之差別；一切皆由乾而起，不論在天地判別之前，或是天地既分之後，陽升陰降、陽尊陰卑的關係都是不會改變的，所以「升降之理，坤之所以順承天」。

4. 惠棟論「道」爲本原說，「道」的概念，在某些意涵上與《老子》之說相近，但並不全合《老子》「道」的本質，而與秦漢所倡論的黃老學說相近，這個「道」，向漢儒普遍談到的「氣」靠攏。

5. 「一」在易學思想的體系中，它代表「太極」，是一種氣化之「有」的物質存在，爲宇宙的根源、萬有之本。在一卦六爻爻位上，「一」是卦爻之初始。「一」至極至善，獨一無二，純然而不蕪雜。「一」善則一以貫之，拳拳服膺，不變其善，不雜其二，所以「一」爲「獨」爲「至誠」之義。

6. 「太極」同於「元氣」，同於「一」。「函三」爲含天、地、人三者，即太極元氣在未分化以前，包含著天、地、人生成的元素而渾然一體，所以說「太極元氣，函三爲一；三才合于一元」。同時惠氏也將「太初、太始、太素」所表述的宇宙化生體系之氣合爲太極元氣，藉由「函三爲一」作了聯繫。

7. 陰陽二氣作爲宇宙化生的重要元質，下落在卦爻之上，惠氏期盼一種理想的成既濟定之境域，陰陽之氣交感通宜、各安其位的呈現，透過乾陽坤陰的變化而來，企求和諧的宇宙化生的最佳狀態。

（二）《中庸》與《易》理融攝

1. 惠棟針對《中庸》「天命之謂性，率性之謂道，修道之謂教」所貫通之「道」，爲了附會其《易》道，刻意忽略在修養工夫的範疇，也不能使之與「道」作合理的扣合。惠氏之「道」仍專注在氣化的本體意義上，對於闡釋《中庸》之大義，仍有其侷限性與濃厚的附會成份，《中庸》原本的哲學思想特性，強烈的割裂與牴損。《中庸》的「慎獨」和「隱微」的意義，惠氏也專從元氣的角度出發，雖說二者會通，但結果是質性殊異，《中庸》道旨反而隱晦。

2. 「隱」「微」的主體意義，是元氣潛隱初始之狀。《易》道元氣，乾元、坤元，皆初始「絜靜精微」之狀。氣從下升，相應於卦爻，初始之爻以乾元、坤元；初升二以上，由微而顯，至九五則就至誠之位，也是致中和之位。從隱微之中，進而顯現其形，即是一種氣化的過程，也是一種存誠的工夫、慎獨之道。透過慎獨以隱見微顯，達於中和育物之境。

3. 惠氏以初一陽爻稱「獨」，以初陽始生，爲隱爲微，爲陽德一善，所以「獨」從道初，直指初九一爻，亦陽氣初生之始，其狀隱微而形。「獨」儼然成爲一種元氣的初始而隱微的狀態。這樣的概念，已去《中庸》之「慎獨」遠矣。

4. 惠棟以其《易》道中和思想，融入《中庸》的中和思想之中。不論是《易》或《中庸》，皆在追求贊化育的中和理想。「中和」即卦二、五居中得正，以象其得正於天地之中，而行中和之道與「元、亨、利、

「貞」四德，贊化育，建立一個和諧共生的最佳場域。

5.惠棟對於「誠」形象，似乎認爲與「鬼神之爲德」同，是一種「視之而不見，聽之而不聞，體物而不可遺」的狀態，也就是視聽都不著其體，卻是實質存在而「不可遺」者；它雖微而顯，隱微而顯揚於萬物之中，是一種「不可掩」、也無法掩的形象。《中庸》的誠道，在於贊化育之功，等同於《易》道的「成既濟定」、成「元、亨、利、貞」四德之境。天道之誠，合於人道之誠，從誠體出發，即同於陰陽合德的概念，陰陽變化合德，則陰陽之位定，和諧之境成，四德備，既濟之功就。

（三）《易》與禮、史會通

1.惠棟釋卦多引婚禮之說，如釋咸卦述明男下女之婚誼之道。釋遘卦強調男女的婚姻，男下於女，由男方主動示出，不期之遇，亦不合於禮；且，女當順於男，女必以婦德，女德不貞，不可爲妻。釋睽卦說明壺之用者，並不在官方之燕禮，而爲婚禮所用之酒器。釋泰卦以自秋至春，爲嫁娶之宜時。對於婚禮之制，學殖淳厚。

2.在祭禮方面，以禘祭言「觀盥而不觀薦」，以「灌」特用於祭於祖廟，灌儀最爲莊重，作爲禘祭中最重要者。惠氏釐清禘祭，並藉以更能認識明堂之法，而具體地應用於《周易》的釋義內容中。惠氏述明禴祭爲薄祭，引既濟九五爲說，九五爲坎中，坎爲豕，禴祭以豕而已，不奢盈於禮，而能「實受其福」。明確掌握郊祭之禮的內涵，但於益卦專言「夏商之王」，則實無必要。其它釋坎卦言內約以誠；釋家人卦言饋祭爲婦職；釋損卦言二簋之用在損以誠等等，惠氏詳以祭禮釋義。

3.惠棟釋益卦特以凶事用圭之喪禮爲訓，藉由誠於喪而重於災，保社稷而拯災救民。釋晉卦說明天子賓客之禮。釋困卦以說明酒食與朱紱的禮制意義；強調困君子之身，窮君子之祿，固不能喪君子之志，朱紱之來，有其德器，而能有慶。釋坎卦以明刑罰之制，此詳識三代以降之刑政而能達其理。

4.惠棟以史述《易》，主要著重在文字的詁訓意義上，從義理陳述的觀點言之，仍屬於消極的態度。他運用的史實，主要爲歷史人物，特別是

三皇五帝與商周時的人物，以及運用有關的歷史制度，其運用之目的，大都僅在解釋文字的意涵，或是澄清文字的實質意義，並不在運用史實而擴大論述以闡明經傳大義。

5.惠棟「因學《易》而得明堂之灋，因明堂而知禘之說」，明堂之法是由學《易》而考證得到的，而「禘」之說則又因明堂而進一步所得到的主張；不論是明堂或是禘明，皆與其治《易》有密切的相關。明堂的重要意義，在於「謹承天順時之令，昭令德宗祀之禮，明前功百辟之勞，起養老敬長之義，順教幼誨稚之學」；「明堂所以明道，明道惟法。是言治天下之大法也」。治天下之大法，即是中庸的至誠與中和之理想境界，也是《周易》化育萬物、成既濟定的最佳歸宿。以明堂上溯伏羲制《易》，並以八卦、九宮卦氣來解釋明堂，爲漢代易學思想的反映。其考證明堂之說，提供我們對周秦歷史文化的重要參考資料，也讓我理解陰陽五行、天文歷法與帝制、建築等有關的聯結關係。這些有機的組合，一方面可以視爲惠氏考據學的主張，也可以視爲惠氏將《易》有關元素會通的思想。

（四）其它

1.有無的概念：惠氏強調宇宙的本有之性，這個「有」就是元氣，就是一。元氣肇端於無形，這種「無形」，並不是本體的「無形」，只是元氣起源的一種「窺之不見，聽之不聞」的狀態。有形與無形，或有與無，其本體仍在「一」，也就是「太極」，也就是「元氣」。惠氏肯定萬物生成的過程中，是一種由「無」而「有」的歷程，但是惠氏並不在意於《老子》的「道」所涵攝的精細內容，而直接將它視爲「太極」視爲「一」，也就是視爲「元氣」，也就是肯定其本源上的物質化存有。

2.虛：惠氏《易微言》特別立「虛」之範疇，並引諸家用「虛」之說；惠氏並未參入個人的意見或詮釋的內容，而且廣引諸說，思想內容與所反映的意義亦不盡相同，造成「虛」義龐雜。

3.宋代理學家將「道」與「理」視爲同一的概念，惠氏反對將二者混爲一解，認爲「道」是作爲萬物遵循的普遍規律和原理，它所呈現的各個具體事物的特殊規律或個別原理才是所謂「理」。不可將「道」與「理」

二者合為一談。又，惠氏反對宋明理學家將「天理」與「人欲」從對立的角度來談，認為是一種謬論。同時認為乾天為性，坤地為理，理從屬於地而不為天，不能以「天理」作「天性」解。「性」不等同於「理」，也就是將理學家理解的「盡性」與「窮理」分開，直接否定理學家「存天理，滅人欲」的理論基礎。

4. 日月為易：在惠氏的易學思想裡，日月並不真的惟坎離所獨居，因為坎離出於乾坤，且在成既濟的理想規律中，乾坤二五變而為坎離，坎離始終為乾坤所附加而成的，因此，乾坤為「日月」仍有其優先性與合法性。「日月為易」之說，為惠氏易學主張的重要理論基礎與原則依據。

5. 在《易微言》中，惠氏所云「元」、「一」、「始」、「初」、「本」、「極」、「無」、「潛」、「隱」、「微」、「幾」、「虛」等諸命題，皆有本體的觀念，也就是作為宇宙最高本源，其中「元」、「一」、「始」、「初」、「本」、「極」等，尤有元氣初始之狀的概念，這個初始之狀，又特別指乾陽之氣而言，乾為萬物之本，萬物之始，萬物之初，萬物之極。至於「無」、「潛」、「隱」、「微」、「幾」、「虛」等諸說，則表現出乾為太初之氣的樣態，或是狀態與性質。惠氏所述命題，大都圍繞在這個作為化育萬物的最高本體的元氣概念的範疇上。

四、校勘與輯佚之檢討

總結前面章節所述，要點分列如下：

（一）在經文校勘改易方面

1. 經文改易之情形

(1) 惠棟文字之校勘，十之八九以上皆作改字。改字大抵本諸漢儒舊說，以及《說文》、《釋文》等典籍所載為依據，評斷異文，而作改易。改易說明，有詳有略；有考正周全，合理恰當，亦有一己之偏，強作定說。

(2)惠氏亦有作刪字者，所本亦非全然合理可徵。

(3)少數作增字者。

(4)校定句讀者。惠氏所斷，大抵通恰，而特作標讀，主要在體現於此
　　方爲漢儒之正宗，也表明其復原漢《易》之心跡。

2.校勘改字之主要缺失

(1)好用古字，往往直接改用而未明其由視之爲當然，則未必適切。

(2)改字未予統一。

(3)校勘改字之說明簡略，不盡周詳，不合校勘應有的嚴謹態度。

(4)部份校勘改字未作深察，以致誤說。

(5)考校異文，過於武斷。

3.惠氏擅改經文之反思

(1)歷來批評者認爲惠棟不宜將行年久遠的經典擅作改易。事實上，這
　　是一種認知與動機上不同，惠棟並不以王弼本或是某一本視爲不可
　　移改的聖人原始傳本，他所認定的是距古愈近，且又可徵驗者，即
　　是最爲恰當的，至於類似王弼本所示者，往往錯用古字，曲解古義，
　　非爲至當之本，不必循之不變。惠氏於正文改易經字，又於注疏中
　　予以詳細述明改易之理據，作了明確的交待，而非直用而不作任何
　　交待。

(2)惠棟改易經文，與宋儒大家之改易，差別迥異；惠棟本諸實證有據
　　的校勘態度，也鑒於宋儒的惑亂經義，所以惠棟的改易是可以理解
　　的。

(3)惠棟畢生致力於漢學，探尋《周易》古義，深知原本古義，也必當
　　還原古字，以原始的本字，才能得經義之真。以王弼篇次紊亂，又
　　多俗字，漢學殞落，而《周易》的本來面貌也從此扭曲。惠氏憂心
　　於此，考索經文，端正本字。改易經文未必代表挑戰經典的崇高地
　　位，對於使用長久延續的錯誤文本，才是有違聖人之意。

(4)惠氏所易，給予研《易》者於校勘考證上寶貴而重要的文獻資料。
　　對於執守王、韓或孔氏之本，乃至程朱一系之說，給予一種反思與

參校的機會。惠氏並不在於打破傳統，更不在顛覆傳統，其核心價值在期盼最實在的傳統的本真，惠棟試圖以科學的文獻考證態度，去揀選最佳的原來。不同於長期建立在一般人心目中的「經典化」版本的另類說法，仍有值得去參照的地方，或許它能夠導正那「經典化」一家之言的長期錯誤；未必一定要刻意去糾正這「長期錯誤」，但瞭解這「長期錯誤」，也是身為一個研究者應該有的知識與態度。

（二）在鄭《易》的增補輯佚方面

1. 貢獻方面

　惠棟易學上的增補輯佚工作，主要表現在於對鄭學易學方面，在王應麟的基礎上而後有功。主要為：

(1)王氏無而惠氏新增之佚文，約計八十七條。

(2)繼王氏之後，精覈詳審，可以作為研究鄭氏易學思想之重要輯本。輯本內容材料，有助於呈現鄭氏易學的重要思想，包括「易含三義」的「易」義定義、爻辰說、五行說、互體說與爻體說的直接資料之運用。

(3)王應麟所著之佚文，全未標明出處，惠棟針對書中所輯，一一詳加考求原本，注明出處。

(4)王氏所輯篇次凌亂，與經傳多有不相應者，一卦之內，六爻先後，亦紊其自然之序，特別是《繫辭傳》所輯，益加雜亂。惠氏依經文前後，詳覈釐定其次，使之井然有序。

(5)詳核補正王氏之誤字。

(6)更置王氏引文，以及將王氏附於卷末＜易論＞之文，考正後入於注文序列中。

(7)注明不同之二說，並增補音訓。

(8)對於王本所引不足或奪字者，皆予以增補。

2. 在缺失方面

(1)部份條文未能考明出處，不夠精詳，造成缺誤者。

(2)部份佚文王氏本誤而惠氏未予以改正，而仍沿用之。

(3)逕改經文或原出處之文，出於己意，不合文獻本然。

(4)部份佚文有誤刪或缺引奪字者。

　　惠氏之失，首在改易作者原文，改易原文，必以明據，不可因嗜古求古而為之；其次為出處未能考明，而轉作「王氏」之言，且引鄭注《乾鑿度》作為鄭氏《易》注，此不察之失；其它誤字或奪字，則為其小疵。雖見其多有所失，仍瑕不掩瑜，無毀其功，對鄭學之保殘完缺，多有貢獻。除了多增佚文與增補出處外，在文字的審辨上，尤可見其細心取捨之一面，博蒐詳稽，並可引發後學對鄭氏《易》本之關注。

五、述《易》上的文獻運用缺失

　　惠棟釋《易》之特色重在述古，廣引群籍，以說明古義，具有訓詁與考證上的務實之風。既是如此，必須重視資料來源的嚴整性，也就是引文必求精審，來源出處應作詳實說明，但在這方面，惠氏仍有甚多缺失。

（一）未原本原說而斷作剪裁

　　惠棟援引諸說釋《易》的過程中，往往有未根本原說而斷作剪裁者，如夬䷪卦卦辭「夬，揚于王庭」，惠棟述明本諸虞翻和鄭玄之說，云：

　　　　陽決陰，息卦也。剛決柔，與剝旁通。揚，越也。乾為王，剝艮
　　　　為庭，陰爻越其上，故「揚于王庭」矣。[4]

惠棟此文，乃綜采虞翻與鄭玄之說斷湊而成。虞翻原文云：

　　　　陽決陰，息卦也。剛決柔，與剝旁通。乾為揚為王，剝艮為庭，
　　　　故揚于王庭矣。

鄭玄原文云：

　　　　夬，決也。陽氣浸長，至於五，五，尊位也，而陰先之，是猶聖

---

[4] 見惠棟《周易述》，卷六，頁 184。

人積德說天下，以漸消去小人，至於受命為天子，故謂之決。揚，
越也。五互體乾，乾為君，又居尊位，王庭之象也。陰爻越其上，
小人乘君子，罪惡上聞於聖人之朝，故曰決，揚于王庭也。[5]

割裂諸家之言，綴取其要，以成其釋義之所需；既混用他說而採其原文，
應更為嚴謹地說明各原文之出處才是，僅概括指出是某人與某人之義，
並不恰當。

又如夬䷪卦卦辭「告自邑，不利即戎」，惠棟注云：

陽息動復，剛長成夬。夬從復升，坤逆在上，民眾消滅。震為告，
坤為自邑，故告自邑。二變离為戎，故不利即戎，所尚乃窮也。[6]

惠棟述明「此虞義也」，事實上，惠棟並未原本虞說，斷取其文句而另作
鋪陳；虞說原文為：

陽息動復，剛長成夬。震為告，坤為自邑。夬從復升，坤逆在上，
民眾消滅。二變時，離為戎，故不利即戎，所尚乃窮也。[7]

錯置虞文，並作增刪，未能忠實原說。

又於姤䷫卦卦辭「勿用取女」下注云：

一陰承五陽，一女當五男，苟相遇耳，故勿用取女，婦人以婉娩
為其德也。

取鄭玄之義，未原本鄭文而斷取之。[8]

惠棟釋乾䷀卦《彖傳》「大哉乾元」，引《說文》云「道立于一，化
生萬物」。[9]《說文》原文為「惟初大始，道立于一，造分天地，化成萬
物」，惠棟斷取其中作訓解。

類似這種情形，在《周易述》中每每可見，惠棟斷取某家之說而自
為剪裁，失去了引文應有的嚴整態度。

---

[5] 見李鼎祚《周易集解》，卷九，頁211。
[6] 見惠棟《周易述》，卷六，頁184。
[7] 見李鼎祚《周易集解》，卷九，頁211。
[8] 惠棟之引文，見《周易述》，卷六，頁189。鄭玄原本之文為：「姤，遇也。一陰承五陽，
一女當五男，苟相遇耳，非禮之正，故謂之姤。女壯如是，壯健以淫，故不可娶，婦人
以婉娩為其德也。」（見李鼎祚《周易集解》，卷九，頁217。）
[9] 見惠棟《周易述·彖上傳》，卷九，頁220。

（二）轉引古說而未明出處

惠棟在文獻引用上的另一重大缺失，則爲轉引古說而未明出處者。
如釋晉䷢卦卦辭「康侯用錫馬蕃庶，晝日三接」文，指出：

> 《周禮・大行人》曰：上公之禮，廟中將幣三享，出入三問三勞，
> 諸侯三享再問再勞，諸子三享壹問壹勞。是天子三接諸侯之禮也。
> [10]

此言當轉用侯果之說，侯氏注晉卦《象傳》「晝日三接也」，云：

> 《大行人職》曰：諸公三饗三問三勞，諸侯三饗再問再勞，子男
> 三饗一問一勞。即天子三接諸侯之禮也。[11]

所言與侯說義同，但未予說明以示負責。

《繫辭上傳》「居其室，出其言不善，則千里之外違之，況其邇者乎」，
惠棟云：

> 坤初爲不善，消二成遯，弒父弒君，故千里之外違之，況其邇者
> 乎。[12]

其文義當據虞翻而來，虞注此《繫》辭云：

> 謂初陽動，入陰成坤，坤爲不善也。

又云：

> 謂初變體剝，弒父弒君，二陽肥遯，則坤違之，而承於五，故千
> 里之外違之，況其邇者乎。[13]

且，虞氏注坤䷁卦《文言》「積不善之家，必有餘殃」云：

> 坤積不善，以臣弒君，以乾通坤，極姤生巽，爲餘殃也。[14]

因此，可以看出惠棟之說，本諸虞文，而未予以注明出於虞義。

乾䷀卦爲例，如乾卦「元、亨、利、貞」，惠注「元，始；亨，通；
利，和；貞，正也」，[15]實出於《子夏傳》之言。[16]注云「息至二升坤五，

---

[10] 見惠棟《周易述》，卷五，頁147。
[11] 見李鼎祚《周易集解》，卷七，頁174。
[12] 見惠棟《周易述》，卷十四，頁413。
[13] 虞氏二注文，見李鼎祚《周易集解》，卷十三，頁327。
[14] 見李鼎祚《周易集解》，卷二，頁33。
[15] 見惠棟《周易述》，卷一，頁1。

乾坤交，故亨」，[17]乃取荀爽升降說之義。惠注又云「乾道變化，各正性命，保合大和，乃利貞」，[18]此出於《彖傳》，惠棟並未注明。

惠棟注屯䷂卦六四「困蒙，吝」，云「遠於陽」，出自於王弼之言，[19]惠棟引而未注明出處。又釋屯卦九五，訓「膏」字，以「坎雨稱膏」，轉取虞氏引《詩》云「陰雨膏之」。[20]並指出「膏者膏潤。雨以潤之，故稱膏也」；[21]其「雨以潤之」，語取《說卦》文，惠棟未述明出處。

其它如疏解離䷝卦卦辭，云「重明以麗乎正，乃化成天下」，[22]此為離卦《彖傳》之辭，為以傳解經之例；並無注明出處。解釋困䷮卦時云「剛為陰弇，故困」；「上九之二，二五之剛為陰所弇，故困」。[23]其義蓋出於荀爽所言「謂二五為陰所弇也」；[24]惠棟並無指出取自荀義。《繫辭上傳》「通其變，遂成天地之文」，惠棟云「化而裁之謂之變，推而行之謂之通。通其變，謂變而之通也」。[25]此「化而裁之謂之變，推而行之謂之通」文，出於《繫辭上傳》，惠棟慣用而未明出處。

類似缺失之眾，不勝枚舉，實非小疵。

（三）所明出處錯誤或有瑕疵

惠棟於文獻引用上述明出處，往往亦多有錯誤或欠當者，如《繫辭上傳》「往來不窮謂之通」，注云「十二消息，陰陽往來无窮已，推而行

16　見《子夏傳》云：「元，始也；亨、通也；利，和也；貞正也。」（見李鼎祚《周易集解》，卷一，頁1。）惠棟短少三「也」字。

17　見惠棟《周易述》，卷一，頁1。

18　見惠棟《周易述》，卷一，頁1。

19　王弼釋蒙卦六四云：「陽稱實也。獨遠於陽，處兩陰之中，闇莫之發，故曰困蒙也。困於蒙昧，不能比賢以發其志，亦鄙矣，故曰吝。」（見李鼎祚《周易集解》，卷二，頁46。）

20　此為《詩·曹風》文。

21　見惠棟《周易述》，卷一，頁20。

22　見惠棟《周易述》，卷四，頁131。

23　見惠棟《周易述》，卷七，頁203-204。

24　見李鼎祚《周易集解》，卷九，頁229。

25　見惠棟《周易述·繫辭上傳》，卷十四，頁441。

之故謂之通也」；並且指出「此虞義也」。[26]惠棟之言，實非虞義，而是出於荀爽之說，荀爽於此辭下注云：

> 謂一冬一夏，陰陽相變易也。十二消息，陰陽往來无窮已，故通也。[27]

其「十二消息，陰陽往來无窮已」文，原本於荀文。

釋離☲卦卦辭「离，利貞亨，畜牝牛吉」，注云：

> 坤二五之乾，與坎旁通。于爻，遯初之五。四五上失正，利出离為坎，故利貞亨。畜，養也，坤為牝牛。乾二五之坤成坎，體頤養，故畜牝牛吉。

惠棟並指出「此虞荀義也」，實出於虞翻之言，並無真正引用荀文，故不能視為「虞荀義」。[28]

釋豫☷卦卦辭「利建侯行師」，云「復初之四，與小畜旁通。豫，樂也。震為諸侯，初至五體比象，四利復初，故利建侯。三至上體師象，故行師」。並於疏文中指出「此虞鄭義也」，然對比虞、鄭二家之注，以虞氏為準，鄭氏所涉甚微，[29]故稱虞義為恰。

釋復☷卦《彖傳》引《易緯是類謀》曰「冬至日在坎，春分日在震，夏至日在離，秋分日在兌」。[30]惠棟所引實非是文，當出於《易緯稽覽圖》，此惠棟之誤。

釋泰☷卦六五，引《乾鑿度》云「殷帝乙六世王，不數兄弟為正世也」。《乾鑿度》原文並非如此，原文為「《易》之帝乙，為《湯書》之帝乙。六世王名同，不害以明功」。惠棟以己意為《乾鑿度》文，實不當之誤。

---

[26] 見惠棟《周易述》，卷十四，頁 445-446、448。

[27] 見李鼎祚《周易集解》，卷十四，頁 348。

[28] 括弧引文，見惠棟《周易述》，卷四，頁 131。

[29] 惠棟注文，見《周易述》，卷三，頁 74。豫卦卦辭，鄭注：「坤，順也。震，動也。順其性而動者，莫不得其所，故謂之豫。豫，喜佚說樂之貌也。震又為雷，諸侯之象。坤又為眾，師役之象。故利建侯行師矣。」虞注：「復初之四，與小畜旁通。坤為邦國，震為諸侯。初至五體比象，四利復初，故利建侯。三至上體師象，故行師。」（見李鼎祚《周易集解》，卷四，頁 96。）二家相較於惠棟之注，則惠棟當本於虞文。

[30] 見惠棟《周易述·彖上傳》，卷九，頁 249-250。

釋无妄☲卦《象傳》，云：

> 《易緯》曰：「陽无德則旱」。郎顗曰：「陽无德者，人君恩澤不施
> 於人也。」上動體屯，膏澤不下，坎為多眚，為災，上為窮，故
> 云窮之災。

「陽无德則旱」並非出於《易緯》，而是郎顗論說「四事」引《京氏易傳》
之說，認爲「陽無德則旱，陰僭陽亦旱」，「陽無德者，人君恩澤不施於
人也；陰僭陽者，祿去公室臣下專權也」。[31]此惠棟引文之誤。

釋比☷卦上六，詮解「陽爲首」之義云：

> 《春秋保乾圖》曰：「咮謂鳥陽，七星為頸。」宋均注云：「陽猶
> 首也。柳謂之咮。咮，鳥首也。」故知陽為首也。[32]

惠棟所引緯書之言，非《春秋保乾圖》，而當爲《春秋文耀鈎》。此爲誤
彼文爲此文之失。

這種引文上的錯誤，作爲考據學家，應該特別要避免的，尤其這種
錯誤極爲頻繁，可以說是一種不該存在的大瑕疵。

（四）引用內文改易或闕字

文獻引用，不宜隨意改變原典的既定文字，這個方面也可以視爲惠
棟的重要缺失。如論述蠱　卦「先甲三日，後甲三日」，引虞翻之說爲釋，
云：

> 虞氏謂初變成乾，乾為甲。至三成離，離為日。謂乾三爻在前，
> 故先甲三日，貴時也。變三至四體離，至五成乾。乾三爻在後，
> 故後甲三日，无妄時也。」[33]

惠棟所引，「至三成離」爲非，虞氏本文作「至二成離」，[34]離中虛，乾
至二而變，成爲離，當然不是「至三成離」。惠棟於此，並未詳察虞義而
致誤。

釋屯☳卦九五爻辭，引閔元年《春秋傳》曰：

[31] 見《後漢書・郎顗列傳》，卷三十下，北京：中華書局，1997 年 11 月 1 版，頁 1074。
[32] 見惠棟《周易述》，卷二，頁 43。
[33] 見惠棟《周易述》，卷三，頁 83。
[34] 見李鼎祚《周易集解》，卷五，頁 106。

> 初，畢萬筮仕於晉，遇屯之比。辛廖占之，曰：屯固、比入，吉
> 孰大焉？[35]

此一引文缺字，《左傳》於「屯固」前有「吉。」句。此惠棟引文不確。

釋屯☷☳卦《彖傳》「剛柔始交而難生，動乎險中」，引《春秋說題辭》
云：

> 《易》者氣之節，＜上經＞象天，＜下經＞計歷，《文言》立符，
> 《象》出期節，《象》言變化，《繫》設類跡。[36]

於「易者氣之節」句後缺「含五精宣律歷」句。

釋屯☷☳卦《象傳》「雲雷屯。君子以經論」，惠棟疏論引《白虎通》
云：

> 文王所以演易何也，文王時受王不率仁義之道，失為人法矣。己
> 之調和陰陽尚微，故演《易》，使我得卒至於大平，日月之光明，
> 如《易》矣。[37]

《白虎通》原文，「文王所以演易何也」句，並無「也」字，「文王時受
王不率仁義之道」句，亦無「時」字，「如《易》矣」句，則於「如」字
前缺「則」字，即當為「則如《易》矣」。[38]短短一段小文，即有三處小
失，既是指明引用典籍之文，當原本呈現，不宜斷改。引文不夠精審。

以困☱☵卦為例，卦辭「困，亨」下，惠棟疏解「兌為暗昧，日所入
者」，引《古文尚書‧堯典》曰「分命和叔，宅西，曰昧谷」，以及鄭注
云「西者，隴西之西，今人謂之兌山」。說明兌為西方卦，所以云日所入。
[39]然其引《堯典》「分命和叔」文，原文當為「分命和仲」，惠棟不宜斷改。
[40]又於釋困☱☵卦時云「剛為陰弇，故困」；「上九之二，二五之剛為陰所弇，

---

[35] 見惠棟《周易述》，卷一，頁 20。

[36] 見惠棟《周易述‧彖下傳》，卷九，頁 224。

[37] 惠棟此一引文見《周易述‧象上傳》，卷十一，頁 293。

[38] 《白虎通》原文，見清陳立《白虎通疏證‧五經》，卷九，北京：中華書局，1997 年
10 月北京 1 版 2 刷，頁 446。

[39] 見惠棟《周易述》，卷七，頁 203-204。

[40] 惠棟引《尚書》作「分命和叔」，原文當作「分命和仲」。見孫星衍《尚書今古文注疏‧
堯典第一上》，北京：中華書局，2004 年 2 月 2 版，頁 19。

故困」。[41]其義蓋出於荀爽所言「謂二五爲陰所弇也」。[42]惠棟改易荀文。

惠棟於乾☰卦九六爻辭疏解引《乾鑿度》云：

> 三畫已下爲地，四畫已上爲天。物感以動，類相應也。動於地之
> 中，則應於天之中；動於地之上，則應於天之上。初以四，二以
> 五，三以上，此之謂應。[43]

《乾鑿度》原文當爲：

> 三畫已下爲地，四畫已上爲天。物感以動，類相應也。易氣從下
> 生，動於地之下，則應於天之下；動於地之中，則應於天之中；
> 動於地之上，則應於天之上。初以四，二以五，三以上，此之謂
> 應。

惠棟缺引「易氣從下生，動於地之下，則應於天之下」文。又引乾卦《文
言》作：

> 九四曰：「或躍在淵，无咎。」何謂也？子曰：「上下无常，非爲
> 邪也。進退无恆，非離羣也。君子進德脩業，及時故无咎」。[44]

其「及時故无咎」句，今本作「欲及時也，故无咎」。此惠棟之誤。

又釋隨卦上六「拘係之，乃從維之」，引《乾鑿度》注云：

> 二月之時，隨德施行，藩決難解，萬物隨陽而出，故上六欲待九
> 五，拘繫之，維持之，明被陽化而陰欲隨之。[45]

原《乾鑿度》文，「二月之時」當爲「二月之卦」，而末句「明被陽化而
陰欲隨之」當有「也」字，惠氏誤缺。

類似之情形，可以視爲惠氏文獻運用上的普遍存在之缺失。

（五）改易所引原文爲古字

惠棟好用古字，於文獻引用，也每每可見。改易原文爲古，已然失
去原文之本真。以《繫辭下傳》「既有典常，苟非其人，道不虛行」爲例，

---

[41] 見惠棟《周易述》，卷七，頁203-204。
[42] 見李鼎祚《周易集解》，卷九，頁229。
[43] 見惠棟《周易述》，卷一，頁7。
[44] 見惠棟《周易述‧文言傳》，卷十九，頁553。
[45] 見《周易述》，卷三，頁79。

惠棟注引「《曲禮》曰『假尒泰龜，有常。假尒泰筮，有常』。《今文尙書》曰『假尒元龜，网敢知吉』」。易「爾」字爲「尒」字。又云「《今文尙書》者，伏生《尙書》，＜西伯戡（𢦨）黎＞文」，改「戡」字爲「𢦨」字。[46]此皆不當。

又如《繫辭上傳》「通其變，遂成天地之文」，惠棟引虞文爲釋，虞文原作「物相雜，故曰文」，[47]「雜」字惠棟改爲「襍」字。

惠棟除了在引用文獻上改易原字爲自己所認定的古字外，對於《周易》經傳原文，也多以其所認定的字爲古而採用，刪改王弼以來久沿的傳本，這是《周易述》的重要特色，也是歷來評論者直指的缺失所在。如乾䷀卦上九「亢龍有悔」，作「忼龍有悔」，易「亢」爲「忼」。屯䷂卦六二「屯如邅如」作「屯如亶如」，易「邅」爲「亶」。蒙䷃卦六三「勿用取女」作「勿用娶女」，易「取」爲「娶」。訟䷅卦上九「或錫之鞶帶」作「或錫之槃帶」，易「鞶」爲「槃」。比䷇卦九五，今本作「王用三驅」，惠棟則作「王用三歐」，易「驅」爲「歐」。如履䷉卦上九，今本作「考祥」，惠棟則作「考詳」，易「祥」爲「詳」。如大畜䷙六四，今本作「童牛之牿」，惠棟則作「童牛之告」，易「牿」爲「告」。類似之現象，在《周易述》中每每可見，成爲後人所詬病者。

惠棟雖重視引據之嚴謹性，也重視文獻資料的來源，但在述《易》的過程中，仍不免有甚多文獻運用上的缺失，站在嚴格的考據徵引的要求態度上，這些問題不論是未原本原說而斷作剪裁、轉引古說而未明出處、所明出處錯誤或有瑕疵、引用內文改易或闕字，或者是改易所引原文爲古字者，不能僅止於小疵來看待，小疵之積累則成爲不小的重大錯誤，作爲一個考據學家或漢學家，重視文獻的運用，不應犯此諸多之錯誤。

---

[46] 見惠棟《周易述・繫辭下傳》，卷十八，頁 527-530。
[47] 見惠棟《周易述・繫辭上傳》，卷十四，頁 438。

第二節　惠棟易學的評價與影響

惠棟易學的歷來評價，褒貶互見，本論著先後都有提及，總結研究的內容，最後從純粹漢學的歷史意義與從惠棟的學術背景的立場兩個方面予以評論。同時舉張惠言與李道平二家《易》說，簡要說明惠氏易學的影響。

一、從純粹漢學的歷史意義作評價

漢代經學作為漢代社會的官方哲學，同時也標志著儒學從先秦子學一變而為具有統治地位的官方意識形態，使儒學成為了中國傳統文化的主流。經學的確立對於傳統社會和傳統文化的發展具有十分重要的意義。五經博士的確立使得作為上古三代文獻滙編的論著成為社會公認的經典，自此以後，儒學的發展便採取了經學的形態。五經之所以成為經典，一方面因為它是上古三代文化傳統和文化經驗的凝結，另一方面在於儒家對於五經文化傳統的總結和闡釋。沒有儒家的經典詮釋，五經是不可能被社會視為經典的。在經學家的眼裡，五經已不是文獻資料的滙編，而是經過聖人的選擇、編排、刪改等制作的功夫而形成的萬世不變的經典。其次，儒家對經典的闡釋以及五經官方地位的確立，標幟著上古三代的文化傳統的命脈得以肯定與傳承，儒家所理解的社會歷史觀占據了傳統文化的主導地位。漢代經學的確立不僅在思想文化上總結與概括出傳統文化的價值觀、社會理想等基本觀念，而且還在社會政治方面正式確立了儒家文化觀的正統地位。自此以後，傳統社會的文化價值理念就以儒學為主導，傳統文化的發展也都延續漢代經學所確立的方向前進。儒學成為歷代社會的意識形態和人生哲學，儒學的價值理想成為古代中國人的人生追求的基本信念。惠棟所處時代，從歷經宋明後學的游談不實，反過來對儒學的中心價值之認定，也就是一種回歸對傳統儒學的渴求情懷，一種回復漢代經學思想的理想價值之追尋，因為那才是具有傳統文化的純粹性與原始真實感，惠氏由於有此中心價值之認定，才

有對漢學的獨鍾與對宋學的直接否定。在他的心目中，宋學背棄了傳統的本質，改變與影響了傳統的真實性，破壞了傳統那淳厚實在的面貌，走向虛矯空談的路線，顛覆了傳統的價值與理想，所以必須予以強烈的批判與釐清。因此，在易學的研究上，也就是循著這樣的認定，走向回復漢《易》的絕對的典型路線。

　　惠棟極力復原「漢學」，並非單純地意指恢復漢代學術傳統，回歸漢代的學術，對漢代的學術情有獨鍾，是在張揚一種崇尚，於內表現爲學術理念，於外規制爲學術範型，亦即形式上以考據爲正統，觀念上推崇漢儒經解。在惠棟的觀念上，求六經之純正，周秦勝於兩漢，兩漢勝於魏晉，魏晉勝於隋唐，隋唐又勝於宋明。周秦之經典由於兵燹、「焚書」等歷史因素而亡佚，加上時間流轉的自然耗毀，以近親遠疏的邏輯判斷，漢儒經解可能才是貼近真正的原本。因爲近而真，故「漢學」理念的本質是求真，崇漢只是它回溯的時間度。惠棟標幟「漢學」，主張惟漢是尊，然其考經尺度的把握實以求真爲軸。考索漢《易》源流，綜采漢儒《易》說，並不以求漢《易》之說爲其最終的目的，所以不是絕對地惟漢是好，而是以求真爲準；考文可以多形式，引據內容亦見龐富，最重要的是心法必須純粹，體例可以多變，但萬變不離其宗，這個「心法」，這個「宗」，就是「求真」。雖然這個「真」，未必絕對符合《周易》最原始的意旨，但惠棟試圖努力達到其心目中的《易》之最真古義。這種求真的治學態度，是值得肯定的。

　　江藩著述《漢學師承記》，刻意設置門戶壁壘，主張以考據爲正統，以三惠之學（惠周惕、惠士奇、惠棟）爲表率，用摒棄一切經世義理成分的繩墨，重新規劃師承譜系，更嚴格地把漢學與漢宋兼采之學區分開來。[48]其目的在標榜學術的「純粹性」，一種不含主觀雜質的求真理念，

---

[48] 在乾嘉漢學家的眼中，純粹的漢學必須與宋明道學嚴格分區，故不惜與先導大師們割斷袍澤，坦言顧炎武、黃宗羲等開創的清代學術失之純粹，或多或少殘留了宋儒面目，所謂「梨洲乃蕺山之學，矯良知之弊，以實踐爲主；亭林乃文清之裔，辯陸、王之非，以朱子爲宗。故兩家之學，皆深入宋儒之室，但以漢學爲不可廢耳」；所以屬「漢宋兼采之學」。（見江藩《漢學師承記》，卷八，北京：三聯書店，1998 年 6 月北京 1 版 1 刷，頁 158。）

它既過濾了主觀闡發對學問的干預，又過濾了學問對社會政治的干預，這正是以惠棟爲主的漢學家指認宋學的特徵。故惠棟的治學，乃至於畢其一生考索漢《易》，所表達出的不僅用復古的形式，而且最重要的是傳遞出求真的理念；同時還表達了強烈的「非宋學」呼喚，不承認這種呼喚，就等於剝離了漢學涵義的時代特徵，削弱了用理念之「新」去洗刷學術之「舊」的力量。

　　惠棟峻立漢學家法，可以概括爲：考明源流、篤信漢儒、識古字、審古音、謹遵古訓，鮮下己見。考求經義，必須先從考明源流作起，在易學源流上，「以虞翻次孟喜者，以翻別傳自稱五世傳孟氏《易》；以鄭玄次京房者；以《後漢書》稱玄通京氏《易》也；荀爽別爲一卷，則費氏《易》之流派」，[49]如此釐正，遂可發現漢《易》猶存，荀、虞之說俱在，進而爲《周易》回歸原典尋著了摹本。因此，梳理、分辨學術變異的來龍去脈，從傳承理路中窺測正謬，強調的是治經皈依漢學家法須從事的基本作業。至於篤信漢儒，以漢儒解《易》之說爲立論準據，在於肯定漢《易》去古未遠，回歸經典古義，當然宋儒是不及漢儒，所以，復古去宋，篤信漢經成爲「厭宋儒空虛，故倡漢學以矯之」的根據。至於識古字、審古音的爲學準則，乃取於漢儒「經之義存乎訓，識字審音，乃知其義」的治經傳統，其在矯朱子《周易本義》之失，或撰述《周易古義》、《周易述》等《易》著，皆重此法，得《易》之原旨，識古字、審古音是不可簡省的，藉由新的整理、爬梳和注釋，可以發掘亡佚的古義，並糾正前人的錯誤，提出新的真確見解。由於追求古義的還原，不妄下己見，使爲學謹嚴的門檻大大提升；堅持放棄後人之說，謹遵古訓，鮮下己見的治學態度極爲重要，一方面從時限上嚴格了取捨規則，另一面又杜絕了主觀闡發可能對原典的二次污染，如此，考索古義的學問建立了明晰的規格，成爲一個具有科學性的求真之學。但是，在當代哲學思想在方法學或詮釋學的理解上，或許這僅是一種守舊、沒有開創視野的腐儒作法。全然以當代視野來看待，則著實切斷惠棟易學的歷史意義。

---

[49] 見《四庫全書總目提要・易漢學》。引自台北：新文豐出版公司《大易類聚初集》，第十八冊，頁63。

　　清初學術的變革，「薄今愛古，棄虛崇實，挽回風氣，幡然一變」，[50]
從理學一尊導向樸學的崛起，不論黃宗羲的「修正路線」，或是顧炎武的
「黜明存宋」，學術亟待求變而尚未完全擺脫理學的糾纏，「漢學方萌芽，
皆以宋學為根柢，不分門戶，各取所長，是為漢、宋兼采之學」，[51]此對
一學術思潮能否自主地向前發展，未必有利；能否形成屬於自己的品格，
抹掉長期以來視為轉「惡」的舊有痕跡，擺脫這些舊有的依傍十分重要。
然而，學術品格的自立，不可能脫離學術建設而形成，於是，圍繞著「回
歸原典」的方向，用「純粹」的學術原則，去構築一個有別於宋學或漢
宋兼采的學問模式，徹底釐清經學與理學的糾纏，惠棟的峻立漢學家法
的復古尋原之學，確實為清代學術建立了新的典範與活力。由於區分漢
宋，推明漢代古義，使清代經學徹底走出宋明時期的窠臼，邁出了完全
告別宋學時代的新的學術氣象的具有時代性意義的一步，所以，陶澍在
《國朝耆獻類徵初編》經學卷中稱許惠棟，「乾隆中葉，海內之士知鑽研
古義，由漢儒小學訓詁以上溯七十子六藝之傳者，定宇先生為之導也」，
肯定惠棟對新一時代的學術貢獻。

　　學術的發展原本就應該是多元的，經學是如此，易學也是如此，漢
《易》有其價值，宋《易》、清代易學亦是如此，義理學派如此，象數學
派亦是如此。然而，在任何一個時代的學術發展，皆有其特殊性，清代
繼宋明以後，深體空疏之學不可取，學術界沸沸然掀起改革矯正與求實
求真之風，惠棟繼前賢之志，務求考正經典古義，割裂宋學遺風，不使
牽絆。矯枉過正乃歷史轉型期常見的現象，社會變革如此，學術思想的
變革也是如此，一定的割裂與前者的關係，才能確定新的勢力。所以，
梁啟超以其「膠固、盲從、偏狹、好排斥異己」的「功過參半」之罪責，
[52]似乎過於激烈。回溯那個時代，還原到那個學術環境的時空裡，錢穆
對惠棟的學術成就，卻有極高度的肯定，其「棄宋《易》而治漢」，是「一
時風氣趨會之所宜有」，而惠棟所引領的「吳學實為急進，為趨新，走先

---

[50] 見皮錫瑞《經學歷史》，頁 328。
[51] 見皮錫瑞《經學歷史》，頁 376。
[52] 參見梁啟超《清代學術概論》，天津：天津古籍出版社，2003 年 5 月第 1 版第 1 刷，頁
34。

一步，帶有革命之氣度」，吳學的「高瞻遠矚」，[53]使清代學術注入新的
象氣，新的面貌，在那個時代，代表的是一種革新，一種進步，一種先
革命而後建設的理想。

　　惠棟純粹漢學的歷史意義，就是求「真」。這種對傳統經典的看待，
背負著經典詮釋的時代使命，他對《周易》乃至其它經典的詮釋解理，
與今日西方詮釋學理論的開創性精神，是不相容的，其關鍵就在於「真」，
一旦追求開創性的詮釋理解，原來的「真」就必須接受挑戰，甚至失守。
這種面對詮釋學上的困境，在惠棟的年代，正是一種超脫，一種揚棄，
對宋學的揚棄，揚棄它對「真」的背離，揚棄它對古典的扭曲。因此，
若以今日詮釋學的眼光批判惠棟，不見得符合時代性的認識，對惠棟來
說，也是極為不公平的。

二、從惠棟的立場給予客觀的正面評價

（一）復漢的必然率行

　　評定一個學術的發展，觀照的角度和立足點很重要，我們必須還原
歷史的本然現況，這是我們研究與評斷學術思想的應有態度。學術發展，
從跨越一個歷程，將要進入另一個階段的時候，必然會伴隨著相當程度
的變動。這些變動，非但是我們看到的外在環境的變動，同時更是學術
本身的強烈遽變，甚至進行一種顛覆性的轉化。歷史的本身是一個不斷
連續的進程，前後的人事現象皆具有因果關係，所以在一個連續的發展
過程裡，常會面臨一些時勢環境的必然律，必須捨棄某些不合時宜的舊
包袱，重新自我定位，決定新的方向，在面對重新出發的時刻，隨之而
來的舊信仰、舊價值可以因之崩潰或被嚴厲的遭受質疑，在學術環境上，
必也會接受這番的衝擊，因此，舊的學術可能形成信心危機，而新的學
術路線又要反思、重新定位，確定新的出發方向，以因應時代環境的需
要。立新必先破舊，而破舊的手段往往是具有革命性的，尖銳性的，甚

---

[53] 內文括弧所引，見錢穆《中國近三百年學術史》，北京：商務印書館，1997 年 8 月新 1
　　版，1997 年 12 月北京第 2 次印刷，頁 352、354。

至顛覆性的，因爲惟有如此，才能感受到在改變、在求新，而讓人感受到那種時代的使命感，所以，一般常見的發展律，是先有震撼性的「大破」，才能有建設性的「大立」。

　　學術在革故鼎新的變動時刻，可能又會面臨多個理論在處理同一對象或材料時，都能夠提供解釋、或解決方法的兩難抉擇。也可能是每個理論學說，都各自有其侷限，各有其不能解決的一面。其抉擇的標準，或許也並不在於對學術涵蓋面的最大有效性，而是在於最能夠解決當前最迫切的問題。所以當宋明理學走完了自身的發展歷程，也留下了學術脫離實際、學風空疏等末流所造成的爛攤子時，經學之所以雀屏中選，其被擺在第一位優先考量，並不是清儒一定要建立起和漢唐經學、宋明理學，鼎足而三的清代考據學來；而是在如何才能使學術結合現實的經世考量之共同關懷下，一致認爲講經世之術的經學，才是能夠膺此重任的學術，所以才致力發展出一片天地。因此，立足在現實基礎之上，擺脫玄虛格調，就是清初學術的基本方向；再如理學中迥異於傳統儒學、爲孔子所罕言的宇宙、性命之論，其發展也不是出自宋儒有意的預設；而是在面對佛學席捲中土的洶淘挑戰下，爲了要重回戰場、重振道德的因應現勢的抉擇。而這種基於眼前迫切需要，亟需謀求解決之道的價值判斷，也就往往半推半就地，把學術推向了另一波不可預知後勢演變如何的學術洪流中去了，於是，最後就在所面臨的問題相同、對象相同、範圍大致一致；所建構的理論、運用的方法，也大致相同；價值觀更是由於出自相同的社會、文化、政治、經濟等背景，而趨向一致的共同情境中，建立起諸如魏晉以玄學化經學，取代兩漢神學化經學；宋明又以理學化經學，取代魏晉玄學、隋唐佛學；以及清代以考據化經學，取代了宋明義理之學一類的、學術史中的新興典範來。

　　在一波新興學術的成型之早期，必然有其具有代表性的成型之力量。惠棟身置新一波強力破舊立新的歷程的開端，基於現實環境的驅迫，以及其個人特質上高度使命感下反思尋找最佳的學術動脈，自認回復純粹的漢學才是最可行之道，破除宋明舊學術的飄渺不實。他站在開端的強勢前鋒位置，首先的第一步，當然是強烈而明顯地標幟出這個時期學術的新方向。這個新方向，就是回歸漢學的徵實本質，使爾後漢學的發

展真正地落實於經世致用之坦途上。由於惠棟立於開宗階段，其所建構開展的學術內容未必精緻，但他的學術方向與目標並未偏異，由於他的學術努力，引導後學開創出更細膩、更迎人喜歡的學術成果。後來者接受了較佳成果的喜悅之同時，不能忘卻爲美好成果舖路的這些像惠棟一般的前輩。惠棟的「純粹漢學」，或有被批判成「凡古皆好」的腐儒，但有識者，當平心檢視其所處的學術時代位置，他爲往聖繼絕學而奮鬥，的確完成其破舊立新、走向考據化經學的時代使命，他的努力，他所樹立的典範，是值得肯定與推崇的，而非後代學者以其自己目前眼光可以框架批駁和否定的。因此，當我們以放大鏡去檢覈他的易學時，不要以今天的立場情境，只從表面去觀照，也不宜用太多的現代哲學的價值去框架他，或許今天的哲學價值乃至方法之運用，在惠棟所屬的乾嘉年代，可能正是被嚴厲揚棄與批判的對象，但是用現在去苛責那個屬於具有「創新」的年代，某種程度而言，是一種時空錯置的不當批判，就好像拿今天的原子彈去指責過去的衝天炮一般，作爲一種反省的態度可以，但過度的批評，其意義性不高。

以一種站在當時的學術環境的情境去面對他的學術成就，面對他的易學主張，認真的用心體會，細心的看出其中不乏有精華的面向，其象數易學所表現的科學精神與邏輯思維建構的一面，以及所傳遞出來的種種漢代文化精神的內涵，分析、理解與接受其中豐盛多元的易學思想，並能夠在體察出他的缺失時，從這被遺忘的傳統中，也可得到不斷的反饋與意外的收獲。既是漢學絕亡千餘年後的「燦然復章」者，帶引我們從時光隧道中進入那古老的淳樸年代；以那盛極一時的乾嘉易學作爲橋樑，回到象徵中國學術高度發展的兩漢盛世，在其易學的大千世界中，也可以使我們行囊飽滿、思想豐腴，更可在易學的殿堂裡積累功夫，悟得當下之道。

因此，在那復漢的必然率行的時勢下，用一種包容的態度去檢視惠棟易學，對惠棟來講才是比較公允的。所以以下試舉幾個觀點來談談：

1. 漢宋對立的必然與未必然

以二元對立的角度看漢學與宋學，二者就難以有交集了。因此，以

一種決然對立的觀點看待惠棟的易學、看待惠棟對宋學對待方式，漢、宋將永遠是誓不兩立的。從惠棟對待學術價值的實然面觀之，對於宋學思想理論與哲學體系，惠氏並無視之爲洪水猛獸般，相反地在某些方面還給予極高的評價。惠氏紅豆山齋楹帖爲「六經宗孔孟，百行法程朱」，「是惠氏之學未嘗薄宋儒」；[54]惠棟肯定「宋儒談心性，直接孔孟，漢以後皆不能及」；但在經學的研究上，因爲方法運用的不當，只求臆說而不切實推求古義，遠離經書本來之義蘊，所以兩漢經學的成就遠遠超越宋代，「宋儒可與談心性，未可與窮經」。[55]在惠棟看來，從經學的實際面貌看來，宋儒經說並不符合儒家傳統經典的本來現況，但若要與之談心性談思想，則宋儒就多有可觀之處。並且，在其述《易》的過程中，不乏引用朱震、項安世、朱熹等人的主張。因此，若要說他刻意排斥宋學，還不如說他在追求他心目中經學乃至易學的核心價值，那「真」的價值，與宋學的衝突或對立，是無法避免的宿命。

2. 復古的不可承受之罪

　　歷史不斷的發展，也不斷的在推進創新，但在一直向前行的過程中，不一定是每一個新的階段的發展，都一定符合人們的期望與實質需要，所以「傳統」才始終保有它的價值。人們面對當前而感到困惑時，往往從「傳統」去尋找答案，都可以獲得生命上的某種依止點。因此，「復古」或者稱「稽古」，不論從學術或文化的發展言，它真的是一種歷史的倒退，是一種價值的負承載嗎？惠棟的復古或雖有「極端」，但或許因爲需要他的「極端」才能喚醒當前，所以這樣的復古，應該也無須作爲遭受嚴厲批判的原罪。

　　宋明學術末流，喜於虛幻漫言之語上，而所以由之者疏，基礎的學問之道不被重視，所以不論是考據學家或是漢學家，倡導回歸經典，注重漢唐注疏，期盼開啓學術上的文化復興，也就是通過明經而體會古代聖賢之道，用古聖賢之道以批判現世社會流行的程朱理學，實現經世的

---

[54] 見皮錫瑞《經學歷史》，台北：藝文印書館，1996 年 8 月初版 3 刷，頁 344。
[55] 二括弧引文見《九曜齋筆記》，卷二，＜趨庭錄＞，頁 645。

目的，這樣的復古，是一種務實而濟世之需。發展到了惠棟所屬的乾嘉學術，他的復古復漢，基本上也是因循於這股經世的學風而行；在易學的表現上，標榜著漢《易》旗幟，信守著古漢之說，不必視為一種學術的倒退，反而可以當作是一種歷史文化的修補工作，更何況所復之古，漢《易》存在著豐富的科學知識，而治漢的方法亦存有考據的科學精神。惠棟作為漢《易》的研究者，「熟悉天文歷算知識，從天文歷算發展越來越精密中得到啟示，具有文化進化論意識」。[56]同時，惠棟復漢重古，並不能證明他就是凡古皆好，反而他重視文獻的科學性，並且認為現有的一切學術是從古學發展而來，在承認學術是不斷發展的同時，也強調考鏡源流的重要。惠棟易學以復漢為主，其重要原因就是宋代以後，古學漸亡，不被人重視，那些義疏諸書，束置高閣，視如糟粕，棄等弁髦，而漢代《易》說則去聖最近。惠氏要求回歸漢學，是為了恢復古《易》的經典原義，將已經斷裂的易學傳統給接續起來。因此，從文獻研究的角度觀之，復古尊漢的治《易》態度，基本上仍是一種科學的研究原則，並且，最重要的是在惠棟看來，「求古」與「求是」或「求真」是一致的，是不相悖的；這個「求是」或「求真」，正是科學的精神與科學的需要，也是他認為那個時期學術發展的核心價值，所以復古是否該承受沈重的學術罪過，這是應該得到寬容和體諒的。

　　復古與創新，需要一種宏觀而非僵化的思維或是偏頗的價值準據，這樣的概念，同於二十一世紀人類面對文明的全球化與本土化同時加速發生與強烈激盪的時刻所應保有的理性自覺是一樣的。這個時候，人文的覺醒與人性的自我保存更當有上向的提昇力量，形成一種成長與長大的抗力和制力。個人認為個體與整體的平衡、歷史與現實的平衡是當代人的時代感受與使命。面對新時代的挑戰，意味著一種新的思維方式的建立與發展的需要。如何在整體與個別、在差別與共性、在多元與一體、在平衡與卓越、在競爭衝突與溝通共贏，以及在歷史經驗中追求理性接構，這是需要我們嚴肅的思考的。在新時代的思維中，應當掌握一個開放的事物整體觀，凡事都屬於一個可以延伸的整體空間，不只是其顯示

---

[56] 見（美）艾爾曼《從理學到樸學》，江蘇：江蘇人民出版社，1995年1版1刷，頁159。

的存在可以有多種多樣的歷史因果關係，其未來的發展也可以有多種多樣的可能性。[57]所以，不論是復古的易學，或是創新的詮釋易學，不論是象數的易學或是義理的易學，都有它們存在的必要性，彼此都可以存在著親切的互補性，不能持有「唯我」的思維，否則馳騁於一時，而傷害與立對始終會存在，問題也始終持續。

3.博徵的繁瑣魅影

惠棟的治學，特別在易學的表現上，往往博徵廣引，而這樣的方法運用，也帶來「繁瑣」的指責；一些如「專求古人名物制度訓詁書數，以博爲量」，「只向紙上與古人爭訓詁形聲傳注，駁雜援據群籍」，[58] 等等的批評，崛起於反對者的聲浪中。事實上，包括以惠棟爲主的考據學家的治學方法，透過歸納與演繹的方式，以呈顯出所要表達的經典文義或是考據內涵。要提高論證的可靠性，勢必從大量的文獻蒐集分析中去尋找，這個歷程的確是繁瑣，但是結果則是具體而明確，也就是一種「簡約」的表現。所以惠棟曾經明白的說，「訓詁，漢儒其詞約，其義古；宋人則詞費矣，文亦近鄙」。[59]在惠棟的想法裡，文辭的關鍵在於達意，達意則在於徵實，而非虛辭臆說。在徵實尚實的歷程中，不免繁瑣，但文獻資料的驗證，仍在結果的「真」，所以不厭其繁仍是在所難免。

惠棟面見繁瑣的考據學風，也力圖從漢儒繁複的詁訓論述中揀選要點，不論在《易漢學》或《周易述》，乃至其它有關論著，皆可見其實況。歷來以考據學風的框架置諸惠棟，批評其博徵繁瑣，未必公允。何況博徵未必繁瑣，繁瑣也未必是結果，繁瑣某種程度可能更能顯現其訴求。至少在惠氏易學中，繁瑣的魅影是不太存在的。

（二）重要的正面評價

在熟悉惠棟的易學理路與實質內涵後，也理解他在歷史的當時之普

---

[57] 參見成中英〈21世紀與中國哲學走向：詮釋、整合與創新〉。載自方克立主編《21世紀中國哲學走向》，北京：商務印書館，2003年4月1版北京1刷，頁11-12。

[58] 參見姚鼐《惜抱軒文集》，卷七，〈贈錢獻之序〉；方東樹《漢學商兌》，卷中之上。

[59] 見惠棟《九曜齋筆記》·卷二，〈訓詁〉。

受高度推崇時，本論著在告一段落前，希望從惠棟的立場給予面正的易學評價。用最精簡的歸納，對其正向的看法大抵如下：

1.講求文字詁訓，重視歷史文獻之運用，建立考據學風。

2.治學態度與方法運用，嚴謹踏實，一絲不苟，開近代實證學風之先河。

3.蒐羅漢儒古說，集成鄭玄《易》說佚文，大有功於漢《易》之輯佚。

4.重視《周易》本文之校勘，特好用古，提供《周易》的另類文本，打破一般對王弼本的慣用，引發學者對《周易》文本的反省。

5.站在推古求真的立場上詮釋《周易》。

6.為明清以降大規模研究漢《易》之第一人，打著漢《易》旗幟，讓易學研究者重新關注漢《易》之發展與對其實質內容之認識。

7.統整漢代重要《易》家之主要學說內容，可使研究者快速認識諸家之易學主張。

8.提供後人研究漢《易》時之直接與相當完整的資料。

9.強烈懷疑與批判精神：反對宋儒離經叛義之說，對於宋儒如朱震之說，積極提出駁正與批評。雖原本漢儒之言，但亦未全然盡信，未全般采用，縱使作為依循之大宗如虞翻之說，《周易述》中亦多有直指其非者。

10.考辨易圖遺緒：包括辨河圖洛書、先天後天、兩儀四象，以及考辨太極圖。提供對易圖的認識與漢代象數易學的實質參照。[60]

---

[60] 關於易圖考辨的內容，出於惠棟《易漢學》卷八所述。這一部份，本研究並未作任何的說明，僅在研究的最後提出，主要是考慮易圖之考辨，早在惠氏之前已周詳，惠氏並無進一步的新說或更為嚴密的論述，所以未作深論。中國對歷代對《易經》的研究與詮釋，傳統上普遍提到所謂的「兩派六宗」，根據《四庫全書總目提要・易類》所言：「漢儒言象數去古未遠也，一變而為京焦入於禨祥，再變而為陳邵務窮造化，《易》遂不切用於民用。王弼盡黜象數說以老莊，一變而胡瑗程子始闡明儒理，再變而李光、楊萬里又參證史事，《易》遂日啟其論端，此兩派六宗已互相攻駁。又《易》道廣大，無所不包，旁及天文、地理、樂律、兵法、韻學、算數，以逮方外之爐火皆可援《易》以為說，而好異者又援以入《易》，故《易》說愈繁。夫六十四卦＜大象＞皆有君子以字，其爻象則多戒占者聖人之情見乎詞矣，其餘皆易之一端非其本也。」將兩漢以降至宋代的易學發展，區分為「象數」與「義理」兩大派，並各衍分三個宗別。在象數學派方面，從

11.展現《周易》從象數之學中所呈顯的科學精神，建構其一套另類的邏輯思維。

漢代的去古未遠之經學家學派，而入於漢魏時期如京房、焦贛等人大倡陰陽五行災異禨祥之說，再轉而爲陳摶、邵雍的窮變造化之深邃迷途。在義理學派方面，則包括王弼以《老》、《莊》解《易》；胡瑗、程頤以理學思想詮釋《易》理；以及李光、楊萬里時期特別善用史事證《易》。其實易學發展未必僅止於此「六宗」，但歷來論述易學領域，大概總不出象數與義理兩派。晚近學者除在象數與義理之學外，又增加圖書之學。屈萬里先生曾經提到：「歷代《周易》之學，凡經數變：上下經文，初止用於占筮。十翼而後，乃藉以闡發哲理。至西漢中葉，孟喜習災異之術，好以象數說《易》；東漢《易》家，推衍其說，至三國而極。王弼奮起，掃象數之穿鑿，復於十翼之平實，歷六朝隋唐，定於一尊。下逮趙宋，「河圖洛書」、先天後天之說興，而易學再變，以迄晚明。遜清考據之學，突越前代，復排河洛先後天之謬，而反於漢人之象數。至於今茲，餘風未泯。惟例變雖多，然綜其大別，則不過象數義理圖書三者而已。」（見屈萬里《先秦漢魏易例述評・自序》，臺北：學生書局，1969 年，頁 1。）依屈先生的看法，認爲易學發展的歷史演變，綜歸於象數、義理與圖書三個不同的詮釋領域。這樣的說法，雖然部份學者仍認爲「圖書」主要建基於「象數」，所以「圖書」應納入「象數」之中。固然如此，但是圖書之學不論是在詮釋的表達方式，或是內容方面，與純粹的「象數」是有所不同的；也就是說，宋儒圖書之學的象數內涵與漢儒所談的象數之說，兩者是有極大的差異的。「漢儒的象數之學與宋儒的圖書之學彼此不能互相涵括，分列應該較爲清楚」，因此，「中國傳統儒者研究和詮釋《周易》，大致分爲義理、象數、圖書三個方向，形成三個不同的體系」。（見鄭吉雄《易圖象與易詮釋》，臺北：財團法人喜瑪拉雅研究發展基金會，2002 年初版，頁 13。）圖書易學發展到了清代，在清初乃至乾嘉學者的認識裡，認爲作爲圖書學派來稱呼的，是宋《易》中的某一種產物，在今天我們的眼光下，或許可以視爲象數之學的範疇，但清代學者並不這麼認爲，並不以之爲易學的本色之一，而是一種異說。易圖之考辨，黃宗羲首開其端，其《易學象數論》認定《河圖》、《洛書》爲地理之書，與畫卦無關，至於邵雍的先天圖說，也是一人之私言。（參見黃氏《易學象數論》卷一所述。）黃氏之後，考辨易圖較著名者，如黃宗炎、朱彝尊、毛奇齡、胡渭等人。黃宗炎《圖書辨惑》中提出的主要觀點，在於認爲：易圖並未早古即有；《繫辭》並未有圖傳世；《河》、《洛》只是地理方冊；八卦方位圖僅是養生家學說；以及「太極圖」源自陳摶的「無極圖」。朱彝尊《曝書亭集》中之考辨，主述「太極圖」：「太極圖」爲道家傳授之圖式，而唐人已然知之；周敦頤取「無極圖」易名爲「太極圖」；二程並未親炙周子「太極圖」。（參見朱氏《曝書亭集》卷五十八。）毛奇齡《河圖洛書原舛編》指出：圖書易學非古即有；今之「河圖」應稱爲「大衍圖」，而「洛書」則爲「太乙下九宮法」；以及「太極圖」取自魏伯陽《參同契》之法。胡渭《易圖明辨》總結與擴大前人研究成果，徵典資料蒐羅豐富，問題考論詳實，爲易圖考辨上之最有成就者，晚近研究易圖者，莫不以胡氏爲準據，詳細內容於此不備贅述。惠棟擯棄宋《易》而推原漢《易》，於圖書之說的議題上，承此前儒諸家之說，而作概括性的考辨，到了他那時候，圖書易學的重要問題，也都已成定讞。

　　《四庫全書總目提要》予以惠氏高度的肯定,「然棟於諸經,深窺古義,其所捃摭,大抵老師宿儒專門授受之微旨,一字一句,具有淵源。苟汰其蕪雜,存其菁英,因所錄而排比參稽之,猶可以見聖人作《易》之大綱,漢代傳經之崖略」。[61]凡事,「不以人廢言,不以言廢人」,[62]先聖之銘訓,猶言在耳,不敢或忘。每個人觀照人事的角度、態度皆有不同,惠氏易學,盛於斯時,廣被「惠九經」的崇澤極於當世,然而時過境遷,轉以毀譽參半,治學如斯,自是千萬不樂見。抽剝缺舛於細微,亦當見其可觀之大處,既是優點,理應不吝共襄推闡。惠氏治《易》,或有扞格不通之處,卻不可因之而一概抹煞其成就;《大學》不亦有言,「好而知其惡,惡而知其美」,[63]此乃為學處世之根本,況乎惠氏易學,象數繁富,可以窮究古漢易學面貌,可以深刻體會那科學與神學融攝兼併的年代所表現出的易學樣態,後學研究其象數之說,或可更進一步從當中去建構出可以包蘊的義理思想;同時,惠氏雖主訴象數,但有關論著裡亦可提煉出義理的概念,當中「多義蘊精深,所包甚廣」,[64]並有發前人所未深究者,作為乾嘉大家的他,視之為值得對話的對象,仍可有莫大的收穫!

　　研究某人的某種學術思想,必先清楚地瞭解此人所處的學術環境與背景,並確切認識其學術面目,然後再進一步從不同的多元角度,以客觀的態度探討其學術特色、學術成就,乃至學術得失。切忌以主觀的偏見,或以預先設定的立場,從固定的某一個角度去截取、觀照該人的學術,這樣的方式,或許可以言之成理,得到一些「洞見」,卻有可能是一些個人的偏見,不能對該人學術作全面性、客觀性的理解與評斷。對惠棟易學的認識也是如此,我們不可設定象數之學為缺乏哲學思想意義的末流學說,而無實質的價值。我們不可因其崇漢而詆其頑梗固著,窮見

[61] 見《四庫全書總目提要·易例提要》。引自台北:新文豐出版公司《大易類聚初集》,第十八輯,1983 年 7 月,頁 141。

[62] 見《元史·劉秉忠列傳》,卷一百五十七,北京:中華書局,1997 年 11 月 1 版,頁 3691。

[63] 《大學》云:「故好而知其惡,惡而知其美者,天下鮮矣。故諺有之曰:人莫知其子之惡,莫知其苗之碩。」載自蔣伯潛廣解《廣解四書》,台北:東華書局,1993 年 3 月 22 版 3 刷,頁 15。

[64] 見胡玉縉補正惠氏《易例》,引李慈銘《息荼庵日記》所云。文收於趙鞱如編次《大易類聚初集》,第十八輯,臺北:新文豐出版公司,1983 年 7 月,頁 142。

是處；我們更不能因其任改古字，而非其無一貢獻。畢竟學術的價值，往往也是一種主觀的認知；一般人常常將視爲有價值的學術，立於主流的地位，而視爲價值性低的學術，棄之於邊緣地帶，如此漸漸式微，漸漸爲人所遺棄。這樣在主客觀的因素下，這某些學術必然被冠以主觀上價值低廉的標籤。在這種情形下，在強勢的主流價值之壓迫下，那些被視之末流者，很快就流失殆盡，那些原本可以多元豐富的文化內容，將在一波波的新的價值取代下，「傳統」漸漸渺茫，歷史的軌跡漸漸模糊；從文化發展與傳統承繼的角度看，這是我們所不願樂見的。從一個人治學的普遍性看待，一個人治學處事，終有未竟全功，亦有瑕陋不當之處，不能強求臻於完美。平心待之，用心體會，從惠棟的角色觀照惠棟，會得到較真實的惠棟易學，這是本論著努力抱持的態度。

三、惠棟易學的影響

　　戴震＜題惠定宇先生授經圖＞指出惠棟「上追漢經師授受欲墜未墜薶蘊積久之業，而以授吳之賢俊後學，俾斯事逸而復興」，也就是他掌握了時代的脈動，以文獻稽鉤爲根本，以尊古家法爲究竟，詳於文字訓詁，重於考辨真僞，本於漢儒舊說，在漢代易學的研究成果上，給予後學研究漢《易》者極大之方便，並對整體學術發展的脈動，賦予了明確的方向，並且直接造成了實質的影響，讓「乾嘉學派」成爲清代學術發展的重要代名詞，所以惠棟成就漢學、開啓考據學風，功不可沒。

　　惠棟治《易》，「一一原本漢儒，推闡考證」，「引據古義，具有根柢」，[65]成爲開啓乾嘉學派的大師，[66]標舉漢幟、信古廣摭，成爲其學術發展上

---

[65] 見《四庫全書總目提要‧周易述提要》。引自台北：新文豐出版公司《大易類聚初集》，第十七輯，1983年7月，頁531。

[66] 惠棟與戴震爲乾嘉時期的主要開啓人。歷來中分吳派與皖派者，始自章太炎《訄書》，以惠棟之學「好博而尊聞」，戴震之學「綜形名，任裁斷」，其成學各著系統。爾後梁啓超《清代學術概論》與《中國近三百年學術史》中又明白分別吳派與皖派。錢穆在其《中國近三百年學術史》中則以「惠、戴論學，求其歸極，均之於六經，要非異趣矣」，不作二派之別。近年來，學術界對分別二派之說，亦有不少質疑者，如陳祖武＜乾嘉學派吳皖分野說商榷＞、暴鴻昌＜乾嘉考據學流派辨析——吳派、皖派說質疑＞之說。但是，

的重要特徵，並且對其後學產生莫大之影響。根據陳黃中＜惠徵君棟墓誌銘＞所述，惠氏耽思旁訊，探古訓不傳之秘以求聖賢之微言大義，除弟子余蕭客、江聲成爲傳衍惠學的重要成員外，包括沈彤、朱楷、王昶、王鳴盛、錢大昕、吳企晉，也都先後羽翼從學。流風所被，海內人士無不重通經，無不知信古，四方士大夫過吳問者，也無不以不識惠棟爲恥。[67]其再傳弟子江藩並撰《周易述補》，以補惠氏《周易述》之未竟。[68]由惠氏發起，而形成這樣的一系學術群體，擅長經史，博聞強記，勤於蒐集古注佚文，重視辨僞校勘，尊從漢儒之說，以辨字詁訓爲入手，詳辨而明證，充份開展其博學詳考的治學特色。從學術發展的縱線觀之，惠氏一脈學術，影響所及，並不能單就其自身學術而予定論與褒貶，他在清代學術發展的歷程中，具有推波助瀾與指標性的特殊而重要的地位，這在乾嘉學者中是無人可以取代的。

　　惠氏學術以治《易》爲主，故其易學爲其最主要的學術代表，治《易》的特色即反映出他的學術特色，並且代表著與影響著乾嘉時期的學術發展。單從易學發展上的影響來講，在其之後研究漢代易學乃至象數易學者，莫不與之相涉，民國以來，不論如杭辛齋、尚秉和或是其它象數易學的重要大家，乃至晚近研究漢《易》或是有關象數易學者，如徐芹庭、林忠軍、劉玉建等人，在其治《易》的過程中，莫不詳參惠氏易學。因此，對於漢《易》與象數易學之研究，惠氏在當中扮演了極爲重要的角色。以下特別舉張惠言與李道平所受之影響作簡要說明。

又有除了分二派之外，另有注意到揚州一派的問題，近人如柴德賡、戴逸、張舜徽、王俊義等人，普遍認爲像阮元、焦循、王念孫、王引之、汪中諸家，有其獨特的學術風格，絕非吳、皖兩派所能拘囿的，如張舜徽《清代揚州學記》指出「吳學最專，徽學最精，揚州之學最通」的不同特色。不論以二派或三派來概括乾嘉學術，但可以肯定的是以惠棟和戴震爲首，在那個時期的學術影響力最大，並且最能展現那個時期學術發展的主要風貌。

[67] 見陳黃中＜惠徵君棟墓誌銘＞，引自《碑傳集》，卷一三三，頁 1659。
[68] 支偉成於其《清代樸學大師列傳》中，所列之吳派經學大師，則廣列有：沈彤、江聲、余蕭客、江藩、吳凌雲、陳詩庭、陳瑑、朱右曾、孫星衍、洪亮吉、褚寅亮、金日追、王聘珍、汪中、李惇、宋綿初、張宗泰、臧庸、臧禮堂、陳壽祺、陳喬樅、李賡芸、王紹蘭、趙坦、李貽德、臧壽恭、洪齮孫、洪飴孫等人。

（一）對張惠言的影響

漢《易》自王弼大倡義理，從此殞落缺佚。惠棟力圖復漢，發其開端，考其源流，張惠言在惠氏的基礎上進行全面鑽研，遍及漢易諸家，並以虞氏易學爲宗，詳明虞《易》大旨，實出於惠氏而後大有功。對於虞氏之學，張惠言在惠氏之基礎上而進一步發揮者，其中「虞氏逸象」最爲明顯。惠氏列虞象三百三十一個，張惠言則繼續增補，增約一百五十餘個，[69]其後出之轉精，實奠基於惠氏。惠氏《周易述》以虞說作爲引述之主要對象，也就是惠氏易學根柢虞說，爲後世研究虞翻易學奠立而極爲重要的基礎。張惠言專治虞說而學有所成，爲後儒所頌揚，阮元特予高度評價，《清史·儒林傳》云：

> 初，惠棟作《周易述》，大旨遵虞翻，補以鄭、荀諸儒，學者以未能專一少之。儀徵阮元謂漢人之《易》，孟費諸家，各有師承，勢不能合。惠言傳虞氏《易》，即傳漢孟氏《易》矣，孤經絕學也。[70]

張氏傳虞氏《易》，獲得「孤經絕學」的高度評價，仍在惠氏的基礎下才能有成，所以阮元在稱讚張氏的同時，也不忘其源流，以「武進張編脩惠言承惠徵士之緒，恢而張之，約而精之，闡其疑滯，補其亡闕」，「蓋仲翔以來，綿綿延延千四百餘載，至今日而昭然復明」。[71]張氏承惠氏之志，後起而有功，特別是在虞氏易學方面的成就。研究虞氏之有關論著，包括有《周易虞氏義》、《周易虞氏消息》、《虞氏易事》、《虞氏易言》、《虞氏易候》等主要著作。張氏同於惠氏，以虞氏易學爲漢《易》之正宗，全面探尋其易學大義，「求其條貫，明其統例，釋其疑滯，信其亡闕」。[72]

---

[69] 張惠言增補逸象之說，第三章第一節中已作說明，並參見圖表 3-1-13「張惠言增補虞氏逸象一覽表」所示。

[70] 見《清史·儒林傳》，卷二六九，收錄於《清代傳記叢刊》，第九十四冊，台北：明文書局，不著出版年代，頁 13243-13244。阮元對張氏之高度評價，又見《清史稿·儒林傳·序》云：「近時，孔廣森之於《公羊春秋》，張惠言之於孟、虞《易》說，亦專家孤學也。」是治虞學之最有功者爲張氏，而張氏本諸惠氏而有此成就。

[71] 見阮元《周易虞氏易·序》。收錄於《續修四庫全書》，第二十六冊，上海：上海古籍出版社，頁 427。

[72] 見張惠言《周易虞氏易》序文。收錄於趙韞如編次《大易類聚初集》第十九輯，台北：

對於闡釋卦爻辭所用之體例，包括卦氣、旁通、卦變、升降、納甲、互體等說，都不斷有參佐或檢討惠氏之說。

張氏不論在易學的特色，或是易學的成就上，莫不受到惠氏之影響，並且在惠氏的既有成就之基礎上而進一步發揮。整體的易學表現，存在著某種程度的惠氏的影子。除了前述專綜虞氏一家的治《易》風格外，不論在反映乾嘉的學風，以及倡論家學家法的治經風格上，也都是以惠氏為首的乾嘉易學的路數，其中如梳理漢《易》流衍的易學源流問題的釐正、輯存漢魏《易》注的輯佚工夫、考辨宋《易》圖書的考據遺緒、重視《易緯》釋《易》的文獻運用，乃至《周易》經傳訓詁的治《易》方法，也都可以視為惠氏易學的延伸和擴展。

（二）對李道平的影響

李鼎祚《周易集解》一書，為唐代以後保存漢《易》的主要文獻。李氏輯錄漢及當時的《易》著三十餘家之說以成其書；特重虞翻、荀爽之說，以虞、荀專主卦爻象，以刊王輔嗣掃象之野文，以補鄭康成未取之逸象。[73]研究漢《易》，《周易集解》成為最直接且重要的文獻典籍，在歷史的長河中，漢《易》的縣延絕續，此書成為最寶貴的資料來源，有志於漢《易》，乃至有志於易學者，莫不以此書作為入門。乾嘉時期之學者，研究《集解》而有成者，從惠士奇與惠棟，張惠言繼之，而後孫星衍之重輯《集解》，網羅天下放失之漢、唐舊聞，並全收王、韓《易注》，成為繼《集解》之後的漢《易》要籍。再之後焦循成《易學三書》，乃漢《易》與王弼為主的魏《易》之合，雖以虞氏《易》為非，必能窮究虞氏等漢代《易》家之說，《集解》亦必為熟識之典籍。至於最能代表《集解》的承啟之功者，則是李道平的《周易集解纂疏》。李道平於其＜自序＞中指出：

　　漢儒踵周、秦而興，《易》師授受，一脈相承，恪守典型，毋敢失

新文豐出版社，1983 年 7 月，頁 289。

[73] 參見李鼎祚《周易集解・序》云：「遊心墳籍，歷觀炎漢，迄今巨唐，採群賢之遺言，議三聖之幽賾，集虞翻、荀爽三十餘家，刊輔嗣之野文，補康成之逸象，各列名義，共契元宗。」（是書，頁 2。）

墜。凡互卦、卦變以及卦氣、爻辰、消息、納甲、飛伏、升降之說，皆所不廢。蓋去聖未遠，古義猶存，故其說往往與羲、文之旨相契合。自时厥後，一變為晉《易》，而老、莊虛無之燄熾。再變為宋《易》，而陳、李圖學之說興。夫老、莊之虛無，陳、李之圖學，斷不能遠出漢儒象數之上。且王氏之注，論象數既不及漢儒之確，論義理又不及宋儒之醇。進退無所據，有識之士多擯斥不肯道。及唐祭酒孔君沖遠奉勅疏解諸經傳注，獨于《易》黜鄭、虞而宗王、韓。取輔嗣野文疏而行之，其書遂藉以獨尊于世，而漢學寖微。……復不自揣，萃會眾說，句梳而字櫛之。義必徵諸古，例必溯其源。務使疏通證明，關節開解，讀者可一覽而得其指趣。舊注閒有未應經義者，或別引一說，以申其義。或旁參愚慮，以備一解。[74]

李道平對易學發展流變的體認與價值看法，基本上與惠氏一致，詳知易學演變的歷程中，漢《易》寖衰的情形，也特別罪及王輔嗣之學；而其廣擄眾說、徵古溯源、句梳字櫛之法，亦與惠氏同道。他同時提到少時取《集解》而讀之，「隱辭奧義，深邃難闚」，多有滯礙難通者，之後則「得東吳惠氏書，而向之滯者，十釋四五矣」。[75]可見李道平治《易》，必當深受惠氏之影響。

　　粗考李道平《集解纂疏》，的確發現其著述內容，每每可見惠氏之鑿痕，李氏在疏解經傳的過程中，往往直取惠氏之說。因此，今日學者普遍認為李道平《纂疏》為《周易集解》再認識的最佳詮解，「循此《纂疏》以研究《周易集解》者」，[76]是最佳的進路。但是，嚴格地說，《纂疏》是因惠氏易學特別是其《周易述》而有功。以下隨機舉例說明。

　　惠棟理解虞翻的卦變說，認為虞氏無一陽一陰自剝復夬姤之例，如惠氏釋小畜䷈卦，指出「凡一陰五陽、一陽五陰之卦，皆自乾坤來」，「卦无剝、復、夬、姤之例。此卦一陰五陽，故不云自夬、姤來，而云需上

---

[74] 見李道平《周易集解纂疏·自序》，頁 1-2。
[75] 見李道平《周易集解纂疏·自序》，頁 2。
[76] 見潘雨廷點校《周易集解纂疏》之點校＜前言＞，同前注之同書，頁 12。

變爲巽也」。[77]至於李道平的一陽一陰之卦變說，亦大致接受惠氏對虞翻的理解，《周易集解纂疏》中，同樣釋小畜卦時指出「虞无一陽一陰自剝復夬姤之例，故謂需上變爲巽而成小畜也」。[78]其它一陽一陰之卦的認定亦同。

惠棟釋比䷇卦爲例，比卦初六「有孚盈缶」，惠氏引虞說云「坤器爲缶」，並進一步述明：

> 《繫上》曰「形乃謂之器」，又曰「形而下者謂之器」，皆指坤，故知坤爲器。坤爲土爲器。缶者土器，故曰坤器爲缶也。坤爲國，故以缶喻中國。初動體屯，《序卦》曰「屯者，盈也」，盈缶之象。[79]

闡發比卦盈滿之象。對於此一爻辭，李道平疏云：

> 《繫上》曰「形乃謂之器」，又曰「形而下者謂之器」，皆謂坤在地成形也，故知坤爲器。《考工記》「範土以爲器」，坤爲土，缶，土器也，且坤腹有容，其象爲缶，故云「坤器爲缶」。坎水在上，流于坤土，初動成陽，其體爲屯，《序卦》曰「屯者，盈也」，故曰「盈缶」。[80]

二文對照，可以看出惠氏引《繫上》與《序卦》之文，而李氏亦同。從文脈與論述的內容看來，惠氏與李氏並無不同，只不過李氏有再略加說明罷了。又如同卦惠氏釋九五「顯比。王用三驅，失前禽」，引虞氏之義，並云：

> 《繫上》曰「卑高以陳，貴賤位矣」。虞彼注云「乾高貴五，五多功，故五貴多功。初三失位，當變有兩離象，故體重明也。《說文》「㬎」字下云「眔微杪也。从日中視絲。古文以爲顯字」。卦自下升，微而之顯，「顯」从日，離爲日，日中視絲，眔見微杪，故九五稱「顯比」。《繫上》曰「顯諸仁」，亦謂重離也。乾爲王，乾五之坤，五成坎，坎五即乾五，故坎五稱王。二升五，歷三爻，皆

---

[77] 見《周易述》，卷二，頁44。

[78] 見李道平《周易集解纂疏》，卷二，頁148。

[79] 見《周易述》，卷二，頁42。

[80] 見李道平《周易集解纂疏》，卷二，頁142。

陰，故云三陰。五自二升，故不及初。三毆之法，三面毆禽，獨
開前面，故失前禽。初在二前，前禽之象。二升五，初變體震，
震為鹿，故稱禽。震為驚，為作足，故為奔走。「鹿斯之奔」，《詩·
小弁》文也。[81]

相對於李氏之言，其於「顯比」下疏云：

《繫上》曰「卑高以陳，貴賤位矣」。虞彼注云「乾高貴五」，《繫
下》曰「五多功」，故云「五貴多功」。以陽居五，故云「得位正
中」。初與三皆失位，當變而之正，成既濟定，有兩離象，故云「初
三巳變體重明」。《說文》「㬎」字下云「眾微杪也。從日中視絲。
古文以為顯字」。卦自下升，微而之顯，「顯」從日，離為日，日
中視絲，眾見微杪，故九五稱「顯比」。「顯諸仁」，《繫上》文，
蓋震為「仁」，五降初為元善，三陰亦正其體為離，故謂「顯諸仁」
也。

李氏又於「王用三毆，失前禽」下疏云：

乾五交坤成坎，故「坎五稱王」亦謂重離也。乾為王，乾五之坤，
五成坎，。五自師二來，故「三毆謂毆下三陰」。五降初為復，故
毆「不及初」。「前禽」謂初，故「失前禽」。初變成震，鹿性驚，
震驚，故「為鹿」。震為作足，故「為驚走」。「鹿斯之奔」，《詩·
小弁》文。鹿奔，故「失前禽也」。[82]

從此九五爻辭釋文的對照也可以看出，惠氏不論引用《繫傳》、《說文》
與《詩·小弁》之文，也皆為李氏所用。其訓義的表現上，惠氏以震為
仁，「顯」字之訓義上，惠氏云「卦自下升，微而之顯，顯從日，離為日，
日中視絲，眾見微杪，故九五稱顯比」，而李氏則完全不變的直接引用。
至於「王用三毆，失前禽」句的解訓，二家的意義亦大致相同。

以大畜䷙卦為例，九三「日閑輿衛」，惠氏疏云：

馬、鄭皆云「閑，習也」。坎稱習坎，故為閑習。《尚書大傳》曰
「戰鬥不可不習，故于搜狩以閑之」是也。坤為大輿，故為車輿。

---

[81] 見《周易述》，卷二，頁 42-43。
[82] 見李道平《周易集解纂疏》，卷二，頁 145-146。

二居五，故乾人在上。震驚百里，故為驚衛。《晉語》曰「車有震武震」。為講論，故講武閑兵。鄭氏謂「日習車徒」是也。

六四「童牛之告」，惠氏疏云：

蒙六五體艮，為童蒙，故知艮為童。旁通萃，故「萃坤為牛」。《說文》曰「告，从口以牛。牛觸人，角著橫木所以告」，故云「告謂以木楅其角」也。《周禮‧封人》曰「凡祭祀飾其牛，牲設其楅衡」，鄭彼注云「楅設于角」。《詩‧閟宮》曰「夏而楅衡」，《毛傳》云「楅衡，設牛角以楅之」，所謂木楅其角也。「告」俗作「牿」，今從古。大畜之家，取象牛豕，義取畜養。豕交獸畜，亦有畜義，故云「畜物之家」。牛觸觝人，故「惡其觸害」。

六五「豶豕之牙，吉」，惠氏疏云：

《釋獸》曰「豕子，豬豵豶幺幼」，郭璞云「俗呼小豶豬為豵子，最後生者為幺豚」，故云豕子為豶。豶豕猶童牛也。坎為豕，虞義也。牙者，畜豕之杙，故云牙杙也。東齊、海岱之間，以杙繫豕，防其唐突，與「童牛之告」同義也。[83]

惠氏此卦爻之訓文，幾乎為李氏所原本套用，李氏九三疏云：

閑，馬、鄭皆云「習也」。坎稱習坎，故為閑習。《尚書大傳》「戰鬥不可不習，故于蒐狩以閑之」是也。坤為大輿，故為車輿。乾陽生為人，畜乾伏萃坤輿，故乾人在上。震驚百里，故為驚衛，言衛以防驚也。《晉語》曰「車有震武」。震為講論，故講武閑兵。日閑輿衛，鄭氏謂「日習車徒」是也。

除了略有小異外，幾乎原本於惠氏之文。李氏六四疏云：

艮為少男，故童蒙，與蒙六五童蒙同義。五變之正，與萃旁通，故「萃坤為牛」。《說文》「告，从口以牛。牛觸人，角著橫木所以告」，故云「告謂以木楅其角」也。「告」俗作「牿」，《說文》及《九家易》作「告」是也。大畜之家，取象牛羊，義取畜養。豕交獸畜，亦有畜義，故云「畜物之家」。牛性觝人，故「惡其觸害」。

並於六四《象傳》之疏，亦引惠氏此爻辭疏文：

---

[83] 見《周易述》，卷四，頁117-118。

《詩・閟宮》「夏而楅衡」，《毛傳》云「楅衡，設牛角以楅之」。……
復引《地官・封人》及鄭注者，蓋楅設于牛角，所以防觸。

此亦本諸惠氏文。李氏於六五疏文中案語云：

《釋獸》曰「豜子，豬豶豵幺幼」，郭璞云「俗呼小豵豬為豵子，最後生者為幺豜」。豶豜猶童牛也。牙者，畜豜之杙。東齊、海岱之閒，以杙繫豜，防其唐突，與「童牛之告」同義也。[84]

此亦本惠氏文。

惠氏釋噬嗑卦《彖傳》「動而明，雷電合而章」，疏云：

下震上离，故動震明离。《古文尚書・堯典》曰「辨章百姓」，鄭注云「章，明也」。《說卦》曰「震為雷，离為電」。《晉語》司空季子曰「車有震武也」，韋昭云「震，威也」，又云「居樂出威」，故知震為威也。「震動而威，電動而明」，宋衷義也。電有光明，故云電照。宋氏又謂「用刑之道，威明相兼」，故須雷電並合而噬嗑備。《尚書・呂刑》曰「德威維畏，德明維明」，是用刑在乎威明也。[85]

惠氏云「下震上离，故動震明离」，李氏則解為「下震為雷為動，上離為電為明」，[86]二者義同。至於惠氏引《晉語》與《呂刑》之言，李氏亦同引，而用於釋噬嗑卦《象傳》「雷電噬嗑」之說：

《晉語》司空季子曰「車有震武也」，韋昭云「震，威也」，又云「居樂出威」，故云雷動而威。……用刑之道，二者相兼。不明則刑必濫，不威則物不伏，故必二者合，而後噬嗑之道始備。《呂刑》曰「德威維畏，德明維明」，是其義也。[87]

可以看出李氏之說是直取惠氏之言。

惠氏釋明夷卦初九「明夷于飛，垂其翼，君子于行，三日不食」，云：

《說卦》曰：离為雉。郭璞《洞林》曰：离為朱雀，故為飛鳥。明入地中，為坤所抑，故垂其翼。昭五年《春秋傳》曰：日之謙

---

[84] 李道平諸文，見其《周易集解纂疏》，卷四，頁279-281。
[85] 見《周易述・彖上傳》，卷九，頁245-246。
[86] 見李道平《周易集解纂疏》，卷四，頁238。
[87] 見李道平《周易集解纂疏》，卷四，頁239。

當鳥飛不翔，垂不峻，翼不廣。初體离而在坤下，故有是象也。
泰《象傳》曰：君子道長，君子謂三陽。《春秋傳》曰：象日之動，
故曰君子于行。是知陽為君子，陽成于三，故云三者，陽德成也。
晉初動體噬嗑，《雜卦》曰：噬嗑，食也。明夷反晉，故不食。荀
氏謂不食者，不得食君祿也。陽未居五，陰暗在上，初有明德，
恥食其祿，故曰「君子于行，三日不食」，是其義也。[88]

李氏疏文則云：

離為火，火曰炎上，本乎天者親上，飛象也。《説卦》曰：离為雉。
郭璞《洞林》曰：离為朱雀，故為飛鳥而曰于飛也。明入地中，
為坤所抑，故垂其翼。昭五年《左傳》曰：日之謙當鳥飛不翔，
垂不峻，翼不廣。初體离而在坤下，故有是象也。且晉時離在坤
上，今反在坤下，故垂也。泰《象傳》曰：君子道長，君子謂三
陽。《左傳》曰：象日之動，故曰君子于行。是知陽為君子，《春
秋元命包》曰：陽成于三，故云三者，陽德成也。日象陽，故喻
君。晉初動體噬嗑，《雜卦》曰：噬嗑，食也。明夷反晉，故不食，
謂不食君祿也。陽在初，未居五，坤以陰暗在上，故陽有離明
之德，恥食其祿。初應四，震為行。自初至四，三爻為三日，故
曰「君子于行，三日不食」也。[89]

由惠、李二家之說的對照，可以看出不論是引據文獻如《洞林》、《左傳》
等由惠氏而出，包括所訓內容，也幾乎是原本於惠氏之說。

　　二家相似之文，不勝枚舉，這裡不再贅引。但知李道平疏解《周易
集解》之旨義，應深受惠氏之影響。若說《集解》傳漢《易》於不墜，
則李道平有功於《集解》，提供後世認識《集解》內容的重要詮釋論著，
而惠氏《周易述》又予李氏莫大助力，李氏搭上了惠氏的成功便車，惠
氏《易》說成為李氏易學成就背後的重要功臣。雖然李氏有發一己之意，
而不同於惠說，但與惠說同者尤眾，對惠氏之重要觀點主張，也都採取
認同與肯定的態度。

---

[88] 見《周易述》，卷五，頁152-153。
[89] 見李道平《周易集解纂疏》，卷五，頁345。

第三節　從象數思維的定位與詮釋學
思潮反省惠氏易學

　　惠氏易學的典型化表現，即在其回復漢《易》立場下所闡釋的象數易學，在收納以虞翻、荀爽、鄭玄等漢代《易》家為主而重構的象數主張，歷來批評者大都認為其純粹以象數立說，創造性與思想性不足，進而否定其成就。本書的最後，試圖粗要從象數思維的定位反省「象數」可能的意義，以及從當代詮釋學思潮來架構可能的惠氏易學，提出一點簡要的概念性想法，作為有志者未來研究可以預試的可能進路之參考。

一、象數思維定位的反省

　　象數的思維為中國哲學史上特有的思維方式，縱使堅持義理思維才是哲學思維的人否定它的哲學意義，但個人仍堅定它是具有積極的邏輯思維與表述哲學的意義。象數的思維存在著世界的本質與可能關係的存在意義，藉由象數組成的符號和文字體系以表徵世界的本質和規律。人的意識把握世界是通過兩種基本的形式，一種是透過感性的，即形象思維，另一種是理性的，即抽象思維。任何思維方式的產生，都源自於人的需要。感性認識的產生，源自於人們把握事物的表面特徵和外在形象，以滿足其生物本能的需要。理性思維的產生，源自人們從個別中認識一般的本質和規律，以進行實踐活動的需要。形象思維的產生，源自於人們以典型化的形象反映社會生活的需要。[90]而象數的思維，應該掛繫在那種人的意識形式下呢？個人認為它強調形象的思維，卻也在形象的背後又涵攝著抽象的概念。誠如《繫傳》所謂「書不盡言，言不盡意」，而「聖人立象以盡意」，也就是說，「意」雖不能直接言說，卻可以通過「象」

---

[90] 參見何麗野＜象的思維：說不可說──中國古代形而上學方法論＞，《中國哲學》，2004年第 4 期，頁 40。

或「象數」的解讀來領會。所以說，象數絕不僅僅指爲客觀事物的表象，而是能夠生「意」的象數。擴而言之，世界的本質往往不能直接言說，但可以通過象數的概念積極的顯示出來。如此一來，象數不只是形象的思維，而是能夠帶有多樣性的抽象意義，這個抽象意義，則有待讀者或研究者的進一步詮釋與藉由語言的再一次邏輯建構，然後使其抽象的意義更爲豐富起來。事實上，《周易》在義理之學的表現上，常常也是藉由《周易》本身的象數概念，乃至運用前儒的象數主張所進一步詮釋的結果；假如我們能夠接受傳統的象數之說，容許它的繁富，進入它的可能困難度，然後創造詮釋，它何嘗不能再造思維的光輝。這是本人對象數之學接受下的感受與期許。

　　易學思想的發展史上，從秦漢以降便逐漸形成兩大不同的論述系統，即象數與義理二派。這兩個不同的系統，或許發展初期論述者並未刻意要作區別，而是因爲內容傾向的不同，後世學者才作此分別。惠棟繼承漢代象數之說，而若要稱之爲純粹象數，實在也不爲過，惠氏在《周易述》中闡明經傳文義，採用象數之說，可以說是近乎純粹，根本以虞翻、荀爽爲大宗，並輔以其它漢儒象數之說，用象數之思維，體現《周易》的奧旨。惠氏佇立在復漢的歷史定點上，在畢生有限的力量下，努力將傳統的象數之學作最周延的詮解，或許他意識與憂慮到象數之學的危墜與佚失，所以迫切於純粹漢學——即他認定的漢代象數之學的堅持論述，相對反對那宋明以來視象數如糟粕的義理之學；所形式上反映出它的堅持，義理的成份相對式微，但並不代表象數的背後並無抽象的概念與理性的思考存在。理解惠氏的立場，並在論著的尾聲，很緊湊卻又很理性的反省象數之學的定位，從科學的概念與陰陽變易的思想兩個面向，簡要提出一點個人的想法。

（一）從科學的概念看象數易學

　　象數之學特別重視從陰陽奇偶之數、九六之數、大衍之數，以及天地之數，並且透過八卦所象徵的「象」、爻位之象，同時配合《易》例的使用，如互體、爻變等等，來解釋《周易》的經傳文義。以象數解《易》，把宇宙萬物符號化、數量化，用以解《易》並推測宇宙事物的關係與種

種變化上的意義。漢代作爲象數易學獨領風騷的特殊年代，在這個時期，孟喜、京房、鄭玄等人，對前人在象數領域的諸多創見進行了系統的整理和總結，並努力將「象」與「數」的推衍之術模式化，藉此以象數之學構造出一個有系統而精緻的天人關係規則體系，並試圖通過這些規則體系的共識化與概念化，完成對現實社會的改造。成形於這個時期的另一重要代表，即爲《易緯》所代表的系統，爲漢代象數易學又注入另一股活力，融合了大量當時的天文、歷法等科學知識，並拓展出人們溝通天人的視域，豐富了「象」和「數」的內涵，使得觀象運數的推天道的方法論重心從傳統的以象爲關注的焦點的卜筮模式轉向更具有理性邏輯特色的象數運籌上。一直到了荀爽與虞翻，則總結漢儒象數之說，特別是虞翻，可以說是集大成者，是漢代象數之學最鼎盛，象數思維最圓熟的最重要的代表。

在人類生活的歷史進程中，各式各樣的方術與人類各個群體的社會生活中都曾經甚至扮演著重要的角色。方術是人類瞭解世界和自身的一種特殊類型的方式，在時空的變動中，把握不同事物或事件之間對應關係的發生是各種方術殊途同歸的共同旨趣。在方術的認識結構中，作爲結果發生的事件與誘發這一結果的其它事件的關係並非一定具有邏輯上的因果對應，雖然這其中也不乏固定的程式運演，但在現象與將要發生的結果之間起決定作用是方術具體於實施者的心智、情感的非常態表現，帶有強烈的主觀色彩，所以方術很難作爲一種對於世間萬物具有普遍性的解釋體系而成爲社會群體普遍接受的觀念。相對於方術，象數之學之所以成爲大多數方術普遍尊奉的理論依據，主要因爲象數之學提供的對於世界的特殊理解形式爲方術所必須者。從「推天道以明人事」的《易》道法門而言，以象數作爲特殊符號形式和論述法則，從現象「推衍」出某種可以決定現象變化方向和結果的具有規律性的普遍原則，爲象數易學的主要內容，具有強烈的對於天道的揣摹和模擬，體現其推「天道」而明「人事」吉凶的歷程。因此，象數之學側重於對世界的瞭解過程，表現其解釋「世界」的特殊形式與特色，與義理之學相比，象數之學重於觀念的形式建構，亦即推「天道」所呈現的方式。象數的思維模式，表現出事物存在的基本方式與根本的邏輯，是一種具象和直觀的思

維所建構出來的世界圖式結構，孟、京的卦氣說、八卦六位說如此，虞翻、荀爽的月體納甲說、升降說等也都是如此。

從「科學」的概念來看漢儒的象數之學，以及一般所倡論的義理之學，漢儒的象數之學，帶有濃烈的天文歷法等自然科學知識的介入，而義理之學在則重於抽象的論述，在這方面的科學性則相對不足。但是，純粹的科學概念，又與易學特別是那具有「科學性」的象數之學，仍然是截然不同的思維模式與認知結構，對於看待世界仍有其選取視角上的不同。科學思維最重要的環節在於對觀察結果的邏輯分析，其分析是在一系列嚴格的規則引導下進行的，這些規則經過了最大限度的共識檢驗，因而保證了分析推理結果在共識中的可驗證性。相對於象數易學，其《易》象的思維是意象性的，它著很大程度上的不可解析性，其演化的結果具有很強烈的個人色彩，是思想者個體在某種特殊心理狀態下所獲得的認識；《易傳》所謂「《易》无思也，无爲也，寂然不動，感而遂通天下之故」，正是《易》象思維這種與眾不同的「感通」特徵。這種思維模式是「天人合一」觀念最根本的體現，具有強烈的神秘性與獨知性，因爲這種思維超出了受現實侷限的「共識」所可以理解的範圍。同樣地，有些義理的論述內容，更具有那無法形成共識的獨知之境，特別是流落到明末如部份學者那種空談與庸俗敗壞學風，對社會、對歷史、對文化所造成的負面衝擊，人們不得不重新思索那較具務實的或較具科學性的「共識」，回歸於象數的討論，某種程度而言，也是一種科學性的渴求。因此，惠棟的復原漢《易》，重構象數之學，從歷史的背景去理解，或從科學的觀點去理解，並不是真的一無是處；否定象數之學，也是對漢代那長遠易學發展歷程的否定，易學研究者，是否該存如此的對待方式？在看重義理的詮釋系統時，也應該尊重象數的這套論述系統。

但是，在尊重象數易學的同時，我們也當反省這套兩漢以來所建構出的象數理論，所實際存在的負面形象，後來的論述者是否可以從中取捨再現。兩漢的象數理論，將《易》道作了形式化的建構後，落入「禨祥」的桎梏中，成爲一套牽強附會、繁複瑣碎的哲學；其癥結在於形式化的共識建構對於其成立條件的強烈依賴，也就是將那些屬於天文歷法的科學性概念強加混用與擴充，欲使之公式化的運用於變化多端、紛繁

複雜的現實上，則必陷入捉襟見肘、附會不實的窘境，致使科學性的共識失去了學術文化上所可以呈現的意義，甚至反而成爲罪惡的淵藪。惠棟復原漢《易》，理解到那些災異禨祥的神秘性之負面形象，在其述《易》的過程中，一直儘量排除這方面的內容，所以這樣的「科學」態度，反映出惠氏的一片苦心，基本上也是值得肯定的。然而，少了這一些，好像對於漢代文化社會的表現力道也相對滅殺了，畢竟這些曾經是屬於漢代重要部份；惠氏既是復漢，少了這些，那漢《易》的實質，也可能因此而不「純粹」了。這個方面，正是惠氏選擇詮解漢《易》所面對的困境。

（二）從陰陽變易的思想看象數易學

《周易》之道，簡而言之，即是陰陽變易之道。《繫傳》云「《易》之爲書也不可遠，爲道也屢遷，變動不居，周流六虛，上下无常，剛柔相易，不可爲典要，唯變所適」。這種「唯變所適」的變易之道，源於陰陽二氣的交感變化，就《易》卦以符號而言，即是陰爻與陽爻構成的卦象、爻象及其關係的理解，而最能體現這種理解者，即象數易學的思維模式最能具體的表達出來，也就是象數系統本身即是一個能夠顯現天道生成變化的動態結構，而陰陽爻就是其中最關鍵的變數與元質，陰陽爻的性質、爻位，以及彼此的交互關係等引發卦象的千變萬化，即呈顯出天道變化的原理、變化關係以及可能的變化結果，這樣的陰陽變易，《繫傳》稱之「陰陽不測之謂神」。《周易》象數之學透過簡易的「一陰一陽」之符號的微妙變化，以表現出一種動態的變化之道，蘊涵著「範圍天地之化而不過，曲成萬物而不遺」的無盡意象。陰陽爻作爲一種符號的意義，人們賦予它們以陰陽、剛柔、動靜、天地、男女、君臣等等含義，它們作爲相對相生、極其簡易的二個符號，表示兩個根本分別的元素，而藉由這兩個簡單的元素，卻能創造出無盡的意義，而這無盡意義下的具體現象與關係之呈現，則是象數易學之專長。

陰陽爻作爲兩個對立而不同的表述符號，其傳達的意義，除了考慮符號本身的「陰」、「陽」性質之外，特別要關注的是符號的位置和符號間的關係，從符號的性質、位置與關係，才能充份體現出其中的具體意

義。這種以陰陽符號所顯現的陰陽變異之關係，具有動態的變異關係，也就是能夠反映出過去、現在與可能的未來之意義，例如以同人䷌卦云，《周易》指出此一陰五陽的卦，體現的是「同人于野，亨。利涉大川，利君子貞」[91]的意義，而惠棟所述象數之學的意義，指出「坤五之乾，柔得位得中而應乎乾」；「當是坤五降居乾二成同人」，「坤五之乾，得位得中而應乎乾，故云同人于野」。[92]在惠棟看來，同人卦是背後是由「坤五之乾」而來，也就是其過去的意義與乾坤二卦有密切的關聯，而與乾坤二卦的關係，當然不僅只是過去的意義而已，還涵攝著現在與未來的動態意義，反映的是亨通、利涉大川與利貞的內涵。在象數意義上，這僅是就卦變而言。惠氏尚指出「四、上失位，變而體坎，故利涉大川」。[93]同人卦四、上陽居陰位，變而使之正，是一種爻變的動態作為；然後藉由互體以聯結成為一個新的陰陽爻所組成的卦象，即二至四爻互體為坎☵、四至上亦為坎☵所表現出的川險之象，雖是險象，但因為二、五皆正，所以「利涉大川，利君子貞」。這種透過陰陽爻位的變化關係所形成的整體的卦象，是一個動態的時空結構，所以象數結構下的意義，是一個包含內在變化創新能力的有機之變異關係。

　　在象數易學的結構概念下，陰陽二元素絕非只是象徵性兩類現成的存在形態，而是終極的相交和相互引發的動態關係，也就是它們構成的《易》象包含著原發時空的存在形態或構生形態，以及含有正在當場實現之中的流動和化生情形，也就是過去、現在與未來的相互生成關係。[94]從現象學的概念言，由象數之學所表述的陰陽符號及其可能呈顯的陰陽變異關係，它除了可以如讓－保羅・薩特（Jean-Paul Sartre）所說的賦予現在一種「面對世界在場」的優先地位外，也包括「世界內部存在的前景中的過去的問題」。[95]象數易學下的陰陽變易關係，即可以表現在三維

---

[91] 見同人卦卦辭。

[92] 見《周易述》，卷二，頁 62。

[93] 見《周易述》，卷二，頁 62。

[94] 參見張祥龍《從現象學到孔夫子》，北京：商務印書館，2001 年 1 版 1 刷，頁 206-211。

[95] 見讓－保羅・薩特著，陳宣良等譯《存在與虛無》，安徽：安徽文藝出版社，1998 年 4 月 1 版 1 刷，頁 157。

的時空場景下的意義。修補那過去、現在與未來本是斷裂的時間場景，使之緊密相繫，而象數易學也能從不斷延續中新生。惠棟的復原漢《易》，其價值並不僅在於「復原」這些象數的「材料」而已，而是後學也能從象數之學所充份展現的強烈的陰陽變易關係，進一步地體認與闡釋出更為豐富的動態意義與哲學思維。

象數易學從陰陽的關係建構出變易的意義，讓人們體認和掌握變易之道，它並非只是在求取關於變易的確定知識或靜態意義而已，而是希望能夠在變易之中駕馭變易，認識動態，並且求得陰陽交感變化後那有機關係的不易之道而朝向未來，這個「不易」，最重要的意義就是「中」，也就是惠氏所強調的「中和」、「成既濟定」之道。這個「中」，或是「中和」、「成既濟定」，即是陰陽交感之中所維持的一種動態的平衡，也是陰陽在變化中調適而成的最佳狀態，孕育著無限的生機和新的可能性，也是《中庸》所謂「致中和，天地位焉，萬物育焉」的變易下的理想狀態。因此，《周易》象數意義下所構築的陰陽變易關係，它除了呈現現在的概念外，也積極的指向未來的態勢，具有強烈的動態意涵，可以將易學思想帶引到一種微妙深遠的境域之中。然而，這種動態的易變意涵，長期以來卻被傳統形而上學（義理性）的認識框架所遮蔽，讓象數思想可能體現的視野與價值，一直不被關注、不被詮釋、不被活躍，這是很可惜的地方。

二、從詮釋學思潮看惠氏易學

隨著西方哲學思想與哲學方法的快速介入，特別是在詮釋學（hermeneutics）的範疇，成為探述當代思想或是中國傳統思想上的一個極受重視的概念，也成為極具活力的哲學思潮之一；「詮釋」在哲學上的被高度重視，也帶引我們對中國古代經典注釋傳統的歷史反思和現代性的觀照。在對惠氏易學有深刻的瞭解之後，特別在論著接近尾聲的部份，用當代詮釋思潮來反省參照惠氏易學，從詮釋學的幾個面向，作簡要的討論。

（一）從「歷史圖像」的觀點看惠氏易學

　　不同的時空因素，直接影響人物的學術傾向或思想內涵，黃俊傑先生特別界定爲「歷史圖像」的問題，認爲「歷史上的人物及其思想都是受時空因素所決定的（tempro-spatially determined），一旦消逝之後，後代歷史學家生活在不同的時空之中，必然不能像自然科學家一樣地在控制的實驗室中將史事再如實重演」。[96]的確，人物與思想，都是其某種時空下的獨特性，過去的那個時期，與現在的這個時期，乃至未來的某一個時期，都有其不同的時空氛圍，也會造就出不同的人物性格與思想取向，因此，他們面對過去的歷史或是思想，從微觀的角度看，他們也都會有他們不同的取捨傾向與不同的詮釋方法和論述內涵。這樣的不同，是因爲歷史圖像的的模糊，也就是歷史圖像的不確定所致。

　　荷蘭史學家海爾（Pieter Geyl，1877-1966）曾指出「歷史是無窮盡的，也是不確定的。我們常努力把過去的史學加以確定，但我們所能做的其實只是展現我們對歷史的印象而已」。柯林伍德（R.G.Collingwood，1889-1943）更爲明確的認爲「每個人都帶著他自己和他的時代的觀點來研究歷史」。[97]因此，後來人論述之前的歷史，對於其所建構的這個歷史的歷史圖像，也就因爲這一論述者所處的時空因素的變遷而有所不同。由於歷史圖像的不確定，史學家或是論述歷史的人，對於論述同樣的一段歷史或同一個歷史的事件，除了基本印象或基本輪廓或許相近外，常常也就會有不同的詮釋內容；而這種不同的詮釋內容的現象，往往因爲「事實判斷」與「價值判斷」的差異所致。也就是說，不同的時代，會有不同的「事實判斷」與不同的「價值判斷」，這是時空因素的不同而有的不同，而形成了歷史圖像的不確定性。

[96] 見黃俊傑《中國孟學詮釋史論》，北京：社會科學文獻出版社，2004 年 9 月 1 版 1 刷，頁 4。

[97] 二家之說，見 Pieter Geyl, From Ranke to Toynbee: Five Lectures on Historians and Historiographical Problems (Northampton, Mass.: Department of History, Smith College, 1952),p.3. 以及 R.G. Collingwood , "The Philosophy of History", in his Essays in the Philosophy of History, ed. by William Debbins (Austin and London: University of Texas Press, 1965, 1976),vol.9,p.1.二說轉引自黃俊傑《中國孟學詮釋史論》，頁 4。

　　由於歷史圖像的不確定性，形成中國史學論述內容的不同。同樣地，也發生在中國經典的詮釋上。歷代的經學家，對於傳統的那些典型化的經典，在詮釋的內涵上，會因其自身所處的時空的差異，而產生不同的「事實判斷」與「價值判斷」，而呈現出不同的內容。在易學的詮釋範疇也是如此，所以有如漢代《易》家重象數，而宋代《易》家如以程朱為首的，受到理學的學術氛圍影響，則重在義理的表述上，發展到了清代，從清初對宋明以降學術的反省與自覺，形成一股無可抵擋的經世實學學風，並發展與影響到乾嘉時期，以惠棟和戴震為首的漢學再現的治學風氣成為主流。惠棟治《易》，將「事實判斷」與「價值判斷」同時放置在一平面上，他肯定「事實判斷」有其優先性，因為他認為必須先追求事實，才能造就價值，他認為宋儒由於對於經典的事實不重視，甚至不以事實為據，導致價值的殞落，這個價值的殞落就是對經典的原意的扭曲，對經典原始本義的維護不周，破壞經典原有的歷史性和原始性，乃至整個學術呈現空疏不實的傾向，不能實事求是，不能言之有物，撼動經典原有的神聖性與其不應也不可變易的內涵。惠棟易學的核心價值在於復原漢《易》的本來面貌，也就是在於求「真」與求「實」，這樣的「真」與「實」的價值追求，也就是惠棟「事實判斷」與「價值判斷」的核心所在，更是惠氏在治《易》上所呈現的歷史圖像。

　　從漢《易》的角度出發，宋儒的義理傾向的易學詮釋內容，相較於惠棟象數內容的易學思想，二者對於易學詮釋內容上的基本輪廓與基本印象已有明顯地不同，惠氏相對確實較能反映出漢《易》的基本輪廓與印象，而宋儒的義理之學，則相對薄弱；或許宋儒能夠理解這些象數的內容而刻意忽略，或許根本不屑一顧而不加深究、不予認識。對部份宋儒而言，他們的事實與價值的判斷在於義理之學脈絡，他們並不在乎經典的那「真實」的本義，也就是他們不重視原始的「真」或「實」，他們期盼創造新的詮釋內涵與詮釋價值，這種新的詮釋內涵與價值因此挑戰了傳統經典的本義，也消弱了傳經經典的神聖性與不可改易性。在惠棟看來，這是一件極為嚴重的事，是一種違逆經義與經學傳統的錯誤，所以惠棟批評宋儒《易》說，批判宋儒對漢《易》的視而不見，也反對宋儒的無中生有，包括「河圖」、「洛書」等圖書易學的主張，以及不應該屬

於漢《易》內容的義理方面的思想。因此，從漢《易》的角度看，惠氏易學的歷史圖像，確實與漢《易》較爲相近，而宋儒則相對不如惠氏之真實。但是，從不同時代環境的客觀因素看，惠氏的絕對的否定，事實上也是對宋儒歷史圖像的不夠理解與體諒，他置身在其個人的歷史圖像與核心價值去對宋儒作判斷，導致宋儒在漢《易》之外的一無是處。

單獨從漢《易》的本身與惠棟易學的詮釋內涵來看，惠棟易學思想主要以虞翻之說爲主，而《周易》經傳的文字傳本，又以自取的「古文」爲本，擷取自《經典釋文》與鄭玄等諸家之說，這樣的用字與思想內容的呈現，是不是就是漢《易》的主要面貌，甚至接近原始《易》的本來面貌，他的表代性有多少，他的歷史圖象下的漢《易》與原來最具代表性的漢《易》之歷史圖象，有多少的重疊性，事實上已很難去衡定了。況且，漢《易》師法家法紛歧，又有今古之別，惠氏混同今古，主取虞氏，次而荀、鄭諸說，是否足以代表漢《易》的主流，確實多有商榷之處。但是，從傳述的有限文獻資料來看，惠氏的主張是可以理解的。虞翻在唐代李鼎祚的視野裡，的確視爲漢《易》的大宗或集大成者，也得以相對保存較爲完整。惠氏對漢《易》的歷史圖像大概是從這樣的文獻觀點而來的。

後來的學者，諸如焦循、王引之、方東樹、梁啓超等人，嚴厲的批評惠氏之不是，根本於其不同的價值與事實所框架出的不同的歷史圖像下所作的評斷，這些人的歷史圖像，建立在一種依循義理的軌跡而探尋或肯定以之作爲《周易》詮釋之本，至於象數的內容，只能視爲支節的部份，不能作爲主流的或是有價值的內容，所以宋儒義理之說較漢儒象數之說更具意義，而惠棟易學則相對更不具意義，所以惠氏必然招來苛責與否定。我們是否在建立屬於自己的歷史圖像的同時，我們也能立於歷史的當時，從一種理解、同理心去認識當時，倘能如此，或許對惠氏的易學內容與風格，也就不致武斷的否定。

（二）從詮釋學方法論的概念上看惠氏易學

中國詮釋學的重要特徵，強烈的表現在歷史性與現實取向的方面。這種特徵特別表現在傳統儒家經典的詮釋上。中國古代學者對於經典文

本的意義和理解的探究，主要表現在實用與準實用的方面，而這種經典詮釋的表現傾向，當然不見得能夠視爲現代學術領域特別是當代西方的詮釋學；也就是說，將傳統經典以詮釋學的觀點來看待，主要是指中國學術史及思想史上以經典注疏爲中心所形成的詮釋傳統。[98]《周易》不論是以象數或是義理取向的注疏內容，也同樣地姑且以詮釋的概念來看待。詮釋學在方法論上牽涉到三個問題，其一即詮釋者的歷史性：指詮釋者及其思想都受到特定的歷史條件的制約而言；其二即問題意識的自主性：指經典中的問題意識具有生命而言；其三即詮釋的循環性：指經典內部整體與部份之間，以及詮釋者與經典之間意義的循環而言。[99]

1. 從詮釋者的歷史性言

以詮釋者的歷史性而言，主要表現在經典詮釋者作爲經書價值的傳承者，這個概念與前述「歷史圖像」多有相涉，而這裡又特別專就詮釋者以對經典的價值認定而言。在惠棟看來，作爲《周易》的詮釋者，其中心的價值，在於以求真求實的方法與態度，復原經典的本來面貌，惟有如此，才能明確地表彰《周易》原來的古義，進而發揮《周易》那種以天道下貫人事的天地位而萬物育的理想之道，藉由對原來本義的認識，才能體會與賦予《周易》那種安身立命的哲理與思想準則。同時，在詮釋的態度上，惠棟強調一種考證、求真與實事求是的精神，追求一種原始而最真實的面貌，彌補、挽救與傳承一套最具本義的《周易》，扶《周易》乃至漢《易》於既墜，進而才能發揮《周易》原來的大義與聖人思想的實質功能。

嚴格地說，經典詮釋者的歷史性，以詮釋者作爲詮釋系統的建構者，

---

[98] 經典的注疏方式，實際上是否可以全面視爲一種詮釋的傳統，大多學者都採否定的主張。例如劉笑敢在其＜經典詮釋與體系建構——中國哲學詮釋傳統的成熟與特點芻議＞則作了嚴格的界分，特別是那些非哲學性的注解，根本就不能視爲詮釋的內涵。（劉氏該文，見《中國哲學》，2002 年第 5 期，頁 18-26。）

[99] 見（黃俊傑）Chun- chidh Huang, "The Mencius and Historical Hermenudtics,"《清華學報》第 19 卷第 2 期（1989 年 8 月），頁 45-65。又黃俊傑《中國孟學詮釋史論》，頁 49；以及同書第二章有進一步詳述。本段落之論述，主要根據黃氏之所主張詮釋學方法論上的三個問題作爲架構。

透過自身思想系統而賦予經典以新義，產生新的見解，也就是說，經典詮釋者以其自身的「歷史性」，對經典的理解，能夠產生若干創造性的內涵，而與原來的經典有或多或少的出入。然而，惠棟易學，特別是《周易述》，其論述的內容，大抵根本於漢儒《易》說，少有較爲豐富而不同於漢儒之主張，還原於漢儒古義，而不能有較多的新的見解，在這種從「歷史性」的概念出發的情形下，惠氏的詮釋意義著實不足。尤其是從詮釋的面向云，惠氏對《周易》的解釋過於「純粹」、過於單面化，也就是幾乎是純象數的論述內涵，缺乏較具哲學思想的義理性內容，形成一種見樹不見林的單調化內容傾向，窄化了《周易》作爲一部哲學性經典原本可以有更爲複雜而多面的豐富內容，消弱《周易》可能可以呈現的更多的哲學思想之功能。

2.從問題意識的自主性言

「歷史性」主要是以經典詮釋者的角度爲著眼，而「問題意識」主要則針對經典本身所蘊涵的主要內容，以及經典「問題意識」自身的自主性之情形。《周易》這部經典，鉤深致遠，包羅甚廣，其中主要涉及如：

(1)宇宙生成的概念，也就是由太極而化生下的宇宙生成思想。

(2)陰陽的主體概念。

(3)時中的思想。

(4)變化之道等等。

這些內容作爲《周易》這部經典的問題意識，基本上具有相當的自主性，成爲中國思想史上客觀的存在，並且成爲歷化《周易》的論述者或是思想家們所普遍而一再反省思考者，所以這些思想內容有強烈的連續性，較少受到排拒或干擾者。同時，這些問題意識，一旦形成之後，獲得獨立自主的生命，並且超越《周易》這部經典本身而存在。所以這些問題意識具有既爲內在所有而又具超越的性質。

然而，由於《周易》本身語言運用極爲隱晦，經典本身的內容性質也引人有不同的主張，所以形成象數與義理兩大不同的論述方式與內涵，對經典的問題意識作了不同的進一步見解。《易緯》、鄭玄、虞翻等漢代《易》說的主張，明顯與王弼、程朱之說有所不同。惠氏根本於此

諸漢說，也自然與王弼、程朱不同了。

羅孚若在《存在的大鏈鎖：觀念史研究》（The Great Chain of Being：A Study of the History of Ideas）中曾提出「觀念史」的主張，[100]這種「觀念史」的研究方法，特別強調研究者應注意觀念在不同學科或領或、不同地區或國家，以及不同時代的演變過程及其影響。以《周易》而言，其宇宙本體觀上，是一種物質的存在或是非物質的存在，在漢儒的普遍認識裡，大都視爲一種元氣的概念，也就是一種氣化傾向的宇宙觀主張，並且在這個時代裡，包括如揚雄的《太玄》、劉安的《淮南子》，以及有關的黃老思想，也肯定氣化的宇宙本體思想，然而宋儒在理學的基本堅持下，似乎「氣」不再是一種最高的存在，「理」才是最高的本體，而發展到了明末包括劉戢山、王廷相、羅整菴等人，乃至清代諸多學者，都主張以「氣」爲本，乾嘉學者以惠棟作爲代表的，也是如是認爲。大體而言，除了理想思想的承繼者外，一般研《易》者大致肯定「太極元氣」的物質存在作爲宇宙的本體。《周易》強調陰陽的概念，以陰陽作爲萬化的基本元質，這種概念似乎認定萬化的本體就是陰陽，就是「氣」，漢儒去古未遠，其延續性較具可徵性，因此《周易》本身在這方面的問題意識，漢儒之說可以視爲一種追隨一種更爲清晰的闡明，至於宋儒的說法，則是一種挑戰性的說法。以惠棟作爲觀念抉擇，向漢儒靠攏，自然對宋儒形成另以種排他的態度和反應。因此，就以「氣」作爲《周易》宇宙本體論的主張之問題意識，惠氏是一位維護者。但是，惠氏的維護效力是不足的，原因就在於惠氏以象數的內涵作爲論述的主要重心，哲學性的表述張力不夠，不能形成具有高度思想的邏輯性論述，而不受到普遍的重視與認同；原因不在於「氣」論的本身，而在於純粹化的象數主張，抵消了應有的關注與認同。《周易》其它如「時中」、「變化之道」等問題意識，歷來批判者較少，而惠氏同樣的問題，仍在於單一化的象數性論述，不如義理思想的活躍與開放，形成被忽略、被否定的情形產生。

---

[100] 轉引自黃俊傑《中國孟學詮釋史論》，頁 74。羅氏「觀念史」的研究對象包括：其一、某一思想或某一時代內在的「基本假設」或「無意識的心靈習慣」；其二、某一種思想的「辨證的動機」；其三、某一種思想或觀念的「形而上的感人的力量」；哲學語意學研究；其五、思想的大原則及其所形成的相關觀念。

3. 從詮釋的循環性言

中國古代的學者，對於經典注釋的工作，大都僅從文字訓詁的角度或內容著眼，這種情形，漢代的學者如此，而清代的學者更是如此，而惠棟更是如此，強調「訓詁之學，皆師所口授，其後乃著竹帛，所以漢經師之說立於學官，與經並行。《五經》出於屋壁，多古字古言，非經師之能辨。經之義存乎訓，識字審音乃知其義，是故古訓不可改也，經師不可廢也」。[101]主張經義存於訓詁之中，遵循識字、審音的訓詁進路，就可以得到經義。錢大昕作為乾嘉漢學的後繼者，他也指出「嘗謂六經者，聖人之言。因其言以求其義，則必自詁訓始。謂詁訓之外別有義理，如桑門以不立文字為最上乘者，非吾儒之學也」。[102]乾嘉學者的立場，主要歸因於宋明學風空疏淺薄、游談無根的弊病，經典的論述因不立文字和自逞私臆而缺乏一種有效性驗證，因此特別關注治經上闡釋的正確合理與可確認與可驗證性的方面，特別以惠棟尤甚，做到字字句句有所根據的詁訓方式。然而，以這種方式作為詮釋經典，往往「易將詮釋工作的複雜性加以簡單化，將意蘊豐富的詮釋學問題轉化成較為簡單的文字訓詁學問題」。[103]這樣的治經內容，很難視為經典詮釋學的詮釋範疇，勉強視為詮釋的範疇，也只是單調而簡單化的章句訓解而已，難以達到詮釋的循環性之層次。

黃俊傑在探討《孟子》學說的詮釋學意義時，特別指出詮釋的循環性包括兩個不同的層次的循環，一是《孟子》內部意義的循環性，一是《孟子》書與詮釋者之間問題意識的循環性。[104]將這二種不同層次的循環概念用於《周易》的詮釋問題上，惠棟所強調的詁訓以求古經本義的作法，於探尋《周易》內部的意義，只是最初步的工作而已，尚未能跨越進入經典內部意義的循環性之中。牟宗三強調「文獻途徑」，指出「講

---

[101] 見《九經古義，述首》，頁 362。

[102] 見錢大昕《潛研堂文集》，卷二十四，＜臧玉林經義雜識序＞。引自《嘉定錢大昕全集》，第九冊，江蘇：江蘇古籍出版社，1997 年 12 月 1 版 1 刷，頁 375。

[103] 見黃俊傑《中國孟學詮釋史論》，頁 80。

[104] 參見黃俊傑《中國孟學詮釋史論》，頁 80-86。

文獻的途徑，第一步要通句意，通段落，然後形成一個恰當的概念，由恰當的概念再進一步，看看這一概念屬於哪一方面的問題」。[105]經典章句所呈現之概念，不能單純地視爲孤立的存在，這些章句的確切意義，往往必須從經典的整體思想脈絡中去認識，才能得到完整而精確的掌握；同樣地，經典的主要思想主張之完整意義，也常必須通過從章句的逐一理解才能使之完整。如此一來，經典的內部，從單獨的文字、到章句、到整體的經典本身，形成嚴密而有機的循環系統。這種情形，涉及「部份」與「整體」的問題，二者存在著相互影響的緊張關係。惠棟著《周易述》，窮於章句訓詁與文獻的實徵，並擷取漢儒《說》說，將諸家的不同說法，作了需求上的剪裁，以作爲其述《易》之張本，並且不能用較豐富的個人看法加以有機的聯結，雖言之有徵，卻明顯支離瑣碎，在哲學意義的表現上，更難以看到整體的思想意蘊，所以欲進入《周易》內部意義的循環性層次仍顯不足。

再從《周易》這部經典與詮釋者之間問題意識的循環性而言，宋儒的義理之學，乃至如王船山的易學論著，與《周易》經典間的問題意識之關係上，其主體性與《周易》或較能環環相扣，相融而又能相互呼應，甚至能夠主客一體，在思想的意蘊上形成某種程度的相互依存的循環關係，特別是語言運用上的高度邏輯性，強化其彼此問題意識上的依附關係，使能通識大體，旨趣明確，而無太大的泛濫或疏離的感受。但是，相對於惠氏易學，雖博通廣引，不免語小而近瑣，象數的表述，也呈現出強烈的機械化的味道，並不能將《周易》這部經典的問題意識作更有效的彰顯與昇華。因此，在這方面的循環性的概念上，惠氏之說，的確明顯不足。

（三）從現代詮釋學的角度看惠氏易學的定位

詮釋學在西方歷經長期的發展，成爲當代哲學思想論述上的重要方法與概念，而這一股哲學的思潮也深深的影響中國傳統哲學的現代化詮釋，並且傳統經典的詮釋學上的意義，也成爲當代哲學思考與討論的重

---

[105] 見牟宗三＜研究中國哲學之文獻途徑＞，《鵝湖月刊》，第 11 卷 1 期，頁 6。

要議題。

　　根據當代詮釋學研究專家帕爾默（R.Palmer）的區分，詮釋學的發展至少經歷了六個階段：一是作爲《聖經》注釋的理論；二是作爲一般文獻學方法論；三是作爲一切語言理解的科學；四是作爲精神科學或是人文學的方法論基礎；五是作爲「在此」和存在理解的現象學；六是作爲既恢復意義又破壞偶像的詮釋系統。[106]這六個階段幾乎囊括了西方過去數百年歷史的全部思想進程，具有複雜的時代背景和十分豐富的內涵。西方隨著詮釋學的哲學轉向，文本解釋的問題反而越來越不被重視，古典釋義學之方法或規則退隱到了歷史背景的位置，而詮釋學漸次通往哲學思辨的新的路途上。若再將西方的詮釋簡分爲「前詮釋學」、「古典詮釋學」與「當代詮釋學」等三個階段，[107]對應於中國的詮釋觀念與系

---

[106] 轉引見景海峰《中國哲學的現代詮釋》，北京：人民大學出版社，2004 年 8 月 1 版 1 刷，頁 11-12。詮釋學的發展至少經歷了六個階段：一是作爲《聖經》注釋的理論。從 1654 年丹恩豪威爾（J.Dannhauer）第一次使用詮釋學作爲書名起，它就表示一種正確解釋《聖經》的技術，而主要用於神學方面。二是作爲一般文獻學方法論。伴隨著理性主義的發展，十八世紀古典語文學（philology）的出現對《聖經》詮釋學產生了深遠的影響，神學方法和世俗理論在文本的解釋技巧方面趨向一致。三是作爲一切語言理解的科學。這是從施萊爾馬赫（F.Schleiermacher）開始的，他把詮釋學第一次界定爲「對理解本身的研究」。正像伽達爾（H.G.Gadamer）《真理與方法》中所云，「只有施萊爾馬赫才（受 Fr · 施萊格爾的影響）才使詮釋學作爲一門關於理解和解釋的一般學說而擺脫了一切教義的偶然因素」。「施萊爾馬赫的詮釋學由於把理解建立在對話和人之間的一般相互了解上，從而加深了詮釋學基礎，這種基礎同時豐富了那些建立在詮釋學基礎上的科學體系」。（見伽達默爾著，洪漢鼎譯《真理與方法－哲學詮釋學的基本特徵》，上海：譯文出版社，1999 年 4 月 1 版 2002 年 7 月 2 刷，頁 12。）四是作爲精神科學或是人文學的方法論基礎。狄爾泰（W.Dilthey）把「歷史的意識」和科學的求真從理論上加以調和，試圖在一切人文事件相對性的後面找到一種穩固基礎，提出符合生命多面性的所謂世界觀的類型學說。五是作爲「在此」和存在理解的現象學。海德格爾（M.Heidegger）引入了「前理解」的概念，將「理解」和「詮釋」視爲人類存在的基本方式，詮釋學於是與理解的本體論方面聯繫起來。伽達默爾進一步將「理解」的本體內涵發展成爲系統的「哲學詮釋學」，使詮釋學成爲今日哲學的核心。六是作爲既恢復意義又破壞偶像的詮釋系統。利科爾（P.Ricoeur）接受了神話和符號詮釋學的挑戰，並反思地將語言、符號和神話背後的實體主題化，既包容後現代哲學懷疑的合理性，又試圖在語言層面重新恢復詮釋的信仰。（參見伽達默爾著，洪漢鼎譯《真理與方法－哲學詮釋學的基本特徵》，頁 714-732。）

[107] 「前詮釋學」即《聖經》釋義學和古典語文學；「古典詮釋學」即施萊爾馬赫與狄爾泰之說；而當代詮釋學即泛稱之哲學詮釋學。

統，及有關詮釋問題的傳統資源，大多的古典論著只能劃歸在「前詮釋學」的形態中。因此，我們拿「當代詮釋學」去理解中國古代的經典，或去探述中國古代論著的詮釋概念，我們只能將之「理解」而姑解視為詮釋學，而這種詮釋學本身實際上不能視為今天我們認識的「當代詮釋學」。將詮釋學指稱用於中國古代哲學，或是有關之論著，只能視為一種探述詮釋概念上的權便之稱，從嚴格意義上言，則絕不能與當代詮釋學等量齊觀或是相提並論。所以，傳統經典的有關論著，不論其哲學性有多高，也不能凌駕於當代詮釋學。

就《周易》這部經典而言，歷代有關義理性的論著，固不能視為當代詮釋學的詮釋體系，而那些漢儒的象數之說者，恐怕連視為「前詮釋學」的詮釋階段可能都有問題。在這種情形下，惠棟的易學，那種純粹的象數之說，那種相對僵化的訓詁模式，更不可能可以作為詮釋學的概念來擬說；以詮釋學的概念，作為論著的哲學性來對應，則惠氏易學詮釋意義不足，相對地哲學性、思想性低，價值性也就不高，勢必流入古典論著在這方面價值的棄嬰。從詮釋學的角度觀之，這是惠氏必然的宿命。但是，將「詮釋」作為一種便稱，亦可以作為理解惠氏釋《易》所呈現的特殊內涵。

劉笑敢先生針對當前思想界普遍討論中國詮釋學的有關議題，提出「中國古代哲學的發展與哲學詮釋的傳統有密切關係」的觀點，並且認為「王弼和郭象代表了中國古代哲學詮釋傳統的成熟時期，朱熹、王夫之是古代哲學詮釋傳統的高峰，牟宗三則是這一傳統的現代代表。中國的哲學詮釋傳統的典型形式是以經典詮釋的方式進行哲學體系的建構或重構，這一方式包含『客觀』地詮釋經典的『原意』和建立詮釋者自身的哲學體系的內在矛盾和緊張」。但整體而言，研究中國哲學的詮釋傳統，有利於發展中國的詮釋學研究。[108]依劉氏之見，惠棟的易學論著，勢必不能作為中國古代哲學的詮釋傳統的內容來看待，頂多可以作為研究中國詮釋傳統的原始資料，但相對於重要性與否，則惠氏易學並不能

---

[108] 見劉笑敢＜經典詮釋與體系建構──中國哲學詮釋傳統的成熟與特點芻議＞，《中國哲學》，2002 年第 5 期，頁 18。

作為建立《周易》在中國的詮釋學的重要參考資料。中國歷代對於有關經典的說解、傳注與章句的傳統，歷史悠久，內容豐富，可以視為研究中國詮釋傳統的原始資料；但是，若從哲學的角度切入，也就是討論哲學的詮釋傳統，則必須辨析那一些傳注適合或不適合作為研究哲學詮釋傳統的資料，而欲定出一套準據來判定，事實仍有其困難性存在。劉氏將這些傳統的原始資料，區分為三個概念，即非哲學性的注解，哲學性的詮釋，以及詮釋性的哲學著作。[109]這樣的區分，能夠較清楚地區別彼此的差異。哲學性的詮釋，以經典詮釋為主，詮釋性的哲學，則以建立新的哲學體系為主；二者雖然很難嚴格界分，但都屬中國的哲學詮釋傳統的組成部份。詮釋性的哲學著作，建立出有影響的哲學體系，比哲學性的詮釋作在哲學史上的發展上更具意義，為中國哲學詮釋傳統的典型代表，王弼如是，朱熹、船山如是，當代的哲學詮釋主張如牟宗三、傅偉勳等說亦如是。

　　惠棟易學，廣引漢儒《易》說，建立在以象數為立說的解經體例與內容上，並沒有提出和討論重要的哲學問題，縱使第七章有提到其有關的義理思想，仍然只是以傳統文獻的引述為主，並沒有直接闡釋個人的哲學觀點，在求「真」與復古的追求下，也沒有建立出屬於自己的開創性思考與主張，並且，以象數立說，只不過重新論述傳統上的釋《易》方法或體例，如卦變、互體等等而已，本身體質上的哲學性不足，在今日哲學詮釋學的論述者之眼光裡，當然絕非是被駐足或是關注的對象，而可能的結局仍是被冷落而歸類為非哲學性的注解的範疇。但是，惠氏置身在當時的時代環境下，他並不在思考哲學性意義的多寡，反而有某種恐慌意識，認為宋儒的過度哲學性論述，扼殺了傳統經典的本來面貌，為了維護那危墜的傳統經典的神聖性——本來的真實內涵，他不得不樹立漢《易》旗幟，以復原漢《易》古義為號召，形成對抗宋學的堅實堡壘。這種學術傾向發展的結果，在今日重視哲學詮釋方法的當代哲學，惠氏易學始終逃脫不了被視為糟粕的宿命，並在這種西學東進的詮釋學優位上，惠氏易學背後的歷史性意義與原有的實學價值，也被棄之九霄

---

[109] 見劉笑敢〈經典詮釋與體系建構——中國哲學詮釋傳統的成熟與特點芻議〉，頁19。

雲外，從哲學或詮釋學的角度觀之，這是惠棟所始料未及的。

傳統上對經典的詮釋，[110]主要是以經典注釋的形式爲主，並且大體上注經、說經都只是形式、只是載體，思想創造才是內容，也才是實質。例如王弼的論著，雖然采用了逐章注釋的方式詮釋古代經典，但不受到原有經典的束縛，以注經、說經的形式提出許多新的哲學概念和命題，雖然或許從某個角度看是對原有經典的「本義」有些曲解或是無中生有，卻給原有的哲學經典賦予了開創性的哲學主張，注入新的生命力和時代的突破性，並且提高了原有經典的哲學思想，這在哲學思想的發展歷程，是難能可貴的。以王船山爲例也是如此，在《周易內傳》、《周易外傳》及有關論著中，擴充《周易》這部傳統經典的既有面貌，提出如乾坤並建的《易》卦結構主張，並且詳細地建構出務實求真的自然觀、和諧發展的變易論，以及天道論、人性論、修養論、道德倫理觀等等思想，創造出新概念、新命題而別於傳統章句注釋的論著，建立出新而完整的哲學思想體系。只是借經典詮釋提出了新的概念和命題，可能只是哲學性的詮釋，還不一定是詮釋性的哲學論著，也不足以標志哲學詮釋傳統的成熟；要能視爲成熟的詮釋性哲學，當從其理論主張的呈現，客觀評斷是否提出一個完整的哲學體系，而這個哲學體系的內涵，最基本的必是從作者思想本質著眼，檢視其是否爲討論哲學問題的內容，並且以哲學問題作爲討論的主軸，同時能夠呈現出豐富而多側面的思想，而這些多元的思想，彼此間能夠建立嚴密的邏輯性與聯貫性。另外，最重要的是詮釋的內容，應該有相當的獨特性與創造性。至於惠棟的易學，不論是《易漢學》、《周易述》，乃至《易微言》、《易大誼》等著作，在哲學問題的表現上，由於以象數的論述作爲主要的內容，所以哲學問題概念或主張的討論明顯不足，象數的論述架構，雖然以重在「象」的舖陳仍不失其邏輯性，但思想的表現上，過於機械化、過於單調化，在象數的背後，不能更有效的呈顯其哲學與義理的意義，圍繞在象數的單一化的表徵，抽象的哲理化思考疲弱；並且，大量採用他說，割裂諸家既成的完整體系，不免引人支離之感，再加上述而不作，完全綜合別人已存在的主張，

---

[110] 此一「詮釋」作爲一般性的語意，不作爲嚴格的詮釋學概念。

也難有開創性的思考介入，所以獨創性明顯不夠。在這種情形下，惠氏易學內容的性質，很難與哲學性的詮釋，甚至詮釋性的哲學靠攏，或許只能蹲踞在非哲學性的論著之範疇。

若從歷史學或文獻學的角度來看，哲學家的詮釋顯然是不合歷史學或文獻學的要求的，因爲他們藉詮釋來表達自己的思想，未必忠於原有經典，原有的經典，或許只是一種依附的關係，這種依附的關係，不見得是必然或是必要的，當他們的思想主張或論述體系與經典文獻本身有不可避免的衝突時，他們不得不忽略文獻的具體意義而堅持他們重構或是新構的思想主張或論述體系，這種不見得忠於原典的詮釋內容，也可能才是真正的哲學或是真正的創造，或許這正是傅偉勳「創造詮釋學」所涉言的「當謂」與「創謂」的詮釋學與思維方法論的重要內涵。[111]若從經典閱讀者的角度言，某種程度也可以視爲一種有機的誤讀之結果。相對於惠氏易學，是站在歷史學與文獻學的主觀價值上面對經典，其核心的價值在於「真」，在於實事求是，在於還原文獻的歷史性，還原經典

---

[111] 參見傅偉勳＜現代儒學的詮釋學既思維方法論建立課題＞，收入江日新編《中西哲學的會面與對話》，台北：文津出版社，1994 年 12 月初版，頁 127-152。傅氏有關論著，又見《從創造的詮釋學到大乘佛學》，台北：東大圖書公司，1990 年初版。傅氏將創造的詮釋學（Creative Hermeneutics）分爲五個層次，第一是「實謂」層次，探討原典實際上說了什麼；此一層面的核心是原初資料，從版本考證、原文校勘到語詞訂套奪、文法疏通，均屬純粹客觀的校讎工作，不涉及「創造」。第二是「意謂」層次，探問原典想要表達什麼。這一層面開始發生主體移位，研究者的詮釋意向初步顯現，進入狄爾泰（W.Dilthey）所謂「隨後體驗」的狀態。通過語義澄、脈絡分析、前後文意的貫通、時代背景的考察等等功夫，盡量「客觀忠實地」了解並詮釋原典和原思想家的意思，探問其意向、意指如何。第三是「蘊謂」層次，考究原思想家可能要說什麼。這一層面已跳出文本本身，而進入所謂「歷史意識」的領域。通過對種種思想史的理路線索的清理，對思想承繼的思維關聯性的多面探討，對詮釋性文本本身歷程的考索，來了解原典和原思想家種種可能的思想蘊涵。第四是「當謂」層次，追究原思想家本來應當說些什麼。到這一層面，詮釋本身已逐漸居於主導地位，已非「意謂」層次的表層分析和「蘊謂」層次的平板而無深度的詮釋可比。詮釋者的洞見和詮釋的力度已完全穿透了原有思想結構的表層，而掘發出更爲深刻的內涵，從中豁顯最有詮釋理據或強度的深層意蘊和根本義理出來。第五是「創謂」層次，思慮原思想家現在必須說出什麼。此一層面最能體現詮釋學的創造性，由不斷追問的思維歷程之中，最終形成自我轉化，即從批判繼承者轉變成爲創造的發展者，從詮釋學家升進成爲創造性的思想家。這樣的五個層面，是傅氏詮釋經典所云之創造詮釋學的基本內涵。

的本來面貌、經典的本來旨意，所以述《易》的態度是極爲嚴謹的務實的，追求一種合乎於回復真象、科學發現與客觀理解的原則，這樣的治《易》原則或精神，適與詮釋性的哲學要求或是需求相左，因爲詮釋性的哲學論述，不在乎、甚至一定不可能是客觀的、可靠的，也往往是經典的歪曲闡釋的重大嫌疑犯。

傳統經學上的「詮釋」工作，透過章句訓詁的方式依附於經典，漢儒的治經方式即是如此，清代的回歸漢學也是如此，這樣的經學歷史，將可能只是注經方法的不斷延伸、積累與重複，而難以締造出脫離經典而獨立存在的思想與方法學，而小學始終是在經學經典的卵翼之下。就如阿佩爾（K.O.Apel）所言，這種「詮釋」工作始終是侷限在「歷史的和語法的理解」之範圍以內。[112]惠棟易學在這方面，可以說是典型的代表。儘管惠棟對傳統的過度渴求，對傳統經典與漢儒之說過度依賴，對於象數之學的過度堅持，造成難登現代詮釋學下中國哲學詮釋下的傳統，但我們對於這些如惠氏所引用的漢儒之說——看似冰冷的「原料」，倘若順此西學東進的洪流而過度狂野的全盤套用這種當前似乎具有絕對優勢的詮釋學學說，是否會對傳統經典造成可能的負面衝擊，這也是我們要思索的。特別是這些古代的「詮釋」資源，以繫附於經典的各式各樣的語文學或小學的形式，在傳統學術遭受到強烈衝擊之後，是否會面對可能解體的情形，而使這些傳統的詮釋資源迅速的斷裂和消散？這或許也是我們要思考的問題。並且，這些傳統的「原料」，是否也會因爲經過西方詮釋學的觀念和框架篩揀與剪裁，完全喪失其特定的歷史情境與氛圍；從文化的修補的角度言，這樣的詮釋思想如蝗蟲般的全面壓境，在一段可能不短的時間改造之下，經學是否仍復存在，小學是否還有，而通過「詮釋」的挖掘和探索下，能夠「復活」那可能已經失落了的文化形態？所以，阿佩爾曾清楚的指出「它們絕不能期望僅僅通過詮釋學的反思來補償已經出現的與過去的斷裂。對它們來說，從一開始就有必要去獲得一個與對它們自身的和外來的傳統的詮釋學反思並存的準客觀

---

[112] 參見阿佩爾著，孫周興等譯《哲學的改造》，上海：上海譯文出版社，1994 年 1 版 1 刷，頁 3。

的、歷史——哲學的參照系」。[113]也就是說，使用這套新的詮釋學之論述系統，必須要能整合出一個能夠兼顧詮釋學與傳統樸質原料的哲學論述系統，使「傳統」不會流失殆盡，而傳統思想的改造也能夠提昇其所衍化的哲學思想的質與量，同時也可以透過這樣的詮釋學論述系統，修補可能將要斷裂的傳統，注入傳統的承繼與改造，擴充傳統的視野，營造一種欣欣向榮的思想國度，有舊的安慰和新的喜悅，有傳統的新生和新生命的茁壯，這才是中國思想史或是經學史的理想與期盼，否則，說不定那天危機感的再現，那種如以惠棟爲代表的復歸原始的復古運動可能再現，眞是有那個時候，像惠棟那樣的復歸原始的領袖，將才是被肯定的希望大師，跟過去很多學者對他的負面刻板印象，勢必不能同日而語了。

（四）從宏觀的經典闡釋角度看惠氏易學的時代意義

德國哲學家海德格爾（Martin Heidegger）曾指出以「理解」（Versteben）作爲人的存在方式，[114]這種「理解」即是對一切的認識與詮釋的概念或能力，這種概念或能力，既爲人類所普遍存有，所以絕非西方的專利，當我們不要過度以西方詮釋學（hermeneutics）的理論去嚴格的檢視或框架中國人對經典或自身思想的表述時，中國古代仍有屬於中國傳統的「理解」，也有屬於中國傳統闡釋經義或思想的特色，姑且認爲那也是中國傳統所存有的廣義詮釋學內涵。漢代如此，宋代如此，清代如此，歷代都如此，都有他們詮釋經典的獨特方式和論述內容。

梁啓超認爲「有清一代學術，可紀者不少，其卓然成一潮流，帶有時代運動的色彩者」，也就是乾嘉時期的考據學，[115]或稱爲漢學或樸學。乾嘉時期對於經典的理解，或是學術的普遍傾向，簡而言之，也就是在於以復古作爲手段，目的在於求眞，在於能使文本詮釋的合理性得到有效的驗證。汪中在總結考據學的歷史時，指出「國朝諸儒崛起，接二千

---

[113] 見阿佩爾《哲學的改造》，頁80。

[114] 海德格爾（Martin Heidegger）之言，轉引自周裕鍇《中國古代闡釋學研究》，上海：商務印書館，2003年11月1版1刷，頁1。

[115] 見梁啓超《清代學術概論》，上海：上海古籍出版社，1998年6月第1版2刷，頁2。

餘年沈淪之緒」，「亭林始闢其端；河洛圖書至胡氏而紬；中西推步至梅氏而精；力攻古文者，閻氏也；專治漢《易》者，惠氏也；及東原出而集大成焉」。[116]清儒從顧氏到乾嘉諸儒，治學之法，無不重於實學。這種學術的形成，主要是受到對理學的反省而來，並爲明末清初學者所普遍關注的問題，如楊慎、王鏊、焦竑、張溥、方以智等人，對於理學特別是心學末流拋棄漢唐注疏、脫離經典本義或拋開經典而空談心性的批判與譴責，並且傳達出回歸經典、探求經典本義、復興古學的呼聲，發展到了乾嘉時期爲最高峰，以實際的治經作爲，表達出對傳統儒學的期盼。

　　錢大昕指出「自晉代尙空虛，宋賢喜頓悟，笑學問爲支離，棄注疏爲糟粕，談經之家，師心自用，乃以俚俗之言，詮說經典」，[117]這種情形，「其弊至明季而極矣」，[118]所以強調「舍經則無以爲學，學道要于好古，蔑古則無以見道」。[119]學術以經典的爲宗，而經典的詮釋在於求古歸真，那種空疏的一己之言，是理解經典的負面顯現。從理解或詮釋的觀點言，惠棟乃至清代多數學者普遍關心的是，明代學風空疏淺薄的癥結在於其文本詮釋因不立文字與自逞私臆而缺乏一種有效性驗證。如何使詮釋做到正確合理，並可確認驗證者，爲惠棟等乾嘉學者所關心的問題。惠棟在易學的表現上，希望透過文字訓詁與綜采漢儒諸說的方式，使經義得到最原始與真切的而貌；這樣的方式或態度，不但從語言層面劃定了意義闡釋的有效界限，也恢復了原始文本和實事求是的治學態度與精神。惠棟易學論著，所展現的詮釋的目的與方法，在於通過語言與文獻的考古，而真實重現作者的觀念世界；這樣的觀念世界，雖是古，卻是一種科學實證的結果，也是一種啓蒙的觀念手法所得到的結果。因此，惠氏易學的詮釋價值或特色，主要在於《周易》經典的文本之復原、本義的確立，也就是《周易》古義的確立，以及實事求是的詮釋精神。

---

[116] 見江藩《漢學師承記》，北京：三聯書店，1998 年 6 月北京 1 版 1 刷，頁 134。

[117] 見錢大昕《潛研堂文集・經籍籑詁序》。引自《嘉定錢大昕全集・潛研堂文集》，第九冊，卷二十四，江蘇：江蘇古籍出版社，1997 年 12 月 1 版 1 刷，頁 377。

[118] 見錢大昕《潛研堂文集・臧玉林經義雜識序》，卷二十四，頁 375。

[119] 見錢大昕《潛研堂文集・經籍籑詁序》，卷二十四，頁 378。

1. 《周易》文本的復原

宋明理學的思想詮釋方法，從「六經注我」的態度出發，透過古代經典來詮釋自己所創造的哲學思想，就當時的思潮言，是一種新的哲學思想與脈絡的建構，陸、王心學如此，程、朱理學也是如此。詮釋的活動，詮釋者有權將文本的原初視野納入自己的新構視野中，確實它對哲學思想的發展，注入新的血脈與活力，但它也可能帶來負面的風氣與種種可能浮現的隱憂，一旦顛倒了經典文本與詮釋活動的關係，忽視甚至遺忘了經典文本的本身，從經典的立場言，這樣的詮釋活動不見得有益於經典的發展，在長期的習染下，可能模糊經典的本來面貌，消蝕經典的完整性。

傳統儒家經典，有其一貫流傳的普世價值，很重要的部份即在教化的方面，藉由經典的本義與思想，以規範一切的現象世界，包括政治、社會與人倫綱常的秩序維護與體系建立，對於經典的誤解，也有可能因為思想的嚴重轉化，導致失序失範；一個朝代的崩坍後，新啓王朝的文人，常常從此反思、從此檢討，形成普遍共鳴的憂患意識，以及對那種破壞傳統經典的思想之反動。以明代經學發展為例，皮錫瑞視之為「經學積衰時代」，「實為荒經蔑古之最」，[120]對經典的漠視，已非所謂「創造性的詮釋」所能牢籠，談不到對經典的依準，或是以經典作背景，怎能說是創造性或是突破性。在那個年代，詮釋者放棄了對經典的尊崇，對知識的追求與對社會的關懷，也違背了哲學的美智真義，以及對真善美的追求，其「言不顧行，行不顧言」[121]的病態，被後儒視為其前朝亡國的重要兆因。[122]惟有汲古反經，重新恢復原始儒家的主體思想，重新建

---

[120] 見皮錫瑞《經學歷史》，頁 299-304。

[121] 見《孟子・盡心下》，卷十四，台北：藝文印書館《十三經注疏》本，頁 263。

[122] 顧炎武在《日知錄》中沉痛地說：「以一人而易天下，其流風至於百有餘年之久者，古有之矣，王夷甫之清談，王介甫之新說，其在於今，則王伯安之良知是也。」（見《日知錄・朱子晚年定論》，卷十八。）顧氏痛斥三王以異端邪說，造成社會風氣的敗壞，而造成王朝的滅亡。王衍（夷甫）為代表的魏晉玄學，寄言出意的方法固然是借助古人之言而申說己意，但最後只有己意而無古言。王安石（介甫）作《三經新義》，其創造出的詮釋內容，「分明是侮聖人之言」，「明為明經取士，實為荒經蔑古之最」（見皮錫瑞《經學歷史》，頁 303。）。而王守仁（伯安）「致良知」學說的流行，「則所研究之對象，

立經典的神聖性與權威性，才能重返有序；藉古鑒今，經世致用，以洵致儒學的原有的教化效果。這樣的經典詮釋思想的返樸，盛行於清初，而極於乾嘉，並以惠棟爲首。

惠棟對經典的詮釋立場，重在文本的復原，一生治學，致力於斯，而特別表現在易學上。惠氏將經典的本義，付託在經典的語言文字之全面復原，以恢復經典文本的原始狀態，才是經典詮釋的正確途徑。在《周易述》、《易漢學》與《周易古義》中，惠氏苦力於文本古字的考證，透過詁訓與講求實證的方式，企圖復原《周易》原始經典的本來面貌，進而獲得《周易》之本來古義。所以，惠氏易學的文本復原工作，在於修補那些被王弼等人所荼害的被扭曲的原典，重返原始文本，並且經過審慎的詁訓考證，進而獲得最符合經典文本原義的解釋，也就是《周易》的古義，這個古義，又以漢儒距古最近，故以回復漢學又是最適當的最佳途徑。

經典文本的確立，也就是探尋《周易》本經的原貌，所以治《易》而派生出辨僞、校勘、輯佚、訓詁、識字等法門。這些方法，同歸於回復《周易》古經的原貌，這也是惠氏治《易》著重於諸法的原因所在。因爲，原始經典的真實狀況，是作爲一切詮釋活動的最根本的依據，也是決定詮釋意向的最重要要素。這樣才能維護《周易》原始思想體系的「真實」。

2.《周易》本義的確立

惠氏治學強調「經之義存乎訓」，以識字審音、經師古訓、復原漢說

乃純在紹紹靈靈不可捉摸之一物」（見梁啓超《清代學術概論》，頁 8。），背離了經學本來的實質。因此，從在顧氏的看法，似乎可以看到那個時代的「六經注我」的詮釋方法，與國政之頹敗有微妙的關聯。又如錢謙益以趙宋以來經學與道學分離的歷史，作了尖銳地批判，云：「胥天下不知窮經學古，而冥行擿埴，以狂瞽相師。馴至於今，輕才小儒，敢於嗤點六經，皆毀三傳，非聖無法，先王所必誅不以聽者，而流俗以爲固然。生心而害政，作政而害事，學術蠱壞，世道偏頗，而夷狄寇盜之禍，亦相挺而起。」又云：「誠欲正人心，必自反經始；誠欲反經，必自正經學始。」（見錢氏《牧齋初學集》，卷二十八，〈新刻十三經注疏序〉。）「正經學」在於糾正朱熹、王守仁等宋明理學對經典的曲解，「反經」在於恢復經典的本來面目，返回經典文本未經纂改的最原始狀態。

為進路，才能確立《周易》本來的古義。惠氏博蒐廣摭，考據古訓，避免私臆空談，站在尋古的道路上，以文字訓詁為法，以文獻的取用為要，希望從理性的考索揀選與邏輯化的融合中，確立《周易》的本義。這樣的方法或進路，標示著《周易》乃至經學的詮釋方法或方向，由抽象的義理層面向具體的文獻層面的轉移，文字訓詁為通明《周易》古義的必要手段。所以文字訓詁表現在惠氏的易學中，為其易學內容的主要部份。「在詮釋學中，語言是唯一的先決條件，其它一切所要發現的，包括其它客觀的、主觀的先決條件，都只能在語言中去發現」，[123]經典文本的詮釋，文字語言是主要的先決條件，而有關的思想與真理或是原始古義，往往只能從文字語言、從訓詁中去獲得，誠如錢鍾書所言，「乾嘉『樸學』教人，必知字之詁，而後識句之意，而後通全篇之義，進而窺全書之指」；[124]這樣的詮釋概念，正反映在惠氏易學的主要特色上。

惠棟在詮釋上的基本理路與邏輯，認為聖賢之道保存於經典之中，經典的載體是文字語言，要闡明聖賢之道，必須從文字語言的識字審音入手，才能真正理解經典的旨意，也就是從文字訓詁而後探尋古義的進路。這樣的詮釋經典的方式，不同於一般的文本詮釋，主要反映在強烈的復古與釋古的色彩。這也是解經者、詮釋者，對於經典的時間性的理解。從西方傳統詮釋學的觀點言，文本在某一時間點與詮釋者所處的時間存在著間距，為了達到正確的理解，這是必須克服的障礙。以惠棟為首的乾嘉學者的普遍看法，認為欲克服此一障礙，最好的方式就是盡可能的返回距離文本形成時間最近的解釋，即所謂「欲識古訓，當於年代相近者求之」。[125]對於易學，在惠棟看來，與古訓年代相近者為漢代，漢儒去古未遠，所以復原漢《易》為其述《易》最重要的核心價值，窮其一生著成《易漢學》、《周易述》，都在考索漢儒《易》說，重拾漢《易》

---

[123] Friedrich Schleiermacher ,Hermeneutics: The Handwritten Manuscripts, translated by James Duke and Jack Forstman (Missoula, Month Scholars Press,1977),p.50.

[124] 見錢鍾書《管錐編》，第一冊，北京：中華書局，1999 年 1 月北京 2 版 6 刷，頁 171。

[125] 見盧文弨《抱經堂文集》，卷六，＜爾雅漢注序＞。盧氏云：「不識古訓，則不能通六藝之文而求其意，欲識古訓，當於年代相近者求之。」（上海：商務印書館，1935 年 12 月初版，頁 84。）

的重要面貌。漢儒去古未遠的優勢在於「其所見多古字，其習讀多古音，故其所訓詁，要於本旨爲近，雖有失焉者寡矣」。[126]因此，克服文本在時間上所面對的困難，就是從漢人經師故訓以及漢代有關典經中去探尋採述，進而獲得最貼切的《周易》本義；這也就是惠氏在治《易》的過程中，廣引漢儒諸說的重要原因所在。

3. 實事求是的詮釋驗證

考據學或樸學的治經方式，基本上是符合實事求是的詮釋驗證精神。以同一屬性的儒家經典互訓以得經典本義，或以漢儒論著彼此互訓以得漢儒文義，大致是以同一時空性質相同的學說論著相互訓解，其語態或是語義，基本上是遠較之後時的論著或爲貼近。惠氏《周易述》所引漢儒諸說，符合經典語言形式與內容的相應性，並且對於經傳文義之詮釋，合於漢儒訓解的有效性與或然性驗證；對於採用之內容，所表述的是漢儒的語言，就回復漢儒《易》說而言，也當合於公共語言規範的認可與合法性的標準。遍考群經，廣摭群籍，重視古文與古書的慣例，也合於西方於驗證論述上所謂「範型合適性」的準據。[127]惠氏以象數立說，每每解釋必有依據，循此責實驗證的路線前進，至於實質效益與準確的代表意義的程度如何則另當別論。另外，惠氏在其《周易古義》，又每每「單詞片義，具有證據」，[128]表現出無徵不信的態度，並爲乾嘉學者所普遍遵循的學風，對《周易》文本的闡釋，也大致在或然性（probability）與可信性（plausibiliyt）的合理範圍內，這應該是值得肯定的。

惠氏治《易》，重在「述」的論述態度與方式，始終將詮釋的內容控制在語言文字所能企及的範圍，或者說是控制在有文獻資料能夠證明的範圍，不願做過多純屬個人的看法以及形而上的演繹，講求科學務實的

---

[126] 見盧文弨《抱經堂文集》，卷二，＜九經古義序＞，頁 25。

[127] 美國學者赫施（E.D.Hirsch）曾經提出驗證某種解說比其它解說更具或然性，有四條標準（criterion）：即合法性（legitimacy）、相應性(correspondence)、範型合適性(generic appropriateness)和連貫性(coherence)。參見 E.D.Hirsch, Validity in Interpretation, Appendix I Objective Interpretation C. Verification, (New Haven :Yale University Press, 1967),p.236。

[128] 見盧文弨《抱經堂文集》，卷二＜九經古義序＞，頁 26。

表述手法，隱含著對《周易》古經在詮釋上的堅持，是一種對傳統「原始面貌」的維護與追求，即對《周易》文本的詮釋，對那所謂的「言外之意」的探究是無法證僞的空談，純屬個人的臆說，也是無助於漢學的復原，也不能改變與跳脫宋明以來的空疏之弊，只有運用具有實質效益的文獻資料作爲證據的論釋才是真正有效的。儘管這樣的詮釋方式不合於現代詮釋學的期盼與價值，但對惠棟來說，這並不是他治《易》的焦點，也不是他治《易》所要追求的「當代」價值，他不需要創造性的詮釋，也不需要重構的思想，因爲創造與重構對他來說，是經學發展史上的餘毒，他要的是反古求真，他要的是綴拾那斷裂的傳統，所以他要像苦行僧般的務實，彌補、求全，期盼《周易》的本來面貌能夠再現風華。因此，把詮釋活動當作一種知識的考證，無論是本文的復原，本義的重建，都以實事求是、以實證爲圭臬，這樣的詮釋，對惠氏來說才是有意義的。

參考書目

（依姓氏筆劃順序排列）

一、惠棟著作

1. 惠棟《易例》，台北：成文出版社（無求備齋易經集成第 150 冊），1976 年出版。
2. 惠棟《惠氏易學》，台北：廣文書局，1981 年 8 月再版。
3. 惠棟《周易述》，台北：台灣商務印書館（四庫全書本第 52 冊），1986 年初版。
4. 惠棟《增補鄭氏周易》，台北：台灣商務印書館（四庫全書本第 7 冊），1986 年初版。
5. 惠棟《易漢學》，台北：新文豐出版公司《叢書集成新編》第十七冊影印經訓堂叢書本。
6. 惠棟《周易本義辨證》，上海：上海古籍出版社《續修四庫全書》編纂委員會編《續修四庫全書‧經部‧易類》第 21 輯，據北京大學圖書館藏清惠氏紅豆齋抄本影印原書版。
7. 惠棟《禘說》，台北：新文豐出版公司《叢書集成新編》第 35 輯影印經訓堂叢書，1985 年元月初版。
8. 惠棟《明堂大道錄》，台北：新文豐出版公司《叢書集成新編》第 34 輯影印經訓堂叢書，1985 年元月初版。
9. 惠棟《松崖文鈔》，台北：新文豐出版公司《叢書集成續編》第 191 輯影印聚學軒叢書，1989 年 7 月台 1 版。
10. 惠棟《九曜齋筆記》，台北：新文豐出版公司《叢書集成續編》第 20 輯影印聚學軒叢書，1989 年 7 月台 1 版。
11. 惠棟《松崖筆記》，台北：新文豐出版公司《叢書集成續編》第 20 輯影印聚學軒叢書，1989 年 7 月台 1 版。
12. 惠棟《松崖筆記》，台北：台灣學生書局《雜著祕笈叢刊》本，1971 年 5 月景印初版。
13. 惠棟《九曜齋筆記》，台北：台灣學生書局《雜著祕笈叢刊》本，1971 年 5 月景印初版。
14. 惠棟《九經古義》，台北：台灣商務印書館《景印文淵閣四庫全書》第 191 冊，1986 年 3 月初版。
15. 惠棟《漁洋山人精華錄訓纂》，台北：中華書局《四部備要》本，1971 年初版。
16. 惠棟《後漢書補注》，台北：藝文印書館，1966 年初版。
17. 惠棟《春秋左傳補注》，台北：藝文印書館，1966 年初版。
18. 惠棟《惠氏讀說文記》，北京：中華書局，1985 年初版 1 刷。

二、其它古籍《易》著

1. 丁易東《易象義》，台北：台灣商務印書館（文淵閣四庫全書本第 21 冊），1986 年初版。
2. 王弼、韓康伯注，孔穎達正義《周易正義》，台北：藝文印書館（十三經注疏本），1997 年

8 月初版 13 刷。

3. 王弼《周易註》，台北：台灣商務印書館（文淵閣四庫全書本第 7 冊），1986 年初版。

4. 王應麟《周易鄭康成註》，台北：台灣商務印書館（四庫全書本第 7 冊），1986 年初版。

5. 王夫之《船山易學》，台北：廣文書局，1981 年第 3 版。

6. 王樹枏《費氏古易訂文》，台北：文史哲出版社影印光緒辛卯季冬文莫室刻本，1990 年 11 月景印初版。

7. 毛奇齡《仲氏易》，台北：新文豐出版公司《大易類聚初集》第 13 輯， 1983 年 10 月初版。

8. 方申《方氏易學五書》，台北：新文豐出版公司《叢書集成續編》第二十九冊，影印南菁書院本，1989 年 7 月台 1 版，頁 603。

9. 朱熹《原本周易本義》，台北：新文豐出版公司《大易類聚初集》第 2 輯，影印文淵閣四庫全書本，1983 年 10 月初版。

10. 朱震《漢上易傳》，台北：台灣商務印書館（四庫全書本第 11 冊），1986 年初版。

11. 朱駿聲《六十四卦經解》，北京：中華書局，1998 年 12 月第 1 版第 6 刷。

12. 宋翔鳳《周易考異》，台北：新文豐出版公司《大易類聚初集》第 20 輯， 1983 年 10 月初版。

13. 江藩《周易述補》，台北：新文豐出版公司《大易類聚初集》第 17 輯， 1983 年 10 月初版。

14. 沈起元《周易孔義集說》，台北：台灣商務印書館（文淵閣四庫全書本第 50 冊），1986 年初版。

15. 李鼎祚《周易集解》，台北：台灣商務印書館，1996 年 12 月台第 1 版第 2 刷。

16. 李衡《周易義海撮要》，台北：台灣商務印書館（文淵閣四庫全書本第 13 冊），1986 年初版。

17. 李光地《周易折中》，四川：巴蜀書社，1998 年月 1 版 1 刷。

18. 李光地《周易折中》，台北：台灣商務印書館（文淵閣四庫全書本第 38 冊），1986 年初版。

19. 李塨《周易傳註》，台北：台灣商務印書館（文淵閣四庫全書本第 47 冊），1986 年初版。

20. 李道平《周易集解纂疏》，台北：廣文書局，1979 年 6 月初版。

21. 李道平《周易集解纂疏》，北京：中華書局，1994 年 3 月 1 版 2 刷。

22. 李銳《周易虞氏略例》，台北：新文豐出版公司趙軂如編次《大易類聚初集》第 19 冊，影印南菁書院《皇清經解續編》，1983 年 10 月初版。

23. 李富孫《易經異文釋》，台北：新文豐出版公司《大易類聚初集》第 20 輯， 1983 年 10 月初版。

24. 李林松《周易述補》，台北：新文豐出版公司《大易類聚初集》第 17 輯， 1983 年 10 月初版。

25. 何楷《古周易訂詁》，台北：台灣商務印書館（文淵閣四庫全書本第 36 冊），1986 年初版。

26. 吳翊寅《易漢學考》，上海：上海古籍出版社《續修四庫全書》編纂委員會編《續修四庫全書‧經部‧易類》第 39 輯。

27. 吳翊寅《易漢學師承表》，上海：上海古籍出版社《續修四庫全書》編纂委員會編《續修

四庫全書・經部・易類》第 39 輯。

28. 吳翊寅《周易消息升降爻例》，上海：上海古籍出版社《續修四庫全書》編纂委員會編《續修四庫全書・經部・易類》第 39 輯。

29. 孟喜《孟氏章句》，台北：成文出版社（無求備齋易經集成第 173 冊），19765 年出版。

30. 京房《京氏易傳》，台北：中國子學名著集成（第 98 冊）。

31. 來知德《周易集注》，北京：九州出版社，2004 年 6 月 1 版 1 刷。

32. 紀磊《虞氏逸象攷正》，台北：新文豐出版公司《叢書集成續編》第三十冊，影印吳興叢書本，1989 年 7 月台 1 版。

33. 紀磊《九家逸象辨證》，台北：新文豐出版公司《叢書集成續編》第三十冊，影印吳興叢書本，1989 年 7 月台 1 版。

34. 查慎行《周易玩辭集解》，台北：台灣商務印書館（文淵閣四庫全書本第 47 冊），1986 年初版。

35. 俞樾《周易互體徵》，台北：新文豐出版公司《大易類聚初集》第 18 輯，1983 年 10 月初版。

36. 俞樾《周易平議》，台北：新文豐出版公司《大易類聚初集》第 18 輯，1983 年 10 月初版。

37. 胡渭《易圖明辨》，台北：新文豐出版公司《叢書集成新編》第 16 輯影印守山閣叢書本，1985 年元月初版。

38. 胡方《周易本義注》，台北：新文豐出版公司《叢書集成新編》第 16 輯影印嶺南叢書本，1985 年元月初版。

39. 高亨《周易大傳今注》，山東：齊魯書社，1998 年 4 月第 1 版第 1 刷。

40. 晏斯盛《易翼宗》，台北：台灣商務印書館《景印文淵閣四庫全書・經部・易類》第 43 冊。

41. 章太炎等撰《易學論叢》，台北：廣文書局，1971 年 5 月初版。

42. 莊存與《卦氣解》，台北：新文豐出版公司《大易類聚初集》第 17 輯，1983 年 10 月初版。

43. 陳壽熊《讀易漢學私記》，台北：新文豐出版公司《大易類聚初集》第 18 輯，1983 年 10 月初版。

44. 張獻翼《讀易紀聞》，台北：台灣商務印書館（文淵閣四庫全書本第 32 冊），1986 年初版。

45. 陳念祖《易用》，台北：台灣商務印書館（文淵閣四庫全書本第 35 冊），1986 年初版。

46. 張惠言《周易鄭氏學》，台北：成文出版社（無求備齋易經集成第 176 冊），1976 年出版。

47. 張惠言《易緯略義》，上海：上海古籍出版社《續修四庫全書・經部・易類》第四十冊。

48. 張惠言《周易荀氏九家義》，台北：新文豐出版公司《大易類聚初集》第 19 輯，影印學海堂《皇清經解》本，1983 年 10 月初版。

49. 張惠言《周易鄭氏義》，台北：新文豐出版公司《大易類聚初集》第 19 輯，影印學海堂《皇清經解》本，1983 年 10 月初版。

50. 張惠言《周易虞氏義》，台北：新文豐出版公司《大易類聚初集》第 19 輯，影印學海堂《皇清經解》本，1983 年 10 月初版。

51. 張惠言《易圖條辨》，台北：新文豐出版公司《大易類聚初集》第 17 輯， 1983 年 10 月初

版。

52. 張次仲《周易玩辭困學記》，台北：新文豐出版公司《大易類聚初集》第 10 輯， 1983 年 10 月初版。

53. 黃宗羲《易學象數論》，浙江：浙江古籍出版社《黃宗羲全集》第九冊，1993 年 12 月 1 版 2 刷。

54. 黃宗炎《周易象辭》，台北：新文豐出版公司《大易類聚初集》第 13 輯，1983 年 10 月初版。

55. 黃宗炎《易圖辨惑》，台北：新文豐出版公司《大易類聚初集》第 13 輯，1983 年 10 月初版。

56. 黃宗炎《尋門餘論》，台北：新文豐出版公司《大易類聚初集》第 13 輯， 1983 年 10 月初版。

57. 程頤《易程傳》，台北：新文豐出版公司《大易類聚初集》第 1 冊，《伊川易傳》，1983 年 10 月初版。

58. 程廷祚《大易擇言》，台北：新文豐出版公司《大易類聚初集》第 18 輯，1983 年 10 月初版。

59. 焦延壽《焦氏易林》，台北：新文豐出版公司，1987 年六月台 1 版。

60. 焦循《易章句》，台北：新文豐出版公司《大易類聚初集》第 20 輯，1983 年 10 月初版。

61. 焦循《易通釋》，台北：新文豐出版公司《大易類聚初集》第 20 輯， 1983 年 10 月初版。

62. 焦循《易圖略》，台北：新文豐出版公司《大易類聚初集》第 20 輯， 1983 年 10 月初版。

63. 惠士奇《惠氏易說》，台北：藝文印書館《皇清經解易類彙編》本，1992 年 9 月 2 版。

64. 董真卿《周易會通》，台北：台灣商務印書館（文淵閣四庫全書本第 26 冊），1986 年初版。

65. 蒼頡、鄭康成注《易緯八種》，台北：新興書局，1963 年初版。

66. 翟均廉《周易章句證異》，台北：新文豐出版公司《大易類聚初集》第 18 輯，1983 年 10 月初版。

67. 熊過《周易象旨決錄》，台北：新文豐出版公司《大易類聚初集》第 8 輯，1983 年 10 月初版。

68. 熊良輔《周易本義集成》，台北：台灣商務印書館（文淵閣四庫全書本第 24 冊），1986 年初版。

69. 鄭剛中《周易窺餘》，台北：台灣商務印書館《景印文淵閣四庫全書‧經部‧易類》第 11 冊。

70. 蔡清《易經蒙引》，台北：台灣商務印書館（文淵閣四庫全書本第 29 冊），1986 年初版。

71. 魏濬《易義古象通》，台北：台灣商務印書館（文淵閣四庫全書本第 34 冊），1986 年初版。

72. 藝文印書館彙編《皇清經解易類彙編》，台北：藝文印書館，影印皇清解本。

73. 藝文印書館彙編《續經解易類彙編》，台北：藝文印書館，影印皇清經解續編本。

74. 《易緯八種》，日本：京都市，1998 年影印自武英殿聚珍版本《古經解彙函‧易緯八種》。

三、當代《易》著

1. 丁維杰《周易哲學》，台北：藝文印書館，1959 年 4 月初版。
2. 王弼著、樓宇烈校釋《王弼集校釋》，北京：中華書局，1999 年 12 月 1 版北京 3 刷。
3. 王瓊珊《易學通論》，台北：廣文書局，1971 年 5 月初版。
4. 王居恭《周易旁通》，台北：文史哲出版社，1992 年 11 月初版。
5. 王新春《周易虞氏學》，台北：頂淵文化事業有限公司，1999 年 2 月初版 1 刷。
6. 王章陵《周易思辨哲學》，台北：頂淵文化事業有限公司，2004 年 5 月初版 1 刷。
7. 王博《易傳通論》，台北：大展出版社有限公司，2004 年 11 月初版 1 刷。
8. 王鐵《宋代易學》，上海：上海古籍出版社，2005 年 9 月 1 版 1 刷。
9. 孔繁詩《易經繫辭傳研究》，台北：晴園印刷事業有限公司，1998 年 12 月再版。
10. 田合祿、田峰《周易與日月崇拜》，北京：光明日報出版社，2004 年 9 月 1 版 1 刷。
11. 田合祿、田峰《周易真原——中國最古老的天學科學體系》，山西：山西科學技術出版社，2004 年 1 月修訂再版。
12. 朱維煥《周易經傳象義闡釋》，台北：台灣學生書局，1993 年 9 月初版 3 刷。
13. 朱伯崑《易學哲學史》，北京：華夏出版社，1995 年 1 月第 1 版。朱伯崑主編《國際易學研究》第三輯，北京：華夏出版社，1997 年 7 月北京第 1 版第 1 刷。
14. 朱伯崑主編《國際易學研究》第四輯，北京：華夏出版社，1998 年 6 月北京第 1 版第 1 刷。
15. 朱伯崑主編《國際易學研究》第五輯，北京：華夏出版社，1999 年 9 月北京第 1 版第 1 刷。
16. 江國樑《易學研究基礎與方法》，台北：學易齋，2000 年 12 月。
17. 牟宗三《周易的自然哲學與道德函義》，台北：文津出版社，1998 年 8 月初版 2 刷。
18. 牟宗三《周易哲學演講錄》，上海：華東師範大學出版社，2004 年 7 月 1 版 1 刷。
19. 汪忠長《讀易劄記》，台北：考古文化事業公司，1982 年 6 月台初版。
20. 汪學群《清初易學》，北京：商務印書館，2004 年 11 月 1 版北京 1 刷。
21. 邢文《帛書周易研究》，北京：人民出版社，1997 年 11 月第 1 版第 1 刷。
22. 呂紹綱主編《周易辭典》，吉林：吉林大學出版社，1992 年 4 月 1 版 1 刷。
23. 呂紹綱《周易闡微》，台北：韜略出版有限公司，2003 年 11 月 2 版 1 刷。
24. 李周龍《易學窺餘》，台北：文津出版社，1991 年 8 月初版。
25. 李樹菁《周易象數通論－從科學角度的開拓》，北京：光明日報出版社，2004 年 4 月 1 版 1 刷。
26. 李學勤《周易經傳溯源》，北京：長春出版社，1992 年 8 月第 1 版第 1 刷。
27. 李申、郭彧《周易圖說總滙》，上海：華東師範大學出版社，2004 年 4 月 1 版 1 刷。
28. 余敦康《內聖外王的貫通－北宋易學的現代闡釋》，上海：學林出版社，1997 年 1 月 1 版 1 刷。
29. 林尹等著《易經研究論集》，台北：黎明文化事業公司，1981 年元月初版。
30. 林忠軍《象數易學發展史》第二卷，廣西：廣西教育出版社，1996 年 9 月 1 版 1 刷。

31. 林忠軍《周易鄭氏學闡微》，上海：上海古籍出版社，2005 年 8 月 1 版 1 刷。

32. 林文欽《周易時義研究》，台北：鼎文書局，2002 年 10 月初版。

33. 林耕年《易學通論》，台北：大溢出版社，2003 年 12 月出版。

34. 金景芳、呂紹綱《周易全解》，上海：上海古籍出版社，2005 年 1 月 1 版 1 刷。

35. 吳懷祺《易學與史學》，台北：大展出版社有限公司，2004 年 12 月初版 1 刷。

36. 屈萬里《先秦漢魏易例述評》，台北：聯經出版公司，1984 年 7 月初版。

37. 周止禮《易經與中國文化》，北京：學苑出版社，1990 年 12 月第 1 版第 1 刷。

38. 周伯達《周易哲學概論》，台北：台灣學生書局，1999 年 4 月初版。

39. 尚秉和《周易尚氏學》，北京：中華書局，1980 年 5 月第 1 版，2003 年 12 月北京第 8 刷。

40. 南懷瑾、徐芹庭註譯《周易今註今譯》，台北：台灣商務印書館，1997 年 4 月修定版 10 刷。

41. 范良光《易傳道德的形上學》，台北：台灣商務印書館，1990 年 4 月第 2 版。

42. 胡自逢《先秦諸子易說通考》，台北：文史哲出版社，1989 年第 3 版。

43. 胡自逢《周易鄭氏學》，台北：文史哲出版社，1990 年第 1 版。

44. 高懷民《大易哲學論》，台北：作者自印，1978 年 6 月初版 1988 年 7 月再版。

45. 高懷民《先秦易學史》，台北：中國學術著作獎助委員會，1990 年 6 月第 3 版。

46. 高懷民《兩漢易學史》，台北：中國學術著作獎助委員會，1970 年 12 月初版。

47. 高懷民《中國哲學在皇皇易道中成長發展》，台北：作者自印，1999 年 2 月初版。

48. 唐明邦、汪學群《易學與長江文化》，湖北：湖北教育出版社，2004 年 8 月 1 版 1 刷。

49. 徐芹庭《易學源流》，台北：國立編譯館，1987 年 8 月初版。

50. 徐芹庭《易經詳解》，台北：聖環圖書有限公司，1994 年 3 月 1 版 2 刷。

51. 徐芹庭《易經研究》，台北：五洲出版社，1997 年 6 月初版。

52. 徐芹庭《虞氏易述解》，台北：五洲出版社，1974 年出版。

53. 閆修篆《易經的圖與卦》，台北：五洲出版有限公司，1998 年 10 月出版。

54. 孫劍秋《易理新研》，台北：台灣學生書局，1997 年 12 月初版。

55. 章秋農《周易占筮學》，浙江：浙江古籍出版社，1999 年 3 月第 1 版第 2 刷。

56. 郭彧《京氏易傳導讀》，山東：齊魯書社，2002 年 10 月 1 版 1 刷。

57. 郭建勳注譯、黃俊郎校閱《新譯易經讀本》，台北：三民書局，1996 年 1 月初版。

58. 常秉義《周易與歷法》，北京：中國華僑出版社，2002 年 1 月 2 版 3 刷。

59. 陳鼓應《易傳與道家思想》，台北：台灣商務印書館，1994 年 9 月初版 3 刷。

60. 陳鼓應、趙建偉《周易注譯與研究》，台北：台灣商務印書館，1999 年 7 月初版 1 刷。

61. 張立文《周易帛書今注今譯》，台北：台灣學生書局，1991 年 9 月初版。

62. 張吉良《周易哲學和古代社會思想》，山東：齊魯書社，1998 年 9 月第 1 版第 1 刷。

63. 張其成《易經應用大百科》，台北：地景企業股份有限公司，1996 年 5 月初版。

64. 張濤《秦漢易學思想研究》，北京：中華書局，2005 年 3 月 1 版 1 刷。

65. 張善文《歷代易家與易學要籍》，福建：福建人民出版社，1998 年 4 月 1 版 1 刷。

66. 張善文《象數與義理》，遼寧：遼寧教育出版社，1997 年 4 月 1 版 3 刷。

67. 張漢《周易會意》，四川：巴蜀書社，2002 年 12 月 1 版 1 刷。

68. 黃沛榮《易學論著選集》，台北：長安出版社，1985 年 10 月初版。

69. 黃慶萱《周易縱橫談》，台北：東大圖書股份有限公司，1995 年 3 月初版。

70. 傅隸樸《周易理解》，台北：台灣商務印書館，1999 年 10 月初版 7 刷。

71. 程石泉《易學新探》，上海：上海古籍出版社，2003 年 12 月 1 版 1 刷。

72. 馮家金《周易繫辭傳》，台北：頂淵文化事業有限公司，1999 年 2 月初版 1 刷。

73. 董光璧《易學科學史綱》，湖南：武漢出版社，1993 年 12 月第 1 版第 1 刷。

74. 楊錦銓《易經古義解讀》，台北：台灣學生書局，2002 年 4 月初版。

75. 楊吉德《周易卦象與本義統解》，山東：齊魯書社，2004 年 11 月 1 版 1 刷。

76. 廖名春《帛書易傳初探》，台北：文史哲出版社，1998 年 11 月初版。

77. 鄧球柏《帛書周易校釋》，湖南：湖南出版社，1996 年 8 月第 2 版第 3 刷。

78. 鄭吉雄《易圖象與易詮釋》，台北：財團法人喜瑪拉雅研究發展基金會，2002 年 2 月初版。

79. 鄭萬耕《易學源流》，遼寧：瀋陽出版社，民國 86 年 5 月第 1 版第 1 刷。

80. 鄭衍通《周易探原》，台北：文史哲出版社， 2002 年 6 月修正增訂 1 版。

81. 劉百閔《周易事理通義》，台北：世界書局，1985 年 10 月再版。

82. 劉瀚平《宋象數易學研究》，台北：五南圖書出版公司，1993 年 2 月初版 1 刷。

83. 劉瀚平《周易思想探微》，台北：商鼎文化出版社，1997 年 12 月第 1 版第 1 刷。

84. 劉玉建《兩漢象數易學研究》，廣西：廣西教育出版社，1996 年 9 月第 1 版第 1 次刷。

85. 劉大鈞《象數精解》，四川：巴蜀書社，2004 年 5 月 1 版 1 刷。

86. 劉大鈞主編《大易集奧》，上海：上海古籍出版社，2004 年 12 月 1 版 1 刷。

87. 劉大鈞主編《象數易學研究》第三輯，成都：巴蜀書社，2003 年 3 月 1 版 1 刷。

88. 劉大鈞主編《大易集述》，成都：巴蜀書社，1998 年 10 月 1 版 1 刷。

89. 劉保貞《易圖明辨導讀》，山東：齊魯書社，2004 年 5 月 1 版 1 刷。

90. 賴貴三《臺灣易學史》，台北：里仁書局，2005 年 2 月初版。

91. 盧泰《周易參五筮法》，吉林：吉林文史出版社，2004 年 7 月 1 版 1 刷。

92. 盧央《易學與天文學》，台北：大展出版社，2005 年 6 月初版 1 刷。

93. 戴君仁《談易》，台北：台灣開明書店，1982 年 2 月第 7 版。

94. 戴璉璋《易傳之形成及其思想》，台北：文津出版社，1989 年初版。

95. 鍾泰德《易經研究》，台北：文英堂出版社，1998 年 9 月初版。

96. 嚴靈峰《馬王堆帛書易經斠理》，台北：文史哲出版社，1994 年 7 月初版。

四、《易》類以外十三經

1. 孔安國（舊題）《孔氏傳尚書》，北京：中華書局，1998 年 8 月第 1 版第 1 刷。

2. 孔穎達《尚書注疏》，台北：藝文印書館（十三經注疏本），1997 年 8 月初版第 13 刷。

3. 孔穎達等注疏《禮記注疏》，台北：藝文印書館（十三經注疏本），1997 年 8 月初版 13 刷。

4. 孔穎達等注疏《詩經注疏》，台北：藝文印書館（十三經注疏本），1997 年 8 月初版 13 刷。

5. 孔穎達等注疏《左傳注疏》，台北：藝文印書館（十三經注疏本），1997 年 8 月初版 13 刷。

6. 毛晉《陸氏詩疏廣要》，台北：台灣商務印書館（文淵閣四庫全書本第 70 冊），1986 年 3 月初版。

7. 王聘珍《大戴禮記解詁》，北京：中華書局，1998 年 12 月 1 版 4 刷。

8. 安居香山、中村璋八輯《緯書集成》，河北：河北人民出版社，1994 年 12 月 1 版 1 刷。

9. 朱熹《論孟精義》，台北：台灣商務印書館（文淵閣四庫全書本第 198 冊），1986 年初版。

10. 朱熹集注、蔣伯潛廣解《廣解四書》，台北：東華書局，1993 年 3 月 22 版 3 刷。

11. 朱彬《禮記訓纂》，北京：中華書局，1996 年 9 月第 1 版北京第 1 刷。

12. 杜為《中庸本義》，台北：台灣商務印書館，1985 年 5 月初版。

13. 李珮精《四書串釋》，台北：台灣中華書局，1965 年 10 月台 1 版。

14. 吳怡《中庸誠的哲學》，台北：東大圖書公司，1990 年 2 月第 4 版。

15. 邢昺《論語注疏》，台北：藝文印書館（十三經注疏本），1997 年 8 月初版 13 刷。

16. 林之奇《尚書全解》，台北：台灣商務印書館（文淵閣四庫全書本第 55 冊），1986 年 3 月初版。

17. 東方橋《讀中庸的方法學》，台北：玄同文化事業有限公司，2000 年 4 月初版。

18. 屈萬里《尚書今註今譯》，台北：台灣商務印書館，1997 年 3 月初版 14 刷。

19. 高明《禮學新探》，台北：台灣學生書局，1981 年 9 月第 4 版。

20. 高柏園《中庸形上思想》，台北：東大圖書公司，1991 年 2 月再版。

21. 秦蕙田《五禮通考》，台北：台灣商務印書館（文淵閣四庫全書本第 135 冊），1986 年初版。

22. 孫奭（舊題）《孟子注疏》，台北：藝文印書館（十三經注疏本），1997 年 8 月初版 13 刷。

23. 孫希旦《禮記集解》，台北：文史哲出版社，1990 年 8 月文 1 版。

24. 陳祥道《禮書》，台北：台灣商務印書館（文淵閣四庫全書本第 130 冊），1986 年初版。

25. 陳大章《詩傳名物集覽》，台北：台灣商務印書館（文淵閣四庫全書本第 86 冊），1986 年初版。

26. 陳槃《中學中庸今釋》，台北：國立編譯館，1984 年 10 月初版第 12 刷。

27. 陳兆榮《中庸探微》，台北：正中書局，1975 年 7 月台初版。

28. 陳滿銘《中庸思想研究》，台北：文津出版社，1989 年 4 月再版。

29. 梁益《詩傳旁通》，台北：台灣商務印書館《景印文淵閣四庫全書‧經部‧詩類》第 76 冊。

30. 程樹德《論語集釋》，北京：中華書局，1997 年 10 月第 1 版第 4 刷。

31. 黃俊傑《中國孟學詮釋史論》，北京：社會科學文獻出版社，2004 年 9 月 1 版 1 刷。

32. 馮復京《六家詩名物疏》，台北：台灣商務印書館（文淵閣四庫全書本第 80 冊），1986 年 3 月初版。

33. 賈公彥《周禮注疏》，台北：藝文印書館（十三經注疏本），1997 年 8 月初版第 13 刷。

34. 賈公彥《儀禮注疏》，台北：藝文印書館（十三經注疏本），1997 年 8 月初版第 13 刷。

35. 賈馥茗等編著《中庸釋詮》，台北：五南圖書出版有限公司，1999 年 5 月初版 1 刷。

36. 楊伯峻編著《春秋左傳注》，台北：復文圖書出版社，1991 年 9 月再版。

37. 楊祖漢《中庸義理疏解》，台北：鵝湖出版社，1990 年 3 月 4 版。

38. 萬心權、蔡愛仁《大學中庸精注》，台北：正中書局，1986 年 6 月台初版第 4 刷。

39. 衛湜《禮記集說》，台北：台灣商務印書館（文淵閣四庫全書本第 117 冊），1986 年初版。

40. 蔡卞《毛詩名物解》，台北：台灣商務印書館（文淵閣四庫全書本第 70 冊），1986 年 3 月初版。

41. 蔡沈《書經集傳》，台北：台灣商務印書館（文淵閣四庫全書本第 58 冊），1986 年初版。

42. 蔡愛仁《中庸研究》，台北：為學出版社，1964 年 8 月初版。

43. 錢穆《四書釋義》，台北：台灣學生書局，1993 年 8 月重版 4 刷。

44. 錢玄《三禮通論》，江蘇：南京師範大學出版社，1996 年 10 月第 1 版第 1 刷。

45. 魏了翁《儀禮要義》，台北：台灣商務印書館（文淵閣四庫全書本第 104 冊），1986 年初版。

46. 聶崇義《三禮圖集注》，台北：台灣商務印書館（文淵閣四庫全書本第 129 冊），1986 年初版。

47. 譚宇權《中庸哲學研究》，台北：文津出版社，1995 年 11 月初版。

五、經學通論專著

1. 王引之《經義述聞》，台北：台灣商務印書館，1979 年 1 月台 1 版。

2. 《中國哲學》編委會編《郭店簡與儒學研究》，遼寧：遼寧教育出版社，2000 年 1 月 1 版 1 刷。

3. 本田成之《中國經學史》，台北：廣文書局，1979 年 5 月初版。

4. 皮錫瑞《經學歷史》，台北：藝文印書館，1996 年 8 月初版 3 刷。

5. 皮錫瑞《經學通論》，台北：台灣商務印書館，1989 年 10 月台 5 版。

6. 朱彝尊《經義考》，北京：中華書局影印揚州馬氏刻本《四部備要》，1998 年 11 月北京 1 版 1 刷。

7. 江藩《漢學師承記》，北京：三聯書店，1998 年 6 月北京第 1 版第 1 刷。

8. 安井小太郎等著，連清吉、林慶彰合譯《經學史》，台北：萬卷樓出版公司，1996 年 10 月初版。

9. 艾爾曼《從理學到樸學》，江蘇：江蘇人民出版社，1995 年 1 版 1 刷。

10. 沈廷芳《十三經注疏正字》，台北：台灣商務印書館（文淵閣四庫全書本第 192 冊），1986 年初版。

11. 沈炳震《九經辨字瀆蒙》，台北：台灣商務印書館（文淵閣四庫全書本第 194 冊），1986 年初版。

12. 呂凱（師）《鄭玄之讖緯學》，台北：嘉新水泥公司文化基金會，1977 年 11 月初版。

13. 李威熊《中國經學發展史》（上），台北：文史哲出版社，1988 年 12 月初版。

14. 吳浩《十三經義疑》，台北：中央圖書館影印，文淵閣四庫全書本。

15. 林慶彰《清初的群經辨偽學》，台北：文津出版社，1990 年 3 月。

16. 林慶彰《明代經學研究論集》，台北：文史哲出版社，1994 年 5 月初版。

17. 方東樹《漢學商兌》，台北：台灣商務印書館（國學基本叢書四百種本），1968 年 3 月台第 1 版。

18. 周予同《群經概論》，台北：台灣商務印書館，1997 年 1 月台 2 版第 1 刷。

19. 周予同《經學史論著選集》，上海：上海人民出版社，1996 年 7 月第 2 版第 2 刷。

20. 姜廣輝《中國經學思想史》（第二卷），北京：中國社會科學出版社，2003 年 9 月 1 版 1 刷。

21. 姜廣輝主編《郭店簡與儒學研究》（《中國哲學》第二十一輯），遼寧：遼寧教育出版社，2000 年 1 月 1 版 1 刷。

22. 胡應麟等撰《經籍會通》，北京：北京燕山出版社，1998 年 8 月第 1 版第 1 刷。

23. 苗潤田《中國儒學史》（明清卷），廣東：廣東教育出版社，1998 年 6 月第 1 版第 1 刷。

24. 班固撰、陳立疏《白虎通疏證》，北京：中華書局，1994 年 8 月第 1 版第 1 刷。

25. 康有為《偽經考》，台北：台灣商務印書館，1974 年 6 月台 2 版。

26. 徐復觀《中國經學史的基礎》，台北：台灣學生書局，1996 年 4 月初版第 3 刷。

27. 孫筱《兩漢經學與社會》，北京：中國社會科學出版社，2002 年 10 月 1 版 1 刷。

28. 馬宗霍《中國經學史》，台北：台灣商務印書館，1992 年 11 月台 1 版 7 刷。

29. 陸德明《經典釋文》，台北：台灣商務印書館《景印文淵閣四庫全書‧經部‧五經總義類》，第 182 冊，1986 年 3 月初版。

30. 陳立《白虎通疏證》，北京：中華書局，1997 年 1 版 2 刷。

31. 陳祖武《清儒學術拾零》，湖南：湖南人民出版社，1999 年 8 月第 1 版第 1 刷。

32. 陳居淵《清代樸學與中國文學》，江西：百花洲文藝出版社，2000 年 6 月 1 版 1 刷。

33. 湯志鈞《經學史論集》，台北：大安出版社，1995 年 6 月出版。

34. 葉國良等著《經學通論》，台北：國立空中大學，1996 年元月初版。

35. 楊伯峻等著《經書淺談》，台北：萬卷樓圖書有限公司，1993 年 9 月初版 2 刷。

36. 趙吉惠等著《中國儒學史》，河南：中州古籍出版社，1993 年 4 月第 1 版第 2 刷。

37. 劉百閔《經學通論》，台北：國防研究院出版社，1970 年 3 月初版。

38. 蔣伯潛《經學纂要》，台北：正中書局，1981 年 10 月台 4 版。

39. 蔣伯潛《十三經概論》，台北：宏業書局，1981 年 10 月出版。

40. 蔣伯潛、蔣祖怡《經與經學》，上海：上海書局，1998 年 5 月第 1 版第 2 次印刷。

41. 錢基博《經學通志》，台北：學海出版社，1985 年 9 月初版。

42. 盧元駿《五經四書要旨》，台北：三民書局，1972 年 9 月初版。

六、小學類專著

1. 司馬光《類篇》，台北：台灣商務印書館（文淵閣四庫全書本第 225 冊），1986 年初版。

2. 邢昺《爾雅注疏》，台北：藝文印書館(十三經注疏本)，1997 年 8 月初版 13 刷。

3. 阮元等撰《經籍纂詁》，台北：宏業書局，1993 年 8 月再版。

4. 吳玉搢《別雅》，台北：台灣商務印書館（文淵閣四庫全書本第 222 冊），1986 年初版。

5. 林尹《中國聲韻學通論》，台北：黎明文化事業有限公司，1982 年 9 月初版。

6. 段玉裁《說文解字注》，台北：黎明文化事業股份有限公司，1993 年 7 月 10 版。

7. 胡樸安《中國訓詁學史》，台北：台灣商務印書館，1988 年 11 月台 11 版。

8. 許慎撰，段玉裁注《說文解字注》，台北：黎明文化事業公司，1993 年 7 月第 10 版。

9. 陳第《屈宋古音義》，台北：台灣商務印書館（文淵閣四庫全書本第 239 冊），1986 年初版。

10. 陳彭年等重修，林尹校訂《宋本廣韻》，台北：黎明文化事業公司，1995 年 3 月第 15 刷。

11. 陸佃《埤雅》，台北：台灣商務印書館（文淵閣四庫全書本第 222 冊），1986 年 3 月初版。

12. 黃生《字詁》，台北：台灣商務印書館《景印文淵閣四庫全書・經部・小學類・訓詁之屬》第 216 冊。

13. 裴學海《古書虛字集釋》，台北：漢京文化事業有限公司，1983 年 9 月初版。

14. 管錫華《校勘學》，安徽：安徽教育出版社，1991 年 7 月 1 版 1 刷。

15. 顧藹《隸辨》，北京：中華書局影印玉淵堂刊本，2003 年 12 月 1 版 2 刷。

七、史類專著

1. 王堯臣等編次《崇文總目》，台北：台灣商務印書館，1978 年 7 月台 1 版。

2. 王俊義《清代學術探研錄》，北京：中國社會科學出版社，2002 年 8 月 1 版 1 刷。

3. 支偉成《清代樸學大師列傳》，台北：明文書局，1970 年初版。

4. 方克立主編《21 世紀中國哲學走向》，北京：商務印書館，2003 年 4 月 1 版北京 1 刷。

5. 左丘明《國語》，台北：宏業書局，1980 年 9 月出版。

6. 左丘明《國語》，台北：漢京文化事業有限公司，1983 年 12 月。

7. 司馬遷《史記》，北京：中華書局，1997 年 11 月第 1 版。

8. 朱彝尊《經義考》，台北：世界書局（四庫全書薈要，史部第 151 冊），1988 年初版。

9. 朱克敬《清代傳記叢刊》第十三冊，台北：明文書局，1986 年元月出版。

10. 任繼愈《中國哲學史》，北京：人民出版社，1990 年 3 月第 4 版第 9 刷。

11. 李開《惠棟評傳》，江蘇：南京大學出版社，1997 年 7 月第 1 版。

12. 李申《中國古代哲學和自然科學》，上海：上海人民出版社，2002 年 1 月 1 版 1 刷。

13. 吳怡《中國哲學發展史》，台北：三民書局，1989 年 12 月第 3 版。

14. 長孫無忌《隋書》，北京：中華書局，1997 年 11 月第 1 版。

15. 房玄齡等撰《晉書》，北京：中華書局，1997 年 11 月第 1 版。

16. 周世輔《中國哲學史》，台北：三民書局，1983 年 10 月修正第 3 版。

17. 周裕鍇《中國古代闡釋學研究》，上海：上海人民出版社，2003 年 11 月 1 版 1 刷。

18. 孟世凱《夏商史話》，台北：貫雅文化事業有限公司，1990 年 2 月初版。

19. 胡楚生《清代學術史研究》，台北：台灣學生書局，1988 年 2 月初版。

20. 范曄《後漢書》，北京：中華書局，1997 年 11 月第 1 版。

21. 紀昀等撰《四庫全書總目提要》，台北：台灣商務印書館，1968 年 3 月台第 1 版。

22. 班固《漢書》，北京：中華書局，1997 年 11 月第 1 版。

23. 晁公武《郡齋讀書志》，台北：台灣商務印書館，1978 年 1 月台 1 版。

24. 韋政通《中國思想史》，台北：水牛出版社，1997 年 4 月 15 日第 12 版第 4 刷。

25. 徐世昌《清儒學案》，台北：世界書局，1966 年 7 月再版。

26. 馬積高《清代學術思想的變遷與文學》，湖南：湖南出版社，1996 年 1 月第 1 版第 1 刷。

27. 唐鑑《清學案小識》，台北：台灣商務印務館，1975 年 8 月台第 2 版。

28. 脫脫等撰《宋史》，北京：中華書局，1997 年 11 月第 1 版。

29. 陳壽《三國志》，北京：中華書局，1997 年 11 月第 1 版。

30. 陳振孫《直齋書錄解題》，台北：台灣商務印書館，1978 年 5 月台 1 版。

31. 麥仲貴《明清儒學家著述生卒年表》，台北：台灣學生書局，1977 年 9 月初版。

32. 梁啓超《清代學術概論》，上海：上海古籍出版社，1998 年 6 月第 1 版 2 刷。

33. 梁啓超《先秦政治思想史》，台北：台灣中華書局，1984 年 4 月台第 11 版。

34. 梁啓超著，陳引馳編校《梁啓超國學講錄二種》，北京：中國社會科學出版社，1997 年 6 月第 1 版第 1 刷。

35. 陳祖武《清初學術思辨錄》，北京：中國社會科學出版社，1992 年 6 月第 1 版第 1 刷。

36. 陳久金《中國古代的天文與歷法》，北京：商務印書館，1998 年 11 月北京 1 版 1 刷。

37. 張世英《新哲學講演錄》，廣西：廣西師範大學出版社，2004 年 5 月 1 版 1 刷。

38. 彭國棟《清史文讕志》，台北：台灣商務印書館，1969 年 9 月初版。

39. 勞思光《中國哲學史》，台北：三民書局，1995 年 8 月增訂第 8 版。

40. 葛兆光《七世紀前中國的知識、思想與信仰世界》，上海：復旦大學出版社，1998 年 4 月第 1 版第 1 刷。

41. 楊向奎《清儒學案新編》（三），山東：齊魯書社，1994 年 3 月第 1 版第 1 刷。

42. 趙爾巽《清史稿》，北京：中華書局，1998 年 1 月北京第 1 版。

43. 趙中偉《道者萬物之宗──兩漢道家形上思維研究》，台北：洪葉文化事業有限公司，2004 年 4 月初版 1 刷。

44. 歐陽修、宋祁撰《新唐書》，北京：中華書局，1997 年 11 月第 1 版。

45. 劉起釪《古史續辨》，北京：中國社會科學出版社，1997 年 4 月第 1 版第 2 刷。

46. 劉師培《清儒得失論》，北京：中國人民大學出版社，2004 年 9 月 1 版 1 刷。

47. 盧央《京房評傳》，江蘇：南京大學出版社，1998 年 12 月第 1 版第 1 刷。

48. 蕭一山《清代通史》，台北：台灣商務印書館，1962 年初版。

49. 顧頡剛《古史辨》，台北：藍燈文化事業公司，1993 年 8 月第 2 版。

八、子部相關專著

1. 丁原植《《文子》資料探索》，台北：萬卷樓圖書有限公司，1999 年 9 月初版。
2. 王充《論衡》，北京：中華書局《諸子集成》本第八冊，1996 年 2 月北京 9 刷。
3. 王符撰，汪繼培箋《潛夫論箋》，台北：漢京文化事業有限公司，1984 年 5 月初版。
4. 王明清《揮麈後錄》，台北：台灣商務印書館（文淵閣四庫全書本第 1038 冊），1986 年初版。
5. 王明《太平經合校》，北京：中華書局，1997 年 10 月 1 版 5 刷。
6. 王先謙《荀子集解》，北京：中華書局，1997 年 10 月第 1 版第 4 刷。
7. 王先慎《韓非子集解》，北京：中華書局，1998 年 7 月第 1 版第 1 刷。
8. 王利器《新語校注》，北京：中華書局，1998 年 10 月第 1 版北京第 3 刷。
9. 王洪緒《卜筮正宗》，湖南：海南出版社編《故宮珍本叢刊》第四一六冊，2000 年 10 月 1 版 1 刷。
10. 中華書局集成《諸子集成》，北京：中華書局，1996 年 2 月第 1 版北京第 9 刷。
11. 白居易原撰、孔傳續撰《白孔六帖》，台北：台灣商務印書館（文淵閣四庫全書本第 891 冊），1986 年初版。
12. 田鳳台《呂氏春秋探微》，台北：台灣學生書局，1986 年 3 月初版。
13. 司馬光集注《太玄集注》，北京：中華書局，1998 年 9 月 1 版北京 1 刷。
14. 朱謙之《老子校釋》，台北：漢京文化事業有限公司，1985 年 10 月初版。
15. 成中英《本體詮釋學》第二輯，北京：北京大學出版社，2002 年 3 月 1 版 1 刷。
16. 江日新編《中西哲學的會面與對話》，台北：文津出版社，1994 年 12 月初版。
17. 沈括《夢溪筆談》，台北：台灣商務印書館，1956 年 4 月台初版。
18. 汪榮寶《法言義疏》，北京：中華書局，1996 年 9 月第 1 版北京第 2 刷。
19. 伽達默爾著，洪漢鼎譯《真理與方法－哲學詮釋學的基本特徵》，上海：譯文出版社，1999 年 4 月 1 版 2002 年 7 月 2 刷。
20. 阿佩爾著，孫周興等譯《哲學的改造》，上海：上海譯文出版社，1994 年 1 版 1 刷。
21. 俞琰《周易參同契發揮》，台北：自由出版社《道藏精華》第一集之一，2000 年 1 月出版。
22. 胡偉希《知識、邏輯與價值：中國新實在論思潮的興起》，北京：清華大學出版社，2004 年 2 月 1 版 2 刷。
23. 祝平一《漢代的相人術》，台北：學生書局，1990 年初版。
24. 倪濤《六藝之一錄》，台北：台灣商務印書館（文淵閣四庫全書本第 830 冊），1986 年初版。
25. 徐文靖《管城碩記》，台北：台灣商務印書館（文淵閣四庫全書本第 861 冊），1986 年初版。
26. 徐元太《喻林》，台北：台灣商務印書館（文淵閣四庫全書本第 958 冊），1986 年初版。
27. 徐應秋《玉芝堂談薈》，台北：台灣商務印書館（文淵閣四庫全書本第 883 冊），1986 年初版。
28. 章潢《圖書編》，台北：台灣商務印書館（文淵閣四庫全書本第 968 冊），1986 年初版。
29. 章炳麟《訄書》，香港：三聯書店，1998 年 7 月香港第 1 版第 1 刷。
30. 章太炎《章氏叢書》，台北：世界書局，1982 年 4 月再版。
31. 陳元龍《格致鏡原》，台北：台灣商務印書館（文淵閣四庫全書本第 1031 冊），1986 年 3

月初版。

32. 陳澧《東塾讀書記》，北京：三聯書店，1998 年 6 月第 1 版第 1 刷。

33. 陳鼓應《老子今註今譯》，台北：台灣商務印書館，1998 年 8 月第二次修訂版第 2 刷。

34. 陳鼓應《黃帝四經今註今譯》，台北：台灣商務印書館，1996 年 7 月初版 2 刷。

35. 陳江風《天文與社會》，河南：河南大學出版社，2002 年 8 月 1 版 1 刷。

36. 張介賓《類經圖翼》，台北：台灣商務印書館《景印文淵閣四庫全書·子部·醫家類》第
    776 冊，1986 年 3 月初版。

37. 張琦《素問釋義》，湖南：海南出版社《故宮珍本叢刊》第 379 冊，2000 年 10 月 1 版 1 刷。

38. 郭慶藩《莊子集釋》，台北：世界書局，1989 年 10 月第 12 版。

39. 郭慶藩《莊子集釋》，台北：貫雅文化事業有限公司，1991 年 9 月初版。

40. 揚雄《太玄》，台北：台灣商務印書館《景印文淵閣四庫全書》第 803 冊，1986 年 3 月初
    版。

41. 傅偉勳《從創造的詮釋學到大乘佛學》，台北：東大圖書公司，1990 年初版。

42. 傅偉勳《從傳統到現代－佛教倫理與現代社會》，台北：東大圖書公司，1990 年 10 月初版。

43. 傅偉勳《學問的生命與生命的學問》，台北：正中書局，1994 年 1 月台初版。

44. 傅偉勳《佛教思想的現代探索－哲學與宗教五集》，台北：東大圖書公司，1995 年 3 月初
    版。

45. 景海峰《中國哲學的現代詮釋》，北京：人民大學出版社，2004 年 8 月 1 版 1 刷。

46. 黃暉《論衡校釋》，北京：中華書局，1996 年 11 月北京第 1 版第 3 刷。

47. 程顥、程頤撰《二程遺書、二程外書》，上海：上海古籍出版社（文淵閣四庫全書本），1995
    年 2 月第 1 版第 2 刷。

48. 葉廷珪《海錄碎事》，台北：台灣商務印書館（文淵閣四庫全書本第 921 冊），1986 年初版。

49. 楊伯峻《列子集釋》，北京：中華書局，1996 年 10 月第 1 版北京第 5 刷。

50. 黎靖德編《朱子語類》，北京：中華書局，1999 年 6 月第 1 版北京第 4 刷。

51. 黎翔鳳《管子校注》，北京：中華書局，2004 年 6 月 1 版 1 刷。

52. 盧之頤《本草乘雅半偈》，台北：台灣商務印書館（文淵閣四庫全書本第 779 冊），1986 年
    初版。

53. 劉文典《淮南鴻烈集解》，北京：中華書局，1997 年 1 月北京第 1 版第 1 刷。

54. 劉國樑《新譯周易參同契》，台北：三民書局，2000 年 10 月初版 2 刷。

55. 蔣一彪輯《古文參同契集解》，台北：新文豐出版公司影印毛晉訂本，1987 年 6 月台 1 版。

56. 錢鍾書《管錐編》，北京：中華書局，1999 年 1 月北京 2 版 6 刷。

57. 戴望《管子校正》，北京：中華書局，1954 年 12 月第 1 版，1996 年 2 月北京第 9 刷。

58. 韓敬譯注《法言全譯》，成都：巴蜀書社，1999 年 9 月 1 版 1 刷。

59. 韓林合《《邏輯哲學論》研究》，北京：商務印書館，2000 年 8 月 1 版北京 1 刷。

60. 蕭漢明、郭東升《周易參同契研究》，上海：上海文化出版社，2001 年 1 月 1 版 1 刷。

61. 魏伯陽等撰《古文參同契箋註集外二種》，台北：新文豐出版公司，1987 年 6 月台 1 版。

62. **魏伯陽**等撰《參同契正文外三種》，台北：新文豐出版公司，1987 年 6 月台 1 版。

63. **蘇輿**《春秋繁露義證》，北京：中華書局，1996 年 9 月 1 版北京 2 刷。

64. **顧炎武**《原抄本日知錄》，台北：台灣明倫書局，1979 年出版。

65. **顧炎武**《日知錄》，台北：台灣商務印書館（文淵閣四庫全書本第 858 冊），1986 年初版。

九、集部相關論著

1. **王引之**《王文簡公文集》，1925 年羅氏鉛印本。

2. **王伯大**編《韓文考異》，台北：台灣商務印書館（文淵閣四庫全書本第 1073 冊），1986 年初版。

3. **王鏊**《震澤集》，台北：台灣商務印書館（文淵閣四庫全書本第 1256 冊），1986 年初版。

4. **王昶**《春融堂集》，清嘉慶丁卯年（西元 1807 年）、戊辰年（西元 1808 年）塾南書舍刊本。

5. **王昶**《湖海文傳》，台北：廣文書局，1968 年初版。

6. **王士禛**著，李毓芙等整理《漁洋精華錄集釋》，上海：上海古籍出版，1999 年 12 月 1 版 1 刷。

7. **李善**《文選註》，台北：台灣商務印書館（文淵閣四庫全書本第 1329 冊），1986 年初版。

8. **林希逸**《竹溪鬳齋十一藁續集》，台北：台灣商務印書館《景印文淵閣四庫全書‧集部‧別集類》第 1185 冊。

9. **邵雍**《擊壤集》，台北：台灣商務印書館《景印文淵閣四庫全書‧集部‧別集類》第 1101 冊。

10. **張吉**《古城集》，台北：台灣商務印書館（文淵閣四庫全書本第 1257 冊），1986 年初版。

11. **游酢**《圖書編》，台北：台灣商務印書館（文淵閣四庫全書本第 968 冊），1986 年初版。

12. **錢大昕**《嘉定錢大昕全集‧潛研堂文集》，第九冊，江蘇：江蘇古籍出版社，1997 年 12 月 1 版 1 刷 1。

13. **戴震**《戴東原集》，台北：台灣商務印書館，1968 年 12 月台第 1 版。

十、論文期刊

（一）學位論文

1. **江弘遠**《惠棟易例研究》，台北：國立台灣師範大學國文研究所碩士論文，1988 年 5 月。

2. **岑溢成**《訓詁學與清儒訓詁方法‧訓詁方法學的兩個方面》，香港：新亞研究所博士論文，1984 年 12 月。

3. **耿志宏**《惠棟之經學研究》，台北：國立政治大學中國文學研究所碩士論文，1984 年 5 月。

4. **孫劍秋**《清代吳派經學研究》，台北：國立政治大學中國文學研究所博士論文，1992 年 12 月。

5. **康全誠**《清代易學八家研究》，台北：私立中國文化大學中國文學研究所博士論文，2003 年 6 月。

6. 張麗珠《乾嘉時期的義理學趨向研究》，台北：國立高雄師範大學國文研究所博士論文，1996年5月。

7. 黃順益《惠棟、戴震與乾嘉學術研究》，台北：國立中山大學中國文學系博士論文，1999年6月。

8. 鄭國瑞《兩漢黃老思想研究》，台北：國立政治大學中國文學系博士論文，2003年6月。

9. 劉慧珍《漢代易象研究》，台北：私立輔仁大學中國文學研究所博士論文，1997年6月。

10. 蔡孝儸《惠棟《春秋左傳補注》之研究》，台北：國立高雄師範大學國文研究所碩士論文，1998年5月。

11. 闕育鈴《惠棟之讀說文記研究》，台北：國立成功大學歷史語言研究所碩士論文，1990年6月。

（二）中文期刊

1. 三英＜惠棟的治學思想＞，《社會科學輯刊》，1993年第3期，頁69-76。

2. 于春海＜論取象思維方式－易學文化精神及其現代價值討論之一＞，《周易研究》，2000年第4期，頁76-81。

3. 于瑞桓＜乾嘉樸學的緣起及啟蒙意義＞，《中國哲學》，2002年第10期，頁60-63。

4. 尹彤云＜惠棟《周易》學與九經訓詁學簡評＞，《寧夏社會科學》，1997年第1期，89-93。

5. 尹彤云＜惠棟學術思想研究＞，《清史評論》，1999年第2期，頁90-98。

6. 王家儉＜清代漢宋之爭的再檢討＞，《中央研究院國際漢學會議論文集》（第三冊），台北：中央研究院，1981年10月10日。

7. 王樹人、喻柏林＜《周易》的「象思維」及其現代意義＞，《周易研究》，1998年第1期，頁1-8。

8. 王新春＜哲學視野下的漢易卦氣說＞，《周易研究》，2002年第6期，頁50-61。

9. 王新春＜試論虞氏易「旁通說」的易理內涵＞，《周易研究》，1996年第3期，頁6-18。

10. 王興業＜試論十二辟卦＞，《周易研究》，1997年第1期，頁3-8。

11. 朱維錚＜清學史：漢學與反漢學（上）＞，《復旦學報（社會科學版）》，1993年第5期，頁54-61。

12. 朱維錚＜清學史：漢學與反漢學（下）＞，《復旦學報（社會科學版）》，1993年第6期，頁75-79。

13. 任蘊輝＜論漢代易學的納甲＞，《中國哲學史》，1993年第8期，頁73-80。

14. 牟宗三＜研究中國哲學之文獻途徑＞，《鵝湖月刊》，第11卷1期，頁1-7。

15. 李威熊＜吳派之經學述評＞，《中華學苑》，第36期，1988年。

16. 李尚信＜孟喜卦氣卦序反映的思想初論＞，《中國哲學》，2001年第12期，頁34-38。

17. 何麗野＜象的思維：說不可說－中國古代形而上學方法法＞，《中國哲學》，2004年第4期，頁22-27。

18. 林忠軍＜干寶易學思想研究＞，《周易研究》，1996年第4期，頁12-24。

19. 林忠軍<試析鄭玄易學天道觀>，《中國哲學》，2003 年第 3 期，頁 44-52。

20. 林忠軍<《易緯》宇宙觀與漢代儒道合流趨向>，《中國哲學》，2002 年第 12 期，頁 52-56。

21. 林麗真<如何看待易「象」－由虞翻、王弼與朱熹對易「象」的不同看法說起>，《周易研究》，1994 年第 4 期，頁 35-41。

22. 周立升<《周易參同契》的月體納甲學>，《周易研究》，2000 年第 4 期，頁 35-40。

23. 周積明<乾嘉時期的學統重建>，《中國哲學》，2002 年第 10 期，頁 64-68。

24. 周山<《周易》詮釋若干問題思考>，《中國哲學》，2004 年第期，頁 49-55。

25. 高懷民<西漢孟喜改列卦序中的哲學思想>，《周易研究》，2000 年第 2 期，頁 14-21。

26. 唐明邦<象數思維管窺>，《周易研究》，1998 年第 4 期，頁 52-57。

27. 孫劍秋<清代漢學形成原因綜論>，《第二屆清代學術研討會論文集》，台北：國立中山大學中國文學系主辦，1991 年 11 月 16、17 日，頁 21-39。

28. 連鎮標<焦延壽易學淵源考>，《周易研究》，1996 年第 1 期，頁 3-9。

29. 郭彧<卦變說探微>，《周易研究》，1998 年第 1 期，頁 9-20。

30. 崔波<京房易學思想述評（上）>，《周易研究》，1994 年第 4 期，頁 17-23。

31. 崔波<京房易學思想述評（下）>，《周易研究》，1995 年第 1 期，頁 26-34。

32. 常秉義<「卦變」說辨析>，《周易研究》，1997 年第 4 期，頁 15-24。

33. 陳恩林、郭守信<關於《周易》「大衍之數」的問題>，《中國哲學史》，1998 年第 3 期，頁 42-47。

34. 陳世陔<《周易》「象數」與現代系統學模型>，《周易研究》，1997 年第 4 期，頁 3-14。

35. 陳居淵<清代的家學經學－兼論乾嘉漢學的成因>，《漢學研究》，第 16 卷第 2 期，1998 年 12 月。

36. 陳居淵<論惠棟的經學思想>，《郭店簡與儒學研究》（《中國哲學》，第二十一輯），遼寧：遼寧教育出版社，2000 年 1 月 1 版 1 刷，頁 405-427。

37. 梁韋弦<「卦氣」與「歷數」，象數與義理>，《中國哲學》，2002 年第 2 期，頁 43-47。

38. 梁韋弦<孟京易學的來源>，《中國哲學》，2003 年第 11 期，頁 9-11。

39. 張火慶<清初學風與乾嘉考證之學>，《中華文化復興月刊》，第 15 卷第 6 期，1982 年 6 月，頁 38-44。

40. 張文智<京氏易學中的陰陽對待與流行>，《周易研究》，2002 年第 2 期，頁 39-53。

41. 張濤<西漢後期象數易學興起的自然生態和社會政治根源>，《周易研究》，1998 年第 4 期，頁 47-51。

42. 鈕恬<略論《周易》卦爻變化的特點>，《周易研究》，1999 年第 3 期，頁 25-36。

43. 傅榮賢<孟喜易學略論>，《周易研究》，1994 年第 3 期，頁 4-7。

44. 鄒順初<漢代易學窺豹>，《第十屆國際易學大會論文集》，台北：中華民國易經學會，1993 年 7 月 25 日，頁 122-129。

45. 楊國榮<明清之際儒家價值觀的轉換>，《中國哲學史》，1993 年第 8 期，頁 97-104。

46. 楊國榮<乾嘉學派的治學方法>，《經學研究論叢》，第一輯，1994 年 4 月。

47. 漆永祥＜惠棟與古籍整理＞，《古籍整理研究學刊》，1992 年第 1 期，頁 39-41。

48. 漆永祥＜惠棟易學著述考＞，《周易研究》，2004 年第 3 期，頁 51-57。

49. 潘德榮＜詮釋的創造性與「創造的詮釋學」＞，《中國哲學》，2002 年第 11 期，頁 14-20。

50. 劉慧珍＜漢代易學的特殊問題－易象陰陽五行化試論＞，《第二屆漢代文學與思想學術研討會》，台北：國立政治大學中國文學系主辦，1998 年 10 月 17 日。

51. 劉玉建＜五行說與京房易學＞，《周易研究》，1996 年第 4 期，頁 1-11。

52. 劉玉建＜鄭玄爻辰說述評＞，《周易研究》，1995 年第 3 期，頁 34-42。

53. 劉玉建＜論魏氏月體納甲說及其對虞氏易學的影響＞，《周易研究》，2001 年第 4 期，頁 21-25。

54. 劉玉建＜試論京房易學中的世卦起月例＞，《周易研究》，1996 年第 2 期，頁 17-20。

55. 劉潤忠＜中國哲學本體論的易學闡釋＞，《周易研究》，1994 年第 4 期，頁 33-39。

56. 劉笑敢＜經典詮釋與體系建構－中國哲學詮釋傳統的成熟與特點芻議＞，《中國哲學》，200 年第 5 期，頁 18-26。

57. 鄭卜五＜乾嘉漢學形成的主要因素探析＞，《海軍軍官學校學報》，第 6 期年第期，1996 年 10 月，頁 215-225。

58. 鄭萬耕＜易學中的陰陽五行觀＞，《周易研究》，1994 年第 4 期，頁 24-32。

59. 鄭萬耕＜易學中的整體思維方式＞，《周易研究》，1995 年第 4 期，頁 62-70。

60. 蕭漢明＜論《京氏易傳》與後世納甲筮法的文化內涵＞，《周易研究》，2000 年第 2 期，頁 22-34。

（三）西文期刊

1. Chun- chidh Huang, "The Mencius and Historical Hermenudtics," 《清華學報》第 19 卷第 2 期（1989 年 8 月），頁 45-65。

2. E.D.Hirsch, Validity in Interpretation, Appendix I Objective Interpretation C. Verification, (New Haven :Yale University Press, 1967),p.236。

3. Friedrich Schleiermacher ,Hermeneutics: The Handwritten Manuscripts, translated by James Duke and Jack Forstman (Missoula, Month Scholars Press,1977),p.50

附　件

【附件一】八卦候應與二十四節氣徵驗之內容

一、八卦候應之徵

八卦	方位	卦氣	正氕直卦	氕出右	氕出左	氕不至	氕　　進	氕退
乾	西北	立冬	人定。氣直白出乾	萬物半死。	萬物傷。	立夏有寒，傷禾稼，萬物多死，人民疾疫，應在其衝。	乾氕見於冬至之分，則陽氕火盛，當藏不藏，蟄蟲多行。乾為君父，為寒、為冰、為金、為玉，於是歲則立夏蚤蟄，夏至寒，乾得坎之蹇，則夏雨雪水冰。	傷萬物。
坎	北方	冬至	夜半，氕直黑出坎。	天下旱。	涌水出。	夏至大寒，雨雪，湧泉出，歲多大水，應在其衝。	坎氕見立春之分，則水氕乘出。坎為溝瀆，於是歲多水災，江河決，山水涌出。	天下旱。
艮	東北	立春	雞鳴，氕直黃出艮。	萬物傷。	山崩涌水出。	立秋山陵多崩，萬物華實不成，五穀不入，應在其衝。	艮氕見於春分之分，則萬物不成。艮為山，為止，不止則氕過山崩。	數有雲霧霜。
震	東方	春分	日出，氕直青出震。	萬物半死。	蛟龍出。	歲中少雷，萬物不實，人民疾熱，應在其衝。	震氕見立夏之分，雷氕盛，萬物蒙而死不實。龍蛟數見，不雲而雷，多至乃止。	歲中少雷，萬物不茂。
巽	東南	立夏	食時，氕直青出巽	風橄木。	萬物傷，人民疾濕。	歲中多大風，發屋揚砂，禾稼盡，應在其衝。	巽氕見夏至之分，則風，氕過折木。	盲風至，萬物不成，濕傷人民。
離	南方	夏至	日中，氕直赤出離	萬物半死。	赤地千里。	無日光，五穀不榮，人民疾，目痛。多無冰，應在其衝。	離氕見於立秋之分，兵起。	其歲日無光，必害之。
坤	西南	立秋	晡時，氕直黃出坤	萬物半死。	地動。	萬物不茂，地數震，牛羊多死，應在其衝。	坤氕見於秋分之分，則其歲地動搖，江河水乍存乍亡。	地分裂，水泉不泯。
兌	西方	秋分	日□，氕直白出兌。	萬物不生。	虎害人。	歲中多霜，草木枯落，人民疥瘙，應在其衝。	兌氕見立冬之分，則萬物不成，虎狼為災，在澤中。	澤枯，萬物不成。

二、二十四節氣徵驗

卦爻	節氣	方位	出氣時間	出氣色	八風	卦候之徵	晷長	陰陽氣直宿	當至不至之病災	不當至而至之病災	衝應
坎初六	冬至11月中	北	夜半	坎黑	廣莫風至	蘭射干生,麋角解,曷旦不鳴。	丈三尺	陰氣去,陽雲出箕。莖未如樹木之狀。	萬物大旱,大豆不爲。人足太陰脈虛,多病振寒。	人足太陰脈,多病暴逆,臚張心痛,大旱。	應在夏至
坎九二	小寒12月節					合凍,虎始交,祭蛇垂首,曷旦入空。	丈二尺四分	倉陽雲氏,南倉北黑。	先小旱,後小水。人手太陰脈虛,人多熱喉脾。	人手太陰脈盛,人多熱,來年麻不爲。	應在小暑
坎六三	大寒12月中					雪降,草木多生心,鵲始巢。	丈一尺八分	黑陽雲出心,南黑北黃。	旱。後水,麥不成。人足少陰脈虛,多病蹶,逆傷善驚。	人足少陰脈盛,人多病,上氣嗌腫。	應在大暑
坎六四	立春正月節	東北	雞鳴	艮黃	條風至	雨水降,雉雊雞乳,冰解,柳楔。	丈一尺二分	青陽雲出房,如積水。	兵起,來年麥不成。人足少陰脈虛,多病疫瘇。	人足少陰脈盛,人多病粟疾疫。	應在立秋
坎九五	雨水正月中					凍冰釋,猛風至。獺祭魚,鴰鶬鳴,蝙蝠出。	九尺一寸六分	黃陽雲出亢,南黃北黑。	旱,麥不爲。人手太陽脈虛,人多病,心痛。	人手太陽脈盛,人多病目。	應在處暑
坎上六	驚蟄2月節					雷候應北。	八尺二寸	赤陽雲出翼,南赤北白。	霧,稚禾不爲。人足太陽脈虛,人多疫病瘇。	人足太陽脈盛,多病癰疽,脛腫。	應在白露
震初九	春分2月中	東	日出	震青	明庶風至	雷雨行,桃始花,日月同道。	七尺二寸四分	正陽雲出張,如積鵠。	先旱後水。歲惡重穜來麥不爲。人手太陽脈虛,人多病痺痛。	人手太陽脈盛,人多病瘑疥身應。	應在秋分。
震六二	清明3月節					雷鳴雨下,清明風至,玄鳥來。	六尺二寸八分	白陽雲出宿,南白北黃。	菽豆不爲。人足陽明脈虛,人多病疥虛。振寒洞泄。	人足陽明脈盛,人多病溫,暴死。	應在寒露
震六三	穀雨3月中					出鼠化爲鴽。	五尺三寸二分	太陽雲出張,上如車蓋,下如薄。	水物稻等不爲。人足陽明脈虛,人多病癰疽瘡,振寒霍亂。	人足陽明脈盛,人多病溫,黑腫。	應在霜降
震九四	立夏4月節	東南	食時	巽青	清明風至	暑,鵲聲蜚電見早出,龍升天。	四尺三寸六分	當陽雲出觜,紫赤如珠。	旱,五穀大傷,牛畜病。人手陽明脈虛,多病,寒熱、齒齲。	人手陽明脈盛,多病,頭腫嗌喉痺。	應在立冬
震六五	小滿4月中					雀子蜚,螻蛄鳴。	三尺四寸	上陽霍七星,赤而饒。	多凶言,有大喪,先水後旱。人足太陽脈虛,人多病滿,筋急痺痛。	人足太陽脈盛,人多病衝氣腫。	應在小雪
震上六	芒種5月節					蚯蚓出。	二尺四寸	長陽雲出宿,集赤如曼曼。	多凶言,國有狂令。人足太陰脈虛,多病血痺。	人足太陽脈盛,人蹶眩頭痛。	應在大雪

卦爻	節氣	方位	時	卦色	風	物候	度數	雲象	占驗	脈病	應在
離初九	夏至5月中	南	日中	離赤	景風至	暑且濕，蟬鳴，螳螂生，鹿解角，木堇榮。	四寸八分	少陰雲出，如水波崇崇。	邦有大殃，陰陽並傷，口乾嗌痛。人手陽脈虛。	人手陽脈盛，多病肩痛。	應在冬至
離六二	小暑6月節					雲五色出。伯勞鳴，蝦蟆無聲。	二尺四寸四分	黑陰雲出，南黃北黑。	前小水，後小旱，有兵。人足陽明脈虛，多病，泄注腹痛。	人足陽明脈盛，多病臚腫。	應在小寒
離九三	大暑6月中					雨濕，半夏生。	三尺四寸	陰雲出，南赤北蒼。	外兵作，來年饑。人手少陽脈虛，多病，筋痺胸痛。	人手少陽脈盛，多病，脛痛惡氣。	應在大寒
離九四	立秋7月節	西南	哺食	坤黃	涼風至	白露下，腐草為螢，蜻蚓鳴。	四尺三寸六分	濁陰雲出，上如赤繪，列下黃幣。	暴風為災，年歲不入。人手少陽脈虛，多病癉。少陽氣中寒，白芒芒。	人手少陽脈盛，多病，咳嗽，上氣咽喉腫。	應在立春
離六五	處暑7月中					雨水，寒蟬鳴。	五尺三寸二分	赤陰雲出，南黃北黑。	國有淫令，四方兵起。人足太陰脈虛，多病，脹身熱，來年麥不為。	人足太陰脈盛，多病，脹長熱，不汗出。	應在雨水
離上九	白露8月節					雲氣五色，蜻蚓上堂，鷹祭鳥，燕子去室，鳥雌雄別。	六尺二寸八分	黃陰雲出，南黑北黃。	六畜多傷，人手太陰脈虛，人多病痤疽泄。	人手太陰脈盛，多病，心脹閉症瘕。	應在驚蟄
兌初九	秋分8月中	西	日入	兌白	昌盍風至	風涼慘，雷始收，鷙鳥擊，元鳥歸。	七尺二寸四分	白陽雲出，南黃北白。	草木復榮，人手少陽脈虛，多病溫，悲心痛。	人手少陽脈盛，多病，癌脇鬲痛。	應在春分
兌九二	寒露9月節					霜小下，秋草死，眾鳥去。	八尺二寸	正陽雲出如冠纓。	來年穀不成，六畜鳥獸被殃。人手蹶陰脈虛，多病，疵疼腰痛。	人手蹶陰脈盛，多病痛，癌中熱。	應在清明
兌六三	霜降9月中					候雁南向，豺祭獸，霜大下，草禾死。	九尺一寸六分	太陽雲出，上如羊，下如磻石。	萬物大耗，來年多大風。人足蹶陰脈虛，多病，腰痛。	人足蹶陰脈盛，多病喉，風腫。	應在穀雨
兌九四	立冬10月節	西北	人定	乾白	不周風至	始冰，薺麥生，賓爵入水為蛤。	丈二寸二分	陰雲出接。	地氣不藏，立夏反寒，早旱晚水，萬物不成。人手少陽脈虛，多病溫，心煩。	人手少陽脈盛，多病，臂掌痛。	應在立夏
兌九五	小雪10月中					陰寒，熊羆入穴，雉入水為蜃。	丈一尺八分	陰雲出而黑。	來年五穀傷，蕎麥不為。人心主脈虛，多病，肘腋痛。	人心主脈盛，人多病，腹耳痛。	應在小滿
兌上六	大雪11月節					魚負冰，雨雪。	丈二尺四分	長雲出，黑如介。	溫氣泄，夏蝗生，大水。人手心主脈虛，多病少氣，五疸、水腫。	人手心主脈盛，多病，癰疽腫痛。	應在芒種

【附件二】星象圖

一、二十八星宿圖[1]

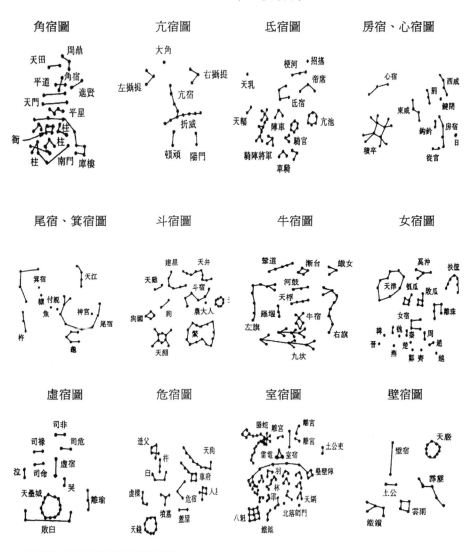

---
[1] 諸圖引自張其成《易經應用大百科》（下篇），台北：地景企業股份有限公司，1996 年 5 月初版，頁 40-53。

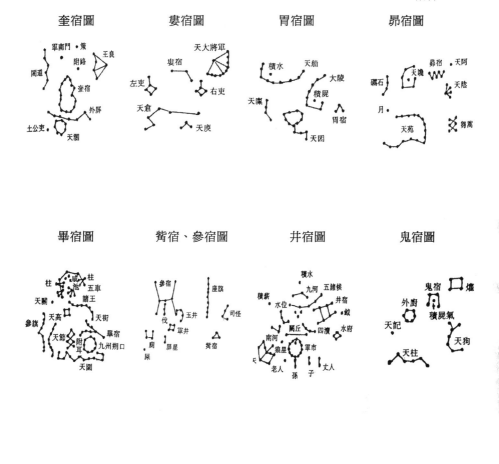

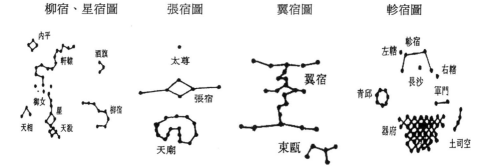

二、二十八宿天文圖[2]

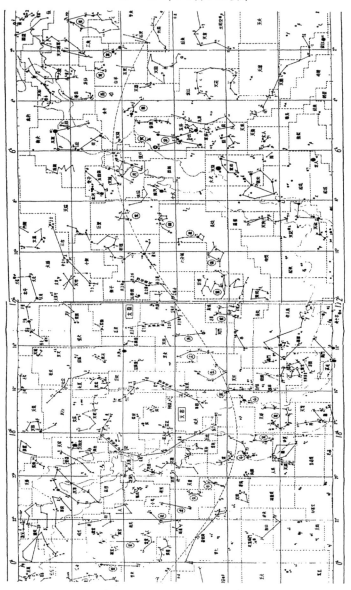

---

[2] 引自陳江風《天文與社會》，河南：河南大學出版社，2002 年 8 月 1 版 1 刷，頁 264。
比例自作調整，與原圖有異。

三、四象星圖

东方七宿

北方七宿

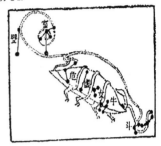

西方七宿

南方七宿

【附件三】　虞氏運用《說卦傳》卦象統計表

《說卦傳》卦象	虞氏注引次數	虞 氏 注 引 出 處
艮以止之	10 則	屯初九爻注、剝《象傳》注、坎九五爻注、坎上六爻注、艮《象傳》注、艮九三爻注、節六四爻注、《繫下》二章注、又十章注兩引
兌以說之	8 則	履彖注、履九二爻注、解《象》注、節《彖傳》注、中孚《象》注、損《象》注、歸妹九二爻注、兌《彖傳》注
乾以君之	3 則	革上六《象》注、《繫上》八章注、《序卦下》注

坤以藏之	1 則	《繫上》八章注
帝出乎震	8 則	坤《文言》注、蠱《彖傳》注、剝《彖傳》注、復彖注、復《彖傳》注、《繫下》五章注、履九二爻注、《繫下》二章注
齊乎巽	2 則	觀《彖傳》注、《繫上》十一章注
相見乎離	1 則	蹇《彖傳》注
戰乎乾	1 則	《繫上》九章注
萬物出乎震	6 則	睽《彖傳》注、无妄《象》注兩引、離《彖傳》注、恆《彖傳》注、益《彖傳》注
震東方也	2 則	姤《象》注、《說卦》十一章注
離也者明也	8 則	屯彖注、屯六四爻注、比九五《象》注、賁《彖傳》注、既濟九五爻注、《繫上》十一章注兩引、《說卦》五章注
(離)南方之卦也	1 則	升彖注
坤也者地也	6 則	復《彖傳》注、歸妹《彖傳》注、節《彖傳》注、《繫上》四章注、《繫下》一章注、《繫下》二章注
兌正秋也	1 則	《說卦》五章注
坎者水也	14 則	革《象》注、屯《彖傳》注、需《象》注、比初六爻注、謙《彖傳》注、頤六四爻注、艮九三爻注、漸九二爻注、小過六五《象》注、未濟彖注、《繫上》一章注、《繫上》八章注、《繫下》二章注、《說卦》十一章注
艮東北之卦也	1 則	蹇彖注
終萬物始萬物者莫盛乎艮	1 則	謙彖注
乾健也	3 則	大畜《彖傳》注、夬《彖傳》注、乾《象》注
坤順也	7 則	《說卦》三章注、觀《彖傳》注、剝《彖傳》注、復《彖傳》注、漸九三爻注、漸九三《象》注、臨《彖傳》注、
震動也	7 則	恆上六爻注、《繫上》三章注、隨《彖傳》注、无妄《彖傳》注、歸妹《彖傳》注、《繫下》二章注、《繫下》五章注
巽入也	2 則	《繫下》二章注、復彖注
離麗杙	1 則	睽《彖傳》注
兌說也	9 則	兌《彖傳》注、履《彖傳》注、隨《彖傳》注、臨《彖傳》注、大過《彖傳》注、睽《彖傳》注、夬《彖傳》注、革《彖傳》注、歸妹《彖傳》注
乾爲馬	2 則	《繫下》二章注、中孚六四爻注
坤爲牛	10 則	无妄六三爻注、大畜六四爻注、睽六三爻注、姤上九爻注、萃彖注、旅上九爻注、既濟九五爻注、《繫下》二章注、益六二爻注、萃《彖傳》注
震爲龍	2 則	《繫下》五章注、《說卦》十一章注
巽爲雞	1 則	中孚上九爻注
坎爲豕	4 則	大畜六五爻注、睽上九爻注、姤初六爻注、巽六四爻注
離爲雉	2 則	鼎九三爻注、巽六四爻注
艮爲狗	1 則	《說卦》十一章注
兌爲羊	3 則	夬九四爻注、歸妹上六爻注、《說卦》十一章注
乾爲首	6 則	晉上九爻注、姤上九爻注、既濟六二爻注、既濟上六爻注、未

		濟上九爻注、《說卦》十一章注
坤爲腹	3則	比《象》注、大畜九二爻注、大壯九四爻注
震爲足	14則	履六三爻注、泰九二爻注、噬嗑初九爻注、賁初九爻注、剝初六爻注、大過上六爻注、坎六四爻注、困九五爻注、鼎初六爻注、鼎九四爻注、震六二爻注、渙九二爻注、《繫下》二章注、《說卦》十一章注
巽爲股	5則	咸九三爻注、艮六二爻注、《繫下》二章注兩引、同人九三爻注
坎爲耳	9則	咸上六爻注、夬九四爻注、鼎九三爻注、鼎六五爻注、艮六二爻注、《說卦》五章注、《說卦》十一章注、夬九四《象》注、旅上九《象》注
離爲目	11則	屯上六《象》注、小畜九三爻注、頤彖注、頤六四爻注、小《象》注、履六三爻注、夬九四《象》注、歸妹九二爻注、豐上六爻注、巽彖注、《說卦》十一章注
艮爲手	28則	坤六四爻注、蒙上九爻注、訟上九爻注、小畜九五爻注、泰初九爻注、噬嗑彖注、无妄六二爻注、大畜六四爻注、坎上六爻注、咸九三爻注、遯六二爻注、晉六二爻注、益上九爻注、萃初六爻注、萃六二爻注、井彖注、艮九三爻注、巽六四爻注、兌上六爻注、小過六五爻注、《繫上》二章注、蒙初六爻注、隨上六爻注、觀《象傳》注、旅初六《象》注、節《象傳》注、中孚九五爻注、小過上六爻注
兌爲口	15則	乾《文言》注、需九二爻注、泰上六爻注、臨六三爻注、離六五爻注、睽上九爻注、困《象傳》注、歸妹六五爻注、《繫上》十二章注、《繫下》二章注兩引、需《象》注、臨《象》注、姤九五爻注、兌《象傳》注
乾天也故稱乎父	11則	《繫下》六章注、履《象》注、臨《象傳》注、復《象傳》注、鼎《象傳》注、歸妹《象傳》注、節《象傳》注、《繫上》四章注、《繫上》六章注、《繫下》一章注兩引
坤地也故稱乎母	2則	《繫下》一章注、《繫下》六章注
震一索而得男故謂之長男	1則	《說卦》七章注
巽一索而得女故謂之長女	1則	姤彖注
乾爲天	20則	乾《文言》注、大有上九爻注、豫《象傳》注、隨《象傳》注、蠱《象傳》注、无妄《象傳》注、大畜上九爻注、恆《象傳》注兩引、家人《象傳》注、睽《象傳》注、姤九五爻注、革《象傳》注、豐《象傳》注、兌《象傳》注、中孚《象傳》注、中孚上九爻注、《繫下》二章注兩引、《繫下》六章注
爲圜	2則	姤九五爻注、《說卦》本章注
爲君	6則	復上六爻注、復上六《象》注、革九四爻注、歸妹六五爻注、《繫上》八章注、《序卦下》注
爲父	6則	蠱初六爻注、家人《象傳》注、《繫上》一章注、《繫下》六章注、《繫下》八章注、《序卦下》注
爲金	8則	姤初六爻注、鼎六五爻注、《繫下》二章注兩引、《繫上》一章

		注、《繫上》八章注、《說卦》本章注、噬嗑六五爻注
爲寒	2 則	坤《文言》注、《繫下》五章注
爲良馬	1 則	大畜九三爻注
坤爲地	10 則	豫《象傳》注兩引、坎《象傳》注、離《象傳》注、恆《象傳》注、家人《象傳》注、睽《象傳》注、革《象傳》注、《繫上》八章注、《繫下》二章注
爲母	4 則	蠱九二爻注、晉六二爻注、小過六二爻注、《繫下》八章注
爲吝嗇	3 則	頤六四爻注、小過《象》注、損彖注
爲大輿[3]	2 則	大有初九爻注、大壯九四爻注
爲文	2 則	乾《文言》注、小畜《象》注
爲眾	8 則	師《象傳》注、豫九四爻注、晉彖注、晉六三爻注、明夷《象》注、《雜卦》注、解彖注、萃彖注
爲柄	1 則	《繫下》七章注
震爲雷	4 則	《說卦》本章注兩引、屯《象傳》注、巽九五爻注
爲龍[4]	1 則	《說卦》本章注
爲元黃	1 則	歸妹《象傳》注
爲旉[5]	3 則	《說卦》本章注兩引、《繫下》五章注
爲大塗	4 則	履九二爻注、睽九二爻注、《繫下》二章注、《說卦》十一章注
爲長子	4 則	師上六爻注、鼎初六爻注、蒙九二爻注、《說卦》本章注
爲決躁	1 則	《繫下》十二章注
其於馬也爲善	1 則	豫初六爻注
爲作足	1 則	屯六二爻注
爲的顙	1 則	《說卦》本章注
其究爲健爲蕃鮮	1 則	巽九五爻注
巽爲木	13 則	无妄九五爻注、漸六四爻注、旅上九爻注、渙《象傳》注、《繫下》二章注兩引、剝《象傳》注、益《象傳》注、姤初六爻注、《繫上》一章注、《繫下》二章注、《說卦》本章注
爲風	5 則	《繫下》二章注兩引、《繫下》七章注、《說卦》本章注、巽九五爻注、
爲白	6 則	履九二爻注、賁上九爻注、大畜六五爻注、《說卦》本章注兩引、《雜卦》注
爲長	2 則	大壯上六《象》注、艮六二爻注
爲高	10 則	蒙上九爻注、同人九三爻注、蠱上九爻注、賁《象傳》注、升《象》注、升六五爻注、漸九三爻注、旅上九爻注、中孚上九爻注、《繫下》十二章注
爲進退	8 則	觀《象傳》注、觀六三爻注、賁《象傳》注、大壯上六爻注、益上九爻注、姤初六爻注、巽初六爻注、《繫下》二章注
爲多白眼	1 則	小畜九三爻注
爲近利市三倍	3 則	復《象》注、兌九四爻注、《說卦》本章注

---

[3] 虞翻「輿」作「轝」。
[4] 虞翻「龍」作「駹」。
[5] 虞翻「旉」作「專」。

爲究爲躁卦	4 則	《說卦》本章注兩引、巽九五爻注兩引、
坎爲水	3 則	觀《象傳》注、渙《象傳》注、《繫下》十二章注
爲隱伏	7 則	訟九二爻注、艮彖注、艮《象》注、《繫下》二章注、同人九二爻注、豐上六爻注、豐上六《象》注
爲矯輮	1 則	渙九二爻注
爲曳	5 則	履六三爻注、睽六三爻注、夬九四爻注、歸妹初九爻注、歸妹九四爻注
其於輿也爲多眚[6]	1 則	師六二爻注
爲通	8 則	同人彖注、睽《象傳》注、井彖注、井《象傳》注、漸《象傳》注、節《象傳》注、節初九《象》注、《繫下》七章注
爲月	28 則	豫《象傳》注、離《象傳》注、恆《象傳》注兩引、蹇彖注、蹇《象傳》注、萃《象傳》注、革《象》注兩引、歸妹彖注、歸妹《象傳》注、歸妹九四爻注、歸妹六五爻注、中孚六四爻注、《繫上》二章注、《繫上》九章注、《繫下》二章注三引、《繫下》八章注、《繫下》十二章注兩引、《說卦》本章注、小畜上九爻注、賁《象傳》注、離《象》注、咸《象傳》注、大壯《象傳》注、
爲盜	7 引	《繫下》二章注、《繫下》八章注兩引、小畜上九爻注、既濟六二爻注、既濟六四爻注、艮九三爻注、艮九三《象》注
其於木也爲堅多心	1 則	坎上六爻注
離爲火	9 則	革《象傳》注、旅九三爻注、旅上九爻注、小畜九三爻注、大有初九爻注、節上六爻注、《繫上》一章注、《說卦》五章注、《說卦》十一章注
爲日	47 則	乾九三爻注、乾《文言》注兩引、需彖注、訟上九爻注、豫《象傳》注、豫六二爻注、小畜上九爻注、賁《象傳》注、蠱《象傳》注、大畜九三爻注、離《象傳》注兩引、離《象》注、咸《象傳》注、恆《象傳》注兩引、大壯《象傳》注、晉彖注、解《象傳》注、萃《象傳》注、益《象傳》注、革彖注、革《象》注、歸妹《象傳》注、歸妹九四爻注、歸妹六五爻注、震六二爻注、豐初九爻注、豐九三爻注、豐九四爻注、旅《象傳》注、巽九五爻注、中孚六四爻注、既濟六四爻注、《繫上》二章注、《繫上》九章注、《繫下》二章注、《繫下》五章注兩引、《繫下》八章注、《繫下》十二章注兩引、《說卦》五章注、《雜卦》注兩引
爲甲冑	2 則	萃《象》注、漸九三爻注
爲戈兵	4 則	師六三爻注、漸九三爻注、小過九三爻注、《繫上》八章注
其於人也爲大腹	5 則	漸九三爻注、屯六二爻注、屯六三爻注、泰六五爻注、睽上九爻注
爲嬴	1 則	震六二爻注
爲蚌	1 則	震六二爻注
爲龜	6 則	頤初九爻注、損六五爻注、益初九爻注、《繫上》十章注、《繫上》十二章注、《繫下》十二章注

---

[6] 虞翻「輿」作「車」。

艮為山	18 則	屯六三爻注、蒙《象》注、蒙上九爻注、需六二爻注、否《象》注、隨上六爻注、賁六五爻注、坎《象傳》注、咸《象》注、困六三爻注、遯彖注、損《象》注、漸初六爻注、漸九三爻注、漸九五爻注、《繫上》一章注、《繫下》二章注、《說卦》本章注
為門闕	1 則	困六三《象》注
為閽寺	1 則	中孚九二爻注
為指	3 則	剝六二爻注、咸初六爻注、解九四爻注
為狗[7]	2 則	隨上六爻注、《說卦》本章注
兌為澤	4 則	蒙六三爻注、履《象》注、《繫上》一章注、《繫下》二章注
為少女	1 則	大過九二爻注
為口舌	2 則	咸上六爻注《繫下》十二章注
為毀折	2 則	大壯彖注、歸妹《象》注
其於地也為剛鹵	1 則	履彖注
為妾	2 則	遯九三爻注、鼎初六爻注
為羊[8]	1 則	《說卦》本章注

【附件四】　鄭玄《周易》佚文與今本相異比較表

條次[9]	經傳卦爻名稱	今本經傳文字	鄭玄佚文文字
9	乾卦《文言傳》	不成乎名。	不成名。
11	乾卦《文言傳》	閑邪存其誠。	閑邪以存其誠。
13	乾卦《文言傳》	君子進德修業，欲及時，故无咎。	君子進德脩業，及時，故无咎。
14	乾卦《文言傳》	亢龍有悔，窮之災也。	亢龍有悔，窮志災也。
15	乾卦《文言傳》	乾始能以美利利天下。	乾始而以美利利天下。
18	坤卦六二	直方大。	直方。
21	坤卦《文言》：	為其嫌於无陽也。	為其慊於陽也。
23	屯卦《大象》	君子以經綸。	君子以經論。
24	屯卦六二	乘馬班如。	乘馬般如。
25	屯卦六二	匪寇昏媾。	匪寇昏冓。
26	屯卦六三	君子幾。	君子機。
30	蒙卦九二	包蒙。	苞蒙。
32	蒙卦上九	擊蒙。	繫蒙。
37	需卦九二	需于沙。	需于沚。
38	需卦九三	致寇至。	致戎至。
40	訟卦卦辭	有孚窒。	有孚咥。
45	訟卦上九	終朝三褫之。	終朝三拕之。

---

[7]　虞翻「狗」作「拘」。

[8]　虞翻「羊」作「羔」。

[9]　所指條次即前文「王惠二家鄭氏輯佚參照說明表」所示之條次。

49	師卦九二	王三錫命。	王三賜命。
52	比卦九五	王用三驅。	王用三毆。
55	履卦卦辭	履虎尾,不咥人。	履虎尾,不噬人。
56	履卦上九	視履考祥。	視履考詳。
60	泰卦九二	包荒。	苞荒。
63	否卦九四	疇離祉。	昜離祉。
69	同人卦九四	乘其墉。	乘其庸。
71	大有六四《象傳》	明辯晳也。	明辯遭也。
73	謙卦《大象》	君子以裒多益寡。	君子以捊多益寡。
79	豫卦六二	介于石。	砎于石。
90	噬嗑卦《大象》	先王以明罰勅法。	先王以明罰勅法。
96	賁卦初九	舍車而徒。	舍輿而徒。
97	賁卦初九《象傳》	義弗乘也。	義不乘也。
98	賁卦六四	賁如,皤如。	賁如,燔如。
109	復卦六三	頻復。	顰復。
112	復卦上六	有災眚。	有烖眚。
115*	无妄卦《象傳》	天命不祐。	天命不右。
119	大畜卦九三	良馬逐。	良馬逐逐。
121	大畜卦六四	童牛之牿。	童牛之梏。
129	大過卦九二	枯楊生稊。	枯楊生荑。
130	坎卦六三	險且枕。	檢且枕。
131	坎卦六四	樽酒,簋貳,用缶,納約自牖。	尊酒,簋貳,用缶,內約自牖。
137	離卦九三	不鼓缶而歌。	不擊缶而歌。
138	離卦九三	則大耋之嗟。	則大耋之差。
139	離卦九四	突如其來如。	突如其來如。
140	離卦六五《象傳》	離王公也。	麗王公也。
146	咸卦上六《象傳》	滕口說也。	螣口說也。
148	恆卦初六	浚恆。	濬恆。
149	恆卦九三	或承之羞。	咸承之羞。
152	遯卦	遯。	逯。
156	大壯卦九三	羸其角。	纍其角。
158	大壯上六《象傳》	不詳也。	不祥也。
160	晉卦《象傳》	君子以自昭明德。	君子以自照明德。
164	晉卦六五	失得勿恤。	矢得勿恤。
167	明夷卦《彖傳》	文王以之。	文王似之。
168	明夷卦《彖傳》	箕子以之。	箕子似之。
169	明夷卦六二	夷于左股。	睇于左股。
178	睽卦六三	其牛掣。	其牛觢。
179	睽卦上九	後說之弧。	後說之壺。
181	蹇卦初六《象傳》	宜待也。	宜待時也。
183	解卦《象傳》	雷雨作而百果草木皆甲坼。	雷雨作而百果草木皆甲宅。
185	損卦《象傳》	二簋可用享。	二簋可用亯。
186	損卦《象傳》	君子以懲忿窒欲。	君子以徵忿慣欲。

191	夬卦九三	壯于頄。	壯于頯。
192	夬卦九四	其行次且。	其行越趄。
194	姤卦	姤。	遘。
195	姤卦《象傳》	后以施命誥四方。	后以施命詰四方。
202	升卦	升。	昇。
205	困卦九二	朱紱方來。	朱韍方來。
218	鼎卦九四	其形渥。	其刑剭。
228	艮卦九三	列其夤。	列其臏。
234	豐卦初九	遇其配主。	遇其妃主。
236	豐卦六二	豐其部。	豐其菩。
237	豐卦九三	豐其沛。	豐其韋。
238	豐卦九三	日中見沬	日中見昧。
241	豐卦上六	天際翔也。	天際祥也。
242	豐卦上六《象傳》	自藏也。	自戕也。
244	兌卦《象傳》	麗澤兌。	離澤兌。
264	《繫辭上傳》	八卦相盪。	八卦相蕩。
267	《繫辭上傳》	君子居則觀其象而玩其辭。	君子居則觀其象而翫其辭。
270	《繫辭上傳》	原始反終。	原始及終。
274	《繫辭上傳》	故君子之道鮮矣。	故君子之道尟矣。
275	《繫辭上傳》	藏諸用。	臧諸用。
280	《繫辭上傳》	有功而不德。	有功而不置。
282	《繫辭上傳》	冶容誨淫。	野容誨淫。
286	《繫辭上傳》	聖人之所以極深而研幾也。	聖人之所以極深而研機也。
291	《繫辭上傳》	莫大乎蓍龜。	莫善乎蓍龜。
293	《繫辭上傳》	又以尚賢也。	有以尚賢也。
297	《繫辭下傳》	重門擊柝。	重門擊橐。
302	《繫辭下傳》	男女構精。	男女覯精。
308	《繫辭下傳》	若夫雜物撰德。	若夫雜物算德。
322	《說卦傳》	妙萬物而爲言者也。	眇萬物而爲言者也。
324	《說卦傳》	水火不相逮。	水火相逮。
330	《說卦傳》	爲旉。	爲專。
334	《說卦傳》	爲繩直，爲工。	爲繩直，爲墨。
335	《說卦傳》	其於人也爲寡髮。	其於人也爲宣髮。
336	《說卦傳》	爲廣顙。	爲黃顙。
342	《說卦傳》	爲科上槁。	爲科上槀。
344	《說卦傳》	爲指。	爲小指。
345	《說卦傳》	爲黔喙之屬。	爲黚喙之屬。
346	《說卦傳》	爲羊。	爲陽。
350	《序卦》	履而泰，然後安，故受之以泰。	履然後安，故受之以泰。
350	《序卦》	有无妄然後可畜。	有无妄物然後可畜。
359	《序卦》	物不可以久居其所。	物不可以終久於其所。
362	《雜卦》	損益盛衰之始也。	損益衰盛之始也。
363	《雜卦》	兌見而巽伏也。	兌說而巽伏也。

364	《雜卦》	蠱則飭也。	蠱則飾也。
366	《雜卦》	小人道憂也。	小人道消也。

【附件五】　黃宗羲「乾坤鑿度主歲卦」

乾卦	坤卦	屯卦	蒙卦	需卦	訟卦	師卦	比卦	小畜	履卦
9月	8月	10月	3月	12月	5月	2月	7月	2月	9月
7月	10月	8月	5月	10月	7月	12月	9月	12月	11月
5月	12月	6月	7月	8月	9月	10月	11月	10月	1月
3月	2月	4月	9月	6月	11月	8月	1月	8月	3月
1月	4月	2月	11月	4月	1月	6月	3月	6月	5月
11月	6月	12月	1月	2月	3月	4月	5月	4月	7月

泰卦	否卦	同人	大有	謙卦	豫卦	隨卦	蠱卦	臨卦	觀卦
6月	12月	5月	8月	10月	1月	12月	5月	10月	11月
5月	11月	3月	10月	8月	7月	10月	7月	8月	1月
4月	10月	1月	12月	6月	9月	8月	9月	6月	3月
3月	9月	11月	2月	4月	11月	6月	11月	4月	5月
2月	8月	9月	4月	2月	1月	4月	1月	2月	7月
1月	7月	7月	6月	12月	3月	2月	3月	12月	9月

噬嗑	賁卦	剝卦	復卦	无妄	大畜	頤卦	大過	坎卦	離卦

8月	11月	7月	2月	7月	10月	9月	12月	9月	8月
6月	1月	5月	4月	5月	12月	7月	2月	7月	10月
4月	3月	3月	6月	3月	2月	5月	4月	5月	12月
2月	5月	1月	8月	1月	4月	3月	6月	3月	2月
12月	7月	11月	10月	11月	6月	1月	8月	1月	4月
10月	9月	9月	12月	9月	8月	1月	10月	11月	6月

咸卦	恆卦	遯卦	大壯	晉卦	明夷	家人	睽卦	蹇卦	解卦
3月	10月	4月	5月	12月	11月	3月	2月	9月	4月
1月	12月	2月	7月	10月	1月	1月	4月	7月	6月
11月	2月	12月	9月	8月	3月	11月	6月	5月	8月
9月	4月	10月	11月	6月	5月	9月	8月	3月	10月
7月	6月	8月	1月	4月	7月	7月	10月	1月	12月
5月	8月	6月	3月	2月	9月	5月	12月	11月	2月

損卦	益卦	夬卦	姤卦	萃卦	升卦	困卦	井卦	革卦	鼎卦
5月	4月	1月	8月	6月	3月	7月	8月	1月	8月
3月	6月	11月	10月	4月	5月	5月	10月	11月	10月
1月	8月	9月	12月	2月	7月	3月	12月	9月	12月
11月	10月	7月	2月	12月	9月	1月	2月	7月	2月
9月	12月	5月	4月	10月	11月	11月	4月	5月	4月
7月	2月	3月	6月	8月	1月	9月	6月	3月	6月

震卦	艮卦	漸卦	歸妹	豐卦	旅卦	巽卦	兌卦	渙卦	節卦

12 月	1 月	11 月	12 月	4 月	7 月	11 月	6 月	4 月	9 月
10 月	3 月	9 月	2 月	2 月	9 月	1 月	4 月	2 月	11 月
8 月	5 月	7 月	4 月	12 月	11 月	3 月	2 月	12 月	1 月
6 月	7 月	5 月	6 月	10 月	1 月	5 月	12 月	10 月	3 月
4 月	9 月	3 月	8 月	8 月	3 月	7 月	10 月	8 月	5 月
2 月	11 月	1 月	10 月	6 月	5 月	9 月	8 月	6 月	7 月

中孚	小過	既濟	未濟
9 月	8 月	8 月	1 月
7 月	10 月	6 月	3 月
5 月	12 月	4 月	5 月
3 月	2 月	2 月	7 月
1 月	4 月	12 月	9 月
11 月	6 月	10 月	11 月